*Les Servic*[illegible]
*du Pn*[illegible]
*vous présentent*
*leur “Plan de Paris”,*
*ouvrage spécialement destiné*
*à faciliter*
*la pratique journalière de Paris.*

*Cet ouvrage, périodiquement révisé,*
*tient compte de la situation*
*au moment de sa rédaction.*
*Mais certains renseignements*
*perdent de leur actualité*
*en raison de l’évolution incessante*
*de l’activité dans la capitale.*
*Nos lecteurs sauront le comprendre.*

# La clé du guide

*The Michelin Tourist Services present*
*this new edition*
*of the PLAN DE PARIS*
*which is intended to facilitate*
*the visitor's stay in the capital.*

*Information in this section*
*is the latest available*
*at the time of going to press;*
*improvements and alterations may account*
*for certain discrepancies,*
*we hope our readers will bear with us.*

●

## Key to the guide

*Die Touristikabteilung der*
*Michelin-Reifenwerke stellt Ihnen*
*ihre Veröffentlichung PLAN DE PARIS vor,*
*die eine praktische Hilfe*
*für Ihren Parisaufenthalt sein soll.*

*Die Ausgabe entspricht dem Stand*
*zur Zeit der Drucklegung.*
*Durch die Entwicklung*
*der sich stetig wandelnden Hauptstadt*
*können einige Angaben inzwischen veraltet sein.*
*Wir bitten unsere Leser dafür um Verständnis.*

•

# Übersicht

*Los Servicios de Turismo del Neumático Michelin*
*le presentan su PLAN DE PARIS*
*obra especialmente concebida*
*para desenvolverse fácilmente en París.*

*Esta edición corresponde a la situación actual, pero la evolución de la actividad de la capital puede hacer que determinadas informaciones caduquen. Esperamos que nuestros lectores lo comprendan.*

•

## La clave de la guía

# Tableau d'assemblage – Grands axes de circulation

# Layout diagram – Main traffic artery

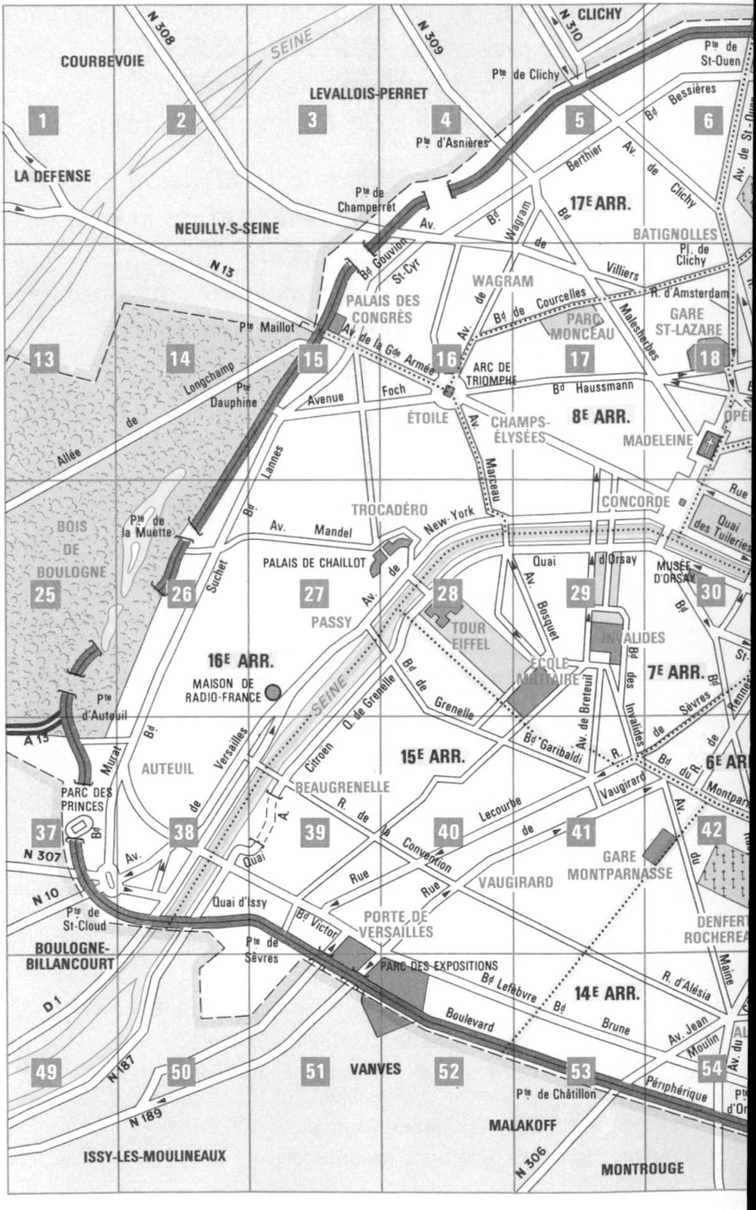

Seiteneinteilung des Plans – Hauptverkehrsstraßen

Plano general – Grandes vías de circulación

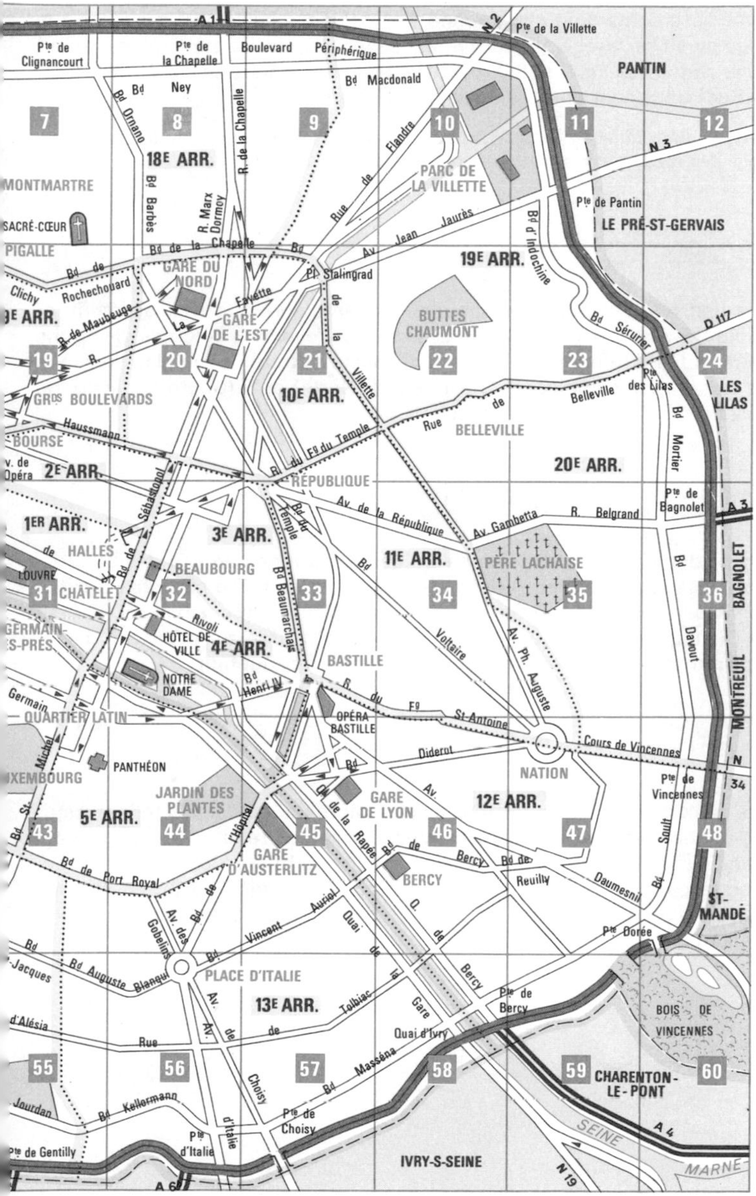

# Index des rues de Paris

Les deux premières colonnes indiquent le nom de la rue ainsi que le ou les arrondissements dont elle dépend. Les colonnes suivantes renvoient à la page ou au carroyage qui permettent de localiser la rue sur le plan (découpage cartographique, p. 8 et 9). Dans certains cas, les lettres N (Nord) ou S (Sud) apportent une précision supplémentaire.

*L'Association Valentin Haüy, 5, rue Duroc, 75007 Paris, diffuse la liste alphabétique des rues de Paris, transcrite en écriture braille (prix 180 F).*

# Index to the streets of Paris

The first two columns give the street's name and its arrondissement, or two if the street overlaps into a second. The following columns giving the page and grid reference enable you to locate a street on the plan (key map pp 8 and 9). In some cases the letters N (North) or S (South) indicate the position of the street more precisely.

# Straßenverzeichnis

Die beiden ersten Spalten enthalten den Straßennamen and das bzw. die Arrondissements in dem/denen die Straße verläuft. Die nächsten Spalten verweisen auf Seite und Gitter des Plans, wo die Straße genau verzeichnet ist (Seiteneinteilung s. S. 8 und 9). Manchmal wurde zur präziseren Lagebestimmung ein N (Norden) oder S (Süden) hinzugefügt.

# Índice de las calles de París

Las dos primeras columnas indican el nombre de la calle y el (o los) distritos de los que depende. Las columnas siguientes remiten a la página del plano y a las coordenas de la cuadrícula que permiten localizar con excactitud la calle en el plano (división cartográfica págs. 8 y 9). En algunos casos las letras N (Norte) o S (Sur) proporcionan una precisión suplementaria.

# a

| Nom | Arrondissement | Plan n° | Repère |
|---|---|---|---|
| Abbaye r. de l' | 6 | 31 | J13 |
| Abbé-Basset pl. de l' | 5 | 43-44 | L14-L15 |
| Abbé-Carton r. de l' | 14 | 53-54 | P10-P11 |
| Abbé-de-l'Épée r. de l' | 5 | 43 | L14-L13 |
| Abbé-Georges-Henocque pl. de l' | 13 | 56 | R15 |
| Abbé-Gillet r. de l' | 16 | 27 | J6 *N* |
| Abbé-Grégoire r. de l' | 6 | 42 | K11-L12 |
| Abbé-Groult r. de l' | 15 | 40 | L7-N8 |
| Abbé-Jean-Lebeuf pl. de l' | 14 | 42 | N11 |
| Abbé-Migne r. de l' | 4 | 32 | H16-J16 |
| Abbé-Patureau r. de l' | 18 | 7 | C14 |
| Abbé-Roger-Derry r. de l' | 15 | 28 | K8 |
| Abbé-Roussel av. de l' | 16 | 26-27 | K4-K5 |
| Abbé-Rousselot r. de l' | 17 | 4 | C8 |
| Abbé-Soulange-Bodin pl. et r. de l' | 14 | 42 | N11 |
| Abbesses pass. des | 18 | 19 | D13 |
| Abbesses pl. des | 18 | 19 | D13 |
| Abbesses r. des | 18 | 7-19 | D13 |
| Abbeville r. d' | | 20 | E15 |
| nos 1-17, 2-16 | 10 | | |
| nos 19-fin, 18-fin | 9 | | |
| Abel r. | 12 | 45 | L18-K18 |
| Abel-Ferry r. | 16 | 38 | N3 *N* |
| Abel-Hovelacque r. | 13 | 44-56 | N15 *S* |
| Abel-Leblanc pass. | 12 | 46 | L19 |
| Abel-Rabaud r. | 11 | 21 | G18 *N* |
| Abel-Truchet r. | 17 | 18 | D11 |
| Aboukir r. d' | 2 | 31-20 | G14-G15 |
| Abreuvoir r. de l' | 18 | 7 | C13 *S* |
| Acacias pass. des | 17 | 16 | E7 |
| Acacias r. des | 17 | 16 | E7 *S* |
| Acadie pl. d' | 6 | 31 | K13 *N* |
| Achille r. | 20 | 35 | H21 |
| Achille-Luchaire r. | 14 | 54 | R11 |
| Achille-Martinet r. | 18 | 7 | C13-B13 |
| Adanson sq. | 5 | 44 | M15 |
| Adjudant-Réau r. de l' | 20 | 23-35 | G22 |
| Adjudant-Vincenot pl. | 20 | 24 | F23 *S* |
| Adolphe-Adam r. | 4 | 32 | J15 |
| Adolphe-Chérioux pl. | 15 | 40 | M8 |
| Adolphe-Focillon r. | 14 | 54 | P12 *S* |
| Adolphe-Jullien r. | 1 | 31 | H14 *N* |
| Adolphe-Max pl. | 9 | 18 | D12 |
| Adolphe-Mille r. | 19 | 10 | C20 |
| Adolphe-Pinard bd | 14 | 53 | R9-R10 |
| Adolphe-Yvon r. | 16 | 26 | H4-G4 |
| Adour villa de l' | 19 | 22 | F20 *N* |
| Adrien-Hébrard av. | 16 | 26 | J4 *S* |
| Adrien-Oudin pl. | 9 | 19 | F13 |
| Adrienne cité | 20 | 35 | J22 *N* |
| Adrienne villa | 14 | 54 | N12 *S* |
| Adrienne-Lecouvreur allée | 7 | 28-29 | J8-J9 |
| Adrienne-Simon villa | 14 | 42 | N12 *N* |
| Affre r. | 18 | 8 | D16-C16 |
| Agar r. | 16 | 27 | K5 |
| Agent-Bailly r. de l' | 9 | 19 | E14 |
| Agrippa-d'Aubigné r. | 4 | 32-33 | K16-K17 |
| d'Aguesseau r. | 8 | 18 | G11-F11 |
| Aide-Sociale sq. de l' | 14 | 42 | N11 |
| Aimé-Lavy r. | 18 | 7 | B14 *S* |
| Aimé-Maillart pl. | 17 | 16 | D8 *S* |
| Aimé-Morot r. | 13 | 56 | R15-S15 |
| Aisne r. de l' | 19 | 10 | C19 *N* |
| Aix r. d' | 10 | 21 | G18-F17 |
| Alain r. | 14 | 41 | M10-N10 |
| Alain-Chartier r. | 15 | 40 | M8 *S* |
| Alain-Fournier sq. | 14 | 53 | P9 |
| Alasseur r. | 15 | 28 | K8 |
| Albéric-Magnard r. | 16 | 27-26 | H5-H4 |
| Albert r. | 13 | 57 | R18-P18 |
| Albert-Bartholomé av. | 15 | 52 | P7-P8 |
| Albert-Bartholomé sq. | 15 | 52 | P7 |
| Albert-Bayet r. | 13 | 56 | P16-N16 |
| Albert-Camus r. | 10 | 21 | E17 |
| Albert-de-Lapparent r. | 7 | 41 | K9 |
| Albert-de-Mun av. | 16 | 28 | H7 *N* |
| Albert-Kahn pl. | 18 | 7 | B14 |
| Albert-Londres pl. | 13 | 57 | R17 |
| Albert-Malet r. | 12 | 48 | M23 *N* |
| Albert-Marquet r. | 20 | 35 | J22 |
| Albert-1er cours | 8 | 29 | G9 *S* |
| Albert-1er-de-Monaco av. | 16 | 28 | H7 |
| Albert-Robida villa | 19 | 22 | E20 |
| Albert-Samain r. | 17 | 4 | D7-C7 |
| Albert-Schweitzer sq. | 4 | 32 | J16 |
| Albert-Sorel r. | 14 | 54 | R11 |
| Albert-Thomas r. | 10 | 21-20 | G17-F16 |
| Albert-Willemetz r. | 20 | 48 | L24-K24 |
| Albin-Cachot sq. | 13 | 43 | N14 *S* |
| Albin Haller r. | 13 | 56 | R15 |
| Alboni r. de l' | 16 | 27 | J6 *N* |
| Alboni sq. | 16 | 27 | J6 *N* |
| d'Alembert r. | 14 | 55 | P13 *N* |
| Alençon r. d' | 15 | 42 | L11 |
| Alésia r. d' | 14 | 55-53 | P14-N10 |
| Alésia villa d' | 14 | 54 | P11 |
| Alexander-Fleming r. | 19 | 23 | D22-E22 |
| Alexandre pass. | 15 | 41 | M10 |
| Alexandre-Cabanel r. | 15 | 40-41 | K8-K9 |
| Alexandre-Charpentier r. | 17 | 16 | D7 |
| Alexandre-de-Humbolt r. | 19 | 10 | C19 |
| Alexandre-Dumas r. | | 34-35 | K20-J21 |
| nos 1-59, 2-72 | 11 | | |
| nos 61 fin, 74-fin | 20 | | |
| Alexandre-Lécuyer imp. | 18 | 7 | B14 *N* |
| Alexandre-Parodi r. | 10 | 21 | E17 *N* |
| Alexandre-Ribot villa | 19 | 23 | D21 *S* |
| Alexandre III pont | 8 | 29 | H10 *N* |
| Alexandrie r. d' | 2 | 20 | G15 *N* |
| Alexandrine pass. | 11 | 34 | J20 |
| Alexis Carrel r. | 15 | 28 | J8 *S* |
| Alfred-Bruneau r. | 16 | 27 | J5 |
| Alfred-Capus sq. | 16 | 26 | K3 |
| Alfred-de-Vigny r. | | 17 | E9 |
| nos 1-9, 2-16 | 8 | | |
| nos 11-fin, 18-fin | 17 | | |
| Alfred-Dehodencq r. | 16 | 26 | H4 |
| Alfred-Dehodencq sq. | 16 | 26 | H4 |
| Alfred-Durand-Claye r. | 14 | 53 | P9 *N* |
| Alfred-Fouillée r. | 13 | 57 | S17 *N* |

| Nom | Arrondissement | Plan n° | Repère |
|---|---|---|---|
| Alfred-Roll r. | 17 | 4 | C8 *S* |
| Alfred-Stevens pass. | 9 | 19 | D13 *S* |
| Alfred-Stevens r. | 9 | 19 | D13 *S* |
| Alger r. d' | 1 | 30 | G12 *S* |
| Algérie bd d' | 19 | 23 | E22-D21 |
| Alibert r. | 10 | 21 | F17 |
| Alice sq. | 14 | 53 | P10 *S* |
| d'Aligre pl. | 12 | 46 | K19 *S* |
| d'Aligre r. | 12 | 46 | K19 *S* |
| Aliscamps sq. des | 16 | 26 | K3 *N* |
| Allard r. | | 48 | M23 |
| n^os^ 29-fin, 30-fin | 12 | | |
| autres n^os^ | Saint-Mandé | | |
| Allent r. | 7 | 30 | J12 *N* |
| Alleray hameau d' | 15 | 40-41 | M8-M9 |
| Alleray pl. d' | 15 | 41 | N9 *N* |
| Alleray r. d' | 15 | 40-41 | M8-N9 |
| Allier quai de l' | 19 | 10 | A19 |
| Alma cité de l' | 7 | 28 | H8 *S* |
| Alma pl. de l' | | 28 | G8 *S* |
| n^os^ 1 et 1 bis | 16 | | |
| n^os^ 2, 3-fin | 8 | | |
| Alma pont de l' | 16 | 28 | H8 |
| Alombert pass. | 3 | 32 | H16-G16 |
| Alouettes r. des | 19 | 22 | E20 |
| Alpes pl. des | 13 | 56 | N16 *S* |
| Alphand av. | 16 | 15 | F6 *N* |
| Alphand r. | 13 | 56 | P15 |
| Alphonse-Allais pl. | 20 | 22 | F 19 |
| Alphonse-Aulard r. | 19 | 23 | E21 *N* |
| Alphonse-Baudin r. | 11 | 33 | H18 |
| Alphonse-Bertillon r. | 15 | 41 | N10 |
| Alphonse-Daudet r. | 14 | 54 | P12 *S* |
| Alphonse-de-Neuville r. | 17 | 5-4 | D9 *N* |
| Alphonse-Deville pl. | 6 | 30 | K12 |
| Alphonse-Humbert pl. | 15 | 39 | L6 *N* |
| Alphonse-Karr r. | 19 | 10 | B19 |
| Alphonse-Laveran pl. | 5 | 43 | M14 *N* |
| Alphonse-Penaud r. | 20 | 24-23 | G23-G22 |
| Alphonse-XIII av. | 16 | 27 | J6 |
| Alsace r. d' | 10 | 20 | E16 |
| Alsace villa d' | 19 | 23 | E21 *N* |
| Alsace-Lorraine cour d' | 12 | 46 | L20 |
| Alsace-Lorraine r. d' | 19 | 23-22 | D21-D20 |
| Amalia villa | 19 | 22-23 | D20-E21 |
| Amandiers r. des | 20 | 22-34 | H20-G20 |
| Amboise r. d' | 2 | 19 | F13 |
| Ambroise-Paré r. | 10 | 20 | D15 *S* |
| Ambroise-Rendu av. | 19 | 11-23 | D21 |
| Ambroise-Thomas r. | 9 | 20 | F15 *N* |
| Amélie r. | 7 | 29 | H9-J9 |
| Amélie villa | 20 | 23 | F22 |
| Amelot r. | 11 | 33 | J17-G17 |
| Ameublement cité de l' | 11 | 34 | K20 |
| Amiens sq. d' | 20 | 36 | H23 *S* |
| Amiral-Bruix bd de l' | 16 | 15 | F5-E6 |
| Amiral-Cloué r. de l' | 16 | 39 | L5 *N* |
| Amiral-Courbet r. de l' | 16 | 15 | G6 *N* |
| Amiral-de-Coligny r. de l' | 1 | 31 | H14 *S* |
| Amiral-de-Grasse pl. | 16 | 28 | G8 |
| Amiral-d'Estaing r. de l' | 16 | 28-16 | G7 |
| Amiral-La-Roncière-Le-Noury r. de l' | 12 | 48 | N23 *N* |
| Amiral-Mouchez r. de l' | | 55 | P14-R14 |
| n^os^ impairs | 13 | | |
| n^os^ pairs | 14 | | |
| Amiral-Roussin r. de l' | 15 | 40 | L8-M8 |

| Nom | Arrondissement | Plan n° | Repère |
|---|---|---|---|
| Amiraux r. des | 18 | 8 | B15 |
| Ampère r. | 17 | 5-4 | D9-D8 |
| Amphithéâtre pl. de l' | 14 | 41-42 | M10-M11 |
| Amsterdam cour d' | 8 | 18 | E12 |
| Amsterdam imp. d' | 8 | 18 | E12 |
| Amsterdam r. d' | | 18 | E12-D12 |
| n^os^ impairs | 8 | | |
| n^os^ pairs | 9 | | |
| Amyot r. | 5 | 44-43 | L15-L14 |
| Anatole-de-la-Forge r. | 17 | 16 | F7-E7 |
| Anatole-France av. | 7 | 28 | J8 |
| Anatole-France quai | 7 | 30 | H12-H11 |
| Ancienne-Comédie r. de l' | 6 | 31 | J13-K13 |
| Ancre pass. de l' | 3 | 32 | H15-G15 |
| Andigné r. d' | 16 | 27-26 | J5-H4 |
| André-Antoine r. | 18 | 19 | D13 |
| André-Barsacq r. | 18 | 7-19 | D14 |
| André-Bréchet r. | 17 | 6 | A12-A11 |
| André-Breton allée | 1 | 31 | H14 |
| André-Citroën parc | 15 | 39 | L 5-M 5 |
| André-Citroën quai | 15 | 39-38 | K6-M4 |
| André-Colledebœuf r. | 16 | 26 | K4 *N* |
| André-Danjon r. | 19 | 10-22 | D19 *N* |
| André-del-Sarte r. | 18 | 7 | D14 *N* |
| André-Derain r. | 12 | 47-48 | M22-M23 |
| André Dreyer sq. | 13 | 55 | P14 *S* |
| André-Dubois r. | 19 | 22 | D19 |
| André-Gide r. | 15 | 41 | M10-N10 |
| André-Gill r. | 18 | 19 | D14 |
| André-Honnorat pl. | 6 | 43 | L13 |
| André-Lichtenberger sq. | 14 | 53 | P10 |
| André-Malraux pl. | 1 | 31 | H13 *N* |
| André-Maurois bd | 16 | 15 | E5 |
| André-Messager r. | 18 | 7 | B14 |
| André-Pascal r. | 16 | 26 | H4 |
| André-Rivoire av. | 14 | 55 | S13 *N* |
| André-Tardieu pl. | 7 | 29 | K10 |
| André-Theuriet r. | 15 | 52 | P8 |
| Andrezieux allée d' | 18 | 8 | B15 *S* |
| Andrieux r. | 8 | 18 | E11-D11 |
| Androuet r. | 18 | 7 | D13 *N* |
| Angélique-Compoint r. | 18 | 7 | B13 *N* |
| Angers imp. d' | 18 | 7 | B13 *N* |
| Anglais imp. des | 19 | 9 | C18 |
| Anglais r. des | 5 | 32 | K15 |
| Angoulème cité d' | 11 | 33 | G18 |
| Anjou quai d' | 4 | 32 | K16 |
| Anjou r. d' | 8 | 18 | G11-F11 |
| Ankara r. d' | 16 | 27 | J6 *S* |
| Annam r. d' | 20 | 23-35 | G21 |
| Anne-de-Beaujeu allée | 19 | 21 | E18 |
| Annelets r. des | 19 | 22 | E20 |
| Annibal cité | 14 | 55 | P13 *S* |
| Annonciation r. de l' | 16 | 27 | J6-J5 |
| Anselme-Payen r. | 15 | 41 | M10 |
| Antilles pl. des | 11 | 47 | K21 |
| d'Antin cité | 9 | 19 | F13 *N* |
| d'Antin imp. | 8 | 29 | G10-G9 |
| d'Antin r. | 2 | 19 | G13 *N* |
| Antoine-Arnauld r. | 16 | 27-26 | J5-J4 |
| Antoine-Arnauld sq. | 16 | 27-26 | J5-J4 |
| Antoine-Bourdelle r. | 15 | 42-41 | L11-L10 |
| Antoine-Carême pass. | 1 | 31 | H14 |
| Antoine-Chantin r. | 14 | 54 | P11 *S* |
| Antoine-Dubois r. | 6 | 31 | K14-K13 |
| Antoine-Hajje r. | 15 | 39 | L6 *N* |
| Antoine-Loubeyre cité | 20 | 22 | F20 *S* |

| Nom | Arrondissement | Plan n° | Repère |
|---|---|---|---|
| Antoine-Roucher r. | 16 | 38 | L4 *N* |
| Antoine-Vollon r. | 12 | 33 | K18 |
| Antonin-Mercié r. | 15 | 52 | P8 |
| Anvers pl. d' | 9 | 19 | D14 *S* |
| Apennins r. des | 17 | 6 | C11 *N* |
| Appert r. | 11 | 33 | H18 |
| Aqueduc r. de l' | 10 | 20-21 | E16-D17 |
| Aquitaine sq. d' | 19 | 11 | D21-C21 |
| Arago bd | | 44-43 | N15-N13 |
| n^os^ 1-73, 2-82 | 13 | | |
| n^os^ 75-fin, 84-fin | 14 | | |
| Arago sq. | 13 | 43 | N14 *N* |
| Arbalète r. de l' | 5 | 44-43 | M15-14 |
| Arbre-Sec r. de l' | 1 | 31 | H14 *S* |
| Arbustes r. des | 14 | 53 | P9 |
| Arc-de-Triomphe r. de l' | 17 | 16 | E7 *S* |
| Arcade r. de l' | 8 | 18 | F11 |
| Archereau r. | 19 | 9 | C18-B18 |
| Archevêché pont de l' | 4 | 32 | K15 |
| Archevêché quai de l' | 4 | 32 | K15 *N* |
| Archives r. des | | 32 | J15-H16 |
| n^os^ 1-41, 2-56 | 4 | | |
| n^os^ 43-fin, 58-fin | 3 | | |
| Arcole pont d' | 4 | 32 | J15 |
| Arcole r. d' | 4 | 32 | J15 *S* |
| Arcueil porte d' | 14 | 55 | R13 |
| Arcueil r. d' | 14 | 55 | R14-S14 |
| Ardennes r. des | 19 | 10 | C20 |
| Arènes r. des | 5 | 44 | L15 |
| Arènes de Lutèce sq. des | 5 | 44 | L 15 |
| Argenson r. d' | 8 | 17 | F10 *N* |
| Argenteuil r. d' | 1 | 31 | H13-G13 |
| Argentine cité de l' | 16 | 15 | G6 *N* |
| Argentine r. d' | 16 | 16 | F7 *N* |
| Argonne pl. de l' | 19 | 10 | B19 |
| Argonne r. de l' | 19 | 10 | B20 B19 |
| Argout r. d' | 2 | 31 | G14 *S* |
| Arioste r. de l' | 16 | 37 | M2 *N* |
| Aristide-Briand r. | 7 | 30 | H11 |
| Aristide-Bruand r. | 18 | 7-19 | D13 *N* |
| Aristide-Maillol r. | 15 | 41 | M10 |
| Armaillé r. d' | 17 | 16 | E7 |
| Armand villa | 18 | 6 | B12 *S* |
| Armand-Carrel pl. | 19 | 22 | D19 *S* |
| Armand-Carrel r. | 19 | 22-21 | D19-D18 |
| Armand-Fallières villa | 19 | 22 | E20 *N* |
| Armand-Gauthier r. | 18 | 7 | C13 |
| Armand-Moisant r. | 15 | 41-42 | L10-M11 |
| Armand-Rousseau av. | 12 | 48 | N23-M23 |
| Armée-d'Orient r. de l' | 18 | 7 | C13 *S* |
| Armenonville r. d' | | 15 | D6-D5 |
| n^os^ 1-11 bis, 2-10 | 17 | | |
| n^os^ 13-fin, 12-fin | Neuilly-s-Seine | | |
| Armorique r. de l' | 15 | 41 | M10 |
| Arnault-Tzanck pl. | 17 | 6 | A11 *S* |
| Arquebusiers r. des | 3 | 33 | H17 *S* |
| Arras r. d' | 5 | 44 | L15 *N* |
| Arrivée r. de l' | 15 | 42 | L11 *S* |
| Arsenal r. de l' | 4 | 33-45 | K17 |
| Arsène-Houssaye r. | 8 | 16 | F8 |
| d'Arsonval r. | 15 | 41 | M10 |
| d'Artagnan r. | 12 | 46 | L20 |
| Arthur-Brière r. | 17 | 6 | B12 |
| Arthur-Groussier r. | 10 | 21 | F18 |
| Arthur-Honegger allée | 19 | 11 | C21 |
| Arthur-Ranc r. | 18 | 7 | A13 *S* |

| Nom | Arrondissement | Plan n° | Repère |
|---|---|---|---|
| Arthur-Rozier r. | 19 | 22 | E20 |
| Artistes r. des | 14 | 55 | P13 *S* |
| Artois r. d' | 8 | 17 | F9 |
| Arts av. des | 17 | 15 | D6 *S* |
| Arts imp. des | 12 | 47 | L21 *N* |
| Arts pass. des | 14 | 42 | N11 *N* |
| Arts pont des | 1 | 31 | H13-J13 |
| Arts villa des | 18 | 6 | C12 *S* |
| Asile pass. de l' | 11 | 33 | H18 *S* |
| Asile-Popincourt r. de l' | 11 | 33 | H18 *S* |
| Asnières porte d' | 17 | 4 | B8-C8 |
| Assas r. d' | 6 | 42-43 | K12-M13 |
| Asseline r. | 14 | 42 | N11 |
| Assomption r. de l' | 16 | 27-26 | K5-J4 |
| d'Astorg r. | 8 | 18 | F11 |
| Astrolabe imp. de l' | 15 | 42 | L11 |
| Athènes r. d' | 9 | 18 | E12 |
| Atlas pass. de l' | 19 | 21 | F18 *N* |
| Atlas r. de l' | 19 | 21 | F18-E18 |
| Auber r. | 9 | 18 | F12 |
| Aubervilliers imp. d' | 19 | 9 | C17-D17 |
| Aubervilliers porte d' | 19 | 9 | A18 |
| Aubervilliers r. d' | | 9 | D17-A18 |
| n^os^ impairs | 18 | | |
| n^os^ pairs | 19 | | |
| Aublet villa | 17 | 16 | D7-D8 |
| Aubriot r. | 4 | 32 | J16 *N* |
| Aubry cité | 20 | 35 | J21 *N* |
| Aubry-le-Boucher r. | 4 | 32 | H15 *S* |
| Aude r. de l' | 14 | 55 | P13 *S* |
| Audran r. | 18 | 7-19 | D13 *N* |
| Audubon r. | 12 | 45 | L17-L18 |
| Auger r. | 20 | 35 | K21 |
| Augereau r. | 7 | 28-29 | J8-J9 |
| Auguste-Barbier r. | 11 | 21 | G18 |
| Auguste-Baron pl. | 19 | 10 | A20 |
| Auguste-Bartholdi r. | 15 | 28 | K7-K8 |
| Auguste-Blanqui bd | 13 | 56-55 | P15-N14 |
| Auguste-Blanqui villa | 13 | 57 | P17 *N* |
| Auguste-Cain r. | 14 | 54 | P11 *S* |
| Auguste-Chabrières cité | 15 | 40 | N7 |
| Auguste-Chabrières r. | 15 | 40 | N7 |
| Auguste-Chapuis r. | 20 | 36 | J23 |
| Auguste-Comte r. | 6 | 43 | L13 |
| Auguste-Dorchain r. | 15 | 40 | L8 |
| Auguste-Lançon r. | 13 | 55 | R14 |
| Auguste-Laurent r. | 11 | 34 | J19 *N* |
| Auguste-Maquet r. | 16 | 38 | M4 |
| Auguste-Métivier pl. | 20 | 34 | H20 |
| Auguste-Mie r. | 14 | 42 | M11 *S* |
| Auguste-Perret r. | 13 | 56 | R16 *N* |
| Auguste-Renoir sq. | 14 | 53 | P9 |
| Auguste-Vacquerie r. | 16 | 16 | F8-G7 |
| Auguste-Vitu r. | 15 | 39 | L5 |
| Augustin-Thierry r. | 19 | 23 | E21 *S* |
| Aumale r. d' | 9 | 19 | E13 |
| Aumont r. | 13 | 56 | P16 *S* |
| Aumont-Thiéville r. | 17 | 16 | D7 |
| Aunay imp. d' | 11 | 34 | H20 *S* |
| d'Aurelle-de-Paladines bd | 17 | 15 | D6 *S* |
| Austerlitz cité d' | 5 | 45-44 | M17 *S* |
| Austerlitz pont d' | 12 | 45 | L17 |
| Austerlitz port d' | 13 | 45 | M18-L17 |
| Austerlitz quai d' | 13 | 45 | M18-L17 |
| Austerlitz r. d' | 12 | 45 | L18 *N* |

| Nom | Arrondissement | Plan n° | Repère |
|---|---|---|---|
| Auteuil bd d' | | 37 | L2-L1 |
| nos 1-7 et 4 | 16 | | |
| autres nos | Boulogne | | |
| Auteuil pl. d' | 16 | 38 | L4 *N* |
| Auteuil port d' | 16 | 39-38 | K5-M4 |
| Auteuil porte d' | 16 | 37 | K2 |
| Auteuil r. d' | 16 | 38 | L4-K3 |
| Ave Maria r. de l' | 4 | 32 | K16 *N* |

| Nom | Arrondissement | Plan n° | Repère |
|---|---|---|---|
| Avenir cité de l' | 11 | 34 | G19 *S* |
| Avenir r. de l' | 20 | 23 | F21 *S* |
| Avenue-du-Bois sq. de l' | 16 | 16-15 | F7-F6 |
| Avenue-Foch sq. de l' | 16 | 15 | F5 |
| Aveyron sq. de l' | 17 | 4 | C8 |
| Avre r. de l' | 15 | 40 | K8 *S* |
| Avron r. d' | 20 | 35-36 | K21-J23 |
| Azaïs r. | 18 | 7 | D14 *N* |

# b

| | | | |
|---|---|---|---|
| Babylone r. de | 7 | 30-29 | K12-K10 |
| Bac r. du | 7 | 30 | H12-K11 |
| Bachaumont r. | 2 | 31 | G14 *S* |
| Bachelet r. | 18 | 7 | C14 |
| Bagnolet porte de | 20 | 36 | G23 |
| Bagnolet r. de | 20 | 35-36 | J21-H23 |
| Baigneur r. du | 18 | 7 | C14 |
| Baillet r. | 1 | 31 | H14 *S* |
| Bailleul r. | 1 | 31 | H14 |
| Baillou r. | 14 | 54 | P11 |
| Bailly r. | 3 | 32 | G16 *S* |
| Balard pl. | 15 | 39 | M5 *S* |
| Balard r. | 15 | 39 | L5-M5 |
| Baleine imp. de la | 11 | 22-34 | G19 |
| Balkans r. des | 20 | 35 | H22 |
| Ballu r. | 9 | 18 | D12 *S* |
| Ballu villa | 9 | 18 | D12 *S* |
| Balny-d'Avricourt r. | 17 | 16 | D8 |
| Baltard r. | 1 | 31 | H14 |
| Balzac r. | 8 | 16-17 | F8-E9 |
| Banque r. de la | 2 | 19-31 | G14 |
| Banquier r. du | 13 | 44 | N16-N15 |
| Baptiste-Renard r. | 13 | 57 | P17 |
| Barbanègre r. | 19 | 10 | C19-B19 |
| Barbès bd | 18 | 20-8 | D15-C15 |
| Barbet-de-Jouy r. | 7 | 30 | J11-K11 |
| Barbette r. | 3 | 32 | J16-H16 |
| Barbey-d'Aurevilly av. | 7 | 28 | J8 |
| Barcelone pl. de | 16 | 39 | K5-L5 |
| Bardinet r. | 14 | 53 | P10 *N* |
| Bargue r. | 15 | 41 | M9-M10 |
| Baron r. | 17 | 6 | B11 |
| Barrault pass. | 13 | 56 | P15 |
| Barrault r. | 13 | 56-55 | P15-R14 |
| Barrelet-de-Ricou r. | 19 | 22 | E19 *S* |
| Barres r. des | 4 | 32 | J16 |
| Barrier imp. | 12 | 46 | K19 *S* |
| Barrois pass. | 3 | 32 | H16-G16 |
| Barthélemy pass. | 10 | 21 | D17 |
| Barthélemy r. | 15 | 41 | L10 |
| Barye r. | 17 | 17 | D9 *S* |
| Basfour pass. | 2 | 32 | G15 *S* |
| Basfroi pass. | 11 | 34 | J19 |
| Basfroi r. | 11 | 34 | J19 |
| Basilide-Fossard imp. | 20 | 23 | F22-G22 |
| Bassano r. de | | 16 | G8-F8 |
| nos 1-21, 2-32 | 16 | | |
| nos 23-fin, 34-fin | 8 | | |
| Basse-des-Carmes r. | 5 | 44 | K15 *S* |
| Bassompierre r. | 4 | 33 | K17 |

| | | | |
|---|---|---|---|
| Baste r. | 19 | 21 | E18-D18 |
| Bastien-Lepage r. | 16 | 38 | K4 *S* |
| Bastille bd de la | 12 | 45-33 | L17-K17 |
| Bastille pl. de la | | 33 | J17-K17 |
| nos impairs | 4 | | |
| nos 2, 4, 6 | 12 | | |
| nos 8-14 | 11 | | |
| Bastille r. de la | 4 | 33 | J17 |
| Bataillon-du-Pacifique pl. du | 12 | 46 | M19 |
| Bataillon-Français-de-l'O.N.U.-en-Corée pl. du | 4 | 32 | J16 *S* |
| Batignolles bd des | | 18 | D12-D11 |
| nos impairs | 8 | | |
| nos pairs | 17 | | |
| Batignolles r. des | 17 | 6-18 | D11 |
| Batignolles sq. des | 17 | 5 | C 10 |
| Bauches r. des | 16 | 27 | J5 |
| Baudelique r. | 18 | 8 | B15 *S* |
| Baudoin r. | 13 | 57 | N17 *S* |
| Baudoyer pl. | 4 | 32 | J16 |
| Baudran imp. | 13 | 56 | R16 *N* |
| Baudricourt imp. | 13 | 57-56 | R17-P16 |
| Baudricourt r. | 13 | 57-56 | P17-R16 |
| Bauer cité | 14 | 54 | N11 *S* |
| Baulant r. | 12 | 46 | M20 *N* |
| Baumann villa | 20 | 23 | G22 *N* |
| Bausset r. | 15 | 40 | M8 |
| Bayard r. | 8 | 29 | G9 |
| Bayen r. | 17 | 16 | E8-D7 |
| Bazeilles r. de | 5 | 44 | M15 |
| Béarn r. de | 3 | 33 | J17 |
| Béatrix-Dussane r. | 15 | 28-40 | K7 |
| Beaubourg imp. | 3 | 32 | H15 |
| Beaubourg r. | | 32 | H15-G16 |
| nos 1-19 et 2-20 | 4 | | |
| nos 21-fin et 22-fin | 3 | | |
| Beauce r. de | 3 | 32 | H16 *N* |
| Beaucour av. | 8 | 16-17 | E8-E9 |
| Beaufils pass. | 20 | 35 | K22 *N* |
| Beaugrenelle r. | 15 | 39 | K6-L6 |
| Beauharnais cité | 11 | 34 | J20 *S* |
| Beaujolais galerie de | 1 | 31 | G13 *S* |
| Beaujolais pass. de | 1 | 31 | G13 |
| Beaujolais r. de | 1 | 31 | G13 |
| Beaujon r. | 8 | 16 | F8 *N* |
| Beaujon sq. | 8 | 17 | F10-E10 |
| Beaumarchais bd | | 33 | J17-H17 |
| nos 1-31 | 4 | | |
| nos 33-fin | 3 | | |
| nos pairs | 11 | | |

| Nom | Arrondissement | Plan n° | Repère |
|---|---|---|---|
| Beaune r. de | 7 | 30 | H12-J12 |
| Beaunier r. | 14 | 54 | R12 *N* |
| Beauregard r. | 2 | 20 | G15 *N* |
| Beaurepaire cité | 2 | 32 | G15 *S* |
| Beaurepaire r. | 10 | 21 | G17-F17 |
| Beauséjour bd de | 16 | 26 | J4 *N* |
| Beauséjour villa de | 16 | 26 | J4 *N* |
| Beautreillis r. | 4 | 33 | K17-J17 |
| Beauvau pl. | 8 | 17 | F10 *S* |
| Beaux-Arts r. des | 6 | 31 | J13 |
| Beccaria r. | 12 | 46 | L19-K19 |
| Becquerel r. | 18 | 7 | C14 |
| Beethoven r. | 16 | 28-27 | J7-H6 |
| Bel-Air av. du | 12 | 47 | L21 *N* |
| Bel-Air cour du | 12 | 33 | K18 |
| Bel-Air villa du | 12 | 48 | L23-M23 |
| Béla-Bartok sq. | 15 | 27 | K6 |
| Belfort r. de | 11 | 34 | J19-J20 |
| Belgrade r. de | 7 | 29-28 | J9-J8 |
| Belgrand r. | 20 | 35-36 | G21-G23 |
| Belhomme r. | 18 | 20 | D15 |
| Belidor r. | 17 | 15 | E6 *N* |
| Bellart r. | 15 | 41 | L9 *N* |
| Bellechasse r. de | 7 | 30 | H12-J11 |
| Bellefond r. de | 9 | 20-19 | E15-E14 |
| Belles-Feuilles imp. des | 16 | 15 | G6 *N* |
| Belles-Feuilles r. des | 16 | 27-15 | G6-F5 |
| Belleville bd de | | 34-22 | G19-F19 |
| n$^{os}$ impairs | 11 | | |
| n$^{os}$ pairs | 20 | | |
| Belleville parc de | 20 | 22 | F 19-F 20 |
| Belleville r. de | | 22-23 | F19-E22 |
| n$^{os}$ impairs | 19 | | |
| n$^{os}$ pairs | 20 | | |
| Bellevue r. de | 19 | 23 | E21 |
| Bellevue villa de | 19 | 23 | E21 *N* |
| Belliard r. | 18 | 8-6 | A15-B12 |
| Belliard villa | 18 | 6 | B12 |
| Bellier-Dedouvre r. | 13 | 56 | R15 *N* |
| de Bellièvre r. | 13 | 45 | M18 *S* |
| Bellini r. | 16 | 27 | H6 |
| Bellot r. | 19 | 9 | D17 *N* |
| de Belloy r. | 16 | 16 | G7 *N* |
| Belvédère av. du | 19 | 11 | D21 |
| de Belzunce r. | 10 | 20 | E15 |
| Ben-Aïad pass. | 2 | 31 | G14 *S* |
| Bénard r. | 14 | 54 | N11 *S* |
| Benjamin-Constant r. | 19 | 10 | B19 |
| Benjamin-Franklin r. | 16 | 27 | H6 |
| Benjamin-Godard r. | 16 | 27 | G5 *S* |
| Benouville r. | 16 | 15 | G5 *N* |
| Béranger hameau | 16 | 27 | K5 *N* |
| Béranger r. | 3 | 33 | G17 *S* |
| Bérard cour | 4 | 33 | J17 *S* |
| Berbier-du-Mets r. | 13 | 44 | N15 *N* |
| Bercy allée de | 12 | 45-46 | L18 |
| Bercy bd de | 12 | 45-46 | M18-20 |
| Bercy pont de | 12 | 45 | M18 |
| Bercy port de | 12 | 58-45 | P20-M18 |
| Bercy porte de | 12 | 58-59 | P20-P21 |
| Bercy quai de | 12 | 58-45 | P20-M18 |
| Bercy r. de | 12 | 46-45 | N20-K17 |
| Bergame imp. de | 20 | 35 | J21-K21 |
| Berger r. | 1 | 32-31 | H15-H14 |
| Bergère cité | 9 | 19 | F14 |
| Bergère r. | 9 | 20-19 | F15-F14 |
| Bergers r. des | 15 | 39 | L6-M6 |

| Nom | Arrondissement | Plan n° | Repère |
|---|---|---|---|
| Bérite r. de | 6 | 42 | K11-L11 |
| Berlioz r. | 16 | 15 | F6-E6 |
| Bernard-de-Clairvaux r. | 3 | 32 | H15 |
| Bernard-de-Ventadour r. | 14 | 41 | N10 |
| Bernard-Halpern pl. | 5 | 44 | M15 |
| Bernard-Lacache r. | 12 | 48 | L23-L24 |
| Bernard-Palissy r. | 6 | 31-30 | K13-K12 |
| Bernardins r. des | 5 | 32-44 | K15 |
| Berne r. de | 8 | 18 | E11-D11 |
| Bernouilli r. | 8 | 18 | E11 *N* |
| Berri r. de | 8 | 17 | F9 |
| Berryer cité | 8 | 18 | G11 *N* |
| Berryer r. | 8 | 17 | F9-E9 |
| Berthaud imp. | 3 | 32 | H15 |
| Berthe r. | 18 | 7 | D14-D13 |
| Berthie-Albrecht av. | 8 | 16 | F8-E8 |
| Berthier bd | 17 | 5-4 | B10-D7 |
| Berthier villa | 17 | 4 | D7 *N* |
| Berthollet r. | 5 | 43 | M14 |
| Bertin-Poirée r. | 1 | 31 | J14-H14 |
| Berton r. | 16 | 27 | J6 |
| Bertrand cité | 11 | 34 | H19 *N* |
| Bervic r. | 18 | 20 | D15 |
| Berzélius pass. | 17 | 6 | B11 |
| Berzélius r. | 17 | 6 | C11-B11 |
| Beslay pass. | 11 | 33 | H18 *N* |
| Bessières bd | 17 | 6-5 | B12-B10 |
| Bessières r. | 17 | 5 | B10 |
| Bessin r. du | 15 | 53 | N9-P9 |
| Béthune quai de | 4 | 32 | K16 |
| Beudant r. | 17 | 18 | D11 *S* |
| Bezout r. | 14 | 55-54 | P13-P12 |
| Bichat r. | 10 | 21 | G17-F17 |
| Bidassoa r. de la | 20 | 35-22 | G21-G20 |
| Bidault ruelle | 12 | 46 | L19 |
| Blenaimé cité | 18 | 7 | B13 *N* |
| Bienfaisance r. de la | 8 | 18-17 | E11-E10 |
| Bienvenüe pl. | 15 | 42 | L11 *S* |
| Bièvre r. de | 5 | 32-44 | K15 |
| Bignon r. | 12 | 46 | M20 |
| Bigorre r. de | 14 | 54 | P12 |
| Binder pass. | 19 | 22 | D19 |
| Biot r. | 17 | 18 | D12 |
| Bir-Hakeim pont de | 16 | 27-28 | J6-J7 |
| Birague r. de | 4 | 33 | J17 *S* |
| Biscornet r. | 12 | 33-45 | K18-K17 |
| Bisson r. | 20 | 22 | F19 *S* |
| Bitche pl. de | 19 | 10 | C19 |
| Bixio r. | 7 | 29 | K10 *N* |
| Bizerte r. de | 17 | 6-18 | D11 *N* |
| Blainville r. | 5 | 44 | L15 |
| Blaise-Cendrars allée | 1 | 31 | H14 |
| Blaise-Desgoffe r. | 6 | 42 | L12-L11 |
| Blanchard r. | 20 | 36 | J23 *N* |
| Blanche cité | 14 | 53 | P9 *N* |
| Blanche pl. | 9 | 19-18 | D13-D12 |
| Blanche r. | 9 | 19-18 | E13-D12 |
| Blanche-Antoinette r. | 19 | 22 | D20 *S* |
| Blancs-Manteaux r. des | 4 | 32 | J16-H15 |
| Bleue r. | 9 | 20-19 | E15-E14 |
| Blomet r. | 15 | 41-40 | L9-M7 |
| Blondel r. | 3 | 20 | G16-G15 |
| Bluets r. des | 11 | 34 | H19-G19 |
| Bobillot r. | 13 | 56 | P15-R15 |
| Bocage r. du | 15 | 53 | P9 *N* |
| Boccador r. du | 8 | 29-28 | G9-G8 |
| Bochart-de-Saron r. | 9 | 19 | E14-D14 |

| Nom | Arrondissement | Plan n° | Repère |
|---|---|---|---|
| Boërs villa des | 19 | 22 | E20-D20 |
| Bœuf imp. du | 4 | 32 | H15 *S* |
| Bœufs imp. des | 5 | 44 | K15 *S* |
| Boïeldieu pl. | 2 | 19 | F13 *S* |
| Boileau hameau | 16 | 38 | L3 |
| Boileau r. | 16 | 38 | L4-M3 |
| Boileau villa | 16 | 38 | L3 |
| Boinod r. | 18 | 8 | C15-B15 |
| Bois r. des | 19 | 23 | E21-E22 |
| Bois-de-Boulogne r. du | 16 | 16-15 | F7-F6 |
| Bois-le-Prêtre bd du | | 6 | A11 |
| nos 1-51, 2-42 | 17 | | |
| nos 53-fin, 42 bis-fin | Clichy | | |
| Bois-le-Vent r. | 16 | 27 | J5 *N* |
| Boissière r. | 16 | 28-15 | G7-G6 |
| Boissière villa | 16 | 28 | G7 *S* |
| Boissieu r. | 18 | 20 | D15 |
| Boissonade r. | 14 | 43-42 | M13-12 |
| Boissy-d'Anglas r. | 8 | 18 | G11-F11 |
| Boiton pass. | 13 | 56 | P15 *S* |
| Bolivar sq. | 19 | 22 | F19-E19 |
| Bon-Secours imp. | 11 | 34 | J19 |
| Bonaparte r. | 6 | 31-43 | J13-K13 |
| Bonne r. de la | 18 | 7 | C14 *S* |
| Bonne-Graine pass. de la | 11 | 33 | K18 *N* |
| Bonne-Nouvelle bd de | | 20 | G15-F15 |
| nos impairs | 2 | | |
| nos pairs | 10 | | |
| Bonne-Nouvelle imp. de | 10 | 20 | F15 *S* |
| Bonnet r. | 18 | 7 | B13 *N* |
| Bons-Enfants r. des | 1 | 31 | H13 *N* |
| Borda r. | 3 | 32 | G16 *S* |
| Borrégo r. du | 20 | 23 | F21-F22 |
| Borrégo villa du | 20 | 23 | F22 |
| Borromée r. | 15 | 41 | M9 *N* |
| Bosio r. | 16 | 38 | K4 *S* |
| Bosquet av. | 7 | 29 | H9-J9 |
| Bosquet r. | 7 | 29 | J9 |
| Bosquet villa | 7 | 29 | H9 |
| Bossuet r. | 10 | 20 | E15 |
| Botha r. | 20 | 22 | F20 *S* |
| Botzaris r. | 19 | 22 | E19-E20 |
| Bouchardon r. | 10 | 20 | G16-F16 |
| Boucher r. | 1 | 31 | H14 *S* |
| Bouchut r. | 15 | 41 | L9-L10 |
| Boucicaut r. | 15 | 39 | L6 *S* |
| Boucicaut sq. | 7 | 30 | K 12 |
| Boucry r. | 18 | 9-8 | B17-B16 |
| Boudin pass. | 20 | 23 | G22 *N* |
| Boudon av. | 16 | 26-38 | K4 *S* |
| Boudreau r. | 9 | 18 | F12 |
| Boufflers av. de | 16 | 26-38 | K3 |
| Bougainville r. | 7 | 29 | J9 |
| Bouilloux-Lafont r. | 15 | 39 | M6-M5 |
| Boulainvilliers hameau | 16 | 27 | J5 *S* |
| Boulainvilliers r. de | 16 | 27 | K5-J5 |
| Boulangers r. des | 5 | 44 | L15 |
| Boulard r. | 14 | 42-54 | N12 |
| Boulay pass. | 17 | 6 | B11 |
| Boulay r. | 17 | 5-6 | B10-B11 |
| Boule-Blanche pass. | 12 | 33 | K18 *N* |
| Boule-Rouge r de la | 9 | 19 | F14 |
| Boule-Rouge imp. de la | 9 | 19 | F14 |
| Bouleaux sq. des | 19 | 21 | D 18 |
| Boulets r. des | 11 | 34-46 | K20 |
| Boulitte r. | 14 | 53-54 | P10-P11 |

| Nom | Arrondissement | Plan n° | Repère |
|---|---|---|---|
| Boulle r. | 11 | 33 | J18 |
| Boulnois pl. | 17 | 16 | E8 |
| Bouloi r. du | 1 | 31 | H14 *N* |
| Bouquet-de-Longchamp r. | 16 | 28 | G7 *S* |
| Bourbon quai de | 4 | 32 | K16-J15 |
| Bourbon-le-Château r. de | 6 | 31 | J13 *S* |
| Bourdaloue r. | 9 | 19 | E13 *S* |
| Bourdin imp. | 8 | 17-29 | G9 |
| Bourdon bd | 4 | 33-45 | K17 |
| Bourdonnais imp. des | 1 | 31 | H14 *S* |
| Bourdonnais r. des | 1 | 31 | J14-H14 |
| Bouret r. | 19 | 21 | E18-D18 |
| Bourg-l'Abbé pass. du | 2 | 32 | G15 *S* |
| Bourg-l'Abbé r. du | 3 | 32 | H15 *N* |
| Bourg-Tibourg r. du | 4 | 32 | J16 |
| Bourgogne r. de | 7 | 30-29 | H11-J10 |
| Bourgoin imp. | 13 | 57 | R17 *N* |
| Bourgoin pass. | 13 | 57 | R17 *N* |
| Bourgon r. | 13 | 56 | R16 |
| Boursault imp. | 17 | 18 | D11 *S* |
| Boursault r. | 17 | 6-18 | D11 |
| Bourse pl. de la | 2 | 19 | G14 *N* |
| Bourse r. de la | 2 | 19 | G14-G13 |
| Bourseul r. | 15 | 41-40 | M9-M8 |
| Boussingault r. | 13 | 55 | R14-P14 |
| Boutarel r. | 4 | 32 | K15 *N* |
| Boutebrie r. | 5 | 31 | K14 |
| Boutin r. | 13 | 55 | P14 |
| Boutron imp. | 10 | 20-21 | E16-E17 |
| Boutroux av. | 13 | 57 | R18 |
| Bouvart imp. | 5 | 43 | K14 *S* |
| Bouvier imp. | 11 | 34 | K20 *N* |
| Bouvines av. de | 11 | 35-47 | K21 |
| Bouvines r. de | 11 | 35-47 | K21 |
| Boy-Zelenski r. | 10 | 21 | E17 |
| Boyer r. | 20 | 35-22 | G21-G20 |
| Boyer-Barret r. | 14 | 42-54 | N11 *S* |
| Brady pass. | 10 | 20 | F16-F15 |
| Brancion porte | 15 | 52 | P8 |
| Brancion r. | 15 | 41-52 | N9-P8 |
| Brancion sq. | 15 | 52 | P8 |
| Branly quai | | 28 | H8-J7 |
| nos 1-17 | 7 | | |
| nos 73-fin | 15 | | |
| Brantôme pass. | 3 | 32 | H15 |
| Brantôme r. | 3 | 32 | H15 |
| Braque r. de | 3 | 32 | H16 *S* |
| Brazzaville pl. de | 15 | 27 | K6 |
| Bréa r. | 6 | 42 | L12 *S* |
| Brêche-aux-Loups r. | 12 | 47 | N21-M21 |
| Bréguet r. | 11 | 33 | J18 |
| Brémontier r. | 17 | 17 | D9 |
| Brésil pl. du | 17 | 17 | D9 |
| Bresse sq. de la | 16 | 38 | M3 *S* |
| Bretagne r. de | 3 | 33-32 | H17-G16 |
| Breteuil av. de | | 29-41 | K10-L10 |
| nos 1-69, 2-76 | 7 | | |
| nos 71-fin, 78-fin | 15 | | |
| Breteuil pl. de | | 41 | L10 *N* |
| nos 1-11, 2 seulement | 7 | | |
| nos 13-fin, 4-fin | 15 | | |
| Bretonneau r. | 20 | 23-35 | G22 |
| Bretons cour des | 10 | 21 | F18 *S* |
| Bretonvilliers r. de | 4 | 32 | K16 |
| Brey r. | 17 | 16 | E8 *S* |
| Brézin r. | 14 | 54 | P12-N12 |

| Nom | Arrondissement | Plan n° | Repère |
|---|---|---|---|
| Briare imp. | 9 | 19 | E14 *S* |
| Bridaine r. | 17 | 6 | D11 *N* |
| Brio pass. de la | 19 | 21 | E18 *N* |
| Briens sentier | 12 | 47 | L22 |
| Brignole r. | 16 | 28 | G8 *S* |
| Brillat-Savarin r. | 13 | 56-55 | R15-R14 |
| Briquet pass. | 18 | 19 | D14 |
| Briquet r. | 18 | 19 | D14 |
| Briqueterie r. de la | 14 | 53 | P9 *S* |
| Brisemiche r. | 4 | 32 | H15 |
| Brissac r. de | 4 | 45 | K17 *S* |
| Brizeux sq. | 20 | 23 | F21-G21 |
| Broca r. | | 44-43 | M15-N14 |
| n$^{os}$ 1-49, 2-52 | 5 | | |
| n$^{os}$ 51-fin, 54-fin | 13 | | |
| Brochant r. | 17 | 5-6 | C10-C11 |
| Brongniart r. | 2 | 19 | G14 *N* |
| de Brosse r. | 4 | 32 | J15 |
| Brouillards allée des | 18 | 7 | C13 |
| Broussais r. | 14 | 55 | P13 |
| Brown-Séquard r. | 15 | 41 | M10 *N* |
| Bruant r. | 13 | 45 | N17 *N* |
| Bruller r. | 14 | 55 | P13 |
| Brulon pass. | 12 | 34-46 | K19 |
| Brune bd | 14 | 53-54 | P9-R12 |
| Brune villa | 14 | 54 | P11 *S* |
| Brunel r. | 17 | 16 | E7 |
| Bruneseau r. | 13 | 58 | R20-R19 |
| Brunet porte | 19 | 23 | D21 |

| Nom | Arrondissement | Plan n° | Repère |
|---|---|---|---|
| Brunetière av. | 17 | 4 | C8 |
| Brunoy pass. | 12 | 46 | L19 |
| Bruxelles r. de | 9 | 18 | D12 |
| Bucarest r. de | 8 | 18 | E12 *N* |
| Bûcherie r. de la | 5 | 32-31 | K15-K14 |
| de Buci carr. | 6 | 31 | J13 *S* |
| de Buci r. | 6 | 31 | J13 *S* |
| Budapest pl. de | 9 | 18 | E12 |
| Budapest r. de | 9 | 18 | E12 *S* |
| Budé r. | 4 | 32 | K16 |
| Buenos Aires r. de | 7 | 28 | J7 |
| Buffault r. | 9 | 19 | F14-E14 |
| Buffon r. | 5 | 45-44 | L17-M16 |
| Bugeaud av. | 16 | 15 | G6-F5 |
| Buis r. du | 16 | 38 | L4 *N* |
| Buisson-St-Louis pass. | 10 | 21 | F18 |
| Buisson-St-Louis r. du | 10 | 21 | F18 |
| Bullourde pass. | 11 | 33-34 | J18-J19 |
| Buot r. | 13 | 56 | P15 *S* |
| Bureau imp. du | 11 | 35 | K21 *N* |
| Bureau pass. du | 11 | 35 | J21 *S* |
| Burnouf r. | 19 | 21 | F18-E18 |
| Burq r. | 18 | 7 | D13-C13 |
| Butte-aux-Cailles r. | 13 | 56 | P15 |
| Butte du Chapeau Rouge sq. de la | 19 | 23 | D 21 |
| Buttes Chaumont parc des | 19 | 22 | E 19 |
| Buzelin r. | 18 | 9 | C17 |
| Buzenval r. de | 20 | 47-35 | K22-J21 |

# C

| | | | |
|---|---|---|---|
| Cabanis r. | 14 | 55 | P14-P13 |
| Cacheux r. | 13 | 55 | R14 *S* |
| Cadet r. | 9 | 19 | F14-E14 |
| Cadix r. de | 15 | 40 | N7 |
| Cadran imp. du | 18 | 19 | D14 |
| Caffarelli r. | 3 | 32-33 | H16-H17 |
| Caffieri av. | 13 | 56 | R15-S15 |
| Cahors r. de | 19 | 11 | D21 *N* |
| Cail r. | 10 | 20 | D16 |
| Caillard imp. | 11 | 33 | J18 *S* |
| Caillaux r. | 13 | 56 | R16 |
| Cailletet r. | 12 | 48 | L23-M24 |
| Caillié r. | 18 | 9-21 | D17 *N* |
| Caire pass. du | 2 | 20 | G15 |
| Caire pl. du | 2 | 20 | G15 |
| Caire r. du | 2 | 32-20 | G15 |
| Calais r. de | 9 | 18 | D12 |
| Calmels imp. | 18 | 7 | B13 |
| Calmels r. | 18 | 7 | B14-B13 |
| Calmels prolongée r. | 18 | 7 | B13 *S* |
| Calvaire pl. du | 18 | 7 | D14 *N* |
| Calvaire r. du | 18 | 7 | D14 |
| Cambacérès r. | 8 | 18 | F11 |
| Cambo r. de | 19 | 23 | E21 |
| Cambodge r. du | 20 | 35 | G21 *S* |
| Cambon r. | 1 | 18-30 | G12 |
| Cambrai r. de | 19 | 10 | B19 |
| Cambronne pl. | 15 | 40 | K8-L8 |
| Cambronne r. | 15 | 40-41 | L8-M9 |
| Camélias r. des | 14 | 53 | P9 |

| | | | |
|---|---|---|---|
| Camille-Blaisot r. | 17 | 6 | A12 |
| Camille-Desmoulins r. | 11 | 34 | J19-H19 |
| Camille-Flammarion r. | 18 | 7 | A13-A14 |
| Camille-Jullian pl. | 6 | 43 | M13 *N* |
| Camille-Tahan r. | 18 | 6 | D12 |
| de Camoëns av. | 16 | 27 | H6 *S* |
| Campagne-Première r. | 14 | 43-42 | M13-M12 |
| Campo-Formio r. de | 13 | 44 | N16 |
| Camulogène r. | 15 | 53 | P9 |
| Canada pl. du | 8 | 29 | G10 |
| Canada r. du | 18 | 9 | C17 |
| Canart imp. | 12 | 48 | L23 |
| Candie r. de | 11 | 34 | K19 |
| de Candolle r. | 5 | 44 | M15 |
| Canettes r. des | 6 | 31 | K13 *N* |
| du Cange r. | 14 | 41 | N10 |
| Canivet r. du | 6 | 31-43 | K13 |
| Cannebière r. | 12 | 47 | M21 *S* |
| Cantagrel r. | 13 | 57 | P18 *S* |
| Cantal cour du | 11 | 33 | J18 *S* |
| Capitaine-Ferber r. du | 20 | 35-36 | G22-G23 |
| Capitaine-Lagache r. du | 17 | 6 | C12-B12 |
| Capitaine-Madon r. du | 18 | 6 | C12 |
| Capitaine-Marchal r. du | 20 | 23-35 | G22 |
| Capitaine-Ménard r. du | 15 | 39 | L6 |
| Capitaine-Olchanski r. du | 16 | 26-38 | K4 *S* |
| Capitaine-Scott r. du | 15 | 28 | J7 *S* |
| Capitaine-Tarron r. du | 20 | 36 | G23 *S* |
| Caplat r. | 18 | 20 | D15 |
| Caporal-Peugeot r. du | 17 | 4 | C7 *S* |

| Nom | Arrondissement | Plan n° | Repère |
|---|---|---|---|
| Capri r. de | 12 | 47 | N21 *N* |
| Capron r. | 18 | 6 | D12 *N* |
| Capucines bd des | | 19-18 | F13-F12 |
| n^os^ impairs | 2 | | |
| n^os^ pairs | 9 | | |
| Capucines r. des | | 18 | G12 *N* |
| n^os^ impairs | 1 | | |
| n^os^ pairs | 2 | | |
| Carcel r. | 15 | 40 | M8 |
| Cardan r. | 17 | 6-5 | B11-B10 |
| Cardeurs sq. des | 20 | 35-36 | J22-J23 |
| Cardinal-Amette pl. du | 15 | 28 | K8 |
| Cardinal-Dubois r. du | 18 | 7 | D14 *N* |
| Cardinal-Guibert r. du | 18 | 7 | D14-C14 |
| Cardinal-Lavigerie pl. du | 12 | 47 | N22 |
| Cardinal-Lemoine cité du | 5 | 44 | K15 *S* |
| Cardinal-Lemoine r. du | 5 | 44 | K15-L15 |
| Cardinal-Mercier r. du | 9 | 18 | E12-D12 |
| Cardinale r. | 6 | 31 | J13 *S* |
| Cardinet pass. | 17 | 5 | D10 |
| Cardinet r. | 17 | 16-6 | D8-C11 |
| Carducci r. | 19 | 22 | E20 |
| Carlo-Sarrabezolles r. | 15 | 38 | M4-N4 |
| Carmes r. des | 5 | 44-43 | K15-K14 |
| Carnot av. | 17 | 16 | F7-E7 |
| Carnot bd | 12 | 48 | L23-M23 |
| Caroline r. | 17 | 18 | D12-D11 |
| Carolus-Duran r. | 19 | 23 | E22 |
| Caron r. | 4 | 33 | J17 |
| Carpeaux r. | 18 | 6-7 | C12-C13 |
| Carpeaux sq. | 18 | 6 | C 12 |
| Carrier-Belleuse r. | 15 | 41-40 | L9-L8 |
| Carrière-Mainguet imp. | 11 | 34 | J20 |
| Carrières imp. des | 16 | 27 | J6 *N* |
| Carrières-d'Amérique r. | 19 | 11-23 | D21 |
| Carrousel jardin du | 1 | 30 | H 12 |
| Carrousel pl. du | 1 | 31 | H13 |
| Carrousel pont du | 1 | 31 | H13-J13 |
| Cartellier av. | 20 | 36 | G23-H23 |
| Casablanca r. de | 15 | 40 | M7 |
| Cascades r. des | 20 | 22 | G20-F20 |
| Casimir-Delavigne r. | 6 | 31 | K13 |
| Casimir-Pèrier r. | 7 | 30 | H11-J11 |
| Cassette r. | 6 | 42 | K12 |
| Cassini r. | 14 | 43 | M13 *S* |
| Castagnary r. | 15 | 41-53 | N10-P9 |
| Casteggio imp. de | 20 | 35 | J21 *S* |
| Castel villa | 20 | 22 | F 20 *S* |
| de Castellane r. | 8 | 18 | F12-F11 |
| Castex r. | 4 | 33 | K17-J17 |
| Castiglione r. de | 1 | 30 | G12 *S* |
| Catalogne pl. de | 14 | 42 | M11 |
| Catinat r. | 1 | 31 | G14 *S* |
| Catulle-Mendès r. | 17 | 4 | D7-C7 |
| Cauchois r. | 18 | 7-19 | D13 *N* |
| Cauchy r. | 15 | 39 | L5-M6 |
| Caulaincourt r. | 18 | 6-7 | D12-C14 |
| Caulaincourt sq. | 18 | 7 | C13 |
| de Caumartin r. | 9 | 18 | F12-E12 |
| Cavalerie r. de la | 15 | 28-40 | K8 |
| Cavallotti r. | 18 | 6 | D12 *N* |
| Cavé r. | 18 | 8 | C16-C15 |
| Cavendish r. | 19 | 22 | D19 |
| Cazotte r. | 18 | 7-19 | D14 *N* |
| Célestins port des | 4 | 32 | K16 *N* |

| Nom | Arrondissement | Plan n° | Repère |
|---|---|---|---|
| Célestins quai des | 4 | 32 | K16 *N* |
| Cels imp. | 14 | 42 | N11 *N* |
| Cels r. | 14 | 42 | N12-M11 |
| Cendriers r. des | 20 | 34 | G20 |
| Censier r. | 5 | 44 | M16-M15 |
| Cépré r. | 15 | 41 | L9 *N* |
| Cerisaie r. de la | 4 | 33 | K17 |
| Cerisoles r. de | 8 | 17 | G9 *N* |
| Cernuschi r. | 17 | 5 | D9-C9 |
| César-Caire av. | 8 | 18 | E11 *S* |
| César-Franck r. | 15 | 41 | L10-L9 |
| Cesselin imp. | 11 | 34 | K19-K20 |
| Cévennes r. des | 15 | 39 | L5-M6 |
| Chabanais r. | 2 | 31 | G13 |
| Chablis r. de | 12 | 46 | N19-N20 |
| Chabrol cité de | 10 | 20 | E15 *S* |
| Chabrol r. de | 10 | 20 | E16-E15 |
| du Chaffault r. | 12 | 48 | L23-L24 |
| Chaillot r. de | 16 | 16-28 | G8 |
| Chaillot sq. de | 16 | 16 | G8 |
| Chaise r. de la | 7 | 30 | J12-K12 |
| Chalabre imp. | 17 | 5 | B10-C10 |
| Chalet r. du | 10 | 21 | F18 |
| Chalets av. des | 16 | 26 | J4 |
| Chalgrin r. | 16 | 16 | F7 *N* |
| Chaligny r. | 12 | 46 | L19-K19 |
| Chalon cour de | 12 | 45 | L18 |
| Chalon r. de | 12 | 46-45 | L19-L18 |
| Chambertin r. de | 12 | 46 | M19 |
| Chambéry r. de | 15 | 53 | N9-P9 |
| Chambiges r. | 8 | 29 | G9 |
| Chamfort r. | 16 | 26 | K4 |
| Champ-de-l'Alouette r. du | 13 | 55 | N14 *S* |
| Champ-de-Mars parc du | 7 | 28 | J 8 |
| Champ-de-Mars r. du | 7 | 29 | J9 |
| Champ-Marie pass. du | 18 | 7 | B13 *N* |
| Champagne cité | 20 | 35 | J22 *S* |
| Champagny r. de | 7 | 30 | J11 *N* |
| Champaubert av. de | 15 | 28 | K8 |
| Champerret porte de | 17 | 4 | D7 |
| Champfleury r. | 7 | 28 | J8 *S* |
| Championnet pass. | 18 | 7-8 | B14-B15 |
| Championnet r. | 18 | 8-6 | B15-B12 |
| Championnet villa | 18 | 6 | B12 |
| Champollion r. | 5 | 31-43 | K14 *S* |
| Champs galerie des | 8 | 17 | F9 *S* |
| Champs-Elysées av. des | 8 | 30-16 | G11-F8 |
| Champs Elysées carré des | 8 | 29 | G 10 |
| Champs-Élysées port des | 8 | 29 | H10 *N* |
| Champs-Élysées rd-pt des | 8 | 17 | G10-G9 |
| de Chanaleilles r. | 7 | 30 | K11 *N* |
| Chancelier-Adenauer pl. du | 16 | 15 | F5 *S* |
| Chandon imp. | 15 | 40 | M7 |
| Chanez r. | 16 | 38 | L3 *N* |
| Chanez villa | 16 | 38 | L3 *N* |
| Changarnier r. | 12 | 48 | L23 |
| Change pont au | 1 | 31 | J14 |
| Chanoinesse r. | 4 | 32 | K15-J15 |
| Chantemesse av. | 16 | 26 | G4 |
| Chantier pass. du | 12 | 33 | K18 |
| Chantiers r. des | 5 | 44 | K16-K15 |
| Chantilly r. de | 9 | 19 | E14 |
| Chantres r. des | 4 | 32 | J15 *S* |
| Chanvin pass. | 13 | 57 | N18-P17 |
| Chanzy r. | 11 | 34 | K19-K20 |

| Nom | Arrondissement | Plan n° | Repère |
|---|---|---|---|
| Chapelle av. de la | 17 | 15 | E6-D6 |
| Chapelle bd de la | | 21-20 | D17-D15 |
| nos impairs | 10 | | |
| nos pairs | 18 | | |
| Chapelle cité de la | 18 | 8 | C16 *S* |
| Chapelle hameau de la | 18 | 8 | C16 *N* |
| Chapelle imp. de la | 18 | 8 | B16 *S* |
| Chapelle pl. de la | 18 | 20 | D16 |
| Chapelle porte de la | 18 | 8 | A16 |
| Chapelle r. de la | 18 | 8 | C16-A16 |
| Chapon r. | 3 | 32 | H16-H15 |
| Chappe r. | 18 | 19-7 | D14 |
| Chaptal cité | 9 | 19 | E13-D13 |
| Chaptal r. | 9 | 19-18 | E13-D12 |
| Chapu r. | 16 | 38 | M4 *N* |
| Charbonnel r. | 13 | 55 | R14 |
| Charbonnière r. de la | 18 | 20 | D16-D15 |
| Charbonniers pass. des | 15 | 41 | L9-L10 |
| Charcot r. | 13 | 57 | N18-P17 |
| Chardin r. | 16 | 28 | H7-J7 |
| Chardon-Lagache r. | 16 | 38 | L4-M3 |
| Charente quai de la | 19 | 10 | B20-A19 |
| Charenton porte de | 12 | 59 | P22 |
| Charenton r. de | 12 | 33-47 | K18-N21 |
| Charlemagne pass. | 4 | 32 | J16 *S* |
| Charlemagne r. | 4 | 32 | J16 *S* |
| Charles-Albert pass. | 18 | 6 | B12 *N* |
| Charles-Baudelaire r. | 12 | 45-34 | K18-K19 |
| Charles-Bénard villa | 12 | 47 | L22 |
| Charles-Bernard pl. | 18 | 7 | B14 *S* |
| Charles-Bertheau r. | 13 | 57 | R17 |
| Charles-Bossut r. | 12 | 46 | L19 *S* |
| Charles-V r. | 4 | 33-32 | K17-J16 |
| Charles-Cros r. | 20 | 24 | E23 *S* |
| Charles-Dallery pass. | 11 | 34-33 | J19-J18 |
| Charles-de-Foucauld av. | 12 | 47 | N22 |
| Charles-de-Gaulle pl. | 8 | 16 | F7-F8 |
| Charles-Delescluze r. | 11 | 34 | K19 *N* |
| Charles-Dickens r. | 16 | 27 | J6 |
| Charles-Dickens sq. | 16 | 27 | J6 *N* |
| Charles-Divry r. | 14 | 42 | N12 |
| Charles-Dullin pl. | 18 | 19 | D14 |
| Charles-et-Robert r. | 20 | 36 | K23-J23 |
| Charles-Fillion pl. | 17 | 5-6 | C10-C11 |
| Charles-Floquet av. | 7 | 28 | J7-K8 |
| Charles-Fourier r. | 13 | 56 | R15-P15 |
| Charles-Friedel r. | 20 | 23 | F21 |
| Charles-Garnier pl. | 9 | 18 | F12 *S* |
| Charles-Gerhardt r. | 17 | 5 | D9 *N* |
| Charles-Girault av. | 8 | 29 | G10 |
| Charles-Godon cité | 9 | 19 | E14 |
| Charles-Hermite r. | 18 | 9 | A17 |
| Charles-Lamoureux r. | 16 | 15 | G5 *N* |
| Charles-Laurent sq. | 15 | 41 | L9 *S* |
| Charles-Lauth r. | 18 | 9 | A17 |
| Charles-Le-Goffic r. | 14 | 54 | R11 |
| Charles-Lecocq r. | 15 | 40 | M7-M8 |
| Charles-Luizet r. | 11 | 33 | H17 |
| Charles-Marie-Widor r. | 16 | 38 | M3 *N* |
| Charles-Michels pl. | 15 | 39 | L6 *N* |
| Charles-Monselet r. | 19 | 23 | E22 |
| Charles-Moureu r. | 13 | 57-56 | P17-P16 |
| Charles-Nicolle r. | 12 | 46 | L20 |
| Charles-Nodier r. | 18 | 19-7 | D14 *N* |
| Charles-Petit imp. | 11 | 34 | K19-K20 |
| Charles-Renouvier r. | 20 | 35 | H21-H22 |
| Charles-Risler av. | 7 | 28 | J8 |

| Nom | Arrondissement | Plan n° | Repère |
|---|---|---|---|
| Charles-Robin r. | 10 | 21 | E18 *S* |
| Charles-Tellier r. | 16 | 38 | M3 |
| Charles-Tournemire r. | 17 | 3 | D6 |
| Charles-Vallin pl. | 15 | 41 | N9 *N* |
| Charles-Weiss r. | 15 | 41 | N9 |
| Charlot r. | 3 | 32-33 | H16-G17 |
| Charmilles villa des | 15 | 41-53 | N9 |
| Charolais pass. du | 12 | 46 | M20 |
| Charolais r. du | 12 | 46 | M20-L19 |
| Charonne bd de | | 47-34 | K21-J20 |
| nos impairs | 11 | | |
| nos pairs | 20 | | |
| Charonne r. de | 11 | 33-35 | K18-J21 |
| Charras r. | 9 | 18 | F12 |
| Charrière imp. | 11 | 34 | J19-K19 |
| Chartière imp. | 5 | 43 | K14 *S* |
| Chartres r. de | 18 | 20 | D16-D15 |
| Chartreux r. des | 6 | 43 | M13 *N* |
| Chassaigne-Goyon pl. | 8 | 17 | F10 |
| Chasseloup-Laubat r. | 15 | 41 | K9-L9 |
| Chasseurs av. des | 17 | 5 | C9 *S* |
| Chat-qui-Pêche r. du | 5 | 31 | K14 *N* |
| Château r. du | 14 | 42 | M11-N11 |
| Château-d'Eau r. du | 10 | 20 | G16-F16 |
| Château-des-Rentiers r. | 13 | 57-56 | R18-N16 |
| Château-Landon r. du | 10 | 21 | E17-D17 |
| Château-Rouge pl. du | 18 | 8 | C15 *S* |
| Chateaubriand r. | 8 | 17-16 | F9-F8 |
| Châteaudun r. de | 9 | 19 | E14-E13 |
| Châtelet pass. | 17 | 6 | B11-B12 |
| Châtelet pl. du | | 32-31 | J15-J14 |
| nos impairs | 1 | | |
| nos pairs | 4 | | |
| Châtillon porte de | 14 | 53 | R10 |
| Châtillon r. de | 14 | 54 | P11 |
| Châtillon sq. de | 14 | 54 | P11 *S* |
| Chauchat r. | 9 | 19 | F13-F14 |
| Chaudron r. | 10 | 21 | D17 |
| Chaufourniers r. des | 19 | 21 | E18 |
| Chaumont porte | 19 | 11 | D21 *N* |
| Chaumont r. de | 19 | 21 | D18 *S* |
| Chauré sq. | 20 | 23-35 | G22 |
| Chaussée-d'Antin r. de la | 9 | 19-18 | F13-E12 |
| Chaussin pass. | 12 | 47 | M22 |
| Chausson imp. | 10 | 21 | F17-E17 |
| Chauveau-Lagarde r. | 8 | 18 | F11 *S* |
| Chauvelot r. | 15 | 52-53 | P8-P9 |
| Chazelles r. de | 17 | 17 | E9 *N* |
| Chemin-de-Fer r. du | | 10-11 | A20-A21 |
| nos 1-13, 2-12 bis | 19 | | |
| nos 15-fin, 14-fin | Pantin | | |
| Chemin-Vert pass. du | 11 | 33 | H18 *S* |
| Chemin-Vert r. du | 11 | 33-34 | J17-H20 |
| Cheminets r. des | 19 | 11 | C21 *S* |
| Chêne-Vert cour du | 12 | 33-45 | K18 |
| Chénier r. | 2 | 20 | G15 *N* |
| Cher r. du | 20 | 35 | H22-G21 |
| Cherbourg r. de | 15 | 53 | N9-P9 |
| Cherche Midi r. du | | 30-42 | K12-L11 |
| nos 1-121, 2-130 | 6 | | |
| nos 123-fin, 132-fin | 15 | | |
| Chéreau r. | 13 | 56 | P15 *S* |
| Chernoviz r. | 16 | 27 | J6 *N* |
| Chéroy r. de | 17 | 18 | D11 *S* |
| Chérubini r. | 2 | 19-31 | G13 |
| Cheval-Blanc pass. du | 11 | 33 | J18-K18 |
| Chevaleret r. du | 13 | 58-45 | R19-N17 |

| Nom | Arrondissement | Plan n° | Repère |
|---|---|---|---|
| Chevalier-de-la-Barre r. du | 18 | 7 | C14 *S* |
| Chevaliers imp. des | 20 | 23 | F21 |
| Chevert r. | 7 | 29 | J9 |
| de Cheverus r. | 9 | 18 | E12 *S* |
| Chevet r. du | 11 | 21 | G18 *N* |
| Chevreul r. | 11 | 34-46 | K20 |
| Chevreuse r. de | 6 | 42 | M12 *N* |
| Cheysson villa | 16 | 38 | M3 *N* |
| Chine r. de la | 20 | 35-23 | G22-G21 |
| Choiseul pass. | 2 | 19 | G13 |
| de Choiseul r. | 2 | 19 | G13-F13 |
| Choisy av. de | 13 | 57-56 | R17-P16 |
| Choisy parc de | 13 | 56 | P 16 |
| Choisy porte de | 13 | 57 | R17 *S* |
| Chomel r. | 7 | 30 | K12 *N* |
| Chopin pl. | 16 | 27 | J5 |
| Choron r. | 9 | 19 | E14 |
| Chrétien-de-Troyes r. | 12 | 46 | L19 |
| Christian-Dewet r. | 12 | 47 | L21 *N* |
| Christiani r. | 18 | 8 | D15 *N* |
| Christine r. | 6 | 31 | J14-J13 |
| Christine de Pisan r. | 17 | 5 | C9 |
| Christophe-Colomb r. | 8 | 16 | F8-G8 |
| Cicé r. de | 6 | 42 | L12 *S* |
| Cimarosa r. | 16 | 16 | G7 |
| Cimetière r. du | | 5 | B9 |
| n° 2 seulement | 17 | | |
| nos 4-fin, nos impairs | Clichy | | |
| Cimetière-des-Batignolles av. du | 17 | 5 | B10 |
| Cimetière-St-Benoît r. du | 5 | 43 | K14 *S* |
| Cino-Del-Duca r. | 17 | 3-15 | D6 |
| Cinq-Diamants r. des | 13 | 56 | P15 |
| Cinq-Martyrs-du-Lycée-Buffon pont des | 15 | 41-42 | M10-M11 |
| Cirque r. du | 8 | 17 | G10-F10 |
| Ciseaux r. des | 6 | 31 | K13 *N* |
| Cité r. de la | 4 | 32-31 | J15-J14 |
| Cité-Florale | 13 | 55 | R14 |
| Cité-Industrielle | 11 | 34 | J19-H19 |
| Cité-Universitaire r. de la | 14 | 55 | R14 *S* |
| Cîteaux r. de | 12 | 46 | L19-K19 |
| Civiale r. | 10 | 21 | F18 |
| Civry r. de | 16 | 38 | L3 *S* |
| Clairaut r. | 17 | 6 | C11 |
| Clapeyron r. | 8 | 18 | D11 *S* |
| Claridge galerie du | 8 | 17 | F9 |
| Claude-Bernard r. | 5 | 44-43 | M15-M14 |
| Claude-Chahu r. | 16 | 27 | J6-H6 |
| Claude-Debussy r. | 17 | 16-4 | D7 *N* |
| Claude-Debussy sq. | 17 | 17 | D10 |
| Claude-Decaen r. | 12 | 47 | N22-M21 |
| Claude-Farrère r. | 16 | 37 | L2 *S* |
| Claude-Garamond r. | 15 | 52 | P8 *S* |
| Claude-Lorrain r. | 16 | 38 | M3 *N* |
| Claude-Lorrain villa | 16 | 38 | M3 *N* |
| Claude-Monet villa | 19 | 22 | D20 *S* |
| Claude-Pouillet r. | 17 | 17 | D10 |
| Claude-Regaud av. | 13 | 57 | R18 *S* |
| Claude-Terrasse r. | 16 | 38 | M3 *S* |
| Claude-Tillier r. | 12 | 46 | L20-K20 |
| Claude-Vellefaux av. | 10 | 21 | F17-E18 |
| Clauzel r. | 9 | 19 | E13 |
| Clavel r. | 19 | 22 | F20-E19 |
| Clef r. de la | 5 | 44 | M15-L15 |
| Clémence-Royer r. | 1 | 31 | H14 *N* |
| Clemenceau pl. | 8 | 17-29 | G10 |

| Nom | Arrondissement | Plan n° | Repère |
|---|---|---|---|
| Clément r. | 6 | 31 | K13 *N* |
| Clément-Ader pl. | 16 | 27 | K5 |
| Clément-Marot r. | 8 | 17-29 | G9 |
| Clément-Myionnet r. | 15 | 39 | L5 |
| Cler r. | 7 | 29 | H9-J9 |
| Cléry pass. de | 2 | 20 | G15 *N* |
| Cléry r. de | 2 | 19-20 | G14-G15 |
| Clichy av. de | | 18-5 | D12-B10 |
| nos 1-fin, 86-fin | 17 | | |
| nos 2-64 | 18 | | |
| Clichy bd de | | 19-18 | D13-D12 |
| nos impairs | 9 | | |
| nos pairs | 18 | | |
| Clichy pass. de | 18 | 18 | D12 |
| Clichy pl. de | | 18 | D12 |
| nos 1 seulement, 2-10 bis | 9 | | |
| n° 3 seulement | 8 | | |
| nos 5-fin (impairs) | 17 | | |
| nos 12-fin (pairs) | 18 | | |
| Clichy porte de | 17 | 5 | B10 |
| Clichy r. de | 9 | 18 | E12-D12 |
| Clignancourt porte de | 18 | 7 | A14 |
| Clignancourt r. de | 18 | 19-8 | D14-B15 |
| Clignancourt sq. de | 18 | 7 | B14 *S* |
| Clisson imp. | 13 | 57 | N17 *S* |
| Clisson r. | 13 | 45-57 | N17-P17 |
| Cloche r. de la | 20 | 35 | G21 *S* |
| Cloche-Perce r. | 4 | 32 | J16 |
| Clodion r. | 15 | 28 | K7 *N* |
| Cloître-Notre-Dame r. du | 4 | 32 | K15-J15 |
| Cloître-St-Merri r. du | 4 | 32 | J15-H15 |
| Clos r. du | 20 | 35 | J22 |
| Clos-Bruneau pass. du | 5 | 44 | K15 *S* |
| Clos-Feuquières r. du | 15 | 40 | M7-N7 |
| Clotaire r. | 5 | 43 | L14 |
| Clotilde r. | 5 | 43 | L14 |
| Clotilde-de-Vaux r. | 11 | 33 | J17 |
| Clôture r. de la | 19 | 11 | B21 *N* |
| Clouet r. | 15 | 41 | L9 *N* |
| Clovis r. | 5 | 44 | L15 |
| Clovis-Hugues r. | 19 | 21 | D18 *S* |
| Cloys imp. des | 18 | 7 | B13-C13 |
| Cloys pass. des | 18 | 7 | C13-B13 |
| Cloys r. des | 18 | 7 | B14-B13 |
| Cluny jardin du musée | 5 | 31 | K 14 |
| Cluny r. de | 5 | 31-43 | K14 |
| Cochin r. | 5 | 32-44 | K15 |
| Coëtlogon r. | 6 | 30-42 | K12 |
| Cœur-de-Vey villa | 14 | 54 | P12 *N* |
| Cognacq-Jay r. | 7 | 29 | H9 |
| Colbert galerie | 2 | 31 | G13 |
| Colbert r. | 2 | 19 | G13 |
| Colette pl. | 1 | 31 | H13 *N* |
| Colisée r. du | 8 | 17 | F9-F10 |
| Collégiale r. de la | 5 | 44 | M15 *S* |
| Collet villa | 14 | 53 | P10 *S* |
| Collette r. | 17 | 6 | B12 *S* |
| Collin pass. | 9 | 19 | D13 *S* |
| Colmar r. de | 19 | 10 | C19 *S* |
| Colombe r. de la | 4 | 32 | J15 *S* |
| Colombie pl. de | 16 | 26 | H4 |
| Colonel-Avia r. du | 15 | 51 | N5-P5 |
| Colonel-Bonnet av. du | 16 | 27 | J5 |
| Colonel-Bourgoin pl. du | 12 | 46 | L19 |
| Colonel-Colonna d'Ornano r. | 15 | 41 | L9 |
| Colonel-Combes r. du | 7 | 29 | H9 |

| Nom | Arrondissement | Plan n° | Repère |
|---|---|---|---|
| Colonel-Domine r. du | 13 | 56 | R16-S16 |
| Colonel-Driant r. du | 1 | 31 | H14-H13 |
| Colonel-Fabien pl. du | | 21 | E18-E17 |
| $n^{os}$ impairs | 10 | | |
| $n^{os}$ pairs | 19 | | |
| Colonel-Manhès r. du | 17 | 6 | B11 |
| Colonel-Moll r. du | 17 | 16 | E7 |
| Colonel-Monteil r. du | 14 | 53 | P9 *S* |
| Colonel-Oudot r. du | 12 | 47-48 | N22-M23 |
| Colonel-Rozanoff r. du | 12 | 46 | L20 |
| Colonels-Renard r. des | 17 | 16 | E7 |
| Colonie r. de la | 13 | 55-56 | R14-R15 |
| Colonnes r. des | 2 | 19 | G13 *N* |
| Colonnes-du-Trône r. des | 12 | 47 | L21 |
| Combattants-en-Afrique-du-Nord pl. des | 12 | 45 | L18 |
| Comète r. de la | 7 | 29 | H9-J9 |
| Commaille r. de | 7 | 30 | K12-K11 |
| Commandant-Charles-Martel pass. | 17 | 18 | D11 |
| Commandant-Guilbaud r. du | 16 | 37 | M2 |
| Commandant-Lamy r. du | 11 | 33 | J18 |
| Commandant-Léandri r. du | 15 | 40 | M7 |
| Commandant-L'Herminier r. du | 20 | 48 | L24-K24 |
| Commandant-Marchand r. du | 16 | 15 | E6 *S* |
| Commandant-Mortenol r. du | 10 | 21 | E17 |
| Commandant-René-Mouchotte r. du | | 42 | M11 |
| $n^{os}$ impairs | 14 | | |
| $n^{os}$ pairs | 15 | | |
| Commandant-Rivière r. du | 8 | 17 | F10-F9 |
| Commandant-Schlœsing r. du | 16 | 27 | H6 |
| Commanderie bd de la | 19 | 10 | A20 |
| Commandeur r. du | 14 | 54 | P12 |
| Commerce imp. du | 15 | 40 | L7 |
| Commerce pl. du | 15 | 40 | L7 |
| Commerce r. du | 15 | 40 | K8-L7 |
| Commerce St-André cour | 6 | 31 | J13-K13 |
| Commerce-St-Martin pass. | 3 | 32 | H15 |
| Commines r. | 3 | 33 | H17 |
| Compans r. | 19 | 23-22 | E21-D20 |
| Compiègne r. de | 10 | 20 | E15 *N* |
| Compoint imp. | 17 | 6 | C11 *N* |
| Comtesse-de-Ségur allée | 8 | 17 | E9-E10 |
| Concorde pl. de la | 8 | 30 | G11 *S* |
| Concorde pont de la | 8 | 30 | H11 *N* |
| Concorde port de la | 8 | 30 | H11 *N* |
| de Condé r. | 6 | 31-43 | K13 |
| Condillac r. | 11 | 34 | H19 *N* |
| Condorcet cité | 9 | 19 | E14 *N* |
| Condorcet r. | 9 | 20-19 | E15-E14 |
| Conférence port de la | 8 | 29 | H9 *N* |
| Confiance imp. de la | 20 | 35 | J21-J22 |
| Congo r. du | 12 | 46 | M20 *N* |
| Conseiller-Collignon r. du | 16 | 27 | H5 *S* |
| Conservatoire r. du | 9 | 19 | F14 |
| Constance r. | 18 | 7 | D13 *N* |
| Constant-Berthaut r. | 20 | 22 | F20 *N* |
| Constant-Coquelin av. | 7 | 41-42 | K10-K11 |
| Constantin-Brancusi pl. | 14 | 42 | M11 *S* |
| Constantin-Pecqueur pl. | 18 | 7 | C13 |
| Constantine r. de | 7 | 29 | H10-J10 |

| Nom | Arrondissement | Plan n° | Repère |
|---|---|---|---|
| Constantinople r. de | 8 | 18-17 | E11-D10 |
| Conté r. | 3 | 32 | G16 *S* |
| de Conti imp. | 6 | 31 | J13 |
| de Conti quai | 6 | 31 | J14-J13 |
| Contrescarpe pl. de la | 5 | 44 | L15 |
| Convention r. de la | 15 | 39-40 | L5-N8 |
| Conventionnel-Chiappe r. | 13 | 57 | S17 *N* |
| Copenhague r. de | 8 | 18 | E11 *N* |
| Copernic r. | 16 | 16-15 | G7-G6 |
| Copernic villa | 16 | 16 | F7-G7 |
| Copreaux r. | 15 | 41 | L9-M9 |
| Coq av. du | 9 | 18 | E12-F12 |
| Coq cour du | 11 | 33 | H17 *S* |
| Coq-Héron r. | 1 | 31 | H14-G14 |
| Coquillière r. | 1 | 31 | H14-G14 |
| Corbera av. de | 12 | 46 | L19 |
| Corbineau r. | 12 | 46 | M19 |
| Corbon r. | 15 | 41 | N9 *N* |
| Cordelières r. des | 13 | 44 | N15 |
| Corderie r. de la | 3 | 33 | G17 *S* |
| Cordon-Boussard imp. | 20 | 35 | G21 *S* |
| Corentin-Cariou av. | 19 | 10 | B19-B20 |
| Coriolis r. | 12 | 46 | N20-M20 |
| Corneille imp. | 16 | 38 | L3 |
| Corneille r. | 6 | 43 | K13 *S* |
| Corot r. | 16 | 38 | L4 *N* |
| Corot villa | 14 | 55 | R14 *S* |
| Corrèze r. de la | 19 | 23 | D21 |
| Corse quai de la | 4 | 32-31 | J15-J14 |
| Cortambert r. | 16 | 27 | H6-H5 |
| Cortot r. | 18 | 7 | C14 *S* |
| Corvetto r. | 8 | 17 | E10 |
| Corvisart r. | 13 | 43-56 | N14-P15 |
| Cossonnerie r. de la | 1 | 32 | H15 |
| Costa-Rica pl. de | 16 | 27 | J6 *N* |
| Cotentin r. du | 15 | 41 | M10 |
| Cothenet r. | 16 | 15 | G5-F5 |
| Cottages r. des | 18 | 7 | C13 *N* |
| de Cotte r. | 12 | 45-34 | K18-K19 |
| Cottin pass. | 18 | 7 | C14 *S* |
| Couche r. | 14 | 54 | P12 *S* |
| du Couëdic r. | 14 | 55-54 | P13-P12 |
| Coulmiers r. de | 14 | 54 | R12-R11 |
| Cour-des-Noues r. de la | 20 | 35 | H22-H21 |
| Courat r. | 20 | 35 | J22 |
| Courcelles bd de | | 17-16 | D10-E8 |
| $n^{os}$ impairs | 8 | | |
| $n^{os}$ pairs | 17 | | |
| Courcelles porte de | 17 | 4 | C7-C8 |
| Courcelles r. de | | 17-4 | F10-C7 |
| $n^{os}$ 1-11, 2-94 | 8 | | |
| $n^{os}$ 79-fin, 96-fin | 17 | | |
| Cournot r. | 15 | 40 | M7 |
| Couronnes r. des | 20 | 22 | G19-F20 |
| Courtalon r. | 1 | 32 | H15 *S* |
| Courteline av. | 12 | 48 | L23-L24 |
| Courtois pass. | 11 | 34 | J20 *N* |
| Courty r. de | 7 | 30 | H11 |
| Coustou r. | 18 | 19 | D13 |
| Coutellerie r. de la | 4 | 32 | J15 *N* |
| Coutures-St-Gervais r. des | 3 | 33-32 | H17-H16 |
| Couvent cité du | 11 | 34 | J19 *S* |
| Coypel r. | 13 | 44 | N16 *S* |
| Coysevox r. | 18 | 6 | C12 *N* |
| Crébillon r. | 6 | 31-43 | K13 |
| Crèche r. de la | 17 | 5 | C9 |
| Crédit-Lyonnais imp. du | 13 | 55 | R14 *S* |

| Nom | Arrondissement | Plan n° | Repère |
|---|---|---|---|
| Crémieux r. | 12 | 45 | L18N |
| Crespin-du-Gast r. | 11 | 34 | G19 *S* |
| Cretet r. | 9 | 19 | D14 *S* |
| Crevaux r. | 16 | 15 | F6 *S* |
| Crillon r. | 4 | 45-33 | K17 *S* |
| Crimée pass. de | 19 | 9 | B18 *S* |
| Crimée r. de | 19 | 22-9 | E20-B18 |
| Crins imp. des | 20 | 35 | J21 *S* |
| Cristino-Garcia r. | 20 | 36-48 | K23 |
| Crocé-Spinelli r. | 14 | 41 | N10 *N* |
| Croisic sq. du | 15 | 42 | L11 |
| Croissant r. du | 2 | 19 | G14 *N* |
| Croix-des-Petits-Champs r. | 1 | 31 | H13-G14 |
| Croix-Faubin r. de la | 11 | 34 | J20 *N* |
| Croix-Jarry r. de la | 13 | 58 | P19 |
| Croix Moreau r. de la | 18 | 9 | B 17 |
| Croix-Nivert r. de la | 15 | 40 | L8-N7 |
| Croix-Nivert villa | 15 | 40 | L8 |
| Croix-Rouge carr. de la | 6 | 30 | K12 *N* |
| Croix-St-Simon r. de la | 20 | 35-36 | J22-23 |

| Nom | Arrondissement | Plan n° | Repère |
|---|---|---|---|
| Cronstadt r. de | 15 | 41-40 | N9-N8 |
| Cronstadt villa de | 19 | 22 | E20-D20 |
| Croulebarbe r. de | 13 | 44-56 | N15 |
| Crozatier imp. | 12 | 46 | K19 *S* |
| Crozatier r. | 12 | 46 | L19-K19 |
| Crussol cité de | 11 | 33 | H17 *N* |
| Crussol r. de | 11 | 33 | H17-G18 |
| Cugnot r. | 18 | 9 | C17-B17 |
| Cujas r. | 5 | 43 | L14-K14 |
| Cunin-Gridaine r. | 3 | 32 | G15 *S* |
| Curé imp. du | 18 | 8 | C16 *N* |
| Cure r. de la | 16 | 26 | J4-K4 |
| Curial r. | 19 | 9-10 | B18-B19 |
| Curial villa | 19 | 9 | C17-C18 |
| Curnonsky r. | 17 | 4 | C8 |
| Custine r. | 18 | 8-7 | C15-C14 |
| Cuvier r. | 5 | 44 | L16 |
| Cygne r. du | 1 | 32 | H15 *N* |
| Cygnes allée des | 15 | 27 | K6-J6 |
| Cyrano-de-Bergerac r. | 18 | 7 | C14 |

# d

| | | | |
|---|---|---|---|
| Dagorno pass. | 20 | 35 | J22 |
| Dagorno r. | 12 | 47 | L21-L22 |
| Daguerre r. | 14 | 42 | N12-N11 |
| Dahomey r. du | 11 | 34 | K19 |
| Dalayrac r. | 2 | 19-31 | G13 |
| Dalloz r. | 13 | 57 | R18 *S* |
| Dalou r. | 15 | 41 | L10 *S* |
| Dames r. des | 17 | 6-17 | D12-D10 |
| Damesme imp. | 13 | 56 | R16 |
| Damesme r. | 13 | 56 | P16-R16 |
| Damiette r. de | 2 | 20-32 | G15 |
| Damoye cour | 11 | 33 | J18 *S* |
| Dampierre r. | 19 | 10 | B19 |
| Damrémont r. | 18 | 7 | C13-B13 |
| Damrémont villa | 18 | 7 | B13 |
| Dancourt r. | 18 | 19 | D14 |
| Dancourt villa | 18 | 19 | D14 |
| Dangeau r. | 16 | 26 | K4 *N* |
| Daniel-Lesueur av. | 7 | 41-42 | L10-K11 |
| Daniel-Stern r. | 15 | 28 | K8-K7 |
| Daniel-Templier parvis | 14 | 42 | M11 |
| Danielle-Casanova r. | | 19-18 | G13-G12 |
| n$^{os}$ impairs | 1 | | |
| n$^{os}$ pairs | 2 | | |
| Dante r. | 5 | 31 | K14 |
| Danton r. | 6 | 31 | K14 *N* |
| Dantzig pass. de | 15 | 52 | N8 *S* |
| Dantzig r. de | 15 | 40-52 | N8-P8 |
| Danube hameau du | 19 | 23 | D21 *S* |
| Danube villa du | 19 | 23 | D21 *S* |
| Danville r. | 14 | 42 | N12 |
| Dany imp. | 8 | 18 | E11 |
| Darboy r. | 11 | 21 | G18 *N* |
| Darcet r. | 17 | 18 | D12-D11 |
| Darcy r. | 20 | 23 | G22-F22 |
| Dardanelles r. des | 17 | 15 | D6 |
| Dareau pass. | 14 | 55 | P13 *N* |
| Dareau r. | 14 | 55 | N13-P13 |
| Darius-Milhaud allée | 19 | 22-11 | D20-D21 |

| | | | |
|---|---|---|---|
| Darmesteter r. | 13 | 57 | R18 |
| Daru r. | 8 | 16-17 | E8-E9 |
| Darwin r. | 18 | 7 | C14-C13 |
| Daubenton r. | 5 | 44 | M16-M15 |
| Daubigny r. | 17 | 5-17 | D9 *N* |
| Daumesnil av. | 12 | 45-48 | K18-N24 |
| Daumesnil villa | 12 | 47 | M22 *S* |
| Daumier r. | 16 | 38 | M3 |
| Daunay pass. | 18 | 6 | B12 |
| Daunou r. | 2 | 19-18 | G13-F12 |
| Dauphine pass. | 6 | 31 | J13 *S* |
| Dauphine pl. | 1 | 31 | J14 |
| Dauphine porte | 16 | 15 | F5 |
| Dauphine r. | 6 | 31 | J14-J13 |
| Dautancourt r. | 17 | 6 | C11-C12 |
| Daval r. | 11 | 33 | J18 *S* |
| David-d'Angers r. | 19 | 22-23 | D20-D21 |
| David-Weill av. | 14 | 55 | R13 *S* |
| Daviel r. | 13 | 55 | P14 |
| Daviel villa | 13 | 55 | P14S |
| Davioud r. | 16 | 26 | J4 |
| Davout bd | 20 | 48-36 | L23-H23 |
| Davy r. | 17 | 6 | C12-C11 |
| Débarcadère r. du | 17 | 16-15 | E7-E6 |
| Debelleyme r. | 3 | 33 | H17 |
| Debergue cité | 12 | 47 | L22 |
| Debidour av. | 19 | 23 | D21 *S* |
| Debille cour | 11 | 34 | J19 |
| Debilly passerelle | 16 | 28 | H8 |
| Debilly port | 16 | 28 | H8-H7 |
| Debrousse r. | 16 | 28 | H8-G8 |
| Decamps r. | 16 | 27 | G6-H5 |
| Déchargeurs r. des | 1 | 31 | H14 *S* |
| Decrès r. | 14 | 41 | N10 *S* |
| Défense imp. de la | 18 | 6 | D12 *N* |
| Degas r. | 16 | 39 | K5 *S* |
| Degrés r. des | 2 | 20 | G15 *N* |
| Deguerry r. | 11 | 21 | G18 |

| Nom | Arrondissement | Plan n° | Repère |
|---|---|---|---|
| Dejean r. | 18 | 8 | C15 *S* |
| Delaitre r. | 20 | 22-34 | G20 |
| Delaizement r. | 17 | 15 | D6 |
| Delambre r. | 14 | 42 | M12 *N* |
| Delambre sq. | 14 | 42 | M12 *N* |
| Delanos pass. | 10 | 20 | E16 |
| Delaunay imp. | 11 | 34 | J20 |
| Delbet r. | 14 | 54 | P11 *N* |
| Delcassé av. | 8 | 17 | F10 |
| Delecourt av. | 15 | 40 | L7 *N* |
| Delépine cour | 11 | 33 | J18 *S* |
| Delépine imp. | 11 | 34 | K20-J20 |
| Delessert bd | 16 | 28-27 | H7-J6 |
| Delessert pass. | 10 | 21 | E17 |
| Delesseux r. | 19 | 10 | C20 |
| Deligny imp. | 17 | 6 | B11 *N* |
| Deloder villa | 13 | 56 | R16 |
| Delouvain r. | 19 | 22 | E20 *S* |
| Delta r. du | 9 | 20 | D15 *S* |
| Demarquay r. | 10 | 20 | E16-D16 |
| Denain bd de | 10 | 20 | E15 |
| Denfert-Rochereau av. | 14 | 43 | M13-N13 |
| Denfert-Rochereau pl. | 14 | 42-43 | N12-N13 |
| Denis-Poisson r. | 17 | 16 | E7 *S* |
| Dénoyez r. | 20 | 22 | F19 |
| Denys-Cochin pl. | 7 | 29 | J9-J10 |
| Déodat-de-Séverac r. | 17 | 5 | D10 *N* |
| Depaquit pass. | 18 | 7 | C13 *S* |
| Deparcieux r. | 14 | 42 | N12 *N* |
| Départ r. du | | 42 | L11-M11 |
| n$^{os}$ impairs | 14 | | |
| n$^{os}$ pairs | 15 | | |
| Département r. du | | 9-8 | D17-C16 |
| n$^{os}$ 1-19 ter, 2-18 | 19 | | |
| n$^{os}$ 21-fin, 20-fin | 18 | | |
| Desaix r. | 15 | 28 | J8-K7 |
| Desaix sq. | 15 | 28 | K7 *N* |
| Desargues r. | 11 | 21 | G18 *N* |
| Désaugiers r. | 16 | 38 | L4 *N* |
| Desbordes-Valmore r. | 16 | 27 | H5 |
| Descartes r. | 5 | 44 | L15 |
| Descombes r. | 17 | 16 | D7 *N* |
| Descos r. | 12 | 46 | M20 *N* |
| Desgenettes r. | 7 | 29 | H9-H10 |
| Desgrais pass. | 19 | 9 | C18 *N* |
| Deshayes villa | 14 | 53 | P10 *S* |
| Désir pass. du | 10 | 20 | F16 |
| Désiré-Ruggieri r. | 18 | 7 | B13 |
| Désirée r. | 20 | 34 | H20-G20 |
| Desnouettes r. | 15 | 40-39 | N7-N6 |
| Desnouettes sq. | 15 | 39 | N6 |
| Despréaux av. | 16 | 38 | L3 |
| Desprez r. | 14 | 41 | N10 |
| Dessous-des-Berges r. du | 13 | 57 | R18-P18 |
| Deux-Anges imp. des | 6 | 31 | J13 |
| Deux-Avenues r. des | 13 | 56 | P16 |
| Deux-Boules r. des | 1 | 31 | H14 *S* |
| Deux-Cousins imp. des | 17 | 16 | D7 *N* |
| Deux-Écus pl. des | 1 | 31 | H14 *N* |
| Deux-Gares r. des | 10 | 20 | E16 |
| Deux-Nèthes imp. des | 18 | 6 | D12 *N* |
| Deux-Pavillons pass. des | 1 | 31 | G13 *S* |
| Deux-Ponts r. des | 4 | 32 | K16 |
| Deux-Sœurs pass. des | 9 | 19 | F14 *N* |
| Devéria r. | 20 | 23 | F21 |
| Dhuys r. de la | 20 | 23-35 | G22 |
| Diaghilev pl. | 9 | 18 | F12 |

| Nom | Arrondissement | Plan n° | Repère |
|---|---|---|---|
| Diane-de-Poitiers allée | 19 | 22 | F19 |
| Diapason sq. | 19 | 10 | C 20 |
| Diard r. | 18 | 7 | C14 *N* |
| Diderot bd | 12 | 45-47 | L17-K21 |
| Diderot cour | 12 | 45 | L18 |
| Didot porte | 14 | 53 | P10 |
| Didot r. | 14 | 42-53 | N11-P10 |
| Dietz-Monnin villa | 16 | 38 | M3 |
| Dieu pass. | 20 | 35 | J22 |
| Dieu r. | 10 | 21 | F17 *S* |
| Dieudonné-Costes r. | 13 | 57 | R18-R17 |
| Dieulafoy r. | 13 | 56 | R16-R15 |
| Dijon r. de | 12 | 46 | N19-N20 |
| Disque r. du | 13 | 57 | R17 |
| 18-Juin-1940 pl. du | 6 | 42 | L11 |
| Dixmude bd de | 17 | 15 | D6 |
| Dobropol r. du | 17 | 15 | D6 |
| Dr-Alfred-Fournier pl. du | 10 | 21 | F17 |
| Dr-Antoine-Béclère pl. | 12 | 34-46 | K19 |
| Dr-Arnold-Netter av. du | 12 | 47 | M22-L22 |
| Dr-Babinski r. du | 18 | 7-6 | A13-A12 |
| Dr-Blanche r. du | 16 | 26 | J4-K3 |
| Dr-Blanche sq. du | 16 | 26 | K4 *N* |
| Dr-Bourneville r. du | 13 | 56 | S16 |
| Dr-Brouardel av. du | 7 | 28 | J8 |
| Dr-Calmette sq. du | 15 | 52 | P 8 |
| Dr-Charles-Richet r. du | 13 | 57 | N17 *S* |
| Dr-Félix-Lobligeois pl. du | 17 | 6 | C11 *S* |
| Dr-Finlay r. du | 15 | 27-28 | K6-K7 |
| Dr-Germain-Sée r. du | 16 | 27 | K6-J5 |
| Dr-Gley av. du | 20 | 24 | E23 |
| Dr-Goujon r. du | 12 | 47 | M21 |
| Dr-Hayem pl. du | 16 | 27 | K5 *N* |
| Dr-Heulin r. du | 17 | 6 | C11 |
| Dr-Jacquemaire-Clemenceau r. du | 15 | 40 | L8-M8 |
| Dr-Jacques-Bertillon imp. du | 8 | 28-16 | G8 |
| Dr-Labbé r. du | 20 | 24 | G23 *N* |
| Dr-Lamaze r. du | 19 | 9 | C18 |
| Dr-Lancereaux r. du | 8 | 17 | E10-F9 |
| Dr-Landouzy r. du | 13 | 56 | R15 |
| Dr-Lannelongue av. du | 14 | 54 | S12 *N* |
| Dr-Laurent r. du | 13 | 56 | R16 *N* |
| Dr-Lecène r. du | 13 | 56 | R15 |
| Dr-Leray r. du | 13 | 56 | R16-R15 |
| Dr-Lucas-Championniere r. du | 13 | 56 | R15-R16 |
| Dr-Magnan r. du | 13 | 56 | P16 *S* |
| Dr-Navarre pl. du | 13 | 57 | P17 |
| Dr-Paquelin r. du | 20 | 23 | G22 *N* |
| Dr-Paul-Brousse r. du | 17 | 6 | B11 |
| Dr-Paul-Michaux pl. du | 16 | 37 | M2 |
| Dr-Potain r. du | 19 | 23 | E21 *S* |
| Dr-Roux r. du | 15 | 41 | M10 |
| Dr-Tuffier r. du | 13 | 56 | R16-R15 |
| Dr-Victor-Hutinel r. du | 13 | 57 | N17 *S* |
| Dr-Yersin pl. du | 13 | 57 | R18 *S* |
| Drs-Déjerine r. des | 20 | 36 | J23 |
| Dode-de-la-Brunerie av. | 16 | 38 | N3 *N* |
| Doisy pass. | 17 | 16 | E7 |
| Dolomieu r. | 5 | 44 | L15 *S* |
| Domat r. | 5 | 32-31 | K15-K14 |
| Dombasle imp | 15 | 40 | N8 |
| Dombasle pass. | 15 | 40 | N8 *N* |

| Nom | Arrondissement | Plan n° | Repère |
|---|---|---|---|
| Dombasle r. | 15 | 40 | M8-N8 |
| Dome r. du | 16 | 16 | F7 *S* |
| Domrémy r. de | 13 | 57 | P18-P17 |
| Donizetti r. | 16 | 38 | K4 *S* |
| Dordogne sq. de la | 17 | 4 | C8 |
| Dorée porte | 12 | 48 | N23 |
| Dorées sente des | 19 | 11 | C21 *S* |
| Dorian av. | 12 | 47 | L21 *N* |
| Dorian r. | 12 | 47 | L21 *N* |
| Dosnes r. | 16 | 15 | G6-F6 |
| Douai r. de | 9 | 19-18 | D13-D12 |
| Douanier-Rousseau r. du | 14 | 54 | P12 *S* |
| Douaumont bd de | 17 | 5 | B9 |
| Double pont au | 4 | 32 | K15 *N* |
| Doudeauville r. | 18 | 8 | C16-C15 |
| Dragon r. du | 6 | 30 | J12-K12 |
| Dranem r. | 11 | 34 | G19 *S* |
| Dreux r. de | 17 | 15 | E6 |
| Drevet r. | 18 | 7-19 | D14 *N* |
| Driancourt pass. | 12 | 46 | K19 *S* |
| Drouot r. | 9 | 19 | F14 |
| Druinot imp. | 12 | 34-46 | K19 |
| Dubail pass. | 10 | 20 | F16 |
| Duban r. | 16 | 27 | J5 *N* |
| Dublin pl. de | 8 | 18 | E11-E12 |
| Dubois pass. | 19 | 22 | D19 |
| Dubourg cité | 20 | 35 | H22 |
| Dubrunfaut r. | 12 | 46 | M20 |
| Duc r. | 18 | 7 | C14-B14 |
| Duchefdelaville imp. | 13 | 57 | N17 *S* |
| Duchefdelaville r. | 13 | 57 | N18-N17 |
| Dudouy pass. | 11 | 34 | H19 |
| Duée pass. de la | 20 | 23 | F21 *S* |
| Duée r. de la | 20 | 23 | F21 *S* |
| Dufrénoy r. | 16 | 27 | G5 *S* |
| Dufresne villa | 16 | 38 | M3 *S* |
| Dugommier r. | 12 | 46 | M20 |
| Duguay-Trouin r. | 6 | 42 | L12 *N* |
| Duhesme pass. | 18 | 7-8 | B14-B15 |
| Duhesme r. | 18 | 7 | C13-B14 |
| Dulac r. | 15 | 41 | L10 *S* |
| Dulaure r. | 20 | 36 | G23 |
| Dulong r. | 17 | 18-5 | D11-C10 |
| Dumas pass. | 11 | 34-35 | K20-K21 |
| Duméril r. | 13 | 44 | M16-N16 |

| Nom | Arrondissement | Plan n° | Repère |
|---|---|---|---|
| Dumont-d'Urville r. | 16 | 16 | G7-F8 |
| Dunes r. des | 19 | 22 | F19-E19 |
| Dunkerque r. de | | 20-19 | E16-D14 |
| nos 1-47, 2-36 bis | 10 | | |
| nos 49-fin, 38-fin | 9 | | |
| Dunois r. | 13 | 57-45 | P18-N17 |
| Dunois sq. | 13 | 45 | N17 |
| Duperré r. | 9 | 19 | D13 *S* |
| Dupetit-Thouars cité | 3 | 32-33 | G16-G17 |
| Dupetit-Thouars r. | 3 | 33-32 | G17-G16 |
| Duphot r. | | 18 | G12 |
| nos 1-21, 2-26 | 1 | | |
| nos 23-fin, 28-fin | 8 | | |
| Dupin r. | 6 | 42 | K12 |
| Duplan cité | 16 | 15 | E6 *S* |
| Dupleix pl. | 15 | 28 | K8 |
| Dupleix r. | 15 | 28-40 | K8 |
| Dupont cité | 11 | 34 | H19 |
| Dupont villa | 16 | 15 | F6 *N* |
| Dupont-de-l'Eure r. | 20 | 23-35 | G22-G21 |
| Dupont-des-Loges r. | 7 | 28-29 | H8-H9 |
| Dupuis r. | 3 | 33 | G17 *S* |
| Dupuy imp. | 18 | 8 | C16 |
| Dupuy-de-Lôme r. | 13 | 57 | R18 |
| Dupuytren r. | 6 | 31 | K13 |
| Duquesne av. | 7 | 29-41 | J9-K10 |
| Durance r. de la | 12 | 47 | M21 |
| Duranti r. | 11 | 34 | H19-H20 |
| Durantin r. | 18 | 7 | D13-C13 |
| Duranton r. | 15 | 39-40 | M6-M7 |
| Duras r. de | 8 | 18 | F11 *S* |
| Durel cité | 18 | 7 | B13 *N* |
| Duret r. | 16 | 15 | F6-E6 |
| Duris pass. | 20 | 34 | G20-H20 |
| Duris r. | 20 | 34 | G20 |
| Durmar cité | 11 | 34 | G19 |
| Duroc r. | 7 | 41 | K10-L10 |
| Durouchoux r. | 14 | 42-54 | N12 *S* |
| Dury-Vasselon villa | 20 | 23 | E22 *S* |
| Dussoubs r. | 2 | 32 | G15 |
| Duthy villa | 14 | 53 | P10 |
| Dutot r. | 15 | 41 | M9 |
| Dutuit av. | 8 | 29 | G10 |
| Duvergier r. | 19 | 10-9 | C19-C18 |
| Duvivier r. | 7 | 29 | J9 |

# e

| Nom | Arrondissement | Plan n° | Repère |
|---|---|---|---|
| Eaux pass. des | 16 | 27 | J6 |
| Eaux r. des | 16 | 27 | J6 |
| Eaux-Vives pass. des | 11 | 33 | H18 |
| Ebelmen r. | 12 | 46 | L20 |
| Eblé r. | 7 | 41 | K10 *S* |
| Echaudé r. de l' | 6 | 31 | J13 *S* |
| Échelle r. de l' | 1 | 31 | H13 *N* |
| Échiquier r. de l' | 10 | 20 | F15 |
| Écluses-St-Martin r. des | 10 | 21 | E17 *S* |
| École imp. de l' | 9 | 19 | E14 |
| École pl. de l' | 1 | 31 | J14 *N* |
| École-de-Médecine r. de l' | 6 | 31 | K14 |
| École-Militaire pl. de l' | 7 | 29 | J9 *S* |

| Nom | Arrondissement | Plan n° | Repère |
|---|---|---|---|
| École Polytechnique r. de l' | 5 | 44 | L15-K15 |
| Écoles cité des | 20 | 35 | G21 *S* |
| Écoles r. des | 5 | 44-43 | L15-K14 |
| Écoliers pass. des | 15 | 40 | L7 |
| Écosse r. d' | 5 | 43 | K14 *S* |
| Écouffes r. des | 4 | 32 | J16 |
| Écrivains-Combattants-Morts-pour-la-France sq. | 16 | 26 | H4 *S* |
| Écuyers sentier des | 20 | 35 | J22 *S* |
| Edgar-Poë r. | 19 | 22-21 | E19-E18 |
| Edgar-Quinet bd | 14 | 42 | M12-M11 |
| Edgar-Varèse r. | 19 | 10 | C20 |

| Nom | Arrondissement | Plan n° | Repère |
|---|---|---|---|
| Edimbourg r. d' | 8 | 18 | E11 |
| Edison av. | 13 | 57-56 | P17-P16 |
| Édith-Piaf pl. | 20 | 35 | G22 *S* |
| Edmond-About r. | 16 | 27 | H5 |
| Edmond-Flamand r. | 13 | 45 | M18 *S* |
| Edmond-Gondinet r. | 13 | 56 | P15 *N* |
| Edmond-Guillout r. | 15 | 41 | L10 *S* |
| Edmond-Michelet pl. | 4 | 32 | H15 |
| Edmond-Roger r. | 15 | 40 | L7 |
| Edmond-Rostand pl. | 6 | 43 | L14 *N* |
| Edmond-Rousse r. | 14 | 54 | R11 |
| Edmond-Valentin r. | 7 | 29-28 | H9-H8 |
| Édouard-Colonne r. | 1 | 31 | J14 *N* |
| Édouard-Detaille r. | 17 | 17 | D9 |
| Édouard-Fournier r. | 16 | 27-26 | H5-H4 |
| Édouard-Jacques r. | 14 | 42 | N11 *N* |
| Édouard-Lartet r. | 12 | 48 | M23 |
| Édouard-Lockroy r. | 11 | 33 | G18 *S* |
| Édouard-Manet r. | 13 | 44 | N16 *S* |
| Édouard-Pailleron r. | 19 | 21-22 | E18-D19 |
| Édouard-Quénu r. | 5 | 44 | M15 |
| Édouard-Renard pl. | 12 | 48 | N23 |
| Édouard-Robert r. | 12 | 47 | N22-M21 |
| Édouard-VII pl. | 9 | 18 | F12 *S* |
| Édouard-VII r. | 9 | 18 | F12 *S* |
| Édouard-Vaillant av. | | 37 | M2-N1 |
| sans nos | 16 | | |
| nos 23 fin, 18-fin | Boulogne | | |
| Edouard-Vaillant sq. | 20 | 35 | G 22 |
| Edward-Tuck av. | 8 | 30-29 | G11-G10 |
| Égalité r. de l' | 19 | 23 | D21-E21 |
| Eginhard r. | 4 | 32 | J16 *S* |
| Église imp. de l' | 15 | 40 | L7 *S* |
| Église r. de l' | 15 | 39-40 | L6-L7 |
| Église-de-l'Assomption pl. de l' | 16 | 26 | J4 |
| Eiders allée des | 19 | 10 | B19 |
| El Salvador pl. | 7 | 29 | K10 |
| Elie-Faure r. | 12 | 48 | L24 |
| Elisa-Borey r. | 20 | 34 | G20 |
| Elisa-Lemonnier r. | 12 | 46 | M20 |
| Elisée-Reclus av. | 7 | 28 | J8 *N* |
| Élysée r. de l' | 8 | 17-18 | G10-F11 |
| Élysée-Ménilmontant r. | 20 | 22 | G20 *N* |
| Élysées 26 galerie | 8 | 17 | F9 |
| Élysées-La Boétie galerie | 8 | 17 | F9 *S* |
| Élysées-Rond-Point galerie | 8 | 17 | F9-G9 |
| Elzévir r. | 3 | 32 | J16 *N* |
| Emélie imp. | 19 | 10 | C19 |
| Emeriau r. | 15 | 28-39 | K7-K6 |
| Émile-Acollas av. | 7 | 28 | K8 *N* |
| Émile-Allez r. | 17 | 16 | D7 |
| Émile-Augier bd | 16 | 27 | J5-H5 |
| Émile-Bergerat av. | 16 | 27-26 | K5-K4 |
| Émile-Bertin r. | 18 | 9 | A17 |
| Émile-Blémont r. | 18 | 7 | B14 |
| Émile-Borel r. | 17 | 6 | A11 |
| Émile-Chaîne r. | 18 | 8 | B15 *S* |
| Émile-Deschanel av. | 7 | 28-29 | J8-J9 |
| Émile-Deslandres r. | 13 | 44 | N15 *N* |
| Émile-Desvaux r. | 19 | 23 | E21 |
| Émile-Deutsch-de-la-Meurthe r. | 14 | 55 | R13 |
| Émile-Dubois r. | 14 | 55 | N13 *S* |
| Émile-Duclaux r. | 15 | 41 | L9-M9 |
| Émile-Duployé r. | 18 | 8 | C16 |
| Émile-et-Armand-Massar av. | 17 | 4 | C8 *S* |
| Émile-Faguet r. | 14 | 54 | R12 *S* |
| Émile-Gilbert r. | 12 | 45 | L18 *N* |
| Émile-Goudeau pl. | 18 | 7 | D13 *N* |
| Émile-Landrin pl. | 20 | 35 | H22 *N* |
| Émile-Landrin r. | 20 | 35 | H21 *N* |
| Émile-Laurent av. | 12 | 48 | M23 |
| Émile-Lepeu r. | 11 | 34 | J20 |
| Émile-Levassor r. | 13 | 57 | R17 *S* |
| Émile-Level r. | 17 | 6 | B11 |
| Émile-Loubet villa | 19 | 23 | E21 *N* |
| Émile-Mâle pl. | 5 | 44 | L15 |
| Émile-Ménier r. | 16 | 15 | G5 *N* |
| Émile-Meyer villa | 16 | 38 | M3 |
| Émile-Pierre-Casel r. | 20 | 35 | G22 *S* |
| Émile-Pouvillon av. | 7 | 28 | J8 *N* |
| Émile-Reynaud r. | | 10 | A20 |
| nos impairs | 19 | | |
| nos pairs | Aubervilliers | | |
| Émile-Richard r. | 14 | 42 | M12-N12 |
| Émile-Zola av. | 15 | 39-40 | L5-L8 |
| Émile-Zola sq. | 15 | 40 | L7 *N* |
| Emilio-Castelar r. | 12 | 45 | K18 *S* |
| Emmanuel-Chabrier sq. | 17 | 5-17 | D10 |
| Emmanuel-Chauvière r. | 15 | 39 | L5-L6 |
| Emmanuel-Fleury sq. | 20 | 24 | F 23 |
| Emmery r. | 20 | 22-23 | F20-F21 |
| Encheval r. de l' | 19 | 22 | E20 |
| Enfant-Jésus imp. de l' | 15 | 41 | L10 |
| Enfer pass. d' | 14 | 42 | M12 |
| Enghien r. d' | 10 | 20 | F15 |
| Entrepreneurs pass. des | 15 | 40 | L7 |
| Entrepreneurs r. des | 15 | 39-40 | L6-L7 |
| Entrepreneurs villa des | 15 | 39 | L6 *N* |
| Envierges r. des | 20 | 22 | F20 |
| Épée-de-Bois r. de l' | 5 | 44 | M15 *N* |
| Éperon r. de l' | 6 | 31 | K14 *N* |
| Épinettes imp. des | 17 | 6 | B11-B12 |
| Épinettes pass. des | 14 | 42 | L12 *S* |
| Épinettes pass. des | 17 | 6 | B11 |
| Épinettes r. des | 17 | 6 | B11 |
| Epinettes sq. des | 17 | 6 | B 12 |
| Équerre r. de l' | 19 | 22 | F19 *N* |
| Erard imp. | 12 | 46 | L19 |
| Erard r. | 12 | 46 | L19-L20 |
| Erasme r. | 5 | 43 | L14 *S* |
| Erckmann-Chatrian r. | 18 | 8 | D15 *N* |
| Erlanger av. | 16 | 38 | L3 *N* |
| Erlanger r. | 16 | 38 | L3 |
| Erlanger villa | 16 | 38 | L3 *N* |
| Ermitage av. de l' | 16 | 38 | L4 *S* |
| Ermitage r. de l' | 20 | 22-23 | G20-F21 |
| Ermitage villa de l' | 20 | 22-23 | F20-F21 |
| Ernest-Cresson r. | 14 | 42-54 | N12 *S* |
| Ernest-Denis pl. | 6 | 43 | M13 *N* |
| Ernest et Henri-Rousselle r. | 13 | 56 | R16-R15 |
| Ernest-Goüin r. | 17 | 6 | B11 |
| Ernest-Hébert r. | 16 | 26 | H4 |
| Ernest-Lacoste r. | 12 | 47 | N22 |
| Ernest-Lavisse r. | 12 | 48 | M23 *N* |
| Ernest-Lefébure r. | 12 | 48 | M23 *S* |
| Ernest-Lefèvre r. | 20 | 23 | G22 *N* |
| Ernest-Psichari r. | 7 | 29 | J9 |
| Ernest-Renan av. | 15 | 52-51 | N7-P6 |
| Ernest-Renan r. | 15 | 41 | L9-L10 |

| Nom | Arrondissement | Plan n° | Repère |
|---|---|---|---|
| Ernest-Reyer av. | 14 | 54 | R11 |
| Ernest-Roche r. | 17 | 6 | B11 |
| Ernestine r. | 18 | 8 | C15 |
| Escadrille-Normandie-Niemen pl. de l' | 13 | 57 | N18 |
| Escaut r. de l' | 19 | 9 | B18 *S* |
| Esclangon r. | 18 | 7 | B14 *N* |
| Escoffier r. | 12 | 59 | P21 *S* |
| Espérance r. de l' | 13 | 56-55 | P15-R14 |
| Esquirol r. | 13 | 44 | N16 |
| Essai r. de l' | 5 | 44 | M16 |
| Est r. de l' | 20 | 23 | F21 *S* |
| Este villa d' | 13 | 57 | R17 |
| Esterel sq. de l' | 20 | 48 | K23 *S* |
| d'Estienne-d'Orves pl. | 9 | 18 | E12 *S* |
| Estrapade pl. de l' | 5 | 43 | L14 |
| Estrapade r. de l' | 5 | 44-43 | L15-L14 |
| d'Estrées r. | 7 | 29 | K10-K9 |
| États-Unis pl. des | 16 | 16 | G7-G8 |
| Etex r. | 18 | 6 | C12 |
| Etex villa | 18 | 6 | C12 |
| Étienne-Delaunay pass. | 11 | 35 | J21 |
| Étienne-Dolet r. | 20 | 22-34 | G19-G20 |
| Étienne-Jodelle r. | 18 | 6 | C12 *S* |
| Étienne-Marcel r. | | 32-31 | H15-G14 |
| n$^{os}$ impairs | 1 | | |
| n$^{os}$ pairs | 2 | | |
| Étienne-Marey r. | 20 | 23-35 | G22 |
| Étienne-Marey villa | 20 | 23-35 | G22 |
| Étienne-Pernet pl. | 15 | 40 | L7 *S* |
| Étoile r. de l' | 17 | 16 | E8 *S* |
| Étoile-d'Or cour de l' | 11 | 33 | K18 *N* |
| Eugène-Atget r. | 13 | 56 | P15 |
| Eugène-Beaudoin pass. | 16 | 26 | J4 |
| Eugène-Carrière r. | 18 | 6-7 | C12-B13 |
| Eugène-Delacroix r. | 16 | 27 | H5 *N* |
| Eugène-Flachat r. | 17 | 4 | C8 *S* |
| Eugène-Fournière r. | 18 | 7 | A14 *S* |
| Eugène-Gibez r. | 15 | 40 | N7-N8 |
| Eugène-Jumin r. | 19 | 11-10 | D21-C20 |
| Eugène-Labiche r. | 16 | 26 | H4 |
| Eugène-Leblanc villa | 19 | 23 | E21 *N* |
| Eugène-Manuel r. | 16 | 27 | H6 *S* |
| Eugène-Manuel villa | 16 | 27 | H6 *S* |
| Eugène-Millon r. | 15 | 40 | M7 *S* |
| Eugène-Oudiné r. | 13 | 57 | P18-R18 |
| Eugène-Pelletan r. | 14 | 42 | N12 *N* |
| Eugène-Poubelle r. | 16 | 27 | K5 |
| Eugène-Reisz r. | 20 | 36 | J23 |
| Eugène-Spuller r. | 3 | 32-33 | H16-G17 |
| Eugène-Sue r. | 18 | 7-8 | C14-C15 |
| Eugène-Varlin r. | 10 | 21 | E17 |
| Eugénie-Cotton r. | 19 | 23 | E21 |
| Eugénie-Eboué r. | 12 | 46 | L20 |
| Eugénie-Legrand r. | 20 | 35 | H21 |
| Euler r. | 8 | 16 | F8 *S* |
| Eupatoria r. d' | 20 | 22 | G20 *N* |
| Eure r. de l' | 14 | 42-54 | N11 *S* |
| Europe pl. de l' | 8 | 18 | E11 |
| Euryale-Dehaynin r. | 19 | 10 | D19 *N* |
| Évangile r. de l' | 18 | 8-9 | C16-B18 |
| Evariste-Galois r. | 20 | 24 | F23 |
| Eveillard imp. | 20 | 35 | G22 *S* |
| Evette r. | 19 | 10 | C19 |
| Exelmans bd | 16 | 38 | M4-L3 |
| Exelmans hameau | 16 | 38 | L3 *S* |
| Exposition r. de l' | 7 | 29 | J9 *N* |
| Eylau av. d' | 16 | 27 | H6-G6 |
| Eylau villa d' | 16 | 16 | F7 *S* |

# f

| Nom | Arrondissement | Plan n° | Repère |
|---|---|---|---|
| Fabert r. | 7 | 29 | H10-J10 |
| Fabre-d'Églantine r. | 12 | 47 | L21 *N* |
| Fabriques cour des | 11 | 33 | G18 |
| Fagon r. | 13 | 44-56 | N16 *S* |
| Faidherbe r. | 11 | 34 | K19-J19 |
| Faisanderie r. de la | 16 | 15-27 | F5-G5 |
| Falaise cité | 18 | 7 | B13 *N* |
| Falaises villa des | 20 | 35 | G22 |
| Falconet r. | 18 | 7 | C14 *S* |
| Falguière cité | 15 | 41 | M10 *N* |
| Falguière pl. | 15 | 41 | N10 *N* |
| Falguière r. | 15 | 42-41 | L11-M10 |
| Fallempin r. | 15 | 40 | K7 *S* |
| Fantin-Latour r. | 16 | 38 | M4 |
| Faraday r. | 17 | 16 | D7 *S* |
| Faubourg-du-Temple r. du | | 21 | G17-F18 |
| n$^{os}$ impairs | 10 | | |
| n$^{os}$ pairs | 11 | | |
| Faubourg-Montmartre r. du | 9 | 19 | F14-E13 |
| Faubourg-Poissonnière r. du | | 20 | F15-D15 |
| n$^{os}$ impairs | 9 | | |
| n$^{os}$ pairs | 10 | | |
| Faubourg-St-Antoine r. du | | 33-47 | K18-K21 |
| n$^{os}$ impairs | 11 | | |
| n$^{os}$ pairs | 12 | | |
| Faubourg-St-Denis r. du | 10 | 20 | F15-D16 |
| Faubourg-St-Honoré r. du | 8 | 18-16 | G11-E8 |
| Faubourg-St-Jacques r. du | 14 | 43 | M13-N13 |
| Faubourg-St-Martin r. du | 10 | 20-21 | G16-D17 |
| Faucheur villa | 20 | 22 | F20 |
| Fauconnier r. du | 4 | 32 | K16-J16 |
| Faustin-Hélie r. | 16 | 27 | H5 *S* |
| Fauvet r. | 18 | 6 | C12 |
| Favart r. | 2 | 19 | F13 *S* |
| Favorites r. des | 15 | 41 | M9 |
| Fécamp r. de | 12 | 47 | N21-M22 |
| Fédération r. de la | 15 | 28 | J7-K8 |
| Federico-Garcia-Lorca allée | 1 | 31 | H14 |
| Félibien r. | 6 | 31 | K13 *N* |
| Félicien-David r. | 16 | 27-39 | K5 *S* |
| Félicien-Rops av. | 13 | 56 | S15 *N* |
| Félicité r. de la | 17 | 5 | D9-C10 |
| Félix d'Hérelle av. | 16 | 37 | N2 *N* |
| Félix-Eboué pl. | 12 | 47 | M21 |
| Félix-Faure av. | 15 | 40-39 | L7-M5 |

| Nom | Arrondissement | Plan n° | Repère |
|---|---|---|---|
| Félix-Faure r. | 15 | 39 | M6 |
| Félix-Faure villa | 19 | 23 | E21 *N* |
| Félix-Huguonct r. | 20 | 47 | K22 *S* |
| Félix-Pécaut r. | 17 | 6 | B12 |
| Félix-Terrier r. | 20 | 36 | J23 *N* |
| Félix-Voisin r. | 11 | 34 | J20 *N* |
| Félix-Ziem r. | 18 | 7 | C13 |
| Fénélon cité | 9 | 19 | E14 |
| Fénelon r. | 10 | 20 | E15 |
| Fenoux r. | 15 | 40 | M8 |
| Fer-à-Moulin r. du | 5 | 44 | M16-M15 |
| Ferdinand-Brunot pl. | 14 | 42-54 | N12 *S* |
| Ferdinand-Buisson av. | 16 | 37 | N2-M2 |
| Ferdinand-de-Béhagle r. | 12 | 59 | N21 *S* |
| Ferdinand-Duval r. | 4 | 32 | J16 |
| Ferdinand-Fabre r. | 15 | 40 | M8 |
| Ferdinand-Flocon r. | 18 | 7 | C14 *N* |
| Ferdinand-Gambon r. | 20 | 35 | K22-J22 |
| Ferdousi av. | 8 | 17 | E9 |
| Férembach cité | 17 | 16 | E7 |
| Fermat pass. | 14 | 42 | N12-M11 |
| Fermat r. | 14 | 42 | N12 *N* |
| Ferme-St-Lazare cour | 10 | 20 | E16-E15 |
| Ferme-St-Lazare pass. | 10 | 20 | E16 *S* |
| Fermes cour des | 1 | 31 | H14 *N* |
| Fermiers r. des | 17 | 5 | C10 *S* |
| Fernand-Cormon r. | 17 | 5-4 | C9-C8 |
| Fernand-de-la-Tombelle sq. | 17 | 5-17 | D10 |
| Fernand-Forest pl. | 15 | 39 | K6 |
| Fernand-Foureau r. | 12 | 48 | L23 *N* |
| Fernand-Holweck r. | 14 | 41 | N10 |
| Fernand-Labori r. | 18 | 7 | A14 *S* |
| Fernand-Léger r. | 20 | 34 | H20 *N* |
| Fernand-Pelloutier r. | 17 | 6 | A11 *S* |
| Fernand-Widal r. | 13 | 56 | S16 *N* |
| Férou r. | 6 | 43 | K13 |
| Ferronnerie r. de la | 1 | 32-31 | H15-H14 |
| Ferrus r. | 14 | 55 | N14-P14 |
| Fessart r. | 19 | 22 | E20-E19 |
| Fêtes pl. des | 19 | 23 | E21 *S* |
| Fêtes r. des | 19 | 22 | E20 |
| Feuillantines r. des | 5 | 43 | M14-L14 |
| Feutrier r. | 18 | 7 | D14-C14 |
| Feydeau galerie | 2 | 19 | F14 *S* |
| Feydeau r. | 2 | 19 | F14-G13 |
| Fidélité r. de la | 10 | 20 | F16 *N* |
| Figuier r. du | 4 | 32 | J16 *S* |
| Filles-du-Calvaire bd des | | 33 | H17 |
| n^os^ impairs | 3 | | |
| n^os^ pairs | 11 | | |
| Filles-du-Calvaire r. des | 3 | 33 | H17 |
| Filles-St-Thomas r. des | 2 | 19 | G13 *N* |
| Fillettes imp. des | 18 | 9 | A17 |
| Fillettes r. des | 18 | 9 | B17 |
| Finlande pl. de | 7 | 29 | H10 |
| Firmin-Gémier r. | 18 | 6 | B12 |
| Firmin-Gillot r. | 15 | 40-52 | N7 *S* |
| Fizeau r. | 15 | 53 | N9-P9 |
| Flandre pass. de | 19 | 9 | C18 *S* |
| Flandre r. de | 19 | 9-10 | D17-B19 |
| Flandrin bd | 16 | 27-15 | G5-F5 |
| Flatters r. | 5 | 43 | M14 *S* |
| Fléchier r. | 9 | 19 | E13 *S* |
| Fleurs cité des | 17 | 6 | C11-B11 |
| Fleurs quai aux | 4 | 32 | K15-J15 |
| Fleurus r. de | 6 | 42 | L12 *N* |

| Nom | Arrondissement | Plan n° | Repère |
|---|---|---|---|
| Fleury r. | 18 | 20 | D15 |
| Florale cité | 13 | 55 | R14 |
| Flore villa | 16 | 26-38 | K4 |
| Floréal r. | 17 | 6 | A11 |
| Florence r. de | 8 | 18 | D12 *S* |
| Florence-Blumenthal r. | 16 | 27-39 | K5 |
| Florentine cité | 19 | 22 | E20 |
| Florentine-Estrade cité | 16 | 38 | L4 *N* |
| Florian r. | 20 | 35 | J22-H22 |
| Florimont imp. | 14 | 53 | N10 *S* |
| Flourens pass. | 17 | 6 | B12 *N* |
| Foch av. | 16 | 16-15 | F7-F5 |
| Foin r. du | 3 | 33 | J17 |
| Folie-Méricourt r. de la | 11 | 33-21 | H18-G17 |
| Folie-Regnault pass. | 11 | 34 | H20 |
| Folie-Regnault r. de la | 11 | 34 | J20-H20 |
| Fondary r. | 15 | 40 | K7-L8 |
| Fondary villa | 15 | 40 | L8 *N* |
| Fonderie pass. de la | 11 | 33 | G18 |
| Fonds-Verts r. des | 12 | 46 | M20 *S* |
| Fontaine r. | 9 | 19 | E13-D13 |
| Fontaine-à-Mulard r. de la | 13 | 56 | R15 |
| Fontaine-au-Roi r. de la | 11 | 21-22 | G17-G19 |
| Fontaine-aux-Lions pl. de la | 19 | 10-11 | C20-C21 |
| Fontaine-du-But r. de la | 18 | 7 | C13 |
| Fontainebleau allée de | 19 | 10-11 | D20 |
| Fontaines-du-Temple r. des | 3 | 32 | G16 *S* |
| Fontarabie r. de | 20 | 35 | J22 *N* |
| Fontenay villa de | 19 | 22 | E20 *N* |
| Fontenoy pl. de | 7 | 29 | K9 |
| Forceval r. | 19 | 10 | A20 |
| Forest r. | 18 | 6 | D12 *N* |
| Forez r. du | 3 | 33 | H17 *N* |
| Forge-Royale r. de la | 11 | 34 | K19 |
| Forges r. des | 2 | 20-32 | G16 |
| Fort-de-Vaux bd du | 17 | 5-4 | B9-B8 |
| Fortin imp. | 8 | 17 | F9 |
| Fortuny r. | 17 | 17 | D9 *S* |
| Forum-des-Halles | 1 | 31 | H14 |
| Arc-en-Ciel r. de l' | | | |
| Basse pl. | | | |
| Basse r. | | | |
| Berger porte | | | |
| Bons-Vivants r. des | | | |
| Boucle r. de la | | | |
| Boule r. de la | | | |
| Brève r. | | | |
| Equerre-d'Argent r. de l' | | | |
| Grand-Balcon | | | |
| Lescot porte | | | |
| Oculus r. de l' | | | |
| Orient-Express r. de l' | | | |
| Pirouette r. | | | |
| Pont-Neuf porte | | | |
| Poquelin r. | | | |
| Rambuteau porte | | | |
| Réale pass. de la | | | |
| St-Eustache balcon | | | |
| Verrières pass. des | | | |
| Fossés-St-Bernard r. des | 5 | 44 | K16-L15 |
| Fossés-St-Jacques r. des | 5 | 43 | L14 |
| Fossés-St-Marcel r. des | 5 | 44 | M16 |
| Fouarre r. du | 5 | 32 | K15 |
| Foubert pass. | 13 | 56 | R15-P15 |

| Nom | Arrondissement | Plan n° | Repère |
|---|---|---|---|
| Foucault r. | 16 | 28 | H8 *N* |
| Fougères r. des | 20 | 24 | F23 |
| Four r. du | 6 | 31-30 | K13-K12 |
| Fourcade r. | 15 | 40 | M8 *S* |
| Fourcroy r. | 17 | 16 | E8-D8 |
| Fourcy r. de | 4 | 32 | J16 *S* |
| Fourneyron r. | 17 | 6 | C11 |
| Fours-à-Chaux pass. des | 19 | 21 | E18 |
| Foyatier r. | 18 | 19 | D14 |
| Fragonard r. | 17 | 5-6 | B10-B11 |
| Franc-Nohain r. | 13 | 57 | R18 *S* |
| Française r. | | 32 | H15-G15 |
| n$^{os}$ 1-5, 2-6 | 1 | | |
| n$^{os}$ 7-fin, 8-fin | 2 | | |
| Franche-Comté r. de | 3 | 33 | G17 *S* |
| Franchemont imp. | 11 | 34 | J19 *S* |
| Francis-Carco r. | 18 | 8 | C16 |
| Francis-de-Croisset r. | 18 | 7 | A14 |
| Francis-de-Miomandre r. | 13 | 56 | S15 |
| Francis-de-Pressensé r. | 14 | 41 | N10 |
| Francis-Garnier r. | 17 | 6 | A12 *S* |
| Francis-Jammes r. | 10 | 21 | E17 |
| Francis-Picabia r. | 20 | 22 | F19-G19 |
| Francis-Poulenc sq. | 6 | 43 | K13 *S* |
| Francisque-Gay r. | 6 | 31 | K14 *N* |
| Francisque-Sarcey r. | 16 | 27 | H6 *S* |
| Franco-Russe av. | 7 | 28 | H8 |
| Francœur r. | 18 | 7 | C14 |
| François-Bonvin r. | 15 | 41 | L9 |
| François-Coppée r. | 15 | 40 | M7 |
| François-de-Neufchâteau r. | 11 | 34 | J19 |
| François-Gérard r. | 16 | 38 | K4 *S* |
| François-Millet r. | 16 | 27 | K5 |
| François-Miron r. | 4 | 32 | J15-J16 |
| François-Mouthon r. | 15 | 40 | M7 |
| François-Pinton r. | 19 | 22 | D20 *S* |
| François-Ponsard r. | 16 | 27 | J5-H5 |
| François-1$^{er}$ pl. | 8 | 29 | G9 *S* |
| François-1$^{er}$ r. | 8 | 29-16 | G9-F8 |
| François-Villon r. | 15 | 40 | M8 *S* |
| Francs-Bourgeois r. des | | 33-32 | J17-H16 |
| n$^{os}$ impairs | 4 | | |
| n$^{os}$ pairs | 3 | | |

| Nom | Arrondissement | Plan n° | Repère |
|---|---|---|---|
| Franklin-D.-Roosevelt av. | 8 | 29-17 | G10-F10 |
| Franquet r. | 15 | 41 | N9 |
| Franqueville r. de | 16 | 27-26 | H5-H4 |
| Franz-Liszt pl. | 10 | 20 | E15 |
| Fraternité r. de la | 19 | 23 | D21 *S* |
| Frédéric-Bastiat r. | 8 | 17 | F9 |
| Frédéric Brunet r. | 17 | 6 | A12 *S* |
| Frédéric-Le-Play av. | 7 | 29 | J9 *S* |
| Frédéric-Loliée r. | 20 | 47 | K22 *S* |
| Frédéric-Magisson r. | 15 | 40 | L7-M7 |
| Frédéric-Mistral r. | 15 | 39 | M6 |
| Frederic Mistral villa | 15 | 39 | M 6 |
| Frédéric-Mourlon r. | 19 | 23 | E21-E22 |
| Frédéric-Sauton r. | 5 | 32 | K15 |
| Frédéric-Schneider r. | 18 | 7 | A13 *S* |
| Frédéric-Vallois sq. | 15 | 41 | N9 *N* |
| Frédérick-Lemaître r. | 20 | 22-23 | F20-F21 |
| Frémicourt r. | 15 | 40 | L8-K8 |
| Frémiet av. | 16 | 27 | J6 *N* |
| Fréquel pass. | 20 | 35 | J22 |
| Frères-d'Astier-de-la-Vigerie r. des | 13 | 57 | R17 |
| Frères-Flavien r. des | 20 | 24 | F23-E23 |
| Frères-Morane r. des | 15 | 40 | L7-M7 |
| Frères-Périer r. des | 16 | 28 | H8-G8 |
| Frères-Voisin allée des | 15 | 50-51 | P4-P5 |
| Frères-Voisin bd des | 15 | 50-51 | P4-P5 |
| Fresnel r. | 16 | 28 | H8-H7 |
| Freycinet r. | 16 | 28 | G8 *S* |
| Friant r. | 14 | 54 | P12-R11 |
| Friedland av. de | 8 | 17-16 | F9-F8 |
| Frochot av. | 9 | 19 | E13-D13 |
| Frochot r. | 9 | 19 | E13-D13 |
| Froidevaux r. | 14 | 42 | N12-M11 |
| Froissart r. | 3 | 33 | H17 |
| Froment r. | 11 | 33 | J18 *N* |
| Fromentin r. | 9 | 19 | D13 *S* |
| Fructidor r. | 17 | 6 | A12 |
| Fulton r. | 13 | 45 | M18 *S* |
| de Furstenberg r. | 6 | 31 | J13 *S* |
| Furtado-Heine r. | 14 | 54 | P11 *N* |
| Fustel-de-Coulanges r. | 5 | 43 | M13-M14 |

# g

| Nom | Arrondissement | Plan n° | Repère |
|---|---|---|---|
| Gabon r. du | 12 | 48 | L23 |
| Gabriel av. | 8 | 30-17 | G11-G10 |
| Gabriel villa | 15 | 42 | L11 *S* |
| Gabriel-Fauré sq. | 17 | 17-5 | D10 |
| Gabriel-Lamé r. | 12 | 46 | N20 *N* |
| Gabriel-Laumain r. | 10 | 20 | F15 |
| Gabriel-Péri pl. | 8 | 18 | F11 *N* |
| Gabriel-Vicaire r. | 3 | 32 | G16 *S* |
| Gabrielle r. | 18 | 7 | D14-D13 |
| Gabrielle-d'Estrées allée | 19 | 22 | F19 |
| Gaby-Sylvia r. | 11 | 33 | J18-H18 |
| Gager-Gabillot r. | 15 | 41 | M9 *S* |
| Gagliardini villa | 20 | 23 | F22-E22 |
| Gaillon pl. | 2 | 19 | G13 *N* |
| Gaillon r. | 2 | 19 | G13 *N* |

| Nom | Arrondissement | Plan n° | Repère |
|---|---|---|---|
| Gaîté imp. de la | 14 | 42 | M11-M12 |
| Gaîté r. de la | 14 | 42 | M11 |
| Galande r. | 5 | 32-31 | K15-K14 |
| Galilée r. | | 16 | G7-F8 |
| n$^{os}$ 1-53, 2-50 | 16 | | |
| n$^{os}$ 55-fin, 52-fin | 8 | | |
| Galleron r. | 20 | 35 | J22-H22 |
| Galliera r. de | 16 | 28 | G8 *S* |
| Galvani r. | 17 | 16 | D7 |
| Gambetta av. | 20 | 34-23 | H20-E22 |
| Gambetta pass. | 20 | 23 | F22 |
| Gambetta pl. | 20 | 35 | G21 *S* |
| Gambey r. | 11 | 33 | G18 *S* |
| Gandon r. | 13 | 56 | R16-S16 |
| Ganneron pass. | 18 | 6 | C 12 |

| Nom | Arrondissement | Plan n° | Repère |
|---|---|---|---|
| Ganneron r. | 18 | 6 | D12-C12 |
| Garancière r. | 6 | 31-43 | K13 |
| Gardes r. des | 18 | 8 | D15-C15 |
| Gare port de la | 13 | 46-45 | N19-M18 |
| Gare porte de la | 13 | 58 | P19-20 |
| Gare quai de la | 13 | 58-45 | P19-M18 |
| Gare r. de la | 19 | 9 | A18 |
| Gare-de-Reuilly r. de la | 12 | 47 | M21-L21 |
| Garibaldi bd | 15 | 41 | L9 |
| Garigliano pont du | 16 | 38 | M4 |
| Garnier villa | 15 | 42 | L11 |
| Garreau r. | 18 | 7 | D13 *N* |
| Gascogne sq. de la | 20 | 36 | J23 *S* |
| Gasnier-Guy r. | 20 | 35 | G21 *S* |
| Gassendi r. | 14 | 42 | N12 |
| Gaston-Bachelard allée | 14 | 53 | P10 |
| Gaston-Bertandeau sq. | 17 | 16 | E7 |
| Gaston-Boissier r. | 15 | 52 | P8-P7 |
| Gaston-Couté r. | 18 | 7 | C14 |
| Gaston-Darboux r. | 18 | 9 | A18-A17 |
| Gaston-de-Caillavet r. | 15 | 39 | K6 |
| Gaston-de-St-Paul r. | 16 | 28 | H8-G8 |
| Gaston-Pinot r. | 19 | 22 | D20 |
| Gaston-Tessier r. | 19 | 9 | B18 |
| Gaston-Tissandier r. | 18 | 9 | A17 |
| Gatbois pass. | 12 | 46 | L19 |
| Gâtines r. des | 20 | 35 | G21 *S* |
| Gaudelet imp. | 11 | 34 | G19 *S* |
| Gauguet r. | 14 | 55 | P13 *S* |
| Gauguin r. | 17 | 4 | C8 |
| Gauthey r. | 17 | 6 | C11-B11 |
| Gauthier pass. | 19 | 22 | F19-E19 |
| Gavarni r. | 16 | 27 | J6-H6 |
| Gay-Lussac r. | 5 | 43 | L14-M14 |
| Gazan r. | 14 | 55 | R14 |
| Geffroy-Didelot pass. | 17 | 17 | D10-D11 |
| Général-Anselin r. du | 16 | 15 | E5-F5 |
| Général-Appert r. du | 16 | 15 | G5 *N* |
| Général-Archinard r. du | 12 | 48 | M23 |
| Général-Aubé r. du | 16 | 27 | J5 |
| Général-Balfourier av. du | 16 | 38 | L3 |
| Général-Baratier r. du | 15 | 28 | K8 |
| Général-Bertrand r. du | 7 | 41 | K10-L10 |
| Général-Beuret pl. du | 15 | 41 | M9 *N* |
| Général-Beuret r. du | 15 | 41-40 | M9-M8 |
| Général-Blaise r. du | 11 | 34 | H19 |
| Général-Brocard pl. du | 8 | 17 | E9 |
| Général-Brunet r. du | 19 | 22-23 | E20-D21 |
| Général-Camou r. du | 7 | 28 | H8 *S* |
| Général-Catroux pl. du | 17 | 17 | D10-D9 |
| Général-Clavery av. du | 16 | 38 | N3 *N* |
| Général-Clergerie r. du | 16 | 15 | G6-F6 |
| Général-Cochet pl. du | 19 | 11 | D21 *N* |
| Général-de-Castelnau r. du | 15 | 28-40 | K8 |
| Général-de-Langle-de-Cary r. du | 12 | 59-58 | P21-P20 |
| Général-de-Larminat r. du | 15 | 28 | K8 |
| Général-de-Maud'huy r. du | 14 | 53 | R10 *N* |
| Général-Delestraint r. du | 16 | 38-37 | L3-M2 |
| Général-Détrie av. du | 7 | 28 | J8-K8 |
| Général-Dodds av. du | 12 | 47 | N22 |
| Général-Dubail av. du | 16 | 26 | J4 *S* |
| Général-Eisenhower av. du | 8 | 29 | G10 |
| Général-Estienne r. du | 15 | 39 | L6 |
| Général-Ferrié av. du | 7 | 28 | J8 |
| Général-Foy r. du | 8 | 18-17 | E11-E10 |
| Général-Gouraud pl. du | 7 | 28 | J8 *N* |

| Nom | Arrondissement | Plan n° | Repère |
|---|---|---|---|
| Général-Grossetti r. du | 16 | 38 | M3 *S* |
| Général-Guilhem r. du | 11 | 34 | H19 |
| Général-Guillaumat r. du | 15 | 52 | P7 |
| Général-Henrys r. du | 17 | 6 | B12 *N* |
| Général-Humbert r. du | 14 | 53 | P9 *S* |
| Général-Ingold pl. du | 19 | 21 | F18-F19 |
| Général-Koenig pl. du | 17 | 15 | D6-E6 |
| Général-Lambert r. du | 7 | 28 | J8-J7 |
| Général-Langlois r. du | 16 | 27 | H5 *N* |
| Général-Lanrezac r. du | 17 | 16 | E7 *S* |
| Général-Laperrine av. du | 12 | 47-48 | N22-N23 |
| Général-Largeau r. du | 16 | 38 | K4 *S* |
| Général-Lasalle r. du | 19 | 22 | F19 *N* |
| Général-Leclerc av. du | 14 | 42-54 | N12-R12 |
| Général-Lemonnier av. du | 1 | 30 | H12 |
| Général-Lucotte r. du | 15 | 38-39 | M4-N5 |
| Général-Maistre av. du | 14 | 53 | R10 *N* |
| Général-Malleterre r. du | 16 | 38 | M3-N3 |
| Général-Mangin av. du | 16 | 27 | J6 *S* |
| Général-Margueritte av du | 7 | 28 | J8 |
| Général-Martial-Valin bd du | 15 | 38-39 | M4-N5 |
| Général-Messimy av. du | 12 | 48 | M23 *S* |
| Général-Michel-Bizot av. | 12 | 47 | N21-M22 |
| Général-Monclar pl. du | 15 | 41 | N9 |
| Général-Négrier cité du | 7 | 29 | J9 *N* |
| Général-Niessel r. du | 20 | 48 | L23-K23 |
| Général-Niox r. du | 16 | 38 | M3 *S* |
| Général-Patton pl. du | 16 | 15-16 | E6-E7 |
| Général-Renault r. du | 11 | 34 | H19 |
| Général-Roques r. du | 16 | 37 | M2 |
| Général-San-Martin av. du | 19 | 22 | E19 |
| Général-Sarrail av. du | 16 | 37 | L2 |
| Général-Séré-de-Rivières r. du | 14 | 53 | P10 *S* |
| Général-Stéfanik pl. du | 16 | 37 | M2 |
| Général-Tessier-de-Marguerittes pl. du | 20 | 36 | K23 |
| Général-Tripier av. du | 7 | 28 | J8 *S* |
| Général-Zarapoff sq. du | 19 | 24 | E23 |
| Gènes cité de | 20 | 22 | F19 |
| Génie pass. du | 12 | 46 | K20 *S* |
| Gentilly porte de | 13 | 55 | S14 |
| Géo-Chavez r. | 20 | 36-35 | G23-G22 |
| Geoffroy-l'Angevin r. | 4 | 32 | H15 |
| Geoffroy-l'Asnier r. | 4 | 32 | J16 *S* |
| Geoffroy-Marie r. | 9 | 19 | F14 |
| Geoffroy-St-Hilaire r. | 5 | 44 | M16-L16 |
| Georg-Friedrich-Haendel r. | 10 | 21 | E17 |
| George-V av. | 8 | 28-16 | G8-F8 |
| George-Eastman r. | 13 | 56 | P16 |
| George-Sand r. | 16 | 26-38 | K4 *S* |
| George-Sand villa | 16 | 26-38 | K4 |
| Georges-Ambroise-Boisselat-et-Blanche cité | 20 | 36 | J23 *S* |
| Georges-Berger r. | 17 | 17 | E10-D10 |
| Georges-Bernanos av. | 5 | 43 | M13 |
| Georges-Berry pl. | 9 | 18 | F12 *N* |
| Georges-Bizet r. | 16 | 16-28 | G8 |
| Georges-Braque r. | 14 | 55 | R13 |
| Georges Brassens parc | 15 | 52 | N 8 |
| Georges-Citerne r. | 15 | 40 | K7 *S* |
| Georges-Contenot sq. | 12 | 47 | M21-N21 |
| Georges-de-Porto-Riche r. | 14 | 54 | R12 *S* |
| Georges-Desplas r. | 5 | 44 | M15 *N* |
| Georges-Guillaumin pl. | 8 | 16-17 | F8-F9 |
| Georges-Lafenestre av. | 14 | 53 | P10-R9 |
| Georges-Lafont av. | 16 | 37 | M2-N2 |

| Nom | Arrondissement | Plan n° | Repère |
|---|---|---|---|
| Georges-Lardennois r. | 19 | 21-22 | E18-E19 |
| Georges-Leclanche r. | 15 | 41 | M10 |
| Georges-Lesage sq. | 12 | 45 | L17 *N* |
| Georges-Leygues r. | 16 | 26 | H4 |
| Georges-Mandel av. | 16 | 27 | H6-H5 |
| Georges-Mulot pl. | 15 | 41 | L10 *N* |
| Georges-Pitard r. | 15 | 41 | N10 |
| Georges-Pompidou pl. | 4 | 32 | H15 |
| Georges-Pompidou voie | 16 | 38-58 | M4-J7 |
| Georges-Pompidou voie | 1 | 30-31 | H2-J14 |
| Georges-Pompidou voie | 4 | 32 | J15-K16 |
| Georges-Récipon allée | 19 | 21 | E18 |
| Georges-Risler av. | 16 | 38 | M3 |
| Georges-Rouault allée | 20 | 22 | G19 *N* |
| Georges-Saché r. | 14 | 54 | N11 *S* |
| Georges-Ville r. | 16 | 16 | F7 *S* |
| Georgette-Agutte r. | 18 | 7 | B13 |
| Georgina villa | 20 | 23 | F21 |
| Gérando r. | 9 | 19 | D14 *S* |
| Gérard pass. | 13 | 56 | P15 *N* |
| Gérard-de-Nerval r. | 18 | 7 | A13 |
| Gérard-Philipe r. | 16 | 26 | G4 |
| Gerbert r. | 15 | 40 | M8 |
| Gerbier r. | 11 | 34 | J20 *N* |
| Gergovie pass. de | 14 | 41 | N10 |
| Gergovie r. de | 14 | 41-54 | N10-P11 |
| Géricault r. | 16 | 38 | K3 *S* |
| Germain-Pilon cité | 18 | 19 | D13 |
| Germain-Pilon r. | 18 | 19 | D13 |
| Gervex r. | 17 | 4 | C8 *S* |
| Gesvres quai de | 4 | 32 | J15 |
| Giffard r. | 13 | 45 | M18 *S* |
| Gilbert-Perroy pl. | 14 | 54 | N12 |
| Ginette-Neveu r. | 18 | 7 | A14 |
| Ginkgo cour du | 12 | 46 | M19 |
| Ginoux r. | 15 | 39-40 | K6-L7 |
| Giordano-Bruno r. | 14 | 54 | P11 *S* |
| Girardon imp. | 18 | 7 | C13 *S* |
| Girardon r. | 18 | 7 | C13 |
| Girodet r. | 16 | 38 | K3 *S* |
| Gironde quai de la | 19 | 10 | B20-A19 |
| Gît-le-Cœur r. | 6 | 31 | J14 *S* |
| Glacière r. de la | 13 | 43-55 | M14-P14 |
| Glaïeuls r. des | 20 | 24 | E23 |
| Gluck r. | 9 | 19-18 | F13-F12 |
| Glycines r. des | 13 | 55 | R14 |
| Gobelins villa des | 13 | 44 | N15 |
| Gobelins av. des | | 44-56 | M15-N16 |
| nos 1-23, 2-22 | 5 | | |
| nos 25-fin, 24-fin | 13 | | |
| Gobelins cité des | 13 | 44 | N16-N15 |
| Gobelins r. des | 13 | 44 | N15 *N* |
| Gobert r. | 11 | 34 | J19 |
| Godefroy r. | 13 | 56 | N16 *S* |
| Godefroy-Cavaignac r. | 11 | 34 | J19 |
| Godin villa | 20 | 35 | J22-H22 |
| Godot-de-Mauroy r. | 9 | 18 | F12 *S* |
| Gœthe r. | 16 | 28 | G8 *S* |
| Goix pass. | 19 | 9-21 | D17 *N* |
| Gomboust imp. | 1 | 18 | G12 |
| Gomboust r. | 1 | 19-31 | G13 |
| Goncourt r. des | 11 | 21 | G18 *N* |
| Gonnet r. | 11 | 34-46 | K20 |
| Gordon-Bennett av. | 16 | 37 | L2 *N* |
| Gossec r. | 12 | 47 | M22 |
| Got sq. | 20 | 47 | K22 *S* |
| Goubet r. | 19 | 10-22 | D20 |
| Gounod r. | 17 | 16 | D8 |
| Gourgaud av. | 17 | 4 | D8-C8 |
| Gouthière r. | 13 | 56 | R15 *S* |
| Goutte-d'Or r. de la | 18 | 8-20 | D15 |
| Gouvion-St-Cyr bd | 17 | 4-15 | D7-E6 |
| Gouvion-St-Cyr sq. | 17 | 15-16 | D6-D7 |
| Gozlin r. | 6 | 31 | J13 *S* |
| Grâce-de-Dieu cour de la | 10 | 21 | F18 |
| Gracieuse r. | 5 | 44 | M15-L15 |
| Graisivaudan sq. du | 17 | 16-15 | D7-D6 |
| Gramme r. | 15 | 40 | L8 |
| de Gramont r. | 2 | 19 | G13-F13 |
| de Grancey r. | 14 | 42 | N12 |
| Grand-Cerf pass. du | 2 | 32 | G15 *S* |
| Grand-Prieuré r. du | 11 | 33 | G17 *S* |
| Grand-Veneur r. du | 3 | 33 | H17-J17 |
| Grande-Armée villa de la | 17 | 16 | E7 *S* |
| Grande-Armée av. de la | | 16-15 | F7-E6 |
| nos impairs | 16 | | |
| nos pairs | 17 | | |
| Grande-Chaumière r. de la | 6 | 42 | L12-M12 |
| Grande-Truanderie r. de la | 1 | 32 | H15 *N* |
| Grands-Augustins quai des | 6 | 31 | J14 |
| Grands-Augustins r. des | 6 | 31 | J14 *S* |
| Grands-Champs r. des | 20 | 35-36 | K21-K23 |
| Grands-Degrés r. des | 5 | 32 | K15 |
| Grangé sq. | 13 | 43 | N14 *N* |
| Grange-aux-Belles r. de la | 10 | 21 | F17-E18 |
| Grange-Batelière r. de la | 9 | 19 | F14 |
| Gravelle r. de | 12 | 47 | N21 *N* |
| Gravilliers pass. des | 3 | 32 | H16 *N* |
| Gravilliers r. des | 3 | 32 | H16-G15 |
| Greffulhe r. | 8 | 18 | F12 |
| Grégoire-de-Tours r. | 6 | 31 | J13-K13 |
| Grenade r. de la | 19 | 11 | C21 |
| Grenelle villa de | 15 | 40 | K7 *S* |
| Grenelle bd de | 15 | 28-40 | J7-K8 |
| Grenelle pont de | 16 | 27-39 | K5-K6 |
| Grenelle port de | 15 | 28-27 | J7-K6 |
| Grenelle quai de | 15 | 28-27 | J7-K6 |
| Grenelle r. de | | 30-29 | K12-J9 |
| nos 1-7, 2-10 | 6 | | |
| nos 9-fin, 12-fin | 7 | | |
| Greneta cour | 2 | 32 | G15 *S* |
| Greneta r. | | 32 | G15 *S* |
| nos 1-15, 2-10 | 3 | | |
| nos 17-fin, 12-fin | 2 | | |
| Grenier-St-Lazare r. du | 3 | 32 | H15 *N* |
| Grenier-sur-l'Eau r. du | 4 | 32 | J16 *S* |
| Grés pl. des | 20 | 35 | H22 *S* |
| Gresset r. | 19 | 10 | C19 *N* |
| Grétry r. | 2 | 19 | F13 *S* |
| Greuze r. | 16 | 27 | H6-G6 |
| Gribeauval r. de | 7 | 30 | J12 |
| Gril r. du | 5 | 44 | M16-M15 |
| Grimaud imp. | 19 | 22 | D20 *S* |
| Grisel imp. | 15 | 41 | K9 *S* |
| Griset cité | 11 | 34 | G19 |
| Gros imp. | 20 | 35 | J22 |
| Gros r. | 16 | 27 | K5 |
| Gros-Caillou port du | 7 | 29 | H9 *N* |
| Gros-Caillou r. du | 7 | 29 | J9 *N* |
| Grosse-Bouteille imp. | 18 | 7 | B14-B13 |
| Groupe-Manouchian r. du | 20 | 23 | G22-F22 |
| Guadeloupe r. de la | 18 | 9-8 | C17-C16 |
| Guatemala pl. du | 8 | 18 | E11 *S* |

| Nom | Arrondissement | Plan n° | Repère |
|---|---|---|---|
| Gudin r. | 16 | 38 | M3 *S* |
| Gué imp. du | 18 | 8 | B16 *N* |
| de Guébriant r. | 20 | 24 | F23 |
| Guelma villa de | 18 | 19 | D13 |
| Guéménée imp. | 4 | 33 | J17 *S* |
| Guénégaud r. | 6 | 31 | J13 |
| Guénot pass. | 11 | 34 | K20 |
| Guénot r. | 11 | 35-34 | K21-K20 |
| Guérin-Boisseau r. | 2 | 32 | G15 |
| Guersant r. | 17 | 16 | E7-D7 |
| du Guesclin pass. | 15 | 28 | K8 *N* |
| du Guesclin r. | 15 | 28 | K8 *N* |
| Guibert villa | 16 | 27 | H5 |
| Guichard r. | 16 | 27 | J5-H5 |
| Guignier pl. du | 20 | 23 | F21 *S* |
| Guignier r. du | 20 | 23 | F21 *S* |
| Guilhem pass. | 11 | 34 | H19 |
| Guillaume-Apollinaire r. | 6 | 31 | J13 *S* |
| Guillaume-Bertrand r. | 11 | 34 | H19 *N* |
| Guillaume-Tell r. | 17 | 16 | D7-D8 |
| Guillaumot r. | 12 | 46-45 | L19-L18 |
| Guilleminot r. | 14 | 42-41 | N11-N10 |
| Guillemites r. des | 4 | 32 | J16 *N* |
| Guisarde r. | 6 | 31 | K13 *N* |
| Guizot villa | 17 | 16 | E7 |

| Nom | Arrondissement | Plan n° | Repère |
|---|---|---|---|
| Gustave-Charpentier r. | 17 | 15 | D6-E6 |
| Gustave-V-de-Suède av. | 16 | 28 | H7 |
| Gustave-Courbet r. | 16 | 27 | G6 |
| Gustave-Doré r. | 17 | 5 | D9-C9 |
| Gustave-Eiffel av. | 7 | 28 | J7-J8 |
| Gustave-Flaubert r. | 17 | 16 | D8 *S* |
| Gustave-Geffroy r. | 13 | 44 | N15 *N* |
| Gustave-Goublier r. | 10 | 20 | F16 *S* |
| Gustave-Larroumet r. | 15 | 40 | L8 *S* |
| Gustave-Le Bon r. | 14 | 54 | R11 |
| Gustave-Lepeu pass. | 11 | 34 | J20 |
| Gustave-Nadaud r. | 16 | 27 | H5 *S* |
| Gustave-Rouanet r. | 18 | 7 | B14-B13 |
| Gustave-Toudouze pl. | 9 | 19 | E13 |
| Gustave-Zédé r. | 16 | 27 | J5 |
| Gutenberg r. | 15 | 39 | L6-M5 |
| Guttin r. | 17 | 5 | B10 |
| Guy-de-la-Brosse r. | 5 | 44 | L16 |
| Guy-de-Maupassant r. | 16 | 27 | H5 *N* |
| Guy-Môquet r. | 17 | 6 | C11-B12 |
| Guy-Patin r. | 10 | 20 | D15 *S* |
| Guyane bd de la | 12 | 48 | N23-M23 |
| Guyenne sq. de la | 20 | 36 | J23 |
| Guynemer r. | 6 | 43 | K13-L13 |
| Guyton-de-Morveau r. | 13 | 56 | R15 *N* |

# h

| | | | |
|---|---|---|---|
| Haie-Coq r. de la | 19 | 9 | A18 |
| Haies pass. des | 20 | 35 | J22 *S* |
| Haies r. des | 20 | 35 | K21-J22 |
| Hainaut r. du | 19 | 10 | D20-C20 |
| Halévy r. | 9 | 19 | F13 |
| Hallé r. | 14 | 55-54 | P13-P12 |
| Hallé villa | 14 | 54 | P12-N12 |
| Halles jardin des | 1 | 31 | H 14 |
| Halles r. des | 1 | 31 | H14 *S* |
| Hameau r. du | 15 | 40-39 | N7-N6 |
| Hamelin r. | 16 | 16-28 | G7 |
| Hanovre r. de | 2 | 19 | F13 *S* |
| Hardy villa | 20 | 35 | H22 |
| de Harlay r. | 1 | 31 | J14 |
| Harmonie r. de l' | 15 | 53 | N9 *S* |
| Harpe r. de la | 5 | 31 | K14 *N* |
| Harpignies r. | 20 | 36 | J23 *N* |
| Hassard r. | 19 | 22 | E19 |
| Haudriettes r. des | 3 | 32 | H16 |
| Haussmann bd | | 19-17 | F13-F9 |
| n^os^ 1-53, 2-70 | 9 | | |
| n^os^ 55-fin, 72-fin | 8 | | |
| Haut-Pavé r. du | 5 | 32 | K15 |
| Hautefeuille imp. | 6 | 31 | K14 *N* |
| Hautefeuille r. | 6 | 31 | K14 *N* |
| Hauterive villa d' | 19 | 22 | D20 *S* |
| Hautes-Formes r. des | 13 | 57 | P17 |
| d'Hauteville cité | 10 | 20 | E15 *S* |
| d'Hauteville r. | 10 | 20 | F15-E15 |
| d'Hautpoul r. | 19 | 10-22 | E20-C20 |
| Hauts-de-Belleville villa des | 20 | 23 | F22 |
| Havre cour du | 8 | 18 | E12 *S* |
| Havre pass. du | 9 | 18 | F12 *N* |

| | | | |
|---|---|---|---|
| Havre pl. du | | 18 | E12-F12 |
| n^os^ impairs | 8 | | |
| n^os^ pairs | 9 | | |
| Havre r. du | | 18 | F12 *N* |
| n^os^ impairs | 8 | | |
| n^os^ pairs | 9 | | |
| Haxo imp. | 20 | 23-24 | G22-G23 |
| Haxo r. | | 23 | G22-E22 |
| n^os^ 1-113, 2-110 | 20 | | |
| n^os^ 115-fin, 112-fin | 19 | | |
| Hébert pl. | 18 | 9 | B17 |
| Hébrard pass. | 10 | 21 | F18 |
| Hébrard ruelle des | 12 | 46 | L19 *S* |
| Hector-Guimard r. | 19 | 22 | F19 |
| Hector-Malot r. | 12 | 45 | L18 |
| Hégésippe-Moreau r. | 18 | 6 | C12 *S* |
| Helder r. du | 9 | 19 | F13 |
| Hélène r. | 17 | 6 | D12-D11 |
| Héliopolis r. d' | 17 | 16-4 | D7 *N* |
| Henard r. | 12 | 46 | L 20-M 20 |
| Hennel pass. | 12 | 46 | L19 |
| Henner r. | 9 | 19 | E13 *N* |
| Henri-Barboux r. | 14 | 54 | R12 |
| Henri-Barbusse r. | | 43 | L13-M13 |
| n^os^ 1-53, 2-60 | 5 | | |
| n^os^ 55-fin, 62-fin | 14 | | |
| Henri-Becque r. | 13 | 55 | R14 *N* |
| Henri-Bergson pl. | 8 | 18 | E11 *S* |
| Henri-Bocquillon r. | 15 | 40 | M7 *N* |
| Henri-Brisson r. | 18 | 7 | A13 *S* |
| Henri-Chevreau r. | 20 | 22 | G20-F20 |
| Henri-de-Bornier r. | 16 | 26 | H4 |
| Henri-Delormel sq. | 14 | 54 | N12 *S* |
| Henri-Dubouillon r. | 20 | 23 | F22 |

| Nom | Arrondissement | Plan n° | Repère |
|---|---|---|---|
| Henri-Duchêne r. | 15 | 40 | L7 *N* |
| Henri-Duparc sq. | 17 | 5-17 | D10 |
| Henri-Duvernois r. | 20 | 36 | H23 |
| Henri-Feulard r. | 10 | 21 | F18 *N* |
| Henri-Gaillard souterrain | 16 | 15 | F5 |
| Henri-Heine r. | 16 | 26 | K4 *N* |
| Henri-Huchard r. | 18 | 7-6 | A13-A12 |
| Henri-Martin av. | 16 | 27-26 | H5-H4 |
| Henri-Matisse pl. | 20 | 34 | G20 |
| Henri-Moissan r. | 7 | 29 | H9 |
| Henri-Mondor pl. | 6 | 31 | K13 *N* |
| Henri-Monnier r. | 9 | 19 | E13 *N* |
| Henri-Murger r. | 19 | 21 | E18 |
| Henri-Pape r. | 13 | 56 | R16-R15 |
| Henri-Poincaré r. | 20 | 23 | G22-F22 |
| Henri-IV bd | 4 | 32-33 | K16-K17 |
| Henri-IV port | 4 | 45-32 | L17-K16 |
| Henri-IV quai | 4 | 45-32 | L17-K16 |
| Henri-Queuille pl. | 15 | 41 | L10 |
| Henri-Ranvier r. | 11 | 34 | J20-H20 |
| Henri-Regnault r. | 14 | 54 | R12 *N* |
| Henri-Ribière r. | 19 | 23 | E21 |
| Henri-Robert r. | 1 | 31 | J14 |
| Henri-Rochefort r. | 17 | 17 | D9 *S* |
| Henri-Rollet pl. | 15 | 40 | N7 *N* |
| Henri-Tomasi r. | 20 | 36 | K23 |
| Henri-Turot r. | 19 | 21 | E18 *S* |
| Henry-Bataille sq. | 16 | 26 | J3 |
| Henry-de-Bournazel r. | 14 | 53 | R10 *N* |
| Henry-de-Jouvenel r. | 6 | 31 | K13 |
| Henry-de-La-Vaulx r. | 16 | 38 | N3 |
| Henry-de-Montherlant pl. | 7 | 30 | H12 |
| Henry-Dunant pl. | 8 | 16 | F8-G8 |
| Henry-Paté sq. | 16 | 38-39 | K4-K5 |
| Hérault-de-Séchelles r. | 17 | 6 | A11 |
| Héricart r. | 15 | 39 | K6 *S* |
| Hermann-Lachapelle r. | 18 | 8 | B15 |
| Hermel cité | 18 | 7 | C14 *N* |
| Hermel r. | 18 | 7 | C14-B14 |
| Herold r. | 1 | 31 | G14 *S* |
| Héron cité | 10 | 21 | F17 *N* |
| Herran r. | 16 | 27 | G6 *S* |
| Herran villa | 16 | 27 | G5 *S* |
| Herschel r. | 6 | 43 | L13 *S* |
| Hersent villa | 15 | 41 | M9 *S* |
| Hesse r. de | 3 | 33 | H17 *S* |
| Hippolyte-Lebas r. | 9 | 19 | E14-E13 |
| Hippolyte-Maindron r. | 14 | 42-54 | N11-P11 |
| Hirondelle r. de l' | 6 | 31 | J14 *S* |
| Hittorff cité | 10 | 20 | F16 *S* |
| Hittorff r. | 10 | 20 | F16 |
| Hiver cité | 19 | 21-22 | E18-E19 |
| Hoche av. | 8 | 17-16 | E9-F8 |
| Honoré-Chevalier r. | 6 | 43-42 | K13-K12 |
| Hôpital bd de l' | | 45-44 | L17-N16 |
| n$^{os}$ 1-fin, 44-fin | 13 | | |
| n$^{os}$ 2-42 | 5 | | |
| Hôpital-St-Louis r. de l' | 10 | 21 | F17 *N* |
| Horloge quai de l' | 1 | 31 | J14 |
| Horloge-à-Automates pass. de l' | 3 | 32 | H15 |
| Hospitalières-St-Gervais r. des | 4 | 32 | J16 *N* |
| Hôtel-Colbert r. de l' | 5 | 32 | K15 |
| Hôtel-d'Argenson imp. de l' | 4 | 32 | J16 |
| Hôtel-de-Ville pl. de l' | 4 | 32 | J15 |
| Hôtel-de-Ville port de l' | 4 | 32 | K16-J15 |
| Hôtel-de-Ville quai de l' | 4 | 32 | J16-J15 |
| Hôtel-de-Ville r. de l' | 4 | 32 | J16-J15 |
| Hôtel-St-Paul r. de l' | 4 | 33 | J17 *S* |
| Houdart r. | 20 | 34 | H20 *N* |
| Houdart-de-Lamotte r. | 15 | 40 | M7 |
| Houdon r. | 18 | 19 | D13 |
| Hubert-Monmarché pl. | 15 | 40 | M8 *N* |
| Huchette r. de la | 5 | 31 | K14 *N* |
| Huit-Mai 1945 r. du | 10 | 20 | E16 *S* |
| Huit-Novembre 1942 pl. du | 10 | 20 | E15 |
| Hulot pass. | 1 | 31 | G13 *S* |
| Humblot r. | 15 | 28 | K7 |
| Huyghens r. | 14 | 42 | M12 *N* |
| Huysmans r. | 6 | 42 | L12 *N* |

# i

| Nom | Arrondissement | Plan n° | Repère |
|---|---|---|---|
| Ibsen av. | 20 | 36 | G23 |
| Iéna av. d' | 16 | 28-16 | H7-F8 |
| Iéna pl. d' | 16 | 28 | G7 |
| Iéna pont d' | 16 | 28 | H7 |
| Igor-Stravinsky pl. | 4 | 32 | H15 |
| Ile-de-France imp. de l' | 20 | 35 | J22-J21 |
| Ile-de-la-Réunion pl. de l' | 12 | 47 | L21 |
| Ile-de-Sein pl. de l' | 14 | 43 | N13 |
| Immeubles-Industriels r. des | 11 | 35-47 | K21 *S* |
| Indochine bd d' | 19 | 23-11 | D21-C21 |
| Indre r. de l' | 20 | 35 | H22 |
| Industrie cité de l' | 11 | 34 | G19 *S* |
| Industrie cour de l' | 11 | 34 | K20 |
| Industrie pass. de l' | 10 | 20 | F16-F15 |
| Industrie r. de l' | 13 | 56 | R16 |
| Industrielle cité | 11 | 34 | J19-H19 |
| Ingénieur-Robert-Keller r. de l' | 15 | 39 | K6-L6 |
| Ingres av. | 16 | 26 | J4 *N* |
| Innocents r. des | 1 | 32-31 | H15-H14 |
| Inspecteur-Allès r. de l' | 19 | 23 | E21 |
| Institut pl. de l' | 6 | 31 | J13 *N* |
| Insurgés-de-Varsovie pl. des | 15 | 52 | P7 |
| Intendant jardin de l' | 7 | 29 | J 10 |
| Intérieure r. | 8 | 18 | E12 *S* |
| Interne-Loeb r. de l' | 13 | 56 | R15 |
| Invalides bd des | 7 | 29-41 | J10-L10 |
| Invalides esplanade des | 7 | 29 | H10 |
| Invalides pl. des | 7 | 29 | J10 *N* |
| Invalides pont des | 8 | 29 | H10 *N* |
| Irénée-Blanc r. | 20 | 35-36 | G22-G23 |

| Nom | Arrondissement | Plan n° | Repère |
|---|---|---|---|
| Iris r. des | 13 | 55 | R14 |
| Iris villa des | 19 | 23 | E22 |
| Irlandais r. des | 5 | 43 | L14 |
| Isabey r. | 16 | 38 | K3 *S* |
| Islettes r. des | 18 | 20 | D15 |
| Isly r. de l' | 8 | 18 | F12 *N* |
| Israël pl. d' | 17 | 5 | D9 *N* |
| Issy quai d' | 15 | 38 | N4 |
| Issy-les-Moulineaux porte d' | 15 | 39 | N6 |
| Issy-les-Moulineaux quai d' | 15 | 38 | M4-N4 |

| Nom | Arrondissement | Plan n° | Repère |
|---|---|---|---|
| Italie av. d' | 13 | 56 | P16-S16 |
| Italie pl. d' | 13 | 56 | N16 *S* |
| Italie porte d' | 13 | 56 | S16 |
| Italie r. d' | 13 | 56 | R16-R15 |
| Italiens bd des | | 19 | F13 |
| n$^{os}$ impairs | 2 | | |
| n$^{os}$ pairs | 9 | | |
| Italiens r. des | 9 | 19 | F13 |
| Ivry av. d' | 13 | 57-56 | R17-P16 |
| Ivry porte d' | 13 | 57 | S18 *N* |
| Ivry quai d' | 13 | 58 | P20 *S* |

# j

| Nom | Arrondissement | Plan n° | Repère |
|---|---|---|---|
| Jacob r. | 6 | 31 | J13 |
| Jacquard r. | 11 | 33 | G18 *S* |
| Jacquemont r. | 17 | 6 | C11 *S* |
| Jacquemont villa | 17 | 6 | C11 *S* |
| Jacques-Bainville pl. | 7 | 30 | H11-J11 |
| Jacques-Baudry r. | 15 | 53 | P9 |
| Jacques-Bingen r. | 17 | 17 | D10 |
| Jacques-Bonsergent pl. | 10 | 20 | F16 *S* |
| Jacques-Callot r. | 6 | 31 | J13 |
| Jacques-Cartier r. | 18 | 6 | B12 |
| Jacques-Cœur r. | 4 | 33 | K17 *N* |
| Jacques-Copeau pl. | 6 | 31 | K13-J13 |
| Jacques-et-Thérèse-Trefouel r. | 15 | 41 | L10 *S* |
| Jacques-Froment pl. | 18 | 6 | C12 *N* |
| Jacques-Garnevin allée | 8 | 17 | E10 |
| Jacques-Hillairet r. | 12 | 46 | L20 |
| Jacques-Ibert r. | 17 | 3 4 | C6 C7 |
| Jacques-Kablé r. | 18 | 9-8 | D17-D16 |
| Jacques-Kellner r. | 17 | 6 | B12-B11 |
| Jacques-Louvel-Tessier r. | 10 | 21 | F17-F18 |
| Jacques-Marette pl. | 15 | 40 | N8 |
| Jacques-Mawas r. | 15 | 40 | M7 *S* |
| Jacques-Offenbach r. | 16 | 27 | J5 |
| Jacques-Prévert r. | 20 | 34 | H20-G20 |
| Jacques-Rouché pl. | 9 | 19 | F13 |
| Jacques-Rueff pl. | 7 | 28 | J8 |
| Jacques-Viguès cour | 11 | 33 | K18 *N* |
| Jacquier r. | 14 | 54-53 | P11-P10 |
| Jadin r. | 17 | 17 | E9-D9 |
| Jamot villa | 14 | 53 | P10 |
| Jandelle cité | 19 | 22 | F19-E19 |
| Janssen r. | 19 | 23 | E21 |
| Japon r. du | 20 | 35 | G22-G21 |
| Japy r. | 11 | 34 | J19 |
| Jardinet r. du | 6 | 31 | K14-K13 |
| Jardiniers imp. des | 11 | 34 | K20 *N* |
| Jardiniers r. des | 12 | 47 | N21 |
| Jardins-St-Paul r. des | 4 | 32 | K16-J16 |
| de Jarente r. | 4 | 33 | J17 |
| Jarry r. | 10 | 20 | F16 |
| Jasmin cour | 16 | 26 | K4 *N* |
| Jasmin r. | 16 | 26 | K4 *N* |
| Jasmin sq. | 16 | 26 | K4 *N* |
| Jaucourt r. | 12 | 47 | L21 *N* |
| Javel port de | 15 | 39-38 | K6-M4 |
| Javel r. de | 15 | 39-40 | L5-M7 |
| Javelot r. du | 13 | 57 | P17-R17 |

| Nom | Arrondissement | Plan n° | Repère |
|---|---|---|---|
| Jean-Aicard av. | 11 | 34 | G19 *S* |
| Jean-Antoine-de-Baïf r. | 13 | 58 | P19 |
| Jean-Baptiste-Berlier r. | 13 | 58 | P20-P19 |
| Jean-Baptiste-Clément pl. | 18 | 7 | C13 *S* |
| Jean-Baptiste-Dumas r. | 17 | 16 | D7 |
| Jean-Baptiste-Dumay r. | 20 | 22 | F20 *N* |
| Jean-Baptiste-Semanaz r. | 19 | 23 | D22-D21 |
| Jean-Bart r. | 6 | 42 | K12-L12 |
| Jean-Beausire imp. | 4 | 33 | J17 |
| Jean-Beausire pass. | 4 | 33 | J17 *S* |
| Jean-Beausire r. | 4 | 33 | J17 *S* |
| Jean-Bologne r. | 16 | 27 | J6 |
| Jean-Bouton r. | 12 | 45 | L18 |
| Jean-Calvin r. | 5 | 44 | M15 *N* |
| Jean-Carriès r. | 7 | 28 | K8 *N* |
| Jean-Cocteau r. | 18 | 8 | A15 |
| Jean-Colly r. | 13 | 57 | P18-P17 |
| Jean-Cottin r. | 18 | 8 | B16-B17 |
| Jean-Daudin r. | 15 | 41 | L9 |
| Jean-de-Beauvais r. | 5 | 44-43 | K15-K14 |
| Jean-Dolent r. | 14 | 43 | N14-N13 |
| Jean-Dollfus r. | 18 | 7 | B13 *N* |
| Jean-du-Bellay r. | 4 | 32 | K15-J15 |
| Jean-Dunand r. | 13 | 57 | R17 |
| Jean-Falck sq. | 10 | 21 | E18-E17 |
| Jean-Ferrandi r. | 6 | 42 | L11 *N* |
| Jean-Formigé r. | 15 | 40 | M8 *N* |
| Jean-François-Gerbillon r. | 6 | 42 | L12-L11 |
| Jean-François Lépine r. | 18 | 8 | D16 *N* |
| Jean-Giraudoux r. | 16 | 16 | F7-G8 |
| Jean-Godard villa | 12 | 47 | N22 *N* |
| Jean-Goujon r. | 8 | 29 | G9 |
| Jean-Henri-Fabre r. | 18 | 7 | A14-A13 |
| Jean-Hugues r. | 16 | 15 | G5 *N* |
| Jean-Jacques-Rousseau r. | 1 | 31 | H14-G14 |
| Jean-Jaurès av. | 19 | 21-11 | D18-C21 |
| Jean-Lantier r. | 1 | 31 | J14-H14 |
| Jean-Leclaire r. | 17 | 6 | B12 |
| Jean-Lorrain pl. | 16 | 38 | K3-K4 |
| Jean-Louis-Forain r. | 17 | 4 | C8 |
| Jean-Macé r. | 11 | 34 | K19 *N* |
| Jean-Maridor r. | 15 | 39-40 | M6-M7 |
| Jean-Marie-Jégo r. | 13 | 56 | P15 |
| Jean-Ménans r. | 19 | 22 | E19 *N* |
| Jean-Mermoz r. | 8 | 17 | G10-F10 |
| Jean-Moinon r. | 10 | 21 | F18 |
| Jean-Monnet pl. | 16 | 15 | G6 |

| Nom | Arrondissement | Plan n° | Repère |
|---|---|---|---|
| Jean-Moréas r. | 17 | 4 | C7 *S* |
| Jean-Moulin av. | 14 | 54 | P12-R11 |
| Jean-Nicot pass. | 7 | 29 | H9-J9 |
| Jean-Nicot r. | 7 | 29 | H9 |
| Jean-Oestreicher r. | 17 | 4 | C7-D7 |
| Jean-Paul-Laurens sq. | 16 | 26 | J4 *S* |
| Jean-Paulhan allée | 7 | 28 | H8 *S* |
| Jean-Pierre-Timbaud r. | 11 | 33-22 | G17-G19 |
| Jean-Poulmarch r. | 10 | 21 | F17 |
| Jean-Quarré r. | 19 | 23 | E21 |
| Jean-Rey r. | 15 | 28 | J7 |
| Jean-Richepin r. | 16 | 27 | H5 |
| Jean-Robert r. | 18 | 8 | C16 |
| Jean-Rostand pl. | 19 | 21 | F18 |
| Jean-Sébastien-Bach r. | 13 | 57 | P17-N17 |
| Jean-Sicard r. | 15 | 52 | P8 |
| Jean-Thébaud sq. | 15 | 40 | L8 *N* |
| Jean-Tison r. | 1 | 31 | H14 *S* |
| Jean-Varenne r. | 18 | 7 | A13 *S* |
| Jean-Veber r. | 20 | 36 | H23 |
| Jean XXIII sq. | 4 | 32 | K 15 |
| Jean-Zay r. | 14 | 42 | M11 |
| Jeanne-d'Arc pl. | 13 | 57 | P17 |
| Jeanne-d'Arc r. | 13 | 57-44 | P17-M16 |
| Jeanne-Hachette r. | 15 | 40 | M8 *N* |
| Jemmapes quai de | 10 | 21 | G17-E17 |
| Jenner r. | 13 | 45-44 | N17-N16 |
| Jérôme-Bellat sq. | 17 | 4 | D7 |
| de Jessaint r. | 18 | 8-20 | D16 *N* |
| Jeu-de-Boules pass. du | 11 | 33 | G17 *S* |
| Jeûneurs r. des | 2 | 19 | G14 *N* |
| Joachim-du-Bellay pl. | 1 | 32 | H15 |
| Joanès pass. | 14 | 53 | P10 |
| Joanès r. | 14 | 54-53 | P11-P10 |
| Jobbé-Duval r. | 15 | 40 | N8 |
| Jocelyn villa | 16 | 27 | G5 *S* |
| Joffre pl. | 7 | 29-28 | J9-K8 |
| Johann-Strauss pl. | 10 | 20 | G19 |
| de Joinville imp. | 19 | 10 | C19 *N* |
| de Joinville pl. | 19 | 10 | C19 |
| de Joinville r. | 19 | 10 | C19 |
| Jolivet r. | 14 | 42 | M11 *N* |
| Joly cité | 11 | 34 | H19 |
| Jomard r. | 19 | 10 | C19 |
| Jonas r. | 13 | 56 | P15 *N* |
| Jongkind r. | 15 | 39 | M5-M6 |
| Jonquilles r. des | 14 | 53 | P9 *N* |
| Jonquoy r. | 14 | 53 | P10 |
| José-Maria-de-Heredia r. | 7 | 41 | K9-L9 |
| José-Marti pl. | 16 | 27 | H6 |
| Joseph-Bara r. | 6 | 43 | L13-M13 |
| Joseph-Bédier av. | 13 | 57 | R18 *S* |
| Joseph-Bouvard av. | 7 | 28 | J8 |
| Joseph-Chailley r. | 12 | 47 | N22 |
| Joseph-de-Maistre r. | 18 | 7-6 | D13-B12 |
| Joseph-Dijon r. | 18 | 7 | B14 |
| Joseph-et-Marie-Hackin r. | 16 | 15 | E5 |
| Joseph-Granier r. | 7 | 29 | J9 *S* |
| Joseph-Liouville r. | 15 | 40 | L8 |
| Joseph-Python r. | 20 | 36 | G23-H23 |
| Joseph-Sansbœuf r. | 8 | 18 | F11-E11 |
| Joséphine r. | 18 | 7 | B13 |
| Josseaume pass. | 20 | 35 | J22 *S* |
| Josset pass. | 11 | 33 | K18 *N* |
| Joubert r. | 9 | 19-18 | F13-F12 |
| Joudrier imp. | 11 | 35 | J21 *S* |
| Jouffroy pass. | 9 | 19 | F14 |
| Jouffroy r. | 17 | 5-16 | C10-D8 |
| Jour r. du | 1 | 31 | H14 *N* |
| Jourdain r. du | 20 | 22 | F20 *N* |
| Jourdan bd | 14 | 55-54 | S14-R12 |
| Jouvenet r. | 16 | 38 | M4-L3 |
| Jouvenet sq. | 16 | 38 | L4 *S* |
| de Jouy r. | 4 | 32 | J16 |
| Jouye-Rouve r. | 20 | 22 | F19 |
| Joyeux cité | 17 | 6 | B11 *N* |
| Juge r. | 15 | 28-40 | K7 |
| Juge villa | 15 | 40 | K7 *S* |
| Juges-Consuls r. des | 4 | 32 | J15-H15 |
| Juillet r. | 20 | 22-34 | G20 |
| Jules-Bourdais r. | 17 | 4 | C8 *S* |
| Jules-Breton r. | 13 | 44 | M16 *S* |
| Jules-César r. | 12 | 45 | K17-K18 |
| Jules-Chaplain r. | 6 | 42 | L12 *S* |
| Jules-Chéret sq. | 20 | 36 | J23 |
| Jules-Claretie r. | 16 | 27 | H5 |
| Jules-Cloquet r. | 18 | 6-7 | B12-B13 |
| Jules-Cousin r. | 4 | 33 | K17 |
| Jules-Dumien r. | 20 | 23 | G22 *N* |
| Jules-Dupré r. | 15 | 52 | P8 *N* |
| Jules-Ferry bd | 11 | 21-33 | G17 |
| Jules-Guesde r. | 14 | 42 | M11-N11 |
| Jules-Hénaffe pl. | 14 | 54 | R12 *N* |
| Jules-Janin av. | 16 | 27 | H5 *S* |
| Jules-Joffrin pl. | 18 | 7 | B14 *S* |
| Jules-Jouy r. | 18 | 7 | C14 *N* |
| Jules-Lefebvre r. | 9 | 18 | E12 *N* |
| Jules-Lemaître r. | 12 | 48 | L23 *S* |
| Jules-Pichard r. | 12 | 47 | N21 |
| Jules-Renard pl. | 17 | 16 | D7 |
| Jules-Romains r. | 19 | 22 | F19 |
| Jules-Sandeau bd | 16 | 27-26 | H5-H4 |
| Jules-Senard pl. | 19 | 23 | E22 |
| Jules-Siegfried r. | 20 | 35-36 | G22-G23 |
| Jules-Simon r. | 15 | 40 | M7 *N* |
| Jules-Supervielle allée | 1 | 31 | H14 |
| Jules-Vallès r. | 11 | 34 | K20-J20 |
| Jules-Verne r. | 11 | 21 | F18 *S* |
| Julia-Bartet r. | 14 | 53 | P9-R9 |
| Julien-Lacroix r. | 20 | 22 | G20-F19 |
| de Julienne r. | 13 | 44-43 | N15-N14 |
| Juliette-Dodu r. | 10 | 21 | F18-E17 |
| Juliette-Lamber r. | 17 | 5 | C9 |
| Junot av. | 18 | 7 | C13 |
| Jura r. du | 13 | 44 | M16 *S* |
| Jussienne r. de la | 2 | 31 | G14 *S* |
| Jussieu pl. | 5 | 44 | L16-L15 |
| Jussieu r. | 5 | 44 | L16-L15 |
| Juste-Métivier r. | 18 | 7 | C13 |
| Justice r. de la | 20 | 23-24 | G22-G23 |

*Échelle : 1 cm sur le plan représente 100 m sur le terrain.*

# k

| Nom | Arrondissement | Plan n° | Repère |
|---|---|---|---|
| Kabylie r. de | 19 | 21 | D17 |
| Keller r. | 11 | 33 | J18 |
| Kellermann bd | 13 | 56-55 | S16-S14 |
| Kellermann parc | 13 | 56 | S 15 |
| Keliermann villa | 13 | 56 | R16 *S* |
| Keppler r. | 16 | 16 | F8-G8 |
| Keufer r. | 13 | 56 | R16 *S* |
| Kléber av. | 16 | 16-28 | F7-H7 |
| Kléber imp. | 16 | 16 | G7 |
| Kossuth pl. | 9 | 19 | E14 *S* |
| Kracher pass. | 18 | 8 | B15 |
| Küss r. | 13 | 56 | R15 |

# l

| Nom | Arrondissement | Plan n° | Repère |
|---|---|---|---|
| La Baume r. de | 8 | 17 | F10 *N* |
| La Boétie r. | 8 | 18-17 | F11-F9 |
| de La Bourdonnais av. | 7 | 28-29 | H8-J9 |
| de La Bourdonnais port | 7 | 28 | H8-H7 |
| La Bruyère r. | 9 | 19-18 | E13-E12 |
| La Bruyère sq. | 9 | 19 | E13 |
| La Condamine r. | 17 | 6-18 | C11-D11 |
| La Fayette r. | | 19-21 | F13-D17 |
| n^os 1-91, 2-92 | 9 | | |
| n^os 93-fin, 94-fin | 10 | | |
| La Feuillade r. | | 31 | G14 *S* |
| n^os impairs | 1 | | |
| n^os pairs | 2 | | |
| La Fontaine hameau | 16 | 27 | K5 *N* |
| La Fontaine rd-pt | 16 | 38 | L3 *S* |
| La Fontaine r. | 16 | 27-38 | K5-K4 |
| La Fontaine sq. | 16 | 26-27 | K4-K5 |
| La Frillière av. de | 16 | 38 | M3 *N* |
| de La Jonquière imp. | 17 | 5 | B10 |
| de La Jonquière r. | 17 | 6-5 | B12-B10 |
| de La Michodière r. | 2 | 19 | G13-F13 |
| de La Motte-Picquet av. | | 29-40 | J10-K8 |
| n^os 1-43, 2-46 | 7 | | |
| n^os 45-fin, 48-fin | 15 | | |
| de La Motte-Picquet sq. | 15 | 28 | K8 |
| La Pérouse r. | 16 | 16 | G7-F8 |
| de La Planche r. | 7 | 30 | J12-K12 |
| La Quintinie r. | 15 | 41 | M9 |
| de La Reynie r. | | 32 | H15 *S* |
| n^os 1-19, 2-22 | 4 | | |
| n^os 21-fin, 24-fin | 1 | | |
| de La Rochefoucauld r. | 9 | 19 | E13 |
| de La Rochefoucauld sq. | 7 | 30 | J11-K11 |
| de La Sourdière r. | 1 | 30-31 | G12-G13 |
| de La Tour-d'Auvergne imp. | 9 | 19 | E14 *N* |
| de La Tour-d'Auvergne r. | 9 | 19 | E14 |
| de La-Tour-Maubourg bd | 7 | 29 | H10-J9 |
| de La-Tour-Maubourg sq. | 7 | 29 | J9 *N* |
| de La Trémoille r. | 8 | 28-17 | G8-G9 |
| de La Vacquerie r. | 11 | 34 | J20-J19 |
| de La Vieuville r. | 18 | 19 | D13-D14 |
| La Vrillière r. | 1 | 31 | G14 *S* |
| Labat r. | 18 | 8-7 | C15-C14 |
| Labie r. | 17 | 16 | E7 |
| Labois-Rouillon r. | 19 | 9 | B18 *S* |
| de Laborde r. | 8 | 18-17 | E11-F10 |
| Labrador imp. du | 15 | 53 | P9 |
| Labrouste r. | 15 | 41-53 | N9 |
| Labyrinthe cité du | 20 | 34 | G20 |
| Lac allée du | 14 | 55 | R13-R14 |
| Lacaille r. | 17 | 6 | B12 *S* |
| Lacaze r. | 14 | 54 | R12 *N* |
| Lacépède r. | 5 | 44 | L15 *S* |
| Lachambeaudie pl. | 12 | 46 | N20 *N* |
| Lacharrière r. | 11 | 33-34 | H18-H19 |
| Lachelier r. | 13 | 57 | S17-R17 |
| Lacordaire r. | 15 | 39 | L6-M6 |
| Lacretelle r. | 15 | 40 | N7 |
| Lacroix r. | 17 | 6 | C11 |
| Lacuée r. | 12 | 45 | K17-K18 |
| Laferrlére r. | 9 | 19 | E13 |
| Laffitte r. | 9 | 19 | F13-E13 |
| Laforgue villa | 19 | 22 | D20 *S* |
| Lagarde r. | 5 | 44 | M15 *N* |
| Lagarde sq. | 5 | 44 | M15 *N* |
| Laghouat r. de | 18 | 8 | C16-C15 |
| Lagille r. | 18 | 6 | B12 |
| Lagny pass. de | 20 | 48 | K23 |
| Lagny r. de | 20 | 47-48 | K22-K24 |
| Lagrange r. | 5 | 32 | K15 |
| Lahire r. | 13 | 57 | P17 *N* |
| Lakanal r. | 15 | 40 | L7-L8 |
| Lalande r. | 14 | 42 | N12 |
| Lallier r. | 9 | 19 | D14 *S* |
| Lally-Tollendal r. | 19 | 21 | D18 *S* |
| Lalo r. | 16 | 15 | F6-F5 |
| Lamandé r. | 17 | 6 | D11-C11 |
| Lamarck r. | 18 | 7-6 | D14-C12 |
| Lamarck sq. | 18 | 7 | C13 *N* |
| Lamartine r. | 9 | 19 | E13-E14 |
| Lamartine sq. | 16 | 27 | G5 *S* |
| de Lamballe av. | 16 | 27 | J6 *S* |
| Lambert r. | 18 | 7 | C14 |
| Lamblardie r. | 12 | 47 | M21 |
| Lamennais r. | 8 | 17 | F9 *N* |
| Lamier imp. | 11 | 34 | J20 *N* |
| Lamoricière av. | 12 | 48 | L23 |
| Lancette r. de la | 12 | 46-47 | M20-M21 |
| Lancret r. | 16 | 38 | M4 *N* |
| Lancry r. de | 10 | 20-21 | G16-F17 |
| Landrieu pass. | 7 | 29 | H9 *S* |
| Langeac r. de | 15 | 40 | N7 *N* |

| Nom | Arrondissement | Plan n° | Repère |
|---|---|---|---|
| de Lanneau r. | 5 | 43 | K14 *S* |
| Lannes bd | 16 | 15-26 | F5-H4 |
| Lantiez r. | 17 | 6 | B11-B12 |
| Lantiez villa | 17 | 6 | B11 |
| Laonnais sq. du | 19 | 23 | E21 *N* |
| Laos r. du | 15 | 28-40 | K8 |
| Lapeyrère r. | 18 | 7 | C14-B14 |
| Laplace r. | 5 | 44-43 | L15-L14 |
| de Lappe r. | 11 | 33 | J18-K18 |
| Largillière r. | 16 | 27 | J5 *N* |
| Larochelle r. | 14 | 42 | M11 |
| Laromiguière r. | 5 | 43 | L14 |
| Larrey r. | 5 | 44 | M15-L15 |
| Larribe r. | 8 | 18 | E11 *N* |
| Las-Cases r. | 7 | 30 | J11-H11 |
| Lasson r. | 12 | 47 | L22 *S* |
| Lassus r. | 19 | 22 | F20-E20 |
| de Lasteyrie r. | 16 | 15 | F6 |
| Lathuille pass. | 18 | 6-18 | D12 |
| Latran r. de | 5 | 43 | K14 *S* |
| Laugier r. | 17 | 16 | E8-D7 |
| Laugier villa | 17 | 16 | D8 *S* |
| de Laumière av. | 19 | 22 | D19 |
| Laure-Surville r. | 15 | 39 | L5 *N* |
| Laurence-Savart r. | 20 | 23 | G21 |
| Laurent-Pichat r. | 16 | 15 | F6 |
| Lauriston r. | 16 | 16-27 | F7-G6 |
| Lauzin r. | 19 | 22 | F19-E19 |
| Lavandières-Ste-Opportune r. des | 1 | 31 | J14-H14 |
| Lavoir pass. du | 18 | 6 | C 12 |
| Lavoisier r. | 8 | 18 | F11 |
| Le Brix-et-Mesmin r. | 14 | 54 | R12 |
| Le Brun r. | 13 | 44 | M16-N15 |
| Le Bua r. | 20 | 23-35 | G22 |
| Le Châtelier r. | 17 | 4 | D8 *N* |
| Le Corbusier pl. | 6 | 30 | K12 |
| Le Corbusier pl. | 16 | 37 | L2 |
| Le Dantec r. | 13 | 55-56 | P14-P15 |
| Le Goff r. | 5 | 43 | L14 *N* |
| Le Marois r. | 16 | 38 | M3 *S* |
| Le Nôtre r. | 16 | 28 | H7 *S* |
| Le Peletier r. | 9 | 19 | F13-E14 |
| Le Regrattier r. | 4 | 32 | K15-K16 |
| Le Sueur r. | 16 | 16 | F7-E7 |
| Le Tasse r. | 16 | 27 | H6 |
| Le Vau r. | 20 | 36-24 | G23-F23 |
| Le Verrier r. | 6 | 43 | L13-M13 |
| Léandre villa | 18 | 7 | C13 |
| Leblanc r. | 15 | 39 | M5-N6 |
| Lebon r. | 17 | 16 | E7-D7 |
| Lebouis r. | 14 | 42 | M11-N11 |
| Lebouteux r. | 17 | 17 | D10 |
| Lechapelais r. | 17 | 6 | D12 *N* |
| Léchevin r. | 11 | 33 | H18 *N* |
| Leclaire cité | 20 | 35 | H22 *S* |
| Leclerc r. | 14 | 43 | N13 |
| Lécluse r. | 17 | 18 | D12 |
| Lecomte r. | 17 | 6 | C11 |
| Lecomte-du-Noüy r. | 16 | 37 | L2 *S* |
| Leconte-de-Lisle r. | 16 | 38 | K4 *S* |
| Leconte-de-Lisle villa | 16 | 38 | K4 *S* |
| Lecourbe r. | 15 | 41-39 | L10-N6 |
| Lecourbe villa | 15 | 40 | M7 *S* |
| Lecuirot r. | 14 | 54 | P11 *N* |
| Lecuyer r. | 18 | 7 | C14 |
| Ledion r. | 14 | 53 | P10 *S* |

| Nom | Arrondissement | Plan n° | Repère |
|---|---|---|---|
| Ledru-Rollin av. | | 45-34 | L17-J19 |
| nos 1-87, 2-88 | 12 | | |
| nos 89-fin, 90-fin | 11 | | |
| Lefebvre bd | 15 | 52-53 | N7-P9 |
| Lefebvre r. | 15 | 52 | N7 *S* |
| Legendre pass. | 17 | 6 | C12 *N* |
| Legendre r. | 17 | 17-6 | D10-B12 |
| Léger imp. | 17 | 5 | D10-D9 |
| Légion-Etrangère r. de la | 14 | 54 | R12-R11 |
| Legouvé r. | 10 | 21-20 | F17-F16 |
| Legrand r. | 19 | 21 | E18 *S* |
| Legraverend r. | 12 | 45 | L18 *N* |
| Leibnitz r. | 18 | 7-6 | B13-B12 |
| Leibnitz sq. | 18 | 6-7 | B12-B13 |
| Lekain r. | 16 | 27 | J5 |
| Lemaignan r. | 14 | 55 | R14 *N* |
| Léman r. du | 19 | 23 | E22 |
| Lemercier cité | 17 | 6 | C11 *S* |
| Lemercier r. | 17 | 6 | D12-C11 |
| Lemoine pass. | 2 | 20 | G15 *N* |
| Lémon r. | 20 | 22 | F19 *S* |
| Leneveux r. | 14 | 54 | P12 *S* |
| Léningrad r. de | 8 | 18 | E11-D12 |
| Lentonnet r. | 9 | 20 | E15 *N* |
| Léo-Delibes r. | 16 | 28 | G7 |
| Léon pass. | 18 | 8 | D15 *N* |
| Léon r. | 18 | 8 | C15 |
| Léon-Blum pl. | 11 | 34 | J19 *N* |
| Léon-Bollée av. | 13 | 57-56 | S17-S16 |
| Léon-Bonnat r. | 16 | 26 | K4 |
| Léon-Bourgeois allée | 7 | 28 | J7 |
| Léon-Cladel r. | 2 | 19 | G14 *N* |
| Léon-Cogniet r. | 17 | 17 | E9-D9 |
| Léon-Cosnard r. | 17 | 17 | D10 |
| Léon-Delagrange r. | 15 | 39 | N6 |
| Léon-Delhomme r. | 15 | 40 | M8 *S* |
| Léon-Deubel pl. | 16 | 38 | M3 *S* |
| Léon-Dierx r. | 15 | 52 | P8 |
| Léon-Droux r. | 17 | 18 | D11 *S* |
| Léon-Frapié r. | 20 | 24 | F23 |
| Léon-Frot r. | 11 | 34 | J20-J19 |
| Léon-Gaumont av. | 20 | 36-48 | J24-K24 |
| Léon-Giraud r. | 19 | 10 | C19 *S* |
| Léon-Guillot sq. | 15 | 40 | N8 |
| Léon-Heuzey av. | 16 | 38 | K4-L4 |
| Léon-Jost r. | 17 | 17-16 | E9-D8 |
| Léon-Jouhaux r. | 10 | 21 | G17 *N* |
| Léon-Lhermitte r. | 15 | 40 | L8 |
| Léon-Maurice-Nordmann r. | 13 | 43 | N14 |
| Léon-Paul-Fargue pl. | 6 | 41 | L10 *N* |
| Léon-Séché r. | 15 | 40 | M8 *N* |
| Léon-Vaudoyer r. | 7 | 41 | K9-L9 |
| Léonard-de-Vinci r. | 16 | 15 | F6 |
| Léonce-Reynaud r. | 16 | 28 | G8 *S* |
| Léone villa | 14 | 53 | P10 *N* |
| Léonidas r. | 14 | 54 | P11-N11 |
| Léontine r. | 15 | 39 | L5 |
| Léopold-Bellan r. | 2 | 31 | G14 |
| Léopold-II av. | 16 | 26-27 | K5-K4 |
| Léopold-Robert r. | 14 | 42 | M12 *N* |
| Lepage cité | 19 | 21 | E18 *N* |
| Lepic pass. | 18 | 19 | D13 |
| Lepic r. | 18 | 7 | D13-C13 |
| Leredde r. | 13 | 57 | P18 |
| Leriche r. | 15 | 40 | N7-N8 |
| Leroux r. | 16 | 16-15 | F7-F6 |
| Leroy cité | 20 | 23 | F21 *S* |

| Nom | Arrondissement | Plan n° | Repère |
|---|---|---|---|
| Leroy-Beaulieu sq. | 16 | 26 | J4 *S* |
| Leroy-Dupré r. | 12 | 47 | L22 *S* |
| Lesage cour | 20 | 22 | F19 |
| Lesage r. | 20 | 22 | F19 |
| de Lesdiguières r. | 4 | 33 | K17-J17 |
| Lespagnol r. | 20 | 34-35 | J20-J21 |
| de Lesseps r. | 20 | 35 | J22-H21 |
| Letellier r. | 15 | 40 | K7-L8 |
| Letellier villa | 15 | 40 | K8 *S* |
| Letort imp. | 18 | 7 | B14 |
| Letort r. | 18 | 7 | B14 |
| Leuck-Mathieu r. | 20 | 35 | H22 *N* |
| Levert r. | 20 | 22 | F20 |
| Lévis imp. de | 17 | 17 | D10 *S* |
| Lévis pl. de | 17 | 17 | D10 |
| Lévis r. de | 17 | 17 | D10 |
| Lhomme pass. | 11 | 33 | K18 *N* |
| Lhomond r. | 5 | 43-44 | L14-M15 |
| Lhuillier r. | 15 | 40 | N8 |
| Liancourt r. | 14 | 42 | N12-N11 |
| Liard r. | 14 | 55 | R14 *S* |
| Liban r. du | 20 | 22 | G20 *N* |
| Liberté r. de la | 19 | 23 | E21 *N* |
| Lido arcades du | 8 | 17 | F9 |
| Liège r. de | | 18 | E12-E11 |
| nos 1-19, 2-18 | 9 | | |
| nos 21-fin, 20-fin | 8 | | |
| Lieutenance sentier de la | 12 | 48 | M23 *N* |
| Lieutenant-Chauré r. du | 20 | 23-35 | G22 |
| Lieutenant-Colonel-Dax r. | 18 | 7 | A14-A13 |
| Lieutenant-Colonel-Deport r. du | 16 | 37 | M2 |
| Lieutenant-Lapeyre r. du | 14 | 53 | P10 *S* |
| Lieutenant-Stéphane-Piobetta pl. du | 14 | 53-54 | N10-N11 |
| Lieuvin r. du | 15 | 53 | N9-P9 |
| Ligner r. | 20 | 35 | J21 *N* |
| Lilas porte des | 20 | 23-24 | E22-E23 |
| Lilas r. des | 19 | 23 | E21 |
| Lilas villa des | 19 | 23 | E21 *N* |
| Lili-Boulanger pl. | 9 | 18 | D12 *S* |
| Lille r. de | 7 | 31-30 | J13-H11 |
| Limagne sq. de la | 13 | 57 | R18 |
| Limousin sq. du | 13 | 57 | R18 |
| Lincoln r. | 8 | 17 | G9-F9 |
| Lingères pass. des | 1 | 31 | H14 |
| Lingerie r. de la | 1 | 31 | H14 |
| Linné r. | 5 | 44 | L16-L15 |
| Linois r. | 15 | 39 | K6-L6 |
| Lions-Saint-Paul r. des | 4 | 33-32 | K17-K16 |
| Lippmann r. | 20 | 48 | K23 *S* |
| Lisa pass. | 11 | 33-34 | J18-J19 |
| Lisbonne r. de | 8 | 18-17 | E11-E9 |
| Liserons r. des | 13 | 55 | R14 |
| Lisfranc r. | 20 | 35 | H22 |
| Littré r. | 6 | 42 | L11 |
| Livingstone r. | 18 | 19 | D14 |
| Lobau r. de | 4 | 32 | J15 |
| Lobineau r. | 6 | 31 | K13 *N* |
| Logelbach r. de | 17 | 17 | D9 *S* |
| Loi imp. de la | 20 | 35 | J22 *S* |
| Loing r. du | 14 | 54 | P12 *S* |
| Loire quai de la | 19 | 21-10 | D18-C19 |
| Loiret r. du | 13 | 58 | P19 *S* |
| L'Olive r. | 18 | 8 | C16 *N* |
| Lombards r. des | | 32 | H15 *S* |
| n°s 1-25, 2-28 | 4 | | |
| nos 27-fin, 30-fin | 1 | | |
| Londres cité de | 9 | 18 | E12 *S* |
| Londres r. de | | 18 | E12-E11 |
| nos 1-37, 2-38 | 9 | | |
| nos 39-fin, 40-fin | 8 | | |
| Longchamp r. de | 16 | 28-15 | G7-G5 |
| Longchamp villa de | 16 | 28 | G7 *S* |
| Longues-Raies r. des | 13 | 56-55 | R15-R14 |
| Lord-Byron r. | 8 | 16 | F8 |
| Lorraine r. de | 19 | 10 | D19 *N* |
| Lorraine villa de | 19 | 23 | D21-E21 |
| Lot quai du | 19 | 10 | A19 |
| Lota r. de | 16 | 27 | G5 |
| Louis-Aragon allée | 1 | 31 | H14 |
| Louis-Armand cour | 12 | 45 | L18 |
| Louis-Armand r. | 15 | 39-51 | N6-N5 |
| Louis-Barthou av. | 16 | 26 | G4-H4 |
| Louis-Blanc r. | 10 | 21-20 | E17-D16 |
| Louis-Blériot quai | 16 | 39-38 | K5-M4 |
| Louis-Boilly r. | 16 | 26 | H4 *S* |
| Louis-Bonnet r. | 11 | 21 | F18 *S* |
| Louis-Braille r. | 12 | 47 | M22 |
| Louis-Codet r. | 7 | 29 | J9 |
| Louis-David r. | 16 | 27 | H6 |
| Louis-Delaporte r. | 20 | 48 | K23 *S* |
| Louis-Ganne r. | 20 | 36 | H23 *N* |
| Louis-Gentil sq. | 12 | 47 | N22 |
| Louis-le-Grand r. | 2 | 18-19 | G12-F13 |
| Louis-Lépine pl. | 4 | 32 | J15 |
| Louis-Loucheur r. | 17 | 6 | A12 *S* |
| Louis-Lumière r. | 20 | 36 | J23-H23 |
| Louis-Marin pl. | 5 | 43 | L13 |
| Louis-Morard r. | 14 | 54 | P11 |
| Louis-Murat r. | 8 | 17 | E9 *S* |
| Louis-Nicolas-Clérambault r. | 20 | 34 | G20 |
| Louis-Pasteur-Vallery-Radot r. | 18 | 7-6 | A13-A12 |
| Louis-Pergaud r. | 13 | 55-56 | S14-S15 |
| Louis-Philippe pass. | 11 | 33 | J18 *S* |
| Louis-Philippe pont | 4 | 32 | J15 *S* |
| Louis-Robert imp. | 20 | 22 | F20 |
| Louis-Thuillier r. | 5 | 43 | L14 *S* |
| Louis-Vicat r. | 15 | 52 | P8-P7 |
| Louis-Vierne r. | 17 | 4 | C7 |
| Louis XVI sq. | 8 | 18 | F 11 |
| Louise-et-Tony sq. | 14 | 54 | P12 *S* |
| Louise-Labé allée | 19 | 22 | F19-E19 |
| Louise-Thuliez r. | 19 | 23 | E21 |
| Louise-Weiss r. | 13 | 45 | N17-N18 |
| Louisiane r. de la | 18 | 9 | C17 *N* |
| de Lourmel r. | 15 | 40-39 | K7-M6 |
| Louvat imp. | 14 | 42 | N12 |
| Louvat villa | 14 | 42 | N12 |
| Louvois r. de | 2 | 19 | G13 *N* |
| Louvre pl. du | 1 | 31 | H14 *S* |
| Louvre port du | 1 | 31-30 | H13-H12 |
| Louvre quai du | 1 | 31 | J14-H13 |
| Louvre r. du | | 31 | H14-G14 |
| nos 1-25, 2-52 | 1 | | |
| nos 27-fin, 54-fin | 2 | | |
| de Lowendal av. | | 29-41 | K9 |
| nos 1-23, 2-14 | 7 | | |
| nos 25-fin, 16-fin | 15 | | |
| Lowendal sq. | 15 | 41 | K9 *S* |
| Lübeck r. de | 16 | 28 | G8-H7 |

| Nom | Arrondissement | Plan n° | Repère |
|---|---|---|---|
| Lucien-Bossoutrot r. | 15 | 38-39 | M4-M5 |
| Lucien-Descaves av. | 14 | 55-54 | S13-S12 |
| Lucien-et-Sacha-Guitry r. | 20 | 47 | K22 *S* |
| Lucien-Gaulard r. | 18 | 7 | C13 |
| Lucien-Herr pl. | 5 | 44 | M15 *N* |
| Lucien-Lambeau r. | 20 | 36 | J23 *N* |
| Lucien-Leuwen r. | 20 | 35 | H22 |
| Lucien-Sampaix r. | 10 | 20 | F16 |
| Lulli r. | 2 | 19 | G13 |
| Lunain r. du | 14 | 54 | P12 *S* |
| Lune r. de la | 2 | 20 | G15-F15 |
| Lunéville r. de | 19 | 10 | C20-D20 |
| Lutèce r. de | 4 | 32-31 | J15-J14 |
| Luxembourg jardin du | 6 | 43 | L 13 |
| de Luynes r. | 7 | 30 | J12 |
| de Luynes sq. | 7 | 30 | J12 |
| Lyanes r. des | 20 | 35 | H22 *N* |
| Lyanes villa des | 20 | 35 | H22 *N* |
| Lyautey r. | 16 | 27 | J6 |
| Lyon r. de | 12 | 45-33 | L18-K17 |
| Lyonnais r. des | 5 | 43 | M14 |

# m

| | | | |
|---|---|---|---|
| Mabillon r. | 6 | 31 | K13 *N* |
| Mac-Mahon av. | 17 | 16 | F8-E7 |
| Macdonald bd | 19 | 11-9 | B21-A18 |
| Madagascar r. de | 12 | 47 | N21 |
| Madame r. | 6 | 30-42 | K12-L12 |
| Madeleine bd de la | | 18 | G12 *N* |
| n$^{os}$ 1-23 | 1 | | |
| n$^{os}$ 25-fin, 14-fin | 8 | | |
| n$^{os}$ 2-12 | 9 | | |
| Madeleine galerie de la | 8 | 18 | G11 *N* |
| Madeleine marché de la | 8 | 18 | F11-F12 |
| Madeleine pass. de la | 8 | 18 | F11 *S* |
| Madeleine pl. de la | 8 | 18 | F12-G11 |
| Mademoiselle r. | 15 | 40 | L7-L8 |
| Madone r. de la | 18 | 8 | B16 *S* |
| Madrid r. de | 8 | 18 | E11 |
| Magdebourg r. de | 16 | 28 | H7-G7 |
| Magellan r. | 8 | 16 | G8-F8 |
| Magendie r. | 13 | 43 | N14 |
| Magenta bd de | | 21-20 | G17-D15 |
| n$^{os}$ 1-153, 2-fin | 10 | | |
| n$^{os}$ 155-fin | 9 | | |
| Magenta cité de | 10 | 20 | F16 *S* |
| Magenta r. | | 10-11 | A20-A21 |
| n$^{os}$ 2-8 | 19 | | |
| autres n$^{os}$ | Pantin | | |
| Maigrot-Delaunay pass. | 20 | 35 | K22 |
| Mail r. du | 2 | 31 | G14 |
| Maillard r. | 11 | 34 | J20 *N* |
| Maillot porte | 17 | 15 | E6 |
| Main-d'Or pass. de la | 11 | 34 | K19 |
| Main-d'Or r. de la | 11 | 34 | K19 |
| Maine av. du | | 42-54 | L11-P12 |
| n$^{os}$ 1-39, 2-58 | 15 | | |
| n$^{os}$ 41-fin, 60-fin | 14 | | |
| Maine r. du | 14 | 42 | M11 *N* |
| Maintenon allée | 6 | 42 | L11 |
| Maire r. au | 3 | 32 | G16 *S* |
| Mairie cité de la | 18 | 19 | D14 |
| Maison-Blanche r. de la | 13 | 56 | P16 *S* |
| Maison-Brûlée cour de la | 11 | 33 | K18 *N* |
| Maison-Dieu r. | 14 | 42 | N11 *N* |
| Maître-Albert r. | 5 | 32 | K15 |
| Malakoff av. de | 16 | 15 | F6-E6 |
| Malakoff imp. de | 16 | 15 | E6 *S* |
| Malakoff villa | 16 | 27-28 | G6-G7 |
| Malaquais quai | 6 | 31 | J13 *N* |
| Malar r. | 7 | 29 | H9 |
| Malassis r. | 15 | 40 | N7 |
| Malebranche r. | 5 | 43 | L14 *N* |
| Malesherbes bd | | 18-5 | F11-C9 |
| n$^{os}$ 1-121, 2-92 | 8 | | |
| n$^{os}$ 123-fin, 94-fin | 17 | | |
| Malesherbes cité | 9 | 19 | E14-E13 |
| Malesherbes villa | 17 | 17 | D9-D10 |
| Maleville r. | 8 | 17 | E10 |
| Malher r. | 4 | 32 | J16 |
| Malherbe sq. | 16 | 38 | K3 *S* |
| Mallebay villa | 14 | 53 | P10 |
| Mallet-Stevens r. | 16 | 26 | J4 *S* |
| Malmaisons r. des | 13 | 57-56 | R17-R16 |
| Malte r. de | 11 | 33 | H17-G17 |
| Malte-Brun r. | 20 | 35 | H21-G21 |
| Malus r. | 5 | 44 | L15 *S* |
| Mandar r. | 2 | 31 | G14 *S* |
| Manin r. | 19 | 22-11 | E19-D21 |
| Manin villa | 19 | 23 | D21 |
| Mansart r. | 9 | 19 | D13-D12 *S* |
| Manuel r. | 9 | 19 | E14 |
| Manutention r. de la | 16 | 28 | H8-G8 |
| Maquis-du-Vercors pl. | 19 | 24 | E23 |
| Maraîchers r. des | 20 | 48-35 | K23-J22 |
| Marais pass. des | 10 | 20 | F16 |
| Marbeau bd | 16 | 15 | F6-F5 |
| Marbeau r. | 16 | 15 | F6 *N* |
| Marbeuf r. | 8 | 16-17 | G8-G9 |
| Marc-Antoine-Charpentier r. | 13 | 57 | P18-R18 |
| Marc-Sangnier av. | 14 | 53 | P9-R10 |
| Marc-Séguin r. | 18 | 9-8 | C17-C16 |
| Marcadet r | 18 | 8-6 | C15-B12 |
| Marceau av. | | 28-16 | G8-F8 |
| n$^{os}$ impairs | 16 | | |
| n$^{os}$ pairs | 8 | | |
| Marceau villa | 19 | 22 | E20 *N* |
| Marcel-Achard pl. | 19 | 21 | F18 |
| Marcel-Aymé pl. | 18 | 7 | C13 |
| Marcel-Doret av. | 16 | 38 | M3-N3 |
| Marcel-Dubois r. | 12 | 47 | N22 |
| Marcel-Gromaire r. | 11 | 33 | H17 |
| Marcel-Jambenoire allée | 13 | 55 | R14 |
| Marcel-Paul r. | | 5 | B9 |
| n° 2 | 17 | | |
| n$^{os}$ 4-fin, n$^{os}$ impairs | Clichy | | |
| Marcel-Proust av. | 16 | 27 | J6 |
| Marcel-Renault r. | 17 | 16 | E7 *N* |

| Nom | Arrondissement | Plan n° | Repère |
|---|---|---|---|
| Marcel-Sembat r. | 18 | 7 | A13 *S* |
| Marcel-Toussaint sq. | 15 | 40 | N8 *N* |
| Marcelin-Berthelot pl. | 5 | 43 | K14 |
| Marcès villa | 11 | 33 | H18-J18 |
| Marchais r. des | 19 | 23 | D21 |
| Marché pass. du | 10 | 20 | F16 *S* |
| Marché-aux-Chevaux imp. | 5 | 44 | M16 |
| Marché-des-Blancs-Manteaux r. du | 4 | 32 | J16 *N* |
| Marché-des-Patriarches r. | 5 | 44 | M15 *N* |
| Marché-Neuf quai du | 4 | 31 | J14 *S* |
| Marché-Ordener r. du | 18 | 7 | B13 |
| Marché-Popincourt r. du | 11 | 33 | H18 *N* |
| Marché-St-Honoré pl. du | 1 | 30-31 | G12-G13 |
| Marché-St-Honoré r. du | 1 | 30-18 | G12 |
| Marché-Ste-Catherine pl. du | 4 | 33-32 | J16-J17 |
| Marco-Polo jardin | 6 | 43 | M 13 |
| Mare imp. de la | 20 | 22 | G20 *N* |
| Mare r. de la | 20 | 22 | G20-F20 |
| Maréchal-de-Lattre-de-Tassigny pl. du | 16 | 15 | F5 |
| Maréchal-Fayolle av. du | 16 | 15-26 | F5-G4 |
| Maréchal-Franchet-d'Espérey av. du | 16 | 26 | J3 |
| Maréchal-Gallieni av. du | 7 | 29 | H10-J10 |
| Maréchal-Harispe r. du | 7 | 28 | J8 *N* |
| Maréchal-Juin pl. du | 17 | 16 | D8 |
| Maréchal Lyautey av. du | 16 | 26-38 | K3 |
| Maréchal Maunoury av. | 16 | 26 | H4-J3 |
| Marengo r. de | 1 | 31 | H13 |
| Marguerin r. | 14 | 54 | P12 *S* |
| Marguerite-de-Navarre pl. | 1 | 31 | H14 |
| Margueritte r. | 17 | 16 | E8 *N* |
| Marguettes r. des | 12 | 48 | L23 *S* |
| Maria-Deraismes r. | 17 | 6 | B12 |
| Marie cité | 17 | 6 | B11 |
| Marie pont | 4 | 32 | K16 *N* |
| Marie-Benoist r. | 12 | 47 | L21 *N* |
| Marie-Blanche imp. | 18 | 7 | D13 *N* |
| Marié-Davy r. | 14 | 54 | P12 *S* |
| Marie-de-Miribel pl. | 20 | 36 | J23 |
| Marie-et-Louise r. | 10 | 21 | F17 *S* |
| Marie-Laurencin r. | 12 | 47 | M22 |
| Marie-Laurent allée | 20 | 35-47 | K22 |
| Marie-Rose r. | 14 | 54 | P12 *S* |
| Marie-Stuart r. | 2 | 32-31 | G15-G14 |
| Marietta-Martin r. | 16 | 27 | J5 |
| Marignan pass. | 8 | 17 | G9 *N* |
| Marignan r. de | 8 | 17 | G9 |
| Marigny av. de | 8 | 17 | G10-F10 |
| Mariniers r. des | 14 | 53 | P10 *S* |
| Marinoni r. | 7 | 28 | J8 |
| Mario-Nikis r. | 15 | 41 | K9 *S* |
| Mariotte r. | 17 | 18 | D11 |
| de Marivaux r. | 2 | 19 | F13 *S* |
| Marmontel r. | 15 | 40 | M8 *S* |
| Marmousets r. des | 13 | 44 | N15 *N* |
| Marne quai de la | 19 | 10 | C19-C20 |
| Marne r. de la | 19 | 10 | C19 |
| Maroc imp. du | 19 | 9 | C17 *S* |
| Maroc pl. du | 19 | 9 | D17 *N* |
| Maroc r. du | 19 | 9 | D18-C17 |
| Maronites r. des | 20 | 22 | G19-G20 |
| Marquis-d'Arlandes r. du | 17 | 4 | C8 |
| Marronniers r. des | 16 | 27 | J5 *S* |
| Marseillaise r. de la | 19 | 11 | C21-D21 |
| Marseille r. de | 10 | 21 | F17 *S* |

| Nom | Arrondissement | Plan n° | Repère |
|---|---|---|---|
| Marsollier r. | 2 | 19 | G13 |
| Marsoulan r. | 12 | 47 | L22 |
| Marteau imp. | 18 | 8 | A16 |
| Martel r. | 10 | 20 | F15 *N* |
| Martignac cité | 7 | 30 | J11 |
| de Martignac r. | 7 | 30 | H11-J11 |
| Martin-Bernard r. | 13 | 56 | P15 *S* |
| Martin-Garat r. | 20 | 35 | H22-G22 |
| Martin-Nadaud pl. | 20 | 35 | G21 *S* |
| Martini imp. | 10 | 20 | G16-F16 |
| Martinique r. de la | 18 | 8 | C16 *N* |
| Marty imp. | 17 | 6 | B12 *N* |
| Martyrs r. des | | 19 | E13-D13 |
| n^os 1-67, 2-fin | 9 | | |
| n^os 69-fin | 18 | | |
| Martyrs Juifs du Vélodrome d'Hiver pl. des | 15 | 28 | J7 |
| Marx-Dormoy r. | 18 | 8 | D16-C16 |
| Maryse-Bastié r. | 13 | 57 | R18 *S* |
| Maryse-Hilsz r. | 20 | 36-48 | K23 |
| Maspéro r. | 16 | 27-26 | H5-H4 |
| Masséna bd | 13 | 58-56 | P20-S16 |
| Masséna sq. | 13 | 57 | R18 |
| Massenet r. | 16 | 27 | J6-H5 |
| Masseran r. | 7 | 41 | K10 *S* |
| Massif-Central sq. du | 12 | 47 | N21-N22 |
| Massillon r. | 4 | 32 | J15-K15 |
| Massonnet imp. | 18 | 8 | B15 |
| Mathieu imp. | 15 | 41 | M10 *N* |
| Mathis r. | 19 | 9 | C18 *N* |
| Mathurin-Moreau av. | 19 | 21-22 | E18-E19 |
| Mathurin-Régnier r. | 15 | 41 | M9 |
| Mathurins r. des | | 18 | F12-F11 |
| n^os 1-21, 2-28 | 9 | | |
| n^os 23-fin, 30-fin | 8 | | |
| Matignon av. | 8 | 17 | G10-F10 |
| Maubert imp. | 5 | 32 | K15 |
| Maubert pl. | 5 | 32-44 | K15 |
| Maubeuge r. de | | 19-20 | E14-D16 |
| n^os 1-65, 2-84 | 9 | | |
| n^os 67-fin, 86-fin | 10 | | |
| Maubeuge sq. de | 9 | 19 | E14 |
| Maublanc r. | 15 | 40 | M8 |
| Mauconseil r. | 1 | 32-31 | H15-H14 |
| Maure pass. du | 3 | 32 | H15 |
| Maurel pass. | 5 | 45 | L17 *S* |
| Maurice-Barrès pl. | 1 | 30 | G12 |
| Maurice-Berteaux r. | 20 | 24 | G23 |
| Maurice-Bouchor r. | 14 | 53 | P9-P10 |
| Maurice-Bourdet r. | 16 | 27 | K5 |
| Maurice-Chevalier pl. | 20 | 22 | G20 |
| Maurice-de-Fontenay pl. | 12 | 46 | L20 |
| Maurice-de-la-Sizeranne r. | 7 | 41 | K10-L10 |
| Maurice-Denis r. | 12 | 46 | L19 |
| Maurice-d'Ocagne av. | 14 | 53 | R10 *N* |
| Maurice-et-Louis-de Broglie r. | 13 | 45 | N17-N18 |
| Maurice Gardette sq. | 11 | 34 | H 19 |
| Maurice Genevoix r. | 18 | 8 | B16 |
| Maurice-Loewy r. | 14 | 55 | P13 *S* |
| Maurice-Maignen r. | 15 | 41 | M10 |
| Maurice-Noguès r. | 14 | 53 | P9 *S* |
| Maurice-Quentin pl. | 1 | 31 | H14 |
| Maurice-Ravel av. | 12 | 48 | M23-L23 |
| Maurice-Ripoche r. | 14 | 42 | N11 |
| Maurice-Rollinat villa | 19 | 22 | D20 *S* |
| Maurice-Rouvier r. | 14 | 53 | P10-N9 |

| Nom | Arrondissement | Plan n° | Repère |
|---|---|---|---|
| Maurice-Utrillo r. | 18 | 7 | D14 *N* |
| Mauvais-Garçons r. des | 4 | 32 | J16 |
| Mauves allée des | 20 | 36 | J23 |
| Mauxins pass. des | 19 | 23 | E22 |
| Max-Ernst r. | 20 | 34 | G 20 |
| Max-Hymans sq. | 15 | 41-42 | M10-M11 |
| Max-Jacob r. | 13 | 56 | S16-R15 |
| Mayenne sq. de la | 17 | 4 | C8 |
| Mayet r. | 6 | 42 | L11 *N* |
| Mayran r. | 9 | 19 | E14 *S* |
| Mazagran av. de | 14 | 55 | S14 *S* |
| Mazagran r. de | 10 | 20 | F15 *S* |
| Mazarine r. | 6 | 31 | J13 |
| Mazas pl. | 12 | 45 | L17 |
| Mazet r. | 6 | 31 | J13 *S* |
| Meaux r. de | 19 | 21-10 | E18-D19 |
| Méchain r. | 14 | 43 | N14-N13 |
| Médéric r. | 17 | 17 | E9-D9 |
| Médicis r. de | 6 | 43 | K13-K14 |
| Mégisserie quai de la | 1 | 31 | J14 *N* |
| Méhul r. | 2 | 19-31 | G13 |
| Meilhac r. | 15 | 40 | L8 |
| Meissonnier r. | 17 | 17 | D9 |
| Mélingue r. | 19 | 22 | F20-E20 |
| Melun pass. de | 19 | 21 | D18 |
| Ménars r. | 2 | 19 | G13 *N* |
| Mendelssohn r. | 20 | 36 | J23 |
| Ménétriers pass. des | 3 | 32 | H15 |
| Ménilmontant bd de | | 34 | H20-G19 |
| n^os^ impairs | 11 | | |
| n^os^ pairs | 20 | | |
| Ménilmontant pass. de | 11 | 34 | G19 *S* |
| Ménilmontant pl. de | 20 | 22 | G20 *N* |
| Ménilmontant porte de | 20 | 24 | F23 |
| Ménilmontant r. de | 20 | 22-23 | G19-F21 |
| Mercœur r. | 11 | 34 | J19-J20 |
| Mérimée r. | 16 | 15 | G6-G5 |
| Merisiers sentier des | 12 | 48 | L23 *S* |
| Merlin r. | 11 | 34 | H20-H19 |
| Meryon r. | 16 | 37 | L2 |
| Meslay pass. | 3 | 20 | G16 |
| Meslay r. | 3 | 21-20 | G17-G16 |
| Mesnil r. | 16 | 15 | G6 |
| Messageries r. des | 10 | 20 | E15 *S* |
| Messidor r. | 12 | 47 | M22 |
| Messier r. | 14 | 43 | N13 |
| Messine av. de | 8 | 17 | E10 *S* |
| Messine r. de | 8 | 17 | E10 *S* |
| Métairie cour de la | 20 | 22 | F20 |
| Metz quai de | 19 | 10 | C20 |
| Metz r. de | 10 | 20 | F16-F15 |
| Meuniers r. des | 12 | 47 | N21 |
| Meurthe r. de la | 19 | 10 | C19 |
| Mexico pl. de | 16 | 27 | G6 *S* |
| Meyerbeer r. | 9 | 19 | F13 |
| Meynadier r. | 19 | 22 | D19 |
| Mézières r. de | 6 | 31-30 | K3-K12 |
| Michal r. | 13 | 56 | P15 *S* |
| Michel-Ange hameau | 16 | 38 | M3 |
| Michel-Ange r. | 16 | 38 | L3-M3 |
| Michel-Ange villa | 16 | 38 | K4 *S* |
| Michel-Bréal r. | 13 | 57 | R18 |
| Michel-Chasles r. | 12 | 45 | L18-K18 |
| Michel-de-Bourges r. | 20 | 35 | J22 *S* |
| Michel-le-Comte r. | 3 | 32 | H16-H15 |
| Michel-Peter r. | 13 | 44 | M15-N15 |
| Michelet r. | 6 | 43 | L13 *S* |

| Nom | Arrondissement | Plan n° | Repère |
|---|---|---|---|
| Midi cité du | 18 | 19 | D13 |
| Mignard r. | 16 | 27 | H5 *N* |
| Mignet r. | 16 | 38 | K4 *S* |
| Mignon r. | 6 | 31 | K14 *N* |
| Mignot sq. | 16 | 27 | H6 |
| Mignottes r. des | 19 | 22 | E20 *N* |
| Miguel-Hidalgo r. | 19 | 22 | D20 *S* |
| Milan r. de | 9 | 18 | E12 |
| Milleret-de-Brou av. | 16 | 27-26 | J5-K4 |
| Milne-Edwards r. | 17 | 16 | D7 *S* |
| Milord imp. | 18 | 6 | B12 *N* |
| Milton r. | 9 | 19 | E14 |
| Mimosas sq. des | 13 | 55 | R14 |
| Minimes r. des | 3 | 33 | J17 *N* |
| Miollis r. | 15 | 41 | L9 *N* |
| Mirabeau pont | 16 | 39 | L5 |
| Mirabeau r. | 16 | 39-38 | L5-L4 |
| de Mirbel r. | 5 | 44 | M15 *N* |
| Mire allée de la | 14 | 55 | R13-R14 |
| Mire r. de la | 18 | 7 | D13-C13 |
| de Miromesnil r. | 8 | 17 | F10-E10 |
| Mission-Marchand r. de la | 16 | 26-38 | K4 |
| Mizon r. | 15 | 41 | M10 *N* |
| Moderne av. | 19 | 22 | D19 |
| Moderne villa | 14 | 54 | P11 *N* |
| Modigliani r. | 15 | 39 | M5-M6 |
| Modigliani terrasse | 14 | 42 | M11 |
| Mogador r. de | 9 | 18 | F12-E12 |
| Moines r. des | 17 | 6 | C11-B11 |
| Molière av. | 16 | 38 | L3 *S* |
| Molière pass. | 3 | 32 | H15 |
| Molière r. | 1 | 31 | G13 *S* |
| Molin imp. | 18 | 9 | C17 |
| Molitor porte | 16 | 37 | L2 |
| Molitor r. | 16 | 38 | L4-L3 |
| Molitor villa | 16 | 38 | L4 |
| Mollien r. | 8 | 17 | E10 |
| Monbel r. de | 17 | 5 | C9 *S* |
| Monceau parc | 8 | 17 | E 9 |
| Monceau r. de | 8 | 17 | F9-E10 |
| Monceau sq. | 17 | 18 | D11 *S* |
| Monceau villa | 17 | 16 | D8 |
| Moncey pass. | 17 | 6 | C12 |
| Moncey r. | 9 | 18 | E12 *N* |
| Moncey sq. | 9 | 18 | E12 *N* |
| Mondétour r. | 1 | 32 | H15 *N* |
| Mondovi r. de | 1 | 30 | G11 |
| Monge pl. | 5 | 44 | L15 *S* |
| Monge r. | 5 | 44 | K15-M15 |
| Mongenot r. | | 48 | L24-L23 |
| n^os^ 29-fin, 12-fin | 12 | | |
| autres n^os^ | Saint-Mandé | | |
| Monjol r. | 19 | 21 | E18 *S* |
| Monnaie r. de la | 1 | 31 | H14 *S* |
| Monplaisir imp. | 20 | 34 | G20 *S* |
| Monseigneur-Loutil pl. | 17 | 17 | D9 |
| Monseigneur-Rodhain r. | 10 | 21 | E17 |
| Monsieur r. | 7 | 29 | K10 |
| Monsieur-le-Prince r. | 6 | 31-43 | K13-K14 |
| Monsigny r. | 2 | 19 | G13 *N* |
| Monsoreau sq. de | 20 | 35 | J21 |
| Mont-Aigoual r. du | 15 | 9 | L5 |
| Mont-Blanc sq. du | 16 | 39 | K5 *S* |
| Mont-Cenis pass. du | 18 | 7 | B14 *N* |
| Mont-Cenis r. du | 18 | 7 | C14-B14 |
| Mont-Dore r. du | 17 | 18 | D11 |

| Nom | Arrondissement | Plan n° | Repère |
|---|---|---|---|
| Mont-Louis imp. de | 11 | 34 | J20 *N* |
| Mont-Louis r. de | 11 | 34 | J20 *N* |
| Mont-Thabor r. du | 1 | 30 | G12 *S* |
| Mont-Tonnerre imp. du | 15 | 42 | L11 |
| Montagne-d'Aulas r. de la | 15 | 39 | M5-M6 |
| Montagne-de-la-Fage r. de la | 15 | 39 | M5 |
| Montagne-de-l'Esperou r. de la | 15 | 39 | L5-M5 |
| Montagne-du-Goulet pl. de la | 15 | 39 | L5 |
| Montagne-Ste-Geneviève r. de la | 5 | 44 | K15-L15 |
| Montaigne av. | 8 | 17-29 | G9 |
| Montalembert r. | 7 | 30 | J12 |
| Montalivet r. | 8 | 18 | F11 *S* |
| Montauban r. | 15 | 40 | N8 |
| Montbrun pass. | 14 | 54 | P12 |
| Montbrun r. | 14 | 54 | P12 |
| Montcalm r. | 18 | 7 | C13-B14 |
| Montcalm villa | 18 | 7 | B13 *S* |
| Monte-Cristo r. | 20 | 35 | J21 |
| Montebello port de | 5 | 32 | K15 |
| Montebello quai de | 5 | 32 | K15 |
| Montebello r. de | 15 | 53 | P9 *N* |
| Montempoivre porte de | 12 | 48 | M23 |
| Montempoivre r. de | 12 | 47-48 | M22-M23 |
| Montempoivre sentier de | 12 | 47 | M22 |
| Montenegro pass. du | 19 | 23 | E22 *S* |
| Montenotte r. de | 17 | 16 | E8 |
| Montéra r. | 12 | 48 | L23 |
| de Montespan av. | 16 | 27 | G5 *S* |
| Montesquieu r. | 1 | 31 | H13 *N* |
| Montesquieu-Fezensac r. | 12 | 48 | N23 |
| Montevidéo r. de | 16 | 15-27 | G5 |
| de Montfaucon r. | 6 | 31 | K13 *N* |
| Montgallet pass. | 12 | 46 | L20 |
| Montgallet r. | 12 | 46 | L20 *S* |
| Montgolfier r. | 3 | 32 | G16 |
| Monthiers cité | 9 | 18 | E12 *N* |
| de Montholon r. | 9 | 20-19 | E15-E14 |
| Montibœufs r. des | 20 | 35 | G22 |
| Monticelli r. | 14 | 54 | R12 *S* |
| Montmartre bd |  | 19 | F14 |
| n^os^ impairs | 2 |  |  |
| n^os^ pairs | 9 |  |  |
| Montmartre cité | 2 | 31 | G14 *S* |
| Montmartre galerie | 2 | 19 | F14 *S* |
| Montmartre porte de | 18 | 7 | A13-B13 |
| Montmartre r. |  | 31-19 | H14-F14 |
| n^os^ 1-21, 2-36 | 1 |  |  |
| n^os^ 23-fin, 38-fin | 2 |  |  |
| de Montmorency av. | 16 | 38 | K4-K3 |
| de Montmorency bd | 16 | 26-38 | J3-K3 |
| de Montmorency r. | 3 | 32 | H16-H15 |
| de Montmorency villa | 16 | 26-38 | K3 |
| Montorgueil r. |  | 31 | H14-G14 |
| n^os^ 1-35, 2-40 | 1 |  |  |
| n^os^ 37-fin, 42-fin | 2 |  |  |
| n^os^ impairs | 6 |  |  |
| Montparnasse bd du |  | 42-43 | L11-M13 |
| n^os^ 2-66 | 15 |  |  |
| n^os^ 68-fin | 14 |  |  |
| Montparnasse pass. | 14 | 42 | L11-M11 |
| Montparnasse r. du |  | 42 | L12-M12 |
| n^os^ 1-35, 2-40 | 6 |  |  |
| n^os^ 37-fin, 42-fin | 14 |  |  |

| Nom | Arrondissement | Plan n° | Repère |
|---|---|---|---|
| de Montpensier galerie | 1 | 31 | G13 *S* |
| de Montpensier r. | 1 | 31 | H13-G13 |
| Montreuil porte de | 20 | 36 | J23-J24 |
| Montreuil r. de | 11 | 34-35 | K19-K21 |
| Montrouge porte de | 14 | 54 | R11 |
| Montsouris allée de | 14 | 55 | R13 |
| Montsouris parc | 14 | 55 | R 13 |
| Montsouris sq. de | 14 | 55 | R13 |
| de Monttessuy r. | 7 | 28 | H8 *S* |
| de Montyon r. | 9 | 19 | F14 |
| Mony r. | 16 | 27 | G5 |
| Morand r. | 11 | 21 | G18 *N* |
| Moreau r. | 12 | 45-33 | K18 |
| Morère r. | 14 | 54 | R11 *N* |
| Moret r. | 11 | 22-34 | G19 |
| Morieux cité | 15 | 28 | J8-K8 |
| Morillons r. des | 15 | 40-53 | N8-N9 |
| Morland bd | 4 | 33-45 | K17 |
| Morland pont | 12 | 45 | L17 *N* |
| Morlet imp. | 11 | 35 | K21 |
| Morlot r. | 9 | 18 | E12 |
| Mornay r. | 4 | 45 | K17 |
| de Moro-Giafferi pl. | 14 | 42 | N11 |
| Mortier bd | 20 | 36-23 | G23-E22 |
| Morvan r. du | 11 | 34 | H19 *S* |
| Moscou r. de | 8 | 18 | E12-D11 |
| Moselle pass. de la | 19 | 22 | D19 |
| Moselle r. de la | 19 | 9-21 | D18 *N* |
| Moskowa cité de la | 18 | 7 | B13 *N* |
| Mouffetard r. | 5 | 44 | L15-M15 |
| Mouffetard-Monge galerie | 5 | 44 | L15-M15 |
| Moufle r. | 11 | 33 | H18 *S* |
| Moulin-de-la-Pointe r. du | 13 | 56 | R16 |
| Moulin-de-la-Vierge r. du | 14 | 41-53 | N10 *S* |
| Moulin-des-Prés pass. | 13 | 56 | P15 *N* |
| Moulin-des-Prés r. du | 13 | 56 | P15-R16 |
| Moulin-Joly r. du | 11 | 22 | G19-F19 |
| Moulin-Vert imp. du | 14 | 54 | P11 *N* |
| Moulin-Vert r. du | 14 | 54 | P12-N11 |
| Moulinet pass. du | 13 | 56 | P15 *S* |
| Moulinet r. du | 13 | 56 | P16-P15 |
| Moulins r. des | 1 | 31 | G13 |
| Mounet-Sully r. | 20 | 47 | K22 *S* |
| Mouraud r. | 20 | 36 | J23 |
| Mousset imp. | 12 | 46 | L20 |
| Mousset-Robert r. | 12 | 47 | L22 *S* |
| de Moussy r. | 4 | 32 | J16 *N* |
| Mouton-Duvernet r. | 14 | 54 | N12 *S* |
| Mouzaïa r. de | 19 | 23-22 | E21-E20 |
| Moynet cité | 12 | 46 | L20 *S* |
| Mozart av. | 16 | 27-26 | J5-K4 |
| Mozart sq. | 16 | 26 | J4 |
| Mozart villa | 16 | 26 | J4-K4 |
| Muette chaussée de la | 16 | 27-26 | J5-J4 |
| Muette porte de la | 16 | 26 | H4 |
| Mulhouse r. de | 2 | 19 | G14 |
| Mulhouse villa | 16 | 38 | M3 |
| Muller r. | 18 | 7 | C14-D14 |
| Murat bd | 16 | 38 | L3-M4 |
| Murat villa | 16 | 38 | M3 *S* |
| Mûriers r. des | 20 | 34 | H20-G20 |
| Murillo r. | 8 | 17 | E9 |
| de Musset r. | 16 | 38 | M4-M3 |
| Mutualité sq. de la | 5 | 44 | K15 *S* |
| Myrha r. | 18 | 8 | C16-D15 |
| Myron-Timothy-Herrick av. | 8 | 17 | F10 |

# n

| Nom | Arrondissement | Plan n° | Repère |
|---|---|---|---|
| Naboulet imp. | 17 | 6 | B11 |
| Nancy r. de | 10 | 20 | F16 |
| Nanettes r. des | 11 | 34 | H19-G19 |
| Nansouty imp. | 14 | 55 | R13 *S* |
| Nansouty r. | 14 | 55 | R13 |
| Nantes r. de | 19 | 10 | C19-B19 |
| Nanteuil r. | 15 | 41 | N9 |
| Naples r. de | 8 | 18-17 | E11-E10 |
| Napoléon cour | 1 | 31 | H13 |
| Napoléon III pl. | 10 | 20 | E15-E16 |
| Narbonne r. de | 7 | 30 | K12 *N* |
| Narcisse-Diaz r. | 16 | 38 | L4 *N* |
| Narvik pl. de | 8 | 17 | E10 *S* |
| Nation pl. de la | | 47 | K21 *S* |
| $n^{os}$ impairs | 11 | | |
| $n^{os}$ pairs | 12 | | |
| National pass. | 13 | 57 | R18-R17 |
| National pont | 12 | 58 | P20 |
| Nationale imp. | 13 | 57 | R17 *N* |
| Nationale pl. | 13 | 57 | P17 |
| Nationale r. | 13 | 57 | R17-N17 |
| Nations-Unies av. des | 16 | 28 | H7 |
| Nattier pl. | 18 | 7 | C13 |
| Navarin r. de | 9 | 19 | E13 *N* |
| Navarre r. de | 5 | 44 | L15 |
| Navier r. | 17 | 6 | B12-B11 |
| Necker r. | 4 | 33 | J17 |
| Négrier cité | 7 | 29 | J9 *N* |
| Nélaton r. | 15 | 28 | J7-K7 |
| Nemours r. de | 11 | 33 | G18 *S* |
| de Nesle r. | 6 | 31 | J13 |
| Neuf pont | 1 | 31 | J14 |
| Neuilly av. de | 16 | 15 | E6 |
| Neuve-de-la-Chardonnière r. | 18 | 8 | B15 |
| Neuve-des-Boulets r. | 11 | 34 | J20 *S* |
| Neuve-Popincourt r. | 11 | 33 | G18-H18 |
| Neuve-St-Pierre r. | 4 | 33 | J17 *S* |
| Néva r. de la | 8 | 16 | E8 |
| Nevers imp. de | 6 | 31 | J13 |
| Nevers r. de | 6 | 31 | J13 |
| New-York av. de | 16 | 28 | H8-J7 |
| Newton r. | 16 | 16 | F8 *S* |
| Ney bd | 18 | 9-6 | A17-B12 |
| Nicaragua pl. du | 17 | 5-17 | D9 *N* |
| Nice r. de | 11 | 34 | J20 *S* |
| Nicolaï r. | 12 | 47 | N21-M21 |
| Nicolas imp. | 20 | 36 | J23 *N* |
| Nicolas-Charlet r. | 15 | 41 | L10-M10 |
| Nicolas-Chuquet r. | 17 | 5 | C9 |

| Nom | Arrondissement | Plan n° | Repère |
|---|---|---|---|
| Nicolas-Flamel r. | 4 | 32 | J15-H15 |
| Nicolas-Fortin r. | 13 | 56 | P16 *N* |
| Nicolas-Houël r. | 5 | 45-44 | M17-M16 |
| Nicolas-Roret r. | 13 | 44 | N15 *N* |
| Nicolas-Taunay r. | 14 | 54 | R11 |
| Nicolay sq. | 17 | 6 | C11 *S* |
| Nicolet r. | 18 | 7 | C14 |
| Nicolo r. | 16 | 27 | J6-H5 |
| Niel av. | 17 | 16 | E8-D8 |
| Niel villa | 17 | 16 | D8 *S* |
| Niepce r. | 14 | 42 | N11 |
| Nieuport villa | 13 | 57 | R18 *N* |
| Niger r. du | 12 | 48 | L23 |
| Nil r. du | 2 | 20-32 | G15 |
| Nobel r. | 18 | 7 | C14 |
| Nocard r. | 15 | 28 | J7 *S* |
| Noël cité | 3 | 32 | H15-H16 |
| Noël-Ballay r. | 20 | 48 | K23 *S* |
| Noisiel r. de | 16 | 15 | G5 *N* |
| Noisy-le-Sec r. de | | 24 | F23-E24 |
| $n^{os}$ 1-47, 2-72 | 20 | | |
| autres $n^{os}$ impairs | Les Lilas | | |
| autres $n^{os}$ pairs | Bagnolet | | |
| Nollet r. | 17 | 6 | D11-C11 |
| Nollet sq. | 17 | 6 | C11 |
| Nollez cité | 18 | 7 | B13 |
| Nom-de-Jésus cour du | 11 | 33 | K18 *N* |
| Nonnains-d'Hyères r. des | 4 | 32 | J16 *S* |
| Nord pass. du | 19 | 10-22 | D19 |
| Nord r. du | 18 | 8 | B15 *S* |
| Normandie r. de | 3 | 33 | H17 *N* |
| Norvins r. | 18 | 7 | C14-C13 |
| Notre-Dame pont | 4 | 32 | J15 |
| Notre-Dame-de-Bonne-Nouvelle r. | 2 | 20 | G15-F15 |
| N.-D.-de-Lorette r. | 9 | 19 | E13 |
| N.-D.-de-Nazareth r. | 3 | 32-20 | G16-G15 |
| N.-D.-de-Recouvrance r. | 2 | 20 | G15-F15 |
| N.-D.-des-Champs r. | 6 | 42-43 | L12-M13 |
| N.-D.-des-Victoires r. | 2 | 19-31 | G14 |
| Nouveau-Belleville sq. du | 20 | 22 | G19 |
| Nouveau Conservatoire av. du | 19 | 10 | C20 |
| Nouvelle villa | 8 | 16 | E8 *S* |
| Nouvelle-Calédonie r. de la | 12 | 48 | M23 *S* |
| Noyer-Durand r. du | 19 | 11 | D21-C21 |
| Nungesser-et-Coli r. | 16 | 37 | L2 |

*Les rues de Paris sont numérotées par rapport à la Seine :*
*la maison n° 1 est la plus proche du fleuve lorsque la rue s'en écarte, en amont lorsqu'elle lui est parallèle.*
*Numéros impairs à gauche, numéros pairs à droite.*

| Nom | Arrondissement | Plan n° | Repère |
|---|---|---|---|

# o

| Nom | Arrondissement | Plan n° | Repère |
|---|---|---|---|
| Oberkampf r. | 11 | 33-34 | H17-G19 |
| Observatoire av. de l' | | 43 | L13-M13 |
| nos 1-27, 2-20 | 6 | | |
| nos 29-47 | 5 | | |
| nos 49-fin, 22-fin | 14 | | |
| Octave-Chanute pl. | 20 | 35 | G22 |
| Octave-Feuillet r. | 16 | 27-26 | H5-H4 |
| Octave-Gréard av. | 7 | 28 | J7 |
| Odéon carr. de l' | 6 | 31 | K13 *N* |
| Odéon pl. de l' | 6 | 31 | K13 |
| Odéon r. de l' | 6 | 31 | K13 |
| Odessa r. d' | 14 | 42 | L11-M12 |
| Odiot cité | 8 | 17 | F9 |
| Oise quai de l' | 19 | 10 | C19-C20 |
| Oise r. de l' | 19 | 10 | C19 |
| Oiseaux r. des | 3 | 32 | H16 *N* |
| Olier r. | 15 | 40 | N7 *N* |
| Olivet r. d' | 7 | 42 | K11 |
| Olivier-de-Serres pass. | 15 | 40 | N8 *N* |
| Olivier-de-Serres r. | 15 | 40-52 | M8-N7 |
| Olivier-Métra r. | 20 | 23 | F21 |
| Olivier-Métra villa | 20 | 23 | F21 |
| Olivier-Noyer r. | 14 | 54 | P11-N11 |
| Omer-Talon r. | 11 | 34 | H19 |
| Onfroy imp. | 13 | 56 | R16 *N* |
| Onze-Novembre-1918 pl. | 10 | 20 | E16 *S* |
| Opéra av. de l' | | 31-19 | H13-G13 |
| nos 1-31, 2-26 | 1 | | |
| nos 33-fin, 28-fin | 2 | | |
| Opéra pl. de l' | | 19-18 | F13-F12 |
| nos 1-3, 2-4 | 2 | | |
| nos 5, 6-8 | 9 | | |
| Opéra-Louis-Jouvet sq. | 9 | 18 | F12 |
| Oradour-sur-Glane r. d' | 15 | 51 | P6-N6 |
| Oran r. d' | 18 | 8 | C15 |
| Oratoire r. de l' | 1 | 31 | H14 |
| d'Orchampt r. | 18 | 7 | D13-C13 |
| Orchidées r. des | 13 | 55 | R14 |
| Ordener r. | 18 | 8-7 | C16-B13 |
| Ordener villa | 18 | 7 | B14 *S* |
| Orfèvres quai des | 1 | 31 | J14 |
| Orfèvres r. des | 1 | 31 | J14 *N* |
| Orfila imp. | 20 | 35 | G21 |
| Orfila r. | 20 | 35-23 | G21-G22 |
| Orgues pass. des | 3 | 20 | G16 |
| Orgues-de-Flandre allée des | 19 | 9 | C18 |
| Orillon r. de l' | 11 | 21-22 | G18-F19 |
| Orléans galerie d' | 1 | 31 | H13 *N* |
| Orléans porte d' | 14 | 54 | R12 |
| Orléans portiques d' | 14 | 54 | N12 *S* |
| Orléans quai d' | 4 | 32 | K16-K15 |
| Orléans sq. d' | 9 | 19 | E13 |
| Orléans villa d' | 14 | 54 | P12 |
| Orme r. de l' | 19 | 23 | E22 |
| Ormeaux r. des | 20 | 35 | K21-K22 |
| d'Ormesson r. | 4 | 33-32 | J17-J16 |
| Ornano bd | 18 | 8-7 | C15-B14 |
| Ornano sq. | 18 | 8 | B15 *S* |
| Ornano villa | 18 | 7 | B14 *N* |
| Orsay quai d' | 7 | 30-29 | H11-H9 |
| Orsel cité d' | 18 | 19 | D14 |
| Orsel r. d' | 18 | 19 | D14 |
| Orteaux imp. des | 20 | 35 | J21 |
| Orteaux r. des | 20 | 35-36 | J21-J23 |
| Ortolan r. | 5 | 44 | L15 *S* |
| Oscar-Roty r. | 15 | 39-40 | L6-M7 |
| Oslo r. d' | 18 | 6 | C12-B12 |
| Oswaldo-Cruz r. | 16 | 26 | J4 |
| Oswaldo-Cruz villa | 16 | 26 | J4 |
| Otages villa des | 20 | 23 | F22 *N* |
| Ottoz villa | 20 | 22 | F19 |
| Oudinot imp. | 7 | 30 | K11 |
| Oudinot r. | 7 | 42-41 | K11-K10 |
| Oudry r. | 13 | 44 | M16 |
| Ouessant r. d' | 15 | 28-40 | K8 |
| Ouest r. de l' | 14 | 42-41 | M11-N10 |
| Ourcq r. de l' | 19 | 10-9 | C19-B18 |
| Ours cour de l' | 11 | 33 | K18 *N* |
| Ours r. aux | 3 | 32 | H15 *N* |
| Ozanam pl. | 6 | 42 | L12 *S* |

# p

| Nom | Arrondissement | Plan n° | Repère |
|---|---|---|---|
| Pablo-Picasso pl. | 14 | 42 | M12 *N* |
| Pache r. | 11 | 34 | J19-H19 |
| Padirac sq. de | 16 | 26 | K3 *N* |
| Paganini r. | 20 | 36 | K23 |
| Paillet r. | 5 | 43 | L14 *N* |
| Paix r. de la | 2 | 18 | G12 *N* |
| Pajol r. | 18 | 8-9 | D16-B17 |
| Pajou r. | 16 | 27 | J5 |
| Palais bd du | | 31 | J14 |
| nos pairs | 1 | | |
| nos impairs | 4 | | |
| Palais-Bourbon pl. du | 7 | 30 | H11 |
| Palais Royal jardin du | 1 | 31 | G 13 |
| Palais-Royal pl. du | 1 | 31 | H13 |
| Palais-Royal-de-Belleville cité du | 19 | 22 | E20 *S* |
| Palatine r. | 6 | 31 | K13 |
| Palestine r. de | 19 | 22 | F20-E20 |
| Palestro r. de | 2 | 32 | G15 |
| Pali-Kao r. de | 20 | 22 | G19-F19 |
| Panama r. de | 18 | 8 | C15 *S* |
| Panier-Fleuri cour du | 11 | 33 | K18 *N* |
| Panoramas pass. des | 2 | 19 | F14 *S* |
| Panoramas r. des | 2 | 19 | F14 *S* |
| Panoyaux imp. des | 20 | 34 | G19-G20 |
| Panoyaux r. des | 20 | 22-34 | G19-G20 |

| Nom | Arrondissement | Plan n° | Repère |
|---|---|---|---|
| Panthéon pl. du | 5 | 43 | L14 |
| Pantin porte de | 19 | 11 | C21 |
| Pape-Carpentier r. | 6 | 30 | K12 |
| Papillon r. | 9 | 20-19 | E15-E14 |
| Papin r. | 3 | 32 | G15 |
| Paradis cité | 10 | 20 | F15 *N* |
| Paradis r. de | 10 | 20 | F16-E15 |
| Paraguay pl. du | 16 | 15 | F5 *S* |
| Parc villa du | 19 | 22 | E19 *S* |
| Parc-de-Charonne chemin du | 20 | 35 | H22 |
| Parc-de-Choisy allée du | 13 | 56 | P16 |
| Parc-de-Montsouris r. du | 14 | 55 | R13 |
| Parc-de-Montsouris villa du | 14 | 55 | R13 |
| Parc-de-Passy av. du | 16 | 27 | J6 |
| Parc-des-Princes av. du | 16 | 37 | L2-M2 |
| Parc-Royal r. du | 3 | 33 | J17 *N* |
| Parchappe cité | 11 | 33 | K18 *N* |
| Parcheminerie r. de la | 5 | 31 | K14 |
| Parent-de-Rosan r. | 16 | 38 | M3 |
| Parme r. de | 9 | 18 | D12 *S* |
| Parmentier av. | | 34-21 | J19-F17 |
| nos 1-135, 2-150 | 11 | | |
| nos 137-fin, 152-fin | 10 | | |
| Parnassiens galerie des | 14 | 42 | L12-M12 |
| Parrot r. | 12 | 45 | L18 *N* |
| Partants r. des | 20 | 34-35 | G20-G21 |
| Parvis-du-Sacré-Cœur pl. du | 18 | 7 | D14 *N* |
| Parvis-Notre-Dame pl. du | 4 | 32 | J15-K15 |
| Pas-de-la-Mule r. du | | 33 | J17 |
| nos impairs | 4 | | |
| nos pairs | 3 | | |
| Pascal r. | | 44 | M15-N15 |
| nos 1-25, 2-30 | 5 | | |
| nos 27-fin, 32-fin | 13 | | |
| Pasdeloup pl. | 11 | 33 | H17 *N* |
| Pasquier r. | 8 | 18 | F11 |
| Passy pl. de | 16 | 27 | J5 *N* |
| Passy port de | 16 | 28-27 | J7-K6 |
| Passy porte de | 16 | 26 | J3 *N* |
| Passy r. de | 16 | 27 | J6-J5 |
| Pasteur bd | 15 | 41 | L10-M10 |
| Pasteur r. | 11 | 33 | H18 |
| Pasteur sq. | 15 | 41 | L 10 |
| Pasteur-Marc-Bœgner r. | 16 | 27 | H6 |
| Pasteur-Wagner r. du | 11 | 33 | J17-J18 |
| Pastourelle r. | 3 | 32 | H16 |
| Patay r. de | 13 | 57 | R18-P18 |
| Patenne sq. | 20 | 35-47 | K22 |
| Patriarches pass. des | 5 | 44 | M15 *N* |
| Patriarches r. des | 5 | 44 | M15 *N* |
| Patrice-Boudart villa | 16 | 27 | K5 |
| Patrice-de-la-Tour-du-Pin r. | 20 | 36 | K23 |
| Pâtures r. des | 16 | 39 | K5 |
| Paturle r. | 14 | 53 | P9 *N* |
| Paul-Adam av. | 17 | 4 | C8 *S* |
| Paul-Albert r. | 18 | 7 | D14-C14 |
| Paul-Appell av. | 14 | 54 | R12 *S* |
| Paul-Barruel r. | 15 | 41 | M9 |
| Paul-Baudry r. | 8 | 17 | F9 |
| Paul-Beauregard pl. | 16 | 38 | K4 *S* |
| Paul-Bert r. | 11 | 34 | K19 |
| Paul-Blanchet sq. | 12 | 47 | N22 |
| Paul-Bodin r. | 17 | 5-6 | B10-B11 |
| Paul-Borel r. | 17 | 17 | D9 |
| Paul-Bourget r. | 13 | 56 | S16 |
| Paul-Cézanne r. | 8 | 17 | F9 *N* |
| Paul-Chautard r. | 15 | 40 | L8 |
| Paul-Claudel pl. | 6 | 43 | K13 *S* |
| Paul-Crampel r. | 12 | 47 | M22 *N* |
| Paul-de-Kock r. | 19 | 23 | E21 |
| Paul-Delaroche r. | 16 | 27 | J5-H5 |
| Paul-Delmet r. | 15 | 40 | N7-N8 |
| Paul-Déroulède av. | 15 | 28-40 | K8 |
| Paul-Deschanel allée | 7 | 28 | H8 |
| Paul-Doumer av. | 16 | 27 | H6-J5 |
| Paul-Dubois r. | 3 | 32 | G16 *S* |
| Paul-Dupuy r. | 16 | 27-39 | K5 |
| Paul-Eluard pl. | 18 | 8 | C16 |
| Paul-Escudier r. | 9 | 18-19 | E12-E13 |
| Paul-et-Jean-Lerolle r. | 7 | 29 | H10 |
| Paul-Féval r. | 18 | 7 | C14 |
| Paul-Fort r. | 14 | 54 | R12 |
| Paul-Gervais r. | 13 | 56-55 | N15-P14 |
| Paul-Hervieu r. | 15 | 39 | L6 *N* |
| Paul-Jean-Toulet r. | 20 | 35 | J22 |
| Paul-Leautaud pl. | 17 | 4 | C8 *S* |
| Paul-Lelong r. | 2 | 19-31 | G14 |
| Paul-Louis-Courier imp. | 7 | 30 | J11 |
| Paul-Louis-Courier r. | 7 | 30 | J12-J11 |
| Paul-Meurice r. | 20 | 24 | F23-E23 |
| Paul-Painlevé pl. | 5 | 31-43 | K14 |
| Paul-Paray sq. | 17 | 5 | C9 |
| Paul-Reynaud pl. | 16 | 38 | M3 |
| Paul-Saunière r. | 16 | 27 | H6 *S* |
| Paul-Séjourné r. | 6 | 42 | M12 *N* |
| Paul-Signac pl. | 20 | 23-35 | G22 |
| Paul-Strauss r. | 20 | 35-36 | G22-G23 |
| Paul-Vaillant-Couturier av. | | 55 | S14-S13 |
| nos pairs, 142-156 | 14 | | |
| autres nos | Gentilly | | |
| Paul-Valéry r. | 16 | 16 | G7-F7 |
| Paul-Verlaine pl. | 13 | 56 | P15 |
| Paul-Verlaine villa | 19 | 22 | D20 *S* |
| Paulin-Enfert r. | 13 | 56-57 | S16-S17 |
| Paulin-Méry r. | 13 | 56 | P15 *N* |
| Pauline-Kergomard r. | 20 | 35 | J22 |
| Pauly r. | 14 | 53 | P10 *N* |
| Pavée r. | 4 | 32 | J16 |
| Pavillons av. des | 17 | 16 | D7 *S* |
| Pavillons imp. des | 18 | 7 | B13 *N* |
| Pavillons r. des | 20 | 23 | F21 |
| Payenne r. | 3 | 32-33 | J16-J17 |
| Péan r. | 13 | 57 | R18 |
| Péclet r. | 15 | 40 | L8-M8 |
| Pecquay r. | 4 | 32 | H16 *S* |
| Pégoud r. | 15 | 38 | N4 *N* |
| Péguy r. | 6 | 42 | L12 *S* |
| Peintres imp. des | 2 | 32 | H15 *N* |
| Pékin pass. de | 20 | 22 | F19 *S* |
| Pelée r. | 11 | 33 | H17-H18 |
| Pèlerin imp. du | 17 | 5 | B10 |
| Pélican r. du | 1 | 31 | H14-H13 |
| Pelleport r. | 20 | 35-23 | H22-F21 |
| Pelleport villa | 20 | 23 | F21 |
| Pelouze r. | 8 | 18 | D11 *S* |
| Penel pass. | 18 | 7 | B14 |
| Pensionnat r. du | 12 | 47 | L21 *N* |
| Penthièvre r. de | 8 | 18-17 | F11-F10 |
| Pépinière r. de la | 8 | 18 | F11 *N* |
| Perceval r. de | 14 | 42 | M11 |
| Perchamps r. des | 16 | 38 | K4 *S* |
| Perche r. du | 3 | 32 | H16 |

| Nom | Arrondissement | Plan n° | Repère |
|---|---|---|---|
| Percier av. | 8 | 17 | F10 N |
| Perdonnet r. | 10 | 20 | D16 |
| Père-Brottier r. du | 16 | 26-30 | K4 |
| Père-Chaillet pl. du | 11 | 34 | J19 |
| Père-Corentin r. du | 14 | 54 | P12-R12 |
| Père-Guérin r. du | 13 | 56 | P15 N |
| Père-Julien-Dhuit allée du | 20 | 22 | F20 |
| Père-Julien Dhuit r. du | 20 | 22 | F19-F20 |
| Père-Lachaise av. du | 20 | 35 | H21 N |
| Père-Marcellin-Champagnat pl. du | 16 | 27 | J6 |
| Père-Teilhard-de-Chardin pl. du | 4 | 33 | K17 |
| Père-Teilhard-de-Chardin r. | 5 | 44 | M15 N |
| Pereire bd | 17 | 5-15 | C10-E6 |
| Pergolèse r. | 16 | 15 | E6-F6 |
| Périchaux r. des | 15 | 52 | P8 N |
| Pérignon r. | | 41 | K10-L9 |
| nos 2-28 | 7 | | |
| nos impairs, 30-fin | 15 | | |
| Périgord sq. du | 20 | 36 | J23 S |
| Périgueux r. de | 19 | 23 | D21 |
| Perle r. de la | 3 | 32 | H16 S |
| Pernelle r. | 4 | 32 | J15 N |
| Pernette-du-Guillet allée | 19 | 21 | F18-F19 |
| Pernety r. | 14 | 42-41 | N11-N10 |
| Pérou pl. du | 8 | 17 | E9 S |
| Perrault r. | 1 | 31 | H14 S |
| Perrée r. | 3 | 33-32 | H17-G16 |
| Perreur pass. | 20 | 23 | G22 N |
| Perreur villa | 20 | 23 | G22 N |
| Perrichont av. | 16 | 39 | K5 S |
| Perronet r. | 7 | 30 | J12 |
| Pers imp. | 18 | 7 | C14 |
| Pershing bd | 17 | 15 | D6-E6 |
| Pestalozzi r. | 5 | 44 | L15-M15 |
| Petel r. | 15 | 40 | M8 N |
| Péterhof av. de | 17 | 16 | D7 S |
| Petiet r. | 17 | 6 | B12 |
| Pétin imp. | 19 | 23 | E21 |
| Pétion r. | 11 | 34 | J19-H19 |
| Petit r. | 19 | 22-11 | D19-D21 |
| Petit-Cerf pass. | 17 | 5 | B10 S |
| Petit-Modèle imp. du | 13 | 44-56 | N16 S |
| Petit-Moine r. du | 5 | 44 | M15 S |
| Petit-Musc r. du | 4 | 33 | K17-J17 |
| Petit-Pont | 4 | 31 | J14-K14 |
| Petit-Pont pl. du | 5 | 31 | K14 N |
| Petit-Pont r. du | 5 | 31 | K14 N |
| Petite-Arche r. de la | 16 | 38 | N3 N |
| Petite-Boucherie pass. | 6 | 31 | J13 S |
| Petite-Pierre r. de la | 11 | 34 | J20 S |
| Petite-Truanderie r. de la | 1 | 32 | H15 N |
| Petites-Écuries cour des | 10 | 20 | F15 |
| Petites-Écuries pass. des | 10 | 20 | F15 |
| Petites-Écuries r. des | 10 | 20 | F15 |
| Petitot r. | 19 | 23 | E21 S |
| Petits-Carreaux r. des | 2 | 31-20 | G14-G15 |
| Petits-Champs r. des | | 31 | G13 |
| nos impairs | 1 | | |
| nos pairs | 2 | | |
| Petits-Hôtels r. des | 10 | 20 | E15 |
| Petits-Pères pass. des | 2 | 31 | G14 |
| Petits-Pères pl. des | 2 | 31 | G14 |
| Petits-Pères r. des | 2 | 31 | G14 |
| Petits-Ponts rte des | 19 | 11 | C21-B21 |
| Pétrarque r. | 16 | 27 | H6 |

| Nom | Arrondissement | Plan n° | Repère |
|---|---|---|---|
| Pétrarque sq. | 16 | 27 | H6 |
| Pétrelle r. | 9 | 20-19 | E15-E14 |
| Pétrelle sq. | 9 | 20 | E15 N |
| Peupliers av. des | 16 | 38 | K3 S |
| Peupliers poterne des | 13 | 56 | R15 |
| Peupliers r. des | 13 | 56 | R15 |
| Peupliers sq. des | 13 | 56 | P15-R15 |
| Phalsbourg cité de | 11 | 34 | J19-J20 |
| Phalsbourg r. de | 17 | 17 | D9 S |
| Philibert-Delorme r. | 17 | 4-5 | C8-C9 |
| Philibert-Lucot r. | 13 | 57-56 | R17-R16 |
| Philidor r. | 20 | 36 | K23 |
| Philippe-Auguste av. | 11 | 47-34 | K21-J20 |
| Philippe-Auguste pass. | 11 | 35 | K21 |
| Philippe-de-Champagne r. | 13 | 44-56 | N16 S |
| Philippe-de-Girard r. | | 20-8 | E16-C16 |
| nos 1-33, 2-34 | 10 | | |
| nos 35-fin, 36-fin | 18 | | |
| Philippe-Hecht r. | 19 | 22-21 | E19-E18 |
| Piat r. | 20 | 22 | F20-F19 |
| Pic-de-Barette r. du | 15 | 9 | L5-M5 |
| Picardie r. de | 3 | 33 | H17 N |
| Piccini r. | 16 | 15 | F6 N |
| Picot r. | 16 | 15 | F6 S |
| Picpus bd de | 12 | 47 | M22-L21 |
| Picpus r. de | 12 | 46-47 | K20-N22 |
| Piémontési r. | 18 | 19 | D13 |
| Pierre-au-Lard r. | 4 | 32 | H15 |
| Pierre-Bayle r. | 20 | 34 | J20-H20 |
| Pierre-Bonnard r. | 20 | 35 | H22 |
| Pierre-Bourdan r. | 12 | 46 | L20 N |
| Pierre-Brisson pl. | 16 | 28 | G8 S |
| Pierre-Brossolette r. | 5 | 44-43 | M15-M14 |
| Pierre-Budin r. | 18 | 8 | C15 |
| Pierre-Bullet r. | 10 | 20 | F16 S |
| Pierre-Charron r. | 8 | 16-17 | G8-F9 |
| Pierre-Chausson r. | 10 | 20 | F16 S |
| Pierre-de-Coubertin pl. | 16 | 38 | N3 N |
| Pierre-Demours r. | 17 | 16 | E7-D8 |
| Pierre-Dupont r. | 10 | 21 | E17 |
| Pierre-et-Marie-Curie r. | 5 | 43 | L14 |
| Pierre-Foncin r. | 20 | 24 | F23 S |
| Pierre-Ginier r. | 18 | 6 | C12 S |
| Pierre-Ginier villa | 18 | 6 | C12 S |
| Pierre-Girard r. | 19 | 10 | D19 N |
| Pierre-Gourdault r. | 13 | 57 | N18-P18 |
| Pierre-Guérin r. | 16 | 26-38 | K4 |
| Pierre-Haret r. | 9 | 18 | D12 |
| Pierre-Jean-Jouve r. | 19 | 10 | C20 |
| Pierre-Lafue pl. | 6 | 42 | L12 |
| Pierre-Lampué pl. | 5 | 43 | M14 N |
| Pierre-Larousse r. | 14 | 53 | P10 |
| Pierre-Lazareff pl. | 2 | 32 | G15 |
| Pierre-le-Grand r. | 8 | 16 | E8 |
| Pierre-Le-Roy r. | 14 | 53 | P10 S |
| Pierre-l'Ermite r. | 18 | 20-8 | D16 N |
| Pierre-Leroux r. | 7 | 42 | K11 S |
| Pierre-Lescot r. | 1 | 32 | H15 |
| Pierre-Levée r. de la | 11 | 21-33 | G18 |
| Pierre-Loti av. | 7 | 28 | J8 |
| Pierre-Louys r. | 16 | 27-39 | K5 |
| Pierre-Mac-Orlan pl. | 18 | 8-9 | B16-B17 |
| Pierre-Masse av. | 14 | 55 | S13 |
| Pierre-Mille r. | 15 | 40-52 | N7 |
| Pierre-Mouillard r. | 20 | 36 | G23 |
| Pierre-Nicole r. | 5 | 43 | M14-M13 |
| Pierre-Picard r. | 18 | 7-19 | D14 |

| Nom | Arrondissement | Plan n° | Repère |
| --- | --- | --- | --- |
| Pierre-1er-de-Serbie av. | | 16-28 | G8 |
| nos 1-33, 2-28 | 16 | | |
| nos 35-fin, 30-fin | 8 | | |
| Pierre-Quillard r. | 20 | 36 | G23 |
| Pierre-Rebière r. | 17 | 6-5 | A11-B10 |
| Pierre-Reverdy r. | 19 | 9-10 | D18-D19 |
| Pierre-Sarrazin r. | 6 | 31 | K14 |
| Pierre-Semard r. | 9 | 19-20 | E14-E15 |
| Pierre-Soulié r. | 20 | 24 | F23 |
| Pierre-Villey r. | 7 | 29 | H9 *S* |
| Piet-Mondrian r. | 15 | 39 | L5 |
| Pigalle cité | 9 | 19 | E13 *N* |
| Pigalle pl. | 9 | 19 | D13 *S* |
| Pigalle r. | 9 | 19 | E13-D13 |
| Pihet r. | 11 | 33 | H18 *N* |
| Pilâtre de Rozier allée | 16 | 26 | H4-J4 |
| Pillet-Will r. | 9 | 19 | F13 |
| Pilleux cité | 18 | 6 | C12 |
| Pinel pl. | 13 | 44 | N16 |
| Pinel r. | 13 | 44 | N16 |
| Pirandello r. | 13 | 44 | M16-N16 |
| Pissarro r. | 17 | 4 | C8 |
| Piver imp. | 11 | 21 | F18 *S* |
| Piver pass. | 11 | 21 | F18 *S* |
| Pixérécourt imp. | 20 | 23 | F21 |
| Pixérécourt r. | 20 | 23 | F21 |
| Plaine porte de la | 15 | 52 | P7 |
| Plaine r. de la | 20 | 35-47 | K21-K22 |
| Plaisance porte de | 15 | 52 | P8 |
| Plaisance r. de | 14 | 42-54 | N11 *S* |
| Planchart pass. | 20 | 23 | F22 *S* |
| Planchat r. | 20 | 35 | K21-J21 |
| Planchette imp. de la | 3 | 20 | G16 *N* |
| Planchette ruelle de la | 12 | 46 | M20 |
| Plantes jardin des | 5 | 44 | L 16 |
| Plantes r. des | 14 | 54 | N11-R11 |
| Plantes villa des | 14 | 54 | P11 *N* |
| Plantin pass. | 20 | 22 | F20 *S* |
| Plat-d'Étain r. du | 1 | 31 | H14S |
| Platanes villa des | 18 | 19 | D13 |
| Plateau pass. du | 19 | 22 | E20 |
| Plateau r. du | 19 | 22 | E20-E19 |
| Platon r. | 15 | 41 | M10 *S* |
| Plâtre r. du | 4 | 32 | H16-H15 |
| Plâtrières r. des | 20 | 22-34 | G20 |
| Plélo r. de | 15 | 40-39 | M7-M6 |
| Pleyel r. | 12 | 46 | M20 |
| Plichon r. | 11 | 34 | H20 |
| Plumet r. | 15 | 41 | M9 |
| Poinsot r. | 14 | 42 | M11 *N* |
| Point-du-jour porte du | 16 | 38 | M3 |
| Point-Show galerie | 8 | 17 | F9 *S* |
| Pointe sentier de la | 20 | 35 | J22 |
| Pointe-d'Ivry r. de la | 13 | 57 | R17 |
| Poirier villa | 15 | 41 | L9 |
| Poirier-de-Narçay r. | 14 | 54 | R12-R11 |
| Poissonnerie imp. de la | 4 | 33 | J17 |
| Poissonnière bd | | 19 | F14 *S* |
| nos impairs | 2 | | |
| nos pairs | 9 | | |
| Poissonnière r. | 2 | 20 | G15-F15 |
| Poissonnière villa | 18 | 8 | D15 *N* |
| Poissonniers porte des | 18 | 8 | A15 *S* |
| Poissonniers r. des | 18 | 8 | D15-B15 |
| Poissy r. de | 5 | 44 | K15 |
| Poitevins r. des | 6 | 31 | K14 *N* |
| Poitiers r. de | 7 | 30 | H12-J12 |
| Poitou r. de | 3 | 33-32 | H17-H16 |
| Pôle-Nord r. du | 18 | 7 | B13 |
| Poliveau r. | 5 | 44 | M16 |
| Pologne av. de | 16 | 15 | G5 *N* |
| Polonceau r. | 18 | 8 | D15 |
| Pomereu r. de | 16 | 15 | G5 |
| Pommard r. de | 12 | 46 | N20-M19 |
| Pompe r. de la | 16 | 27-15 | J5-F6 |
| Ponceau pass. du | 2 | 20-32 | G15 |
| Ponceau r. du | 2 | 32 | G15 |
| Poncelet pass. | 17 | 16 | E8 *N* |
| Poncelet r. | 17 | 16 | E8 |
| Pondichéry r. de | 15 | 28-40 | K8 |
| Poniatowski bd | 12 | 58-47 | P20-N22 |
| Ponscarme r. | 13 | 57 | P17 *S* |
| Pont-à-Mousson r. de | 17 | 6 | A11 *S* |
| Pont-aux-Biches pass. du | 3 | 20-32 | G16 |
| Pont-aux-Choux r. du | 3 | 33 | H17 |
| Pont-de-Lodi r. du | 6 | 31 | J14 *S* |
| Pont-Louis-Philippe r. du | 4 | 32 | J16 |
| Pont-Mirabeau rd-pt du | 15 | 39 | L5 *N* |
| Pont-Neuf pl. du | 1 | 31 | J14 |
| Pont-Neuf r. du | 1 | 31 | H14 *S* |
| Ponthieu r. de | 8 | 17 | F10-F9 |
| Pontoise r. de | 5 | 32-44 | K15 |
| Popincourt cité | 11 | 33 | H18 |
| Popincourt imp. | 11 | 33 | H18 *S* |
| Popincourt r. | 11 | 34-33 | J19-H18 |
| Port-au-Prince pl. de | 13 | 57 | S17 *N* |
| Port-Mahon r. de | 2 | 19 | G13 *N* |
| Port-Royal bd de | | 44-43 | M15-M13 |
| nos 1-93 | 13 | | |
| nos 95-fin | 14 | | |
| nos pairs | 5 | | |
| Port-Royal sq. de | 13 | 43 | M14 *S* |
| Port-Royal villa de | 13 | 43 | M14 *S* |
| Portalis r. | 8 | 18 | E11 |
| Pte-Brancion av. de la | 15 | 52 | P8 |
| Pte-Brunet av. de la | 19 | 23 | D21 |
| Pte-Chaumont av. de la | 19 | 11 | D21 *N* |
| Pte-d'Asnières av. de la | 17 | 5-4 | C9-B8 |
| Pte-d'Aubervilliers av. | | 9 | A18 |
| nos impairs | 18 | | |
| nos pairs | 19 | | |
| Pte-d'Auteuil av. de la | 16 | 37 | K2-K1 |
| Pte-d'Auteuil pl. de la | 16 | 38 | K3 *S* |
| Pte-de-Bagnolet av. de la | 20 | 36 | G23 *S* |
| Pte-de-Bagnolet pl. de la | 20 | 36 | G23-H23 |
| Pte-de-Champerret av. | 17 | 3-4 | D7-D6 |
| Pte-de-Champerret pl. | 17 | 4 | D7 *N* |
| Pte-de-Charenton av. de la | 12 | 59 | N21-P22 |
| Pte-de-Châtillon av. de la | 14 | 54-53 | R11-R10 |
| Pte-de-Châtillon pl. de la | 14 | 54 | R11 *N* |
| Pte-de-Choisy av. de la | 13 | 57 | S17 |
| Pte-de-Clichy av. de la | 17 | 5 | B10 |
| Pte-de-Clignancourt av. | 18 | 7 | A14 |
| Pte-de-Gentilly av. de la | | 55 | S14 |
| nos impairs | 13 | | |
| nos pairs | 14 | | |
| Pte-de-la-Chapelle av. | 18 | 8 | A16 |
| Pte-de-la-Plaine av. de la | 15 | 52 | P7 |
| Pte-de-la-Villette av. de la | 19 | 10 | A20 |
| Pte-de-Ménilmontant av. | 20 | 24 | F23 *S* |
| Pte-de-Montmartre av. | 18 | 7 | A13 |
| Pte-de-Montreuil av. de la | 20 | 36 | J23 *S* |
| Pte-de-Montreuil pl. de la | 20 | 36 | J23 *S* |
| Pte-de-Montrouge av. | 14 | 54 | R11 |

| Nom | Arrondissement | Plan n° | Repère |
|---|---|---|---|
| Pte-de-Pantin av. de la | 19 | 11 | C21 |
| Pte-de-Pantin pl. de la | 19 | 11 | C21 |
| Pte-de-Passy pl. de la | 16 | 26 | J3 *N* |
| Pte-de-Plaisance av. | 15 | 52 | P8 |
| Pte-de-Sèvres av. de la | 15 | 39 | N5 |
| Pte-de-St-Cloud av. de la | 16 | 37 | M2 |
| Pte-de-St-Cloud pl. de la | 16 | 37-38 | M2-M3 |
| Pte-de-St-Ouen av. de la | | 6 | A12 |
| nos impairs | 17 | | |
| nos pairs | 18 | | |
| Pte-de-Vanves av. de la | 14 | 53 | P9-R9 |
| Pte-de-Vanves pl. de la | 14 | 53 | P9 *S* |
| Pte-de-Vanves sq. de la | 14 | 53 | P9-R9 |
| Pte-de-Versailles pl. | 15 | 40-52 | N7 *S* |
| Pte-de-Villiers av. de la | 17 | 3-15 | D6 |
| Pte-de-Vincennes av. | | 48 | L24-L23 |
| nos 2-24, 143-151 | 12 | | |
| nos 1-23, 198 | 20 | | |
| Pte-de-Vitry av. de la | 13 | 58 | R19 |
| Pte-des-Lilas av. de la | | 23-24 | E22-E23 |
| nos impairs | 19 | | |
| nos pairs | 20 | | |
| Pte-des-Poissonniers av. | 18 | 8 | A15 |
| Pte-des-Ternes av. de la | 17 | 15 | D6 *S* |
| Pte-Didot av. de la | 14 | 53 | P10 *S* |
| Pte-d'Issy r. de la | 15 | 39 | N6 |
| Pte-d'Italie av. de la | 13 | 56 | S16 |
| Pte-d'Ivry av. de la | 13 | 57 | S18-R17 |
| Porte-Dorée villa de la | 12 | 47 | N22 |
| Pte-d'Orléans av. de la | 14 | 54 | R12 *S* |
| Pte-du-Pré-St-Gervais av. de la | 19 | 23 | E22-D22 |
| Pte-Maillot pl. de la | 16 | 15 | E6 |
| Pte-Molitor av. de la | 16 | 37 | L2 |
| Pte-Molitor pl. de la | 16 | 37-38 | L2-L3 |
| Pte-Pouchet av. de la | 17 | 6 | B11-A11 |
| Portefoin r. | 3 | 32 | H16 *N* |
| Portes-Blanches r. des | 18 | 8 | C15 *N* |
| Portugais av. des | 16 | 16 | F7 *S* |
| Possoz pl. | 16 | 27 | H5 *S* |
| Postes pass. des | 5 | 44 | M15 *N* |
| Pot-de-Fer r. du | 5 | 44 | L15 *S* |
| Poteau pass. du | 18 | 7 | B13 *N* |
| Poteau r. du | 18 | 7 | B14-B13 |
| Poterne-des-Peupliers r. | 13 | 56 | R15-S15 |
| Potier pass. | 1 | 31 | G13 *S* |
| Pottier cité | 19 | 9 | B18-C18 |
| Pouchet pass. | 17 | 6 | B11 |
| Pouchet porte | 17 | 6 | A11-B11 |
| Pouchet r. | 17 | 6 | C11-B11 |
| Poulbot r. | 18 | 7 | C13-D14 |
| Poule imp. | 20 | 35 | J21-K21 |
| Poulet r. | 18 | 8 | C15 *S* |
| Poulletier r. | 4 | 32 | K16 |
| Poussin r. | 16 | 38 | K4-K3 |
| Pouy r. de | 13 | 56 | P15 *S* |
| Pradier r. | 19 | 22 | F19-E19 |
| Prado pass. du | 10 | 20 | G15-F15 |
| Prague r. de | 12 | 33-45 | K18 *S* |
| Prairies r. des | 20 | 35 | H22 |
| Pré r. du | 18 | 8 | B16 *N* |
| Pré-aux-Chevaux sq. du | 16 | 27 | K5 |
| Pré-aux-Clercs r. du | 7 | 30 | J12 |
| Pré-St-Gervais porte du | 19 | 23 | D21-D22 |
| Pré-St-Gervais r. du | 19 | 23 | E21 *S* |
| Préault r. | 19 | 22 | E19 |
| Prêcheurs r. des | 1 | 32 | H15 |

| Nom | Arrondissement | Plan n° | Repère |
|---|---|---|---|
| Presbourg r. de | | 16 | F8-F7 |
| nos 1-2 | 8 | | |
| nos 3-fin, 4-fin | 16 | | |
| Présentation r. de la | 11 | 22-21 | F19-F18 |
| Président-Édouard-Herriot pl. du | 7 | 30 | H11 |
| Président-Kennedy av. du | 16 | 28-27 | J7-K5 |
| Président-Mithouard pl. du | 7 | 29 | K10 |
| Président-Wilson av. du | | 28 | G8-H7 |
| nos impairs, nos 8-fin | 16 | | |
| nos 2-6 | 8 | | |
| Presles imp. de | 15 | 28 | K8 *N* |
| Presles r. de | 15 | 28 | K8 *N* |
| Pressoir r. du | 20 | 22 | G19 *N* |
| Prêtres imp. des | 16 | 27 | G6 *S* |
| Prêtres-St-Germain-l'Auxerrois r. des | 1 | 31 | H14 *S* |
| Prêtres-St-Séverin r. des | 5 | 31 | K14 *N* |
| Prévost-Paradol r. | 14 | 53 | P9 *S* |
| Prévôt r. du | 4 | 32 | J16 *S* |
| Prévoyance r. de la | 19 | 22-23 | D20-D21 |
| Primatice r. | 13 | 44 | N16 |
| Primevères imp. des | 11 | 33 | J17-H18 |
| Princes pass. des | 2 | 19 | F13 *S* |
| Princesse r. | 6 | 31 | K13 *N* |
| Printemps r. du | 17 | 5 | C9 *S* |
| Prisse-d'Avennes r. | 14 | 54 | R12-P12 |
| Procession r. de la | 15 | 41 | M9-N10 |
| Professeur-André-Lemierre av. du | | 36 | J24-J23 |
| nos impairs | 20 | | |
| nos pairs | Montreuil-Bagnolet | | |
| Professeur-Gosset r. du | 18 | 8-7 | A15-A14 |
| Professeur-Hyacinthe-Vincent r. du | 14 | 54 | R12-S12 |
| Professeur-Louis-Renault r. du | 13 | 56 | R16-R15 |
| Progrès villa du | 19 | 23 | E21 *N* |
| de Prony r. | 17 | 17-16 | E9-D8 |
| Prosper-Goubaux pl. | | 17 | D10 *S* |
| nos impairs | 8 | | |
| nos pairs | 17 | | |
| Prost cité | 11 | 34 | K20 *N* |
| Proudhon r. | 12 | 46 | M20 *S* |
| Prouvaires r. des | 1 | 31 | H14 |
| Provence av. de | 9 | 19 | F13 *N* |
| Provence r. de | | 19-18 | F14-F12 |
| nos 1-125, 2-118 | 9 | | |
| nos 127-fin, 120-fin | 8 | | |
| Providence imp. de la | 20 | 35 | J22 *S* |
| Providence r. de la | 13 | 56-55 | R15-P14 |
| Prudhon av. | 16 | 26 | J4-H4 |
| Pruniers r. des | 20 | 34 | H20 *N* |
| Puget r. | 18 | 19 | D13 |
| Puits allée du | 14 | 55 | R13 |
| Puits-de-l'Ermite pl. du | 5 | 44 | L15 *S* |
| Puits-de-l'Ermite r. du | 5 | 44 | L15-M15 |
| Pusy cité de | 17 | 5 | C10 *S* |
| Puteaux pass. | 8 | 18 | F11 |
| Puteaux r. | 17 | 18 | D11 |
| Putigneux imp. | 4 | 32 | J16 |
| Puvis-de-Chavannes r. | 17 | 4 | D8 *N* |
| Py r. de la | 20 | 35 | H22-G22 |
| Pyramides pl. des | 1 | 31-30 | H13-H12 |
| Pyramides r. des | 1 | 31 | H13-G13 |
| Pyrénées r. des | 20 | 47-22 | K22-F20 |
| Pyrénées villa des | 20 | 35 | J22-K22 |

# q

| Nom | Arrondissement | Plan n° | Repère |
|---|---|---|---|
| Quatre-Fils r. des | 3 | 32 | H16 |
| Quatre-Frères-Casadesus pl. des | 18 | 7 | C13 |
| Quatre-Frères-Peignot r. | 15 | 39 | L6 *N* |
| Quatre-Septembre r. du | 2 | 19 | G13-F13 |
| Quatre-Vents r. des | 6 | 31 | K13 *N* |
| de Quatrefages r. | 5 | 44 | L15 *S* |
| Québec pl. du | 6 | 31 | J13 *S* |
| Quellard cour | 11 | 33 | J18 *S* |
| Quentin-Bauchart r. | 8 | 16-17 | G8-F9 |
| Quercy sq. du | 20 | 36 | K23-J23 |
| Questre imp. | 11 | 22 | G19 |
| Quinault r. | 15 | 40 | L8 |
| Quincampoix r. | | 32 | H15 |
| nos 1-63, 2-64 | 4 | | |
| nos 65-fin, 66-fin | 3 | | |

# r

| Nom | Arrondissement | Plan n° | Repère |
|---|---|---|---|
| Rabelais r. | 8 | 17 | F10 *S* |
| Racan sq. | 16 | 38 | K3 |
| Rachel av. | 18 | 18-6 | D12 |
| Racine imp. | 16 | 38 | L3 *S* |
| Racine r. | 6 | 31-43 | K14-K13 |
| Radziwill r. | 1 | 31 | G13 *S* |
| Raffaëlli r. | 16 | 37 | L2 *S* |
| Raffet imp. | 16 | 26 | K4 |
| Raffet r. | 16 | 26 | K4-K3 |
| Raguinot pass. | 12 | 46 | L19 |
| Rambervillers r. de | 12 | 47 | M22 *N* |
| Rambouillet r. de | 12 | 45-46 | L18-L19 |
| Rambuteau r. | | 32-31 | H16-H14 |
| nos 1-73 | 4 | | |
| nos 2-66 | 3 | | |
| nos 75-fin, 68-fin | 1 | | |
| Rameau r. | 2 | 19 | G13 |
| Ramey pass. | 18 | 7-8 | C14-C15 |
| Ramey r. | 18 | 8-7 | C15-C14 |
| Rampal r. | 19 | 22 | F19 |
| Rampon r. | 11 | 33 | G17 |
| Ramponeau r. | 20 | 22 | F19 |
| Ramus r. | 20 | 35 | H21 |
| Rançon imp. | 20 | 35 | J22 |
| Ranelagh av. du | 16 | 26 | J4 *N* |
| Ranelagh jardin du | 16 | 26 | H 4-J 4 |
| Ranelagh r. du | 16 | 27-26 | K6-J4 |
| Ranelagh sq. du | 16 | 26 | J4 |
| Raoul r. | 12 | 47 | M21 |
| Raoul-Dautry pl. | 15 | 42 | M11 *N* |
| Raoul-Dufy r. | 20 | 34 | G20 |
| Raoul-Follereau pl. | 10 | 21 | E17 |
| Rapée port de la | 12 | 45 | M18-L17 |
| Rapée quai de la | 12 | 45 | M18-L17 |
| Raphaël av. | 16 | 26 | H4-J4 |
| Rapp av. | 7 | 28 | H8-J8 |
| Rapp sq. | 7 | 28 | J8 *N* |
| Raspail bd | | 30-42 | J12-N12 |
| nos 1-41, 2-46 | 7 | | |
| nos 43-147, 48-136 | 6 | | |
| nos 201-fin, 202-fin | 14 | | |
| Rasselins r. des | 20 | 36 | J23 |
| Rataud r. | 5 | 43 | L14-M14 |
| Rauch pass. | 11 | 34 | J19 *S* |
| Ravignan r. | 18 | 7 | D13 *N* |
| Raymond pass. | 13 | 56 | R16 *S* |
| Raymond-Losserand r. | 14 | 42-53 | M11-P9 |
| Raymond-Pitet r. | 17 | 4 | C8 |
| Raymond-Poincaré av. | 16 | 27-15 | H6-F6 |
| Raymond-Queneau r. | 18 | 8 | B16 |
| Raymond-Radiguet r. | 19 | 9 | B18-C18 |
| Raynouard r. | 16 | 27 | J6-K5 |
| Raynouard sq. | 16 | 27 | J6 *N* |
| Réaumur r. | | 32-19 | G16-G14 |
| nos 1-49, 2-72 | 3 | | |
| nos 51-fin, 74-fin | 2 | | |
| Rébeval r. | 19 | 21-22 | F18-F19 |
| Récamier r. | 7 | 30 | K12 *N* |
| Récollets pass. des | 10 | 20 | F16 *N* |
| Récollets r. des | 10 | 21-20 | F17-F16 |
| Recteur-Poincaré av. du | 16 | 27-26 | K5-J4 |
| Reculettes r. des | 13 | 56 | N15 *S* |
| Redon r. | 17 | 4-5 | C8-C9 |
| Refuzniks allée des | 7 | 28 | J7 |
| Regard r. du | 6 | 42 | K12 *S* |
| Régis r. | 6 | 42 | K11 *S* |
| Réglises r. des | 20 | 36 | J23 *S* |
| Regnard r. | 6 | 31-43 | K13 |
| Regnault r. | 13 | 58-57 | P19-R17 |
| Reilhac pass. | 10 | 20 | F15-F16 |
| Reille av. | 14 | 55 | P14-R13 |
| Reille imp. | 14 | 55 | P14-P13 |
| Reims bd de | 17 | 4 | C8 |
| Reims r. de | 13 | 57 | P18 |
| Reine cours la | 8 | 30-29 | G11-G10 |
| Reine-Astrid pl. de la | 8 | 29 | G9 *S* |
| Reine-Blanche r. de la | 13 | 44 | M15-N15 |
| Reine-de-Hongrie pass. de la | 1 | 31 | H14 *N* |
| Rembrandt r. | 8 | 17 | E9 |
| Rémi-Belleau villa | 19 | 10 | D19 |
| de Rémusat r. | 16 | 39-38 | K5-K4 |
| Rémy-de-Gourmont r. | 19 | 22-21 | E19-E18 |
| Remy-Dumoncel r. | 14 | 55-54 | P13-P12 |
| Renaissance r. de la | 8 | 29-17 | G9 |
| Renaissance villa de la | 19 | 23 | E21 *N* |
| Renard r. du | 4 | 32 | J15-H15 |
| Renaudes r. des | 17 | 16 | E8-D8 |
| Rendez-vous cité du | 12 | 47 | L22 |
| Rendez-vous r. du | 12 | 47 | L22 |

| Nom | Arrondissement | Plan n° | Repère |
|---|---|---|---|
| René-Bazin r. | 16 | 26 | J4-K4 |
| René-Binet r. | 18 | 7 | A14-A13 |
| René-Boulanger r. | 10 | 20 | G16 *N* |
| René-Boylesve av. | 16 | 27 | J6 |
| René-Cassin pl. | 1 | 31 | H14 |
| René-Coty av. | 14 | 43-55 | N13-R13 |
| René-Fonck av. | 19 | 24 | E23 |
| René-le-Gall sq. | 13 | 56 | N 15 |
| René-Panhard r. | 13 | 44 | M16 |
| René-Villermé r. | 11 | 34 | H20 |
| Rennequin r. | 17 | 16 | E8-D8 |
| Rennes r. de | 6 | 31-42 | J13-L11 |
| Repos r. du | 20 | 34 | J20-H20 |
| République av. de la | 11 | 33-34 | G17-H20 |
| République pl. de la | | 21-33 | G17 |
| nos impairs | 3 | | |
| nos 2-10 | 11 | | |
| nos 12-16 | 10 | | |
| République-de-l'Équateur pl. de la | 8 | 17 | E9 |
| République-Dominicaine pl. de la | | 17 | E9 *N* |
| nos impairs | 8 | | |
| nos pairs | 17 | | |
| Résal r. | 13 | 57 | P18 *S* |
| Résistance pl. de la | 7 | 28 | H8 |
| Retiro cité du | 8 | 18 | G11 *N* |
| Retrait pass. du | 20 | 23 | G21 *N* |
| Retrait r. du | 20 | 23-35 | G21 |
| Reuilly bd de | 12 | 46-47 | M20-M21 |
| Reuilly porte de | 12 | 47 | N22 |
| Reuilly r. de | 12 | 46-47 | K20-M21 |
| Réunion pl. de la | 20 | 35 | J22 |
| Réunion r. de la | 20 | 35 | K22-J21 |
| Réunion villa de la | 16 | 38 | L4 *S* |
| Reynaldo-Hahn r. | 20 | 36-48 | K23 |
| Rhin r. du | 19 | 22 | D19 |
| Rhin-et-Danube pl. de | 19 | 23 | D21 *S* |
| Rhône sq. du | 17 | 4 | C8 |
| Ribera r. | 16 | 26 | K4 |
| Riberolle villa | 20 | 35 | J21 *N* |
| Ribet imp. | 15 | 40 | L8 *N* |
| Riblette r. | 20 | 35 | H22 *S* |
| Ribot cité | 11 | 22-34 | G19 |
| Riboutté r. | 9 | 19 | E14 *S* |
| Ricaut r. | 13 | 56 | P16 *N* |
| Richard imp. | 15 | 41 | N9 |
| Richard-Baret pl. | 17 | 18 | D11 |
| Richard-de-Coudenhove-Kalergi pl. | 16 | 16 | F8 |
| Richard-Lenoir bd | 11 | 33 | J17-G17 |
| Richard-Lenoir r. | 11 | 34 | J19 |
| Richelieu pass. de | 1 | 31 | G13-H13 |
| Richelieu r. de | | 31-19 | H13-F14 |
| nos 1-53, 2-56 | 1 | | |
| nos 55-fin, 58-fin | 2 | | |
| Richemond r. de | 13 | 57 | P17 |
| Richepance r. | | 18 | G11-G12 |
| nos impairs | 8 | | |
| nos pairs | 1 | | |
| Richer r. | 9 | 20-19 | F15-F14 |
| Richerand av. | 10 | 21 | F17 |
| Richomme r. | 18 | 8 | D15 *N* |
| Ridder r. de | 14 | 53 | N10 *S* |
| Riesener r. | 12 | 46 | L 20 *S* |
| Rigny r. de | 8 | 18 | F11 *N* |
| Rigoles r. des | 20 | 23-22 | F21-F20 |

| Nom | Arrondissement | Plan n° | Repère |
|---|---|---|---|
| Rimbaud villa | 19 | 22 | D20 *S* |
| Rimbaut pass. | 14 | 54 | P12 *N* |
| Rio-de-Janeiro pl. de | 8 | 17 | E10 |
| Riquet r. | | 9-8 | C18-C16 |
| nos 1-53, 2-64 | 19 | | |
| nos 65-fin, 66-fin | 18 | | |
| Riverin cité | 10 | 20 | F16-G16 |
| Rivoli r. de | | 32-30 | J16-G11 |
| nos 1-39, 2-96 | 4 | | |
| nos 41-fin, 98-fin | 1 | | |
| Robert imp. | 18 | 7 | B13 |
| Robert-Blache r. | 10 | 21 | E17 |
| Robert-Cavelier-de-la-Salle jardin | 6 | 43 | L 13 |
| Robert-de-Flers r. | 15 | 27-39 | K6 |
| Robert-Desnos pl. | 10 | 21 | E17 |
| Robert-Esnault-Pelterie r. | 7 | 29 | H10 |
| Robert-Estienne r. | 8 | 17 | G9 *N* |
| Robert-Etlin r. | 12 | 58 | P20 |
| Robert-Fleury r. | 15 | 40 | L8 |
| Robert-Houdin r. | 11 | 21 | F18 *S* |
| Robert-Le-Coin r. | 16 | 27 | J5 *S* |
| Robert-Lindet r. | 15 | 40 | N8 |
| Robert-Lindet villa | 15 | 40 | N8 |
| Robert-Planquette r. | 18 | 19 | D13 |
| Robert-Schuman av. | 7 | 29 | H9 |
| Robert-Turquan r. | 16 | 26 | K4 *N* |
| Roberval r. | 17 | 6 | B11 |
| Robiac sq. de | 7 | 29 | J9 *N* |
| Robineau r. | 20 | 35 | G21 *S* |
| Robiquet imp. | 6 | 42 | L12 *S* |
| Rocamadour sq. de | 16 | 26 | K3 *N* |
| Rochambeau pl. | 16 | 28 | G8 *S* |
| Rochambeau r. | 9 | 19 | E14 |
| Rochebrune pass. | 11 | 34 | H19 |
| Rochebrune r. | 11 | 34 | H19 |
| de Rochechouart bd | | 20-19 | D15-D14 |
| nos impairs | 9 | | |
| nos pairs | 18 | | |
| de Rochechouart r. | 9 | 19 | E14-D14 |
| Rocher r. du | 8 | 18 | E11 |
| Rockfeller av. | 14 | 55 | S14-R13 |
| Rocroy r. de | 10 | 20 | E15-D15 |
| Rodenbach allée | 14 | 43 | N13 |
| Rodier r. | 9 | 19 | E14-D14 |
| Rodin av. | 16 | 27 | H5 *N* |
| Rodin pl. | 16 | 26 | J4 *S* |
| Roger r. | 14 | 42 | N12 *N* |
| Roger-Bacon r. | 17 | 16 | D7 *S* |
| Roger-Bissière r. | 20 | 35 | J22 |
| Roger-Verlomme r. | 3 | 33 | J17 |
| Rohan cour de | 6 | 31 | K13 *N* |
| Rohan r. de | 1 | 31 | H13 *N* |
| Roi-d'Alger pass. du | 18 | 8 | B15 |
| Roi-d'Alger r. du | 18 | 7-8 | B14-B15 |
| Roi-de-Sicile r. du | 4 | 32 | J16 |
| Roi-Doré r. du | 3 | 33 | H17 *S* |
| Roi-François cour du | 2 | 32 | G15 |
| Roland-Dorgelès carr. | 18 | 7 | C13-C14 |
| Roland-Garros sq. | 20 | 24-36 | G23 |
| Roli r. | 14 | 55 | R14 *S* |
| Rolleboise imp. | 20 | 35 | J21-K21 |
| Rollin r. | 5 | 44 | L15 |
| Romain-Rolland bd | 14 | 54-53 | S12-R10 |
| Romainville r. de | 19 | 23 | E21-E22 |
| Rome cour de | 3 | 32 | H16 *N* |
| Rome cour de | 8 | 18 | E11 *S* |

| Nom | Arrondissement | Plan n° | Repère |
|---|---|---|---|
| Rome r. de | | 18-5 | F12-C10 |
| nos 1-73, 2-82 | 8 | | |
| nos 75-fin, 84-fin | 17 | | |
| Rondeaux pass. des | 20 | 35 | G21 *S* |
| Rondeaux r. des | 20 | 35 | H21-G21 |
| Rondelet r. | 12 | 46 | L20 *N* |
| Rondonneaux r. des | 20 | 35 | H21 *N* |
| Ronsard r. | 18 | 7 | D14 *N* |
| Ronsin imp. | 15 | 41 | L10 *S* |
| Roquépine r. | 8 | 18 | F11 |
| Roquette cité de la | 11 | 33 | J18 |
| Roquette r. de la | 11 | 33-34 | J18-H20 |
| Rosa-Bonheur r. | 15 | 41 | L10-L9 |
| Rosenwald r. | 15 | 41-53 | N9 |
| Roses r. des | 18 | 9-8 | B17-B16 |
| Roses villa des | 18 | 8 | B16 *S* |
| Rosière r. de la | 15 | 40 | L7 |
| Rosiers r. des | 4 | 32 | J16 |
| Rosny-Aîné sq. | 13 | 56 | S16 |
| Rossini r. | 9 | 19 | F14-F13 |
| Rothschild imp. | 18 | 6 | C12 *S* |
| Rotrou r. | 6 | 43 | K13 *S* |
| Rottembourg r. | 12 | 47-48 | M22-23 |
| Roubaix pl. de | 10 | 20 | E15 |
| Roubo r. | 11 | 34-46 | K20 |
| Rouelle r. | 15 | 28-40 | K7 |

| Nom | Arrondissement | Plan n° | Repère |
|---|---|---|---|
| Rouen r. de | 19 | 9 | C18 *S* |
| Rouet imp. du | 14 | 54 | P12 *S* |
| Rougemont cité | 9 | 19 | F14 |
| Rougemont r. | 9 | 19 | F14 |
| Rouget-de-l'Isle r. | 1 | 30 | G12 *S* |
| Roule r. du | 1 | 31 | H14 *S* |
| Roule sq. du | 8 | 16 | E8 *S* |
| Rousselet r. | 7 | 42 | K11 *S* |
| Rouvet r. | 19 | 10 | B20-B19 |
| Rouvray av. de | 16 | 38 | L4-L3 |
| Roux imp. | 17 | 16 | D8 *S* |
| Roy r. | 8 | 18 | F11 *N* |
| Royal pont | 1 | 30 | H12 *S* |
| Royale r. | 8 | 30-18 | G11 |
| Royer-Collard imp. | 5 | 43 | L14 |
| Royer-Collard r. | 5 | 43 | L14 |
| Rubens r. | 13 | 44 | N16 |
| Rude r. | 16 | 16 | F7 *N* |
| Ruelle pass. | 18 | 8 | C16 *S* |
| Ruhmkorff r. | 17 | 15 | D6 *S* |
| Ruisseau r. du | 18 | 7 | C13-B14 |
| Rungis pl. de | 13 | 55 | R14 |
| Rungis r. de | 13 | 55 | R14 |
| Rutebeuf pl. | 12 | 46 | L19 |
| Ruysdaël av. | 8 | 17 | E10 |

# S

| Nom | Arrondissement | Plan n° | Repère |
|---|---|---|---|
| Sablière r. de la | 14 | 54 | N12-N11 |
| Sablons r. des | 16 | 27 | G6-H6 |
| Sablonville r. de | | 15 | E6-E5 |
| nos 1-4 | 17 | | |
| autres nos | Neuilly-s-Seine | | |
| Sabot r. du | 6 | 30 | K12 *N* |
| Sacré-Cœur cité du | 18 | 7 | C14 *S* |
| Sadi-Carnot villa | 19 | 23 | E21 *N* |
| Sadi-Lecointe r. | 19 | 21 | E18 *N* |
| Sahel r. du | 12 | 47-48 | M22-M23 |
| Sahel villa du | 12 | 47 | M22 *N* |
| Saïd villa | 16 | 15 | F6-F5 |
| Saïda r. de la | 15 | 52 | N7-N8 |
| Saïgon r. de | 16 | 16 | F7 *N* |
| Saillard r. | 14 | 54 | N12 *S* |
| St-Alphonse imp. | 14 | 54 | R12 |
| Saint-Amand r. | 15 | 41 | N9 |
| St-Ambroise pass. | 11 | 34-33 | H19-H18 |
| St-Ambroise r. | 11 | 33-34 | H18-H19 |
| St-André-des-Arts pl. | 6 | 31 | K14 *N* |
| St-André-des-Arts r. | 6 | 31 | J14-J13 |
| Saint-Ange pass. | 17 | 6 | B12 *N* |
| Saint-Ange villa | 17 | 6 | B12 *N* |
| St-Antoine pass. | 11 | 33 | K18 *N* |
| St-Antoine r. | 4 | 33-32 | J17-J16 |
| St-Augustin pl. | 8 | 18 | F11 *N* |
| St-Augustin r. | 2 | 19 | G13 *N* |
| St-Benoît r. | 6 | 31 | J13 *S* |
| St-Bernard pass. | 11 | 34 | K19 |
| St-Bernard port | 5 | 45-44 | L17-K16 |
| St-Bernard quai | 5 | 45-44 | L17-K16 |
| St-Bernard r. | 11 | 34 | K19 |
| St-Blaise pl. | 20 | 35 | H22 *S* |

| Nom | Arrondissement | Plan n° | Repère |
|---|---|---|---|
| St-Blaise r. | 20 | 35-36 | H22-J23 |
| St-Bon r. | 4 | 32 | J15 *N* |
| St-Bruno r. | 18 | 8 | D16-D15 |
| St-Charles imp. | 15 | 39 | L6 *N* |
| St-Charles pl. | 15 | 40 | K7 *S* |
| St-Charles rd-pt | 15 | 39 | L6-M6 |
| St-Charles r. | 15 | 28-39 | K7-M5 |
| St-Charles sq. | 12 | 46 | L20 *N* |
| St-Chaumont cité | 19 | 21 | F18-E18 |
| St-Christophe r. | 15 | 39 | L5-L6 |
| St-Claude imp. | 3 | 33 | H17 *S* |
| St-Claude r. | 3 | 33 | H17 *S* |
| St-Cloud porte de | 16 | 37 | M2-N2 |
| St-Denis bd | | 20 | G16-G15 |
| nos 1-9 | 3 | | |
| nos 11-fin | 2 | | |
| nos pairs | 10 | | |
| St-Denis imp. | 2 | 32 | G15 *S* |
| St-Denis r. | | 31-20 | J14-G15 |
| nos 1-133, 2-104 | 1 | | |
| nos 135-fin, 106-fin | 2 | | |
| St-Didier r. | 16 | 28-27 | G7-G6 |
| St-Dominique r. | 7 | 30-28 | J11-J8 |
| St-Eleuthère r. | 18 | 7 | D14 *N* |
| St-Eloi cour | 12 | 46 | L20 *N* |
| St-Esprit cour du | 11 | 34 | K19 |
| St-Etienne-du-Mont r. | 5 | 44 | L15 *N* |
| St-Eustache imp. | 1 | 31 | H14 *N* |
| Saint-Exupéry quai | 16 | 38 | M4-N3 |
| St-Fargeau pl. | 20 | 23 | F22 *S* |
| St-Fargeau r. | 20 | 23-24 | F21-F23 |
| St-Ferdinand pl. | 17 | 16 | E7 |
| St-Ferdinand r. | 17 | 16-15 | E7-E6 |

| Nom | Arrondissement | Plan n° | Repère |
|---|---|---|---|
| St-Fiacre imp. | 4 | 32 | H15 *S* |
| St-Fiacre r. | 2 | 19 | G14-F14 |
| St Florentin r. | | 30-18 | G11 |
| n^os^ pairs | 1 | | |
| n^os^ impairs | 8 | | |
| St-François imp. | 18 | 7 | B14 *N* |
| St-Georges pl. | 9 | 19 | E13 |
| St-Georges r. | 9 | 19 | F13-E13 |
| St-Germain bd | | 44-30 | K16-H11 |
| n^os^ 1-73, 2-100 | 5 | | |
| n^os^ 75-175, 102-186 | 6 | | |
| n^os^ 177-fin, 188-fin | 7 | | |
| St-Germain-des-Prés pl. | 6 | 31 | J13 *S* |
| St-Germain-l'Auxerrois r. | 1 | 31 | J14 *N* |
| St-Gervais pl. | 4 | 32 | J15 |
| St-Gilles r. | 3 | 33 | J17 *N* |
| St-Gothard r. du | 14 | 55 | P13 |
| St-Guillaume r. | 7 | 30 | J12 |
| St-Hippolyte r. | 13 | 44-43 | N15-N14 |
| St-Honoré r. | | 31-18 | H14-G11 |
| n^os^ 1-271, 2-404 | 1 | | |
| n^os^ 273-fin, 406-fin | 8 | | |
| St-Honoré-d'Eylau av. | 16 | 15-27 | G6 |
| St-Hubert r. | 11 | 34 | H19 *N* |
| St-Hyacinthe r. | 1 | 30 | G12 *S* |
| St-Irénée sq. | 11 | 33 | H18 |
| St-Jacques bd | 14 | 43-55 | N14-N13 |
| St-Jacques pl. | 14 | 43 | N13 |
| St-Jacques r. | 5 | 31-43 | K14-M14 |
| St-Jacques villa | 14 | 55 | N13 *S* |
| St-Jean r. | 17 | 6 | C11-C12 |
| St-Jean-Baptiste-de-la-Salle r. | 6 | 42 | L11 *N* |
| St-Jérôme r. | 18 | 8 | D16-C16 |
| Saint-John-Perse allée | 1 | 31 | H14 |
| St-Joseph cour | 11 | 33 | K18 *N* |
| St-Joseph r. | 2 | 19 | G14 *N* |
| St-Jules pass. | 18 | 7 | B13 *N* |
| St-Julien-le-Pauvre r. | 5 | 32-31 | K15-K14 |
| Saint-Just r. | 17 | 5 | B10 *N* |
| St-Lambert r. | 15 | 40 | M7-N7 |
| Saint-Lambert sq; | 15 | 40 | L 8-M 8 |
| St-Laurent r. | 10 | 20 | E16 *S* |
| St-Lazare r. | | 19-18 | E13-F12 |
| n^os^ 1-109, 2-106 | 9 | | |
| n^os^ 111-fin, 108-fin | 8 | | |
| St-Louis cour | 11 | 33 | K18-J18 |
| St-Louis pont | 4 | 32 | K15 *N* |
| St-Louis-en-l'Ile r. | 4 | 32 | K16-K15 |
| St-Luc r. | 18 | 8 | D15 *N* |
| St-Mandé av. de | 12 | 47-48 | L21-L23 |
| St-Mandé porte de | 12 | 48 | L23 |
| St-Mandé villa de | 12 | 47 | L22-L21 |
| St-Marc galerie | 2 | 19 | F14 *S* |
| St-Marc r. | 2 | 19 | F14-F13 |
| de Saint-Marceaux r. | 17 | 4 | C8 |
| St-Marcel bd | | 44 | M16-M15 |
| n^os^ impairs | 13 | | |
| n^os^ pairs | 5 | | |
| St-Martin bd | | 20 | G16 |
| n^os^ impairs | 3 | | |
| n^os^ pairs | 10 | | |
| St-Martin cité | 10 | 20 | F16 |
| St-Martin r. | | 32-20 | J15-G16 |
| n^os^ 1-143, 2-152 | 4 | | |
| n°s 145-fin, 154-fin | 3 | | |
| St-Mathieu r. | 18 | 8 | D16-D15 |

| Nom | Arrondissement | Plan n° | Repère |
|---|---|---|---|
| St-Maur pass. | 11 | 34 | H19 *N* |
| St-Maur r. | | 34 21 | H19-F18 |
| n^os^ 1-175, 2-176 | 11 | | |
| n^os^ 177-fin, 178-fin | 10 | | |
| St-Médard r. | 5 | 44 | L15 *S* |
| St-Merri r. | 4 | 32 | H15 *S* |
| St-Michel bd | | 31-43 | K14-M13 |
| n^os^ impairs | 5 | | |
| n^os^ pairs | 6 | | |
| St-Michel pass | 17 | 6 | C12 |
| St-Michel pl. | | 31 | J14 *S* |
| n^os^ 1-7 | 5 | | |
| n^os^ 2-10, 9-13 | 6 | | |
| St-Michel pont | 4 | 31 | J14 |
| St-Michel quai | 5 | 31 | K14-J14 |
| St-Michel villa | 18 | 6 | C12 |
| St-Nicolas cour | 11 | 34 | K20 |
| St-Nicolas r. | 12 | 33 | K18 |
| St-Ouen av. de | | 6 | C12-B12 |
| n^os^ impairs | 17 | | |
| n^os^ pairs | 18 | | |
| St-Ouen imp. | 17 | 6 | B12 *S* |
| St-Ouen porte de | 17 | 6 | A12 |
| St-Paul imp. | 20 | 35 | J22 |
| St-Paul pass. | 4 | 32 | J16 *S* |
| St-Paul r. | 4 | 32-33 | K16-J17 |
| St-Philippe r. | 2 | 20 | G15 *N* |
| St-Philippe-du-Roule pass. | 8 | 17 | F10 |
| St-Philippe-du-Roule r. | 8 | 17 | F9 |
| St-Pierre cour | 17 | 6 | C12-C11 |
| St-Pierre imp. | 20 | 35 | J22-J21 |
| St-Pierre pl. | 18 | 19 | D14 |
| St-Pierre-Amelot pass. | 11 | 33 | H17-H18 |
| St-Placide r. | 6 | 42 | L12-K11 |
| St-Quentin r. de | 10 | 20 | E16 |
| St-Roch pass. | 1 | 31 | G13 *S* |
| St-Roch r. | 1 | 30-31 | H12-G13 |
| St-Romain r. | 6 | 42 | K11-L11 |
| St-Romain sq. | 6 | 42 | K11-L11 |
| St-Rustique r. | 18 | 7 | C14 *S* |
| St-Sabin pass. | 11 | 33 | J18 |
| St-Sabin r. | 11 | 33 | J18-H17 |
| St-Saëns r. | 15 | 28 | J7-K7 |
| St-Sauveur r. | 2 | 32 | G15 *S* |
| St-Sébastien imp. | 11 | 33 | H18 |
| St-Sébastien pass. | 11 | 33 | H17-H18 |
| St-Sébastien r. | 11 | 33 | H17-H18 |
| de Saint-Senoch r. | 17 | 16 | D7 *S* |
| St-Séverin r. | 5 | 31 | K14 *N* |
| de Saint-Simon r. | 7 | 30 | J11 |
| Saint-Simoniens pass. | 20 | 23 | F21 *S* |
| St-Spire r. | 2 | 20 | G15 *N* |
| St-Sulpice pl. | 6 | 31 | K13 |
| St-Sulpice r. | 6 | 31 | K13 |
| St-Thomas-d'Aquin pl. | 7 | 30 | J12 |
| St-Thomas-d'Aquin r. | 7 | 30 | J12 |
| St-Victor r. | 5 | 44 | K15 *S* |
| St-Vincent imp. | 19 | 22 | E20 |
| St-Vincent r. | 18 | 7 | C14-C13 |
| St-Vincent-de-Paul r. | 10 | 20 | E15-D15 |
| St-Yves r. | 14 | 55-54 | R13-P12 |
| Ste-Anastase r. | 3 | 33 | H17 *S* |
| Ste-Anne pass. | 2 | 19 | G13 |
| Ste-Anne r. | | 19-31 | G13 |
| n^os^ 1-47, 2-38 | 1 | | |
| n^os^ 49-fin, 40-fin | 2 | | |

| Nom | Arrondissement | Plan n° | Repère |
|---|---|---|---|
| Ste-Anne-Popincourt pass. | 11 | 33 | J17-J18 |
| Ste-Apolline r. | | 20 | G16-G15 |
| nos 1-11, 2-8 | 3 | | |
| nos 13-fin, 10-fin | 2 | | |
| Ste-Avoie pass. | 3 | 32 | H16 *S* |
| Sainte-Beuve r. | 6 | 42 | L12 |
| Ste-Cécile r. | 9 | 20-19 | F15-F14 |
| Sainte-Claire-Deville r. | 12 | 46 | L20 |
| Ste-Croix imp. | 17 | 6 | B11 |
| Ste-Croix-de-la-Bretonnerie r. | 4 | 32 | J16-H15 |
| Ste-Croix-de-la-Bretonnerie sq. | 4 | 32 | J15 *N* |
| Ste-Elisabeth pass. | 3 | 32 | G16 *S* |
| Ste-Elisabeth r. | 3 | 32 | G16 *S* |
| Ste-Eugénie av. | 15 | 40 | N8 *N* |
| Ste-Félicité r. | 15 | 41 | M9 |
| Ste-Foy pass. | 2 | 20 | G15 *N* |
| Ste-Foy r. | 2 | 20 | G15 *N* |
| Ste-Geneviève pl. | 5 | 43-44 | L14-L15 |
| Ste-Hélène r. de | 13 | 56 | R15-S15 |
| Ste-Henriette imp. | 18 | 7 | B14 *N* |
| Ste-Isaure r. | 18 | 7 | B14 *S* |
| Ste-Léonie imp. | 14 | 42 | N11 |
| Ste-Lucie r. | 15 | 39 | L6 |
| Ste-Marie av. | | 48 | N23-N24 |
| sans nos | 12 | | |
| nos 1-91, 2-72 | Saint-Mandé | | |
| Ste-Marie villa | 20 | 24 | F23 *S* |
| Ste-Marthe imp. | 10 | 21 | F18 |
| Ste-Marthe r. | 10 | 21 | F18 |
| Ste-Monique imp. | 18 | 6 | B12 |
| Ste-Opportune pl. | 1 | 32-31 | H15-H14 |
| Ste-Opportune r. | 1 | 31-32 | H14-H15 |
| Saintonge r. de | 3 | 32-33 | H16-G17 |
| Sts-Pères port des | 6 | 31-30 | J13-H12 |
| Sts-Pères r. des | | 31-30 | J13-K12 |
| nos impairs | 6 | | |
| nos pairs | 7 | | |
| Salamandre sq. de la | 20 | 35 | J22 |
| Salarnier pass. | 11 | 33 | J18 |
| Salembrière imp. | 5 | 31 | K14 *N* |
| Salneuve r. | 17 | 5-17 | D10 *N* |
| Salomon-de-Caus r. | 3 | 20 | G15 |
| Salonique av. de | 17 | 15 | D6 *S* |
| Sambre-et-Meuse r. de | 10 | 21 | F17-F18 |
| Samson r. | 13 | 56 | P15 |
| Samuel-de-Champlain sq; | 20 | 35 | H 21 |
| Sancerrois sq. du | 12 | 47 | N22 |
| Sandrié imp. | 9 | 18 | F12 |
| Santé imp. de la | 13 | 43 | M14 *S* |
| Santé r. de la | | 43-55 | M14-P14 |
| nos impairs | 13 | | |
| nos pairs | 14 | | |
| Santerre r. | 12 | 47 | L21-L22 |
| Santeuil r. | 5 | 44 | M16-M15 |
| Santiago-du-Chili pl. | 7 | 29 | J10 *N* |
| Santos-Dumont r. | 15 | 41 | N9 |
| Santos-Dumont villa | 15 | 41 | N9 |
| Saône r. de la | 14 | 54 | P12 |
| Sarah-Bernhardt sq; | 20 | 47 | K 22 |
| Sarasate r. | 15 | 39 | M6-L6 |
| Sarrette r. | 14 | 54 | P12-R12 |
| Satan imp. | 20 | 35 | J22 |
| Sauffroy r. | 17 | 6 | C11-B11 |
| Saules r. des | 18 | 7 | C13-C14 |
| Saulnier r. | 9 | 19 | F14-E14 |

| Nom | Arrondissement | Plan n° | Repère |
|---|---|---|---|
| Saussaies pl. des | 8 | 18 | F11 *S* |
| Saussaies r. des | 8 | 17-18 | F10-F11 |
| Saussier-Leroy r. | 17 | 16 | E8 |
| de Saussure r. | 17 | 17-5 | D10-C9 |
| Sauval r. | 1 | 31 | H14 |
| Savart pass. | 20 | 35 | J22 |
| Savies r. de | 20 | 22 | F20 |
| Savoie r. de | 6 | 31 | J14 *S* |
| Savorgnan-de-Brazza r. | 7 | 29 | J9 *S* |
| Saxe av. de | | 41 | K9-L10 |
| nos impairs, nos 2-48 | 7 | | |
| nos 50-fin | 15 | | |
| Saxe villa de | 7 | 29-41 | K9-K10 |
| Say r. | 9 | 19 | D14 *S* |
| Scarron r. | 11 | 33 | J17 |
| Scheffer r. | 16 | 27 | H6 |
| Scheffer villa | 16 | 27 | H6-H5 |
| Schœlcher r. | 14 | 42 | N12 *N* |
| de Schomberg r. | 4 | 45 | K17 *S* |
| Schubert r. | 20 | 36 | K23 *N* |
| Schutzenberger r. | 15 | 28 | K7 |
| Scipion r. | 5 | 44 | M15 *S* |
| Scribe r. | 9 | 18 | F12 |
| Sébastien-Bottin r. | 7 | 30 | J12 |
| Sébastien-Mercier r. | 15 | 39 | L5-L6 |
| Sébastopol bd de | | 32-20 | J15-G15 |
| nos 1-65 | 1 | | |
| nos 67-fin | 2 | | |
| nos 2-40 | 4 | | |
| nos 42-fin | 3 | | |
| Secrétan av. | 19 | 21-22 | D18-E19 |
| Sécurité pass. | 15 | 40 | K8 *S* |
| Sedaine cour | 11 | 33 | J18 |
| Sedaine r. | 11 | 33-34 | J18-H19 |
| Sédillot r. | 7 | 28 | H8-J8 |
| Sédillot sq. | 7 | 28-29 | J8-J9 |
| Séguier r. | 6 | 31 | J14 *S* |
| de Ségur av. | | 29-41 | K10-L9 |
| nos 1-73, 2-36 | 7 | | |
| nos 75-fin, 38-fin | 15 | | |
| de Ségur villa | 7 | 29-41 | K9-K10 |
| Seine quai de la | 19 | 9-10 | D18-C19 |
| Seine r. de | 6 | 31 | J13-K13 |
| Selves av. de | 8 | 17-29 | G10 |
| Séminaire allée du | 6 | 31-43 | K13 |
| Sénégal r. du | 20 | 22 | F19 *S* |
| Senlis r. de | 17 | 4 | C8 *S* |
| Sentier r. du | 2 | 19 | G14-F14 |
| Séoul pl. de | 14 | 42 | N11 |
| Sept-Arpents r. des | | 11 | C21-C22 |
| nos 2-6 | 19 | | |
| nos 8-30 | Le Pré-Saint-Gervais | | |
| nos 32-44 | Pantin | | |
| nos impairs | Pantin | | |
| Serge-Prokofiev pl. | 16 | 26 | J4 |
| Serge-Prokofiev r. | 16 | 26 | J4 |
| Sergent-Bauchat r. du | 12 | 46-47 | L20-L21 |
| Sergent-Hoff r. du | 17 | 16 | D7 *S* |
| Sergent-Maginot r. du | 16 | 37 | M2 |
| Serment de Koufra sq. du | 14 | 54 | R 11 |
| Serpente r. | 6 | 31 | K14 *N* |
| Serpollet r. | 20 | 36 | H23 |
| Serret r. | 15 | 40 | M7 *N* |
| Sérurier bd | 19 | 23-11 | E22-B21 |
| Servan r. | 11 | 34 | H19 |
| Servan sq. | 11 | 34 | H19 |
| Servandoni r. | 6 | 31-43 | K13 |

| Nom | Arrondissement | Plan n° | Repère |
|---|---|---|---|
| Seurat villa | 14 | 54-55 | P12-P13 |
| Séverine sq; | 20 | 36 | G 23 |
| Severo r. | 14 | 42-54 | N11 *S* |
| Seveste r. | 18 | 19 | D14 |
| de Sévigné r. | | 32-33 | J16-J17 |
| nos 1-21, 2-34 | 4 | | |
| nos 23-fin, 36-fin | 3 | | |
| Sèvres porte de | 15 | 39 | N5 |
| Sèvres r. de | | 30-41 | K12-L10 |
| nos 1-143, 2-8 | 6 | | |
| nos 10-98 | 7 | | |
| nos 145-fin, 100-fin | 15 | | |
| Sévrien galerie le | 6 | 42 | K11-L11 |
| Sextius-Michel r. | 15 | 28 | K7 |
| de Sèze r. | | 18 | F12 *S* |
| nos 1-11, 2-18 | 9 | | |
| nos 13-fin, 20-fin | 8 | | |
| Sfax r. de | 16 | 15 | F6 *S* |
| Siam r. de | 16 | 27 | H5 |
| Sibour r. | 10 | 20 | F16 *N* |
| Sibuet r. | 12 | 47 | M22-L12 |
| Sidi-Brahim r. | 12 | 47 | M21-22 |
| Sigaud pass. | 13 | 56 | P15 |
| Sigmund-Freud r. | 19 | 11-23 | D21-D22 |
| Silvestre-de-Sacy av. | 7 | 28 | H8-J8 |
| Simart r. | 18 | 8-7 | C15-C14 |
| Simon-Bolivar av. | 19 | 22-21 | F19-E18 |
| Simon-Dereure r. | 18 | 7 | C13 |
| Simon-le-Franc r. | 4 | 32 | H15 *S* |
| Simone-Weil r. | 13 | 57 | R17 |
| Simonet r. | 13 | 56 | P15 |
| Simplon r. du | 18 | 8-7 | B15-B14 |
| Singer pass. | 16 | 27 | J5 |
| Singer r. | 16 | 27 | J5 |
| Singes pass. des | 4 | 32 | J16 *N* |
| Sisley r. | 17 | 5 | C9 |
| Sivel r. | 14 | 42 | N12 |
| Skanderbeg pl. | 19 | 9 | A18 |
| Sœur-Catherine-Marie r. | 13 | 55 | P14 |
| Sœur-Rosalie av. de la | 13 | 56 | N15 *S* |
| Sofia r. de | 18 | 20 | D15 |
| Soissons r. de | 19 | 9 | D18 *N* |
| Soleil r. du | 20 | 23 | F21 *N* |
| Soleil-d'Or cour du | 15 | 41 | M9 *N* |
| Soleillet r. | 20 | 34-35 | G20-G21 |
| Solférino pont de | 1 | 30 | H12 |
| Solférino port de | 7 | 30 | H12-H11 |
| Solférino r. de | 7 | 30 | H11 *S* |
| Solidarité r. de la | 19 | 22-23 | D20-21 |
| Solitaires r. des | 19 | 22 | E20 |
| Somme bd de la | 17 | 4 | C7-D7 |
| Sommeiller villa | 16 | 38 | M3 *S* |
| du Sommerard r. | 5 | 32-31 | K15-K14 |
| Sommet-des-Alpes r. du | 15 | 53 | P9 *N* |
| Sontay r. de | 16 | 15 | F6 *S* |
| Sophie-Germain r. | 14 | 54 | P12-N12 |
| Sorbier r. | 20 | 22-35 | G20-G21 |
| Sorbonne pl. de la | 5 | 43 | K14 *S* |
| Sorbonne r. de la | 5 | 43 | K14 *S* |

| Nom | Arrondissement | Plan n° | Repère |
|---|---|---|---|
| Souchet villa | 20 | 23-35 | G22 |
| Souchier villa | 16 | 27 | I15 *N* |
| Soudan r. du | 15 | 28-40 | K8 |
| Soufflot r. | 5 | 43 | L14 *N* |
| Souhaits imp. des | 20 | 35 | J21 *S* |
| Souham pl. | 13 | 57 | P17 |
| Soult bd | 12 | 47-48 | N22-L23 |
| Soupirs pass. des | 20 | 23 | G21 *N* |
| Source r. de la | 16 | 26 | K4 |
| Sourdis ruelle | 3 | 32 | H16 |
| Souvenir Français esplanade du | 7 | 29 | K10 |
| Souzy cité | 11 | 34 | K20 |
| Spinoza r. | 11 | 34 | H20 *N* |
| Spontini r. | 16 | 15-27 | F5-G5 |
| Spontini villa | 16 | 15 | G5 |
| Square av. du | 16 | 38 | K4-K3 |
| Square-Carpeaux r. du | 18 | 7-6 | B13-B12 |
| de Staël r. | 15 | 41 | L9-L10 |
| Stalingrad pl. de | | 21 | D18-D17 |
| nos impairs | 10 | | |
| nos pairs | 19 | | |
| Stanislas r. | 6 | 42 | L12 *S* |
| Stanislas-Meunier r. | 20 | 24 | G23 *N* |
| Station sentier de la | 19 | 10 | B19 |
| Steinkerque r. de | 18 | 19 | D14 |
| Steinlen r. | 18 | 7 | C13 |
| Stemler cité | 19 | 21 | F18-E18 |
| Stendhal pass. | 20 | 35 | H22 |
| Stendhal r. | 20 | 35 | H22 |
| Stendhal villa | 20 | 35 | H22 |
| Stéphane-Mallarmé av. | 17 | 4 | C7-D7 |
| Stéphen-Pichon av. | 13 | 44 | N16 *S* |
| Stephenson r. | 18 | 8 | D16-C16 |
| Sthrau r. | 13 | 57 | P17 |
| Stinville pass. | 12 | 46 | L20 |
| Stockholm r. de | 8 | 18 | E11 *S* |
| Strasbourg bd de | 10 | 20 | G15-E16 |
| Stuart-Merrill pl. | 17 | 4 | D7 *N* |
| Suchet bd | 16 | 26-38 | H4-K3 |
| Sud pass. du | 19 | 22 | D19 |
| Suez imp. | 20 | 35 | J22 *N* |
| Suez r. de | 18 | 8 | C15 *S* |
| de Suffren av. | | 28-41 | J7-L9 |
| nos 1-143 bis | 7 | | |
| nos 145-fin, nos pairs | 15 | | |
| de Suffren port | 7 | 28 | H7-J7 |
| Suger r. | 6 | 31 | K14 *N* |
| Suisses r. des | 14 | 53 | N10-P10 |
| Sully ponts de | 4 | 32-44 | K16 |
| de Sully r. | 4 | 33 | K17 |
| Sully-Prudhomme av. | 7 | 29 | H9 |
| Surcouf r. | 7 | 29 | H9 |
| Surène r. de | 8 | 18 | F11 *S* |
| Surmelin pass. du | 20 | 23 | G22-F22 |
| Surmelin r. du | 20 | 23-24 | G22-F23 |
| Suzanne-Lenglen r. | 16 | 37 | L1 *N* |
| Suzanne-Valadon pl. | 18 | 19 | D14 |
| Sycomores av. des | 16 | 26-38 | K3 |

| Nom | Arrondissement | Plan n° | Repère |
|---|---|---|---|
| **t** | | | |
| Tacherie r. de la | 4 | 32 | J15 |
| Taclet r. | 20 | 23 | F21 *S* |
| Tage r. du | 13 | 56 | R16 |
| Taillade av. | 20 | 23 | F21 *N* |
| Taillandiers pass. des | 11 | 33 | J18 *S* |
| Taillandiers r. des | 11 | 33 | J18 *S* |
| Taillebourg av. de | 11 | 47 | K21 |
| Taine r. | 12 | 46-47 | M20-21 |
| Taitbout r. | 9 | 19 | F13-E13 |
| Taïti r. de | 12 | 47 | M21-22 |
| de Talleyrand r. | 7 | 29 | H10-J10 |
| Talma r. | 16 | 27 | J5 *N* |
| Talus imp. du | 18 | 7 | B13 *N* |
| Tandou r. | 19 | 10 | D19 *N* |
| Tanger r. de | 19 | 9 | D17-C18 |
| Tanneries r. des | 13 | 43 | N14 |
| Tapisseries r. des | 17 | 5 | C9 |
| Tarbé r. | 17 | 5 | D10-C10 |
| Tardieu r. | 18 | 19 | D14 |
| Tarn sq. du | 17 | 4 | C8 |
| Tattegrain pl. | 16 | 26-27 | H4-H5 |
| Taylor r. | 10 | 20 | G16-F16 |
| Téhéran r. de | 8 | 17 | E10 |
| Télégraphe pass. du | 20 | 23 | F21 |
| Télégraphe r. du | 20 | 23 | F22-F21 |
| Temple bd du | | 33 | H17-G17 |
| n$^{os}$ impairs | 3 | | |
| n$^{os}$ pairs | 11 | | |
| Temple r. du | | 32-33 | J15-G17 |
| n$^{os}$ 1-63, 2-58 | 4 | | |
| n$^{os}$ 65-fin, 60-fin | 3 | | |
| Temple sq; du | 3 | 32 | G 16 |
| Tenaille pass. | 14 | 42 | N11-N12 |
| Tennis r. des | 18 | 6 | B12 |
| Ternaux r. | 11 | 33 | H18-G18 |
| Ternes porte des | 17 | 15 | E6 |
| Ternes r. des | 17 | 16 | E7-D7 |
| Ternes villa des | 17 | 16 | D7-E7 |
| Ternes av. des | 17 | 16-15 | E8-E6 |
| Ternes pl. des | | 16 | E8 |
| n$^{os}$ impairs, n° 6 | 17 | | |
| n$^{os}$ pairs (sauf le 6) | 8 | | |
| Terrage r. du | 10 | 21-20 | E17-E16 |
| Terrasse r. de la | 17 | 17 | D10 *S* |
| Terrasse villa de la | 17 | 17 | D10 |
| la Terrasse du Parc | 19 | 10 | B 20 |
| Terre-Neuve r. de | 20 | 35 | J21-J22 |
| Terres-au-Curé r. des | 13 | 57 | R18 *N* |
| Tertre imp. du | 18 | 7 | C14 *S* |
| Tertre pl. du | 18 | 7 | D14 *N* |
| Tessier r. | 15 | 41 | M9 |
| Tesson r. | 10 | 21 | F18 *S* |
| Texel r. du | 14 | 42 | M11-N11 |
| Thann r. de | 17 | 17 | E9-D10 |
| Théâtre r. du | 15 | 39-40 | K6-L8 |
| Thénard r. | 5 | 31-43 | K14 |
| Théodore-de-Banville r. | 17 | 16 | D8 *S* |
| Théodore-Deck r. | 15 | 40 | M7 *S* |
| Théodore-Deck villa | 15 | 40 | M7 *S* |

| Nom | Arrondissement | Plan n° | Repère |
|---|---|---|---|
| Théodore-Deck prolongée r. | 15 | 40 | M7 *S* |
| Théodore-Hamont r. | 12 | 47 | N21 |
| Théodore-Judlin sq. | 15 | 40 | K8 *S* |
| Théodore-Rivière pl. | 16 | 38 | L4 *N* |
| Théodore-Rousseau av. | 16 | 26 | J4 *S* |
| Théodule-Ribot r. | 17 | 16 | E8 |
| Théophile-Gautier av. | 16 | 27-38 | K5-K4 |
| Théophile-Gautier sq. | 16 | 38 | K4-L4 |
| Théophile-Roussel r. | 12 | 46-45 | K19-K18 |
| Théophraste-Renaudot r. | 15 | 40 | L8-M8 |
| Thérèse r. | 1 | 31 | G13 |
| Thermopyles r. des | 14 | 42-54 | N11 *S* |
| Thibaud r. | 14 | 54 | P12 *N* |
| Thiboumery r. | 15 | 41 | N9 *N* |
| Thiéré pass. | 11 | 33 | K18-J18 |
| Thierry-de-Martel bd. | 16 | 15 | E5-E6 |
| Thiers r. | 16 | 27 | G5 |
| Thiers sq. | 16 | 27 | G5 |
| Thimerais sq. du | 17 | 4 | C8 *S* |
| Thimonnier r. | 9 | 20-19 | E15-E14 |
| Thionville pass. de | 19 | 10 | C19 *S* |
| Thionville r. de | 19 | 10 | C19-C20 |
| Tholozé r. | 18 | 7 | D13-C13 |
| Thomire r. | 13 | 56 | S15 *N* |
| Thomy-Thierry allée | 7 | 28 | J8 |
| Thorel r. | 2 | 20 | G15-F15 |
| Thoréton villa | 15 | 39 | M6 *S* |
| de Thorigny pl. | 3 | 33 | H17 *S* |
| de Thorigny r. | 3 | 33 | H17 *S* |
| Thouin r. | 5 | 44 | L15 |
| Thuré cité | 15 | 40 | L8 |
| Thureau-Dangin r. | 15 | 52 | P7 *N* |
| Tibre r. du | 13 | 56 | R16 |
| Tilleuls av. des | 16 | 26 | K3 |
| Tilsitt r. de | | 16 | F8-F7 |
| n$^{os}$ 1-5, 2-14 | 8 | | |
| n$^{os}$ 7-11, 16-34 | 17 | | |
| Tino-Rossi jardin | 5 | 44-45 | K 18-L 17 |
| Tiphaine r. | 15 | 40 | K8 *S* |
| Tiquetonne r. | 2 | 32-31 | G15-G14 |
| Tiron r. | 4 | 32 | J16 |
| Tisserand r. | 15 | 39 | M6 |
| Titien r. | 13 | 44 | N16 *N* |
| Titon r. | 11 | 34 | K20 |
| Tlemcen r. de | 20 | 34 | H20-G20 |
| de Tocqueville r. | 17 | 17-5 | D10-C9 |
| de Tocqueville sq. | 17 | 5 | C9 *S* |
| Tolain r. | 20 | 35 | K22 |
| Tolbiac pont de | 12 | 46 | N19 |
| Tolbiac port de | 13 | 58 | P20-N19 |
| Tolbiac r. de | 13 | 58-55 | N19-P14 |
| Tolstoï sq. | 16 | 26 | K3 *N* |
| Tombe-Issoire r. de la | 14 | 55-54 | N13-R12 |
| Tombouctou r. de | 18 | 20 | D16 |
| de Torcy pl. | 18 | 8 | C16 *N* |
| de Torcy r. | 18 | 9-8 | C17-C16 |
| Torricelli r. | 17 | 16 | E7-D7 |
| Toul r. de | 12 | 47 | M22 |

| Nom | Arrondissement | Plan n° | Repère |
|---|---|---|---|
| Toullier r. | 5 | 43 | L14 *N* |
| Toulouse r. de | 19 | 11 | D21 *N* |
| Toulouse-Lautrec r. | 17 | 6 | A12 |
| Tour r. de la | 16 | 27 | H6-H5 |
| Tour villa de la | 16 | 27 | H5 *N* |
| Tour-de-Vanves pass. de la | 14 | 42 | N11 |
| Tour-des-Dames r. de la | 9 | 19 | E13 |
| Tourelles pass. des | 20 | 23 | F22 *N* |
| Tourelles r. des | 20 | 23 | F22 *N* |
| Tourlaque r. | 18 | 7 | C13 *S* |
| Tournefort r. | 5 | 44 | L15-M15 |
| Tournelle pont de la | 4 | 32 | K16 |
| Tournelle port de la | 5 | 44-32 | K16-K15 |
| Tournelle quai de la | 5 | 44-32 | K16-K15 |
| Tournelles r. des | | 33 | J17 |
| n$^{os}$ 1-29 2-44 | 4 | | |
| n$^{os}$ 31-fin, 46-fin | 3 | | |
| Tourneux imp. | 12 | 47 | M21 *S* |
| Tourneux r. | 12 | 47 | M21 *S* |
| Tournon r. de | 6 | 31-43 | K13 |
| Tournus r. | 15 | 40 | L7 *N* |
| Tourtille r. de | 20 | 22 | F19 |
| de Tourville av. | 7 | 29 | J10-J9 |
| Toussaint-Féron r. | 13 | 56 | P16 *S* |
| Toustain r. | 6 | 31 | K13 *N* |
| de Tracy r. | 2 | 20 | G15 |
| Traëger cité | 18 | 8 | B15 |
| Traktir r. de | 16 | 16 | F7 |
| Transvaal r. du | 20 | 22 | F20 |
| Traversière r. | 12 | 45 | L17-K18 |
| Treilhard r. | 8 | 17 | E10 *S* |
| Trésor r. du | 4 | 32 | J16 |
| de Trétaigne r. | 18 | 7 | C14-B14 |
| de Trévise cité | 9 | 19 | F14-E14 |
| de Trévise r. | 9 | 19 | F14-E14 |
| Trinité pass. de la | 2 | 32 | G15 *S* |
| Trinité r. de la | 9 | 18 | E12 |
| Tristan-Bernard pl. | 17 | 16 | E7 |
| Tristan-Tzara r. | 18 | 9 | B17 |
| Trocadéro jardins du | 16 | 28 | H 7 |
| Trocadéro sq. du | 16 | 27 | H6 |
| Trocadéro et Onze-Novembre pl. du | 16 | 27-28 | H6-H7 |
| Trois-Bornes cité des | 11 | 33-21 | G18 |
| Trois-Bornes r. des | 11 | 33-21 | G18 |
| Trois-Couronnes r. des | 11 | 21-33 | G18 |
| Trois-Frères cour des | 11 | 33 | K18 *N* |
| Trois-Frères r. des | 18 | 19-7 | D14-D13 |
| Trois-Portes r. des | 5 | 32 | K15 |
| Trois-Sœurs imp. des | 11 | 33 | J18 *N* |
| Tronchet r. | | 18 | F12 |
| n$^{os}$ impairs, 2-26 | 8 | | |
| n$^{os}$ 28-fin | 9 | | |
| Trône av. du | | 47 | K21 *S* |
| n$^{os}$ impairs | 11 | | |
| n$^{os}$ pairs | 12 | | |
| Trône pass. du | 11 | 47 | K21 *S* |
| Tronson-du-Coudray r. | 8 | 18 | F11 |
| Trousseau r. | 11 | 34 | K19 |
| Troyon r. | 17 | 16 | E8 *S* |
| Trubert-Bellier pass. | 13 | 56 | R15 *N* |
| Trudaine av. | 9 | 19 | D14-E14 |
| Trudaine sq. | 9 | 19 | E14 |
| Truffaut r. | 17 | 6-5 | D11-C10 |
| Truillot imp. | 11 | 33 | H18 |
| Tuileries jardin des | 8 | 30 | H 12 |
| Tuileries port des | 1 | 30 | H12-H11 |
| Tuileries quai des | 1 | 31-30 | H13-H11 |
| Tulipes villa des | 18 | 7 | B14 *N* |
| Tunis r. de | 11 | 35-47 | K21 |
| Tunisie av. de la | 14 | 55 | R13 |
| Tunnel r. du | 19 | 22 | E20-E19 |
| Turbigo r. de | | 31-32 | H14-G16 |
| n$^{os}$ 1-11, 2-14 | 1 | | |
| n$^{os}$ 13-31, 16-24 | 2 | | |
| n$^{os}$ 33-fin, 26-fin | 3 | | |
| de Turenne r. | | 33 | J17-H17 |
| n$^{os}$ 1-27, 2-22 | 4 | | |
| n$^{os}$ 29-fin, 24-fin | 3 | | |
| Turgot r. | 9 | 19 | E14-D14 |
| Turin r. de | 8 | 18 | E12-D11 |
| Turquetil pass. | 11 | 35 | K21 |

# U

| | | | |
|---|---|---|---|
| Ulm r. d' | 5 | 43 | L14-M14 |
| Ulysse-Trélat r. | 13 | 57 | P18 *N* |
| Union pass. de l' | 7 | 29 | J9 |
| Union sq. de l' | 16 | 16-28 | G7 |
| Université r. de l' | 7 | 30-28 | J12-H8 |
| d'Urfé sq. | 16 | 26-38 | K3 |
| Ursins r. des | 4 | 32 | J15 *S* |
| Ursulines r. des | 5 | 43 | L14 *S* |
| Uruguay pl. de l' | 16 | 16 | G8 *N* |
| d'Uzès r. | 2 | 19 | F14 *S* |

*Les cartes Michelin sont constamment tenues à jour.*

# V

| Nom | Arrondissement | Plan n° | Repère |
|---|---|---|---|
| Val-de-Grâce r. du | 5 | 43 | M14-M13 |
| Val-de-Marne r. du | 13 | 56-55 | S16-S14 |
| Valadon r. | 7 | 29 | J9 |
| Valence r. de | 5 | 44 | M15 *S* |
| Valenciennes pl. de | 10 | 20 | E15 |
| Valenciennes r. de | 10 | 20 | E16-E15 |
| Valentin-Haüy r. | 15 | 41 | L10-L9 |
| Valette r. | 5 | 43 | K14-L14 |
| Valhubert pl. | | 45 | L17 |
| n$^{os}$ 1, 2 et 3 | 13 | | |
| n$^{os}$ 5-21 et 4 | 5 | | |
| Vallée-de-Fécamp imp. de la | 12 | 47 | N21 |
| Vallet pass. | 13 | 44 | N16 |
| Valmy imp. de | 7 | 30 | J12 |
| Valmy quai de | 10 | 21 | G17-D17 |
| de Valois av. | 8 | 17 | E10 *N* |
| de Valois galerie | 1 | 31 | H13-G13 |
| de Valois pl. | 1 | 31 | H13 *N* |
| de Valois r. | 1 | 31 | H13-G13 |
| Van-Dyck av. | 8 | 17 | E9 |
| Van-Gogh r. | 12 | 45 | L18 |
| Van-Loo r. | 16 | 38 | M4 *N* |
| Van-Vollenhoven sq. | 12 | 47 | N22 |
| Vandamme r. | 14 | 42 | M11 |
| Vandrezanne pass. | 13 | 56 | P15 *S* |
| Vandrezanne r. | 13 | 56 | P16-P15 |
| Vaneau cité | 7 | 30 | J11 *S* |
| Vaneau r. | 7 | 30-42 | J11-K11 |
| Vanne allée de la | 14 | 55 | R13 |
| Vanves porte de | 14 | 53 | R9 |
| Var sq. du | 20 | 48 | K23 *S* |
| Varenne cité de | 7 | 30 | J11 *S* |
| Varenne r. de | 7 | 30-29 | J12-J10 |
| Varet r. | 15 | 39 | M6 |
| Variétés galerie des | 2 | 19 | F14 *S* |
| Varize r. de | 16 | 38-37 | M3-L2 |
| Varsovie pl. de | 16 | 28 | H7 *S* |
| Vasco-de-Gama r. | 15 | 39 | M6-N6 |
| Vassou imp. | 12 | 48 | L23 *N* |
| Vauban pl. | 7 | 29 | J10 *S* |
| Vaucanson r. | 3 | 32 | G16 |
| Vaucluse sq. de | 17 | 4 | C8 |
| Vaucouleurs r. de | 11 | 22-21 | G19-F18 |
| Vaugelas r. | 15 | 40 | N8-N7 |
| Vaugirard bd de | 15 | 42-41 | M11-M10 |
| Vaugirard r. de | | 43-40 | K14-N7 |
| n$^{os}$ 1-111, 2-132 | 6 | | |
| n$^{os}$ 113-fin, 134-fin | 15 | | |
| Vauquelin r. | 5 | 44-43 | M15-M14 |
| Vauvenargues r. | 18 | 7-6 | C13-B12 |
| Vauvenargues villa | 18 | 6 | B12 *N* |
| Vauvilliers r. | 1 | 31 | H14 |
| Vavin av. | 6 | 43 | L13 |
| Vavin r. | 6 | 42 | L12 |
| Vega r. de la | 12 | 47 | M22 |
| Velasquez av. | 8 | 17 | E10 *N* |
| Velay sq. du | 13 | 57 | R18 |
| Velpeau r. | 7 | 30 | K12 |
| Vendée sq. de la | 12 | 47 | N22 |
| Vendôme cour | 1 | 30 | G12 |
| Vendôme pass. | 3 | 33 | G17 |
| Vendôme pl. | 1 | 18-30 | G12 |
| Vénétie pl. de | 13 | 57 | R17 |
| Venezuela pl. du | 16 | 15 | F6 |
| Venise r. de | 4 | 32 | H15 |
| de Ventadour r. | 1 | 31 | G13 |
| Véran imp. | 20 | 35 | J21 *S* |
| Vercingétorix r. | 14 | 42-53 | M11-P9 |
| Verdeau pass. | 9 | 19 | F14 |
| Verderet r. | 16 | 38 | L4 *N* |
| Verdi r. | 16 | 27 | H5 *S* |
| Verdun av. de | 10 | 20-21 | E16-E17 |
| Verdun pl. de | 17 | 15 | E6 |
| Verdun sq. de | 10 | 20-21 | E16-E17 |
| Vergennes sq. | 15 | 40-41 | M8-M9 |
| Vergniaud r. | 13 | 55 | P14-R14 |
| Verhaeren allée | 14 | 43 | N13 |
| Vérité pass. | 1 | 31 | H13 *N* |
| Vermandois sq. du | 19 | 23 | E21-D21 |
| Vermenouze sq. | 5 | 44 | M15 *N* |
| Vernet r. | 8 | 16 | F8 *S* |
| de Verneuil r. | 7 | 30 | J12 *N* |
| Vernier r. | 17 | 16 | D7 |
| Verniquet r. | 17 | 4 | C8 *S* |
| Véro-Dodat galerie | 1 | 31 | H14 |
| Véron cité | 18 | 18 | D12 |
| Véron r. | 18 | 19 | D13 |
| Véronèse r. | 13 | 44 | N16-N15 |
| Verrerie r. de la | 4 | 32 | J16-J15 |
| Versailles av. de | 16 | 39-38 | K5-M3 |
| Versailles porte de | 15 | 40 | N7 |
| Versigny r. | 18 | 7 | B14 |
| Vert-Galant sq. du | 1 | 31 | J 14 |
| Vertbois r. du | 3 | 32 | G16 |
| Verte allée | 11 | 33 | H18-H17 |
| Vertus r. des | 3 | 32 | H16-G16 |
| de Verzy av. | 17 | 15-16 | E6-D7 |
| Vésale r. | 5 | 44 | M15 *S* |
| Vexin sq. du | 19 | 23 | D21 *S* |
| Vézelay r. de | 8 | 17 | E10 |
| Viala r. | 15 | 28 | K7 |
| Viallet pass. | 11 | 34 | J19 |
| Viarmes r. de | 1 | 31 | H14 *N* |
| Vichy r. de | 15 | 40 | N7 |
| Vicq-d'Azir r. | 10 | 21 | E17-E18 |
| Victoire r. de la | 9 | 19-18 | F14-F12 |
| Victoires pl. des | | 31 | G14 *S* |
| n$^{os}$ 1-7, 2-4 | 1 | | |
| n$^{os}$ 9-fin, 6-fin | 2 | | |
| Victor bd | 15 | 39 | N5-N6 |
| Victor-Basch pl. | 14 | 54 | P12 |
| Victor-Chevreuil r. | 12 | 47 | M22 *N* |
| Victor-Considérant r. | 14 | 42 | N12 *N* |

| Nom | Arrondissement | Plan n° | Repère |
|---|---|---|---|
| Victor-Cousin r. | 5 | 43 | K14-L14 |
| Victor-Dejeante r. | 20 | 36 | G23 |
| Victor-Duruy r. | 15 | 40 | M8-N8 |
| Victor-Galland r. | 15 | 53 | P9 *N* |
| Victor-Gelez r. | 11 | 34 | G19 *S* |
| Victor Hugo av. | 16 | 16-27 | F7-G5 |
| Victor-Hugo pl. | 16 | 15 | G6 *N* |
| Victor-Hugo villa | 16 | 15 | G6-G5 |
| Victor-Letalle r. | 20 | 34 | G20 |
| Victor-Marchand pass. | 13 | 55 | P14 |
| Victor-Massé r. | 9 | 19 | E14-E13 |
| Victor-Segalen r. | 20 | 35 | H22 |
| Victoria av. | | 32-31 | J15-J14 |
| n$^{os}$ 1-15, 2-10 | 4 | | |
| n$^{os}$ 17-fin, 12-fin | 1 | | |
| Victorien-Sardou r. | 16 | 38 | L4 *S* |
| Victorien-Sardou sq. | 16 | 38 | L4 *S* |
| Victorien-Sardou villa | 16 | 38 | L4 *S* |
| Vidal-de-la-Blache r. | 20 | 24 | G23 *N* |
| Vide-Gousset r. | 2 | 31 | G14 *S* |
| Vieille-du-Temple r. | | 32-33 | J16-H17 |
| n$^{os}$ 1-69, 2-52 | 4 | | |
| n$^{os}$ 71-fin, 54-fin | 3 | | |
| Vienne r. de | 8 | 18 | E11 |
| Vierge pass. de la | 7 | 29 | J9 |
| Viète r. | 17 | 17 | D9 |
| Vieux-Colombier r. du | 6 | 31-30 | K13-K12 |
| Vigée-Lebrun r. | 15 | 41 | M10 |
| Vignes r. des | 16 | 27 | J5 |
| Vignoles imp. des | 20 | 35 | J22 |
| Vignoles r. des | 20 | 35 | K21-J22 |
| Vignon r. | | 18 | F12 *S* |
| n$^{os}$ impairs | 8 | | |
| n$^{os}$ pairs | 9 | | |
| Viguès cour | 11 | 33 | K18 *N* |
| Vilin r. | 20 | 22 | F19 |
| Villa de la Réunion gr. av. de la | 16 | 38 | L4 *S* |
| Villafranca r. de | 15 | 53 | N9 *S* |
| Village-Suisse | 15 | 28 | K8 |
| Villaret-de-Joyeuse r. | 17 | 16 | E7 *S* |
| Villaret-de-Joyeuse sq. | 17 | 16 | E7 *S* |
| de Villars av. | 7 | 29 | K10 *N* |
| Ville-l'Evêque r. de la | 8 | 18 | F11 *S* |
| Ville-Neuve r. de la | 2 | 20 | G15-F15 |
| Villebois-Mareuil r. | 17 | 16 | E7 |
| Villedo r. | 1 | 31 | G13 |
| Villehardouin r. | 3 | 33 | J17-H17 |
| Villemain av. | 14 | 53 | N10 *S* |
| Villersexel r. de | 7 | 30 | J12-J11 |
| Villette bd de la | | 21 | F18-D17 |
| n$^{os}$ impairs | 10 | | |
| n$^{os}$ pairs | 19 | | |
| Villette parc de la | 19 | 10 | B 20 |
| Villette porte de la | 19 | 10 | A20 |
| Villette r. de la | 19 | 22 | F20-E20 |
| Villiers av. de | 17 | 17-16 | D10-D7 |
| Villiers porte de | 17 | 15 | D6 |

| Nom | Arrondissement | Plan n° | Repère |
|---|---|---|---|
| Villiers-de-l'Isle-Adam imp. | 20 | 23 | G21 *N* |
| Villiers-de-l'Isle-Adam r. | 20 | 35-23 | G21-G22 |
| Villiot r. | 12 | 45 | M18 *N* |
| Vimoutiers r.de | 13 | 57 | N18 |
| Vinaigriers r. des | 10 | 21-20 | F17-F16 |
| Vincennes cours de | | 47-48 | K22-L23 |
| n$^{os}$ impairs | 20 | | |
| n$^{os}$ pairs | 12 | | |
| Vincennes porte de | 12 | 48 | L23-L24 |
| Vincent-Auriol bd | 13 | 45-56 | M18-N16 |
| Vincent-Compoint r. | 18 | 7 | B13 |
| Vincent-d'Indy av. | 12 | 48 | L23 |
| Vincent-Scotto r. | 19 | 9 | D18 |
| Vineuse r. | 16 | 27 | H6 *S* |
| Vingt-Cinq-Août-1944 pl. du | 14 | 54 | R12-R11 |
| Vingt-Neuf-Juillet r. du | 1 | 30 | G12 *S* |
| Vintimille r. de | 9 | 18 | D12 *S* |
| Violet pl. | 15 | 40 | L7 |
| Violet r. | 15 | 40 | K7-L7 |
| Violet sq. | 15 | 40 | L 7 |
| Violet villa | 15 | 40 | L7 |
| Viollet-le-Duc r. | 9 | 19 | D14 *S* |
| Vion-Whitcomb av. | 16 | 26 | J4 |
| Virginie villa | 14 | 54 | R12 *N* |
| Viroflay r. de | 15 | 40 | L8 *S* |
| Visconti r. | 6 | 31 | J13 |
| Visitation pass. de la | 7 | 30 | J11 |
| Vistule r. de la | 13 | 56 | R16 |
| Vital r. | 16 | 27 | H6-J5 |
| Vitruve r. | 20 | 35-36 | J22-H23 |
| Vitruve sq. | 20 | 36 | H23 |
| Vitry porte de | 13 | 57-58 | R18-R19 |
| Vivarais sq. du | 17 | 16 | D7 |
| Vivienne galerie | 2 | 31 | G13 |
| Vivienne r. | | 31-19 | G13-F14 |
| n$^{o}$ 1 | 1 | | |
| n$^{os}$ pairs, n$^{os}$ 3-fin | 2 | | |
| Volga r. du | 20 | 35-36 | K22-K23 |
| Volney r. | 2 | 18 | G12 *N* |
| Volontaires r. des | 15 | 41 | L9-M9 |
| Volta r. | 3 | 32 | G16 |
| Voltaire bd | 11 | 33-47 | G17-K21 |
| Voltaire cité | 11 | 34 | K20 *N* |
| Voltaire imp. | 16 | 38 | L3 *S* |
| Voltaire quai | 7 | 31-30 | J13-H12 |
| Voltaire r. | 11 | 34 | K20 *N* |
| Volubilis r. des | 13 | 55 | R14 |
| Vosges pl. des | | 33 | J17 |
| n$^{os}$ 1-19, 2-22 | 4 | | |
| n$^{os}$ 21-fin, 24-fin | 3 | | |
| Vouillé r. de | 15 | 41 | N9 |
| Voulzie r. de la | 20 | 35 | G21 *S* |
| Voûte pass. de la | 12 | 48 | L23 *N* |
| Voûte r. de la | 12 | 47-48 | L22-L23 |
| Vulpian r. | 13 | 55 | N14 *S* |

## W

| Nom | Arrondissement | Plan n° | Repère |
|---|---|---|---|
| Wagram av. de | | 16-5 | F8-C9 |
| n$^{os}$ impairs, n$^{os}$ 48-fin | 17 | | |
| n$^{os}$ 2-46 | 8 | | |
| Wagram pl. de | 17 | 5 | C9 *S* |
| Wagram St-Honoré villa | 8 | 16 | E8 *S* |
| Waldeck-Rousseau r. | 17 | 15 | E6 *N* |
| Wallons r. des | 13 | 44 | M16 *S* |
| Washington r. | 8 | 16-17 | F8-F9 |
| Wassily-Kandinsky pl. | 15 | 41 | M9-M10 |
| Watt r. | 13 | 58 | P19 |
| Watteau r. | 13 | 44 | N16 *N* |
| Wattieaux pass. | 19 | 9 | B18 |
| Wattignies imp. | 12 | 47 | N21 |
| Wattignies r. de | 12 | 46-47 | M20-N22 |
| Wauxhall cité du | 10 | 21 | G17 *N* |
| Weber r. | 16 | 15 | F6-E6 |
| Westermann r. | 20 | 35 | G21 *S* |
| Wilfrid-Laurier r. | 14 | 53 | P9 *S* |
| Wilhem r. | 16 | 38 | L4 |
| Winston-Churchill av. | 8 | 29 | G10 |
| Wurtz r. | 13 | 55 | P14 *S* |

## X

| Nom | Arrondissement | Plan n° | Repère |
|---|---|---|---|
| Xaintrailles r. | 13 | 57 | P18-P17 |
| Xavier-Privas r. | 5 | 31 | K14 *N* |

## Y - Z

| Nom | Arrondissement | Plan n° | Repère |
|---|---|---|---|
| Yéo-Thomas r. | 13 | 57-56 | N17-N16 |
| Yser bd de l' | 17 | 4-15 | D7-D6 |
| Yvart r. | 15 | 40-41 | M8-M9 |
| Yves-du-Manoir av. | 17 | 16 | D7 *S* |
| Yves-Toudic r. | 10 | 21 | G17-F17 |
| Yvette r. de l' | 16 | 26 | K4-J4 |
| Yvon et Claire-Morandat pl. | 17 | 16 | E7 *S* |
| Yvon-Villarceau r. | 16 | 16 | G7 *N* |
| Yvonne-Le-Tac r. | 18 | 19 | D14-D13 |
| Zet pass. | 10 | 20 | F16 *S* |

# Des adresses utiles



## Comment situer ces adresses :

### – Dans Paris :

| Page du plan | Carroyage | | Adresse | Téléphone |
|---|---|---|---|---|
| 32 | J15 | Mairie de Paris | pl. Hôtel-de-Ville, 4ᵉ | 42 76 40 40 |

### – En Banlieue :

*Utilisez les plans de Banlieue MICHELIN nº 18 à 24 ou la carte MICHELIN nº 101*

| nº du plan ou de la carte | Carroyage ou pli | | Adresse | Téléphone |
|---|---|---|---|---|
| 20 | J45 | Parc d'expositions de Paris-Nord | ZAC Paris-Nord II | 48 63 30 30 |
| 101 | pli 36 | Hippodrome d'Évry (91) | Rte départementale 31 | 60 77 82 80 |

## Useful addresses



## Nützliche Adressen



## Direcciones útiles



### How to locate a street on the map – Lokalisierung dieser Adressen
### Cómo situar estas direcciones

**– In Paris – En París :**

Page of plan – Seite des Plans – n° de página del plano

| | | | ✉ | ☎ |
|---|---|---|---|---|
| 32 | J15 | **Mairie de Paris** | pl. Hôtel-de-Ville, 4e | 42 76 40 40 |

Grid reference – Koordinaten – cuadrícula

**– In the suburbs – In den Vororten – En las cercanías :**

*Use the MICHELIN plans nos 18 to 24 or the MICHELIN map 101*

*Auf den MICHELIN-Stadtplänen Nr. 18 - 24 oder der MICHELIN-Karte Nr. 101*

*Utilice los planos de cercanías MICHELIN nº 18 a 24 o el mapa MICHELIN nº 101*

No of plan or map – Nr. des Plans oder der Karte – n° del plano o del mapa

| | | | ✉ | ☎ |
|---|---|---|---|---|
| 20 | J45 | Parc d'expositions de Paris-Nord | ZAC Paris-Nord II | 48 63 30 30 |
| 101 | pli 36 | Hippodrome d'Évry (91) | Rte départementale 31 | 60 77 82 80 |

Grid reference or map fold – Koordinaten oder Falte – cuadrícula o pliego

# ADMINISTRATION

*BEHÖRDEN, ADMINISTRACIÓN*

| | | | | |
|---|---|---|---|---|
| 17 | F10 | Présidence de la République (Palais de l'Élysée) | 55 r. du Fg-St-Honoré, 8e | 42 92 81 00 |
| 30 | H11 | Assemblée Nationale | 126 r. de l'Université, 7e | 40 63 60 00 |
| 31 | H13 | Conseil Constitutionnel | 2 r. de Montpensier, 1er | 42 96 10 13 |
| 28 | H7 | Conseil Économique et Social | 1 av. d'Iéna, 16e | 47 23 72 34 |
| 31 | H13 | Conseil d'État | pl. du Palais-Royal, 1er | 40 20 80 00 |
| 43 | K13 | Sénat | 15 r. de Vaugirard, 6e | 42 34 20 00 |

## Institutions de l'État, *Government Departments*
## *Staatliche Behörden, Instituciones del Estado*

### Gouvernement, *Government offices, Regierung, Gobierno*

| | | | | |
|---|---|---|---|---|
| 30 | J11 | Premier ministre (Hôtel Matignon) | 57 r. de Varenne, 7e | 42 75 80 00 |

Ministères :

| | | | | |
|---|---|---|---|---|
| 29 | H10 | Affaires étrangères | 37 quai d'Orsay, 7e | 47 53 53 53 |
| 29 | H10 | Affaires européennes | – | – |
| 29 | K9 | Affaires sociales et intégration | 8 av. de Ségur, 7e | 40 56 60 00 |
| 30 | J11 | Agriculture et forêt | 78 r. de Varenne, 7e | 49 55 49 55 |
| 45 | M18 | Budget | 139 r. de Bercy, 12e | 40 04 04 04 |
| 30 | H11 | Commerce et artisanat | 80 r. de Lille, 7e | 45 56 24 24 |
| 45 | M18 | Commerce extérieur | 139 r. de Bercy, 12e | 40 04 04 04 |
| 30 | H11 | Communication | 35 r. St-Dominique, 7e | 47 53 71 48 |
| 29 | K10 | Coopération | 20 r. Monsieur, 7e | 47 83 10 10 |
| 31 | H13 | Culture et communication | 3 r. de Valois, 1er | 40 15 80 00 |
| 30 | H11 | Défense | 14 r. St-Dominique, 7e | 40 65 30 11 |
| 41 | K10 | Départements et territoires d'outre-mer | 27 r. Oudinot, 7e | 47 83 01 23 |
| 45 | M18 | Économie, finances et budget | 139 r. de Bercy, 12e | 40 04 04 04 |
| 30 | J11 | Éducation nationale | 110 r. de Grenelle, 7e | 49 55 10 10 |
| 27 | H6 | Environnement | 45 av. Georges-Mandel, 16e | 45 49 61 62 |
| 65 | | Équipement, logement, transports et espace | Grande Arche-La Défense | 40 81 21 22 |
| 30 | K11 | Fonction publique et modernisation administrative | 32 r. de Babylone, 7e | 42 75 80 00 |
| 29 | H10 | Francophonie | 37 quai d'Orsay, 7e | 47 53 53 53 |
| 30 | J11 | Industrie et commerce extérieur | 101 r. de Grenelle, 7e | 45 56 36 36 |
| 17 | F10 | Intérieur | pl. Beauvau, 8e | 49 27 49 27 |
| 40 | N7 | Jeunesse et sports | 78 r. Olivier-de-Serres, 15e | 40 45 90 00 |
| 18 | G12 | Justice | 13 pl. Vendôme, 1er | 47 77 60 60 |
| 29 | K9 | Postes et Télécommunications | 20 av. de Ségur, 7e | 45 64 22 22 |
| 44 | L15 | Recherche et technologie | 1 r. Descartes, 5e | 46 34 35 35 |
| 30 | J11 | Relations avec le Parlement | 72 r. de Varenne, 7e | 42 75 80 00 |
| 29 | K9 | Santé | 8 av. de Ségur, 7e | 40 56 60 00 |
| 30 | J11 | Tourisme | 101 r. de Grenelle, 7e | 45 56 36 36 |
| 29 | J10 | Travail, emploi et formation professionnelle | 127 r. de Grenelle, 7e | 40 56 60 00 |
| 30 | J12 | Ville et aménagement du territoire | 246 bd St-Germain, 7e | 40 81 21 22 |

Secrétariats d'État :

| | | | | |
|---|---|---|---|---|
| 28 | J8 | Action humanitaire | 25 av. Charles-Floquet, 7e | 47 83 63 72 |
| 30 | J11 | Anciens combattants et victimes de guerre | 37 r. de Bellechasse, 7e | 45 56 80 00 |
| 18 | F11 | Collectivités locales | 1 bis pl. des Saussaies, 8e | 49 27 49 27 |
| 30 | H11 | Droits des femmes | 55 r. St-Dominique, 7e | 40 63 25 00 |
| 41 | M9 | Enseignement technique | 61-65 r. Dutot, 15e | 40 65 65 40 |
| 29 | K9 | Famille et personnes âgées | 8 av. de Ségur, 7e | 40 56 60 00 |
| 29 | G10 | Grands travaux | 23-25 av. F.-Roosevelt, 8e | 40 81 21 22 |
| 15 | F6 | Handicapés et accidentés de la vie | 100 av. R.-Poincaré, 16e | 40 67 88 88 |
| 29 | K9 | Mer | 3 pl. de Fontenoy, 7e | 42 73 55 05 |
| 65 | | Transports routiers et fluviaux | Grande Arche La Défense | 45 49 61 62 |

***Deux guides Verts Michelin sur Paris et sa région :***

- ***Paris***
- ***Ile-de-France.***

## Administrations, Services et Établissements publics

*Government Offices, Services and Publics Bodies*
*Öffentliche Verwaltungen, Dienststellen, Ämter,*
*Administraciones, Servicios y Establecimientos públicos*

| | | | | |
|---|---|---|---|---|
| 32 | H16 | Archives de France | 60 r. Francs-Bourgeois, 3e | 40 27 60 00 |
| 42 | L12 | Aviation Civile (Direction) | 93 bd Montparnasse, 6e | 49 54 36 36 |
| 31 | H14 | Banque de France | 31 r. Croix-des-Petits-Champs, 1er | 42 92 42 92 |
| 30 | H12 | Caisse des Dépôts et Consignations | 56 r. de Lille, 7e | 40 49 56 78 |
| 42 | L11 | Caisse Nationale d'Épargne | 6 r. St. Romain, 6e | 45 30 77 77 |
| 33 | J17 | Caisse Nationale des Monuments Historiques et des Sites | 62 r. St-Antoine, 4e | 42 74 22 22 |
| 28 | G7 | Centre National de la Cinématographie | 12 r. de Lübeck, 16e | 45 05 14 40 |
| 31 | H14 | Centre National d'Études Spatiales | 2 pl. Maurice-Quentin, 1er | 45 08 75 00 |
| 28 | G8 | Chambres d'Agriculture | 9 av. Georges-V, 8e | 47 23 55 40 |
| 16 | F8 | Chambre de Commerce et d'Industrie | 16 r. Chateaubriand, 8e | 42 89 78 15 |
| 46 | L20 | Chambres de Métiers de Paris | 72 r. de Reuilly, 12e | 43 43 93 93 |
| 28 | J7 | Commissariat à l'Énergie Atomique (CEA) | 29-33 r. de la Fédération, 15e | 40 56 10 00 |
| 15 | F6 | Conseil Supérieur de la Pêche | 134 av. de Malakoff, 16e | 45 01 20 20 |
| 31 | J14 | Cour de Cassation | 5 quai de l'Horloge, 1er | 43 29 12 55 |
| 30 | G12 | Cour des Comptes | 13 r. Cambon, 1er | 42 98 95 00 |
| 28 | J7 | Délégation à l'Aménagement du Territoire et à l'Action régionale (DATAR) | 1 av. Charles-Floquet, 7e | 40 65 12 34 |
| 45 | L18 | Direction Générale des Impôts | 64 à 92 allée de Bercy, 12e | 40 04 04 04 |
| 30 | H12 | Documentation Française | 31 quai Voltaire, 7e | 40 15 70 00 |
| 21 | G17 | Douanes | 14 r. Yves-Toudic, 10e | 40 40 39 00 |
| 17 | E9 | Électricité de France (EDF) | 2 r. Louis-Murat, 8e | 40 42 22 22 |
| 5 | C9 | Gaz de France (GDF) | 23 r. Ph.-Delorme, 17e | 47 54 20 20 |
| 39 | L6 | Imprimerie Nationale | 27 r. de la Convention, 15e | 40 58 30 30 |
| 41 | L9 | Institut National de la Consommation | 80 r. Lecourbe, 15e | 45 66 20 00 |
| 53 | R9 | Institut National Statistique Études Économique (INSEE) | 18 bd Adolphe-Pinard, 14e | 45 40 12 12 |
| 28 | K7 | Journaux Officiels (Direction) | 26 r. Desaix, 15e | 40 58 75 00 |
| 22 | AC19 | Météorologie Nationale (Direction) | Boulogne-Billancourt 73-77 r. Sèvres | 46 04 91 51 |
| 31 | J13 | Monnaies et Médailles | 11 quai de Conti, 6e | 40 46 56 66 |
| 31 | H13 | Musées de France (Direction) | 1 pl. du Carrousel pav. Mollien, 1er | 42 60 39 26 |
| 45 | L18 | Observatoire Économique | 195 r. de Bercy, 12e Tour Gamma A | 43 45 73 74 |
| 16 | E8 | Office National de la Chasse | 85 bis av. de Wagram, 17e | 42 27 81 75 |
| 47 | L21 | Office National des Forêts (ONF) | 2 av. de St-Mandé, 12e | 40 19 58 00 |
| 41 | M9 | Office National d'Immigration | 44 r. Bargue, 15e | 45 66 26 00 |
| 29 | H10 | Office National de la Navigation | 2 bd de La Tour-Maubourg, 7e | 49 55 60 00 |
| 30 | H11 | Ordre de la Légion d'Honneur | 1 r. de Solférino, 7e | 45 55 95 16 |
| 28 | J7 | Port Autonome de Paris | 2 quai de Grenelle, 15e | 40 58 29 99 |

*Renseignements administratifs par téléphone 43 46 13 46*

***En cas de perte de carte orange :***
***Se présenter (48 h plus tard) du lundi au vendredi de 11 h à 19 h, salle des échanges de la station R.E.R. gare de Lyon.***

## Administration parisienne

### *Paris Local Government*

### *Städtische Verwaltungen, Administracíón parisina*

Ville de Paris, *Town Halls, Bürgermeisterämter, Ciudad de Paris*

| | | | | |
|---|---|---|---|---|
| 32 | J15 | Mairie de Paris | pl. Hôtel-de-Ville, 4e | 42 76 40 40 |
| 31 | H14 | Mairie du : 1er Arrondissement | 4 pl. du Louvre, 1er | 42 60 38 01 |
| 31 | G14 | – 2e – | 8 r. de la Banque, 2e | 42 61 55 02 |
| 32 | H16 | – 3e – | 2 r. Eugène-Spuller, 3e | 42 74 20 03 |
| 32 | J16 | – 4e – | 2 pl. Baudoyer, 4e | 42 74 20 04 |
| 43 | L14 | – 5e – | 21 pl. du Panthéon, 5e | 43 29 21 75 |
| 31 | K13 | – 6e – | 78 r. Bonaparte, 6e | 43 29 12 78 |
| 30 | J11 | – 7e – | 116 r. de Grenelle, 7e | 45 51 07 07 |
| 18 | E11 | – 8e – | 3 r. de Lisbonne, 8e | 42 94 08 08 |
| 19 | F14 | – 9e – | 6 r. Drouot, 9e | 42 46 72 09 |
| 20 | F16 | – 10e – | 72 r. du Fg St-Martin, 10e | 42 40 10 10 |
| 34 | J19 | – 11e – | pl. Léon-Blum, 11e | 43 79 20 23 |
| 46 | M20 | – 12e – | 130 av. Daumesnil, 12e | 43 46 06 03 |
| 56 | N16 | – 13e – | 1 pl. d'Italie, 13e | 47 07 13 13 |
| 42 | N12 | – 14e – | 2 pl. Ferdinand-Brunot, 14e | 45 45 67 14 |
| 40 | M8 | – 15e – | 31 r. Péclet, 15e | 48 28 40 12 |
| 27 | H5 | – 16e – | 71 av. Henri-Martin, 16e | 45 03 21 16 |
| 18 | D11 | – 17e – | 16 à 20 r. des Batignolles, 17e | 42 93 35 17 |
| 7 | C14 | – 18e – | 1 pl. Jules-Joffrin, 18e | 42 52 42 00 |
| 22 | D19 | – 19e – | 5-7, pl. Armand-Carrel, 19e | 42 41 19 19 |
| 35 | G21 | – 20e – | 6 pl. Gambetta, 20e | 43 58 20 20 |

## Services de police (Sécurité publique 24 h/24 h)

### *Police stations, Polizeidienststellen, Servicios de policia*

| | | | | |
|---|---|---|---|---|
| 31 | J14 | Préfecture de Police | 9 bd du Palais, 4e | 42 60 33 22 |
| 30 | G12 | Commissariat du 1er Arrondissement | 49-51, pl. du Marché-St-Honoré, 1er | 42 61 03 15 |
| 31 | G14 | – 2e – | 5 pl. des Petits-Pères, 2e | 42 60 96 87 |
| 32 | H16 | – 3e – | 5 r. Perrée, 3e | 42 78 40 00 |
| 32 | J16 | – 4e – | pl. Baudoyer, 4e | 42 77 67 21 |
| 44 | K15 | – 5e – | 4 r. de la Montagne Ste-Geneviève, 5e | 43 29 21 57 |
| 31 | K13 | – 6e – | 78 r. Bonaparte, 6e | 43 29 76 10 |
| 29 | H10 | – 7e – | 9 r. Fabert, 7e | 45 55 40 81 |
| 29 | G10 | – 8e – | 1 av. du Gal-Eisenhower, 8e | 42 25 88 80 |
| 19 | F13-F14 | – 9e – | 12, 14 r. Chauchat, 9e | 42 46 30 26 |
| 21 | E17 | – 10e – | 26 r. Louis-Blanc, 10e | 46 07 57 77 |
| 34 | J19 | – 11e – | 107 bd Voltaire, 11e | 43 79 39 51 |
| 46 | M20 | – 12e – | 5 r. Bignon, 12e | 46 28 26 85 |
| 44 | N16 | – 13e – | 144 bd de l'Hôpital, 13e | 43 37 11 99 |
| 42 | N11 | – 14e – | 114 av. du Maine, 14e | 43 20 14 80 |
| 40 | M8 | – 15e – | 154 r. Lecourbe, 15e | 45 31 14 40 |
| 26 | J4 | – 16e – | 62 av. Mozart, 15e | 45 27 03 78 |
| 18 | D11 | – 17e – | 19 r. Truffault, 17e | 42 93 05 50 |
| 7 | B14-C14 | – 18e – | 77 ter r. du Mont-Cenis, 18e | 46 06 43 84 |
| 22 | D19 | – 19e – | 2 r. André-Dubois, 19e | 42 40 10 39 |
| 35 | G21 | – 20e – | 48 av. Gambetta, 20e | 46 36 06 10 |

***Au-delà de Paris et de sa banlieue, utilisez les cartes Michelin :***

**106** *à 1/100 000 – Environs de Paris*

**237** *à 1/200 000 – Ile de France.*

## Services Administratifs

*Services, Sonstige Behörden und Ämter, Servicios administrativos*

| | | | | |
|---|---|---|---|---|
| 30 | K11 | Préfecture d'Ile de France | 29, r. Barbet-de-Jouy, 7e | 47 53 34 34 |
| 33 | K17 | Préfecture de Paris | 17 bd Morland, 4e | 49 28 40 00 |
| 32 | J15 | Accueil de la Ville de Paris | 29 r. de Rivoli, 4e | 42 76 43 43 |
| 43 | N13 | Aéroports de Paris (ADP) | 291 bd Raspail, 14e | 43 35 70 00 |
| 23 | E22 | Archives de Paris | 18 bd Sérurier, 19e | 42 39 55 55 |
| 31 | H14 | Bourse de Commerce | 2 r. de Viarmes, 1er | 45 08 35 00 |
| 20 | G16 | Bourse du Travail | 3 r. du Château-d'Eau, 10e | 42 38 66 12 |
| 19 | G14 | Bourse des Valeurs | 4 pl. de la Bourse, 2e | 42 33 99 83 |
| 31 | G14 | Caisse d'Épargne de Paris | 19 r. du Louvre, 1er | 40 41 30 31 |
| 16 | F8 | Chambre de Commerce et d'Industrie de Paris | 16 r. Chateaubriand, 8e | 42 89 70 00 |
| 31 | J14 | Cour d'Appel de Paris | 4 bd du Palais, 1er | 43 29 12 55 |
| 32 | H16 | Crédit Municipal de Paris (Mont de Pieté) | 55 r. Francs-Bourgeois, 4e | 42 71 25 43 |
| 40 | N8 | Objets Trouvés | 36 r. des Morillons, 15e | 45 31 14 80 |
| 31 | G14 | Paierie Générale du Trésor | 16 r. N.-D.-des Victoires, 2e | 40 20 13 13 |
| 31 | J14 | Palais de Justice | 4 bd du Palais, 1er | 43 29 12 55 |
| 42 | M11 | Télécommunications | 8-10 bd de Vaugirard, 15e | 40 48 33 33 |
| 32 | J16 | Tribunal Administratif | 7 r. de Jouy, 4e | 42 78 40 24 |
| 31 | J14 | Tribunal de Commerce | 1 quai de la Corse, 4e | 43 29 12 60 |
| 31 | J14 | Tribunal de Grande Instance | 4 bd du Palais, 1er | 43 29 12 55 |

*Échelle : 1 cm sur le plan représente 100 m sur le terrain.*

*Scale : 1 cm on the map represents 100 m on the ground*
*(1 in. : 278 yards approx.)*

*Maßstab : 1 cm auf dem Atlas entspricht 100 m*

*Escala : 1 cm sobre el atlas representa 100 m sobre el terreno.*

# AMBASSADES ET REPRÉSENTATIONS

## *FOREIGN REPRESENTATIVES, BOTSCHAFTEN UND VERTRETUNGEN, EMBAJADAS Y REPRESENTACIONES*

### Organismes Internationaux, *International organizations, Internationale Organisationen, Organizaciones internacionales*

| | | | | |
|---|---|---|---|---|
| 33 | J18 | Association Internationale de l'Hôtellerie | 80 r. de la Roquette, 11e | 47 00 84 57 |
| 30 | J12 | Bureau International du Travail (BIT) (Siège à Genève) | 205 bd St-Germain, 7e | 45 48 92 02 |
| 16 | F7 | Centre de Conférences Internationales | 19 av. Kléber, 16e | 40 66 68 17 |
| 61 | ABX | Centre International de l'Enfance (Château de Longchamp) | Bois de Boulogne Carr. de Longchamp | 45 20 79 92 |
| 30 | J12 | Chambre de Com. France-Amérique Latine | 217 bd St-Germain, 7e | 45 44 03 40 |
| 16 | G7 | Chambre de Commerce Franco-Arabe | 93 r. Lauriston, 16e | 45 53 20 12 |
| 18 | E12 | – Franco-Asiatique | 94 r. St-Lazare, 9e | 45 26 67 01 |
| 29 | G9 | – Internationale | 38 cours Albert Ier, 8e | 49 53 28 28 |
| 30 | H11 | Communautés Européennes (Siège à Bruxelles) | 288 bd St-Germain, 7e | 45 01 58 85 |
| 29 | H10 | Conseil des Communes et régions d'Europe | 41 quai d'Orsay, 7e | 45 51 40 01 |
| 16 | G7 | Conseil de l'Europe (Siège à Strasbourg) | 55 av. Kléber, 16e | 47 04 38 65 |
| 39 | L6 | Fédération Aéronautique Internationale | 10-12 r. du Cap.-Ménard, 15e | 45 79 24 77 |
| 30 | G11 | – Internationale de l'Automobile | 8 pl. de la Concorde, 8e | 42 65 99 51 |
| 28 | G7 | – Mondiale Anciens Combattants | 16 r. Hamelin, 16e | 47 04 33 00 |
| 4 | C8-B8 | – Mondiale des Villes Jumelées | Levallois - 22 r. d'Alsace | 47 39 36 86 |
| 18 | F11 | Office International de la Vigne et du Vin | 11 r. Roquépine, 8e | 42 65 04 16 |
| 15 | D5 | Organisation de l'Aviation Civile Internationale | Neuilly 3 bis villa É.-Bergerat | 46 37 96 96 |
| 26 | H4 | Organisation de Coopération et de Développement Économique (OCDE) | 2 r. André-Pascal, 16e | 45 24 82 00 |
| 41 | L9 | Organisation des Nations-Unies (ONU) (Siège à New York) | 1 r. Miollis, 15e | 45 68 10 00 |
| 41 | K9 | Unesco | 7 pl. de Foñtenoy, 7e | 45 68 10 00 |
| 28 | H7 | Union de l'Europe Occidentale (UEO) | 43 av. du Président Wilson, 16e | 47 23 54 32 |
| 17 | D9 | Union des Foires Internationales | 35 bis r. Jouffroy, 17e | 42 67 99 12 |

### Représentations étrangères

### *Foreign Representatives, Ausländische Vertretungen, Representaciones extranjeras*

| | | | | |
|---|---|---|---|---|
| | | **Afghanistan - Cap. Kaboul** | | |
| 26 | J4 | Ambassade | 32 av. Raphaël, 16e | 45 27 66 09 |
| | | **Afrique du Sud - Cap. Pretoria** | | |
| 29 | H9 | Ambassade | 59 quai d'Orsay, 7e | 45 55 92 37 |
| 16 | D8 | Office du Tourisme Sud-Africain | 98 av. de Villiers, 17e | 42 27 40 20 |
| 18 | G12 | South African Airways | 12 r. de la Paix, 2e | 42 61 57 87 |
| | | **Albanie - Cap. Tirana** | | |
| 27 | G6 | Ambassade | 131 r. de la Pompe, 16e | 45 53 51 32 |
| | | **Algérie - Cap. Alger** | | |
| 17 | E10 | Ambassade | 50 r. de Lisbonne, 8e | 42 25 70 70 |
| 16 | F7 | Consulat | 11 r. d'Argentine, 16e | 45 00 99 50 |
| 19 | G13 | Air Algérie | 28 av. de l'Opéra, 2e | 42 60 30 62 |
| 40 | M7 | Centre Culturel | 171 r. de la Croix-Nivert, 15e | 45 54 95 31 |

## Allemagne (République Fédérale - RFA) - Cap. Berlin

| | | | | |
|---|---|---|---|---|
| 29 | G10 | Ambassade | 13-15 av. F.-Roosevelt, 8e | 42 99 78 00 |
| 28 | G8 | – (Section consulaire) | 34 av. d'Iéna, 16e | 42 99 78 00 |
| 39 | L5 | Chambre Franco-Allemande de Commerce et d'Industrie | 18 r. Balard, 15e | 40 58 35 35 |
| 20 | E16 | Chemin de Fer Fédéral Allemand | 13 r. d'Alsace, 10e | 46 07 13 40 |
| 19 | G13 | DER-Voyages, Deutsches Reisebüro | 4 r. Daunou, 2e | 47 42 07 09 |
| 17 | F10 | Der Spiegel | 17 av. Matignon, 8e | 42 56 12 11 |
| 27 | H5 | Deutsches Historisches Institut | 9 r. Maspéro, 16e | 45 20 25 55 |
| 17 | F10 | Die Welt | 31 r. du Colisée, 8e | 43 59 09 74 |
| 17 | F10 | Frankfurter Allgemeine Zeitung | 11 r. de Mirosmesnil, 8e | 42 65 49 87 |
| 28 | G7 | Goethe-Institut | 17 av. d'Iéna, 16e | 47 23 61 21 |
| 18 | G11 | KD German Rhine-Line (navigation) | 9 r. du Fg-St-Honoré, 8e | 47 42 52 27 |
| 7 | D13 | Librairie Buchladen | 3 r. Burq, 18e | 42 55 42 13 |
| 44 | M15 | – Calligrammes | 8 r. de la Collégiale, 5e | 43 36 85 07 |
| 32 | H15 | – Marissal Bücher | 42 r. Rambuteau, 3e | 42 74 37 47 |
| 43 | M13 | – le Roi des Aulnes | 159 bis bd Montparnasse, 6e | 43 26 86 92 |
| 18 | G11 | Lufthansa (Cie aérienne) | 21-23 r. Royale, 8e | 42 65 19 19 |
| 55 | R14 | Office Franco-Allemand pour la Jeunesse | 51 r. de l'Amiral-Mouchez, 13e | 40 78 18 18 |
| 18 | G12 | Office du Tourisme | 9 bd de la Madeleine, 1er | 40 20 01 88 |
| 17 | F10 | Stern | 17 av. Matignon, 8e | 42 56 13 78 |
| 17 | F10 | Télévision allemande (1re chaîne) | 31 r. du Colisée, 8e | 43 59 20 45 |
| 28 | G8 | – (2e chaîne) | 4 r. Goethe, 16e | 47 23 61 74 |

## Andorre - Cap. Andorre La Vieille

| | | | | |
|---|---|---|---|---|
| 31 | G13 | Office du Tourisme | 26 av. de l'Opéra, 1er | 42 61 50 55 |

## Angola - Cap. Luanda

| | | | | |
|---|---|---|---|---|
| 16 | F7 | Ambassade | 19 av. Foch, 16e | 45 01 58 20 |
| 16 | F7 | Consulat | 40 r. Chalgrin, 16e | 45 01 96 94 |
| 31 | G13 | TAAG (Cie aérienne) | 6 r. des Moulins, 1er | 42 96 82 99 |

## Arabie Saoudite - Cap. Riyad

| | | | | |
|---|---|---|---|---|
| 17 | E9 | Ambassade | 5 av. Hoche, 8e | 47 66 02 06 |
| 14 | E3 | Consulat | Neuilly - 29 rue des Graviers | 47 47 62 63 |
| 16 | F8 | Saudia (Cie aérienne) | 55 av. Georges V, 8e | 47 23 72 72 |

## Argentine - Cap. Buenos Aires

| | | | | |
|---|---|---|---|---|
| 16 | G7 | Ambassade | 6 r. Cimarosa, 16e | 45 53 14 69 |
| 16 | G7 | Consulat Général | imp. Kléber, 16e | 45 53 22 25 |
| 17 | F9 | Aerolineas Argentinas | 77 av. Champs-Élysée, 8e | 43 59 02 96 |
| 28 | G8 | Centre Culturel Argentin | 27 av. Pierre-Ier-de-Serbie, 16e | 47 20 30 60 |

## Australie - Cap. Canberra

| | | | | |
|---|---|---|---|---|
| 28 | J7 | Ambassade | 4 r. Jean-Rey, 15e | 40 59 33 00 |
| 28 | J7 | Office du Tourisme | – | 45 79 80 44 |
| 18 | F12 | Qantas (Cie aérienne) | 7 r. Scribe, 9e | 42 66 52 00 |

## Autriche - Cap. Vienne

| | | | | |
|---|---|---|---|---|
| 29 | H10 | Ambassade | 6 r. Fabert, 7e | 45 55 95 66 |
| 28 | H8 | – (Section Consulaire) | 12 r. Edmond-Valentin, 7e | 47 05 27 17 |
| 18 | F12 | Austrian Airlines | 47 av. de l'Opéra, 2e | 42 66 34 66 |
| 18 | F11 | Délégation commerciale | 22 r. de l'Arcade, 8e | 42 65 67 35 |
| 41 | K10 | Institut Autrichien | 30 bd des Invalides, 7e | 47 05 27 10 |
| 18 | F12 | Office National du Tourisme | 47 av. de l'Opéra, 2e | 47 42 78 57 |

## Bahrein - Cap. Manama

| | | | | |
|---|---|---|---|---|
| 27 | G6 | Ambassade | 15 av. R.-Poincaré, 16e | 45 53 01 19 |
| 27 | G6 | Consulat | – | 45 53 43 79 |

## Bangladesh - Cap. Dhaka

| | | | | |
|---|---|---|---|---|
| 27 | H6 | Ambassade | 5 square Pétrarque, 16e | 45 53 41 20 |

## Belgique - Cap. Bruxelles

| | | | | |
|---|---|---|---|---|
| 16 | F8 | Ambassade | 9 r. de Tilsitt, 17e | 43 80 61 00 |
| 16 | F7 | Service des visas | 1 av. Mac-Mahon, 17e | 42 27 45 35 |
| 32 | H15 | Centre Wallonie-Bruxelles (Beaunord) | 127-129 r. St-Martin, 4e | 42 71 26 16 |

| | | | | |
|---|---|---|---|---|
| 17 | F9 | Chambre de Commerce Belgo-Luxemb. | 174 bd Haussmann, 8e | 45 62 44 87 |
| 18 | F12 | Chemin de Fer Belges | 21 bd des Capucines, 2e | 47 42 40 41 |
| 18 | F12 | Office de Tourisme | – | 47 42 41 18 |
| 18 | G12 | Sabena (Cie aérienne) | 19 r. de la Paix, 2e | 47 42 47 47 |
| 18 | D12 | « Le Soir » de Bruxelles | 90 r. d'Amsterdam, 9e | 42 82 90 10 |

**Bénin** - Cap. Porto Novo

| | | | | |
|---|---|---|---|---|
| 16 | F7 | Ambassade | 87 av. Victor-Hugo, 16e | 45 00 98 82 |
| 42 | L11 | Consulat | 89 r. du Cherche-Midi, 6e | 42 22 31 91 |
| 17 | F9 | Air Afrique | 104 av. Champs-Élysées, 8e | 44 21 33 33 |

**Bolivie** - Cap. La Paz

| | | | | |
|---|---|---|---|---|
| 27 | J6 | Ambassade | 12 av. du Prés.-Kennedy, 16e | 42 24 93 44 |
| 27 | J6 | Consulat | – | 45 25 47 14 |
| 31 | K13 | Institut Bolivien du Tourisme | 8 r. Mabillon, 6e | 48 86 95 59 |
| 31 | K13 | Lloyd Aereo Boliviano | – | 43 29 43 95 |

**Brésil** - Cap. Brasilia

| | | | | |
|---|---|---|---|---|
| 29 | G9 | Ambassade | 34 cours Albert-Ier, 8e | 42 25 92 50 |
| 16 | F8 | Consulat Général | 122 av. Champs-Élysées, 8e | 43 59 52 20 |
| 17 | G9 | Varig (Cie aérienne) | 27 av. Champs-Élysées, 8e | 47 23 55 44 |

**Bulgarie** - Cap. Sofia

| | | | | |
|---|---|---|---|---|
| 28 | H8 | Ambassade | 1 av. Rapp, 7e | 45 51 85 90 |
| 18 | F12 | Balkan (Cie aérienne) | 4 r. Scribe, 9e | 47 42 66 66 |
| 31 | G13 | Office National du Tourisme | 45 av. de l'Opéra, 2e | 42 61 69 58 |

**Burkina Faso** (anc. Haute-Volta) - Cap. Ouagadougou

| | | | | |
|---|---|---|---|---|
| 17 | F9 | Ambassade | 159 bd Haussmann, 8e | 43 59 90 63 |
| 17 | F9 | Air Afrique | 104 av. Champs-Élysées, 8e | 44 21 33 33 |

**Burundi** - Cap. Bujumbura

| | | | | |
|---|---|---|---|---|
| 27 | H5 | Ambassade | 3 r. Octave-Feuillet, 16e | 45 20 60 61 |

**Cameroun** - Cap. Yaoundé

| | | | | |
|---|---|---|---|---|
| 38 | K3 | Ambassade | 73 r. d'Auteuil, 16e | 47 43 98 33 |
| 18 | F12 | Cameroon Airlines | 12 bd des Capucines, 9e | 47 42 78 17 |
| 18 | E12 | Cameroon Shipping Lines | 38 r. de Liège, 8e | 42 83 50 70 |

**Canada** - Cap. Ottawa

| | | | | |
|---|---|---|---|---|
| 29 | G9 | Ambassade | 35 av. Montaigne, 8e | 47 23 01 01 |
| 41 | L10 | Air Canada | 31 r. Falguière, 15e | 43 20 12 00 |
| 31 | K14 | Abbey Bookshop | 29 r. Parcheminerie, 5e | 46 33 16 24 |
| 16 | E8 | Canadian Airlines International | 24 av. Hoche, 8e | 49 53 07 07 |
| 18 | F12 | Canadien National (chemins de fer) | 1 r. Scribe, 9e | 47 42 76 50 |
| 29 | H10 | Services Culturels de l'Ambassade | 5 rue de Constantine, 7e | 45 51 35 73 |
| 29 | G10 | Chambre de Commerce France-Canada | 9 av. F.-Roosevelt, 8e | 43 59 32 38 |
| 15 | F6 | Délégation Générale du Québec | 66 r. Pergolèse, 16e | 45 02 14 10 |
| 17 | F9 | Délégation de l'Ontario | 109 r. Fg.-St-Honoré, 8e | 45 63 16 34 |
| 29 | G9 | Division du Tourisme de l'Ambassade | 35 av. Montaigne, 8e | 47 23 01 01 |
| 17 | D9 | Off.-Franco-Québecois pour la Jeunesse | 5 r. de Logelbach, 17e | 47 66 04 76 |
| 17 | F10 | Radio-Canada (Canadian Broadcasting Corporation) | 1 r. Rabelais, 8e | 43 59 11 85 |

**Centrafrique** - Cap. Bangui

| | | | | |
|---|---|---|---|---|
| 38 | K4 | Ambassade | 30 rue des Perchamps, 16e | 42 24 42 56 |
| 17 | F9 | Air Afrique | 104 av. Champs-Élysées, 8e | 44 21 33 33 |

**Chili** - Cap. Santiago

| | | | | |
|---|---|---|---|---|
| 29 | J9 | Ambassade | 2 av. de La Motte-Picquet, 7e | 45 51 46 68 |
| 29 | J10 | Consulat | 64 bd La-Tour-Maubourg, 7e | 47 05 46 61 |
| 18 | F12 | Service commercial | 23 bd des Capucines, 2e | 42 66 90 64 |

**Chine** - Cap. Pékin

| | | | | |
|---|---|---|---|---|
| 28 | G8 | Ambassade | 11 av. George-V, 8e | 47 23 36 77 |
| 50 | R4 | Service consulaire | Issy-les-Moulineaux 9 av. Victor-Cresson | 47 36 77 90 |

| | | | | |
|---|---|---|---|---|
| 18 | F11 | Air China | 10 bd Malesherbes, 8ᵉ | 42 66 16 58 |
| 31 | G13 | Office du Tourisme | 51 r. Ste-Anne, 2ᵉ | 42 96 95 48 |
| 28 | G7 | Service commercial | 21 r. Amiral d'Estaing, 16ᵉ | 47 20 17 47 |
| 38 | M4 | Service culturel | 19-21, r. Van-Loo, 16ᵉ | 40 50 00 74 |

**Chypre - Cap. Nicosie**

| | | | | |
|---|---|---|---|---|
| 16 | G7 | Ambassade | 23 r. Galilée, 16ᵉ | 47 20 86 28 |
| 16 | F8 | Cyprus Airways | 37 r. Jean-Giraudoux, 16ᵉ | 45 01 93 38 |
| 18 | G12 | Office du Tourisme | 15 r. de la Paix, 2ᵉ | 42 61 42 49 |

**Colombie - Cap. Bogota**

| | | | | |
|---|---|---|---|---|
| 18 | F11 | Ambassade | 22 r. de l'Élysée, 8ᵉ | 42 65 46 08 |
| 16 | G8 | Consulat | 11 r. Christophe-Colomb, 8ᵉ | 47 23 36 05 |
| 18 | G12 | Avianca (Cie aérienne) | 9 bd de la Madeleine, 1ᵉʳ | 42 60 35 22 |

**Comores - Cap. Moroni**

| | | | | |
|---|---|---|---|---|
| 15 | F6 | Ambassade | 20 r. Marbeau, 16ᵉ | 40 67 90 54 |

**Congo - Cap. Brazzaville**

| | | | | |
|---|---|---|---|---|
| 16 | F7 | Ambassade | 37 bis r. Paul-Valéry, 16ᵉ | 45 00 60 57 |
| 17 | F9 | Air Afrique | 104 av. Champs-Élysées, 8ᵉ | 44 21 33 33 |

**Corée - Cap. Séoul**

| | | | | |
|---|---|---|---|---|
| 30 | J11 | Ambassade | 125 r. de Grenelle, 7ᵉ | 47 53 01 01 |
| 18 | F11 | Centre Coréen du Commerce Extérieur | 25-27 r. d'Astorg, 8ᵉ | 47 42 00 17 |
| 28 | H7 | Centre culturel | 2 av. d'Iéna, 16ᵉ | 47 20 83 86 |
| 18 | G12 | Korean Air (Cie aérienne) | 9 bd de la Madeleine, 1ᵉʳ | 42 61 58 46 |
| 42 | M11 | Office National du Tourisme | Tour Montparnasse, 15ᵉ | 45 38 71 23 |

**Costa Rica - Cap. San José**

| | | | | |
|---|---|---|---|---|
| 38 | L4 | Ambassade | 135 av. de Versailles, 16ᵉ | 45 25 52 23 |
| 38 | L4 | Consulat | – | 40 50 12 74 |

**Côte-d'Ivoire - Cap. Yamoussoukro**

| | | | | |
|---|---|---|---|---|
| 15 | F6 | Ambassade | 102 av. R.-Poincaré, 16ᵉ | 45 01 53 10 |
| 17 | F9 | Air Afrique | 104 av. Champs-Élysées, 8ᵉ | 44 21 33 33 |
| 26 | H4 | Centre du Commerce International Délégation du Tourisme | 24 bd Suchet, 16ᵉ | 45 24 43 28 |

**Cuba - Cap. La Havane**

| | | | | |
|---|---|---|---|---|
| 28 | K8 | Ambassade | 16 r. de Presles, 15ᵉ | 45 67 55 35 |
| 28 | K8 | Consulat | 14 r. de Presles, 15ᵉ | 45 67 55 35 |
| 19 | G13 | Office du Tourisme | 24 r. du 4-Septembre, 2ᵉ | 47 42 54 15 |
| 42 | M11 | Cubana de Aviación | Tour Montparnasse, 15ᵉ | 45 38 31 12 |

**Danemark - Cap. Copenhague**

| | | | | |
|---|---|---|---|---|
| 16 | F8 | Ambassade | 77 av. Marceau, 16ᵉ | 47 23 54 20 |
| 18 | F12 | Scandinavian Airlines System (SAS) | 30 bd des Capucines, 9ᵉ | 47 42 06 14 |

**Djibouti - Cap. Djibouti**

| | | | | |
|---|---|---|---|---|
| 15 | G5 | Ambassade | 26 r. Émile-Ménier, 16ᵉ | 47 27 49 22 |

**Dominicaine (République) - Cap. Saint-Domingue**

| | | | | |
|---|---|---|---|---|
| 16 | F7 | Ambassade | 2 r. Georges-Ville, 16ᵉ | 45 00 77 71 |
| 16 | F7 | Service consulaire | – | 45 01 94 47 |

**Égypte - Cap. Le Caire**

| | | | | |
|---|---|---|---|---|
| 16 | G8 | Ambassade | 56 av. d'Iéna, 16ᵉ | 47 20 97 70 |
| 15 | F6 | Consulat | 58 av. Foch, 16ᵉ | 45 00 69 23 |
| 17 | F9 | Bureau du Tourisme | 90 av. Champs-Élysées, 8ᵉ | 45 62 94 42 |
| 43 | L13 | Centre Culturel | 111 bd St-Michel, 5ᵉ | 46 33 75 67 |
| 18 | F12 | Egyptair | 1 bis r. Auber, 9ᵉ | 42 66 55 59 |

## Émirats Arabes Unis (EAU) - Cap. Abou Dabi

| | | | | |
|---|---|---|---|---|
| 27 | G5 | Ambassade | 3 r. de Lota, 16ᵉ | 45 53 94 04 |

## Équateur - Cap. Quito

| | | | | |
|---|---|---|---|---|
| 17 | E10 | Ambassade | 34 av. de Messine, 8ᵉ | 45 61 10 21 |
| 17 | E10 | Consulat | – | 45 61 10 04 |

## Espagne - Cap. Madrid

| | | | | |
|---|---|---|---|---|
| 28 | G8 | Ambassade | 13 av. George-V, 8ᵉ | 47 23 61 83 |
| 5 | D9 | Consulat Général | 165 bd Malesherbes, 17ᵉ | 47 66 03 32 |
| 16 | G8 | Casa de España (centre culturel) | 7 r. Quentin-Bauchart, 8ᵉ | 40 70 92 92 |
| 19 | G13 | Chambre de Commerce d'Espagne | 32 av. de l'Opéra, 2ᵉ | 47 72 45 74 |
| 18 | F12 | Iberia (Cie aérienne) | 1 r. Scribe, 9ᵉ | 47 23 00 23 |
| 31 | J13 | Librairie Espagnole | 72 r. de Seine, 6ᵉ | 43 54 56 26 |
| 28 | G8 | Office culturel | 11 av. Marceau, 16ᵉ | 47 20 83 45 |
| 16 | G8 | Office National du Tourisme | 43 ter av. Pierre-1ᵉʳ-de-Serbie, 8ᵉ | 47 20 90 54 |
| 28 | G8 | Réseau des Chemins de fer (RENFE) | 1-3 av. Marceau, 16ᵉ | 47 23 52 01 |

## États-Unis d'Amérique (USA) - Cap. Washington

| | | | | |
|---|---|---|---|---|
| 30 | G11 | Ambassade | 2 av. Gabriel, 8ᵉ | 42 96 12 02 |
| 30 | G11 | Consulat | 2 r. St-Florentin, 1ᵉʳ | 42 96 14 88 |
| 22 | AA12 | American Battle Monuments Commision | Garches - 68 r. du 19-Janvier | 47 01 19 76 |
| 31 | G13 | American Center | 29 r. de la Sourdière, 1ᵉʳ | 40 15 00 88 |
| 18 | F12 | American Express | 11 r. Scribe, 9ᵉ | 47 77 77 07 |
| 17 | G9 | American Legion | 49 r. Pierre-Charron, 8ᵉ | 42 25 41 93 |
| 28 | J7 | Association France États-Unis | 6 bd de Grenelle, 15ᵉ | 45 77 48 92 |
| 28 | H8 | Bibliothèque Américaine | 10 r. du Général-Camou, 7ᵉ | 45 51 46 82 |
| 30 | G11 | Centre de Documentation B. Franklin | 2 r. St-Florentin, 1ᵉʳ | 42 96 33 10 |
| 28 | G8 | Chambre de Commerce Américaine | 21 av. Georges-V, 8ᵉ | 47 23 80 26 |
| 17 | F9 | Continental Airlines | 92 av. Champs-Élysées, 8ᵉ | 42 25 32 37 |
| 18 | F12 | Delta Air Lines | 4 r. Scribe, 9ᵉ | 47 68 92 92 |
| | | Office de tourisme *(uniquement par téléphone ou par courrier)* | Ambassade des États-Unis 75382 Paris Cedex 08 | 42 60 57 15 |
| 14 | D3 | International Herald Tribune | Neuilly 181 av. Ch.-de-Gaulle | 46 37 93 00 |
| | | Librairies : voir Grande-Bretagne | | |
| 17 | F9 | Newsweek Magazine | 162 r. du Fg-St-Honoré, 8ᵉ | 42 56 06 81 |
| 18 | F12 | Pan American World Airways (PAN AM) | 1 r. Scribe, 9ᵉ | 42 66 45 45 |
| 17 | F9 | Time-Life | 137 r. Fg-St-Honoré, 8ᵉ | 44 20 69 00 |
| 16 | F8 | Trans World Airlines (TWA) | 101 av. Champs-Élysées, 8ᵉ | 47 20 62 11 |

## Éthiopie - Cap. Addis-Abeba

| | | | | |
|---|---|---|---|---|
| 28 | J8 | Ambassade | 35 av. Charles-Floquet, 7ᵉ | 47 83 83 95 |
| 18 | F12 | Ethiopian Airlines | 25 r. des Mathurins, 8ᵉ | 42 66 16 26 |

## Finlande - Cap. Helsinski

| | | | | |
|---|---|---|---|---|
| 29 | H10 | Ambassade | 2 r. Fabert, 7ᵉ | 47 05 35 45 |
| 18 | F11 | Consulat Général | 18 bis r. d'Anjou, 8ᵉ | 42 65 33 65 |
| 19 | F13 | Chambre de Commerce Franco-Finlandaise | 19 bd Haussmann, 9ᵉ | 40 22 83 64 |
| 18 | F12 | Finnair (Cie aérienne) | 11 r. Auber, 9ᵉ | 47 42 33 33 |
| 43 | K14 | Institut Finlandais | 60 rue des Écoles, 5ᵉ | 40 51 89 09 |
| 18 | F12 | Office National du Tourisme | 13 r. Auber, 9ᵉ | 42 66 40 13 |

## Gabon - Cap. Libreville

| | | | | |
|---|---|---|---|---|
| 26 | J4 | Ambassade | 26 bis av. Raphaël, 16ᵉ | 42 24 79 60 |
| 17 | F10 | Air Gabon | 4 av. F.-Roosevelt, 8ᵉ | 43 59 20 63 |
| 17 | F9 | Association France-Gabon (Renseignements et Informations Touristiques) | 11 r. Lincoln, 8ᵉ | 42 56 20 12 |

## Ghana - Cap. Accra

| | | | | |
|---|---|---|---|---|
| 15 | F5 | Ambassade | 8 villa Saïd, 16ᵉ | 45 00 09 50 |

## Grande-Bretagne et Irlande du Nord - Cap. Londres

| | | | | |
|---|---|---|---|---|
| 18 | G11 | Ambassade | 35 r. du Fg-St-Honoré, 8e | 42 66 91 42 |
| 17 | E9 | Consulat | 9 av. Hoche, 8e | – |
| 18 | F11 | Service des visas | 16 r. d'Anjou, 8e | – |
| 30 | G12 | Bristish Airways | 12 r. de Castiglione, 1er | 47 78 14 14 |
| 17 | F9 | Bristish Broadcasting Corporation (BBC) | 155, r. du Fg-St-Honoré, 8e | 45 61 97 00 |
| 29 | H10 | The British Council | 11 r. de Constantine, 7e | 49 55 73 00 |
| 16 | G7 | Chambre de Commerce et d'Industrie franco-britannique | 8 r. Cimarosa, 16e | 45 05 13 08 |
| 31 | G13 | Chemins de fer britanniques | 57 r. St-Roch, 1er | 42 61 85 40 |
| 18 | F11 | Hoverspeed Voyages | 11 r. de Surène, 8e | 47 42 03 03 |
| 29 | H10 | Institut Britannique | 11 r. de Constantine, 7e | 45 55 71 99 |
| 43 | L13 | Librairie Attica | 84 bd St-Michel, 6e | 46 34 16 30 |
| 31 | G13 | – Brentano's | 37 av. de l'Opéra, 2e | 42 61 52 50 |
| 30 | G12 | – Galignani | 224 r. de Rivoli, 1er | 42 60 76 07 |
| 43 | L13 | – Nouveau Quartier Latin | 78 bd St-Michel, 6e | 43 26 42 70 |
| 32 | K15 | – Shakespeare & Compagny | 37 r. de la Bûcherie, 5e | 43 26 96 50 |
| 30 | G12 | – W.H. Smith France | 248 r. de Rivoli, 1er | 42 60 37 97 |
| 18 | F12 | North Sea Ferries (Transports et Voyages) | 8 r. Auber, 9e | 42 66 90 90 |
| 17 | G9 | Office de Tourisme | 63 r. Pierre-Charron, 8e | 42 89 11 11 |
| 18 | F11 | P. & O. European Ferries | 9 pl. de la Madeleine, 8e | 42 66 40 17 |
| 18 | F12 | Royal Bristish Legion | 8 r. Boudreau, 9e | 47 42 19 26 |
| 19 | F13 | Sealink | 23 r. Louis-le-Grand, 2e | 47 42 86 87 |
| 19 | F13 | The Times | 8 r. Halévy, 9e | 47 42 73 21 |
| 18 | G11-G12 | Maison du Tourisme de Jersey | 12 r. St-Florentin, 1er | 49 27 92 08 |

## Grèce - Cap. Athènes

| | | | | |
|---|---|---|---|---|
| 16 | F8 | Ambassade | 17 r. Auguste-Vacquerie, 16e | 47 23 72 28 |
| 16 | G7 | Consulat | 23 r. Galilée, 16e | 47 23 72 23 |
| 16 | G7 | Centre Culturel | 23 r. Galilée, 16e | 47 23 39 06 |
| 42 | M11 | Librairie hellénique Desmos | 14 r. Vandamme, 14e | 43 20 84 04 |
| 31 | H13 | Office Nat. Hellénique du Tourisme | 3 av. de l'Opéra, 1er | 42 60 65 75 |
| 18 | F12 | Olympic Airways | 3 r. Auber, 9e | 42 65 92 42 |
| 27 | G6 | Bureau de Presse | 6 pl. de Mexico, 16e | 45 53 89 99 |

## Guatemala - Cap. Guatemala

| | | | | |
|---|---|---|---|---|
| 17 | E9 | Ambassade | 73 r. de Courcelles, 8e | 42 27 78 63 |

## Guinée - Cap. Conakry

| | | | | |
|---|---|---|---|---|
| 15 | G5 | Ambassade | 51 r. de la Faisanderie, 16e | 47 04 81 48 |

## Guinée Équatoriale - Cap. Malabo

| | | | | |
|---|---|---|---|---|
| 17 | E9 | Ambassade | 6 r. Alfred de Vigny, 8e | 47 66 44 33 |

## Haïti - Cap. Port-au-Prince

| | | | | |
|---|---|---|---|---|
| 16 | E8 | Ambassade | 10 r. Théodule-Ribot, 17e | 47 63 47 78 |

## Honduras - Cap. Tegucigalpa

| | | | | |
|---|---|---|---|---|
| 30 | G12 | Ambassade | 6 pl. Vendôme, 1er | 42 61 34 75 |

## Hong Kong - Cap. Victoria

| | | | | |
|---|---|---|---|---|
| | | Office de Tourisme *(uniquement par téléphone ou par courrier)* | 38 av. George V, 8e | 47 20 39 54 |

## Hongrie - Cap. Budapest

| | | | | |
|---|---|---|---|---|
| 15 | F5 | Ambassade | 5 bis sq. Avenue Foch, 16e | 45 00 00 29 |
| 43 | K13 | Consulat | 92 r. Bonaparte, 6e | 43 54 66 96 |
| 43 | K13 | Institut Hongrois | – | 43 26 06 44 |
| 43 | K13 | Presse et Documentation | – | 43 26 06 27 |
| 18 | G12 | Malèv (Cie aérienne) | 7 r. de la Paix, 2e | 42 61 57 90 |
| 19 | G13 | Tourisme Hongrois/Ibusz | 27 r. du 4-Septembre, 2e | 47 42 50 25 |

## Inde - Cap. New Delhi

| | | | | |
|---|---|---|---|---|
| 26 | H4 | Ambassade | 15 r. Alfred-Dehodencq, 16e | 45 20 39 30 |
| 18 | F12 | Air India | 1 r. Auber, 9e | 42 66 90 60 |
| 41 | L10 | Chambre de Commerce et d'Industrie franco-indienne | 4 av. Daniel Lesueur, 7e | 43 06 88 97 |
| 18 | G12 | Office National de Tourisme | 8 bd de la Madeleine, 9e | 42 65 83 86 |

**Indonésie** - Cap. Jakarta

| | | | | |
|---|---|---|---|---|
| 27 | H5 | Ambassade | 47-49 r. Cortambert, 16ᵉ | 45 03 07 60 |
| 17 | F9 | Garuda Indonesia (Cie aérienne) | 75 av. Champs-Élysées, 8ᵉ | 45 62 45 45 |

**Irak** - Cap. Bagdad

| | | | | |
|---|---|---|---|---|
| 15 | G5 | Ambassade | 53 r. de la Faisanderie, 16ᵉ | 45 01 51 00 |
| 15 | G5 | Centre Culturel | 6-8 r. du Gal-Appert, 16ᵉ | 47 04 66 87 |
| 16 | F8 | Iraqi Airways | 114 av. Champs-Élysées, 8ᵉ | 45 62 62 25 |

**Iran** - Cap. Téhéran

| | | | | |
|---|---|---|---|---|
| 28 | H7 | Ambassade | 4 av. d'Iéna, 16ᵉ | 47 23 61 22 |
| 28 | H8 | Consulat | 16 r. Fresnel, 16ᵉ | 47 23 61 22 |
| 17 | G9 | Iran Air | 33 av. Champs-Élysées, 8ᵉ | 43 59 01 20 |

**Irlande** - Cap. Dublin

| | | | | |
|---|---|---|---|---|
| 16 | F7 | Ambassade | 4 r. Rude, 16ᵉ | 45 00 20 87 |
| 19 | G13 | Aer Lingus (Cie aérienne) | 47 av. de l'Opéra, 2ᵉ | 47 42 12 50 |
| 18 | F12 | Irish Ferries (Transports et Voyages) | 8 r. Auber, 9ᵉ | 42 66 90 90 |
| 17 | F10 | Office National du Tourisme | – | 47 42 03 36 |

**Islande** - Cap. Reykjavik

| | | | | |
|---|---|---|---|---|
| 18 | F11 | Ambassade | 124 bd Haussmann, 8ᵉ | 45 22 81 54 |
| 19 | F13 | Icelandair (Cie aérienne) | 9 bd des Capucines, 2ᵉ | 47 42 52 26 |
| 19 | F13 | Office National du Tourisme | – | – |

**Israël** - Cap. Jérusalem

| | | | | |
|---|---|---|---|---|
| 17 | F10 | Ambassade | 3 r. Rabelais, 8ᵉ | 42 56 47 47 |
| 18 | G11 | Chambre de Commerce France-Israël | 47 r. du Fg-St-Honoré, 8ᵉ | 47 20 62 81 |
| 18 | F12 | El Al (Cie aérienne) | 24 bd des Capucines, 9ᵉ | 47 42 45 19 |
| 32 | H15 | France-Israël (alliance Gal Koenig) | 63 bd de Sébastopol, 1ᵉʳ | 42 33 36 82 |
| 18 | G12 | Office National de Tourisme | 14 r. de la Paix, 2ᵉ | 42 61 01 97 |

**Italie** - Cap. Rome

| | | | | |
|---|---|---|---|---|
| 30 | J11 | Ambassade | 51 r. de Varenne, 7ᵉ | 45 44 38 90 |
| 27 | H5 | Consulat | 5 bd Émile-Augier, 16ᵉ | 45 20 78 22 |
| 19 | G13 | Alitalia (Cie aérienne) | 43-45 av. de l'Opéra, 2ᵉ | 40 15 01 40 |
| 17 | F10 | Chambre de Commerce | 134 r. du Fg-St-Honoré, 8ᵉ | 42 25 41 88 |
| 19 | F13 | Compagnie Italienne de Tourisme (CIT) | 3 bd des Capucines, 2ᵉ | 42 66 00 90 |
| 30 | H11 | Corriere della Sera | 280 bd St-Germain, 7ᵉ | 45 50 42 10 |
| 28 | J8 | Dante Alighieri (Société culturelle) | 12 r. Sédillot, 7ᵉ | 47 05 16 26 |
| 30 | J11 | Institut Culturel | 50 r. de Varenne, 7ᵉ | 42 22 12 78 |
| 41 | L10 | La Stampa | 13-15 r. Falguière, 15ᵉ | 45 66 03 29 |
| 32 | J16 | Librairie Tour de Babel | 10 r. du Roi-de-Sicile, 4ᵉ | 42 77 32 40 |
| 30 | J11 | Maison du Livre Italien | 54 r. de Bourgogne, 7ᵉ | 47 05 03 99 |
| 18 | G12 | Office National de Tourisme (ENIT) | 23 r. de la Paix, 2ᵉ | 42 66 66 68 |
| 16 | F8 | Radiotelevisione Italiana (RAI) 1ʳᵉ chaîne | 96 av. d'Iéna, 16ᵉ | 47 20 60 40 |
| 16 | F8 | – 2ᵉ chaîne | – | 47 20 37 67 |
| 16 | F8 | – 3ᵉ chaîne | – | 47 20 95 06 |

**Japon** - Cap. Tokyo

| | | | | |
|---|---|---|---|---|
| 17 | E9 | Ambassade | 7 av. Hoche, 8ᵉ | 47 66 02 22 |
| 17 | F9 | ANA (Cie aérienne) | 91 av. Champs-Élysées, 8ᵉ | 44 31 44 31 |
| 31 | H14 | Centre Japonais de Commerce extérieur | 151 bis r. St-Honoré, 1ᵉʳ | 42 61 27 27 |
| 21 | G17 | Espace Japon (bibliothèque) | 9 r. de la Fontaine-au-Roi, 11ᵉ | 47 00 77 47 |
| 16 | G7 | Fondation du Japon | 42 av. Kléber, 16ᵉ | 47 04 28 63 |
| 17 | F9 | Japan Air Lines | 75 av. Champs-Élysées, 8ᵉ | 44 35 55 00 |
| 31 | H13 | Librairie Junku | 262 r. St-Honoré, 1ᵉʳ | 42 60 89 12 |
| 31 | G13 | – Tokyo-Do | 4-8 r. Ste-Anne, 1ᵉʳ | 42 61 08 71 |
| 16 | G7 | Office Franco-Japonais d'Études Économiques | 14 r. Cimarosa, 16ᵉ | 47 27 30 90 |
| 31 | G13 | Office National du Tourisme | 8 r. Ste-Anne, 1ᵉʳ | 42 96 20 29 |
| 42 | L11 | Radio Télévision japonaise (N.H.K.) | 3 r. de l'Arrivée, 15ᵉ Tour CIT | 43 27 98 99 |
| 16 | F8 | Service culturel et d'information | 7 r. de Tilsitt, 17ᵉ | 47 66 02 22 |

**Jordanie** - Cap. Amman

| | | | | |
|---|---|---|---|---|
| 14 | E4 | Ambassade du Royaume Hachémite | Neuilly - 80 bd M.-Barrès | 46 24 51 38 |
| 18 | G12 | Royal Jordanian (Cie aérienne) | 12 r. de la Paix, 2ᵉ | 42 61 57 45 |

## Kenya - Cap. Nairobi

| | | | | |
|---|---|---|---|---|
| 16 | G7 | Ambassade | 3 r. Cimarosa, 16e | 45 53 35 00 |
| 19 | G13 | Kenya Airways | 38 av. de l'Opéra, 2e | 47 42 33 11 |
| 18 | G12 | Office du Tourisme | 5 r. Volney, 2e | 42 60 66 88 |

## Koweït - Cap. Koweït

| | | | | |
|---|---|---|---|---|
| 28 | G8 | Ambassade | 2 r. de Lübeck, 16e | 47 23 54 25 |
| 16 | G8 | Consulat | 1 pl. des États-Unis, 16e | 47 23 46 61 |
| 18 | G12 | Kuwait Airways | 6 r. de la Paix, 2e | 42 60 30 60 |

## Laos - Cap. Vientiane

| | | | | |
|---|---|---|---|---|
| 15 | G6 | Ambassade | 74 av. R.-Poincaré, 16e | 45 53 02 98 |

## Liban - Cap. Beyrouth

| | | | | |
|---|---|---|---|---|
| 16 | G7 | Ambassade | 3 villa Copernic, 16e | 45 00 22 25 |
| 16 | F8 | Services Consulaires et Culturels | 47 r. Dumont-d'Urville, 16e | 45 00 03 30 |
| 43 | L13 | Librairie Synonyme | 82 bd St-Michel, 6e | 46 33 98 50 |
| 18 | F12 | Middle East Airlines | 6 r. Scribe, 9e | 42 66 06 77 |
| 17 | F10 | Office National du Tourisme | 124 r. du Fg-St-Honoré, 8e | 43 59 10 36 |
| 67 | | Trans Mediterranean Airways | Orly-Sud aérogare | 48 84 02 93 |

## Libéria - Cap. Monrovia

| | | | | |
|---|---|---|---|---|
| 17 | D10 | Ambassade | 8 r. Jacques-Bingen, 17e | 47 63 58 55 |

## Lybie - Cap. Tripoli

| | | | | |
|---|---|---|---|---|
| 15 | G5 | Ambassade | 2 r. Ch.-Lamoureux, 16e | 47 04 71 60 |
| 17 | F9 | Libyan Arab Airlines | 90 av. Champs-Élysées, 8e | 45 62 33 00 |

## Luxembourg - Cap. Luxembourg

| | | | | |
|---|---|---|---|---|
| 28 | H8 | Ambassade | 33 av. Rapp, 7e | 45 55 13 37 |
| 17 | F9 | Chambre de Commerce Belgo-Luxemb. | 174 bd Haussmann, 8e | 45 62 44 87 |
| 16 | F8 | Luxair (Air France) | 119 av. Champs-Élysées, 8e | 45 35 61 61 |
| 18 | F12 | Office de Tourisme | 21 bd des Capucines, 2e | 47 42 90 56 |

## Madagascar - Cap. Antananarivo

| | | | | |
|---|---|---|---|---|
| 26 | H4 | Ambassade | 4 av. Raphaël, 16e | 45 04 62 11 |
| 34 | K20 | Air Madagascar | 29-31 r. des Boulets, 11e | |

## Malaisie - Cap. Kuala Lumpur

| | | | | |
|---|---|---|---|---|
| 15 | G5 | Ambassade | 2 bis r. Benouville, 16e | 45 53 11 85 |
| 18 | F12 | Malaysian Airlines System | 12 bd des Capucines, 9e | 47 42 26 00 |
| 31 | G13 | Office du Tourisme | 29 r. des Pyramides, 1er | 42 97 41 71 |

## Mali - Cap. Bamako

| | | | | |
|---|---|---|---|---|
| 42 | L11 | Ambassade | 89 r. du Cherche-Midi, 6e | 42 48 58 43 |

## Malte - Cap. La Valette

| | | | | |
|---|---|---|---|---|
| 17 | F9 | Ambassade | 92 av. Champs-Élysées, 8e | 45 62 53 01 |
| 19 | F13 | Air Malta | 37 r. La Fayette, 9e | 48 74 39 56 |
| 19 | F14 | Office national du Tourisme | 9 cité de Trévise, 9e | 48 00 03 79 |

## Maroc - Cap. Rabat

| | | | | |
|---|---|---|---|---|
| 27 | H6 | Ambassade | 5 r. Le Tasse, 16e | 45 20 69 35 |
| 52 | N8 | Consulat | 12 r. de la Saïda, 15e | 45 33 81 41 |
| 19 | E13 | Compagnie Marocaine de Navigation | 60 r. St-Lazare, 9e | 42 80 39 13 |
| 30 | G11 | Maghreb Arabe Presse | 4 pl. de la Concorde, 8e | 42 65 40 45 |
| 31 | H13 | Office National du Tourisme | 161 r. St-Honoré, 1er | 42 60 63 50 |
| 19 | G13 | Royal Air Maroc | 38 av. de l'Opéra, 2e | 42 66 10 30 |

## Maurice (Ile) - Cap. Port-Louis

| | | | | |
|---|---|---|---|---|
| 17 | E10 | Ambassade | 68 bd de Courcelles, 17e | 42 27 30 19 |
| | | Bureau d'Information Touristique *(uniquement par téléphone ou par courrier)* | Neuilly - 41 r. Ybry | 46 40 37 42 |

## Mauritanie - Cap. Nouakchott

| | | | | |
|---|---|---|---|---|
| 15 | G5 | Ambassade | 5 r. de Montevideo, 16e | 45 04 88 54 |
| 42 | L11 | Consulat | 89 r. du Cherche-Midi, 6e | 45 48 23 88 |
| 17 | F9 | Air Afrique | 104 av. Champs-Élysées, 8e | 44 21 33 33 |

## Mexique - Cap. Mexico

| | | | | |
|---|---|---|---|---|
| 28 | G7 | Ambassade | 9 r. de Longchamp, 16e | 45 53 76 43 |
| 31 | G14 | Consulat | 4 r. N.-D.-des-Victoires, 2e | 42 61 51 80 |
| 18 | F12 | Aeromexico | 12 r. Auber, 9e | 47 42 40 50 |
| 30 | K12 | Centre culturel | 28 bd Raspail, 7e | 45 49 16 26 |
| 31 | G14 | Office de Tourisme | 4 r. N.-D. des Victoires | 42 61 51 80 |
| 31 | G14 | Service commercial | – | – |

## Monaco - Cap. Monaco

| | | | | |
|---|---|---|---|---|
| 26 | H4 | Ambassade | 22 bd Suchet, 16e | 45 04 74 54 |
| 18 | G12 | Office du Tourisme et des Congrès | 9 r. de la Paix, 2e | 42 96 12 23 |

## Mongolie - Cap. Oulan-Bator

| | | | | |
|---|---|---|---|---|
| 37 | L2 | Ambassade | Boulogne - 5 av. R.-Schuman | 46 05 23 18 |

## Myanmar (anc. Birmanie) - Cap. Yangon

| | | | | |
|---|---|---|---|---|
| 17 | E9 | Ambassade | 60 r. de Courcelles, 8e | 42 25 56 95 |

## Népal - Cap. Katmandu

| | | | | |
|---|---|---|---|---|
| 16 | E7 | Ambassade | 45 bis r. des Acacias, 17e | 46 22 48 67 |

## Nicaragua - Cap. Managua

| | | | | |
|---|---|---|---|---|
| 15 | F6 | Ambassade | 11 r. de Sontay, 16e | 45 00 35 42 |
| 15 | F6 | Section Consulaire | – | 45 00 41 02 |

## Niger - Cap. Niamey

| | | | | |
|---|---|---|---|---|
| 27 | G5 | Ambassade | 154 r. de Longchamp, 16e | 45 04 80 60 |
| 17 | F9 | Air Afrique | 104 av. Champs-Élysées, 8e | 44 21 33 33 |

## Nigeria - Cap. Lagos

| | | | | |
|---|---|---|---|---|
| 27 | G5 | Ambassade | 173 av. Victor-Hugo, 16e | 47 04 68 65 |

## Norvège - Cap. Oslo

| | | | | |
|---|---|---|---|---|
| 29 | G9 | Ambassade | 28 r. Bayard, 8e | 47 23 72 78 |
| 14 | D4 | Chambre de Commerce Franco-Norvégienne | Neuilly - 88 av. Ch.-de-Gaulle | 47 45 14 90 |
| 14 | D4 | Office National du Tourisme | – | – |
| 18 | F12 | Scandinavian Airlines System (SAS) | 30 bd des Capucines, 9e | 47 42 06 14 |

## Nouvelle-Zélande - Cap. Wellington

| | | | | |
|---|---|---|---|---|
| 15 | F6 | Ambassade | 7 ter r. Léonard-de-Vinci, 16e | 45 00 24 11 |

## Oman - Cap. Mascate

| | | | | |
|---|---|---|---|---|
| 28 | G8 | Ambassade | 50 av. d'Iéna, 16e | 47 23 01 63 |

## Ouganda - Cap. Kampala

| | | | | |
|---|---|---|---|---|
| 27 | G6 | Ambassade | 13 av. R.-Poincaré, 16e | 47 27 46 80 |

## Pakistan - Cap. Islamabad

| | | | | |
|---|---|---|---|---|
| 16 | F8 | Ambassade | 18 r. Lord-Byron, 8e | 45 62 23 32 |
| 16 | F8 | Pakistan International Airlines | 152 av. Champs-Élysées, 8e | 45 62 92 41 |

## Panama - Cap. Panama

| | | | | |
|---|---|---|---|---|
| 41 | L9 | Ambassade | 145 av. de Suffren, 15e | 47 83 23 32 |

## Paraguay - Cap. Asuncion

| | | | | |
|---|---|---|---|---|
| 19 | F13 | Ambassade | 27 bd des Italiens, 2e | 47 42 36 57 |

## Pays-Bas - Cap. Amsterdam

| | | | | |
|---|---|---|---|---|
| 41 | K10 | Ambassade | 7-9 r. Eblé, 7e | 43 06 61 88 |
| 17 | F9 | Chambre de Com. Franco-Néerlandaise | 29 r. de Berri, 8e | 45 63 54 30 |
| 30 | H11 | Institut Néerlandais | 121 r. de Lille, 7e | 47 05 85 99 |
| 19 | G13 | Lignes Royales Néerlandaises (KLM) | 36 av. de l'Opéra, 2e | 47 42 57 29 |
| 17 | G9 | Office National du Tourisme | 31-33 av. Champs-Élysées, 8e | 42 25 41 25 |

| | | | | |
|---|---|---|---|---|
| | | **Pérou - Cap. Lima** | | |
| 16 | G7 | Ambassade | 50 av. Kléber, 16ᵉ | 47 04 34 53 |
| 17 | G9 | Consulat | 30 r. Marbeuf, 8ᵉ | 42 89 30 13 |
| 16 | F8 | Office de Tourisme | 116 bis av. Champs-Élysées, 8ᵉ | 42 25 10 04 |
| | | **Philippines - Cap. Manille** | | |
| 27 | H6 | Ambassade | 39 av. Georges-Mandel, 16ᵉ | 47 04 65 50 |
| 31 | H14 | Philippines Airlines | 118 r. de Rivoli, 1ᵉʳ | 40 41 92 97 |
| 27 | H6 | Services culturels | 39 av. Georges-Mandel, 16ᵉ | 47 04 65 50 |
| | | **Pologne - Cap. Varsovie** | | |
| 29 | J10 | Ambassade | 1 r. Talleyrand, 7ᵉ | 45 51 60 80 |
| 29 | J10 | Consulat | 5 r. de Talleyrand, 7ᵉ | 45 51 82 22 |
| 32 | K15 | Bibliothèque Polonaise | 6 quai d'Orléans, 4ᵉ | 43 54 35 61 |
| 29 | G9 | Institut Culturel polonais | 31 r. Jean-Goujon, 8ᵉ | 42 25 10 57 |
| 31 | K13 | Librairie Polonaise | 123 bd St-Germain, 6ᵉ | 43 26 04 42 |
| 19 | G13 | Lignes Aériennes Polonaises (LOT) | 18 r. Louis-le-Grand, 2ᵉ | 47 42 05 60 |
| 19 | G13 | Office du Tourisme Polonais Orbis | 49 av. de l'Opéra, 2ᵉ | 47 42 07 42 |
| | | **Portugal - Cap. Lisbonne** | | |
| 15 | G5 | Ambassade | 3 r. de Noisiel, 16ᵉ | 47 27 35 29 |
| 45 | N17 | Consulat | 187 r. du Chevaleret, 13ᵉ | 45 85 03 60 |
| 16 | F8 | Centre Culturel - Fondation C. Gulbenkian | 51 av. d'Iéna, 16ᵉ | 47 20 86 84 |
| 30 | J11 | Chambre de Com. Franco-Portugaise | 217 bd St-Germain, 7ᵉ | 45 44 03 40 |
| 17 | F10 | Office Commercial du Portugal | 135 bd Haussmann, 8ᵉ | 42 56 25 63 |
| 18 | F12 | Office de Tourisme | 7 r. Scribe, 9ᵉ | 47 42 55 57 |
| 18 | G12 | TAP Air Portugal | 9 bd de la Madeleine, 1ᵉʳ | 42 96 16 09 |
| | | **Qatar - Cap. Doha** | | |
| 29 | H9 | Ambassade | 57 quai d'Orsay, 7ᵉ | 45 51 90 71 |
| | | **Roumanie - Cap. Bucarest** | | |
| 29 | J9 | Ambassade | 5 r. de l'Exposition, 7ᵉ | 47 05 49 54 |
| 29 | J9 | Consulat | – | 47 05 84 99 |
| 29 | J9 | Bibliothèque Roumaine | 2 r. de l'Exposition, 7ᵉ | 47 05 00 44 |
| 19 | G13 | Office du Tourisme - Tarom (Cie aérienne) | 38 av. de l'Opéra, 2ᵉ | 47 42 27 14 |
| 29 | J9 | Section Commerciale | 5 r. de l'Exposition, 7ᵉ | 47 05 57 64 |
| | | **Rwanda - Cap. Kigali** | | |
| 17 | E9 | Ambassade | 12 r. Jadin, 17ᵉ | 42 27 36 31 |
| | | **Saint-Marin - Cap. Saint-Marin** | | |
| 17 | F10 | Ambassade | 6 av. F.-Roosevelt, 8ᵉ | 43 59 22 28 |
| 17 | F10 | Consulat | 50 r. du Colisée, 8ᵉ | 43 59 82 89 |
| | | **Saint-Siège - Cité du Vatican** | | |
| 28 | G8 | Nonciature Apostolique | 10 av. du Prés.-Wilson, 16ᵉ | 47 23 58 34 |
| | | **El Salvador - Cap. San Salvador** | | |
| 16 | G7 | Ambassade | 12 r. Galilée, 16ᵉ | 47 20 42 02 |
| 16 | G7 | – (Section Consulaire) | – | 47 23 98 03 |
| | | **Sénégal - Cap. Dakar** | | |
| 29 | H9 | Ambassade | 14 av. Robert-Schuman, 7ᵉ | 47 05 39 45 |
| 28 | G7 | Consulat | 22 r. Hamelin, 16ᵉ | 45 53 75 86 |
| 17 | F9 | Air Afrique | 104 av. Champs-Élysées, 8ᵉ | 44 21 33 33 |
| 38 | K4 | Office National de Tourisme | 15 r. de Remusat, 16ᵉ | 40 50 07 90 |
| | | **Seychelles - Cap. Victoria** | | |
| 16 | G8 | Ambassade | 53 bis, r. François-Iᵉʳ, 8ᵉ | 47 23 98 11 |
| 16 | G18 | Consulat | 53 r. François-Iᵉʳ, 8ᵉ | 47 20 26 26 |
| 17 | F9 | Office de Tourisme | 32 r. de Ponthieu, 8ᵉ | 42 89 85 33 |
| 17 | F9 | Air Seychelles | 32 r. de Ponthieu, 8ᵉ | 42 89 86 83 |

## Sierra Leone - Cap. Freetown

| | | | | |
|---|---|---|---|---|
| 16 | E8 | Consulat | 16 av. Hoche, 8e | 42 56 14 73 |
| 17 | E9 | La Maison de la Sierra Leone | 6 r. Médéric, 17e | 42 67 54 39 |

## Singapour - Cap. Singapour

| | | | | |
|---|---|---|---|---|
| 15 | F5 | Ambassade | 12 square de l'av.-Foch, 16e | 45 00 33 61 |
| 31 | H13 | Office national du Tourisme | 168 r. de Rivoli, 1er | 42 97 16 16 |
| 28 | G7 | Singapore Airlines | 43 r. Boissière, 16e | 45 53 85 00 |

## Somalie - Cap. Mogadiscio

| | | | | |
|---|---|---|---|---|
| 16 | F8 | Ambassade | 26 r. Dumont-d'Urville, 16e | 45 00 76 51 |

## Soudan - Cap. Khartoum

| | | | | |
|---|---|---|---|---|
| 29 | G9 | Ambassade | 56 av. Montaigne, 8e | 42 25 55 71 |

## Sri Lanka - Cap. Colombo

| | | | | |
|---|---|---|---|---|
| 18 | F11 | Ambassade | 15 r. d'Astorg, 8e | 42 66 35 01 |
| 19 | G13 | Air Lanka | 9 r. du 4-Septembre, 2e | 42 97 43 44 |
| 19 | G13 | Office du Tourisme | 19 r. du 4-Septembre, 2e | 42 60 49 99 |

## Suède - Cap. Stockholm

| | | | | |
|---|---|---|---|---|
| 30 | J11 | Ambassade | 17 r. Barbet-de-Jouy, 7e | 45 55 92 15 |
| 32 | J16 | Centre Culturel | 11 r. Payenne, 3e | 42 71 82 20 |
| 18 | F12 | Centre Suédois du Commerce Extérieur | 67 bd Haussmann, 8e | 42 66 08 88 |
| 32 | J16 | Office du Tourisme | 146-150 av. Ch.-Élysées, 8e | 42 25 65 52 |
| 18 | F12 | Scandinavian Airlines System (SAS) | 30 bd des Capucines, 9e | 47 42 06 14 |

## Suisse - Cap. Berne

| | | | | |
|---|---|---|---|---|
| 29 | J10 | Ambassade | 142 r. de Grenelle, 7e | 45 50 34 46 |
| 32 | J16 | Centre Culturel | 38 r. Francs Bourgeois, 3e | 42 71 38 38 |
| 31 | G13 | Chambre de Commerce | 16 av. de l'Opéra, 1er | 42 96 14 17 |
| 18 | F12 | Office National du Tourisme-Chemins de fer fédéraux | 11 bis r. Scribe, 9e | 47 42 45 45 |
| 19 | G13 | Swissair | 38 av. de l'Opéra, 2e | 47 42 15 96 |

## Syrie - Cap. Damas

| | | | | |
|---|---|---|---|---|
| 30 | J11 | Ambassade | 20 r. Vaneau, 7e | 45 50 26 91 |
| 29 | J9 | Centre culturel arabe syrien | 12 av. de Tourville, 7e | 47 05 30 11 |
| 18 | F12 | Syrian Arab Airlines (Syrianair) | 1 r. Auber, 9e | 47 42 11 06 |

## Tanzanie - Cap. Dodoma

| | | | | |
|---|---|---|---|---|
| 5 | C9 | Ambassade | 70 bd Péreire, 17e | 47 66 21 77 |

## Tchad - Cap. N'Djamena

| | | | | |
|---|---|---|---|---|
| 15 | G6 | Ambassade | 65 r. Belles-Feuilles, 16e | 45 53 36 75 |
| 17 | F9 | Air Afrique | 104 av. Champs-Élysées, 8e | 44 21 33 33 |

## Tchécoslovaquie - Cap. Prague

| | | | | |
|---|---|---|---|---|
| 28 | J8 | Ambassade | 15 av. Charles-Floquet, 7e | 47 34 29 10 |
| 31 | J13 | – (Section Consulaire) | 18 r. Bonaparte, 6e | 43 29 41 60 |
| 19 | G13 | Ceskoslovenske Aerolinie (CSA) | 32 av. de l'Opéra, 2e | 47 42 38 45 |
| 27 | G6 | Chambre de Commerce Franco-Tchécoslovaque | 28 av. d'Eylau, 16e | 47 04 45 78 |
| 19 | G13 | Office Tchécoslovaque de Tourisme - Cedok | 32 av. de l'Opéra, 2e | 47 42 38 45 |

## Thaïlande - Cap. Bangkok

| | | | | |
|---|---|---|---|---|
| 27 | H6 | Ambassade | 8 r. Greuze, 16e | 47 04 32 22 |
| 17 | F9 | Office National du Tourisme | 90 av. Champs-Élysées, 8e | 45 62 86 56 |
| 17 | G9 | Thai Airways International | 23 av. Champs-Élysées, 8e | 44 20 70 80 |

## Togo - Cap. Lomé

| | | | | |
|---|---|---|---|---|
| 4 | C8 | Ambassade | 8 r. Alfred-Roll, 17e | 43 80 12 13 |
| 17 | F9 | Air Afrique | 104 av. Champs-Élysées, 8e | 44 21 33 33 |

## Tunisie - Cap. Tunis

| | | | | |
|---|---|---|---|---|
| 30 | K11 | Ambassade | 25 r. Barbet-de-Jouy, 7ᵉ | 45 55 95 98 |
| 28 | G7 | Consulat | 17-19 r. de Lübeck, 16ᵉ | 45 53 50 94 |
| 19 | G13 | Office National du Tourisme | 32 av. de l'Opéra, 2ᵉ | 47 42 72 67 |
| 18 | G12 | Tunis Air | 17 r. Daunou, 2ᵉ | 42 66 93 03 |

## Turquie - Cap. Ankara

| | | | | |
|---|---|---|---|---|
| 27 | J6 | Ambassade | 16 av. de Lamballe, 16ᵉ | 45 24 52 24 |
| 5 | C9 | Consulat | 184 bd Malhesherbes, 17ᵉ | 42 27 32 72 |
| 17 | F9 | Bureau de Tourisme | 102 av. Champs-Élysées, 8ᵉ | 45 62 78 68 |
| 18 | F12 | Maison de la Turquie | 8 r. Boudreau, 9ᵉ | 42 68 08 88 |
| 31 | H13 | Turkish Airlines | 2 r. de l'Échelle, 1ᵉʳ | 42 60 28 08 |

## Unions des Républ. Socialistes Soviétiques (URSS) - Cap. Moscou

| | | | | |
|---|---|---|---|---|
| 26 | G4 | Ambassade | 40-50 bd Lannes, 16ᵉ | 45 04 05 50 |
| 17 | E9 | Service Consulaire | 8 r. de Prony, 17ᵉ | 47 63 50 20 |
| 17 | G9 | Aeroflot (Cie aérienne) | 33 av. Champs-Élysées, 8ᵉ | 42 25 43 81 |
| 29 | G10 | Chambre de Commerce Franco-Soviétique | 22 av. F.-Roosevelt, 8ᵉ | 42 25 97 10 |
| 19 | F13 | Intourist | 7 bd des Capucines, 2ᵉ | 47 42 47 40 |
| 31 | J13 | Librairie du Globe | 2 r. de Buci, 6ᵉ | 43 26 54 99 |
| 15 | G5 | Représentation Commerciale | 49 r. de la Faisanderie, 16ᵉ | 47 27 41 39 |

## Uruguay - Cap. Montevideo

| | | | | |
|---|---|---|---|---|
| 16 | F7 | Ambassade | 15 r. Le Sueur, 16ᵉ | 45 00 81 37 |
| 16 | F7 | Consulat | – | 45 00 91 50 |

## Vatican - (Voir Saint-Siège)

## Venezuela - Cap. Caracas

| | | | | |
|---|---|---|---|---|
| 16 | G7 | Ambassade | 11 r. Copernic, 16ᵉ | 45 53 29 98 |
| 28 | H7 | Consulat | 42 av. du Prés.-Wilson, 16ᵉ | 45 53 00 88 |
| 19 | F13 | Viasa (Cie aérienne) | 5 bd des Capucines, 2ᵉ | 47 42 20 07 |

## Vietnam - Cap. Hanoï

| | | | | |
|---|---|---|---|---|
| 38 | L3 | Ambassade | 62 r. Boileau, 16ᵉ | 45 24 50 63 |
| 38 | L3 | Service Consulaire | – | 45 27 62 55 |
| 14 | D3 | Section commerciale | Neuilly - 44 av. de Madrid | 46 24 85 77 |

## Yemen - Cap. Sana'a

| | | | | |
|---|---|---|---|---|
| 28 | G8 | Ambassade | 25 r. Georges Bizet, 16ᵉ | 47 23 61 76 |
| 17 | F9 | Yemenia (Yemen Airways) | 52 av. Champs-Élysées, 8ᵉ | 42 56 06 00 |

## Yougoslavie - Cap. Belgrade

| | | | | |
|---|---|---|---|---|
| 15 | G5 | Ambassade | 54 r. de la Faisanderie, 16ᵉ | 45 04 05 05 |
| 15 | G5 | Consulat | 152 bis r. de Longchamp, 16ᵉ | 45 04 05 05 |
| 32 | H15 | Centre Culturel | 123 r. St-Martin, 4ᵉ | 42 72 50 50 |
| 27 | G6 | Chambre économique | 69 av. R.-Poincaré, 16ᵉ | 47 04 92 76 |
| 45 | K18 | Librairie Yougofranc | 55 r. Traversière, 12ᵉ | 43 43 59 29 |
| 19 | G13 | Office de Tourisme | 43 av. de l'Opéra, 2ᵉ | 42 61 00 90 |
| 19 | G13 | Yugoslav Airlines (JAT) | 43-45 av. de l'Opéra, 2ᵉ | 42 61 03 44 |

## Zaïre - Cap. Kinshasa

| | | | | |
|---|---|---|---|---|
| 29 | G9 | Ambassade | 32 cours Albert-1ᵉʳ, 8ᵉ | 42 25 57 50 |
| 18 | G12 | Air Zaïre | 7 bd de la Madeleine, 1ᵉʳ | 47 03 91 65 |

## Zambie - Cap. Lusaka

| | | | | |
|---|---|---|---|---|
| 16 | F8 | Ambassade | 76 av. d'Iéna, 16ᵉ | 47 23 43 52 |
| 19 | F13 | Zambia Airways | 27 r. de Choiseul, 2ᵉ | 47 42 75 76 |

## Zimbabwe - Cap. Harare

| | | | | |
|---|---|---|---|---|
| 16 | F8 | Ambassade | 5 r. de Tilsitt, 8ᵉ | 47 63 48 31 |

# BIBLIOTHÈQUES - CENTRES CULTURELS

## *LIBRARIES, BIBLIOTHEKEN, BIBLIOTECAS*

| | | | | |
|---|---|---|---|---|
| 32 | H15 | Centre Georges-Pompidou | pl. Georges-Pompidou, 4e | 42 77 12 33 |
| 33 | K17 | Arsenal | bd Henri-IV, 4e | 42 77 44 21 |
| 31 | H13 | Arts Décoratifs | 111 r. de Rivoli, 1er | 42 60 32 14 |
| 32 | G16 | Conservatoire Nat. des Arts et Métiers | 292 r. St-Martin, 3e | 40 27 23 37 |
| 18 | T17 | Documentation Internat. Contemporaine | Nanterre<br>6 allée de l'Université | 40 97 79 00 |
| 19 | E13 | Fondation Dosne-Thiers | 27 pl. St-Georges, 9e | 48 78 14 33 |
| 32 | J16 | Forney | 1 r. du Figuier, 4e | 42 78 14 60 |
| 32 | J16 | Historique de la Ville de Paris | 24 r. Pavée, 4e | 42 74 44 44 |
| 44 | K16 | Institut du Monde Arabe | r. des Fossés St-Bernard, 5e | 40 51 38 38 |
| 31 | J13 | Mazarine | 23 quai de Conti, 6e | 43 54 89 48 |
| 44 | M16 | Muséum Nat. d'Histoire Naturelle | 38 r. Geoffroy-St-Hilaire, 5e | 40 79 36 27 |
| 31 | G13 | Nationale (BN) | 58 r. de Richelieu, 2e | 47 03 81 26 |
| 43 | K14 | Nordique | 6 r. Valette, 5e | 43 29 61 00 |
| 30 | J12 | Protestantisme | 54 r. des Saints-Pères, 7e | 45 48 62 07 |
| 43 | L14 | Ste-Geneviève | 10 pl. du Panthéon, 5e | 43 29 61 00 |
| 31 | H14 | Vidéothèque de Paris | Forum des Halles<br>Porte Saint-Eustache, 1er | 40 26 34 30 |

*Paris compte de nombreuses bibliothèques d'études et 55 bibliothèques municipales de prêt. Outre les plus connues, générales ou spécialisées, indiquées ci-dessus, citons-en quelques autres, très spécialisées, comme les bibliothèques des Arts du spectacle (à l'Arsenal), du Saulchoir (religion), de la Préfecture de Police, de l'Observatoire de Meudon...*

*Les bibliothèques de prêt et de consultation, qui offrent parfois un département discothèque ou cassettothèque, sont ouvertes au public dans la plupart des Mairies et divers autres centres; la liste des bibliothèques pour la jeunesse y est disponible.*

*Pour connaître les adresses des bibliothèques et Centres Culturels étrangers, voir p. 65 à 76.*

# CIMETIÈRES

## *CEMETERIES, FRIEDHÖFE, CEMENTERIOS*

| | | | |
|---|---|---|---|
| 38 | M3 | Auteuil | 57 r. Claude-Lorrain, 16e |
| 5 | B10 | Batignolles | 8 r. St-Just, 17e |
| 23 | F22 | Belleville | 40 r. du Télégraphe, 20e |
| 47 | N21 | Bercy | 329 r. de Charenton, 12e |
| 60 | R23 | Charenton | av. de Gravelle, 12e |
| 35 | H22 | Charonne | pl. St. Blaise, 20e |
| 56 | S15 | Gentilly | 5 r. de Ste-Hélène, 13e |
| 39 | M6 | Grenelle | 174 r. St-Charles, 15e |
| 6 | C12 | Montmartre | av. Rachel, 18e |
| 42 | M12 | Montparnasse | 3 bd Edgar-Quinet, 14e |
| 54 | R11 | Montrouge | 18 av. Pte-de-Montrouge, 14e |
| 27 | H6 | Passy | 2 r. du Cdt-Schlœsing, 16e |
| 35 | H21 | Père-Lachaise | 16 r. du Repos, 20e |
| 47 | L22 | Picpus | 35 r. de Picpus, 12e |
| 48 | M23 | St-Mandé (Sud) | r. du Général-Archinard, 12e |
| 7 | C14 | St-Pierre (cim. du Calvaire) | 2 r. du Mont-Cenis, 18e |
| 7 | C13 | St-Vincent | 6 r. Lucien-Gaulard, 18e |
| 59 | P21 | Valmy | av. Pte-de-Charenton, 12e |
| 39 | M6 | Vaugirard | 320 r. Lecourbe, 15e |
| 22 | D20 | La Villette | 46 r. d'Hautpoul, 19e |

*Hors de Paris se situent les cimetières parisiens de Bagneux (***22 AF26***), la Chapelle (***9 A17***), Ivry (***24 AF31-AF32***), Pantin (***12 A23***), St-Ouen (***18 T29***) et Thiais (***24 AL32-AM32***).*

# COMMERCE

## *BUSINESS, GESCHÄFT, COMERCIO*

### Salons, Foires, Expositions,

### *Fairs, Exhibitions, Messen, Ausstellungen, Salones, Ferias, Exposiciones*

| | | | | |
|---|---|---|---|---|
| 65 | | Centre National des Industries et des Techniques (CNIT) | Paris - La Défense | 46 92 12 12 |
| 22 | AB18 | Comité des Expositions de Paris | Boulogne-Billancourt 55 quai A. Le Gallo | 49 09 60 00 |
| 45 | M18 | Espace Austerlitz | 30 quai d'Austerlitz, 13e | 45 86 59 40 |
| 4 | C7D7 | Espace Champeret | pl. Pte de Champeret, 17e | 40 55 19 55 |
| 10 | C20 | Grande Halle de la Villette | 211 av. Jean-Jaurès, 19e | 42 49 77 22 |
| 19 | F14 | Hôtel des Ventes | 9 r. Drouot, 9e | 48 00 20 20 |
| 29 | G9 | Drouot-Montaigne | 15 av. Montaigne, 8e | 48 00 20 80 |
| 15 | E6 | Palais des Congrès | 2 pl. de la Pte-Maillot, 17e | 40 68 22 22 |
| 51 | N6 | Parc des Expositions (S.E.P.E.) | Pte-de-Versailles, 15e | 48 42 87 00 |
| 20 | J45 | Parc d'Expositions de Paris-Nord | Villepinte - ZAC Paris-Nord II | 48 63 30 30 |

### Grands Magasins et Centres commerciaux

### *Department stores and shopping centres, Kaufhäuser, Einkaufszentren, Grandes Almacenes y Centros Comerciales*

| | | | | |
|---|---|---|---|---|
| 32 | J15 | Bazar de l'Hôtel-de-Ville Rivoli | 52 r. de Rivoli, 4e | 42 74 90 00 |
| 30 | K11 | Au Bon Marché | 22 r. de Sèvres, 7e | 45 49 21 22 |
| 16 | E8 | FNAC Étoile | 26 av. de Wagram, 8e | 47 66 52 50 |
| 31 | H14 | – Forum des Halles | 1-7 r. Pierre-Lescot, 1er | 40 41 40 00 |
| 42 | L12 | – Montparnasse | 136 r. de Rennes, 6e | 49 54 30 00 |
| 32 | H15 | Forum des Halles | 1 r. Pierre-Lescot, 1er | 40 39 98 74 |
| 18 | F12 | Galeries Lafayette Haussmann | 40 bd Haussmann, 9e | 42 82 34 56 |
| 42 | L11 | Maine-Montparnasse | 66 bd du Montparnasse, 15e | 45 38 52 54 |
| 18 | F12 | Au Printemps Haussmann | 64 bd Haussmann, 9e | 42 82 50 00 |
| 31 | H14 | Samaritaine | 75 r. de Rivoli, 1er | 40 41 20 20 |
| 17 | F9 | Virgin Megastore | 60 av. Champs-Élysées, 8e | 42 89 87 27 |

### Antiquaires, Brocante

### *Antique shops, junk stalls, Antiquitätenhandlungen, Trödelwaren, Anticuarios, chamarileros*

| | | | | |
|---|---|---|---|---|
| 33 | H17 | Carreau du Temple | 2 r. Perrée, 3e | 42 71 08 80 |
| 31 | H13 | Le Louvre des Antiquaires | 2 pl. du Palais-Royal, 1er | 42 97 27 00 |
| 7 | A14 | Marchés aux Puces | St-Ouen - 85 r. des Rosiers | 40 11 59 69 |
| 28 | K8 | Le Village Suisse | 54 av. Motte-Picquet, 15e | 45 67 87 61 |

***Nombreuses sont les artères commerçantes de Paris :***

- ***les unes pour leur choix d'articles de luxe et la haute couture : avenue Montaigne et Champs-Élysées aux diverses galeries; place et avenue de l'Opéra, rue Tronchet, rue Royale, rue du Fbg St-Honoré.***
- ***les autres pour leur activité principale : rue de la Paix et place Vendôme (joaillerie-bijouterie); rue St-Lazare et boulevard St-Michel (chaussures et sacs); rue de Passy et de Sèvres (habillement), rue du Fbg-St-Antoine (bois et meubles), rue de Paradis (cristaux et porcelaines).***

***Sur quelques places se tiennent des marchés de plein air : marchés aux fleurs et aux oiseaux.***

# CULTES ([1])

## *CHURCHES*

## *KIRCHEN UND ANDERE KULTSTÄTTEN, CULTOS*

### Églises et chapelles catholiques, *Catholic churches and chapels Katholische Kirchen und Kapellen, Iglesias y Capillas Católicas*

| | | | | |
|---|---|---|---|---|
| 18 | F11 | Archevêché (Maison Diocésaine) | 8 r. de la Ville-l'Évêque, 8e | 42 66 90 15 |
| 32 | K15 | Notre-Dame (cathédrale) | 6 Parvis Notre-Dame, 4e | 43 26 07 39 |
| 17 | E9 | Annonciation (égl. Dominicains) | 222 r. du Fg-St-Honoré, 8e | 45 63 63 04 |
| 34 | J20 | Bon Pasteur (égl.) | 177 r. de Charonne, 11e | 43 71 05 24 |
| 23 | G22 | Cœur Eucharistique de Jésus (égl.) | 22 r. du Lt-Chauré, 20e | 43 60 74 55 |
| 16 | F8 | Corpus Christi (chap.) | 23 av. Friedland, 8e | 42 25 20 62 |
| 56 | N16 | Deux Moulins (chap.) | 185-187 r. du Château-des-Rentiers, 13e | 45 70 94 75 |
| 55 | R13 | Franciscaines Missionnaires de Marie (chap.) | 32-34 av. Reille, 14e | 45 89 15 51 |
| 47 | L22 | Immaculée Conception (égl.) | 34 r. du Rendez-Vous, 12e | 43 07 75 29 |
| 21 | D17 | Mission Belge (chap.) | 228 r. La Fayette, 10e | 46 07 95 76 |
| 30 | K11 | Missions Étrangères de Paris (chap.) | 128 r. du Bac, 7e | 45 48 19 92 |
| 42 | L11 | N.-D. des Anges (chap.) | 102 bis r. de Vaugirard, 6e | 42 22 97 57 |
| 26 | J4 | – de l'Assomption de Passy (égl.) | 90 r. de l'Assomption, 16e | 42 24 41 50 |
| 38 | L4 | – d'Auteuil (égl.) | Place Théodore Rivière, 16e | 45 25 30 17 |
| 23 | G21 | – Auxiliatrice (chap.) | 15 r. du Retrait, 20e | 46 36 97 67 |
| 32 | H16 | – des Blancs-Manteaux (égl.) | 12 r. Blancs-Manteaux, 4e | 42 72 09 37 |
| 41 | K9 | – du Bon Conseil (chap.) | 6 r. A.-de-Lapparent, 7e | 47 83 56 68 |
| 8 | B15 | – du Bon Conseil (égl.) | 140 r. de Clignancourt, 18e | 46 06 39 80 |
| 20 | G15 | – de Bonne-Nouvelle (égl.) | 25 r. de la Lune, 2e | 42 33 65 74 |
| 22 | D19 | – des Buttes-Chaumont (égl.) | 80 r. de Meaux, 19e | 42 06 16 86 |
| 42 | L12 | – des Champs (égl.) | 91 bd du Montparnasse, 6e | 43 22 03 06 |
| 7 | B14 | – de Clignancourt (égl.) | 2 pl. Jules-Joffrin, 18e | 42 54 39 13 |
| 15 | D6 | – de Compassion (chap.) | pl. du Général-Kœnig, 17e | 45 74 83 31 |
| 5 | C9 | – de Confiance (chap.) | 164 r. de Saussure, 17e | 42 27 93 09 |
| 22 | G20 | – de la Croix (égl.) | 3 pl. de Ménilmontant, 20e | 46 36 74 88 |
| 33 | J18 | – d'Espérance | 4 r. du Cdt Lamy, 11e | 47 00 12 11 |
| 9 | C18 | – des Foyers (chap.) | 18 r. de Tanger, 19e | 40 34 46 44 |
| 57 | P17 | – de la Gare (égl.) | pl. Jeanne d'Arc, 13e | 45 83 47 34 |
| 40 | K7 | – de Grâce (chap.) | 6 r. Fondary, 15e | 45 77 46 50 |
| 27 | J6 | – de Grâce de Passy (égl.) | 10 r. de l'Annonciation, 16e | 45 25 76 32 |
| 43 | L14 | – du Liban (rite maronite) | 17 r. d'Ulm, 5e | 43 29 47 60 |
| 19 | E13 | – de Lorette (égl.) | 18 bis r. Châteaudun, 9e | 48 78 92 72 |
| 23 | F21 | – de Lourdes (égl.) | 130 r. Pelleport, 20e | 43 62 61 60 |
| 41 | L9 | – du Lys (chap.) | 7 r. Blomet, 15e | 45 67 81 81 |
| 20 | D16 | – des Malades (chap.) | 15 r. Ph.-de-Girard, 10e | 46 07 92 87 |
| 30 | K11 | – de la Médaille Miraculeuse (chap.) | 140 r. du Bac, 7e | 45 48 10 13 |
| 46 | N20 | – de la Nativité de Bercy (égl.) | 9 pl. Lachambeaudie, 12e | 43 07 86 01 |
| 39 | N6 | – de Nazareth (égl.) | 351 r. Lecourbe, 15e | 45 58 50 26 |
| 23 | F22 | – des Otages (égl.) | 81 r. Haxo, 20e | 43 64 62 84 |
| 43 | M13 | – de Paix (chap.) | 32 r. Boissonade, 14e | 43 22 42 08 |
| 34 | H20 | – du Perpétuel Secours (basilique) | 55 bd Ménilmontant, 11e | 48 05 94 93 |
| 53 | P9 | – du Rosaire (égl.) | 194 r. R.-Losserand, 14e | 45 43 13 16 |
| 27 | H6 | – du St-Sacrement (chap.) | 20 r. Cortambert, 16e | 45 04 41 86 |
| 40 | N8 | – de la Salette (égl.) | 27 r. de Dantzig, 15e | 45 31 12 16 |
| 41 | N10 | – du Travail (égl.) | 59 r. Vercingétorix, 14e | 43 20 09 51 |
| 43 | M14 | – du Val de Grâce (égl.) | 1 pl. Laveran, 5e | 43 29 12 31 |
| 31 | G14 | – des Victoires (basilique) | pl. des Petits-Pères, 2e | 42 60 90 47 |
| 27 | J5 | Religieuses de l'Assomption (chap.) | 17 r. de l'Assomption, 16e | 46 47 84 56 |
| 7 | C14 | Sacré-Cœur (basilique) | pl. Parvis-Sacré-Cœur, 18e | 42 51 17 02 |
| 55 | P14 | St-Albert le Grand (égl.) | 122 r. de la Glacière, 13e | 45 89 19 76 |
| 33 | H18 | – Ambroise (égl.) | 71 bd Voltaire, 11e | 43 55 56 18 |
| 18 | D12 | – André de l'Europe (égl.) | 24 bis r. de Leningrad, 8e | 45 22 27 29 |
| 52 | P7 | – Antoine de Padoue (égl.) | 52 bd Lefebvre, 15e | 45 31 12 84 |
| 45 | K18 | – Antoine des Quinze-Vingts (égl.) | 66 av. Ledru-Rollin, 12e | 43 43 93 94 |
| 18 | E11 | – Augustin (égl.) | pl. St-Augustin, 8e | 45 22 23 12 |

*(1) Un centre d'information et de documentation religieuse est à votre service, 8 rue Massillon, 75004 Paris; ☏ 46 33 01 01. Informations religieuses téléphonées 43 29 11 22.*

| | | | | |
|---|---|---|---|---|
| 42 | M11 | St-Bernard (chap). | 34 av. du Maine, 15e | 43 21 50 76 |
| 8 | D16 | – Bernard de la Chapelle (égl.) | r. St-Bruno, 18e | 42 64 52 12 |
| 36 | J23 | – Charles de la Croix-St-Simon (chap.) | 16 bis r. Croix-St-Simon, 20e | 43 70 77 96 |
| 17 | D10 | – Charles de Monceau (égl.) | 22 bis r. Legendre, 17e | 47 63 05 84 |
| 39 | L5 | – Christophe de Javel (égl.) | 28 r. de la Convention, 15e | 45 77 63 78 |
| 8 | C16 | – Denys de la Chapelle (égl.) | 16 r. de la Chapelle, 18e | 46 07 35 52 |
| 33 | H17 | – Denys du St-Sacrement (égl.) | 68 bis r. de Turenne, 3e | 42 72 28 96 |
| 55 | N13 | – Dominique (égl.) | 18 r. Tombe-Issoire, 14e | 45 65 20 25 |
| 46 | L20 | – Éloi (égl.) | 3 pl. M.-de-Fontenay, 12e | 43 07 55 65 |
| 47 | M21 | – Esprit (égl.) | 186 av. Daumesnil, 12e | 43 07 52 84 |
| 44 | L15 | – Étienne du Mont (égl.) | pl. Ste-Geneviève, 5e | 43 54 11 79 |
| 19 | F14 | – Eugène (égl.) | 4 bis r. Ste-Cécile, 9e | 48 24 70 25 |
| 31 | H14 | – Eustache (égl.) | r. du Jour, 1er | 42 36 31 05 |
| 16 | E7 | – Ferdinand-Ste-Thérèse (égl.) | 27 r. d'Armaillé, 17e | 45 74 00 32 |
| 54 | P12 | – François (chap. Franciscains) | 7 r. Marie-Rose, 14e | 45 40 74 98 |
| 38 | L3 | – François (chap.) | 44 r. Molitor, 16e | 46 51 37 54 |
| 22 | E20 | – François d'Assise (égl.) | 7 r. de Mouzaïa, 19e | 42 39 64 58 |
| 17 | D9 | – François de Sales (ancienne égl.) | 8 r. Brémontier, 17e | 47 66 75 90 |
| 5 | D9 | – François de Sales (nouvelle égl.) | 15-17 r. Ampère, 17e | 47 66 75 90 |
| 29 | K10 | – François-Xavier (égl.) | pl. du Pdt-Mithouard, 7e | 47 83 32 12 |
| 47 | K22 | – Gabriel (égl.) | 5 r. des Pyrénées, 20e | 43 72 59 73 |
| 21 | E18 | – Georges (égl.) | 114 av. Simon-Bolivar, 19e | 42 39 61 80 |
| 26 | K4 | – Georges (rite byzantin-roumain) | 38 r. Ribera, 16e | 45 27 22 59 |
| 31 | H14 | – Germain l'Auxerrois (égl.) | 2 pl. du Louvre, 1er | 42 60 13 96 |
| 35 | H22 | – Germain de Charonne (égl.) | 4 pl. St-Blaise, 20e | 43 71 42 04 |
| 31 | J13 | – Germain-des-prés (égl.) | 3 pl. St-G.-des-Prés, 6e | 43 25 41 71 |
| 32 | J15 | – Gervais-St-Protais (égl.) | pl. St-Gervais, 4e | 48 87 32 02 |
| 57 | R17 | – Hippolyte (égl.) | 27 av. de Choisy, 13e | 45 85 12 05 |
| 15 | G6 | – Honoré d'Eylau (nouvelle église) | 66 bis av. R.-Poincaré, 16e | 45 01 96 00 |
| 30 | K12 | – Ignace (égl.) | 33 r. de Sèvres, 6e | 45 48 25 25 |
| 43 | L14 | – Jacques du Haut Pas (égl.) | 252 r. St-Jacques, 5e | 43 25 91 70 |
| 10 | C19 | – Jacques-St-Christophe (égl.) | 6 pl. de Bitche, 19e | 40 36 82 73 |
| 22 | E20 | – Jean-Baptiste de Belleville (égl.) | 139 r. de Belleville, 19e | 42 08 54 54 |
| 40 | L7 | – Jean-Baptiste de Grenelle (égl.) | 23 pl. Etienne-Pernet, 15e | 48 28 64 34 |
| 41 | M10 | – Jean-Baptiste de la Salle (égl.) | 9 r. du Dr-Roux, 15e | 47 34 19 95 |
| 35 | J21 | – Jean Bosco (égl.) | 79 r. Alexandre-Dumas, 20e | 43 70 29 27 |
| 19 | D13 | – Jean de Montmartre (égl.) | 19 r. des Abbesses, 18e | 46 06 43 96 |
| 21 | G18 | – Joseph (égl.) | 161 r. St-Maur, 11e | 43 57 58 50 |
| 21 | D17 | – Joseph Artisan (égl.) | 214 r. La Fayette, 10e | 46 07 92 87 |
| 42 | K12 | – Joseph des Carmes (égl.) | 70 r. de Vaugirard, 6e | 42 22 41 80 |
| 6 | B11 | – Joseph des Epinettes (chap.) | 2 impasse des Epinettes, 17e | 46 27 89 70 |
| 6 | B11 | – – (égl.) | 40 r. Pouchet, 17e | 46 27 11 24 |
| 31 | K14 | – Julien le Pauvre (rite grec-byzantin) | 1 r. St-Julien-le-Pauvre, 5e | 43 54 20 41 |
| 40 | M8 | – Lambert de Vaugirard (égl.) | 2 r. Gerbert, 15e | 48 28 56 90 |
| 20 | F16 | – Laurent (égl.) | 68 bd Magenta, 10e | 46 07 24 65 |
| 28 | K8 | – Léon (égl.) | 1 pl. du Card.-Amette, 15e | 45 67 01 32 |
| 32 | H15 | – Leu-St-Gilles (égl.) | 92 bis r. St-Denis, 1er | 42 33 50 22 |
| 18 | F12 | – Louis d'Antin (égl.) | 63 r. Caumartin, 9e | 45 26 65 34 |
| 29 | K9 | – Louis-Ecole Militaire (chap.) | 13 pl. Joffre, 7e | 45 55 37 65 |
| 32 | K16 | – Louis en l'Ile (égl.) | 19 bis r. St-L.-en-l'Ile, 4e | 46 34 11 60 |
| 29 | J10 | – Louis des Invalides (égl.) | Hôtel des Invalides, 7e | 45 55 37 65 |
| 44 | M16 | – Marcel (égl.) | 80-82 bd de l'Hôpital, 13e | 47 07 27 43 |
| C6 | D6 | – Martin-de-Porrës (chap.) | 41 r. Jacques-Ibert, 17e | 40 55 01 12 |
| 21 | F17 | – Martin des Champs (égl.) | 36 r. Albert-Thomas, 10e | 42 08 36 60 |
| 44 | M15 | – Médard (égl.) | 141 r. Mouffetard, 5e | 43 36 14 92 |
| 32 | H15 | – Merry (égl.) | 78 r. St-Martin, 4e | 42 74 42 96 |
| 6 | C11 | – Michel des Batignolles (égl.) | 12 bis r. St-Jean, 17e | 43 87 33 94 |
| 32 | G15 | – Nicolas des Champs (égl.) | 252 bis r. St-Martin, 3e | 42 72 92 54 |
| 44 | K15 | – Nicolas du Chardonnet (égl.) | 30 r. St-Victor, 5e | 46 34 28 33 |
| 32 | J16 | – Paul-St-Louis (égl.) | 99 r. St-Antoine, 4e | 42 72 30 32 |
| 17 | F10 | – Philippe du Roule (égl.) | 154 r. du Fg-St-Honoré, 8e | 45 61 10 67 |
| 41 | L9 | – Pie X (Italie) | 36 r. Miollis, 15e | 47 83 58 65 |
| 28 | G8 | – Pierre de Chaillot (égl.) | 26 r. de Chaillot, 16e | 47 20 12 33 |
| 29 | H9 | – Pierre du Gros Caillou (égl.) | 92 r. St.-Dominique, 7e | 45 55 22 38 |
| 7 | C14 | – Pierre de Montmartre (égl.) | 2 r. du Mont-Cenis, 18e | 46 06 57 63 |
| 54 | P12 | – Pierre de Montrouge (égl.) | Pl. Victor-Basch, 14e | 45 40 66 08 |
| 9 | A17 | – Pierre-St-Paul (chap.) | 44 r. Charles-Hermite, 18e | 40 38 08 11 |
| 31 | G13 | – Roch | 296 r. St-Honoré, 1er | 42 60 81 69 |
| 31 | K14 | – Séverin (égl.) | 1 r. Prêtres-St-Séverin, 5e | 43 25 96 63 |
| 31 | K13 | – Sulpice (égl.) | Pl. St-Sulpice, 6e | 46 33 21 78 |

| | | | | |
|---|---|---|---|---|
| 30 | J12 | St-Thomas d'Aquin (égl.) | pl. St-Thomas-d'Aquin, 7e | 42 22 59 74 |
| 20 | E15 | – Vincent de Paul (égl.) | pl. Franz-Liszt, 10e | 48 78 47 47 |
| 42 | K11 | – Vincent de Paul (chap. Pères Lazaristes) | 95 r. de Sèvres, 6e | 42 22 63 70 |
| 30 | J12 | – Vladimir le Grand (rite oriental ukrainien) | 51 r. des Saints-Pères, 6e | 45 48 48 65 |
| 56 | P15 | Ste-Anne Maison Blanche (égl.) | 188 r. de Tolbiac, 13e | 45 89 34 73 |
| 48 | L23 | – Bernadette (chap.) | 12 av. Pte-de-Vincennes, 12e | 43 07 75 29 |
| 38 | L4 | – Bernadette (chap.) | 4 r. d'Auteuil, 16e | 45 25 30 17 |
| 11 | C21 | – Claire (égl.) | 179 bd Sérurier, 19e | 42 02 11 36 |
| 30 | J11 | – Clotilde (égl.) | 23 bis, r. Las-Cases, 7e | 47 05 22 46 |
| 22 | D20 | – Colette (chap.) | 41 r. d'Hautpoul, 19e | 42 39 64 58 |
| 32 | H16 | – Croix (cathédrale) (rite arménien) | 13 r. du Perche, 3e | 42 78 31 73 |
| 32 | G16 | – Elisabeth (égl.) | 195 r. du Temple, 3e | 48 87 56 77 |
| 7 | B13 | – Geneviève-des-Gdes Carrières (égl.) | 174 r. Championnet, 18e | 46 27 84 43 |
| 7 | B14 | – Hélène (égl.) | 4 r. Esclangon, 18e | 46 06 16 99 |
| 55 | R13 | – Jeanne d'Arc (chap. Franciscaines) | 32 av. Reille, 14e | 45 89 15 51 |
| 37 | M2 | – Jeanne de Chantal (égl.) | 96 bd Murat, 16e | 46 51 03 30 |
| 34 | K19 | – Marguerite (égl.) | 36 r. St-Bernard, 11e | 43 71 34 24 |
| 26 | K4 | – Marie (Abbaye bénédictine) | 3 r de la Source, 16e | 45 25 30 07 |
| 6 | C11 | – Marie des Batignolles (égl.) | 77 pl. Dr-F.-Lobligeois, 17e | 46 27 57 67 |
| 18 | G11 | – Marie-Madeleine (égl.) | pl. de la Madeleine, 8e | 42 65 52 17 |
| 4 | C7 | – Odile (égl.) | 2 av. Stéph.-Mallarmé, 17e | 42 27 18 37 |
| 18 | D12 | – Rita (chap.) | 65 bd de Clichy, 9e | 48 74 99 23 |
| 56 | P15 | – Rosalie (égl.) | 50 bd Auguste-Blanqui, 13e | 43 31 36 83 |
| 26 | K4 | – Thérèse (chap.) | 40 r. La Fontaine, 16e | 45 24 43 04 |
| 18 | E12 | – Trinité (égl.) | pl. d'Estienne-d'Orves 9e | 48 74 12 77 |
| 38 | K4 | – Trinité (rite byzantin-russe) | 39 r. François-Gérard, 16e | 42 24 05 53 |

Cultes en langues étrangères

*Services in foreign languages, Gottesdienste in Fremdsprachen, cultos en idiomas extranjeros*

| | | | | |
|---|---|---|---|---|
| 27 | H5 | Cœur Immaculé de Marie (Espagnol) | 51 bis r. de la Pompe, 16e | 45 04 23 34 |
| 30 | G12 | N.D. de l'Assomption (Polonais) | pl. M. Barrès, 1er | 42 60 93 85 |
| 29 | G9 | – de la Consolation (Italien) | 23 r. Jean-Goujon, 8e | 42 25 61 84 |
| 23 | E22 | – de Fatima-Marie Médiatrice (Sanctuaire) (Portugais) | 48 bis bd Serurier, 19e | 42 40 12 55 |
| 15 | G5 | St-Albert le Grand (Allemand) | 38 r. Spontini, 16e | 47 04 31 49 |
| 16 | E8 | St-Joseph (Anglophone) | 50 av. Hoche, 8e | 42 27 28 56 |
| 34 | K20 | Ste-Famille (Italien) | 46 r. de Montreuil, 11e | 43 72 49 30 |

## Églises issues de la Réforme

## *Protestant churches, Protestantische Kirchen, Iglesias Reformistas*

| | | | | |
|---|---|---|---|---|
| 18 | E12 | Fédération Protestante de France | 47 r. de Clichy, 9e | 48 74 15 08 |

Culte Réformé

*Reformed churches, Reformierte Kirchen, Culto Reformado*

| | | | | |
|---|---|---|---|---|
| 18 | E12 | Église réformée de France (Bureau National) | 47 r. de Clichy, 9e | 48 74 90 92 |
| 27 | H6 | Annonciation (de l') | 19 r. Cortambert, 16e | 45 03 43 10 |
| 38 | L3 | Auteuil (d') | 53 r. Erlanger, 16e | 46 51 72 85 |
| 22 | F19 | Belleville (de) | 97 r. Julien-Lacroix, 20e | 43 66 15 39 |
| 35 | H22 | Béthanie (de) | 185 r. des Pyrénées, 20e | 46 36 25 58 |
| 15 | E6 | Étoile (de l') | 54 av. Grande-Armée, 17e | 45 74 41 79 |
| 33 | J17 | Foyer de l'Ame | 7 bis r. Pasteur-Wagner, 11e | 47 00 47 33 |
| 40 | K8 | – de Grenelle | 17 r. de l'Avre, 15e | 45 79 81 49 |
| 42 | L12 | Luxembourg (du) | 58 r. Madame, 6e | 45 48 13 50 |
| 7 | C14 | Maison verte (Montmartre) | 127 r. Marcadet, 18e | 42 54 61 25 |
| 31 | H14 | Oratoire du Louvre | 145 r. St-Honoré, 1er | 42 60 21 64 |
| 30 | J11 | Pentemont (de) | 106 r. de Grenelle, 7e | 42 22 07 69 |
| 41 | N10 | Plaisance (de) | 95 r. de l'Ouest, 14e | 45 43 91 11 |
| 44 | N15 | Port-Royal (de) | 18 bd Arago, 13e | 45 35 30 56 |
| 20 | E15 | Rencontre (de la) | 17 r. des Petits-Hôtels, 10e | 48 24 96 43 |
| 18 | F11 | St-Esprit (du) | 5 r. Roquépine, 8e | 42 65 43 58 |
| 33 | J17 | Ste-Marie | 17 r. St-Antoine, 4e | 43 79 82 59 |

## Culte luthérien, *Lutheran churches, Lutherische Kirchen, Culto Luterano*

| | | | | |
|---|---|---|---|---|
| 56 | N16 | Égl. Évangélique Luthérienne de Paris | 13 r. Godefroy, 13e | 45 82 19 99 |
| 5 | D10 | – Ascension (de l') | 47 r. Dulong, 17e | 47 63 90 10 |
| 32 | J16 | – Billettes (des) | 24 r. des Archives, 4e | 42 72 38 79 |
| 34 | K20 | – Bon Secours (du) | 20 r. Titon, 11e | 43 73 04 57 |
| 19 | F14 | – Rédemption (de la) | 16 r. Chauchat, 9e | 47 70 80 30 |
| 40 | L8 | – Résurrection (de la) | 6 r. Quinault, 15e | 40 56 03 31 |
| 29 | J9 | – St-Jean | 147 r. de Grenelle, 7e | 47 05 85 66 |
| 43 | M13 | – St-Marcel | 24 r. Pierre-Nicole, 5e | 45 82 70 95 |
| 8 | C15 | – St-Paul | 90 bd Barbès, 18e | 46 06 91 18 |
| 22 | D19 | – St-Pierre | 55 r. Manin, 19e | 42 08 45 56 |
| 56 | N16 | – Trinité (de la) | 172 bd Vincent-Auriol, 13e | 45 86 06 97 |

## Culte Baptiste, *Baptist churches, Baptistische Kirchen, Culto Bautista*

| | | | | |
|---|---|---|---|---|
| 30 | J12 | Égl. Évangélique Baptiste | 48 r. de Lille, 7e | 42 61 13 95 |
| 47 | M22 | – – | 32 r. Victor-Chevreuil, 12e | 43 43 45 10 |
| 42 | N11 | – – | 123 av. du Maine, 14e | 43 22 51 57 |
| 22 | AB19 | – du Point du Jour | Boulogne 133 route de la Reine | 46 47 69 60 |
| 6 | B12 | Égl. du Tabernacle | 163 bis r. Belliard, 18e | 46 27 43 12 |

## Cultes en langues étrangères, *Services in foreign languages, Gottesdienste in Fremdsprachen, Cultos en idiomas extranjeros*

| | | | | |
|---|---|---|---|---|
| 16 | G8 | American Cathedral in Paris | 23 av. George-V, 8e | 47 20 17 92 |
| 29 | G9 | Church of Scotland (Écosse) | 17 r. Bayard, 8e | 48 78 47 94 |
| 18 | E12 | Deutsche Evangelische Christuskirche | 25 r. Blanche, 9e | 45 26 79 43 |
| 56 | N16 | Église Réformée néerlandaise | 172 bd Vincent-Auriol, 13e | 47 02 36 21 |
| 16 | F8 | Frederikskirchen (Danemark) | 17 r. Lord-Byron, 8e | 45 63 82 31 |
| 29 | G9 | Reformatus Templom (Hongrie) | 17 r. Bayard, 8e | 48 57 60 71 |
| 16 | F8 | St George's Anglican Church | 7 r. A.-Vacquerie, 16e | 47 20 22 51 |
| 18 | F11 | St Michael's English Church | 5 r. d'Aguesseau, 8e | 47 42 70 88 |
| 17 | E9 | Svenska Kyrkan (Suède) | 9 r. Médéric, 17e | 47 63 70 33 |
| 29 | H9 | The American Church in Paris | 65 quai d'Orsay, 7e | 47 05 07 99 |

## Églises Orthodoxes
## *Orthodox Churches, Orthodoxe Kirchen, Iglesias ortodoxas*

| | | | | |
|---|---|---|---|---|
| 38 | L3 | Apparition de la Ste-Vierge (Russe) | 87 bd Exelmans, 16e | 46 51 92 25 |
| 18 | D11 | Descente du St-Esprit (cathédrale) roumaine | 44 bd des Batignolles, 17e | 43 87 69 49 |
| 44 | K15 | N.-D. Joie des Affligés et Ste-Geneviève | 4 r. St-Victor, 5e | 45 82 87 70 |
| 52 | N7 | Présentation de la Ste-Vierge (Russe) | 91 r. O.-de-Serres, 15e | 42 50 53 66 |
| 16 | E8 | St-Alexandre Newski (cathédrale) Russe | 12 r. Daru, 8e | 42 27 37 34 |
| 28 | G8 | St-Etienne (cathédrale) Grecque | 7 r. Georges-Bizet, 16e | 47 20 82 35 |
| 34 | J19-J20 | St-Euthime (Bulgare) | 22 r. de Belfort, 11e | |
| 29 | G9 | St-Jean-Baptiste (cathédrale) rite arménien | 15 r. Jean-Goujon, 8e | 43 59 67 03 |
| 8 | B15 | St-Sava (Serbe) | 23 r. du Simplon, 18e | 42 55 31 05 |
| 41 | L9 | St-Séraphin de Sarov (Russe) | 91 r. Lecourbe, 15e | 42 73 05 03 |
| 22 | D19 | St-Serge (Russe) | 93 r. de Crimée, 19e | 42 08 12 93 |
| 22 | E20 | St-Simon (Ukrainien) | 6 r. de Palestine, 19e | 42 03 24 72 |
| 40 | L7 | Ste-Nina (Géorgien) | 6-8 r. de la Rosière, 15e | |
| 32 | H15 | Ste-Trinité | 30 bd de Sébastopol, 4e | 42 78 24 03 |
| 43 | K14 | Sts-Archanges (Roumain) | 9 bis, r. J.-de-Beauvais, 5e | 43 54 67 47 |
| 19 | E13 | Sts-Constantin et Hélène (Grecque) | 2 bis, r. Laferrière, 9e | 48 78 35 53 |
| 38 | M3 | Tous les Saints de la Terre Russe (Russe) | 19 r. Claude-Lorrain, 16e | 39 61 91 01 |
| 40 | M8 | Les Trois Sts-Hiérarques | 5 r. Pétel, 15e | 45 32 92 65 |

## Synagogues, *Synagogen, Sinagogas*

| | | | | |
|---|---|---|---|---|
| 19 | E13 | Association Consistoriale Israélite de Paris | 17 r. St-Georges, 9e | 42 85 71 09 |
| 19 | F14 | Centre Communautaire – Maison des Jeunes | 19 bd Poissonnière, 2e | 42 33 80 21 |
| 16 | G7 | Union Libérale Israélite de France | 24 r. Copernic, 16e | 47 04 37 27 |
| | | Synagogues et Oratoires : | | |
| 32 | G16 | Synagogue | 15 r. N.-D.-Nazareth, 3e | 42 78 00 30 |

| | | | | |
|---|---|---|---|---|
| 32 | J16 | Oratoire Fleishman | 18 r. des Écouffes, 4e | 48 87 97 86 |
| 32 | J16 | Syn. « Agoudas Hakehilos » (Orthodoxe) | 10 r. Pavée, 4e | 48 87 21 54 |
| 32 | J16 | Syn. Adath Yechouroun | 25 r. des Rosiers, 4e | 48 87 80 64 |
| 33 | J17 | Synagogue | 21 bis r. des Tournelles, 4e | 42 74 32 80 |
| 33 | J17 | Synagogue | 14 pl. des Vosges, 4e | 48 87 79 45 |
| 44 | M15 | Synagogue | 30 bd de Port Royal, 5e | 43 31 75 47 |
| 44 | M15 | Synagogue | 9 r. Vauquelin, 5e | 47 07 21 22 |
| 20 | F15 | Syn. Rachi | 6 r. Ambroise-Thomas, 9e | 48 24 86 94 |
| 19 | E14 | Synagogue Portugaise | 28 r. Buffault, 9e | 46 51 29 88 |
| 19 | E14 | Synagogue | 8 r. Lamartine, 9e | 45 26 87 60 |
| 19 | F14 | Syn. Adath Yereim | 10 r. Cadet, 9e | 42 46 36 47 |
| 19 | E13 | Synagogue Berith Chalom | 18 r. St-Lazare, 9e | 48 78 45 32 |
| 19 | F13 | Synagogue et oratoire | 44 r. de la Victoire, 9e | 45 26 95 36 |
| 19 | F14 | Synagogue Beth-El | 3 r. Saulnier, 9e | 47 70 09 23 |
| 19 | F14 | Synagogue Beth Israël | 4 r. Saulnier, 9e | |
| 20 | F15 | Synagogue | 4 r. Martel, 10e | |
| 20 | D15 | Synagogue | 9 r. Guy-Patin, 10e | 42 85 50 72 |
| 33 | J18 | Syn. Don Isaac Abravanel | 84 r. de la Roquette, 11e | 47 00 75 95 |
| 34 | J19 | Synagogue | 18 r. Basfroi, 11e | 43 48 82 42 |
| 34 | J19 | Syn. Adath Israël | 36 r. Basfroi, 11e | 43 67 89 20 |
| 47 | M21 | Orat. Beth Yaakov | 15 r. Lamblardie, 12e | 43 47 36 78 |
| 57 | P18 | Synagogue | 19 r. Domrémy, 13e | 45 85 25 56 |
| 55 | R14 | Syn. Sidi Fredj Halimi | 61-65 r. Vergniaud, 13e | 45 88 93 84 |
| 41 | N10 | Synagogue | 121 r. de l'Ouest, 14e | 45 40 88 40 |
| 53 | P9 | Oratoire | 223 r. Vercingétorix, 14e | 45 45 03 43 |
| 41 | L9 | Synagogue | 14 r. Chasseloup-Laubat, 15e | 42 73 36 29 |
| 39 | K6 | Synagogue | 11 r. Gaston-de-Caillavet, 15e | 45 75 38 64 |
| 40 | K7 | Synagogue | 13 r. Fondary, 15e | 45 79 91 97 |
| 27 | G5 | Syn. Ohel Abraham | 31 r. de Montevideo, 16e | 45 04 66 73 |
| 16 | D7 | Synagogue | 19 r. Galvani, 17e | 45 74 52 80 |
| 7 | B14 | Syn. de Montmartre | 13 r. Ste-Isaure, 18e | 42 64 48 34 |
| 7 | C14 | Oratoire | 42 r. des Saules, 18e | 46 06 71 39 |
| 10 | B19 | Synagogue | 11 r. Curial, 19e | 40 37 65 16 |
| 21 | E18 | Oratoire | 70 av. Secrétan, 19e | |
| 22 | F19 | Oratoire | 120 bd de Belleville, 20e | 47 97 46 96 |
| 22 | F19 | Synagogue et oratoire | 75 r. Julien-Lacroix, 20e | 43 58 28 39 |
| 22 | F19 | Synagogue-Temple Guez | 19 r. de Tourtille, 20e | 47 97 75 20 |
| 36 | J23 | Syn. Bet Yaacov Yossef | 5 square des Cardeurs, 20e | 43 73 26 38 |

## Culte Musulman, *Islam, Islamische Kultstätten, Culto Musulmán*

| | | | | |
|---|---|---|---|---|
| 44 | L16 | Institut Musulman | pl. du Puits-de-l'Ermite, 5e | 45 35 97 33 |
| 44 | M16 | Mosquée | pl. du Puits-de-l'Ermite, 5e | 45 35 97 33 |

## Culte Bouddhique, *Buddhism, Buddhistische Kultstätten, Culto Budista*

| | | | | |
|---|---|---|---|---|
| 46 | L20 | Institut Internat. Bouddhique | 20 cité Moynet, 12e | 43 40 91 61 |
| 60 | P24 | Centre Cultuel et culturel Bouddhique | 40 bis rte de ceinture du Lac Daumesnil, 12e | 43 41 54 48 |

## Autres cultes, *Other churches, Andere Kultstätten, Cultos diversos*

| | | | | |
|---|---|---|---|---|
| 23 | E22 | Église de Jésus Christ des Saints des Derniers jours (Mormons) | 66 r. de Romainville, 19e | 42 45 28 57 |
| 44 | N16 | Église Adventiste du 7e jour | 130 bd de l'Hôpital, 13e | 43 31 33 91 |
| 20 | F15 | – | 63 r. du Fg Poissonnière, 9e | 47 70 68 23 |
| 35 | K22 | – | 96, r. des Grands-Champs, 20e | 43 50 36 44 |
| 55 | N14 | Église catholique orthodoxe de France | 96 bd Auguste-Blanqui, 13e | 45 42 44 12 |
| 40 | M8 | Église protestante évangélique luthérienne | 105 r. de l'Abbé-Groult, 15e | 48 42 58 09 |
| 24 | AR44 AS44 | fédération Évangélique de France | Yerres 40 r. du Réservoir | 69 49 06 21 |

*Le guide Vert Michelin Paris (édition en français, anglais et allemand), est le complément indispensable du plan de Paris que vous avez en main.*

# ENSEIGNEMENT SUPÉRIEUR
*HIGHER EDUCATION*
*UNIVERSITÄTEN, HOCHSCHULEN*
*ENSENANZA SUPERIOR*

## Institut de France
*Institute of France, Instituto de Francia*

| | | | | |
|---|---|---|---|---|
| 31 | J13 | Institut de France | 23 quai de Conti, 6e | 43 29 55 10 |
| | | Académie Française | – | 43 26 85 15 |
| | | Académie des Inscriptions et Belles Lettres | – | 43 26 92 82 |
| | | Académie des Sciences | – | 43 26 66 21 |
| | | Académie des Beaux-Arts | – | 43 26 22 47 |
| | | Académie des Sciences Morales et Politiques | – | 43 26 31 35 |

## Institutions
*Institutions, Staatliche Institutionen, Instituciones*

| | | | | |
|---|---|---|---|---|
| 30 | H11 | Centre National de la Recherche Scientifique (CNRS) | 15 q. Anatole-France, 7e | 47 53 15 15 |
| 43 | K14 | Collège de France | 11 pl. M.-Berthelot, 5e | 44 27 12 11 |
| 29 | L14 | Institut Curie | 26 r. d'Ulm, 5e | 43 29 12 42 |
| 43 | J10 | Institut Géographique National | 136 bis r. Grenelle, 7e | 43 98 80 00 |
| 44 | N15 | Manufacture des Gobelins | 42 av. des Gobelins, 13e | 48 87 24 14 |
| 44 | L16 | Museum National d'Histoire Naturelle | 57 r. Cuvier, 5e | 40 79 30 00 |
| 43 | N13 | Observatoire de Paris | 61 av. de l'Observatoire, 14e | 40 51 22 21 |

## Services et Organismes para-universitaires
*University organizations, Universitäre Einrichtungen, Servicios y Organismos para-universitarios*

| | | | | |
|---|---|---|---|---|
| 43 | M13 | Centre Régional des Œuvres Universitaires et Scolaires (CROUS) (Information et accueil pour étudiants) | 39 av. G.-Bernanos, 5e | 40 51 36 00 |
| 55 | S13 | Cité Internationale Universitaire de Paris | 19 bd Jourdan, 14e | 45 89 68 52 |
| 55 | R13 | Fondation Santé des Étudiants de France | 8 r. Emile-Deutsch-de-la-Meurthe, 14e | 45 89 43 39 |
| 22 | AF28 | Service Interacadémique des Examens et Concours | Arcueil - 7 r. Ernest-Renan | 46 60 19 90 |

## Universités
*Universities, Universitäten, Universidades*

| | | | | |
|---|---|---|---|---|
| 43 | K14 | Académie de Paris (Rectorat) | 47 r. des Écoles, 5e | 40 46 22 11 |
| 43 | L14 | Paris I Panthéon-Sorbonne | 12 pl. du Panthéon, 5e | 46 34 97 00 |
| 43 | L13 | Paris II, Droit, Économie et Sciences sociales | 92 r. d'Assas, 6e | 43 20 12 24 |
| 44 | M15 | Paris III Sorbonne Nouvelle | 13 r. Santeuil, 5e | 45 87 40 00 |
| 43 | K14 | Paris IV Paris-Sorbonne | 1 r. Victor-Cousin, 5e | 40 46 22 11 |
| 31 | K14 | Paris V René Descartes | 12 r. de l'Éc. Médecine, 6e | 40 46 16 16 |
| 44 | L16 | Paris VI Pierre et Marie Curie | 4 pl. Jussieu, 5e | 44 27 44 27 |
| 44 | L16 | Paris VII | 2 pl. Jussieu, 5e | 43 36 25 25 |
| 20 | M31 | Paris VIII | St-Denis - 2 r. de la Liberté | 49 40 67 89 |
| 15 | F5 | Paris IX Paris-Dauphine | pl. du Mar.-de-Lattre de-Tassigny, 16e | 45 05 14 10 |
| 18 | T17 | Paris X Paris-Nanterre | Nanterre 200 av. de la République | 40 97 72 00 |
| 101 | pli 33 | Paris XI Paris-Sud | Orsay 15 av. G.-Clemenceau | 69 41 67 50 |
| 24 | AH38 | Paris XII Paris-Val-de-Marne | Créteil av. du Gal-de-Gaulle | 48 98 91 44 |
| 18 | L28 | Paris XIII Paris-Nord | Villetaneuse av. J.-B.-Clément | 49 40 30 00 |

## Facultés de Médecine (Unité de Formation et de Recherche médicale – U.F.R.)

### *Teaching hospitals, Universitätskliniken, Facultades de Medicina*

| | | | | | |
|---|---|---|---|---|---|
| 43 | M14 | Cochin-Port-Royal | Paris V | 24 r. du Fg-St-Jacques, 14e | 43 20 12 40 |
| 1 | L10 | Necker-Enfants Malades | – | 156 r. de Vaugirard, 15e | 47 83 33 03 |
| 22 | AB13 | Paris-Ouest | – | Garches<br>104 bd R.-Poincaré | 47 41 81 18 |
| 31 | K14 | Broussais-Hôtel-Dieu | Paris VI | 15 r.<br>de l'École-de-Médecine, 6e | 43 29 29 29 |
| 45 | M17 | Pitié-Salpêtrière | – | 91 bd de l'Hôpital, 13e | 40 77 95 00 |
| 46 | K19 | Saint-Antoine | – | 27 rue Chaligny, 12e | 40 01 13 00 |
| 20 | E16 | Lariboisière-Saint-Louis | Paris VII | 10 av. de Verdun, 10e | 42 09 94 26 |
| 7 | A13 | Xavier-Bichat-Beaujon | – | 16 r. Henri-Huchard, 18e | 42 63 84 20 |
| 24 | AF30 | Kremlin-Bicêtre | Paris XI | Kremlin-Bicêtre<br>63 r. G.-Péri | 49 59 67 67 |
| 24 | AH39 | Créteil (H. Mondor) | Paris XII | Créteil - 8 r. du Gal-Sarrail | 49 81 21 11 |
| 20 | S36 | Paris-Nord | Paris XIII | Bobigny<br>74 r. Marcel-Cachin | 48 38 76 00 |

## Instituts Universitaires de Technologie (I.U.T.)

### *Institutes of Technology, Technische Hochschulen, Institutos Universitarios de Tecnología*

| | | | | |
|---|---|---|---|---|
| 38 | M4 | Paris V | 143 av. de Versaille, 16e | 45 24 46 02 |
| 22 | AD16 | Paris X | Ville-d'Avray<br>1 chemin Desvallières | 47 09 05 70 |
| 101 | pli 2 | – | Cergy-Pontoise<br>Allée des Chênes-Pourpres | 34 25 42 95 |
| 22 | AJ27 | Paris XI | Cachan - 9 av. Div.-Leclerc | 46 64 10 32 |
| 101 | pli 33 | – | Orsay - Plateau du Moulon | 69 41 00 40 |
| 22 | AK24 | – | Sceaux - 8 av. Cauchy | 46 60 06 83 |
| 24 | AH38 | Paris XII | Créteil - av. du Gal-de-Gaulle | 48 98 91 44 |
| 101 | pli 37 | – | Évry - Quartier des Passages<br>22 allée Jean-Rostand | 60 78 03 63 |
| 20 | N30 | Paris XIII | St-Denis<br>pl. du 8-Mai-1945 | 49 40 61 00 |
| 18 | L28 | – | Villetaneuse<br>av. J.-B.-Clément | 49 40 30 00 |

## Enseignement spécialisé - Grandes Écoles

### *Colleges of university level, Hochschulen*
### *Enseñanza especializada - Colegios Mayores*

| | | | | |
|---|---|---|---|---|
| 30 | J12 | Administration (Éc. nat.) ENA | 13 r. de l'Université, 7e | 49 26 45 45 |
| 39 | L6 | Administration des Entreprises (Inst.) | 162 rue St-Charles, 15e | 45 54 97 24 |
| 43 | L13 | Administration Publique (Inst. internat.) | 2 av. de l'Observatoire, 6e | 43 26 49 00 |
| 44 | M15 | Institut National Agronomique Paris-Grignon | 16 r. Cl.-Bernard, 5e | 43 37 15 50 |
| 42 | L12 | Alliance Française<br>(École de langue et civilisation française) | 101 bd Raspail, 6e | 45 44 38 28 |
| 42 | M12 | Architecture (École spéciale) | 245 bd Raspail, 14e | 43 22 83 70 |
| 19 | F14 | Art Dramatique (Conserv. Nat. Sup.) | 2 bis r. Conservatoire, 9e | 42 46 12 91 |
| 46 | L20 | Arts Appliqués BOULLE (École Sup.) | 9 r. Pierre-Bourdan, 12e | 43 46 67 34 |
| 40 | N8 | Arts Appliqués et Métiers d'Art<br>(École Nationale Supérieure) | 63 r. Olivier-de-Serres, 15e | 45 30 20 66 |
| 43 | L14 | Arts Décoratifs (Éc. Nat. Sup.) | 31 r. d'Ulm, 5e | 43 29 86 79 |
| 56 | P15 | Arts et Industries Graphiques ESTIENNE<br>(École Supérieure) | 18 bd Auguste-Blanqui, 13e | 43 36 96 19 |
| 22 | AL24 | Arts et Manufactures (École Centrale) | Châtenay-Malabry<br>Grande Voie des Vignes | 46 83 64 64 |
| 32 | G16 | Arts et Métiers (Conserv. Nat.) | 292 r. St-Martin, 3e | 40 27 24 06 |
| 44 | N16 | Arts et Métiers (Éc. Nat. Sup.) | 151 bd de l'Hôpital, 13e | 44 24 62 99 |
| 31 | J13 | Beaux-Arts (Éc. Nat. Sup.) | 14 r. Bonaparte, 6e | 42 60 34 57 |
| 42 | K12 | Institut Catholique de Paris | 21, r. d'Assas, 6e | 42 22 41 80 |
| 43 | L14 | Chimie de Paris (Éc. Nat. Sup.) ENSCP | 11 r. P.-et-M.-Curie, 5e | 44 27 66 85 |

| | | | | |
|---|---|---|---|---|
| 44 | N16 | Chimie, Physique, Biologie (École Nationale) | 11 r. Pirandello, 13e | 43 31 90 94 |
| 34 | G19 | Commerce de Paris (Éc. Sup.) | 79 av. République, 11e | 43 55 39 08 |
| 33 | H18 | Création industrielle LES ATELIERS (Éc. Nat. Sup.) | 46-48 r. Saint-Sabin, 11e | 49 23 12 12 |
| 101 | pli 33 | Électricité (Éc. Sup.) SUPELEC | Gif-sur-Yvette plateau de Moulon | 69 41 80 40 |
| 101 | pli 2 | Électronique et ses Applications (École Nationale Supérieure) ENSEA | Cergy - allée des Chênes-Pourpres | 30 73 66 66 |
| 42 | L12 | Électronique de Paris (Inst. Sup.) I.S.E.P. | 28 r. N.-D.-des-Champs, 6e | 49 54 52 00 |
| 30 | J12 | Études Politiques (Inst.) | 27 r. St-Guillaume, 7e | 45 49 50 50 |
| 27 | G5 | Gestion (Institut Supérieur) | 8 r. de Lota, 16e | 45 53 60 00 |
| 43 | L14 | École Pratique des Hautes Études (Inst. H.-Poincaré) | 11 r. P.-et-M.-Curie, 5e | 43 54 83 57 |
| 22 | AM13 | Hautes Études Commerciales (HEC) | Jouy-en-Josas 1 r. de la Libération | 39 67 70 00 |
| 64 | DU | Horticulture et Technique du Paysage (École du Breuil) | Rte de la Ferme - Bois de Vincennes, 12e | 43 28 28 94 |
| 24 | AG32 | Industries du Caoutchouc (Éc. Sup.) ESICA | Vitry - 60 r. Auber | 46 71 91 22 |
| 20 | Z38 | Informatique (École Supérieure) | Montreuil - 98 r. Carnot | 48 59 69 69 |
| 24 | AB50 AB51 | Ingénieurs en Électrotechnique et Électronique (École Supérieure) | Noisy-le-Grand Cité Descartes 2 bd Plaise-Pascal | 45 92 65 00 |
| 42 | K12 | Interprétation et Traduction (Institut Supérieur) ISIT | 21 r. d'Assas, 6e | 42 22 33 16 |
| 15 | F5G5 | Interprètes et Traducteurs (École Supérieure) ESIT | Pl. du Mal-de-Lattre-de-Tassigny, 16e Centre Universitaire Dauphine | 45 05 14 10 |
| 57 | P17 | Journalisme (École Supérieure) | 107 r. de Tolbiac, 13e | 45 70 73 37 |
| 31 | J13 | Langues et Civilisations Orientales (Institut National) | 2 r. de Lille, 7e | 49 26 42 00 |
| 24 | AB50 | Louis Lumière (École Nationale) Photo-Cinéma-Son | Noisy-le-Grand 7 allée du Promontoire | 45 92 23 33 |
| 31 | H13 | Louvre (École) | 34 quai du Louvre, 1er | 40 20 56 14 |
| 43 | L13 | Mines (École Nationale Supérieure) | 60 bd Saint-Michel, 6e | 40 51 90 00 |
| 10 | C20 | Musique et Danse de Paris (Conserv. Nat. Sup.) | 211 av. Jean-Jaurès, 19e | 40 40 45 45 |
| 43 | M14 | Normale Supérieure | 45 r. d'Ulm, 5e | 43 29 12 25 |
| 54 | R12 | – | 48 bd Jourdan, 14e | 45 89 08 33 |
| 53 | R10 | – | Montrouge - 1 r. M.-Arnoux | 46 57 12 86 |
| 22 | AH24 | – | Fontenay-aux-Roses 31 av. Lombart | 47 02 60 50 |
| 22 | AB18 | – | St-Cloud Grille d'Honneur du Parc | 47 71 91 11 |
| 22 | AH27 | Normale Supérieure (technologie) | Cachan 61 av. du Prés.-Wilson | 47 40 20 00 |
| 18 | W14 | Pétrole et Moteurs (École Nationale Supérieure) | Rueil-Malmaison 4 av. de Bois-Préau | 47 49 02 14 |
| 43 | M14 | Physique et Chimie Industrielles (École Sup.) | 10 r. Vauquelin, 5e | 40 79 44 00 |
| 101 | pli 34 | Polytechnique (École) | Palaiseau - Route de Saclay | 69 33 47 36 |
| 22 | AK25 | Polytechnique Féminine (École) | Sceaux - 3 bis r. Lakanal | 46 60 33 31 |
| 30 | J12 | Ponts et Chaussées (École Nationale) | 28 r. des Sts-Pères, 7e | 42 60 34 13 |
| 53 | P9 | Puériculture (Institut) | 26 bd Brune, 14e | 40 44 39 39 |
| 101 | pli 2 | Sciences Économiques et Commerciales (École supérieure) Groupe ESSEC | Cergy-Pontoise Av. Bernard-Hirsch | 34 43 30 00 |
| 63 | BT | Sciences Géographiques (École Nationale) | St-Mandé - 2 av. Pasteur | 43 98 80 55 |
| 101 | pli 33 | Sciences et Techniques Nucléaires (Institut National) | Gif-sur-Yvette - N 306 Centre d'Ét. Nucl. de Saclay | 69 08 21 59 |
| 53 | R9 | Statistique et Administration Économique (École Nationale) E.N.S.A.E. | Malakoff - 3 av. P.-Larousse | 45 40 10 11 |
| 101 | pli 33 | Techniques Aérospatiales (École Supérieure) E.S.T.A. | Orsay - Bât. 502 bis Complexe scientifique | 69 28 68 57 |
| 39 | N6 | Techniques Avancées (Éc. Nat. Sup.) | 32 bd Victor, 15e | 45 52 44 08 |
| 55 | P14 | Télécommunications (Éc. Nat. Sup.) | 46 r. Barrault, 13e | 45 81 77 77 |
| 31 | K14 | Travaux Publics, du Bâtiment et de l'Industrie (École Spéciale) | 57 bd St-Germain, 5e | 44 41 11 11 |
| 24 | AE36 AF36 | Vétérinaire d'Alfort (École Nationale) | Maisons-Alfort 7 av. du Gal-de-Gaulle | 43 96 71 00 |

# INFORMATION, *INFORMACIÓN*

| | | | | |
|---|---|---|---|---|
| 19 | G14 | Agence France-Presse | 13 pl. de la Bourse, 2e | 40 41 46 46 |
| 19 | G14 | – Centrale de Presse | 26 r. du Sentier, 2e | 40 26 11 11 |
| 19 | F14 | – Parisienne de Presse | 18 r. St-Fiacre, 2e | 42 36 95 59 |

## Radio-Télévision, *Rundfunk - Fernsehen*

| | | | | |
|---|---|---|---|---|
| 27 | K5 | Radio-France | 116 av. P.-Kennedy | 42 30 22 22 |
| 29 | H9 | Télévision Française (TF1) | 19 r. Cognacq-Jay, 7e | 42 75 12 34 |
| 42 | L11 | – (Relations Publiques) | 17 r. de l'Arrivée, 15e | 42 75 12 34 |
| 29 | G9 | Antenne 2 | 22 av. Montaigne, 8e | 44 21 42 42 |
| 29 | G9 | France-Régions 3 (FR3) | 28 cours Albert-Ier, 8e | 40 74 47 35 |
| 27 | K5 | (Renseignements aux Téléspectateurs) | 116 av. P.-Kennedy, 16e | 42 30 22 22 |
| 40 | N7 | Canal Plus | 78 r. Olivier-de-Serres, 15e | 45 33 74 74 |
| 27 | K5 | La Cinq | 104 av. P.-Kennedy, 16e | 40 55 55 55 |
| 29 | G9 | M6 | 16 cours Albert-Ier, 8e | 45 63 17 17 |
| 29 | G9 | EDIRADIO (RTL) | 22 r. Bayard, 8e | 40 70 40 70 |
| 29 | G9 | Europe N° 1 - Télécompagnie | 26 bis r. François-Ier, 8e | 42 32 90 00 |
| 16 | F8 | Radio Monte-Carlo | 12 r. Magellan, 8e | 40 69 88 00 |

## Grands quotidiens
## *Main daily newspapers, Größere Tageszeitungen, Grandes diarios*

| | | | | |
|---|---|---|---|---|
| 29 | G9 | La Croix-l'Événement | 3 r. Bayard, 8e | 45 62 51 51 |
| 17 | F10 | Les Échos | 46 r. La Boétie, 8e | 49 53 65 65 |
| 49 | R2 | L'Équipe | Issy-les-Moulineaux<br>4 r. Rouget-de-l'Isle | 40 93 20 20 |
| 17 | F10 | Le Figaro (Administr.-Publicité) | 25 av. Matignon, 8e | 40 75 20 00 |
| 31 | G14 | – (Rédaction) et Figaro-l'Aurore | 37 r. du Louvre, 2e | 42 21 62 00 |
| 46 | M19 | France-Soir | 65 r. de Bercy, 12e | 40 01 20 00 |
| 20 | N31 | L'Humanité | St-Denis - r. Jean-Jaurès | 49 22 72 72 |
| 33 | G17 | Libération | 11 r. Béranger, 3e | 42 76 17 89 |
| 19 | F13 | Le Monde | 13-15 r. Falguière, 15e | 40 65 25 25 |
| 18 | S29 | Le Parisien Libéré | St-Ouen - 25 av. Michelet | 40 10 30 30 |
| 14 | D4 | Le Quotidien de Paris | Neuilly-sur-Seine<br>2 r. Ancelle | 47 47 12 32 |
| 39 | M5 | La Tribune de l'Expansion | 25 r. Leblanc, 15e | 40 60 40 60 |

## Journaux de Province
## *Main regional newspapers, Größere regionale Tageszeitungen, Periódicos de Provincia*

| | | | | |
|---|---|---|---|---|
| 31 | G14 | Le Dauphiné Libéré | 62 r. du Louvre, 2e | 40 26 05 43 |
| 28 | H8 | La Dépêche du Midi | 7 r. de Monttessuy, 7e | 45 55 91 71 |
| 18 | F11 | Les Dernières Nouvelles d'Alsace | 3 r. de Rigny, 8e | 43 87 12 30 |
| 18 | F11 | L'Est Républicain | – | 43 87 15 30 |
| 19 | F13 | Midi Libre | 27 r. de La Michodière, 2e | 47 42 87 97 |
| 19 | F13 | La Montagne | – | 42 65 55 04 |
| 19 | G14 | La Nouvelle République du Centre-Ouest | 17 r. de la Banque, 2e | 42 96 99 39 |
| 17 | F10 | Ouest-France | 91 r. Fg-St-Honoré, 8e | 45 62 29 93 |
| 31 | G14 | Paris-Normandie | 62 r. du Louvre, 2e | 45 08 59 66 |
| 31 | H13 | Le Républicain Lorrain | 8 r. de l'Échelle, 1er | 42 60 67 88 |
| 19 | F13 | Sud-Ouest | 27 r. de la Michodière, 2e | 42 66 17 52 |
| 17 | F9 | La Voix du Nord | 73 av. Champs-Élysées, 8e | 43 59 10 38 |

## Renseignements par téléphone
## *Information by telephone, Telefonische Auskunft, Información por teléfono*

| | | | |
|---|---|---|---|
| Horloge des neiges | 42 66 64 28 | Information Météo | 36 65 00 00 |
| Horloge parlante | 36 99 | Météo Ile-de-France | 36 65 02 75 |
| Informations téléphonées | 36 65 10 00 | Météo France | 36 65 01 01 |
| Information Bourse<br>*(jours ouvr., 12 h 15-18 h)* | 42 60 84 00 | | |

# LES JEUNES A PARIS

*THE YOUNG IN PARIS, JUGEND IN PARIS, LOS JÓVENES EN PARÍS*

| | | | | |
|---|---|---|---|---|
| 32 | H15 | Accueil des Jeunes en France | 119 r. St-Martin, 4e | 42 77 87 80 |
| 32 | J16 | – | 16 r. du Pont-L.-Philippe, 4e | 42 78 04 82 |
| 43 | M13 | – | 139 bd St-Michel, 5e | 43 54 95 86 |
| 28 | J7 | Centre d'Information et Documentation Jeunesse (CIDJ) | 101 quai Branly, 15e | 45 66 40 20 |
| 29 | K9 | Commission Armées-Jeunesse | 1 pl. Joffre, 7e | 45 55 30 11 |
| 43 | M13 | O.T.U.-Voyage | 39 av. G.-Bernanos, 5e | 43 29 12 88 |
| 32 | H15 | – | 9 r. Brantôme, 3e | 48 04 70 30 |

## Hébergement

*Accommodation, Unterkunft, Alojamiento*

| | | | | |
|---|---|---|---|---|
| 48 | M23 | Centre International de Séjour de Paris | 6 av. Maurice-Ravel, 12e | 43 43 19 01 |
| 56 | S16 | – | 17 bd Kellerman, 13e | 45 80 70 76 |
| 55 | P13 | Foyer International d'Accueil de Paris | 30 r. Cabanis, 14e | 45 89 89 15 |
| 18 | U18 | – la Défense | Nanterre 19 r. Salvador-Allende | |
| 18 | T25 | Léo-Lagrange (Centre Intern. de Séjour) | Clichy - 107 r. Martre | 42 70 03 22 |
| 32 | J16 | Maisons Internationales de la jeunesse et des Étudiants (MIJE) | 11 r. du Fauconnier, 4e | 42 74 23 45 |
| 32 | J16 | Hôtel des jeunes | 6 r. de Fourcy, 4e | 42 74 23 45 |
| 32 | J16 | Hôtel des Jeunes | 12 r. des Barres, 4e | 42 72 72 09 |
| 34 | J19 | Hôtel des Jeunes | 151 av. Ledru-Rollin, 11e | 43 79 53 86 |
| 18 | E11 | Union Chrétienne de Jeunes Filles | 22 r. de Naples, 8e | 45 22 23 49 |
| 23 | G21 | – | 65 r. Orfila, 20e | 46 36 82 80 |
| 40 | M7 | – | 168 r. Blomet, 15e | 45 33 48 21 |
| 22 | AL20 | Auberges de Jeunesse | Châtenay-Malabry 3 chemin du Loup-Pendu | 46 32 17 43 |
| 24 | AM36 AM37 | – | Choisy-le-Roi - 125 av. de Villeneuve-St-Georges | 48 90 92 30 |

## Loisirs éducatifs

*Cultural associations, Kulturelle Vereinigungen, Asociaciones Educativas*

| | | | | |
|---|---|---|---|---|
| 18 | D11 | Fédération Régionale des Maisons des Jeunes et de la Culture | 54 bd des Batignolles, 17e | 43 87 66 83 |
| 32 | J16 | Jeunesses Musicales de France | 56 r. de l'Hôtel-de-Ville, 4e | 42 78 19 54 |
| 34 | K20 | Maison Internationale des Jeunes | 4 r. Titon, 11e | 43 71 99 21 |
| 55 | N14 | Union Nationale des Centres Sportifs de Plein Air (UCPA) | 62 r. de la Glacière, 13e | 43 36 05 20 |
| 32 | H15 | – | 28 bd de Sébastopol, 4e | 48 04 76 76 |

## Mouvements de Jeunesse

*Youth organizations, Jugendorganisationen, Organizaciones Juveniles*

| | | | | |
|---|---|---|---|---|
| 21 | D18 | Scouts de France | 54 av. Jean-Jaurès, 19e | 42 38 37 37 |
| 19 | F13 | Éclaireuses et Éclaireurs de France | 66 r. Chaussée-d'Antin, 9e | 48 74 51 40 |
| 29 | K10 | Éclaireuses et Éclaireurs Israélites de France | 27 av. de Ségur, 7e | 47 83 60 33 |
| 5 | A10 | Fédération Éclaireuses et Éclaireurs Unionistes de France | Clichy - 15 r. Klock | 42 70 52 20 |

***Pour choisir un hôtel, un restaurant à Paris et dans sa proche banlieue, utilisez la plaquette extraite du Guide Michelin France de l'année.***

# MUSÉES

## *MUSEUMS, MUSEEN, MUSEOS*

| | | | | |
|---|---|---|---|---|
| 29 | J10 | Armée (Hôtel des Invalides) | 129 r. de Grenelle, 7e | 45 55 37 70 |
| 15 | F6 | Arménien | 59 av. Foch, 16e | 45 56 15 88 |
| 7 | C14 | Art Juif | 42 r. des Saules, 18e | 42 57 84 15 |
| 32 | H15 | Art moderne (Centre G.-Pompidou) | Pl. Georges-Pompidou, 4e | 42 77 12 33 |
| 28 | G8-H8 | Art moderne de la ville de Paris | 11 av. Prés.-Wilson, 16e | 47 23 61 27 |
| 7 | D14 | Art naïf - Max Fourny | Halle St-Pierre 2 r. Ronsard, 18e | 42 58 74 12 |
| 48 | N23 | Arts d'Afrique et d'Océanie | 293 av. Daumesnil, 12e | 43 43 14 54 |
| 31 | H13 | Arts Décoratifs | 107 r. de Rivoli, 1er | 42 60 32 14 |
| 31 | H13 | Arts de la Mode | 109 r. de Rivoli, 1er | 42 60 32 14 |
| 14 | E4 | Arts et Traditions Populaires | 6 rte du Mahatma-Gandhi, 16e | 40 67 90 00 |
| 27 | J6 | Balzac (Maison de) | 47 r. de Raynouard, 16e | 42 24 56 38 |
| 26 | J4 | Bouchard | 25 r. de l'Yvette, 16e | 46 47 63 46 |
| 18 | G11 | Bouilhet-Christofle | 9 r. Royale, 8e | 49 33 43 00 |
| 42 | L11 | Bourdelle | 16 r. A.-Bourdelle, 15e | 45 48 67 27 |
| 32 | H16 | Bricard (serrure) | 1 r. de la Perle, 3e | 42 77 79 62 |
| 31 | G13 | Cabinet des Médailles et Antiques | 58 r. de Richelieu, 2e | 47 03 83 40 |
| 33 | J17 | Carnavalet | 23 r. de Sévigné, 3e | 42 72 21 13 |
| 17 | E10 | Cernuschi | 7 av. Velasquez, 8e | 45 63 50 75 |
| 32 | H16 | Chasse et nature | 60 r. des Archives, 3e | 42 72 86 43 |
| 64 | CT | Chasseurs à pied, mécanisés et alpins | Vincennes Château de Vincennes | 43 74 11 55 |
| 28 | H7 | Cinéma-Henri Langlois (Palais de Chaillot) | pl. du Trocadéro, 16e | 45 53 74 39 |
| 27 | H6 | Clemenceau | 8 r. Franklin, 16e | 45 20 53 41 |
| 31 | K14 | Cluny | 6 pl. Paul-Painlevé, 5e | 43 25 62 00 |
| 32 | J16 | Cognacq-Jay | 8 r. Elzévir, 3e | 40 27 07 21 |
| 15 | F5 | Contrefaçon | 16 r. de la Faisanderie, 16e | 45 01 51 11 |
| 20 | F15 | Cristalleries de Baccarat | 30 bis r. Paradis, 10e | 47 70 64 30 |
| 31 | J13 | Delacroix | 6 r. de Furstemberg, 6e | 43 54 04 87 |
| 15 | F6 | D'Ennery | 59 av. Foch, 16e | 45 53 57 96 |
| 19 | F14 | Grand Orient de France et Franc Maçonnerie Européenne | 16 r. Cadet, 9e | 45 23 20 92 |
| 31 | H14 | Grévin (Forum) | Niv.-1 Forum des Halles, 1er | 40 26 28 50 |
| 19 | F14 | Grévin | 10 bd Montmartre, 9e | 47 70 85 05 |
| 28 | G7 | Guimet | 6 pl. d'Iéna, 16e | 47 23 61 65 |
| 19 | E13 | Gustave-Moreau | 14 r de la Rochefoucauld, 9e | 48 74 38 50 |
| 42 | L11 | Hébert | 85 r. du Cherche-Midi, 6e | 42 22 23 82 |
| 32 | H16 | Histoire de France (Archives nationales) | 60 r. des Fr.-Bourgeois, 3e | 40 27 61 78 |
| 44 | L16 | Histoire Naturelle (Museum Nat.) | 57 r. Cuvier, 5e | 40 79 30 00 |
| 7 | D13 | Historial de Montmartre | 11 r. Poulbot, 18e | 46 06 78 92 |
| 31 | H14 | Holographie | Niv.-1 Forum des Halles, 1er | 40 39 96 83 |
| 28 | H7 | Homme (Palais de Chaillot) | 17 pl. du Trocadéro, 16e | 45 53 70 60 |
| 32 | K15 | Hôpitaux de Paris | 47 quai de la Tournelle, 5e | 46 33 01 43 |
| 44 | K16 | Institut du Monde Arabe | 1 r. Fossés St-Bernard, 5e | 40 51 38 38 |
| 32 | H15 | Instruments de Musique Mécanique | Impasse Berthaud, 3e | 42 71 99 54 |
| 17 | F10 | Jacquemart-André | 158 bd Haussmann, 8e | 42 89 04 91 |
| 17 | D9 | Jean-Jacques Henner | 43 av. de Villiers, 17e | 47 63 42 73 |
| 32 | J16 | Kwok On (Asie) | 41 r. des Francs-Bourgeois, 4e | 42 72 99 42 |
| 30 | H11 | Légion d'Honneur | 2 r. de Bellechasse, 7e | 45 55 95 16 |
| 31 | H13 | Louvre | Cour Napoléon, 1er | 40 20 51 51 |
| 27 | J5 | Lunettes et lorgnettes | 2 av. Mozart, 16e | 45 27 21 05 |
| 28 | H7 | Marine (Palais de Chaillot) | Pl. du Trocadéro, 16e | 45 53 31 70 |
| 26 | H4 | Marmottan | 2 r. Louis-Boilly, 16e | 42 24 07 02 |
| 32 | J16 | Martyr Juif Inconnu (Mémorial) | 17 r. Geoffroy-l'Asnier, 4e | 42 77 44 72 |
| 43 | L14 | de la Mer et des Eaux (Centre) | 195 r. St-Jacques, 5e | 46 33 08 61 |
| 32 | K16 | Mickiewicz | 6 quai d'Orléans, 4e | 43 54 35 61 |
| 43 | L13 | Minéralogie (École des Mines) | 60 bd St-Michel, 6e | 42 34 91 39 |
| 44 | L16 | Minéralogie (Université Paris VI) | Tour 25, 4 pl. Jussieu, 5e | 43 36 25 25 |
| 28 | G8 | Mode et Costume (Palais Galliera) | 10 av. Pierre-1er-de-Serbie, 16e | 47 20 85 23 |
| 31 | J13 | Monnaie (Hôtel des Monnaies) | 11 quai de Conti, 6e | 40 46 56 66 |
| 7 | C14 | Vieux Montmartre | 12 r. Cortot, 18e | 46 06 61 11 |
| 28 | H7 | Monuments Français (Palais de Chaillot) | 1 pl. du Trocadéro, 16e | 47 27 35 74 |

| | | | | |
|---|---|---|---|---|
| 17 | E10 | Nissim de Camondo | 63 r. de Monceau, 8e | 45 63 26 32 |
| 32 | K15 | Notre-Dame | 10 r. Cloître-N.-D., 4e | 43 25 42 92 |
| 31 | H14 | Parc océanique Cousteau | Forum des Halles, 1er Porte du Jour | 40 28 98 98 |
| 18 | E12 | Opéra (travaux en cours) | pl. de l'Opéra, 9e | 40 17 33 39 |
| 30 | H11 | Orangerie des Tuileries | pl. de la Concorde, 1er | 42 97 48 16 |
| 29 | J10 | Ordre Nat. de la Libération | 51 bis bd La Tour-Maubourg, 7e | 47 05 04 10 |
| 30 | H12 | Orsay | 1 r. de Bellechasse, 7e | 40 49 48 14 |
| 29 | G10 | Palais de la Découverte | av. F.-Roosevelt, 8e | 40 74 80 00 |
| 41 | M10 | Pasteur | 25 r. du Dr.-Roux, 15e | 45 68 82 82 |
| 29 | G10 | Petit-Palais | av. Winston-Churchill, 8e | 42 65 12 73 |
| 29 | J10 | Plans-Reliefs | Hôtel des Invalides, 7e | 47 05 11 07 |
| 33 | H16 | Picasso | 5 r. de Thorigny, 3e | 42 71 25 21 |
| 41 | M10 | Poste | 34 bd de Vaugirard, 15e | 43 20 15 30 |
| 44 | K15 | Préfecture de Police (Collections historiques) | 1 bis r. des Carmes, 5e | 43 29 21 57 |
| 29 | J10 | Rodin | 77 r. de Varenne, 7e | 47 05 01 34 |
| 10 | B20 | Sciences et de l'industrie (cité) | 30 av. Corentin-Cariou, 19e | 46 42 13 13 |
| 45 | L17 | Sculpture en plein air | quai St-Bernard, 5e | 43 26 91 90 |
| 29 | H9 | SEITA (Musée-Galerie) | 12 r. Surcouf, 7e | 45 56 60 17 |
| 37 | M2 | Sport (Parc des Princes) | 24 r. du Cdt Guilbaud, 16e | 46 51 39 26 |
| 64 | CT | Symbolique militaire (insigne) | Vincennes Chât. de Vincennes | 43 74 11 55 |
| 32 | G15 | Techniques | 292 r. St-Martin, 3e | 40 27 22 20 |
| 66 | CT | Traditions chasseur | Vincennes Chât. de Vincennes | 43 74 11 55 |
| 33 | J17 | Victor Hugo (Maison de) | 6 pl. des Vosges, 4e | 42 72 10 16 |
| 19 | E13 | Vie romantique | 16 r. Chaptal, 9e | 48 74 95 38 |
| 27 | J6 | Vin | 5-7 square Charles-Dickens, 16e | 45 25 63 26 |
| 43 | L13 | Zadkine | 100 bis r. d'Assas, 6e | 43 26 91 90 |

## Salles d'expositions
*Exhibition halls, Ausstellungsräme, Salas de exposiciones*

| | | | | |
|---|---|---|---|---|
| 29 | G10 | Galeries Nationales du Grand Palais | av. du Gal-Eisenhower, 8e | 42 89 54 10 |
| 28 | G8 | Palais de Tokyo | 13 av. Président-Wilson, 16e | 47 23 36 53 |
| 31 | H14 | Pavillon des Arts | 101 r. Rambuteau, 1er | 42 33 82 50 |
| 29 | G10 | Petit Palais | av. Winston-Churchill, 8e | 42 65 12 73 |

***Visite des églises, monuments et musées***

***Le guide Vert Michelin PARIS décrit les monuments les plus intéressants : leur histoire, leur architecture, les œuvres d'art qu'ils renferment.***

***Pour les monuments les plus importants, ces descriptions sont accompagnées d'illustrations ou de plans mettant en évidence les grandes étapes de leur construction et la situation des œuvres d'art.***

***Les horaires et tarifs de visite y figurent, ainsi que les jours et périodes de fermeture.***

# P. & T. SERVICES POSTAUX

A Paris, 164 **bureaux de poste** sont à la disposition du public. Ces bureaux sont identifiés et localisés sur les plans *(p. 1 à 60)* par le signe bleu. La vente des timbres-poste courants est pratiquée dans tous les bureaux de tabac.

Service normal : Les **bureaux des P. & T.** sont ouverts au public du lundi au vendredi de 8 h à 19 h, le samedi de 8 h à 12 h.
Toutes les opérations peuvent y être pratiquées.

Ouvertures exceptionnelles et services réduits : **Horaires et opérations**

| | | | | |
|---|---|---|---|---|
| 31 | G14 | Paris Louvre RP (Recette Principale) | 52 r. du Louvre, 1er | 40 28 20 00 |
| 31 | H13 | Paris Musée du Louvre | Pyramide (Hall Napoléon), 1er | 42 61 43 97 |
| 32 | H15 | Paris Forum des Halles | C. commercial, niveau 4, 1er | 40 26 83 24 |
| 17 | F9 | Paris Champs-Élysées | 71 av. Champs-Élysées, 8e | 43 59 55 18 |
| 28 | J7 | Paris Tour Eiffel (1er étage) | av. Gustave-Eiffel, 7e | 45 51 05 78 |
| 15 | E6 | Paris Palais des Congrès | Palais des Congrès, 17e | 47 57 61 83 |
| 10 | D19 | Paris 19 Belvédère | 118 av. Jean-Jaurès, 19e | 42 06 31 45 |

**Recette principale.** – *Ouvert jour et nuit.*
Aux heures de service normal *(voir ci-dessus)* : toutes opérations ;
*Samedi (à partir de 12 h), les dimanches et jours fériés et la nuit (☏ 40 26 32 34) :* vente de timbres-poste ; téléphone, télégraphe ; dépôt des objets recommandés et chargés ; paiement des chèques postaux de dépannage, des mandats-lettres, des postchèques étrangers ; remboursements sans préavis sur livrets de C.N.E. ; retrait des objets (sauf les mandats) adressés en Poste Restante à Paris RP.

**Paris Musée du Louvre.** – *Ouvert en semaine de 9 h 30 à 19 h (22 h les lundis et mercredis) ; les dimanches et jours fériés de 10 h 30 à 18 h ; fermé le mardi.*

**Paris Forum des Halles** (Porte Lescot). – *Ouvert du lundi au vendredi (10 h à 18 h) et samedi (9 h à 12 h).*

**Paris Tour Eiffel.** – *Ouvert tous les jours de 10 h à 19 h 30.*

**Paris Champs-Élysées.** – *Ouvert en semaine, de 8 h à 22 h ; les dimanches et jours fériés, voir ci-dessous.*
Aux heures de service normal *(voir ci-dessus)* : toutes opérations.
*Lundi au samedi (à partir de 19 h) et les dimanches et jours fériés (10 h à 12 h et 14 h à 20 h) :* téléphone, télégraphe ; vente des timbres-poste ; affranchissement des correspondances (sauf dimanches et jours fériés) ; délivrance des objets en Poste Restante.

**Paris 19 Belvédère.** – *Ouvert du lundi au vendredi (17 h à 19 h 30) et samedi (10 h 30 à 12 h 30).*

Poste restante : Tous les bureaux de Paris assurent le service Poste Restante (sauf Paris Musée du Louvre). Mais le courrier adressé **« Poste Restante - Paris »** sans spécification d'arrondissement est à retirer à la Recette Principale, 52, rue du Louvre.

Centre des Chèques Postaux **(C.C.P.) : Le C.C.P.,** 16 rue des Favorites, 15e (M 9) ☏ 45 30 77 77 *(renseignements par téléphone du lundi au vendredi de 7 h à 19 h et samedi de 7 h à 12 h)* est ouvert au public du lundi au vendredi de 8 h à 19 h et le samedi de 8 h à 12 h.

Télex

| | | | | |
|---|---|---|---|---|
| 18 | E12 | Agence Commerciale Paris St-Lazare *(lundi au vendredi 8 h 30 à 18 h, samedi 8 h 30 à 12 h)* | 8 r. d'Amsterdam, 9e | 42 68 14 14 |
| 31 | G14 | Bureau Télégraphique Internat. *(jour et nuit)* | 9 pl. de la Bourse, 2e | 42 33 44 11 |
| 19 | G14 | Paris Bourse *(8 h à 20 h)* | 5-7 r. Feydeau, 2e | 42 47 12 12 |

Divers services P. & T.

| | | | |
|---|---|---|---|
| Renseignements téléphoniques | 12 | Télégrammes téléphonés : | |
| Réclamations | 13 | – métropole | 36 55 |
| Réveil par téléphone | 36 88 | – étranger (sauf anglais) | 42 33 44 11 |
| Renseignements postaux | 42 80 67 89 | – (en anglais) | 42 33 21 11 |

## P. & T.: POSTAL SERVICES

Normal opening times and services. – **Post offices** provide the full range of services from Mondays to Fridays 8am to 7pm, Saturdays 8am to noon.

### Additional opening times with a limited service

**General Post Office.** – 52 rue du Louvre (G14) ☏ 40 28 20 00. *Open 24 hours. Outwith normal hours a limited service only is provided* (☏ 40 26 32 34).

**Paris 1st - Musée du Louvre.** – Pyramide, Hall Napoléon (31 H 13) ☏ 42 61 43 97. *Open Mondays to Saturdays 9.30am to 7pm, 10pm Mondays and Wednesdays; holidays 10.30am to 6pm; closed Tuesdays.*

**Paris 1st - Forum des Halles.** – 4th level, Porte Lescot (H15) ☏ 40 26 83 24. *Open Mondays to Fridays 10am to 6pm and Saturdays 9am to noon.*

**Paris 7th - Tour Eiffel.** – Ist floor, avenue Gustave Eiffel (28J7) ☏ 45 51 05 78. *Open daily, including Sundays and holidays, 10am to 19.30pm.*

**Paris 8th - Champs-Élysées.** – 71 avenue des Champs-Élysées (F9) ☏ 43 59 55 18. *Open Mondays to Saturdays 8am to 10pm. A limited service only is available from 7pm Mondays to Saturdays and from 10am to noon and 2 to 8pm on Sundays and holidays.* Apply in advance for full details.

**Paris 19th Belvédère.** – 118 avenue Jean-Jaurès (D19). *Open Mondays to Fridays 5am to 7.30pm and Saturdays 10.30am to 12.30pm.*

## P. & T.: POST

Öffnungszeiten. – Die **Postämter** sind montags bis freitags von 8-19 Uhr und samstags von 8-12 Uhr geöffnet. Sie versehen dann alle Postdienste.

### Besondere Schalterstunden, nur begrenzte Postdienste

**Hauptpostamt.** – 52, rue du Louvre (G14) ☏ 40 28 20 00. *Tag und Nacht geöffnet. Samstags ab 12 Uhr, an Soon- und Feiertagen sowie nachts (☏ 40 26 32 34) nur bestimmte Dienstleistungen.*

**Paris 1e - Louvre.** – Pyramide, Hall Napoléon (31 H 13) ☏ 42 61 43 97. *Geöffnet: montags-samstags 9.30-19 Uhr; bzw montags und mittwochs 22 Uhr; an Sonn-und Feiertagen 10.30-18 Uhr. Dienstags geschlossen.*

**Paris 1e - Forum des Halles,** Niveau 4 (Porte Lescot) (H15) ☏ 40 26 83 24. *Geöffnet: montags-freitags 10-18 Uhr; samstags 9-12 Uhr.*

**Paris 7e - Eiffelturm.** – 1. Etage, Avenue Gustave-Eiffel (28J7) ☏ 45 51 05 78. *Geöffnet: taglich, auch an Soon- und Feiertagen, von 10-19.30 Uhr.*

**Paris 8e - Champs-Élysées.** – 71 avenue des Champs Élysées (F9) ☏ 43 59 55 18. *Geöffnet: 8-22 Uhr. Montags-samstags ab 19 Uhr und an Sonn- und Feiertagen (10-12, 14-20 Uhr) nur bestimmte Dienstleistungen.*

**Paris 19e - Belvédère.** – 118 avenue Jean-Jaurès (D19). *Geöffnet: montags-freitags 17 Uhr und 19.30 Uhr; samstags 10.30-12.30 Uhr.*

## P. & T.: SERVICIOS POSTALES

Servicio normal. – Para todas las operaciones, las **oficinas de los P.T.T.** están abiertas al público de lunes a viernes de 8 h a 19 h, los sábados de 8 h a 12 h.

### Aperturas excepcionales y servicios reducidos

**Oficina Principal.** – 52 rue du Louvre (G14) ☏ 40 28 20 00. *Abierta día y noche. Sábados (desde 12 h), domingos, festivos y durante la noche: sólo son posibles algunas operaciones.* Informarse. ☏ 40 26 32 34.

**Paris 1° - Musée du Louvre.** – Pyramide, Hall Napoléon (31 H 13) ☏ 42 61 43 97. *Abierta de lunes a sábados de 9 h 30 a 19h (22 h lunes y miércoles). Domingos y festivos de 10 h 30 a 18 h. Cerrada martes.*

**Paris 1° - Forum des Halles.** – Piso 4, porte Lescot (H15) ☏ 40 26 83 24. *Abierta de lunes a viernes de 10 h a 18 h. Sábados de 9 h a 12 h.*

**Paris 7° - Tour Eiffel.** – Piso 1, avenue Gustave-Eiffel (28J7) ☏ 45 51 05 78. *Abierta todos los días de 10 a 19 h 30.*

**Paris 8° - Champs-Élysées.** – 71 avenue des Champs-Élysées (F9) ☏ 43 59 55 18. *Abierta de 8 h a 22 h. De lunes a sábados (desde 19 h), domingos y festivos: lólo son posibles algunas operaciones.* Informarse.

**Paris 19°.** – 118 avenue Jean-Jaurès (D19). *Abierta de lunes a viernes de 17 h a 19 h 30. Sábados de 10 h 30 a 12 h 30.*

# SANTÉ

## *HEALTH, GESUNDHEITSWESEN, SANIDAD*

### Grands Hôpitaux, Cliniques, Maisons de Santé, *Hospitals, Krankenhäuser, Grandes Hospitales*

Paris

| | | | | |
|---|---|---|---|---|
| 22 | E19 | Adolphe de Rothschild (Fonds. ophtalmologique) | 25 r. Manin, 19e | 48 03 65 65 |
| 29 | H9 | Alma (Clinique) | 166 r. de l'Université, 7e | 45 55 95 10 |
| 32 | K16 | Banque Française des Yeux | 6 quai des Célestins, 4e | 42 77 19 21 |
| 43 | M13 | Baudelocque (Maternité) | 123 bd de Port-Royal, 14e | 42 34 12 12 |
| 6 | A12 | Bichat-Claude-Bernard (Hôpital) | 46 r. Henri-Huchard, 18e | 40 25 80 80 |
| 28 | G8 | Bizet (Clinique) | 23 r. Georges-Bizet, 16e | 40 69 34 34 |
| 39 | M6 | Boucicaut (Hôpital) | 78 r. de la Convention, 15e | 45 54 92 92 |
| 53 | P10 | Broussais (Hôpital) | 96 r. Didot, 14e | 45 41 95 41 |
| 43 | M14 | Cochin (Groupe Hosp.) | 27 r. Fg-St-Jacques, 14e | 42 34 12 12 |
| 36 | J23 | Croix-St-Simon (Hôp.) | 125 r. d'Avron, 20e | 43 71 12 01 |
| 43 | L14 | Curie (Institut) Hopital Claudius Regaud | 26 r. d'Ulm, 5e | 44 32 40 00 |
| 46 | L20 | Diaconesses (Hôp.) | 18 r. du Sergent-Bauchat, 12e | 43 41 72 00 |
| 20 | D16 | Fernand-Widal (Hôp.) | 200 r. du Fg-St-Denis, 10e | 40 05 45 45 |
| 44 | M16 | Gardien de la Paix (Fond.) | 35 bd St-Marcel, 13e | 43 31 88 60 |
| 44 | L16 | Geoffroy-St-Hilaire (Clin.) | 59 r. Geoffroy-St-Hilaire, 5e | 43 37 66 00 |
| 38 | M3 | Henry-Dunand Croix-Rouge française (centre hosp.) | 95 r. Michel-Ange, 16e | 46 51 52 46 |
| 32 | J15 | Hôtel-Dieu de Paris (Hôp.) | 1 pl. Parvis-Notre-Dame, 4e | 42 34 82 34 |
| 57 | P17 | Jeanne d'Arc (Clin.) | 11-13 r. Ponscarme, 13e | 45 84 15 75 |
| 41 | N9 | Labrouste (Clin. chirurg.) | 64 r. Labrouste, 15e | 48 56 57 58 |
| 42 | K11 | Laënnec (Hôp.) | 42 r. de Sèvres, 7e | 45 44 39 39 |
| 20 | D15 | Lariboisière (Hôp.) | 2 r. Ambroise-Paré, 10e | 49 95 65 65 |
| 33 | G18 | Léonard de Vinci (Clin.) | 95 av. Parmentier, 11e | 43 55 39 33 |
| 42 | M11 | Léopold-Bellan (Hôp.) | 19-21 r. Vercingétorix, 14e | 40 48 68 68 |
| 16 | E7 | Marmottan (Centre médical) | 19 r.d'Armaillé, 17e | 45 74 00 04 |
| 23 | E22 | Maussins (Clin. des) | 67 r. de Romainville, 19e | 42 03 94 76 |
| 34 | J20 | Mont-Louis (Clin.) | 8-10 r. de la Folie-Regnault, 11e | 43 71 11 00 |
| 41 | L10 | Necker-Enfants Malades (Groupe hosp.) | 149-151 r. de Sèvres, 15e | 42 73 80 00 |
| 54 | P11 | N.-D. de Bon-Secours (Hôp.) | 66 r. des Plantes, 14e | 40 52 40 52 |
| 41 | M10 | Pasteur (Institut-Hôp.) | 211 r. de Vaugirard, 15e | 45 67 35 09 |
| 43 | M14 | Péan (Clin. chirurg.) | 11 r. de la Santé, 13e | 45 87 68 68 |
| 56 | R15 | Peupliers (Hôp.) | 8 pl. Abbé-G.-Hénocque, 13e | 45 65 15 15 |
| 45 | M17 | La Pitié-Salpêtrière (Groupe hospitalier) | 47-83 bd de l'Hôpital, 13e | 45 70 21 12 |
| 43 | M13 | Port-Royal (Maternité) | 123 bd de Port-Royal, 14e | 42 34 12 12 |
| 33 | K18 | Quinze-vingts (Hôp.) | 28 r. de Charenton, 12e | 43 46 15 20 |
| 23 | E22 | Robert-Debré (Hôp.) | 48 bd Sérurier, 19e | 40 03 20 00 |
| 19 | E13 | La Rochefoucauld (Institut de psychiatrie) | 23 r. de La Rochefoucauld, 9e | 42 80 61 51 |
| 47 | L22 | Rothschild (Hôp.) | 33 bd de Picpus, 12e | 40 19 30 00 |
| 48 | K19 | St-Antoine (Hôp.) | 184 r. Fg-St-Antoine, 12e | 43 44 33 33 |
| 41 | M9 | St-Jacques (Hôp.) | 37 r. des Volontaires, 15e | 45 66 93 09 |
| 42 | K11 | St-Jean-de-Dieu (Clin.) | 19 r. Oudinot, 7e | 43 06 94 06 |
| 53 | P10 | St-Joseph (Fond.-Hôp.) | 7 r. Pierre-Larousse, 14e | 40 52 33 33 |
| 20 | E15 | St-Lazare (Hôp.) | 107 bis r. Fg-St-Denis, 10e | 48 00 55 55 |
| 21 | F17 | St-Louis (Hôp.) | 1 av. Claude-Vellefaux, 10e | 42 49 49 49 |
| 40 | N8 | St-Michel (Hôp.) | 33 r. Olivier-de-Serres, 15e | 40 45 63 63 |
| 43 | M13 | St-Vincent-de-Paul (Hôp.) | 74 av. Denfert-Rochereau, 14e | 40 48 81 11 |
| 55 | P13 | Ste-Anne (Centre hosp. spécialisé) | 1 r. Cabanis, 14e | 45 65 80 00 |
| 40 | M7 | Ste-Félicité (Maternité) | 37 r. St-Lambert, 15e | 45 32 72 83 |
| 44 | M16 | Sport (clin.) | 36 bd. St-Marcel, 5e | 40 79 40 00 |
| 43 | M13 | Tarnier (Hôp.) | 89 r. d'Assas, 6e | 42 34 12 12 |
| 35 | G22 | Tenon (Hôp.) | 4 r. de la Chine, 20e | 40 30 70 00 |
| 47 | M22 | Trousseau (Hôp.) | 26 av. Dr.-A.-Netter, 12e | 43 46 13 90 |
| 55 | R13 | Université de Paris (Hôp. internat.) | 42 bd Jourdan, 14e | 45 89 47 89 |
| 43 | M14 | Val-de-Grâce (Hôp. militaire) | 74 bd de Port-Royal, 5e | 43 29 12 31 |
| 18 | D12 | Vintimille (Clin.) | 58 r. de Douai, 9e | 45 26 89 69 |

Proche Banlieue,

*Suburbs, Vororte, Alrededores*

| | | | | |
|---|---|---|---|---|
| 24 | AH39-AH40 | Albert-Chenevier (Hôp.) | Créteil - 40 r. de Mesly | 49 81 31 31 |
| 61 | AZ | Ambroise-Paré (Hôp.) | Boulogne - 9 av. Ch.-de-Gaulle | 49 09 50 00 |
| 3 | B5 | Américain (Hôp.) | Neuilly-sur-Seine - 63 bd Victor-Hugo | 46 41 25 25 |
| 22 | AH21 | Antoine-Béclère (Hôp.) | Clamart - 157 r. Porte-de-Trivaux | 45 37 44 44 |
| 24 | AC41 | Armand-Brillard (Clin.) | Nogent-sur-Marne - 3-5 av. Watteau | 43 94 81 00 |
| 20 | S36 | Avicenne (Hôp.) | Bobigny - r. Romain-Rolland | 48 95 55 55 |
| 18 | T26 | Beaujon (Hôp.) | Clichy - 100 bd Général-Leclerc | 40 87 50 00 |
| 24 | AB37 | Bégin (Hôp. Instr. Armées) | St-Mandé - 69 av. de Paris | 43 98 50 00 |
| 24 | AF30 | Bicêtre (Centre hosp.) | Le Kremlin-Bicêtre - 78 r. du Gén.-Leclerc | 45 21 21 21 |
| 22 | AN24 | Bois de Verrières (Clin.) | Antony - 66 r. du Colonel-Fabien | 46 66 21 50 |
| 20 | P3 | Casanova (Centre hosp.) | St-Denis - 11 r. Danielle-Casanova | 42 35 61 40 |
| 2 | C3 | Centre Hospitalier | Neuilly-sur-Seine - 36 bd Gén.-Leclerc | 47 47 11 44 |
| 18 | W20 | Centre Hospitalier | Puteaux - 1 bd Richard-Wallace | 47 72 51 44 |
| 22 | AB18 | Centre Hospitalier | Saint-Cloud - 3 pl. Silly | 49 11 60 60 |
| 24 | AG40 | Centre Hosp. Intercomm. | Créteil - 40 av. de Verdun | 48 98 77 00 |
| 20 | W39 | Centre Hosp. Intercomm. | Montreuil - 56 bd de la Boissière | 48 58 90 80 |
| 24 | AS39 | Centre Hosp. Intercomm. | Villeneuve-St-Georges - 40 allée de la Source | 43 86 20 00 |
| 24 | AH30-AH31 | Centre Hosp. spécialisé | Villejuif - 54 av. de la République | 45 59 57 00 |
| 24 | AF34 | Charles-Foix (Groupe hosp.) | Ivry-sur-Seine - 7 av. de la République | 46 70 15 92 |
| 51 | P5 | Corentin-Celton (Hôp.) | Issy-les-Moulineaux - 37 bd Gambetta | 45 54 95 33 |
| 20 | X36 | Dhuys (Clin.) | Bagnolet - 1 r. Pierre-Curie | 43 60 01 50 |
| 20 | N32 | Delafontaine (Centre hosp.) | St-Denis - 2 rue du Dr-Delafontaine | 42 35 61 40 |
| 24 | AN42 | Émile-Roux (Centre hosp.) | Limeil-Brévannes - Pl. Marie-Le-Naoures | 45 69 96 33 |
| 24 | AE37 | Esquirol (Hôp.) | St-Maurice - 12 r. du Val-d'Osne | 43 96 61 61 |
| 20 | W37 | Floréal (Clin.) | Bagnolet - 40 r. Floréal | 43 61 44 90 |
| 18 | X23 | Foch (Centre médico-chirurg.) | Suresnes - 40 r. Worth | 46 25 20 00 |
| 5 | A10 | Gouin (Hôp. chirur.) | Clichy - 2 r. Gaston-Paymal | 47 30 30 30 |
| 24 | AG30-AH30 | Gustave-Roussy (Inst.) | Villejuif - 39 r. Camille-Desmoulins | 45 59 49 09 |
| 22 | AK21 | Hauts-de-Seine (Clin.) | Châtenay-Malabry - 17 av. du Bois | 46 30 22 50 |
| 3 | D6 | Henri-Hartmann (Clin.) | Neuilly-sur-Seine - 26 bd Victor-Hugo | 47 58 12 10 |
| 24 | AG39-AH39 | Henri-Mondor (Hôp.) | Créteil - 51 av. Mar.-de-lattre-de-Tassigny | 49 81 21 11 |
| 3 | C6 | Hertford (British Hosp.) | Levallois-Perret - 3 r. Barbès | 47 58 13 12 |
| 24 | AE32-AF32 | Jean-Rostand (Groupe hosp.) | Ivry-sur-Seine - 39-41 r. Jean-Le-Galleu | 46 70 15 55 |
| 22 | AE16 | Jean-Rostand (Centre hosp. intercomm.) | Sèvres - 2-4 r. Parc-Cheviron | 45 34 75 11 |
| 20 | T42 | Jean Verdier (Hôp.) | Bondy - av. du 14-Juillet | 48 02 66 66 |
| 18 | H19 | Louis-Mourier (Hôp.) | Colombes - 178 r. des Renouillers | 47 60 61 62 |
| 20 | Y47 | Maison-Blanche (Centre hosp. spécialisé) | Neuilly-sur-Marne - 3 av. Jean-Jaurès | 43 00 96 90 |
| 18 | L26 | Maison de Santé | Épinay - 6 av. de la République | 48 21 49 00 |
| 1 | A2 | Marcelin-Berthelot (Centre hosp.) | Courbevoie - 30 r. Kilford | 49 04 30 30 |
| 22 | AJ22 | Marie-Lannelongue (Centre chirurg.) | Le Plessis-Robinson 133 av. de la Résistance | 46 30 21 33 |
| 18 | V13 | Les Martinets (Clin.) | Rueil-Malmaison - 97 av. Albert-Ier | 47 08 92 33 |
| 22 | AJ19 | Meudon-la-Forêt-Vélizy (Clin.) | Meudon-la-Forêt - 3 av. de Villacoublay | 46 30 21 31 |
| 18 | S18 | Nanterre (Hôp.) | Nanterre - 403 av. de la République | 47 80 75 75 |
| 3 | C5 | N.-D.-du-Perpétuel-Secours (Hôp.) | Levallois-Perret - 2 r. Kléber | 47 57 04 90 |
| 24 | AG31-AH31 | Paul-Brousse (Groupe hosp.) | Villejuif - 12 av. P.-Vaillant-Couturier | 45 59 30 00 |
| 49 | S2 | Percy (Hôp. militaire) | Clamart - 101 av. Henri-Barbusse | 46 45 21 04 |
| 22 | AB13 | Raymond-Poincaré (Hôp.) | Garches - 104 bd R.-Poincaré | 47 41 79 00 |
| 20 | T33 | La Roseraie (Centre hosp. privé) | Aubervilliers - 120 av. de la République | 48 39 40 00 |
| 24 | AC45-AC46 | Saint-Camille (Hôp.) | Bry-sur-Marne - 2 r. des Pères-Camilliens | 49 83 10 10 |
| 18 | W15 | Stell (Hôp. départemental) | Rueil-Malmaison - 1 r. Charles-Drot | 47 32 92 90 |
| 51 | R5 | Suisse de Paris (Hôp.) | Issy-les-Moulineaux - 10 r. Minard | 46 45 21 36 |
| 20 | U44 | Valère-Lefebvre (Hôp.) | Le Raincy - 73 bd de l'Ouest | 43 02 41 44 |
| 20 | K31 | Victor-Hugo (Centre hosp.) | Pierrefitte-sur-Seine - 32 av. Victor-Hugo | 42 36 61 40 |
| 20 | Y47 | Ville-Évrard (Centre hosp. spécialisé) | Neuilly-sur-Marne - 2 av. Jean-Jaurès | 43 09 30 30 |

## Institutions socio-médicales, Entraide, Secours

### *Social and medical institutions, Assistance, Sozialversicherung, Fürsorge, Sociedades Médicas, Mutuas y Seguros*

| | | | | |
|---|---|---|---|---|
| 23 | E21 | Affaires sanitaires et Sociales d'Ile de France | 58-62 r. de Mouzaïa, 19e | 42 00 33 00 |
| 28 | K7 | Allocations Familiales (Caisse) | 18 r. Viala, 15e | 45 71 34 56 |
| 22 | D19 | – | 69 av. Jean-Jaurès, 19e | 42 38 74 98 |
| 57 | P17 | – | 101 r. Nationale, 13e | 40 77 58 00 |
| 18 | E11 | Armée du Salut | 76 r. de Rome, 8e | 43 87 41 19 |
| 32 | J15 | Assistance Publique-Hôpitaux de Paris | 3 av. Victoria, 4e | 40 27 30 00 |
| 29 | J9 | Aveugles de France (Fédération) | 58 av. Bosquet, 7e | 45 51 20 08 |
| 10 | C19 | Caisse Nat. Ass. Vieillesse Trav. Salariés | 110 r. de Flandre, 19e | 40 37 37 37 |
| 20 | D15 | Caisse Primaire Assur. Maladie de Paris | 69 bis r. de Dunkerque, 9e | 42 80 63 67 |
| 16 | F8 | Croix-Rouge Française | 1 pl. Henri-Dunant, 8e | 40 70 10 10 |
| 29 | J10 | Institution Nat. des Invalides | 6 bd des Invalides, 7e | 40 63 22 22 |
| 45 | L17 | Institut Médico-Légal | 2 pl. Mazas, 12e | 43 43 78 53 |
| 41 | L10 | Institut Nat. des Jeunes Aveugles | 56 bd des Invalides, 7e | 45 67 35 08 |
| 43 | L14 | Institut Nat. de Jeunes Sourds | 254 r. St-Jacques, 5e | 43 29 24 00 |
| 57 | P17 | Inst. Nat. Santé et Recherche Médicale | 101 r. de Tolbiac, 13e | 45 84 14 41 |
| 56 | P15 | Paralysés de France (Association) | 17 bd Auguste-Blanqui, 13e | 45 80 82 40 |
| 51 | R6 | Rosier Rouge (Foyer d'accueil) | Vanves 16 av. du Général-de-Gaulle | 46 45 61 94 |
| 33 | H17 | Secours Populaire Français | 9-11 r. Froissart, 3e | 42 78 50 48 |

## Maisons d'accueil, de retraite, centres de longs séjours

### *Nursing and old people's homes, Krankenhäuser Alterspflegeheime, Residencias sanitarias*

| | | | | |
|---|---|---|---|---|
| 40 | L7 | Anselme Payen | 75-77 r. Violet, 15e | 45 78 65 20 |
| 6 | A12 | Bichat-Claude Bernard | 170 bd Ney, 18e | 40 25 89 00 |
| 44 | N15 | Broca | 54-56 r. Pascal, 13e | 45 35 20 10 |
| 20 | D16 | Fernand Widal | 200 r. Fg St-Denis, 10e | 40 05 45 45 |
| 35 | H22 | Fondation Alquier Debrousse | 26 r. des Balkans, 20e | 43 67 69 69 |
| 47 | M21 | Fondation de Rothschild | 76 r. de Picpus, 12e | 43 44 78 10 |
| 54 | N11 | Julie Siegfried | 88 r. de Gergovie, 14e | 45 43 86 00 |
| 41 | K10 | Ma maison | 62 av. de Breteuil, 7e | 45 67 97 05 |
| 20 | D16 | – | 13 r. Philippe-de-Girard, 10e | 42 02 22 20 |
| 47 | L21 | – | 71 r. de Picpus, 12e | 43 43 43 40 |
| 38 | M3 | – | 23 r. de Varize, 16e | 46 51 36 25 |
| 47 | L21 | La Muette | 43 r. du Sergent-Bauchat, 12e | 43 43 12 15 |
| 42 | N12 | La Rochefoucauld | 15 av. du Gal.-Leclerc, 14e | 43 27 23 56 |
| 45 | M17 | Pitié-Salpêtrière | 47 bd de l'Hôpital, 13e | 45 70 34 36 |
| 38 | L4 | Ste-Périne | 11 r. Chardon-Lagache, 16e | 45 20 00 09 |
| 44 | M15 | La Collégiale | 33 r. du Fer à Moulin, 5e | 42 34 84 85 |

## Services médicaux d'urgence

### *Medical emergency numbers, Notrufnummern, Teléfonos de Urgencia*

| | | | | |
|---|---|---|---|---|
| | | SAMU (Paris) | | 15 |
| | | S.O.S. Médecin | | 47 07 77 77 |
| | | S.O.S. 92 garde et urgences médicales | | 46 03 77 44 |
| | | Urgences médicales de Paris (Jour et Nuit) | | 48 28 40 04 |
| | | S.O.S. Urgences dentaires (dimanches et jours fériés) | | 42 61 12 00 |
| | | S.O.S. Dentaire (tous les jours de 20 h à 23 h 40 et de 9 h à 24 h les samedis, dimanches et jours fériés) | | 43 37 51 00 |
| 59 | R22 | Ambulances Assistance Publique | Charenton 28 r. de l'Entrepôt | 43 78 26 26 |
| | | Radio-Ambulances | | 47 07 37 39 |
| 18 | X18 | Centre de soins aux brûlés (Hôpital Foch) | Suresnes - 40 r. Worth | 46 25 20 00 |
| 16 | E7 | Centre anti-drogue (Hôpital Marmottan) | 19 r. d'Armaillé, 17e | 45 74 00 04 |
| 20 | D16 | Centre anti-poison (Hôpital Fernand-Widal) | 200 r. du Fg-St-Denis, 10e | 40 37 04 04 |
| | | Transfusions d'urgence | | 43 07 47 28 |
| | | S.O.S. Vétérinaire (Paris) (nuit et dimanches) | | 47 45 18 00 |

# SPECTACLES

## *ENTERTAINMENTS, VERANSTALTUNGEN, ESPECTÁCULOS*

### Théâtres, *Theatres, Theater, Teatros*

| | | | | |
|---|---|---|---|---|
| 22 | G20 | Amandiers | 110 r. des Amandiers, 20e | 43 66 42 17 |
| 20 | F16 | Antoine-Simone Berriau | 14 bd de Strasbourg, 10e | 42 08 77 71 |
| 18 | D11 | Arts-Hébertot | 78 bis bd Batignolles, 17e | 43 87 23 23 |
| 19 | D14 | Atelier-Charles Dulin | 1 pl. Charles-Dullin, 18e | 46 06 49 24 |
| 18 | F12 | Athénée-Louis Jouvet | 4 sq. de l'Opéra-L.-Jouvet, 9e | 47 42 67 27 |
| 20 | D16 | Bouffes-du-Nord | 209 r. du Fg-St-Denis, 10e | 46 07 34 50 |
| 19 | G13 | Bouffes-Parisiens | 4 r. Monsigny, 2e | 42 96 60 24 |
| 52 | P8 | Carré Silvia-Monfort | 106 r. Brancion, 15e | 45 31 28 34 |
| 28 | H7 | Chaillot (Th. Nat.) | 1 pl. du Trocadéro, 16e | 47 27 81 15 |
| 29 | G9 | Champs-Élysées | 15 av. Montaigne, 8e | 47 20 36 37 |
| 31 | J14 | Châtelet-théâtre Musical de Paris | 1 pl. du Châtelet, 1er | 40 28 28 40 |
| 56 | P15 | Les Cinq Diamants | 10 r. des Cinq-Diamants, 13e | 45 80 51 31 |
| 55 | S13 | Cité Internat. Universitaire | 21 bd Jourdan, 14e | 45 89 38 69 |
| 35 | G21-H21 | Colline (Th. Nat.) | 15 r. Malte Brun, 20e | 43 66 43 60 |
| 18 | F12 | Comédie Caumartin | 25 r. Caumartin, 9e | 47 42 43 41 |
| 19 | D13 | Comédie de Paris | 42 r. Fontaine, 9e | 42 81 00 11 |
| 29 | G9 | Comédie des Champs-Élysées | 15 av. Montaigne, 8e | 47 23 37 21 |
| 31 | H13 | Comédie-Française | 2 r. de Richelieu, 1er | 40 15 00 15 |
| 18 | G12 | Daunou | 7 r. Daunou, 2e | 42 61 69 14 |
| 18 | F12 | Édouard-VII-Sacha Guitry | 10 pl. Édouard-VII, 9e | 47 42 59 92 |
| 30 | G11 | Espace Pierre Cardin | 1 av. Gabriel, 8e | 42 66 17 30 |
| 32 | H15 | Essaïon | 6 r. Pierre-au-Lard, 4e | 42 78 46 42 |
| 19 | E13 | Fontaine | 10 r. Fontaine, 9e | 48 74 74 40 |
| 42 | M11 | Gaîté-Montparnasse | 26 r. de la Gaîté, 14e | 43 22 16 18 |
| 20 | F15 | Gymnase-Marie Bell | 38 bd Bonne-Nouvelle, 10e | 42 46 79 79 |
| 31 | K14 | Huchette | 23 r. de la Huchette, 5e | 43 26 38 99 |
| 19 | E13 | La Bruyère | 5 r. La Bruyère, 9e | 48 74 76 99 |
| 19 | G13 | La Michodière | 4 r. de La Michodière, 9e | 47 42 95 22 |
| 42 | L12 | Lucernaire-Berthommé-Le Guillochet | 53 r. N.-D. des-Champs, 6e | 45 44 57 34 |
| 18 | F11 | Madeleine | 19 r. de Surène, 8e | 42 65 07 09 |
| 32 | G16 | Marais | 37 r. Volta, 3e | 42 78 03 53 |
| 17 | G10 | Marigny | av. Marigny, 8e | 42 56 04 41 |
| 18 | F12 | Mathurins | 36 r. des Mathurins, 8e | 42 65 90 00 |
| 18 | F12 | Michel | 38 r. des Mathurins, 8e | 42 65 41 30 |
| 18 | F12 | Mogador | 25 r. Mogador, 9e | 48 78 75 00 |
| 42 | M11 | Montparnasse | 31 r. de la Gaîté, 14e | 43 22 77 74 |
| 19 | F14 | Nouveautés | 24 bd Poissonnière, 8e | 47 70 52 76 |
| 43 | K13 | Odéon (Th. Nat.) | pl. de l'Odéon, 6e | 43 25 70 32 |
| 18 | E12 | Œuvre | 55 r. de Clichy, 9e | 48 74 42 52 |
| 33 | K18 | Opéra Bastille | pl. de la Bastille, 12e | 40 01 16 16 |
| 18 | F12 | Opéra Garnier (Th. Nat.) | pl. de l'Opéra, 9e | 47 42 57 50 |
| 19 | F13 | Opéra Comique Salle Favart | pl. Boieldieu, 2e | 42 96 12 20 |
| 21 | G17 | Palais des Glaces | 37 r. du Fg-du-Temple, 10e | 42 02 27 17 |
| 31 | G13 | Palais-Royal | 38 r. de Montpensier, 1er | 42 97 59 81 |
| 18 | E12 | Paris | 15 r. Blanche, 9e | 48 74 10 75 |
| 52 | P7 | Paris-Plaine | 13 r. Gal-Guillaumat, 15e | 40 43 01 82 |
| 10 | C20 | Paris-Villette | 211 av. Jean-Jaurès, 19e | 42 02 02 68 |
| 42 | L12 | Poche | 75 bd du Montparnasse, 6e | 45 48 92 97 |
| 20 | G16 | Porte-St-Martin | 16 bd St-Martin, 10e | 42 08 00 32 |
| 18 | G12 | Potinière | 7 r. Louis-Le-Grand, 2e | 42 61 44 16 |
| 27 | J5 | Ranebagh | 5 r. des Vignes, 16e | 42 88 64 44 |
| 20 | G16 | Renaissance | 20 bd St-Martin, 10e | 42 08 18 50 |
| 17 | G10 | Renaud-Barrault | av. F.-Roosevelt, 8e | 42 56 60 70 |
| 19 | E13 | St-Georges | 51 r. St-Georges, 9e | 48 78 63 47 |
| 29 | G9 | Studio des Champs-Élysées | 15 av. Montaigne, 8e | 47 23 35 10 |
| 55 | P14 | Théâtre 13 | 24 rue Daviel, 13e | 45 88 16 30 |
| 33 | J18 | Théâtre de la Bastille | 76 r. de la Roquette, 11e | 43 57 42 14 |
| 23 | F22 | Théâtre de l'Est-Parisien (TEP) | 159 av. Gambetta, 20e | 43 64 80 80 |
| 64 | CT | Théâtre du soleil (Cartoucherie) | rte du Champ-de-Manœuvre, 12e Bois de Vincennes | 43 74 24 08 |
| 32 | J15 | Théâtre de la Ville | 2 pl. du Châtelet, 4e | 42 74 22 77 |
| 18 | E11 | Tristan Bernard | 64 r. du Rocher, 8e | 45 22 08 40 |
| 19 | F14 | Variétés | 7 bd Montmartre, 2e | 42 33 09 92 |

## Salles de concerts
## *Concert halls, Konzertsäle, Salas de conciertos*

| | | | | |
|---|---|---|---|---|
| 17 | D9 | Cortot | 78 r. Cardinet, 17e | 47 63 85 72 |
| 17 | F10 | Gaveau | 45 r. La Boétie, 8e | 49 53 05 08 |
| 16 | E8 | Pleyel | 252 r. Fg-St-Honoré, 8e | 45 61 06 30 |

Des concerts et ballets sont fréquemment proposés à la Maison de la Radio (Grand Auditorium, Studio 106), à l'Auditorium du Louvre, à celui de la Bibliothèque nationale, au Palais de Chaillot *(pl. du Trocadéro et du 11-Novembre)*, ainsi que dans les grands théâtres de la capitale (Châtelet-Théâtre Musical de Paris, Théâtre de la Ville, Théâtre des Champs-Élysées...).

Des concerts spirituels et récitals d'orgue sont régulièrement donnés à Notre-Dame, St-Germain-des-Prés, St-Séverin, St-Roch, St-Louis des Invalides, St-Eustache...

## Cinéma, *Cinemas, Kinos, Cines*

*Consulter la presse chaque mercredi - See newspaper on Wednesdays – Siehe Presse jeden Mittwoch - Consultar los periódicos el miércoles.*

***Cinémathèque Française :*** *salle Chaillot av. Albert-de-Mun Tél. 47 04 24 24.*

## Music-halls, cabarets, chansonniers

| | | | | |
|---|---|---|---|---|
| 31 | J13 | Alcazar de Paris | 62 r. Mazarine, 6e | 46 34 00 00 |
| 20 | G16 | Caveau de la République | 1 bd St-Martin, 3e | 42 78 44 45 |
| 28 | G8 | Crazy Horse | 12 av. George-V, 8e | 47 23 32 32 |
| 19 | F14 | Folies-Bergère | 32 r. Richer, 9e | 42 46 77 11 |
| 16 | F8 | Lido-Normandie | 116 av. Champs-Élysées, 8e | 45 63 11 61 |
| 19 | D13 | Moulin-Rouge (Bal du) | pl. Blanche, 18e | 46 06 00 19 |
| 44 | K15 | Paradis Latin | 28 r. du Card.-Lemoine, 5e | 43 25 17 17 |
| 18 | D12 | Théâtre des 2 Anes | 100 bd de Clichy, 18e | 46 06 10 26 |

## Spectacles pour enfants
## *Children's entertainment*
## *Veranstaltungen für Kinder, Espectáculos para niños*

| | | | | |
|---|---|---|---|---|
| 28 | J8 | Marionnettes du Champ-de-Mars | av. du Gal-Margueritte, 7e | 46 37 07 87 |
| 17 | G10 | Marionnettes des Champs-Élysées | Rond-Point des Champs-Élysées, 8e | 42 57 43 34 |
| 43 | L13 | Marionnettes du Luxembourg | r. Guynemer, 6e | 43 26 46 47 |
| 52 | N8 | Marionnettes de Vaugirard | Square G.-Brassens r. Brancion, 15e | 42 39 80 34 |
| 62 | CV | Musée en Herbe | Jardin d'Acclimatation Bois de Boulogne, 16e | 40 67 97 66 |
| 19 | D14 | – (Halle St-Pierre) | 2 r. Ronsard, 18e | 42 58 74 12 |
| 32 | G15 | Planète magique | 3 bis r. Papin, 3e | 42 76 08 00 |
| 62 | CV | Théâtre du Jardin | Jardin d'Acclimatation Bois de Boulogne, 16e | 40 67 97 86 |

## Salles diverses (réunions, variétés, ...)
## *Other variety halls, Andere Säle, Otras salas*

| | | | | |
|---|---|---|---|---|
| 18 | E12 | Casino de Paris | 16 r. de Clichy, 9e | 49 95 98 98 |
| 33 | H17 | Cirque d'Hiver | 110 r. Amelot, 11e | 47 00 12 25 |
| 19 | D14 | Élysée-Montmartre | 72 bd Rochechouart, 18e | 42 52 76 84 |
| 30 | H11 | Maison de la Chimie | 28 r. St-Dominique, 7e | 47 05 10 73 |
| 18 | F12 | Olympia-Bruno-Coquatrix | 28 bd des Capucines, 9e | 47 42 25 49 |
| 44 | K15 | Palais de la Mutualité | 24 r. St-Victor, 5e | 40 46 10 00 |
| 15 | E6 | Palais des Congrès (auditorium) | 2 pl. de la Pte-Maillot, 17e | 46 40 22 22 |
| 39 | N6 | Palais des Sports | pl. de la Porte de Versailles, 15e | 48 28 40 90 |
| 46 | M19 | Palais Omnisports de Paris-Bercy | 8 bd de Bercy, 12e | 43 46 12 21 |
| 16 | E8 | Théâtre de l'Empire (salle Wagram) | 39 av. Wagram, 17e | 43 80 30 03 |
| 11 | B21 | Zénith | 211 av. J.-Jaurès, 19e | 42 08 60 00 |

Principaux théâtres de banlieue

*Suburban theatres, Theater in den Vororten, Teatros de los alrededores*

| | | | | |
|---|---|---|---|---|
| 18 | U17 | Amandiers | Nanterre<br>7 av. Pablo-Picasso | 47 21 18 81 |
| 24 | AF47 | Boucles de la Marne | Champigny<br>54 bd du Château | 48 80 90 90 |
| 24 | AF47 | Centre Municipal d'Animation G.-Philippe | Champigny<br>54 bd du Château | 48 80 96 28 |
| 24 | AA37 | Daniel-Sorano | Vincennes<br>16 r. Charles-Pathé | 48 08 60 83 |
| 22 | AN25 | Firmin-Gémier | Antony,<br>pl. Firmin-Gémier | 46 66 02 74 |
| 18 | N29 | Gérard-Philipe | Saint-Denis<br>59 bd Jules-Guesde | 42 43 17 17 |
| 18 | W20 | Hauts-de-Seine | Puteaux<br>5 r. Henri-Martin | 47 72 09 59 |
| 24 | AH33 | Jean-Vilar | Vitry<br>9 av. Youri-Gagarine | 46 82 84 90 |
| 24 | AK39 | Maison des Arts André-Malraux | Créteil<br>pl. Salvador-Allende | 49 80 18 88 |
| 24 | AL35-AL36 | Paul-Éluard | Choisy-le-Roi<br>4 av. Villeneuve-St-Georges | 48 90 89 79 |
| 24 | AH31 | Romain-Rolland | Villejuif<br>18 r. Eugène-Varlin | 47 26 15 02 |
| 37 | N1 | Th. de Boulogne-Billancourt (TBB) | Boulogne<br>60 r. de la Belle-Feuille | 46 03 60 44 |
| 20 | S33 | Th. de la Commune | Aubervilliers<br>Square de Stalingrad | 48 34 67 67 |
| 18 | S25 | Th. de Gennevilliers | Gennevilliers<br>41 av. des Grésillons | 47 93 26 30 |
| 24 | AF33 | Th. d'Ivry | Ivry<br>1 r. Simon-Dereure | 46 70 21 55 |
| 18 | S24 | Th. Municipal | Asnières<br>16 pl. de l'Hôtel-de-Ville | 47 90 63 12 |
| 60 | R23 | Th. de Charenton | Charenton-le-Pont<br>107 r. de Paris | 43 68 55 81 |
| 24 | AG42 | Théâtre Rond-Point Liberté | Saint-Maur<br>20 r. de la Liberté | 48 89 99 10 |

Des Kiosques-théâtres offrent au public la possibilité d'acheter des places de théâtre à moitié prix pour des représentations le soir même :

- Terre-plein ouest de l'église de la Madeleine, tous les jours y compris les jours fériés (fermé lundi) entre 12 h 30 et 20 h, le dimanche de 12 h 30 à 16 h.
- Salle des échanges de la station R.E.R. Châtelet-les-Halles (face à la FNAC) : du mardi au samedi de 12 h 30 à 19 h 30 fermé dimanche, lundi et jours fériés.
- Sur la dalle de la gare Montparnasse au pied de la Tour (ouverture début 92).

# SPORTS, *SPORT, DEPORTES*

| | | | | |
|---|---|---|---|---|
| 18 | F11 | Comité National Olympique et Sportif | 23 r. d'Anjou, 8e | 42 65 02 74 |
| 64 | CT | Institut Nat. du Sport et de l'Éducation Physique (I.N.S.E.P.) | 11 av. du Tremblay, 12e Bois de Vincennes | 43 74 11 21 |
| 57 | P18 | Jeunesse et Sports Dir. Rég. | 6-8 r. Eugène-Oudiné, 13e | 40 77 55 00 |
| 45 | K17 | – Dir. de la Ville de Paris | 25 bd Bourdon, 4e | 42 76 40 40 |

## Clubs

| | | | | |
|---|---|---|---|---|
| 44 | K15 | Assoc. Sportive de la Police de Paris | 4 r. Montagne-Ste-Geneviève, 5e | 43 54 59 26 |
| 53 | P10 | Assoc. Sportive des PTT de Paris | 12 allée G.-Bachelard, 14e | 45 39 69 14 |
| 22 | AC19 | Athlétic-Club de Boulogne-Billancourt | Boulogne Mairie de Boulogne | 46 84 78 15 |
| 14 | E3 | Bowling de Paris | av. Mahatma-Gandhi, 16e | 40 67 94 00 |
| 22 | D19 | Club Alpin Français | 24 av. de Laumière, 19e | 42 02 68 64 |
| 37 | L2 | Club Athlétique des Sports Généraux | av. du Général-Sarrail, 16e | 46 51 55 40 |
| 48 | M23 | Club des Nageurs de Paris | 34 bd Carnot, 12e | 46 28 77 03 |
| 21 | D18 | Club de Natation Les Mouettes de Paris | 15 av. Jean-Jaurès, 19e | 42 39 33 22 |
| 37 | M2 | Paris St-Germain Football-Club | 30 av. du Parc des Princes, 16e | 40 71 91 91 |
| 43 | M13 | Paris Université-Club (PUC) | 31 av. Georges-Bernanos, 5e | 43 26 97 09 |
| 61 | AX | Polo de Paris | Allée du Bord-de-l'Eau Bois de Boulogne, 16e | 45 20 10 00 |
| 41 | K10 | Racing-Club de France | 5 r. Eblé, 7e | 45 67 55 86 |
| 25 | G2 | – (Croix-Catelan) | Bois de Boulogne, 16e | 45 27 55 85 |
| 14 | E3 | Société Bouliste du lac St-James | Rte de la Muette à Neuilly Bois de Boulogne, 16e | 40 67 90 44 |
| 14 | F3 | Société Équestre de l'Étrier | Route de Madrid aux Lacs, 16e | 45 01 20 02 |
| 14 | E3 | Société d'Équitation de Paris | Route de la Muette à Neuilly Bois de Boulogne, 16e | 45 01 20 06 |
| 37 | M2 | Stade Français | 2 r. du Cdt-Guilbaud, 16e | 46 51 66 53 |
| 37 | N2 | Tennis Club de Paris | 15 av. Félix-d'Hérelle, 16e | 46 47 73 90 |
| 22 | AH27 | Union Sportive Métropolitaine des Transports | Cachan 129 av. Aristide-Briand | 40 48 73 97 |
| 16 | F7 | Yacht-Club de France | 4 r. Chalgrin, 16e | 45 01 28 46 |

## Fédérations, *Federations, Sportverbände, Federaciones*

| | | | | |
|---|---|---|---|---|
| 16 | F8 | Aéronautique | 52 r. Galilée, 8e | 47 20 39 75 |
| 16 | G7 | Aérostation | 6 r. Galilée, 16e | 47 23 56 20 |
| 20 | F15 | Athlétisme | 10 r. Fg-Poissonnière, 10e | 47 70 90 61 |
| 18 | E12 | Sociétés d'Aviron | 7 r. Lafayette, 9e | 48 74 43 77 |
| 6 | B11 | Badminton | 81 r. Pouchet, 17e | 42 28 84 08 |
| 17 | E10 | Ball-Trap | 10 r. de Lisbonne, 8e | 42 93 33 34 |
| 9 | B19 | Baseball et Softball | 73 r. Curial, 19e | 40 36 83 01 |
| 33 | J18 | Basket-Ball | 14 r. Froment, 11e | 43 38 20 00 |
| 11 | B21 | Boxe anglaise | Pantin - Tour Essor 14 r. Scandicci | 48 43 61 31 |
| 19 | F13 | Boxe française | 25 bd des Italiens, 2e | 47 42 82 27 |
| 24 | AD40 | Canoë-kayak | Joinville-le-Pont 87 quai de la Marne | 48 89 39 89 |
| 57 | R17 | Char à Voile (Ligue Ile-de-France) | 50 r. du Disque, 13e | 43 96 39 89 |
| 35 | H21 | Course d'orientation | 37 av. Gambetta, 20e | 47 97 11 91 |
| 20 | E15 | Cyclisme | 43 r. de Dunkerque, 10e | 42 85 41 20 |
| 56 | P15 | Cyclotourisme | 8 r. Jean-Marie-Jégo, 13e | 45 80 30 21 |
| 46 | L20 | Éducation Physique et Gymnastique Volontaire | 41-43 r. de Reuilly, 12e | 43 41 86 10 |
| 57 | P18 | Équitation | 25-27 r. de Tolbiac, 13e | 40 77 86 00 |
| 18 | E12 | Escrime | 45 r. de Liège, 8e | 42 94 91 38 |
| 16 | G8 | Football | 60 bis av. d'Iéna, 16e | 47 20 65 40 |
| 19 | F14 | Football américain | 8 r. du Fg-Montmartre, 9e | 40 22 03 60 |
| 16 | F7 | Golf | 69 av. Victor-Hugo, 16e | 45 02 13 55 |
| 20 | F15 | Gymnastique | 7 ter cour des Petites-Écuries, 10e | 42 46 39 11 |
| 101 | pli 36 | Haltérophilie, musculation et culturisme | Ris-Orangis 85 route de Grigny | 69 25 91 19 |

| | | | | |
|---|---|---|---|---|
| 22 | AF29 | Hand | Gentilly - 62 r. G.-Péri | 46 63 47 00 |
| 43 | N14 | Handisport | 18 r. de la Glacière, 13e | 45 35 39 00 |
| 19 | F13 | Hockey | 64 r. Taitbout, 9e | 48 78 74 88 |
| 54 | P11 | Judo, Ju jitsu, Kendo | 43 r. des Plantes, 14e | 45 42 80 90 |
| 54 | P12 | Karaté | 122 r. Tombe-Issoire, 14e | 45 40 65 53 |
| 42 | L12 | Longue Paume | 41 r. d'Assas, 6e | 45 34 27 84 |
| 21 | E18 | Lutte | 11 r. de Meaux, 19e | 48 03 19 21 |
| 17 | F10 | Montagne et de l'Escalade | 20 bis r. La Boétie, 8e | 47 42 39 80 |
| 33 | H18 | Motocyclisme | 74 av. Parmentier, 11e | 47 00 94 40 |
| 27 | J5 | Motonautique | 49 r. de Boulainvilliers, 16e | 45 25 61 76 |
| 23 | F22 | Natation | 148 av. Gambetta, 20e | 40 31 17 70 |
| 19 | F13 | Parachutisme | 35 r. St-Georges, 9e | 48 78 45 00 |
| 38 | M4 | Pelote Basque (Ligue Ile-de-France) | 8 quai Saint-Exupéry, 16e | 42 88 94 99 |
| 19 | D13 | Pétanque (Ligne Ile-de-France) | 9 r. Duperré, 9e | 48 74 61 63 |
| 28 | G8 | Randonnée Pédestre | 9 av. George-V, 8e | 47 23 62 32 |
| 6 | C11 | Randonneurs Équestres | 16 r. des Apennins, 17e | 42 26 23 23 |
| 19 | F13 | Rugby | 7 cité d'Antin, 9e | 48 74 84 75 |
| 20 | F15 | Rugby à Treize | 30 r. de l'Échiquier, 10e | 48 00 92 56 |
| 17 | G9 | Ski Nautique | 16 r. Clément-Marot, 8e | 47 20 05 00 |
| 21 | G18 | Spéléologie | 130 r. St-Maur, 11e | 43 57 56 54 |
| 27 | G5 | Sport Automobile | 136 r. de Longchamp, 16e | 47 27 97 39 |
| 33 | H17 | Sportive et Culturelle de France | 22 r. Oberkampf, 11e | 43 38 50 57 |
| 20 | U34 | Sportive et Gymnique du Travail | Pantin<br>Tour Essor 14 r. Scandicci | 48 43 61 31 |
| 31 | H14 | Sports de Glace | 42 r. du Louvre, 1er | 40 26 51 38 |
| 20 | Z36 | Sports Sous-Marins | Montreuil - 21 r. Voltaire | 48 70 92 93 |
| 22 | AB20 | Squash | Boulogne-Billancourt<br>19 r. Vauthier | 46 05 27 32 |
| 37 | L2 | Tennis | 2 av. Gordon-Bennett, 16e | 47 43 48 00 |
| 53 | S10 | Tennis de Table | Montrouge - 4 r. Guillot | 47 46 97 97 |
| 27 | H4-H5 | Tir | 29 bd Jules-Sandeau, 16e | 40 72 66 66 |
| 6 | B11 | Tir à l'Arc | 7 r. des Épinettes, 17e | 42 26 37 00 |
| 20 | H32 | Trampoline et Sports Acrobatiques | Sarcelles<br>10 av. Paul-Herbé | 39 94 24 25 |
| 18 | T28 | Twirling Baton | St-Ouen - 10 r. Gambetta | 40 11 47 18 |
| 28 | G7 | Voile | 55 av. Kléber, 16e | 45 53 68 00 |
| 30 | K12 | Vol à Voile | 29 r. de Sèvres, 6e | 45 44 04 78 |
| 22 | D20 | Volley-Ball | 43 bis r. d'Hautpoul, 19e | 42 00 22 34 |

## Hippodromes, *Racecourses, Pferderennbahnen, Hipódromos*

| | | | | |
|---|---|---|---|---|
| 26 | J3 | Auteuil | Pelouse<br>Bois de Boulogne, 16e | 45 27 12 25 |
| | | Chantilly (60) | Route de l'Aigle | 44 57 21 35 |
| 18 | H23 | Enghien (95) | Soisy-sous-Montmorency<br>1 pl. André-Foulon | 39 89 00 12 |
| 101 | Pli 36 | Évry (91) | Rte départementale 31 | 60 77 82 80 |
| 61 | AY | Longchamp | Bois de Boulogne, 16e | 42 24 13 29 |
| 18 | L13 | Maisons-Laffitte (78) | av. Molière | 39 62 90 95 |
| 18 | Z16 | St-Cloud (92) | 1 r. du Camp-Canadien | 47 71 69 26 |
| 64 | DU | Vincennes | 2 route de la Ferme, 12e<br>Bois de Vincennes | 43 68 35 39 |

## Patinoires, *Skating rinks, Eisbahnen, Pistas de patinaje sobre hielo*

| | | | | |
|---|---|---|---|---|
| 21 | E18 | Pailleron | 30 r. Édouard-Pailleron, 19e | 42 08 72 26 |
| 1 | B2 | Centre Olympique | Courbevoie<br>pl. Ch.-de-Gaulle | 47 88 03 33 |
| 18 | P23 | Patinoire Olympique | Asnières<br>bd P.-de-Coubertin | 47 99 96 06 |
| 22 | AC20 | Patinoire municipale | Boulogne<br>1 r. V.-Griffuelhes | 46 21 00 96 |
| 18 | P19 | Patinoire | Colombes - Ile Marante | 47 81 90 09 |
| 20 | Z41 | Patinoire | Fontenay-sous-Bois<br>av. Ch.-Garcia | 48 75 17 00 |
| 20 | U44 | Patinoire | Le Raincy - 72 allée du Jardin<br>Anglais et de Finchley | 43 81 41 41 |
| 18 | S28 | Patinoire | St-Ouen<br>4 r. du Docteur-Bauer | 42 51 49 18 |

## Piscines, *Swimming pools, Schwimmbäder, Piscinas*

| | | | | |
|---|---|---|---|---|
| 39 | N5 | Aquaboulevard | 4 r. Louis-Armand, 15e | 40 60 10 00 |
| 8 | B15 | Amiraux | 6 r. Hermann-Lachapelle, 18e | 46 06 46 47 |
| 42 | L11 | Armand-Massard | 66 bd du Montparnasse, 15e | 45 38 65 19 |
| 54 | N12 | Aspirant-Dunand | 20 r. Saillard, 14e | 45 45 50 37 |
| 26 | J3 | Auteuil | Rte des Lacs-à-Passy, 16e | 42 24 07 59 |
| 6 | B11 | Bernard Lafay | 79 r. de la Jonquière, 17e | 42 26 11 05 |
| 7 | A14 | Bertrand Dauvin | 12 r. René-Binet, 18e | 42 54 51 55 |
| 41 | L9 | Blomet | 17 r. Blomet, 15e | 47 83 35 05 |
| 56 | P15 | Butte-aux-Cailles | 5 pl. Paul-Verlaine, 13e | 45 89 60 05 |
| 4 | C8 | Champerret-Yser | 36 bd de Reims, 17e | 47 66 49 98 |
| 57 | P17 | Château-des-Rentiers | 184 r. Chât.-des-Rentiers, 13e | 45 85 18 26 |
| 21 | D17 | Château-Landon | 31 r. du Château-Landon, 10e | 46 07 34 68 |
| 33 | H18 | Cour des Lions | 11 r. Alphonse-Baudin, 11e | 43 55 09 23 |
| 30 | H11 | Deligny | Face 23 quai A.-France, 7e | 45 51 72 15 |
| 53 | R9 | Didot | 22 av. Georges-Lafenestre, 14e | 45 39 89 29 |
| 45 | N17 | Dunois | 70 r. Dunois, 13e | 45 85 44 81 |
| 28 | J7 | Émile-Anthoine | 9 r. Jean-Rey, 15e | 45 67 10 20 |
| 19 | D14 | Georges-Drigny | 18 r. Bochart-de-Saron, 9e | 45 26 86 93 |
| 22 | D20 | Georges-Hermant | 6-10 r. David-d'Angers, 19e | 42 02 45 10 |
| 35 | J21 | Georges-Rigal (centre sportif) | 115 bd de Charonne, 11e | 43 70 64 22 |
| 23 | F22 | Georges-Vallerey | 148 av. Gambetta, 20e | 40 31 15 20 |
| 9 | B17 | Hébert | 2 r. des Fillettes, 18e | 46 07 60 01 |
| 26 | G4 | Henry-de-Montherlant | 32 bd Lannes, 16e | 45 03 03 28 |
| 44 | L15 | Jean-Taris | 16 r. Thouin, 5e | 43 25 54 03 |
| 39 | L6 | Keller | 14 r. de l'Ing.-R.-Keller, 15e | 45 77 12 12 |
| 31 | K13 | Marché St-Germain | 7 r. Clément, 6e | 43 29 08 15 |
| 9 | C18 | Mathis | 15 r. Mathis, 19e | 40 34 51 00 |
| 34 | G19 | Oberkampf | 160 r. Oberkampf, 11e | 43 57 56 19 |
| 22 | E19 | Pailleron | 30 r. Édouard-Pailleron, 19e | 42 08 72 26 |
| 52 | P7 | La Plaine | 13 r. Gal-Guillaumat, 15e | 45 32 34 00 |
| 44 | K15 | Pontoise | 19 r. de Pontoise, 5e | 43 54 82 45 |
| 39 | K6 | R. et A. Mourdon (Beaugrenelle) | 19 r. Gaston-de-Caillavet, 15e | 45 75 40 02 |
| 48 | M23 | Roger-Le-Gall | 34 bd Carnot, 12e | 46 28 77 03 |
| 10 | B19 | Rouvet | 1 r. Rouvet, 19e | 40 36 40 97 |
| 32 | H15 | St-Merri | 14-18 r. du Renard, 4e | 42 72 29 45 |
| 31 | H14 | Suzanne-Berlioux (Halles) | 10 pl. de la Rotonde, 1er | 42 36 98 44 |
| 19 | E14 | Valeyre | 24 r. de Rochechouart, 9e | 42 85 27 61 |

## Stades, *Stadiums, Sportplätze, Estadios*

| | | | | |
|---|---|---|---|---|
| 7 | A14 | Bertrand-Dauvin | 12 r. René-Binet, 18e | 46 06 08 43 |
| 57 | P17 | Charles-Moureu | 17 av. Edison, 13e | 45 83 88 98 |
| 53 | R9 | Didot | 18 av. Marc-Sangnier, 14e | 45 39 89 35 |
| 54 | R12 | Élisabeth | 7 av. Paul-Appell, 14e | 45 40 78 39 |
| 28 | J7 | Émile-Anthoine | 9 r. Jean-Rey, 15e | 45 67 25 25 |
| 37 | L1 | Fond des Princes | 61 av. de la Pte-d'Auteuil, 16e | 46 51 82 80 |
| 38 | M4 | Stade Français (Centre sportif Géo André) | 2 r. du Cdt-Guilbaud, 16e | 46 51 66 53 |
| 37 | M2 | Fronton Chiquito de Cambo | 2 quai St-Exupéry, 16e | 42 88 94 99 |
| 57 | S17-S18 | Georges-Carpentier | 81 bd Massena, 13e | 45 85 57 43 |
| 37 | L2 | Jean-Bouin (CASG) | av. du Gal-Sarrail, 16e | 46 51 55 40 |
| 11 | C21 | Jules-Ladoumègue | 1 pl. de la Pte-de-Pantin, 19e | 48 43 23 86 |
| 53 | R10 | Jules-Noël | 3 av. Maurice-d'Ocagne, 14e | 45 39 54 37 |
| 47 | N22 | Léo-Lagrange | 68 bd Poniatowski, 12e | 46 28 31 57 |
| 36 | H23-J23 | Louis-Lumière | 30 r. Louis-Lumière, 20e | 43 70 86 32 |
| 6 | A12 | Max-Rousie | 28 r. André-Bréchet, 17e | 46 27 17 94 |
| 46 | M19 | Palais omnisports de Paris-Bercy | 8 bd de Bercy, 12e | 40 02 60 60 |
| 37 | M2 | Parc des Princes | 24 r. du Cdt-Guilbaud, 16e | 45 24 66 66 |
| 15 | D6 | Paul-Faber | 17-19 av. Pte de Villiers, 17e | 40 68 09 13 |
| 64 | DU | Pershing | Rte du Bosquet-Mortemart, 12e - Bois de Vincennes | 43 28 28 93 |
| 37 | N2 | Pierre-de-Coubertin | 82 av. Georges-Lafont, 16e | 45 27 79 12 |
| 51 | N5 | Plaine Vaugirard (C. sportif S. Lenglen) | 2 r. Louis-Armand, 15e | 45 54 36 12 |
| 8 | A15 | Poissonniers | 2 r. Jean-Cocteau, 18e | 42 51 24 68 |
| 9 | A17 | Porte de la Chapelle | 56 bis bd Ney, 18e | 40 35 10 01 |
| 52 | P8 | Porte de la Plaine | 13 r. du Gal-Guillaumat, 15e | 45 33 56 99 |
| 37 | L1 | Roland-Garros | 2 av. Gordon-Bennett, 16e | 47 43 48 00 |
| 60 | P23 | Vélodrome Jacques-Anquetil | av. de Gravelle, 12e Bois de Vincennes | 43 68 01 27 |

# TOURISME

## *TOURISM, TOURISMUS, TURISMO*

| | | | | |
|---|---|---|---|---|
| 16 | F8 | Office du Tourisme et des Congrès de Paris-Accueil de France | 127 av. Champs-Élysées, 8e | 47 23 61 72 |
| 31 | G13 | Maison de la France | 8 av. de l'Opéra, 1er | 42 96 10 23 |

## Organismes

### *Tourist associations, Touristische Organisationen, Organismos*

| | | | | |
|---|---|---|---|---|
| 16 | E7 | Association Française des Automobile-Clubs | 9 r. Anatole-de-la-Forge, 17e | 42 27 82 00 |
| 20 | F15 | Auto-Camping, Caravaning-Club de France | 37 r. d'Hauteville, 10e | 47 70 29 81 |
| 30 | G11 | Automobile-Club de France | 8 pl. de la Concorde, 8e | 42 65 34 70 |
| 16 | F7 | Automobile-Club de l'Ile-de-France | 14 av. de la Gde-Armée, 17e | 43 80 68 58 |
| 30 | J12 | Camping-Club de France | 218 bd St-Germain, 7e | 45 48 30 03 |
| 31 | H14 | Camping-Club Internat. de France | 14 r. des Bourdonnais, 1er | 42 36 12 40 |
| 19 | G13 | Compagnie Française du Thermalisme | 32 av. de l'Opéra, 2e | 47 42 67 91 |
| 32 | J15 | Féd. Franç. de Camping-Caravaning | 78 r. de Rivoli, 4e | 42 72 84 08 |
| 56 | R16 | Féd. Nat. des Logis et Auberges de France | 83 av. d'Italie, 13e | 45 84 70 00 |
| 8 | C16 | Féd. Unie des Auberges de Jeunesse | 27 r. Pajol, 18e | 42 41 59 00 |
| 30 | K12 | Ligue Franç. des Auberges de Jeunesse | 38 bd Raspail, 7e | 45 48 69 84 |
| 18 | F12 | Maison des Gîtes de France | 35 r. Godot-de-Mauroy, 9e | 47 42 20 20 |
| 18 | F12 | Stations Françaises de Sports d'Hiver (Assoc. des Maires) | 61 bd Haussmann, 8e | 47 42 23 32 |
| 31 | J14 | Tourisme Régie Aut. Transport | 53 bis quai Gds-Augustins, 6e | 40 46 45 36 |
| 18 | G11 | – (RATP) | pl. de la Madeleine, 8e | 40 46 71 45 |
| 41 | L10 | Union Nat. des Associations de Tourisme et de Plein Air | 8 r. César-Franck, 15e | 43 06 88 21 |
| 42 | M12 | Villages-Vacances-Familles (WF) | 38 bd Edgar-Quinet, 14e | 43 22 88 88 |

## Maisons de Province

### *French provincial centres, Vertretungen der Provinzen Frankreichs, Casas de las Provincias de Francia*

| | | | | |
|---|---|---|---|---|
| 34 | K20 | Féd. Nat. des Groupes Folkloriques Originaires des Provinces Françaises | 8 r. Voltaire, 11e | 43 72 54 32 |
| 31 | H13 | Alpes-Dauphiné | 2 pl. André-Malraux, 1er | 42 96 08 43 |
| 17 | G9 | Alsace | 39 av. Champs-Élysées, 8e | 43 59 44 24 |
| 30 | H12 | Auvergne | 194 bis r. de Rivoli, 1er | 42 61 82 38 |
| 31 | H14 | Aveyron | 46 r. Berger, 1er | 42 36 84 63 |
| 27 | J5 | Basque | 10 r. Duban, 16e | 42 24 98 87 |
| 42 | L11 | Bretagne | Centre commercial Maine Montparnasse, 15e | 45 38 73 15 |
| 18 | F12 | Franche-Comté | 2 bd de la Madeleine, 9e | 42 66 26 28 |
| 19 | F13 | Gers et Armagnac | 16 bd Haussmann, 9e | 47 70 39 61 |
| 31 | H13 | Hautes-Alpes | 4 av. de l'Opéra, 1er | 42 96 05 08 |
| 31 | K14 | Hérault (Espace) | 8-10 r. de la Harpe, 5e | 46 33 00 56 |
| 19 | F13 | Limousin | 18 bd Haussmann, 9e | 47 70 32 63 |
| 19 | G13 | Lot-et-Garonne | 15-17 pass. Choiseul, 2e | 42 97 51 43 |
| 31 | K14 | Lozère | 4 r. Hautefeuille, 6e | 43 54 26 64 |
| 34 | H19 | Morvan | 25 r. St-Maur, 11e | 47 00 53 15 |
| 19 | F13 | Nord-Pas-de-Calais | 18 bd Haussmann, 9e | 47 70 59 62 |
| 19 | F13 | Périgord | 30 r. Louis-le-Grand, 2e | 47 42 09 15 |
| 42 | K11 | Poitou-Charentes | 68-70 r. Cherche-Midi, 6e | 42 22 83 74 |
| 19 | G13 | Pyrénées | 15 r. St-Augustin, 2e | 42 61 58 18 |
| 31 | G13 | Savoie | 31 av. de l'Opéra, 1er | 42 61 74 73 |
| 18 | F12 | Antilles Françaises | 12 r. Auber, 9e | 42 68 11 07 |
| 19 | F13G13 | Guyane | 26 r. du Quatre-Septembre, 2e | 47 42 84 16 |
| 18 | G12 | La Réunion | 1 r. Vignon, 8e | 42 68 07 88 |
| 44 | K15 | Tahiti et ses Iles | 28 bd St-Germain, 5e | 46 34 29 91 |

# TRANSPORTS

## *VERKEHRSMITTEL, COMUNICACIONES*

### Autobus Métro

### *Buses-Metro, Autobus, Metro*

| | | | | |
|---|---|---|---|---|
| 31 | J14 | Régie Autonome des Transports Parisiens (RATP) Renseignements | 55 quai Gds-Augustins, 6e | 43 46 14 14 |

*Consulter en outre le plan sur lequel figurent les itinéraires d'autobus p. 182 à 185, et le plan de métro p. 188 et 189.*

### Automobile

### *Motoring organizations, PKW, Automóvil*

| | | | | |
|---|---|---|---|---|
| 16 | F8 | Comité des Constructeurs Français Automobiles | 2 r. de Presbourg, 8e | 47 23 54 05 |
| 16 | G7 | Féd. Nat. des Transports Routiers | 6 r. Paul-Valéry, 16e | 45 53 92 88 |
| 17 | E9 | Prévention Routière | 6 av. Hoche, 8e | 42 67 97 17 |

### Location de voitures

### *Car hire companies, Autovermietung, Coches de alquiler*

| | | | | |
|---|---|---|---|---|
| 29 | K10 | Avis | 5 r. Bixio, 7e | 45 50 32 31 |
| 37 | N2 | Avis Train + Auto | Boulogne - 78 av. P.-Grenier | 46 09 92 12 |
| 45 | L18 | Budget France | Gare de Lyon, 12e | 43 44 10 01 |
| 41 | L10 | CITer | 165 bis r. de Vaugirard, 15e | 05 05 10 11 |
| 41 | L9 | Cie Industr. Franç. Autom. (CIFA-Peugeot) | 80 bd Garibaldi, 15e | 45 67 35 24 |
| 42 | M11 | EUROPCAR | 48-50 av. du Maine, 15e | 43 21 28 37 |
| 41 | K9 | Eurorent | 42 av. de Saxe, 7e | 45 67 82 17 |
| 29 | H10 | Hertz-France | Aérogare des Invalides, 7e | 45 51 20 37 |
| 55 | N14 | Inter Touring Service | 117 bd A.-Blanqui, 13e | 45 88 52 37 |
| 7 | B14 | Mattei | 102 r. Ordener, 18e | 42 64 48 48 |

### Compagnies de Taxis-radio

Taxis bleus 49 36 10 10
Alpha-Taxis 45 85 85 85
G7 Radio 47 39 47 39
Taxis Radio-Étoile 42 70 41 41

### Stations de taxis avec borne téléphonique

### *Taxi ranks with phone nos, Taxistationen mit Telefon, Paradas de taxis con teléfono.*

Sur le plan, le signe (T) signale les stations.

**1er Arrondissement**

| | | | |
|---|---|---|---|
| 31 | H13 | Pl. André-Malraux | 42 60 61 40 |
| 32 | J15 | Pl. du Châtelet | 42 33 20 99 |
| 30 | G11 | Métro Concorde | 42 61 67 60 |

**2e Arrondissement**

| | | | |
|---|---|---|---|
| 19 | F13 | 7 pl. de l'Opéra | 47 42 75 75 |
| 20 | G15 | Porte St-Denis | 42 36 93 55 |
| 31 | G14 | 54 r. Etienne-Marcel | 42 33 12 94 |

**3e Arrondissement**

| | | | |
|---|---|---|---|
| 32 | H16 | Square du Temple | 42 78 00 00 |
| 32 | H15 | Métro Rambuteau | 42 72 00 00 |

**4e Arrondissement**

| | | | |
|---|---|---|---|
| 32 | J16 | Métro St-Paul | 48 87 49 39 |

**5e Arrondissement**

| | | | |
|---|---|---|---|
| 44 | M15 | 88 bd St-Marcel | 43 31 00 00 |
| 44 | L15 | Pl. Monge | 45 87 15 95 |
| 44 | K16 | Pont de la Tournelle | 43 25 92 99 |
| 43 | L14 | Pl. Edmond-Rostand | 46 33 00 00 |
| 31 | J14 | Pl. St-Michel | 43 29 63 66 |
| 32 | K15 | Pl. Maubert | 46 34 10 32 |

**6e Arrondissement**

| | | | |
|---|---|---|---|
| 31 | K13 | Pl. Henri-Mondor | 43 26 00 00 |
| 31 | J13 | Métro Mabillon | 43 29 00 00 |
| 42 | L11 | Pl. du 18-Juin-1940 | 42 22 13 13 |
| 30 | K12 | Pl. A.-Deville | 45 48 84 75 |
| 31 | J13 | Métro St-Germain | 42 22 00 00 |
| 43 | M13 | 20 av. de l'Observatoire | 43 54 74 37 |

## 7e Arrondissement

| | | | |
|---|---|---|---|
| 28 | H8 | Pl. de la Résistance | 47 05 66 86 |
| 28 | J8 | Pl. du Général-Gouraud | 47 05 06 89 |
| 29 | J9 | Pl. de l'École Militaire | 47 05 00 00 |
| 30 | J12 | Métro rue du Bac | 42 22 49 64 |
| 41 | L10 | Pl. Léon-Paul-Fargue | 45 67 00 00 |
| 29 | H10 | Métro La Tour-Maubourg | 45 55 78 42 |
| 30 | H11 | Métro Solférino | 45 55 00 00 |
| 30 | H11 | Pl. du Palais-Bourbon | 47 05 03 14 |
| 28 | J7 | Tour Eiffel | 45 55 85 41 |
| 29 | H10 | 27 bd La Tour-Maubourg | 45 51 76 76 |

## 8e Arrondissement

| | | | |
|---|---|---|---|
| 17 | F9 | 1 av. de Friedland | 45 61 00 00 |
| 18 | F11 | Pl. de la Madeleine | 42 65 00 00 |
| 18 | F11 | Pl. St-Augustin | 47 42 54 73 |
| 28 | G8 | Pl. de l'Alma | 43 59 58 00 |
| 16 | E8 | Pl. des Ternes | 47 63 00 00 |
| 17 | G9 | Rd-Pt Champs-Élysées | 42 56 29 00 |
| 17 | E10 | Pl. Rio-de-Jameiro | 45 62 00 00 |

## 9e Arrondissement

| | | | |
|---|---|---|---|
| 18 | D12 | Pl. de Clichy | 42 85 00 00 |
| 18 | E12 | Pl. d'Estienne-d'Orves | 48 74 00 00 |
| 19 | F14 | Métro Richelieu-Drouot | 42 46 00 00 |
| 19 | E14 | Square de Montholon | 48 78 00 00 |

## 10e Arrondissement

| | | | |
|---|---|---|---|
| 21 | F18 | Métro Goncourt | 42 03 00 00 |

## 11e Arrondissement

| | | | |
|---|---|---|---|
| 34 | K19 | Métro Faidherbe-Chaligny | 43 72 00 00 |
| 34 | G19 | Métro Ménilmontant | 43 55 64 00 |
| 34 | H20 | Métro Père-Lachaise | 48 05 92 12 |
| 34 | J19 | Pl. Léon-Blum | 43 79 00 00 |
| 47 | K21 | Pl. de la Nation | 40 73 29 58 |
| 33 | G17 | Pl. de la République | 43 55 92 64 |

## 12e Arrondissement

| | | | |
|---|---|---|---|
| 33 | K18 | 6 pl. de la Bastille | 43 45 10 00 |
| 47 | M21 | 9 pl. Félix-Éboué | 43 43 00 00 |
| 48 | N23 | Porte Dorée | 46 28 00 00 |
| 64 | CT | Terminus RATP Château de Vincennes | 48 08 00 00 |

## 13e Arrondissement

| | | | |
|---|---|---|---|
| 55 | N14 | Métro Glacière | 45 80 00 00 |
| 57 | P18 | Carr. Patay-Tolbiac | 45 83 00 00 |
| 56 | P16 | 1 av. d'Italie | 43 83 34 93 |
| 44 | N16 | Pl. Pinel | 45 86 00 00 |
| 57 | S17 | 36 av. Pte de Choisy | 45 85 40 00 |
| 56 | S16 | Métro Pte d'Italie | 45 86 00 44 |

## 14e Arrondissement

| | | | |
|---|---|---|---|
| 53 | N10 | Métro Plaisance | 45 41 66 00 |
| 53 | P9 | Porte de Vanves | 45 39 87 33 |
| 43 | N13 | Pl. Denfert-Rochereau | 43 35 00 00 |
| 54 | R12 | 1 pl. du 25-Août-1944 | 45 40 52 05 |
| 54 | P12 | Métro Alésia | 45 45 00 00 |
| 55 | P14 | 1 av. Reille | 45 89 05 71 |

## 15e Arrondissement

| | | | |
|---|---|---|---|
| 40 | M8 | Mairie du 15e arr. | 48 42 00 00 |
| 28 | J7 | Métro Bir-Hakeim | 45 79 17 17 |
| 40 | M8 | Métro Convention | 42 50 00 00 |
| 40 | K8 | Métro La Motte-Picquet | 45 66 00 00 |
| 41 | L10 | Métro Sèvres-Lecourbe | 47 34 00 00 |
| 39 | L6 | Pl. Charles-Michels | 45 78 20 00 |
| 52 | N7 | Porte de Versailles | 48 28 00 00 |
| 39 | L5 | Rd-Pt du Pont Mirabeau | 45 77 48 00 |
| 40 | M7 | Métro Boucicaut | 45 58 15 00 |
| 41 | L10 | Pl. Breteuil | 45 66 70 17 |

## 16e Arrondissement

| | | | |
|---|---|---|---|
| 16 | F7 | 1 av. V.-Hugo-Étoile | 45 01 85 24 |
| 27 | H6 | Métro Passy | 45 20 00 00 |
| 38 | M4 | 23 bd Exelmans | 45 25 93 91 |
| 27 | G5 | 78 av. Henri-Martin | 45 04 00 00 |
| 27 | K5 | Maison de Radio-France | 42 24 99 99 |
| 26 | K4 | Métro Jasmin | 45 25 13 13 |
| 27 | J5 | Métro Muette | 42 88 00 00 |
| 39 | L5 | Pl. de Barcelone | 45 27 11 11 |
| 27 | K5 | Pl. Clément-Ader | 45 24 56 17 |
| 38 | K4 | Pl. Jean-Lorrain | 45 27 00 00 |
| 15 | G6 | 12 pl. Victor-Hugo | 45 53 00 11 |
| 27 | H6 | Pl. du Trocadéro | 47 27 00 00 |
| 38 | L3 | Pl. de la Pte-d'Auteuil | 45 51 14 61 |
| 15 | F5 | Métro Pte-Dauphine | 45 53 00 00 |
| 38 | L3 | Porte Molitor | 46 51 19 19 |
| 38 | M3 | Pl. Pte-de-St-Cloud | 46 51 60 40 |

## 17e Arrondissement

| | | | |
|---|---|---|---|
| 18 | D11 | Mairie du 17e arr. | 43 87 00 00 |
| 6 | C11 | Métro Brochant | 46 27 00 00 |
| 17 | D10 | Métro Villiers | 46 22 00 00 |
| 16 | D8 | Pl. Aimé-Maillart | 46 22 40 70 |
| 16 | F8 | Pl. Charles-de-Gaulle | 43 80 01 99 |
| 16 | D8 | 3 pl. Maréchal-Juin | 42 27 00 00 |
| 5 | D9 | Pl. du Nicaragua | 42 67 59 67 |
| 17 | E9 | Pl. Républ.-de-l'Équateur | 47 66 80 50 |
| 5 | C9 | Porte d'Asnières | 43 80 00 00 |
| 4 | D7 | Pl. Pte de Champerret | 47 66 22 77 |
| 5 | B10 | Pte de Clichy | 46 27 90 06 |
| 6 | B12 | Porte de St-Ouen | 42 63 00 00 |

## 18e Arrondissement

| | | | |
|---|---|---|---|
| 8 | C15 | Pl. du Château-Rouge | 42 52 00 00 |
| 6 | B12 | Métro Guy-Môquet | 42 28 00 00 |
| 7 | B14 | Pl. Jules-Joffrin | 46 06 00 00 |
| 19 | D13 | Pl. Blanche | 42 57 00 00 |
| 20 | D16 | Pl. de la Chapelle | 42 08 00 00 |
| 7 | D14 | Pl. du Tertre | 42 59 00 00 |
| 7 | A14 | 1 av. de la Pte-de-Clignancourt | 42 58 00 00 |
| 7 | C13 | 2 r. Damrémont | 42 54 00 00 |
| 8 | C16 | Métro Marx-Dormoy | 46 07 86 00 |
| 7 | C14 | Métro Lamarck-Caulaincourt | 42 55 00 00 |

## 19e Arrondissement

| | | | |
|---|---|---|---|
| 22 | F20 | Église de Belleville | 42 08 42 66 |
| 22 | D19 | av. Laumière | 42 06 00 00 |
| 22 | E20 | Métro Botzaris | 42 05 00 00 |
| 21 | E18 | Pl. du Colonel-Fabien | 46 07 00 00 |
| 23 | E22 | Porte des Lilas | 42 02 71 40 |
| 11 | C21 | Porte de Pantin | 42 07 21 10 |
| 10 | A20 | Porte de la Villette | 42 08 64 00 |
| 9 | C18 | 185 r. de Crimée | 42 39 28 27 |
| 21 | D17 | Métro Stalingrad | 42 40 00 00 |

## 20e Arrondissement

| | | | |
|---|---|---|---|
| 35 | H21 | Pl. Gambetta | 46 36 00 00 |
| 23 | G22 | 2 pl. Paul-Signac | 43 62 70 99 |
| 36 | G23 | Pl. Pte-de-Bagnolet | 43 60 60 79 |
| 36 | J23 | Métro Pte-de-Montreuil | 43 70 00 00 |
| 22 | F20 | Métro Pyrénées | 43 49 10 00 |

## Gares routières

| | | | | |
|---|---|---|---|---|
| 10 | A20 | Eurolines | 3-5 av. de la Porte-de-la-Villette, 19e | 40 38 93 93 |
| 59 | N21 | – | av. de la Porte de Charenton, 12e | 43 44 54 44 |

## Chemins de fer
### *French Railways, Franz. Eisenbahn, Ferrocarriles franceses*

| | | | | |
|---|---|---|---|---|
| 18 | E12 | Soc. Nat. Chemins de Fer Français (SNCF) Direction Générale | 88 r. St-Lazare, 9e | 42 85 60 00 |
| | | – Renseignements téléphonés voyageurs | | 45 82 50 50 |
| | | – Réservations | | 45 65 60 60 |

## Compagnies aériennes
### *French airlines, Franz. Fluggesellschaften, Compañías aéreas francesas*

| | | | | |
|---|---|---|---|---|
| 20 | M37 | Aéroport du Bourget (93) | Le Bourget | 48 62 12 12 |
| 69-70 | | Aéroport Charles-de-Gaulle (95) | Roissy-en-France | 48 62 22 80 |
| 67 | | Aéroport d'Orly (94) | Orly - Aérogare | 49 75 15 15 |
| 16 | F8 | Air France | 119 av. des Champs-Élysées, 8e | 42 99 23 64 |
| | | Renseignements-réservations | | 45 35 61 61 |
| | | Renseignements arrivées | | 43 20 12 55 |
| | | – départs | | 43 20 13 55 |
| | | tous vols attendus ou en cours | | 43 20 14 55 |
| 17 | F9 | Air Inter | 49 av. des Champs-Élysées | 42 89 38 88 |
| 39 | N5 | Héliport de Paris | 4 av. de la Pte-de-Sèvres, 15e | |
| | | Hélicap | – | 45 57 75 51 |
| | | Hélifrance | – | 45 57 53 67 |
| | | Héli-Location | | 45 57 00 33 |
| 18 | F11 | UTA Union Transports Aériens | 3 bd Malesherbes, 8e | 40 17 44 44 |
| 18 | G12 | TAT Transport Aérien Transrégional | 17 r. de la Paix, 2e | 42 61 82 10 |

## Liaisons Paris-Aéroports
### Renseignements 45 35 61 61 – Minitel 3615 HORAV

Pour se rendre à ROISSY

__Autocar Air France__:

Terminal Maillot — pl. de la Porte Maillot 17e
Place Ch.-de-Gaulle-Étoile — angle av. Carnot, 17e
Gare Montparnasse — Bd de Vaugirard

__Bus RATP__

Gare de l'Est et Gare du Nord — BUS 350
Place de la Nation — BUS 351

__Par Rail__

Gare du Nord et à partir des gares de la ligne B du R.E.R., puis bus — ROISSY RAIL

Pour se rendre à ORLY

__Autocar Air France__:

Aérogare des Invalides — 2 r. Esnault-Pelterie, 7e — 43 23 97 10
Montparnasse — 38 av. du Maine, 14e

__Bus R.A.T.P.__

Place Denfert-Rochereau — ORLY BUS

__Par Rail__

A partir des gares de la ligne C du RER puis bus — ORLY RAIL
Via la ligne B du R.E.R. jusqu'à Antony puis — ORLY VAL

*Compagnies aériennes étrangères voir p. 65 à 76.*

*Les **cartes Michelin** sont constamment tenues à jour.*

## Compagnies maritimes, *French shipping companies, Franz. Schiffahrtsgesellschaften, Compañías marítimas francesas*

| | | | | |
|---|---|---|---|---|
| 65 | | Cie Générale Maritime (Siège) | La Défense - Tour Winterthur | 49 03 70 00 |
| 18 | F11 | Paquet (Croisières) | 5 bd Malesherbes, 8e | 49 24 42 00 |
| 18 | F12 | S.N.C.M. Ferryterranée | 12 r. Godot-de-Mauroy, 9e | 42 66 67 98 |

## Informations routières par téléphone *Traffic information, Verkehrsinformationen, Información telefónica del estado de las carreteras*

| | |
|---|---|
| F I P (90.4 FM) (circulation à Paris) | 45 25 50 50 |
| Voirie (fermeture du boulevard périphérique et des voies sur berge) | 42 76 52 52 |
| Centre Régional d'Information et de Coordination Routière d'Ile-de-France | 48 99 33 33 |

Notre-Dame vue du square Viviani.

# Légende

## Voirie

Autoroute, boulevard périphérique
Rue en construction, interdite ou impraticable
Rue à sens unique, en escalier
Allée dans parc et cimetière - Rue piétonne
Chemin de fer, métro aérien
Passage sous voûte, tunnel

## Bâtiments (avec entrée principale)

Repère important - Autre bâtiment repère
Culte catholique ou orthodoxe
Culte protestant - Synagogue - Mosquée
Caserne - Caserne de Sapeurs-Pompiers
Hôpital, hospice - Marché couvert
Bureau de poste - Commissariat de police

## Sports et Loisirs

Piscine de plein air, couverte
Patinoire
T.E.P. Stade - Terrain d'éducation physique
Centre hippique - Hippodrome
Aviron - Canoë-kayak - Ski nautique
Motonautisme - Club de voile

## Signes divers

Monument - Fontaine - Usine
Station de : taxi, métro, R.E.R.
Parking avec entrée
Station-service ouverte jour et nuit
36 Numéro d'immeuble
Limite de Paris et de département
Limite d'arrondissement et de commune
C 21 Repère de carroyage
5 Repère commun à la carte Michelin n° 101.

*Échelle : 1 cm sur le plan représente 100 m sur le terrain.*

# Key

## Roads and railways
Motorway, ring road
Street under construction, No entry - unsuitable for traffic
One-way street - Stepped street - Pedestrian street
Arch, tunnel

## Buildings (with main entrance)
Reference point: large building, other building
Catholic or orthodox church - Protestant church - Synagogue - Mosque
Barracks - Police station - Fire station
Hospital, old people's home - Post office - Covered market

## Sports - Leisure activities
Outdoor, indoor swimming pool - Skating rink
Stadium - Sports ground

## Miscellaneous
Monument - Foutain - Factory - House no. in street
Taxi rank - Metro and R.E.R. station
Car park showing entrance - 24 hour petrol station
Paris limits: adjoining departments
« Arrondissement » and « commune » boundaries
Map grid reference number
Reference no. common to Michelin map no. 101.
(Secteur en travaux) : work in progress

# Zeichenerklärung

## Verkehrswege
Autobahn - Stadtautobahn
Straße im Bau - für Kfz gesperrt, nicht befahrbar
Einbahnstraße - Treppenstraße - Fußgängerstraße
Gewölbedurchgang - Tunnel

## Gebäude (mit Haupteingang)
Wichtiger Orientierungspunkt - Sonstiger Orientierungspunkt
Katholische oder orthodoxe Kirche - Evangelische Kirche - Synagoge - Moschee
Kaserne - Polizeirevier - Feuerwehr
Krankenhaus, Altersheim - Postamt - Markthalle

## Sport - Freizeit
Freibad - Hallenbad - Schlittschuhbahn
Stadion - Sportplatz

## Verschiedene Zeichen
Denkmal - Brunnen - Fabrik - Hausnummer
Taxistation - Metrostation - R.E.R.-Station
Parkplatz und Einfahrt - Tag und Nacht geöffnete Tankstelle
Grenze : Pariser Stadtgebiet u. Departement
Arrondissement und Vorortgemeinde
Nr. des Planquadrates
Referenz-Zeichen für die Michelin-Karte Nr. 101.
(Secteur en travaux): Das Viertel wird neugestaltet.

# Signos convencionales

## Vías de circulación

Autopista, autovía de circunvalación
Calle en construcción, prohibida, impracticable
Calle de sentido único, con escalera - Calle peatonal
Paso abovedado, túnel

## Edificios (y entrada principal)

Grand edificio, punto de referencia - Otro edificio, punto de referencia
Iglesia católica u ortodoxa - Culto protestante - Sinagoga - Mezquita
Cuartel - Comisaría de Policía - Parque de Bomberos
Hospital, hospicio - Oficina de Correos - Mercado cubierto

## Deportes y Distracciones

Piscina al aire libren, cubierta - Pista de patinaje
Estadio - Terreno de educación física

## Signos diversos

Monumento - Fuente - Fábrica - Número del edificio
Parada de taxis - Boca de metro - R.E.R.
Aparcamiento y entrada - Estación de servicio abierta las 24 h.
Límite de París departamento
Límite de distrito o de municipio
Referencia de la cuadrícula del plano
Referencia común al mapa Michelin No. 101.
(Secteur en travaux) : Sector en obras.

Le pont Alexandre-III et les Invalides.

Utilisez le plan MICHELIN à 1/15 000 « Banlieue de Paris Nord-Ouest » n° 18

N 314 PONTOISE
N 13 ST GERMAIN-EN-LAYE
16

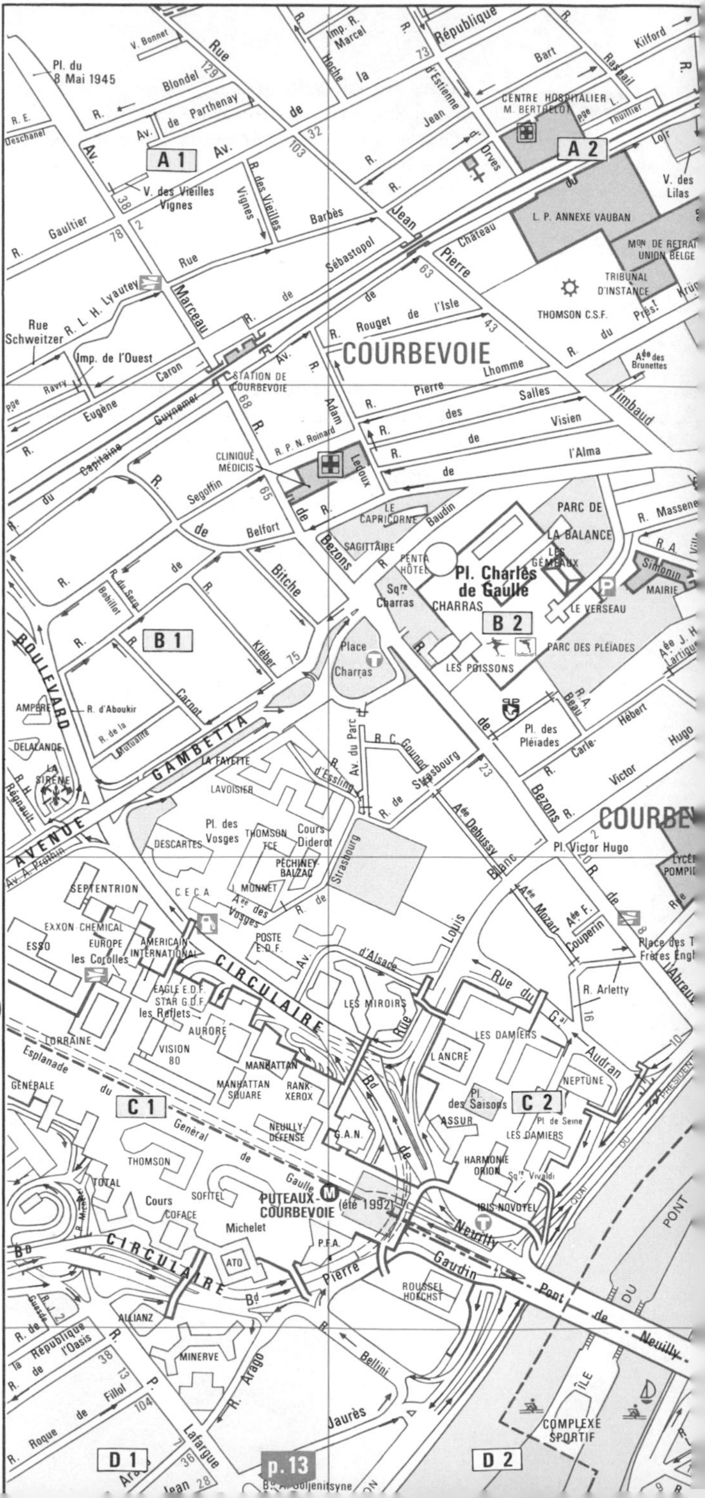

p. 13

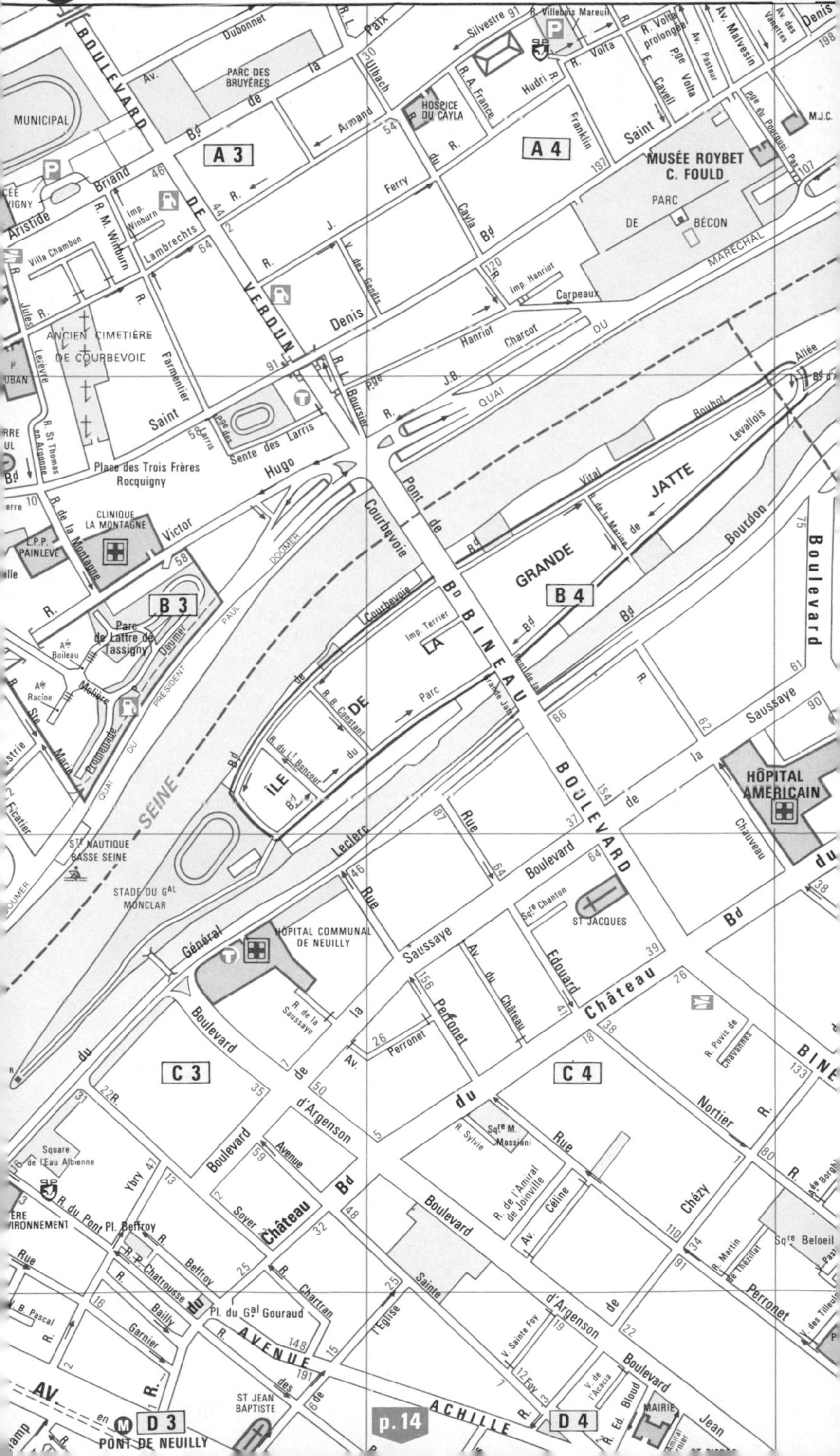
A 3
A 4
B 3
B 4
C 3
C 4
D 3
D 4
BOULEVARD DE VERDUN
PARC DES BRUYÈRES
MUNICIPAL
HOSPICE DU CAYLA
MUSÉE ROYBET C. FOULD
PARC DE BÉCON
M.J.C.
ANCIEN CIMETIÈRE DE COURBEVOIE
Place des Trois Frères Rocquigny
CLINIQUE LA MONTAGNE
L.P.P. PAINLEVÉ
Parc de Lattre de Tassigny
GRANDE JATTE
ÎLE DE LA JATTE
SEINE
Bd BINEAU
BOULEVARD BINEAU
Pont de Courbevoie
QUAI DU PRÉSIDENT PAUL DOUMER
Bd de la Saussaye
Bd du Parc
HÔPITAL AMÉRICAIN
Sté NAUTIQUE BASSE SEINE
STADE DU Gal MONCLAR
HÔPITAL COMMUNAL DE NEUILLY
Boulevard du Général Leclerc
Boulevard d'Argenson
Bd du Château
Boulevard de la Saussaye
ST JACQUES
Rue Edouard Nortier
Rue Perronet
Square de l'Eau Albienne
Pl. Beffroy
Pl. du Gal Gouraud
AVENUE ACHILLE PERETTI
ST JEAN BAPTISTE
PONT DE NEUILLY
MAIRIE
Sqre M. Massiani
Sqre Beloeil
R. de Chézy
Boulevard Sainte Foy
R. Chartran
R. Soyer
R. Ybry
R. Garnier
R. Bailly
R. Chauveau
Av. de Madrid
p. 14

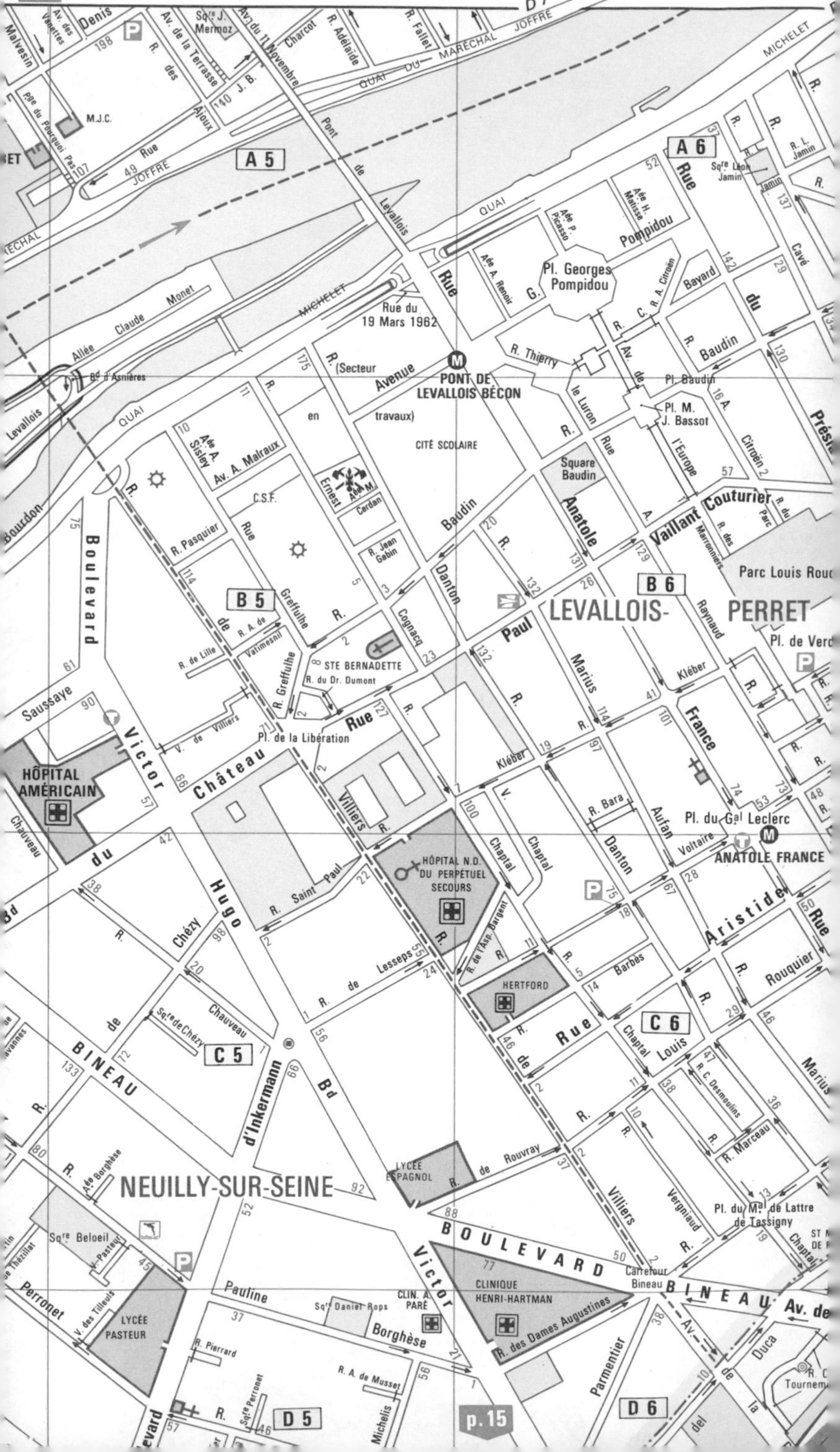
D 7
Denis
Av. des Vanettes
Malvesin
Sq^re J. Mermoz
Av. du 11 Novembre
Av. de la Terrasse
R. des Ajoux
J. B.
Charcot
R. Adélaïde
R. Fallet
QUAI DU MARÉCHAL JOFFRE
MICHELET
Pge du Pourquoi Pas
M.J.C.
Rue JOFFRE
A 5
Pont de Levallois
A 6
Rue Pompidou
Sq^re Léon Jamin
R. L. Jamin
QUAI MICHELET
Allée Claude Monet
Rue du 19 Mars 1962
Pl. Georges Pompidou
Bayard
R. C. A. Citroën
R. Thierry
Pl. Baudin
Pl. M. J. Bassot
Bd d'Asnières
QUAI
Levallois
PONT DE LEVALLOIS BÉCON
R. (Secteur en travaux)
Avenue
CITÉ SCOLAIRE
Av. A. Malraux
Allée A. Sisley
C.S.F.
R. Pasquier
Rue Greffulhe
Ernest Cognacq
R. Jean Gabin
Cerdan
Baudin
Square Baudin
Anatole
Vaillant Couturier
Marronniers
Parc Louis Rouc
B 5
B 6
LEVALLOIS-PERRET
Paul
Danton
Marius
Raynaud
Kléber
France
Pl. de Verd
Boulevard
Bourdon
R. A. de Vatimesnil
R. de Lille
R. Greffulhe
STE BERNADETTE
R. du Dr. Dumont
Saussaye
V. de Villiers
Pl. de la Libération
Rue Château
Victor Hugo
HÔPITAL AMÉRICAIN
Chauveau
Villiers
R. Saint Paul
HÔPITAL N.D. DU PERPÉTUEL SECOURS
Chaptal
R. Bara
Aufan
Pl. du G^al Leclerc
Voltaire
ANATOLE FRANCE
Aristide
R. Chézy
R. de Lesseps
R. de l'Asp. Dargent
HERTFORD
Barbès
Rue Rouquier
C 5
C 6
Sq^re de Chézy
Chauveau
BINEAU
d'Inkermann
Bd
Rue de
Louis
R. C. Desmoulins
R. Marceau
Marius
R. de Rouvray
LYCÉE ESPAGNOL
NEUILLY-SUR-SEINE
Villiers
Vergniaud
Pl. du M^al de Lattre de Tassigny
Allée Borghèse
Sq^re Beloeil
V. Pasteur
Perronet
V. des Tilleuls
LYCÉE PASTEUR
Pauline
Sq^re Daniel Rops
CLIN. A. PARÉ
Borghèse
BOULEVARD
Victor
CLINIQUE HENRI-HARTMAN
R. des Dames Augustines
Carrefour Bineau
BINEAU
Av. de
R. Pierrard
R. A. de Musset
Sq^re Perronet
Michelis
Parmentier
D 5
D 6
Duca
Tourne

p. 15

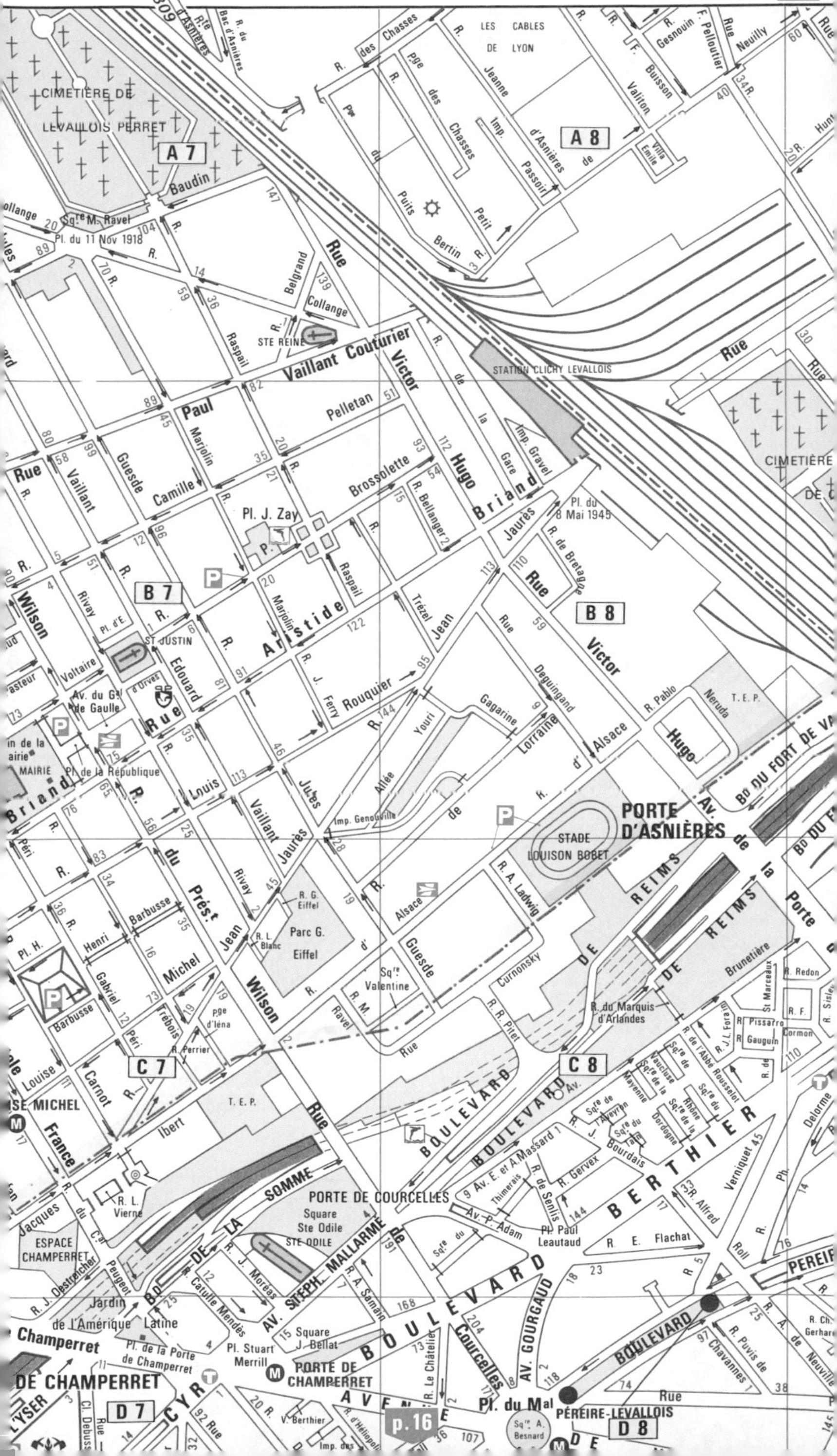
N 309
CIMETIÈRE DE LEVALLOIS PERRET
A 7
A 8
B 7
B 8
C 7
C 8
D 7
D 8
LES CABLES DE LYON
R. des Chasses
Pge des Chasses
R. Jeanne d'Asnières
Imp. Passoir
R. Gesnouin
F. Pelloutier
Rue Neuilly
R. Baudin
Sq.re M. Ravel
Pl. du 11 Nov 1918
R. Collange
R. Belgrand
Rue Raspail
STE REINE
Rue Vaillant Couturier
Rue Victor Hugo
R. de la Gare
STATION CLICHY LEVALLOIS
Imp. Gravel
R. Paul Vaillant
Pelletan
Brossolette
Camille Guesde
Marjolin
Pl. J. Zay
R. Bellanger
Briand
Jaurès
Pl. du 8 Mai 1945
R. de Bretagne
Rue Victor Hugo
R. Aristide
Trézel
Jean
Rivay
Wilson
ST JUSTIN
R. Edouard
Voltaire
Av. du Gl de Gaulle
Pl. de la République
MAIRIE
R. J. Ferry
Rouquier
Rue Deguingand
Youri Gagarine
Allée
Imp. Genouville
Lorraine
R. d'Alsace
R. Pablo Neruda
T. E. P.
BD DU FORT DE VAUX
PORTE D'ASNIÈRES
STADE LOUISON BOBET
Av. de la Porte
R. A. Ladwig
BOULEVARD DE REIMS
Brunetière
R. Redon
St Marceaux
R. F.
R. Sisley
R. Pissarro
R. Gauguin
Cormon
R. Louis Rouquier
R. du Prést
Barbusse
R. Henri
Michel
Jean Jaurès
Rivay
R. G. Eiffel
Parc G. Eiffel
R. L. Blanc
Sq.re Valentine
R. M. Ravel
Curnonsky
R. R. Pitet
R. du Marquis d'Arlandes
Pl. H.
Gabriel
Péri
Trébois
Pge d'Iéna
R. Perrier
Louise Michel
Carnot
France
Ibert
T. E. P.
Rue
BOULEVARD
BOULEVARD BERTHIER
Av. E. et A. Massard
R. de Senlis
R. Gervex
Thimerais
Av. P. Adam
Pl. Paul Leautaud
R. E. Flachat
R. Alfred Roll
Verniquet
R. de l'Abbé Rousselot
Delorme
PEREIRE
R. J. L. Forain
Sq.re de Mayenne
Sq.re de Vaucluse
Sq.re de l'Aveyron
Sq.re du Rhône
Sq.re de la Dordogne
R. J. Bourdais
R. L. Vierne
ESPACE CHAMPERRET
Jacques
R. du Cal
Peugeot
R. J. Oestreicher
Jardin de l'Amérique Latine
Champerret
Pl. de la Porte de Champerret
DE CHAMPERRET
BD DE LA SOMME
PORTE DE COURCELLES
Square Ste Odile
STE ODILE
R. J. Moréas
R. Catulle Mendès
AV. STÉPH. MALLARMÉ
R. A. Samain
Sq.re du
BOULEVARD
Rue de Courcelles
R. Le Châtelier
AV. GOURGAUD
BOULEVARD
R. Puvis de Chavannes
R. A. de Neuville
R. Ch. Gerhardt
Square J. Bellat
Pl. Stuart Merrill
PORTE DE CHAMPERRET
AVENUE
Pl. du Mal
PÉREIRE-LEVALLOIS
Sq.re A. Besnard
V. Berthier
Imp. des
Cl. Debussy
CYR
LYSER
p. 16

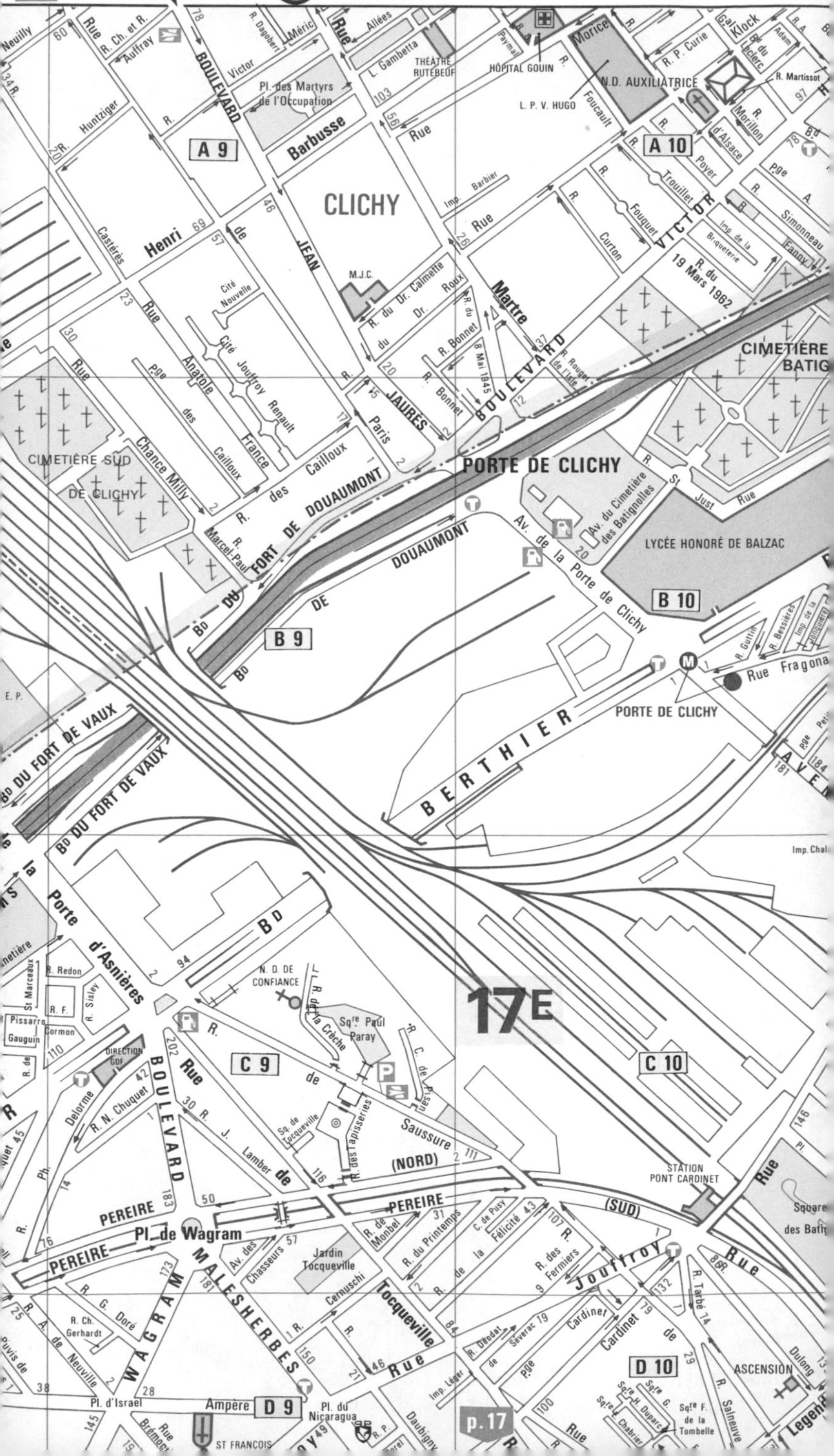
CLICHY
Bd Victor Hugo
Rue Henri Barbusse
Rue de Paris
Bd Jean Jaurès
Pl. des Martyrs de l'Occupation
THÉATRE RUTEBEUF
HÔPITAL GOUIN
L. P. V. HUGO
N.D. AUXILIATRICE
M.J.C.
R. du Dr. Calmette
R. du Dr. Roux
R. Bonnet
R. du 8 Mai 1945
Rue Martre
Rue Anatole France
Cité Nouvelle
Cité Jouffroy Renault
Pge des Cailloux
R. des Cailloux
Chance Milly
R. Marcel-Paul
Rue Castérès
R. Huntziger
R. Ch. et R. Auffray
R. Dagobert
R. Méric
R. L. Gambetta
Allées
R. Foucault
R. Morice
R. P. Curie
R. Martissot
R. Morillon
R. d'Alsace
R. Poyer
R. Trouillet
R. Fouquet
R. Curton
R. du 19 Mars 1962
Imp. de la Briqueterie
R. Simonneau
R. Fanny
Imp. Barbier
R. Rouget de l'Isle
A 9
A 10
CIMETIÈRE SUD DE CLICHY
CIMETIÈRE BATIG
PORTE DE CLICHY
Bd DU FORT DE DOUAUMONT
Bd DE DOUAUMONT
Av. du Cimetière des Batignolles
Av. de la Porte de Clichy
R. St Just
LYCÉE HONORÉ DE BALZAC
B 9
B 10
E. P.
Bd DU FORT DE VAUX
BERTHIER
R. Guttin
R. Bessières
Imp. de la Jonquière
Rue Fragonard
AVENUE
Imp. Chalabre
Av. de la Porte d'Asnières
Bd BERTHIER
N. D. DE CONFIANCE
R. de la Crèche
Sq.re Paul Paray
R. C. de Pisan
Rue de Saussure
Sq. de Tocqueville
R. des Tapisseries
(NORD)
17E
C 9
C 10
STATION PONT CARDINET
(SUD)
R. Redon
St Marceaux
R. Sisley
R. F.
Pissarro
Cormon
Gauguin
DIRECTION GDF
R. N. Chuquet
Delorme
R. J. Lamber
BOULEVARD PEREIRE
Pl. de Wagram
Av. des Chasseurs
Jardin Tocqueville
R. de Monbel
R. du Printemps
C. de Pusy
R. de la Félicité
R. des Fermiers
Rue Jouffroy
R. Cerruschi
Rue Tocqueville
R. G. Doré
R. Ch. Gerhardt
R. A. de Neuville
BOULEVARD WAGRAM
MALESHERBES
Pl. d'Israel
Ampère
D 9
Pl. du Nicaragua
ST FRANÇOIS
Rue Brémontier
Imp. Léger
Daubigny
R. Déodat de Séverac
Pge Cardinet
Rue Cardinet
D 10
R. Tarbé
R. Salneuve
Sq.re H. Duparc
Sq.re Chabrier
Sq.re F. de la Tombelle
ASCENSION
Dulong
Rue Legendre
Square des Batignolles
Rue

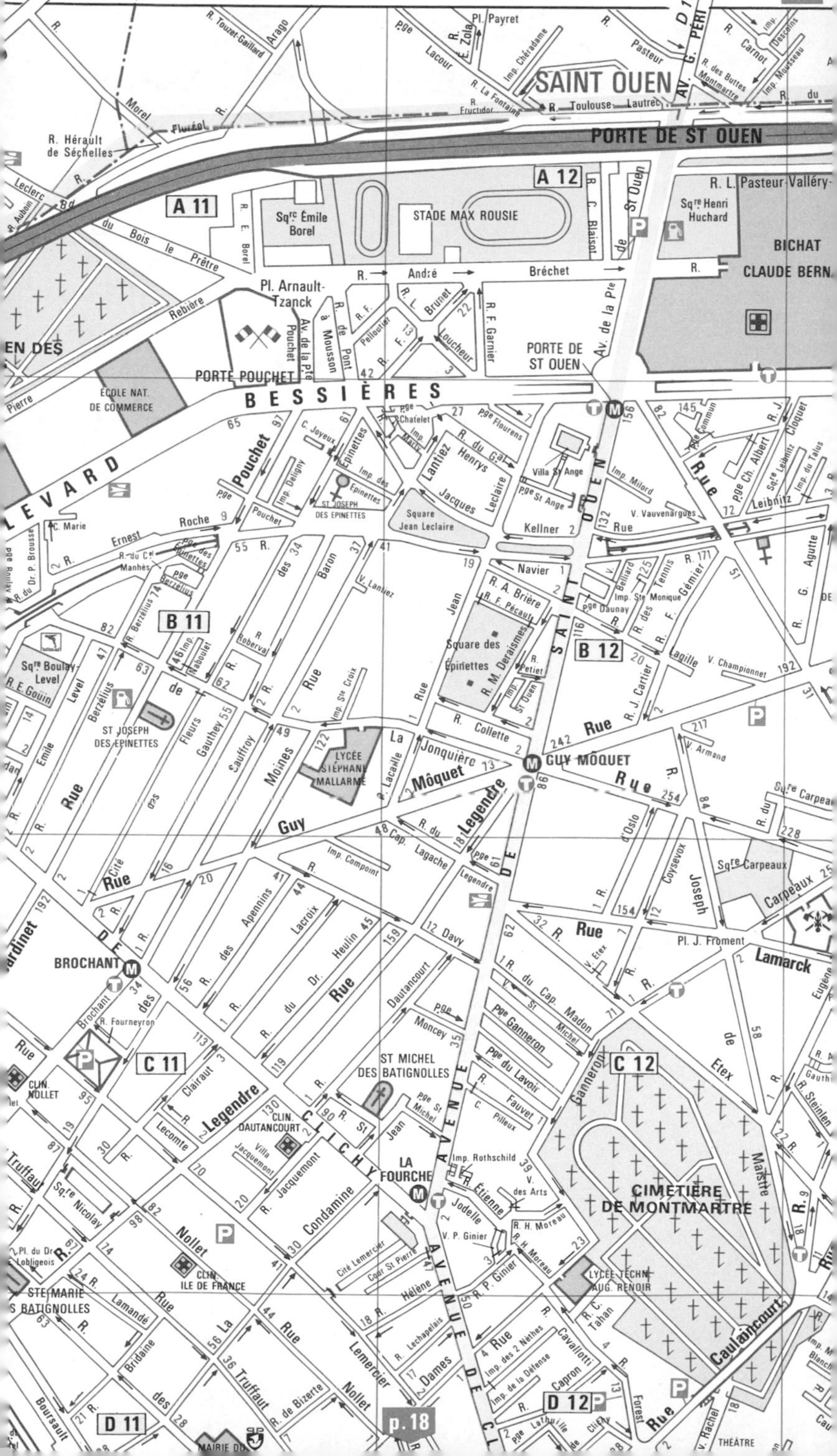
SAINT OUEN
PORTE DE ST OUEN
D 111
AV. G. PERI
R. Pasteur
R. Carnot
R. des Buttes Montmartre
Imp. Mousseau
Imp. Descens
Pl. Payret
R. E. Zola
Pge Lacour
Imp. Chéradame
R. La Fontaine
R. Fructidor
R. Toulouse Lautrec
R. Touzet-Gaillard
Arago
R. Morel
Fluréol
R. Hérault de Séchelles
Leclerc
R. Aubain
A 11
A 12
Sq.re Émile Borel
STADE MAX ROUSIE
R. E. Borel
R. C. Blaisot
R. L. Pasteur Vallery-
Sq.re Henri Huchard
BICHAT
CLAUDE BERN.
du Bois le Prêtre
R. André Bréchet
Pl. Arnault-Tzanck
Rebière
Av. de la Pte Pouchet
R. de Pont à Mousson
R. L. Brunet
R. F. Pelloutier
Loucheur
R. F. Garnier
Av. de la Pte de St Ouen
PORTE DE ST OUEN
PORTE POUCHET
ECOLE NAT. DE COMMERCE
BESSIÈRES
BOULEVARD
C. Joyeux
Epinettes
Pge Chatelet
Imp. Marie
Pge Flourens
R. du Gal Henrys
Lantiez
Jacques
Leclaire
Villa St Ange
Pge St Ange
Imp. Milord
V. Vauvenargues
Pouchet
Imp. Deligny
ST JOSEPH DES EPINETTES
Square Jean Leclaire
Kellner
Rue
Pge Commun
R. J. Cloquet
Pge Ch. Albert
Leibnitz
Sq.re Leibnitz
Imp. du Talus
Roche
Ernest
R. du Dr. P. Brousse
C. Marie
R. du Cel Manhès
Pge des Epinettes
Pge Berzélius
R. des Baron
R. Jean
V. Lantiez
Navier
R. A. Brière
R. F. Pécaut
Pge Daunay
R. Belliard
Imp. Ste Monique
R. des Tennis
R. F. Gémier
R. G. Agutte
B 11
B 12
R. Berzélius
Imp. Nabouiet
R. Roberval
Square des Epinettes
R. M. Deraismes
R. Petiet
Imp. St Ouen
SAINT OUEN
R. J. Cartier
Lagille
V. Championnet
Sq.re Boulay-Level
R. E. Gouin
Level
Emile
ST JOSEPH DES EPINETTES
Fleurs
Gauthey
Sauffroy
Moines
Imp. Ste Croix
R. Collette
La Jonquière
V. Armand
LYCÉE STÉPHANE MALLARMÉ
R. Lacaille
Môquet
Legendre
GUY MÔQUET
Guy
Cité
R. du Cap. Lagache
Imp. Compoint
Pge Legendre
d'Oslo
Coysevox
Joseph
Sq.re Carpeaux
Carpeaux
Sq.re Carpeaux
R. Apennins
Lacroix
R. du Dr. Heulin
Davy
V. Etex
Pl. J. Froment
Lamarck
Eugène
BROCHANT
Brochant
R. Fourneyron
Dautancourt
Pge Moncey
R. du Cap. Madon
V. St Michel
Pge Ganneron
Pge du Lavoir
Fauvel
C. Pilleux
C 11
C 12
Ganneron
de Etex
R. Steinlen
CLIN. NOLLET
Clairaut
Legendre
Lecomte
CLIN. DAUTANCOURT
Villa Jacquemont
R. Jacquemont
ST MICHEL DES BATIGNOLLES
Pge St Michel
R. St Jean
CLICHY
AVENUE DE CLICHY
LA FOURCHE
Imp. Rothschild
R. Étienne Jodelle
V. des Arts
V. P. Ginier
R. P. Ginier
R. H. Moreau
CIMETIÈRE DE MONTMARTRE
Marstre
Truffaut
Sq.re Nicolay
Condamine
Cité Lemercier
Cour St Pierre
Hélène
LYCÉE TECHN. AUG. RENOIR
R. C. Tahan
Caulaincourt
Nollet
CLIN. ILE DE FRANCE
Pl. du Dr F. Lobligeois
STE MARIE DES BATIGNOLLES
Lamandé
Bridaine
La Rue
Truffaut
R. de Bizerte
Lemercier
Nollet
R. Lechapelais
Dames
Imp. des 2 Nèthes
Imp. de la Défense
Cavallotti
Capron
Forest
R. Rachel
Imp. Blanche
Boursault
D 11
D 12
MAIRIE DU
R. Lathuille
THÉÂTRE
p. 18

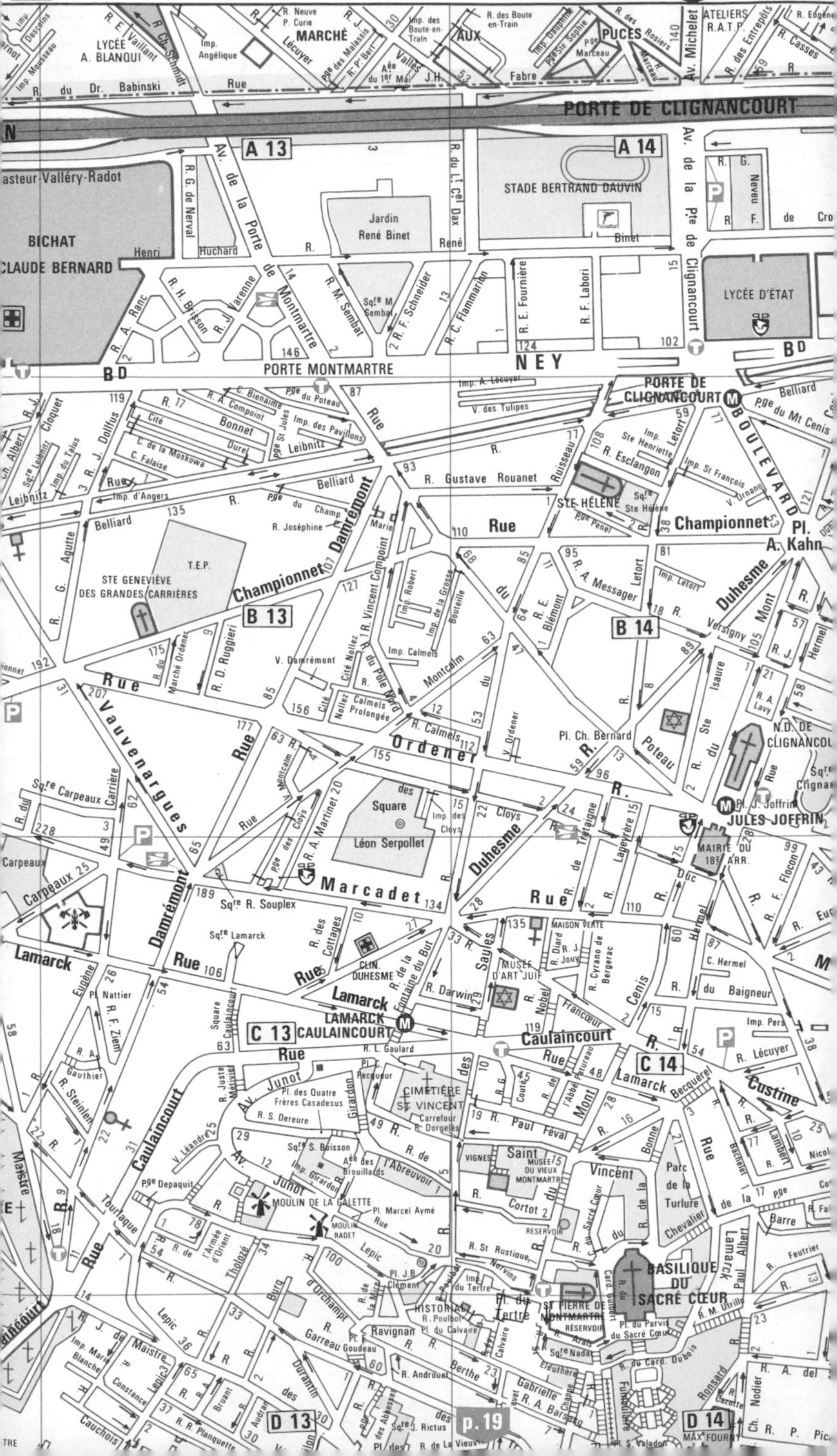
PORTE DE CLIGNANCOURT
A 13
A 14
B 13
B 14
C 13
C 14
D 13
D 14
LYCÉE A. BLANQUI
MARCHÉ
PUCES
ATELIERS R.A.T.P.
R. du Dr. Babinski
Rue Fabre
Av. Michelet
BICHAT CLAUDE BERNARD
Av. de la Porte de Montmartre
Jardin René Binet
STADE BERTRAND DAUVIN
Av. de la Pte de Clignancourt
LYCÉE D'ÉTAT
PORTE MONTMARTRE
BD NEY
PORTE DE CLIGNANCOURT
BOULEVARD
R. Gustave Rouanet
Rue Championnet
STE HÉLÈNE
Pl. A. Kahn
R. Belliard
T.E.P.
STE GENEVIÈVE DES GRANDES CARRIÈRES
Rue Damrémont
Rue Ordener
Rue Vauvenargues
Pl. Ch. Bernard
R. du Poteau
N.D. DE CLIGNANCOURT
Square Léon Serpollet
Rue Marcadet
Rue Duhesme
Pl. J. Joffrin
JULES JOFFRIN
MAIRIE DU 18e ARR.
Sq.re R. Souplex
Sq.re Lamarck
Rue Lamarck
CLIN. DUHESME
LAMARCK CAULAINCOURT
MAISON VERTE
MUSÉE D'ART JUIF
Rue Caulaincourt
R. Custine
Av. Junot
CIMETIÈRE ST VINCENT
R. Paul Féval
R. Saint Vincent
MUSÉE DU VIEUX MONTMARTRE
Parc de la Turlure
MOULIN DE LA GALETTE
MOULIN RADET
Rue Lepic
R. Tholozé
R. d'Orchampt
Pl. du Tertre
ST PIERRE DE MONTMARTRE
BASILIQUE DU SACRÉ CŒUR
R. Ravignan
R. Berthe
R. Gabrielle
R. Ronsard
Rue Tourlaque
R. J. de Maistre
R. Caulaincourt
p. 19

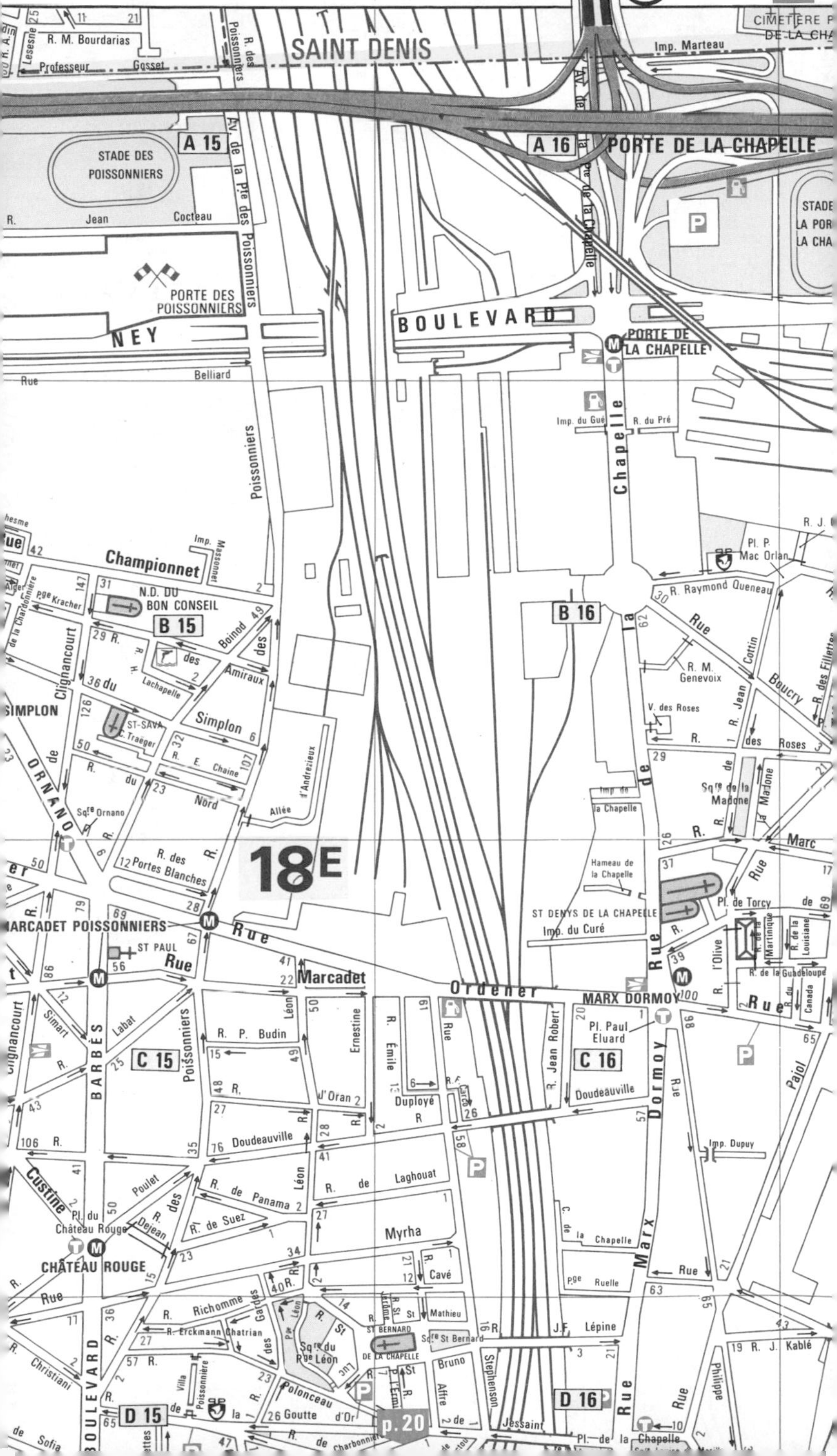
SAINT DENIS
CIMETIÈRE DE LA CHAPELLE
Imp. Marteau
R. M. Bourdarias
Lesesne
Professeur Gosset
R. des Poissonniers
A 15
A 16
PORTE DE LA CHAPELLE
STADE DES POISSONNIERS
Av. de la Pte des Poissonniers
Av. de la Pte de la Chapelle
STADE DE LA PORTE DE LA CHAPELLE
R. Jean Cocteau
PORTE DES POISSONNIERS
BOULEVARD NEY
PORTE DE LA CHAPELLE
Rue Belliard
Imp. du Gué
R. du Pré
Poissonniers
Chapelle
Imp. Massonnet
Championnet
N.D. DU BON CONSEIL
B 15
B 16
Pl. P. Mac Orlan
R. Raymond Queneau
Rue Cottin
Boucry
R. des Fillettes
R. M. Genevoix
R. Jean
V. des Roses
R. des Roses
Pge Kracher
Clignancourt
R. H. Lachapelle
Boinod
R. des Amiraux
Simplon
SIMPLON
ST-SAVA
C. Traeger
R. E. Chaine
R. du Nord
Allée d'Andrezieux
ORNANO
Sq re Ornano
Imp. de la Chapelle
Sq re de la Madone
R. de la Madone
R. Marc
Hameau de la Chapelle
R. des Portes Blanches
18E
MARCADET POISSONNIERS
ST PAUL
Rue Marcadet
Rue Ordener
ST DENYS DE LA CHAPELLE
Imp. du Curé
Pl. de Torcy
R. de la Martinique
R. de la Louisiane
R. de la Guadeloupe
R. du Canada
R. l'Olive
MARX DORMOY
Rue de la Chapelle
R. Simart
Labat
BARBÈS
C 15
C 16
R. P. Budin
Léon
Ernestine
R. Émile Duployé
R. Jean Robert
Pl. Paul Eluard
Rue Marx Dormoy
Pajol
R. d'Oran
R. Doudeauville
Imp. Dupuy
Custine
R. Poulet
R. de Panama
R. de Laghouat
Pl. du Château Rouge
R. Dejean
R. de Suez
Myrha
R. Cavé
C. de la Chapelle
Pge Ruelle
CHÂTEAU ROUGE
R. Richomme
R. Erckmann Chatrian
R. des Gardes
Sq re du Pge Léon
R. St Jérôme
R. St Mathieu
ST BERNARD DE LA CHAPELLE
Sq re St Bernard
R. J.F. Lépine
R. J. Kablé
R. Christiani
BOULEVARD
Villa Poissonnière
R. Polonceau
R. Affre
R. Stephenson
Rue Philippe
D 15
D 16
R. de la Goutte d'Or
R. de Charbonnière
Jessaint
Pl. de la Chapelle
R. de Sofia
p. 20

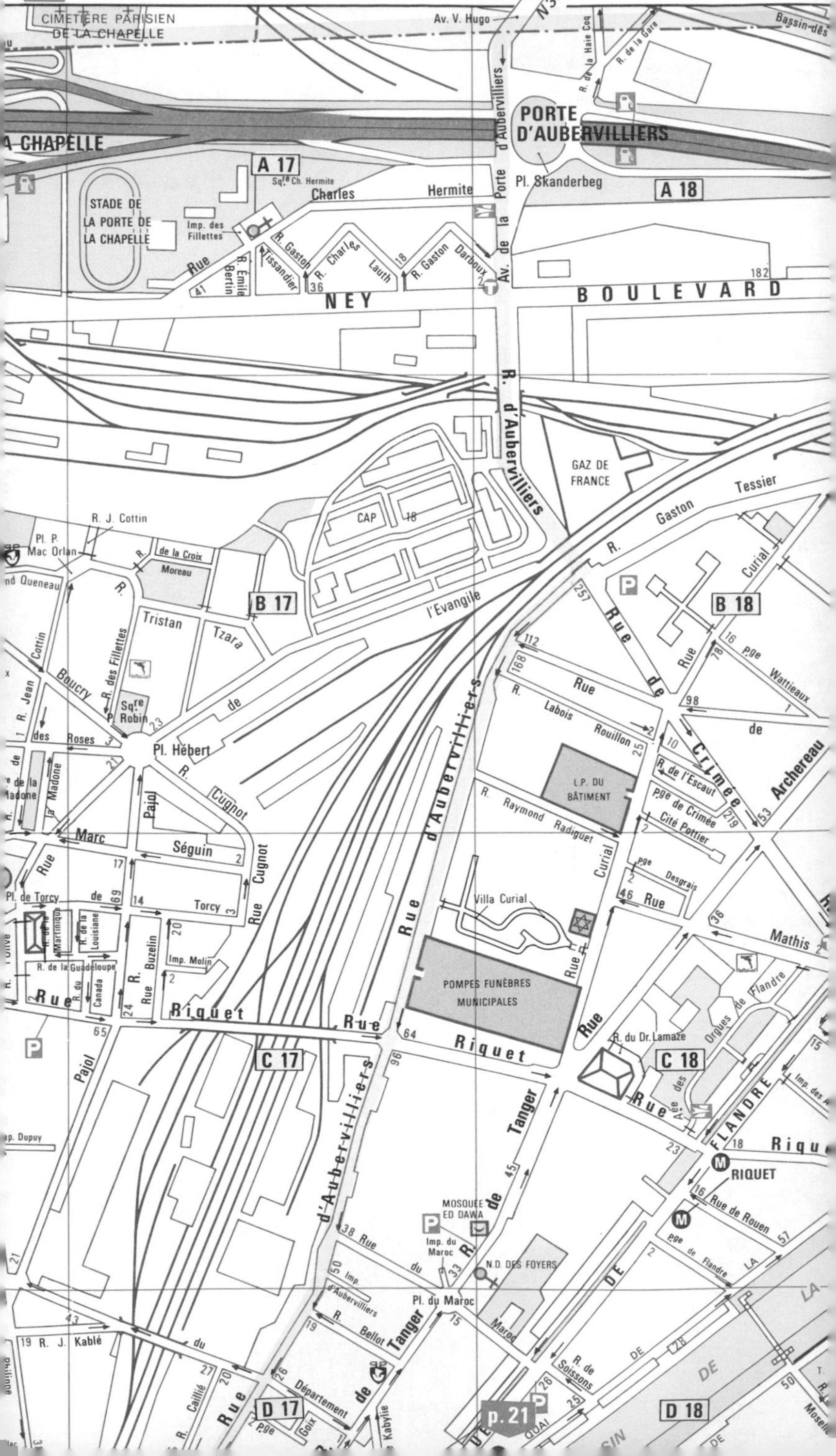
CIMETIÈRE PARISIEN DE LA CHAPELLE
Av. V. Hugo
N301
Bassin-des
R. de la Haie Coq
R. de la Gare
PORTE D'AUBERVILLIERS
Pl. Skanderbeg
A 17
A 18
LA CHAPELLE
STADE DE LA PORTE DE LA CHAPELLE
Sq.re Ch. Hermite
Charles Hermite
Imp. des Fillettes
Rue
R. Émile Bertin
R. Gaston Tissandier
R. Charles Lauth
R. Gaston Darboux
Av. de la Porte d'Aubervilliers
NEY
BOULEVARD
R. d'Aubervilliers
GAZ DE FRANCE
CAP
R. Gaston Tessier
R. de l'Evangile
R. J. Cottin
Pl. P. Mac Orlan
R. de la Croix Moreau
B 17
B 18
R. Tristan Tzara
R. Curial
Rue de Crimée
R. Cottin
R. des Fillettes
Boucry
Sq.re Robin
R. Jean
des Roses
Pl. Hébert
R. de la Madone
R. Cugnot
Pajol
Marc Séguin
Rue Cugnot
Rue de Torcy
Pl. de Torcy
R. de la Martinique
R. de la Louisiane
R. de la Guadeloupe
R. du Canada
R. Buzelin
Imp. Molin
Rue Riquet
Rue d'Aubervilliers
R. Labois Rouillon
L.P. DU BÂTIMENT
R. Raymond Radiguet
R. de l'Escaut
P.ge de Crimée
Cité Pottier
Archereau
P.ge Wattieaux
P.ge Desgrais
Rue Mathis
Villa Curial
POMPES FUNÈBRES MUNICIPALES
Rue Curial
R. du Dr. Lamaze
Orgues de Flandre
C 17
C 18
Rue Riquet
Rue de Tanger
Aée des Orgues
Rue de FLANDRE
Imp. des
RIQUET
Rue de Rouen
P.ge de Flandre
Rue
MOSQUÉE ED DAWA
Imp. du Maroc
R. du Maroc
N.D. DES FOYERS
Pl. du Maroc
Imp. d'Aubervilliers
R. Bellot
Tanger
Imp. Dupuy
R. J. Kablé
Rue du Département
R. de Soissons
QUAI DE LA SEINE
BASSIN DE LA VILLETTE
Caillié
Kabylie
P.ge Goix
D 17
D 18
p. 21
Moselle

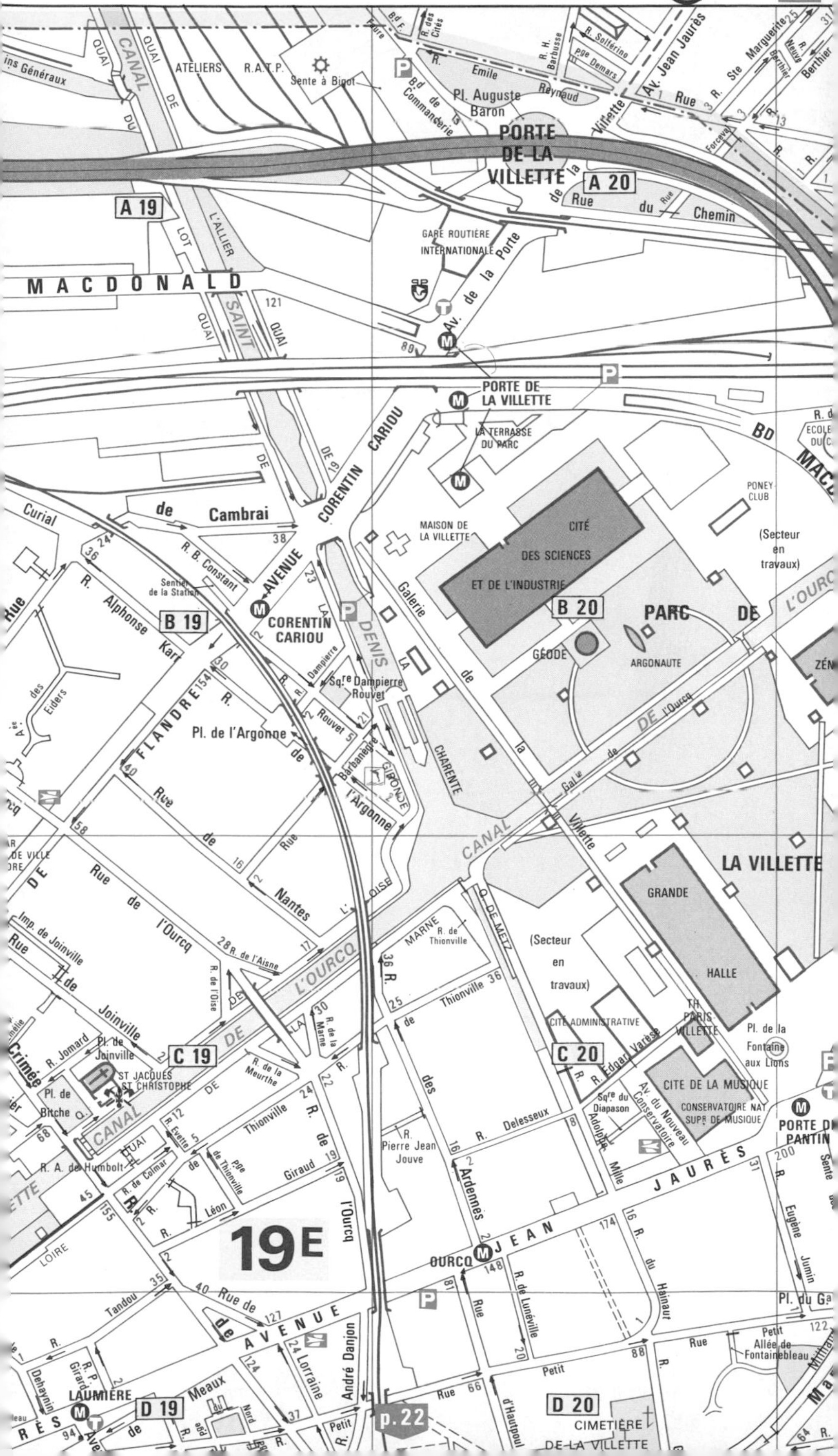
CANAL
QUAI
DE
ATELIERS
R.A.T.P.
Sente à Bigot
Bd F. Faure
R. des Cités
R. H. Barbusse
R. Solférino
Pge Demars
Av. Jean Jaurès
R. Ste Marguerite
R. Neuve
Berthier
Emile
Reynaud
Pl. Auguste Baron
Bd de la Commanderie
PORTE DE LA VILLETTE
A 20
A 19
Rue du Chemin de la Villette
Av. de la Porte de la Villette
R. Forceval
GARE ROUTIÈRE INTERNATIONALE
MACDONALD
L'ALLIER
LOT
SAINT
121
89
PORTE DE LA VILLETTE
LA TERRASSE DU PARC
BD MACDONALD
ECOLE
PONEY CLUB
(Secteur en travaux)
MAISON DE LA VILLETTE
CITÉ DES SCIENCES ET DE L'INDUSTRIE
B 20
PARC DE LA VILLETTE
GÉODE
ARGONAUTE
ZÉN
Galerie de la Villette
CHARENTE
CANAL DE L'OURCQ
Galie de l'Ourcq
GRANDE HALLE
TH. PARIS VILLETTE
Pl. de la Fontaine aux Lions
CITE DE LA MUSIQUE
CONSERVATOIRE NAT SUPR DE MUSIQUE
PORTE DE PANTIN
CITÉ ADMINISTRATIVE
C 20
R. Edgard Varèse
Sq.re du Diapason
Av. du Nouveau Conservatoire
Adolphe Mille
(Secteur en travaux)
Q. DE METZ
MARNE
R. de Thionville
Rue de Thionville
R. des Ardennes
R. Delesseux
R. Pierre Jean Jouve
JEAN JAURÈS
OURCQ
Rue du Hainaut
R. de Lunéville
Rue Petit
Sente des Dorées
R. Eugène Jumin
Pl. du Ga
Petit Allée de Fontainebleau
D 20
CIMETIÈRE DE LA VILLETTE
p. 22
Rue d'Hautpoul
André Danjon
Lorraine
Rue de Meaux
D 19
LAUMIÈRE
R. P. Girard
Dehaynin
AVENUE
Tandou
Rue de Tanger
19E
Rue de l'Ourcq
R. de Giraud
R. Léon Giraud
Pge de Thionville
R. de Colmar
R. A. de Humboldt
R. Evette
QUAI DE LA LOIRE
CANAL
C 19
Pl. de Bitche
ST JACQUES ST CHRISTOPHE
R. Jomard
Pl. de Joinville
Rue de Joinville
Imp. de Joinville
Crimée
R. de la Meurthe
R. de la Marne
R. de l'Oise
R. de l'Aisne
L'OISE
Rue de Nantes
Rue de l'Argonne
Pl. de l'Argonne
R. Barbanègre
GIRONDE
R. Rouvet
Sq.re Dampierre Rouvet
R. Dampierre
DENIS
LA
B 19
Rue Alphonse Karr
Aée des Eiders
FLANDRE
CORENTIN CARIOU
AVENUE CORENTIN CARIOU
R. B. Constant
Sentier de la Station
Curial
de Cambrai
DE
MAISON DE VILLE

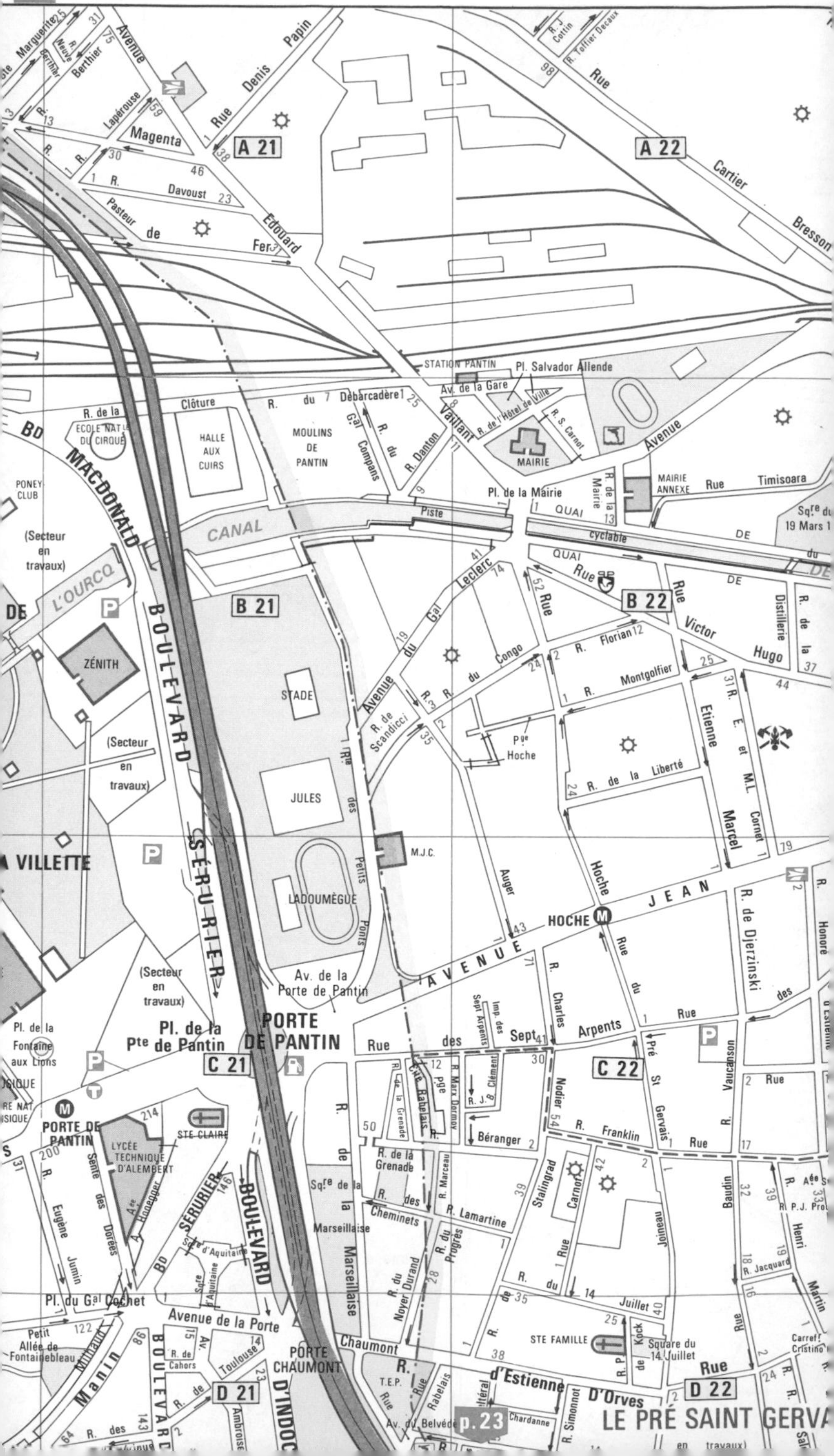
Avenue
Rue Denis Papin
Magenta
R. Davoust
Pasteur
de Fer
Edouard
A 21
A 22
Rue Cartier Bresson
R. J. Cottin
R. Taffier Decaux
STATION PANTIN
Pl. Salvador Allende
Av. de la Gare
R. de l'Hôtel de Ville
Vaillant
R. S. Carnot
MAIRIE
Avenue
MAIRIE ANNEXE
Rue Timisoara
Sq.re du 19 Mars
R. de la Clôture
R. du Débarcadère
R. Danton
Gal Compans
HALLE AUX CUIRS
MOULINS DE PANTIN
ECOLE NAT.LE DU CIRQUE
PONEY CLUB
BD MACDONALD
CANAL
L'OURCQ
Piste cyclable
QUAI DE
Pl. de la Mairie
R. de la Mairie
(Secteur en travaux)
ZÉNITH
B 21
B 22
Avenue du Gal Leclerc
R. du Congo
R. de Scandicci
R. Florian
R. Montgolfier
Rue Victor Hugo
R. de la Distillerie
R. E. et M.L. Cornet
Etienne Marcel
Pge Hoche
R. de la Liberté
STADE
JULES
LADOUMÈGUE
M.J.C.
R.te des Petits Ponts
BOULEVARD SÉRURIER
VILLETTE
Auger
Hoche
HOCHE
AVENUE JEAN
R. de Djerzinski
Honoré
Av. de la Porte de Pantin
PORTE DE PANTIN
Pl. de la Pte de Pantin
Pl. de la Fontaine aux Lions
Rue des Sept Arpents
Imp. des Sept Arpents
R. Charles Nodier
C 21
C 22
Rue du Pré St Gervais
R. Vaucanson
R. de la Grenade
Pge Rabelais
R. Marx Dormoy
R. J. B. Clément
Béranger
R. Franklin
PORTE DE PANTIN
LYCÉE TECHNIQUE D'ALEMBERT
A.ée Honegger
STE CLAIRE
R. Eugène Jumin
Sente des Dorées
BD SÉRURIER
BOULEVARD
Sq.re d'Aquitaine
Sq.re de la Marseillaise
R. de la Marseillaise
R. des Cheminets
R. Marceau
R. Lamartine
R. du Progrès
R. du Noyer Durand
Stalingrad
Carnot
Joineau
Baudin
R. P.J. Proudhon
R. Henri Martin
R. Jacquard
Rue du 14 Juillet
STE FAMILLE
Square du 14 Juillet
R. P. de Kock
Carref.r Cristino
Pl. du Gal Cochet
Avenue de la Porte Chaumont
Petit Allée de Fontainebleau
Milhaud
Manin
BOULEVARD
R. de Cahors
Toulouse
R. de
D 21
D 22
PORTE CHAUMONT
D'INDOCHINE
Ambroise
R. des
R.
T.E.P.
Rue Rabelais
Av. du Belvédère
Chardanne
R. d'Estienne D'Orves
R. Simonnot
LE PRÉ SAINT GERVAIS
(en travaux)

p. 23

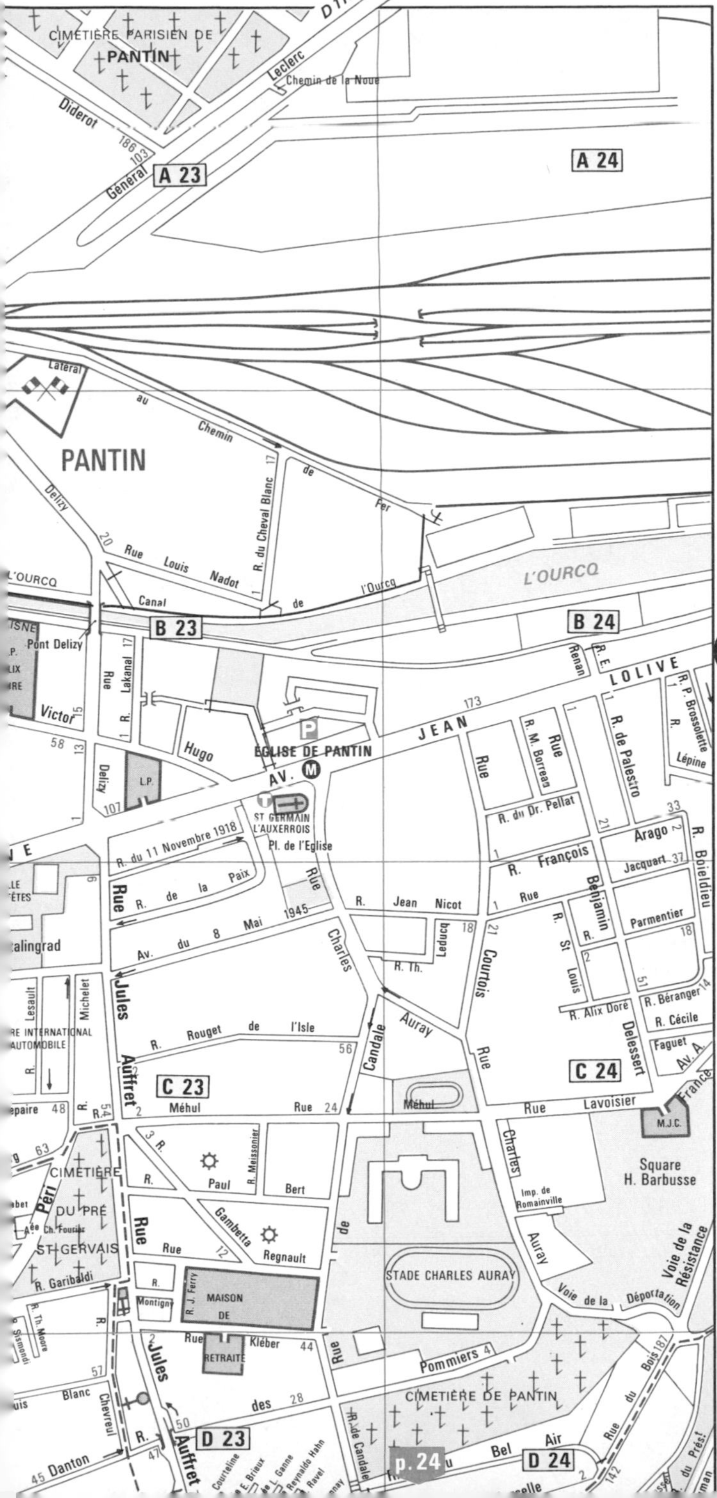


Utilisez le plan MICHELIN à 1/15 000 « Banlieue de Paris Nord-Est » n° 20

N 3 MEAUX - CHÂLONS-S-MARNE

Utilisez le plan MICHELIN à 1/15 000 « Banlieue de Paris Nord-Ouest » nº 18

HAUTS DE SEINE

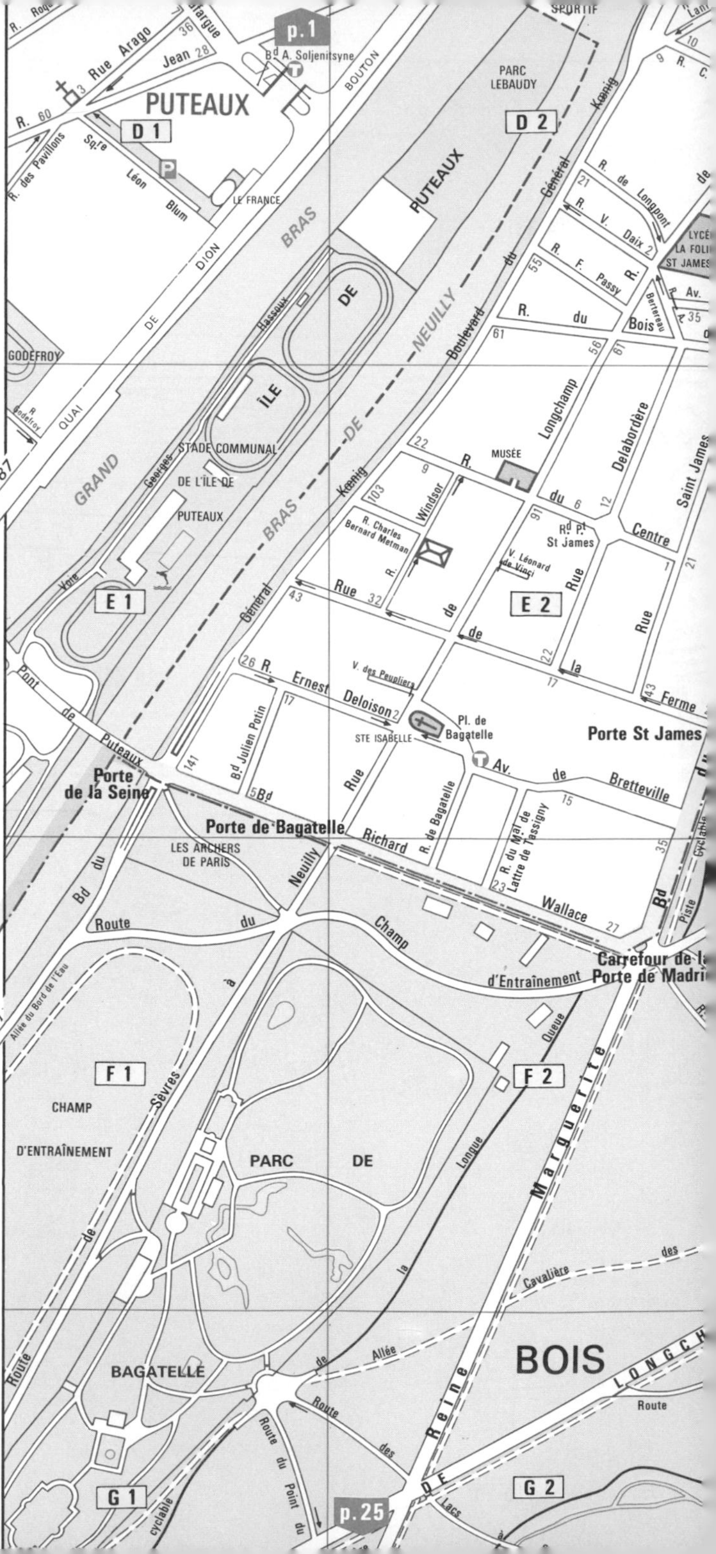

p. 2

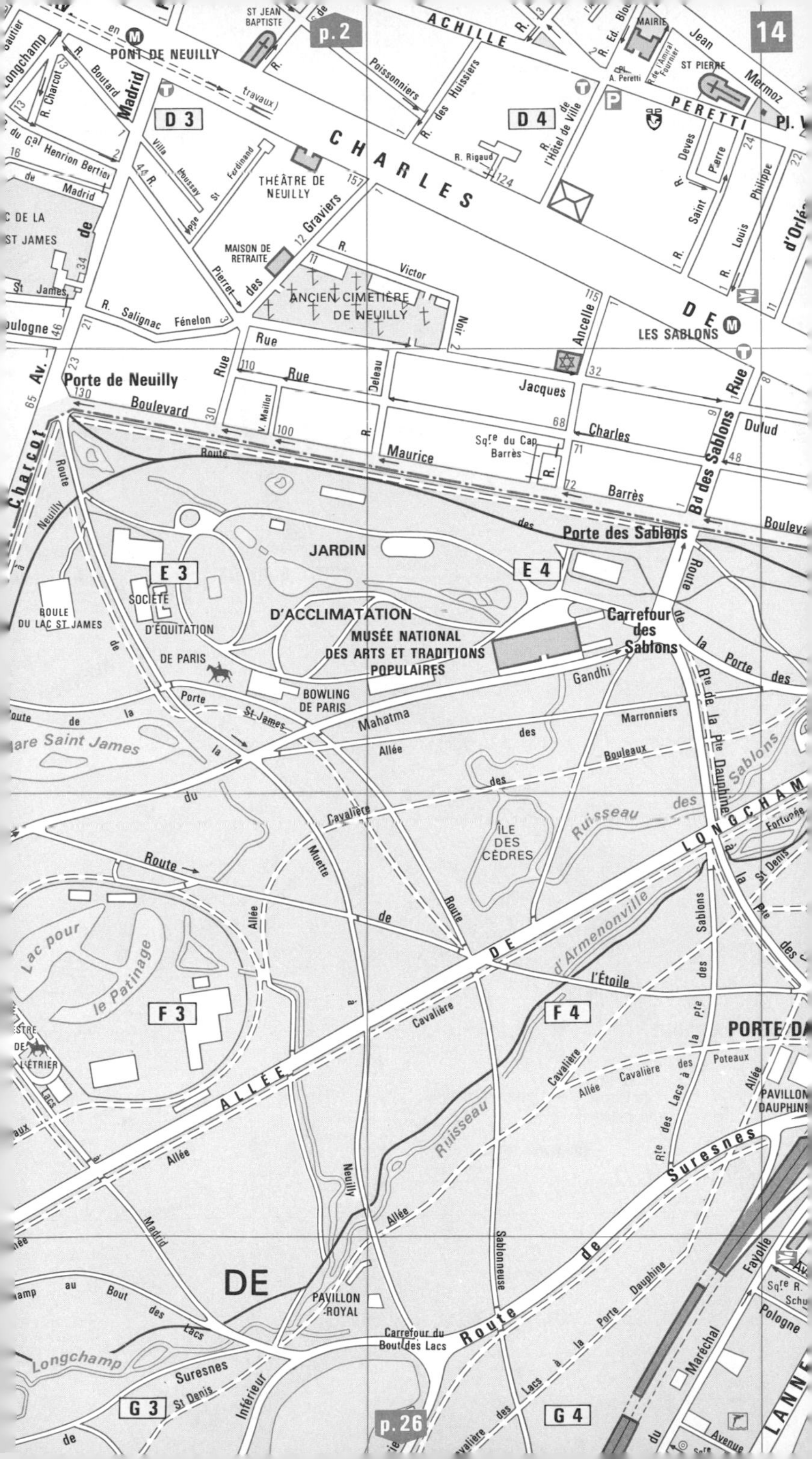

ST JEAN BAPTISTE
PONT DE NEUILLY
ACHILLE
MAIRIE
ST PIERRE
PERETTI
Pl. V
D 3
D 4
THÉÂTRE DE NEUILLY
CHARLES
DE
MAISON DE RETRAITE
ANCIEN CIMETIÈRE DE NEUILLY
LES SABLONS
Porte de Neuilly
Boulevard
Maurice
Barrès
Jacques
Charles
Bd des Sablons
Rue Dulud
Porte des Sablons
JARDIN D'ACCLIMATATION
E 3
E 4
SOCIÉTÉ D'ÉQUITATION DE PARIS
BOULE DU LAC ST JAMES
MUSÉE NATIONAL DES ARTS ET TRADITIONS POPULAIRES
Carrefour des Sablons
BOWLING DE PARIS
Allée Mahatma Gandhi
Allée des Marronniers
Allée des Boulevaux
ILE DES CÈDRES
Ruisseau des Sablons
ALLÉE DE LONGCHAMP
Lac pour le Patinage
F 3
F 4
Route de la Muette à Neuilly
d'Armenonville
PORTE DAUPHINE
PAVILLON DAUPHINE
Route de Suresnes
Rte des Lacs à la Pte Dauphine
Route Sablonneuse
DE
PAVILLON ROYAL
Carrefour du Bout des Lacs
Longchamp
G 3
G 4
Av. Charcot
Maréchal Fayolle
Pologne
Avenue


p. 26

p. 3

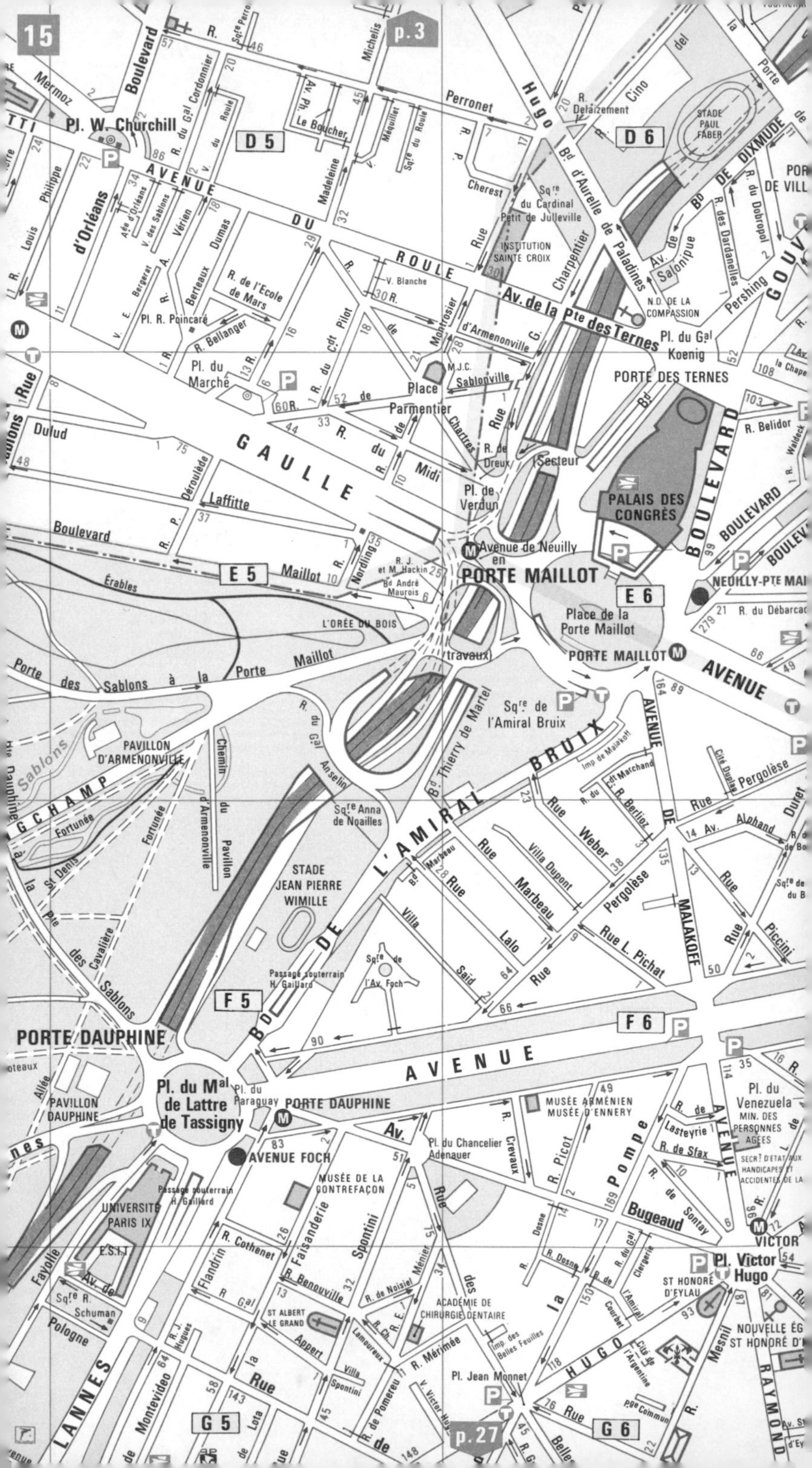

D 5
D 6
E 5
E 6
F 5
F 6
G 5
G 6
Pl. W. Churchill
AVENUE DU ROULE
Av. de la Pte des Ternes
Pl. du Gal Koenig
PORTE DES TERNES
STADE PAUL FABER
BD DE DIXMUDE
Bd d'Aurelle de Paladines
Sqre du Cardinal Petit de Julleville
INSTITUTION SAINTE CROIX
N.D. DE LA COMPASSION
M.J.C.
Place Parmentier
Pl. du Marché
Pl. R. Poincaré
GAULLE
Pl. de Verdun
PALAIS DES CONGRÈS
BOULEVARD
Avenue de Neuilly
PORTE MAILLOT
Place de la Porte Maillot
NEUILLY-PTE MAI
Boulevard Maillot
L'ORÉE DU BOIS
Porte des Sablons à la Porte Maillot
PAVILLON D'ARMENONVILLE
Sqre de l'Amiral Bruix
BD DE L'AMIRAL BRUIX
Sqre Anna de Noailles
STADE JEAN PIERRE WIMILLE
Sqre de l'Av. Foch
Passage souterrain H. Gaillard
PORTE DAUPHINE
Pl. du Mal de Lattre de Tassigny
Pl. du Paraguay
PAVILLON DAUPHINE
AVENUE
AVENUE FOCH
MUSÉE ARMÉNIEN
MUSÉE D'ENNERY
Pl. du Chancelier Adenauer
MUSÉE DE LA CONTREFAÇON
UNIVERSITÉ PARIS IX
E.S.I.T.
Pl. du Venezuela
MIN. DES PERSONNES AGÉES
Pl. Victor Hugo
ST HONORÉ D'EYLAU
NOUVELLE ÉG ST HONORÉ D'
ACADÉMIE DE CHIRURGIE DENTAIRE
ST ALBERT LE GRAND
Pl. Jean Monnet
HUGO
LANNES
RAYMOND
Rue Pergolèse
AVENUE DE MALAKOFF
Rue Weber
Rue Marbeau
Rue Lalo
Rue L. Pichat
Rue Piccini
Rue de la Pompe
Bugeaud
R. Picot
R. Crevaux
R. Spontini
Faisanderie
R. Benouville
R. Cothenet
Flandrin
Montevideo


p. 27

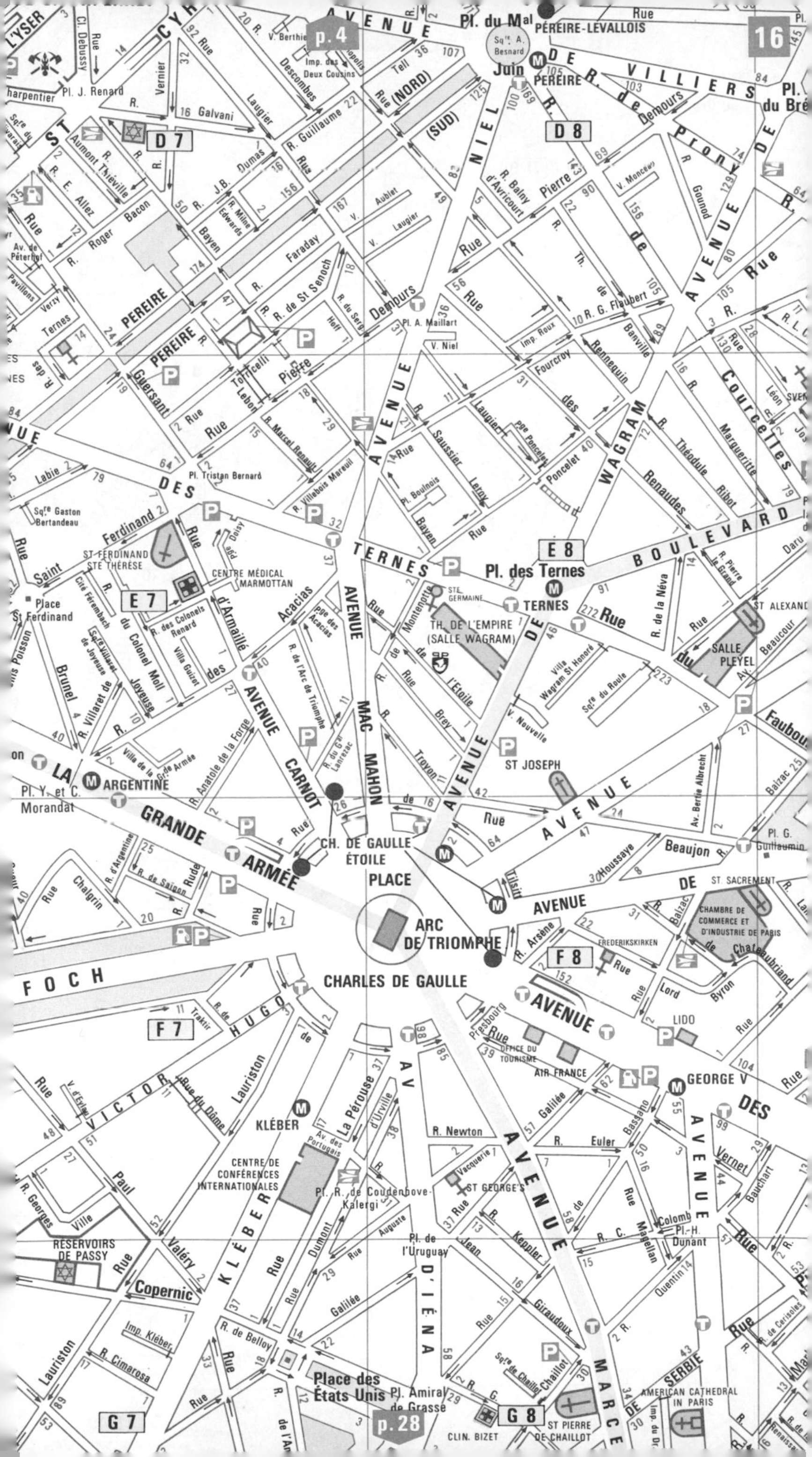
16
p. 4
p. 28
D 7
D 8
E 7
E 8
F 7
F 8
G 7
G 8
AVENUE
Pl. du Mal Juin
PÉREIRE-LEVALLOIS
Sq.re A. Besnard
PEREIRE
R. DE VILLIERS
R. de Demours
Prony
AVENUE DE
Pl. du Bré
Rue Descombes
Imp. des Deux Cousins
R. Guillaume Tell
Rue (NORD)
(SUD)
NIEL
AVENUE NIEL
Rue Laugier
Galvani
Pl. J. Renard
Vernier
R. Aumont Thiéville
R. E. Allez
Rue Roger Bacon
R. J.B. Dumas
R. Milne Edwards
Bayen
Faraday
R. de St Senoch
R. du Sergt Hoff
Dembours
Pl. A. Maillart
V. Niel
V. Aublet
V. Laugier
R. Balny d'Avricourt
Pierre
R. Th. de Banville
R. G. Flaubert
Rue Rennequin
Imp. Roux
Fourcroy
Rue Gounod
V. Monceau
PEREIRE
Av. de Péterhof
Pavillons
Verzy
Ternes
R. Guersant
Torricelli
Lebon
Pierre
Rue
R. Marcel Renault
R. Villebois Mareuil
Rue Saussier Leroy
Pl. Boulnois
Bayen
R. Laugier
Pge Poncelet
Poncelet
WAGRAM
R. Renaudes
R. Théodule Ribot
Marguerite
Courcelles
Léon
Labie
Pl. Tristan Bernard
DES
Sq.re Gaston Bertandeau
Ferdinand
Rue Saint Ferdinand
Place St Ferdinand
ST FERDINAND STE THÉRESE
CENTRE MÉDICAL MARMOTTAN
Pge Doisy
TERNES
Pl. des Ternes
TERNES
BOULEVARD
Daru
R. Pierre le Grand
ST ALEXANDRE
Cité Férembach
R. des Colonels Renard
Villa Guizot
d'Armaillé
Acacias
Pge des Acacias
AVENUE MAC MAHON
Rue Montenotte
STE GERMAINE
TH. DE L'EMPIRE (SALLE WAGRAM)
Rue de l'Étoile
272 Rue
R. de la Néva
Rue du
Faubourg
SALLE PLEYEL
Av. Beaucour
Villa Wagram St Honoré
Sq.re du Roule
Brunel
R. Villaret de Joyeuse
Colonel Moll
Joyeuse
AVENUE CARNOT
R. de l'Arc de Triomphe
R. du Gal Lanrezac
Rue Brey
R. Troyon
V. Nouvelle
AVENUE DE
ST JOSEPH
Av. Bertie Albrecht
Balzac
AVENUE
Villa de la Gde Armée
R. Anatole de la Forge
LA GRANDE ARMÉE
ARGENTINE
Pl. Y. et C. Morandat
CH. DE GAULLE ÉTOILE
Rue de Tilsitt
Beaujon
Houssaye
Pl. G. Guillaumin
ST. SACREMENT
CHAMBRE DE COMMERCE ET D'INDUSTRIE DE PARIS
Rue Chalgrin
R. d'Argentine
R. de Saigon
Rue Rude
PLACE
ARC DE TRIOMPHE
CHARLES DE GAULLE
AVENUE DE
R. Arsène Houssaye
FREDERIKSKIRKEN
Rue de Chateaubriand
Rue Lord Byron
FOCH
Traktir
R. de
HUGO
VICTOR
Presbourg
Rue
OFFICE DU TOURISME
AIR FRANCE
AVENUE
LIDO
GEORGE V
DES
V. d'Eylau
Rue du Dôme
Lauriston
KLÉBER
AV
La Pérouse
d'Urville
R. Newton
Galilée
R. Euler
Bassano
CENTRE DE CONFÉRENCES INTERNATIONALES
Av. des Portugais
Pl. R. de Coudenhove-Kalergi
Vacquerie
ST GEORGE'S
AVENUE
Rue Vernet
Bauchart
R. Georges Ville
Paul Valéry
RÉSERVOIRS DE PASSY
Rue Copernic
KLÉBER
Rue Dumont
Auguste
Pl. de l'Uruguay
Rue Jean Giraudoux
Keppler
R. C. Magellan
Colomb
Pl. H. Dunant
Quentin
Rue Galilée
Imp. Kléber
R. Cimarosa
Lauriston
R. de Belloy
Rue
Place des États Unis
Pl. Amiral de Grasse
D'IÉNA
R. G.
Sq.re de Chaillot
Chaillot
MARCEAU
DE SERBIE
AMERICAN CATHEDRAL IN PARIS
R. de Cerisoles
ST PIERRE DE CHAILLOT
CLIN. BIZET
R. de l'Am

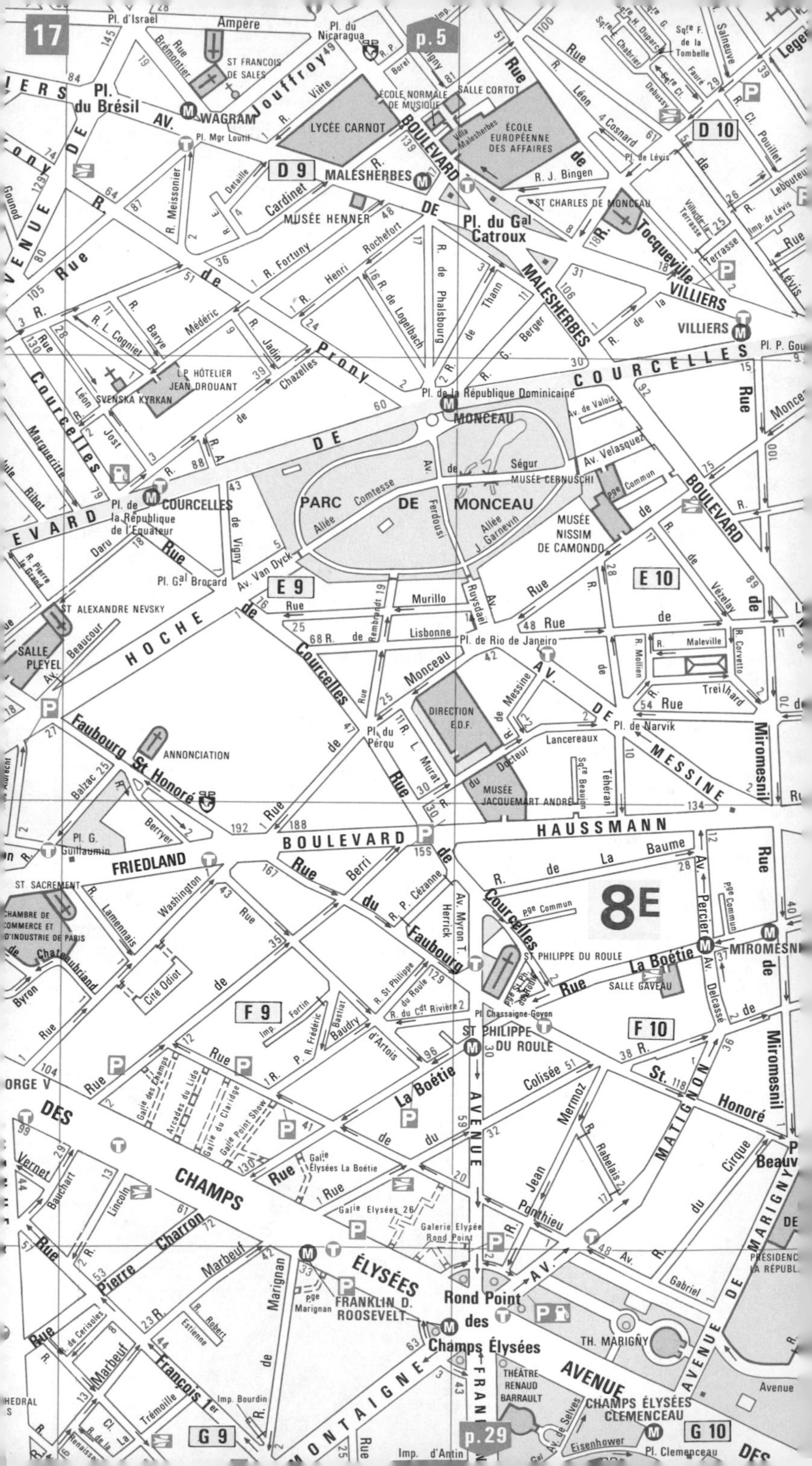
p. 5
Pl. d'Israel
Ampère
Rue Brémontier
ST FRANCOIS DE SALES
Pl. du Nicaragua
Jouffroy
Pl. du Brésil
AV. DE WAGRAM
Viète
LYCÉE CARNOT
ÉCOLE NORMALE DE MUSIQUE
SALLE CORTOT
Villa Malesherbes
ÉCOLE EUROPÉENNE DES AFFAIRES
Rue Léon Cosnard
Pl. de Lévis
D 10
D 9
Pl. Mgr Loutil
Detaille
R. Meissonier
Cardinet
MALESHERBES
MUSÉE HENNER
BOULEVARD DE MALESHERBES
Pl. du Gal Catroux
R. J. Bingen
ST CHARLES DE MONCEAU
R. Tocqueville
Villa de la Terrasse
Terrasse
Rue de Lévis
VILLIERS
Rue de Prony
R. Fortuny
R. Henri Rochefort
R. de Logelbach
R. de Phalsbourg
R. de Thann
R. G. Berger
R. de la Villiers
R. Médéric
R. Barye
R. L. Cogniet
R. Jadin
Chazelles
Rue Léon
SVENSKA KYRKAN
L.P. HÔTELIER JEAN DROUANT
Pl. P. Goulden
COURCELLES
Pl. de la République Dominicaine
MONCEAU
Av. de Valois
Av. Velasquez
Rue de Courcelles
R. Jost
Marguerite
Ribot
R. A. de
PARC DE MONCEAU
Allée Comtesse
Av. de Ferdousi
Ségur
MUSÉE CERNUSCHI
Pge Commun
Allée J. Garnevin
MUSÉE NISSIM DE CAMONDO
BOULEVARD de
Pl. de la République de l'Equateur
COURCELLES
BOULEVARD
Daru
R. Pierre le Grand
Rue de Vigny
Pl. Gal Brocard
Av. Van Dyck
E 9
E 10
ST ALEXANDRE NEVSKY
HOCHE
SALLE PLEYEL
Beaucour
Murillo
Ruysdaël
Rue de Rembrandt
Lisbonne
Pl. de Rio de Janeiro
Rue de Vézelay
R. Mollien
R. Maleville
R. Corvetto
Rue de Courcelles
Monceau
Rue de Messine
DIRECTION E.D.F.
AV. DE MESSINE
Treilhard
Rue
Pl. de Narvik
Miromesnil
Faubourg St Honoré
ANNONCIATION
Balzac
Berryer
Pl. du Pérou
R. L. Murat
Lancereaux
Rue du Docteur
MUSÉE JACQUEMART ANDRÉ
Sqre Beaujon
Téhéran
Pl. G. Guillaumin
FRIEDLAND
BOULEVARD HAUSSMANN
R. de La Baume
Av. Percier
Pge Commun
Rue
ST. SACREMENT
CHAMBRE DE COMMERCE ET D'INDUSTRIE DE PARIS
R. Lamennais
Washington
Rue Berri
R. P. Cézanne
Av. Myron T. Herrick
Rue de Courcelles
Pge Commun
8E
Rue du Faubourg
ST PHILIPPE DU ROULE
La Boétie
MIROMESNIL
Chateaubriand
Cité Odiot
Byron
F 9
Imp. Fortin
R. Frédéric Bastiat
Baudry
R. St. Philippe du Roule
R. du Cdt Rivière
Pl. Chassaigne-Goyon
SALLE GAVEAU
Av. Delcassé
F 10
d'Artois
ST PHILIPPE DU ROULE
R. du Colisée
St. Honoré
MATIGNON
ORGE V
DES
Galie des Champs
Arcades du Lido
Galie du Claridge
Galie Point Show
La Boétie
AVENUE
Mermoz
R. Rabelais
Jean
du Cirque
Beauv
Vernet
Bauchart
CHAMPS
Galie Élysées La Boétie
Galie Elysées 26
Galerie Elypée Rond Point
Ponthieu
Lincoln
Charron
Pierre
Marbeuf
ÉLYSÉES
Av. Gabriel
AVENUE DE MARIGNY
PRÉSIDENCE LA RÉPUBL
Pge Marignan
Marignan
FRANKLIN D. ROOSEVELT
Rond Point des Champs Élysées
TH. MARIGNY
R. de Cerisoles
R. Robert Estienne
François 1er
Marbeuf
Trémoille
Imp. Bourdin
MONTAIGNE
FRANKLIN
THÉATRE RENAUD BARRAULT
AVENUE
CHAMPS ÉLYSÉES CLEMENCEAU
Avenue
R. de la Cl.
Renaissance
Imp. d'Antin
Av. de Selves
Eisenhower
Pl. Clemenceau
G 9
G 10
p. 29

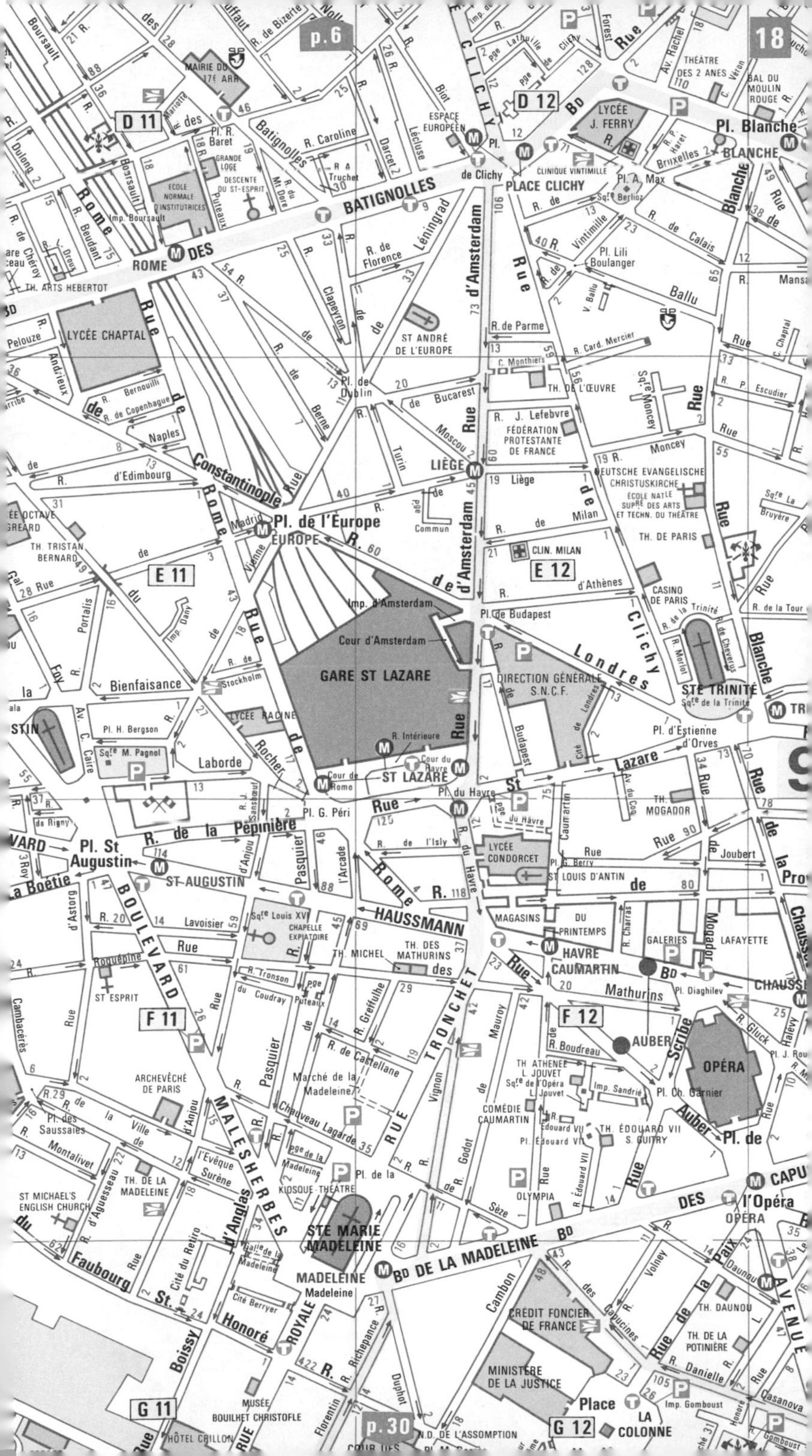

18
p. 6
p. 30
D 11
D 12
E 11
E 12
F 11
F 12
G 11
G 12
MAIRIE DU 17E ARR
R. de Bizerte
Boursault
Dulong
R. Caroline
Batignolles
Darcet
Lécluse
Biot
ESPACE EUROPÉEN
CLICHY
Pl. de Clichy
PLACE CLICHY
Bd
LYCÉE J. FERRY
THÉATRE DES 2 ANES
BAL DU MOULIN ROUGE
Pl. Blanche
BLANCHE
R. Bruxelles
CLINIQUE VINTIMILLE
Pl. A. Max
Sq.re Berlioz
R. de Calais
Pl. Lili Boulanger
Ballu
Vintimille
Pl. R. Baret
GRANDE LOGE
DESCENTE DU ST-ESPRIT
ECOLE NORMALE D'INSTITUTRICES
Imp. Boursault
R. Truchet
Mt Dore
Puteaux
BATIGNOLLES
DES
ROME
R. Beudant
R. de Chéroy
TH. ARTS HEBERTOT
Léningrad
R. de Florence
Clapeyron
d'Amsterdam
R. de Parme
R. Card. Mercier
Sq.re Moncey
TH. DE L'ŒUVRE
C. Monthiers
ST ANDRÉ DE L'EUROPE
LYCÉE CHAPTAL
Pelouze
Andrieux
R. Bernouilli
R. de Copenhague
Naples
Berne
Pl. de Dublin
R. de Bucarest
Moscou
Turin
LIÈGE
R. J. Lefebvre
FÉDÉRATION PROTESTANTE DE FRANCE
R. Moncey
DEUTSCHE EVANGELISCHE CHRISTUSKIRCHE
ÉCOLE NATLE SUPRE DES ARTS ET TECHN. DU THÉÂTRE
Sq.re La Bruyère
R. P. Escudier
R. d'Edimbourg
Constantinople
Liège
R. de Milan
TH. DE PARIS
Pl. de l'Europe
EUROPE
Madrid
Vienne
Commun
TH. TRISTAN BERNARD
CLIN. MILAN
R. d'Athènes
CASINO DE PARIS
R. de la Trinité
R. de la Tour
Imp. d'Amsterdam
Cour d'Amsterdam
Pl. de Budapest
Londres
Clichy
GARE ST LAZARE
DIRECTION GÉNÉRALE S.N.C.F.
R. Morlot
R. de Chevreus
STE TRINITÉ
Sq.re de la Trinité
Portalis
Imp. Dany
Stockholm
Bienfaisance
LYCÉE RACINE
Rocher
R. Intérieure
Cour du Havre
Budapest
Cité de Londres
Pl. d'Estienne d'Orves
Pl. H. Bergson
Av. C. Caire
Sq.re M. Pagnol
Laborde
Cour de Rome
ST LAZARE
Pl. du Havre
St Lazare
TH. MOGADOR
R. de Rigny
Pl. G. Péri
R. de la Pépinière
Sansbœuf
R. de l'Isly
du Havre
LYCÉE CONDORCET
Caumartin
Joubert
Pl. St Augustin
ST AUGUSTIN
La Boëtie
d'Anjou
Pasquier
l'Arcade
Rome
R. Berry
ST LOUIS D'ANTIN
de Provence
BOULEVARD
R. d'Astorg
Lavoisier
Sq.re Louis XVI
CHAPELLE EXPIATOIRE
HAUSSMANN
MAGASINS DU PRINTEMPS
R. Charras
GALERIES LAFAYETTE
Mogador
Chaussée
Roquépine
ST ESPRIT
R. Tronson du Coudray
TH. MICHEL
TH. DES MATHURINS
HAVRE CAUMARTIN
Mathurins
Pl. Diaghilev
Halévy
R. Gluck
Cambacérès
R. Greffulhe
R. de Castellane
TRONCHET
Mauroy
R. Boudreau
AUBER
Scribe
OPÉRA
Pl. J. Rouché
ARCHEVÊCHÉ DE PARIS
Marché de la Madeleine
TH ATHÉNÉE L. JOUVET
Sq.re de l'Opéra L. Jouvet
Imp. Sandrié
Pl. Ch. Garnier
Pl. des Saussaies
R. de la Ville l'Evêque
Montalivet
MALESHERBES
Chauveau Lagarde
Vignon
Godot de Mauroy
COMÉDIE CAUMARTIN
Pl. Édouard VII
TH. ÉDOUARD VII S. GUITRY
Auber
Pl. de l'Opéra
Surène
d'Aguesseau
TH. DE LA MADELEINE
Pge de la Madeleine
KIOSQUE THÉATRE
Pl. de la Madeleine
R. de Sèze
OLYMPIA
R. Édouard VII
DES CAPUCINES
ST MICHAEL'S ENGLISH CHURCH
Cité du Retiro
d'Anglas
Galie de la Madeleine
STE MARIE MADELEINE
BD DE LA MADELEINE
Volney
Paix
Daunou
AVENUE
Faubourg St. Honoré
Cité Berryer
MADELEINE
Madeleine
ROYALE
Cambon
CRÉDIT FONCIER DE FRANCE
des Capucines
TH. DAUNOU
TH. DE LA POTINIÈRE
R. Danielle Casanova
Boissy
R. Richepance
Duphot
MINISTÈRE DE LA JUSTICE
Place
LA COLONNE
Imp. Gomboust
R. Gomboust
MUSÉE BOUILHET CHRISTOFLE
Florentin
HÔTEL CRILLON
N.D. DE L'ASSOMPTION

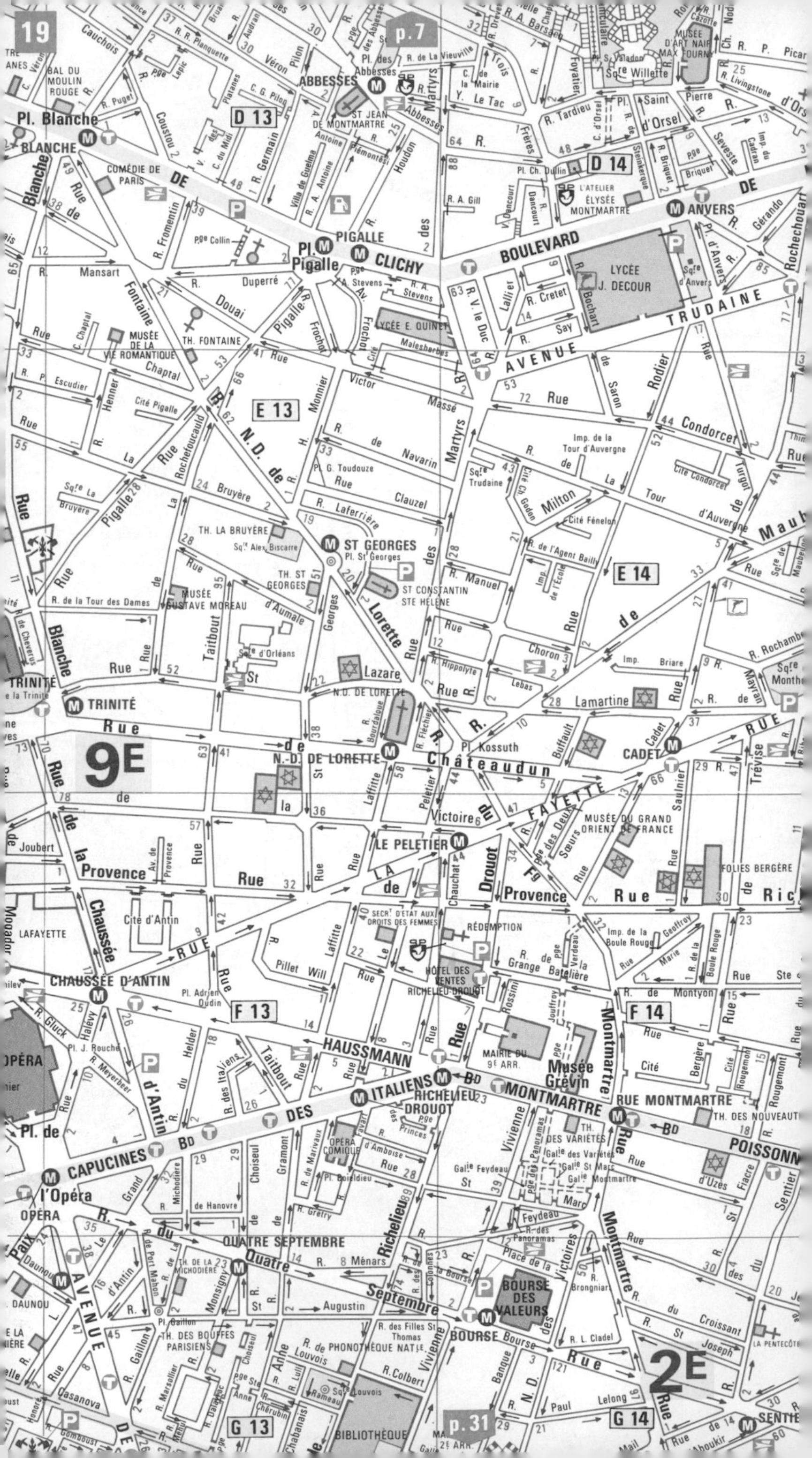

19
p. 7
D 13
D 14
E 13
E 14
F 13
F 14
G 13
G 14
p. 31
9E
2E
Pl. Blanche
BLANCHE
BAL DU MOULIN ROUGE
COMÉDIE DE PARIS
ABBESSES
Pl. des Abbesses
ST JEAN DE MONTMARTRE
MUSÉE D'ART NAIF MAX FOURNY
Sq.re Willette
L'ATELIER ÉLYSÉE MONTMARTRE
ANVERS
Sq.re d'Anvers
PIGALLE
Pl. Pigalle
BOULEVARD DE CLICHY
LYCÉE J. DECOUR
AVENUE TRUDAINE
LYCÉE E. QUINET
MUSÉE DE LA VIE ROMANTIQUE
TH. FONTAINE
Cité Pigalle
Sq.re Trudaine
Cité Condorcet
Cité Fénelon
TH. LA BRUYÈRE
Sq.re Alex. Biscarre
ST GEORGES
Pl. St Georges
TH. ST GEORGES
ST CONSTANTIN STE HÉLÈNE
MUSÉE GUSTAVE MOREAU
Sq.re d'Orléans
N.D. DE LORETTE
TRINITÉ
Pl. Kossuth
CADET
MUSÉE DU GRAND ORIENT DE FRANCE
FOLIES BERGÈRE
LE PELETIER
CHAUSSÉE D'ANTIN
LAFAYETTE
SECR.T D'ETAT AUX DROITS DES FEMMES
RÉDEMPTION
HÔTEL DES VENTES RICHELIEU-DROUOT
MAIRIE DU 9E ARR.
Musée Grévin
OPÉRA
Pl. J. Rouché
HAUSSMANN
BD DES ITALIENS
RICHELIEU DROUOT
BD MONTMARTRE
RUE MONTMARTRE
TH. DES NOUVEAUTÉS
TH. DES VARIÉTÉS
OPÉRA COMIQUE
BD DES CAPUCINES
BD POISSONNIÈRE
QUATRE SEPTEMBRE
TH. DE LA MICHODIÈRE
TH. DES BOUFFES PARISIENS
Pl. Gaillon
R. de PHONOTHÈQUE NAT.LE
Sq.re Louvois
BIBLIOTHÈQUE
BOURSE DES VALEURS
BOURSE
LA PENTECÔTE
SENTIER
AVENUE DE L'OPÉRA
Rue de Châteaudun
Rue La Fayette
Rue de Provence
Rue de la Chaussée d'Antin
Rue Blanche
Rue de Maubeuge
Rue de Rochechouart
Rue des Martyrs
Rue Notre-Dame de Lorette
Rue du Faubourg Montmartre
Rue de Richelieu
Rue Vivienne
Rue du Quatre Septembre

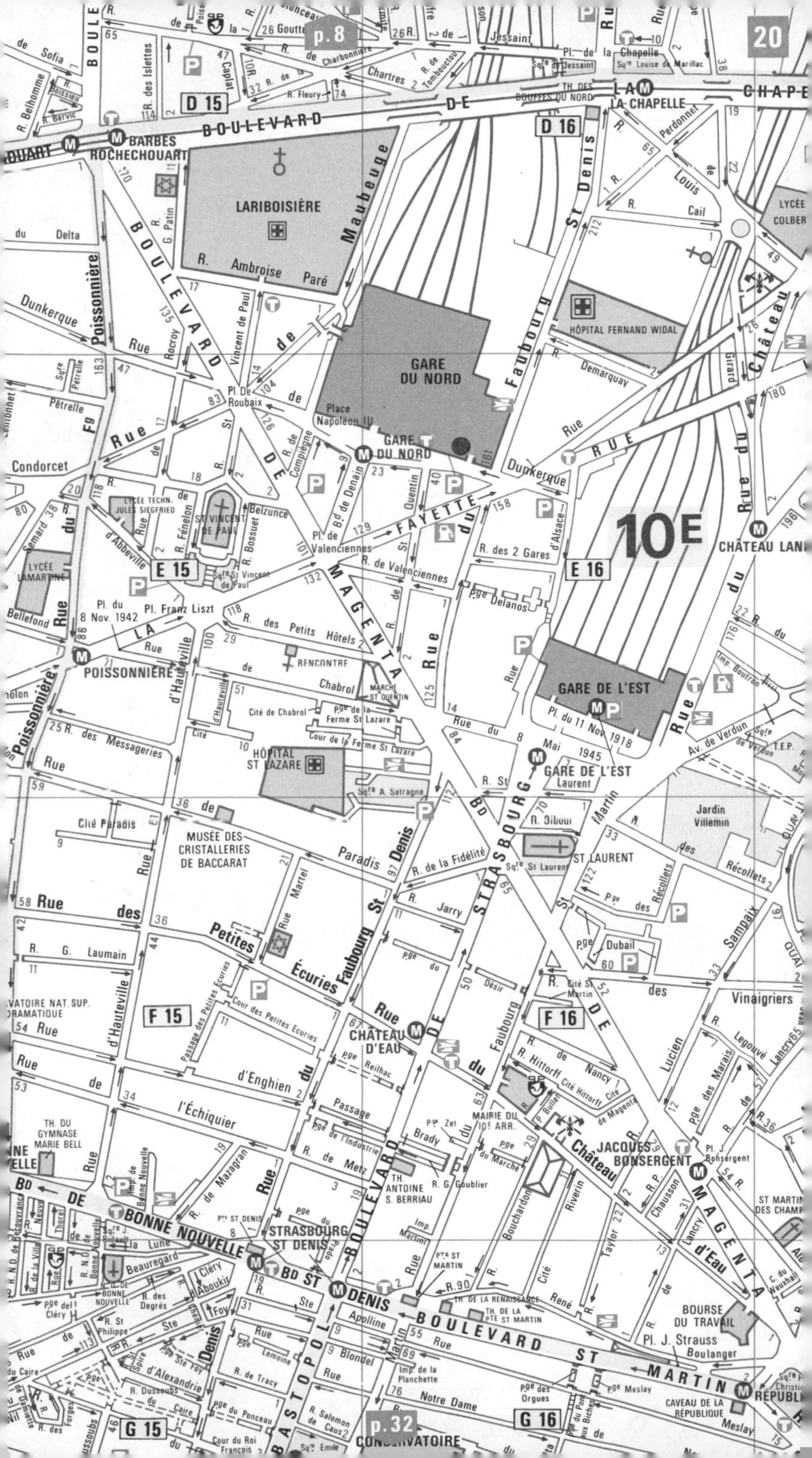
p. 8
BOULEVARD DE LA CHAPELLE
BARBÈS ROCHECHOUART
D 15
D 16
LA CHAPELLE
TH. DES BOUFFES DU NORD
Pl. de la Chapelle
Sq. de Jessaint
Sq. Louise de Marillac
R. de Jessaint
R. de Tombouctou
R. de Chartres
R. de Charbonnière
R. de la Goutte d'Or
R. Fleury
R. des Islettes
R. Caplat
R. de Sofia
R. Belhomme
R. Boissieu
R. Bervic
LARIBOISIÈRE
R. Ambroise Paré
R. G. Patin
Rue de Maubeuge
R. du Faubourg St Denis
R. Perdonnet
R. Louis Blanc
R. Cail
LYCÉE COLBERT
HÔPITAL FERNAND WIDAL
R. Demarquay
R. Girard
Rue du Château Landon
BOULEVARD DE MAGENTA
Rue de Dunkerque
R. du Delta
Rue Poissonnière
R. Rocroy
R. Vincent de Paul
GARE DU NORD
Place Napoléon III
Pl. De Roubaix
R. de Compiègne
Bd de Denain
R. Quentin
R. de St Quentin
Rue de La Fayette
Rue de Pétrelle
Sq. Pétrelle
Condorcet
LYCÉE TECHN. JULES SIEGFRIED
ST VINCENT DE PAUL
R. Fénelon
R. Bossuet
R. Belzunce
Pl. de Valenciennes
R. de Valenciennes
R. des 2 Gares
R. d'Alsace
10E
CHÂTEAU LANDON
E 15
E 16
Sq. St Vincent de Paul
R. d'Abbeville
R. Semard
LYCÉE LAMARTINE
Pl. du 8 Nov. 1942
Pl. Franz Liszt
Bellefond
POISSONNIÈRE
R. d'Hauteville
R. des Petits Hôtels
Pge Delanos
RENCONTRE
Rue de Chabrol
MARCHÉ ST QUENTIN
GARE DE L'EST
Pl. du 11 Nov. 1918
Imp. Boutron
Av. de Verdun
Sq. de Verdun
T.E.P.
Rue du 8 Mai 1945
Cité de Chabrol
Pge de la Ferme St Lazare
Cour de la Ferme St Lazare
R. des Messageries
HÔPITAL ST LAZARE
Sq. A. Satragne
R. St Laurent
GARE DE L'EST
Jardin Villemin
QUAI DE VALMY
Cité Paradis
Rue de Paradis
MUSÉE DES CRISTALLERIES DE BACCARAT
R. de la Fidélité
Bd DE STRASBOURG
R. Sibour
ST LAURENT
Sq. St Laurent
Rue des Récollets
Pge des Récollets
Rue des Petites Écuries
R. Martel
R. Jarry
Rue du Faubourg St Denis
R. G. Laumain
Pge du Désir
Pge Dubail
Rue Lucien Sampaix
R. Cité St Martin
CONSERVATOIRE NAT. SUP. D'ART DRAMATIQUE
F 15
F 16
Passage des Petites Écuries
Cour des Petites Écuries
CHÂTEAU D'EAU
Rue des Vinaigriers
R. Legouvé
R. Lancry
Rue d'Enghien
Pge Reilhac
R. de Nancy
R. Hittorff
Cité Hittorff
Cité de Magenta
P. Bullet
Rue de l'Échiquier
Passage de l'Industrie
Pge Brady
Pge du Marché
MAIRIE DU 10E ARR.
Pge des Marais
TH. DU GYMNASE MARIE BELL
R. de Mazagran
R. de Metz
TH. ANTOINE S. BERRIAU
R. G. Goublier
JACQUES BONSERGENT
Pl. J. Bonsergent
Rue du Château d'Eau
R. Chausson
R. Bouchardon
R. Taylor
Cité Riverin
Cité René Boulanger
ST MARTIN DES CHAMPS
Bd DE BONNE NOUVELLE
Imp. de Bonne Nouvelle
Pte ST DENIS
STRASBOURG ST DENIS
Pge du Prado
Rue de la Lune
R. Beauregard
R. N.-D. de Recouvrance
R. de la Ville Neuve
R. Thorel
Sq. J. Bidault
N.-D. DE BONNE NOUVELLE
R. des Degrés
R. de Cléry
R. d'Aboukir
Imp. Martini
Pte ST MARTIN
TH. DE LA RENAISSANCE
TH. DE LA PTE ST MARTIN
Bd ST DENIS
R. Ste Apolline
BOULEVARD ST MARTIN
BOURSE DU TRAVAIL
Pl. J. Strauss
C. du Wauxhall
Pge de Cléry
R. St Philippe
R. Ste Foy
R. du Caire
Pge Ste Foy
R. Ste Spire
R. d'Alexandrie
R. de Tracy
Pge Lemoine
Rue Blondel
Imp. de la Planchette
Rue Notre Dame de Nazareth
Pge des Orgues
Pge Meslay
Rue Meslay
RÉPUBLIQUE
CAVEAU DE LA RÉPUBLIQUE
Sq. Emile Chautemps
R. Dussoubs
R. de Damiette
R. des Forges
Pge du Ponceau
Cour du Roi François
R. Salomon de Caus
G 15
G 16
p. 32
BD DE SÉBASTOPOL
CONSERVATOIRE

21
p. 9
p. 33
D 17
D 18
E 17
E 18
F 17
F 18
G 17
G 18
BASSIN
BASE NAUTIQUE DE LA VILLETTE
ROTONDE DE LA VILLETTE
STALINGRAD
Pl. de Stalingrad
JAURÈS
LOUIS BLANC
LYCÉE COLBERT
ST JOSEPH ARTISAN
VALMY
CHÂTEAU LANDON
BOLIVAR
LYCÉE TECHN. JACQUARD
ST GEORGES
Pl. du Colonel Fabien
COLONEL FABIEN
Pl. Robert Desnos
T.E.P.
Pl. Raoul Follereau
ST LOUIS
Pl. du Dr. A. Fournier
LYCÉE TECHNIQUE DIDEROT
Passage du Buisson St Louis
ST MARTIN DES CHAMPS
DOUANES
PALAIS DES GLACES
GONCOURT
ST JOSEPH
RÉPUBLIQUE
Place de la République
Sq^re J. Ferry
Sq^re F. Lemaitre
Sq^re des Récollets
BOULEVARD DE LA VILLETTE
AVENUE JEAN JAURÈS
Rue du Faubourg Saint Martin
CANAL SAINT MARTIN
QUAI DE VALMY
QUAI DE JEMMAPES
RUE DU FAUBOURG DU TEMPLE
Avenue Parmentier
Avenue Claude Vellefaux
Avenue Mathurin Moreau
Avenue Simon Bolivar
Rue de Meaux
Rue La Fayette
Rue de Lancry
Rue Bichat
Rue de la Grange aux Belles
Rue des Écluses St Martin
Rue de l'Hôpital St Louis
Rue de Sambre et Meuse
Rue Louis Blanc
Rue Château Landon
Rue du Terrage
Rue des Vinaigriers
Rue Alibert
Rue de Marseille
Rue Yves Toudic
Rue Léon Jouhaux
Rue de la Fontaine au Roi
Rue Saint Maur
Rue Rébeval
(Secteur en travaux)

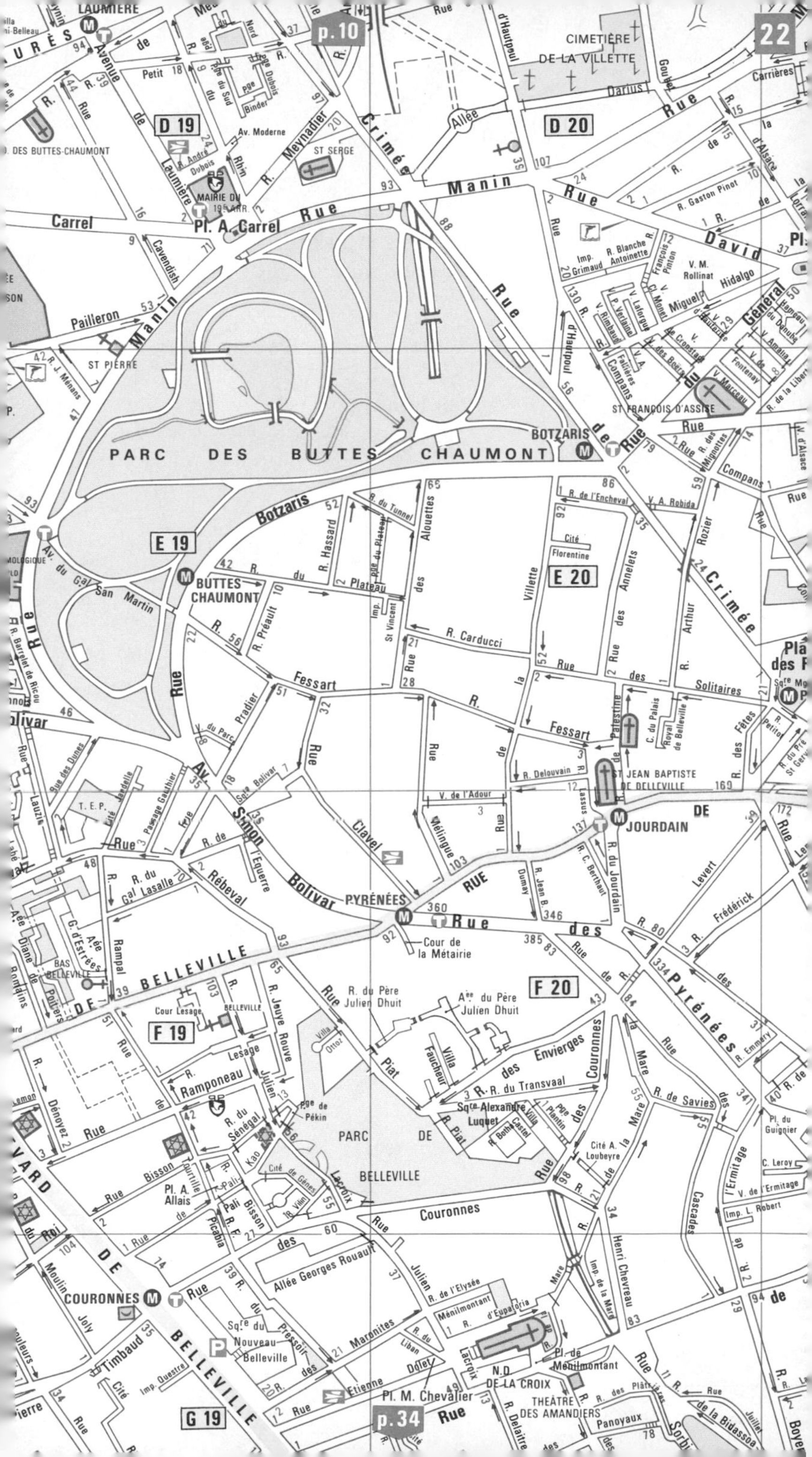

22
p. 10
p. 34
D 19
D 20
E 19
E 20
F 19
F 20
G 19
CIMETIÈRE DE LA VILLETTE
PARC DES BUTTES CHAUMONT
PARC DE BELLEVILLE
LAUMIÈRE
BOTZARIS
BUTTES CHAUMONT
JOURDAIN
PYRÉNÉES
COURONNES
MAIRIE DU 19e ARR.
Pl. A. Carrel
Rue Carrel
Avenue de Laumière
Rue Manin
Rue de Crimée
Rue Meynadier
ST SERGE
Av. Moderne
R. André Dubois
R. du Rhin
Rue d'Hautpoul
Allée Darius
Rue Goubet
Rue David d'Angers
R. Gaston Pinot
R. Blanche Antoinette
Imp. Grimaud
V. M. Rollinat
Hidalgo
Miguel
Rue du Général Brunet
Hameau du Danube
ST FRANÇOIS D'ASSISE
Rue Compans
R. des Mignottes
Cavendish
Pailleron
ST PIERRE
R. J. Ménans
Av. du Gal San Martin
Rue Botzaris
R. Hassard
R. du Tunnel
R. du Plateau
Rue des Alouettes
R. de l'Encheval
V. A. Robida
Cité Florentine
Rue de la Villette
Rue des Annelets
R. Arthur Rozier
R. Préault
R. Carducci
Rue des Solitaires
R. Fessart
R. Pradier
V. du Parc
Rue Clavel
Rue de Palestine
C. du Palais Royal de Belleville
Rue des Fêtes
ST JEAN BAPTISTE DE BELLEVILLE
R. Delouvain
V. de l'Adour
Rue de Mélingue
R. Lassus
R. du Jourdain
Rue de l'Équerre
Av. Simon Bolivar
Sq. Bolivar
R. de Rébeval
R. du Gal Lasalle
Rue des Dunes
Cité Jandelle
Passage Gauthier
Rue Lauzin
T.E.P.
Rampal
Rue Levert
Rue Frédérick Lemaître
Rue des Pyrénées
R. Dumay
R. Jean B. Dumay
R. C. Berthaut
Cour de la Métairie
RUE DE BELLEVILLE
BAS BELLEVILLE
Allée Gabrielle d'Estrées
Allée Diane de Poitiers
R. Jeuye Rouve
R. du Père Julien Dhuit
Allée du Père Julien Dhuit
Villa Ottoz
Cour Lesage
Lesage
R. Ramponeau
R. Julien Lacroix
Rue Piat
Villa Faucheur
Rue des Envierges
R. du Transvaal
Sq. Alexandre Luquet
Rue des Couronnes
Rue de la Mare
R. de Savies
Rue des Cascades
Rue de l'Ermitage
Pl. du Guignier
C. Leroy
V. de l'Ermitage
Imp. L. Robert
R. Emmery
Psge de Pékin
R. du Sénégal
Kao
Cité de Gênes
R. Bisson
R. Dénoyez
Pl. A. Allais
R. Pali Kao
R. F. Picabia
R. de Tourtille
Allée Georges Rouault
Rue des Maronites
R. de l'Elysée Ménilmontant
R. d'Eupatoria
Imp. de la Mare
Rue Henri Chevreau
BOULEVARD DE BELLEVILLE
Sq. du Nouveau Belleville
R. du Pressoir
Rue Timbaud
Rue Jouye
Rue Moulin Joly
Imp. Questre
R. du Liban
R. Dolet
R. Étienne Dolet
Pl. M. Chevalier
N.D. DE LA CROIX
Pl. de Ménilmontant
THÉATRE DES AMANDIERS
R. Delaitre
R. des Plâtrières
Panoyaux
R. Sorbier
Rue de la Bidassoa
Rue Juillet
Boyer
R. de la Liberté
R. d'Alsace Lorraine
Pl. des Fêtes

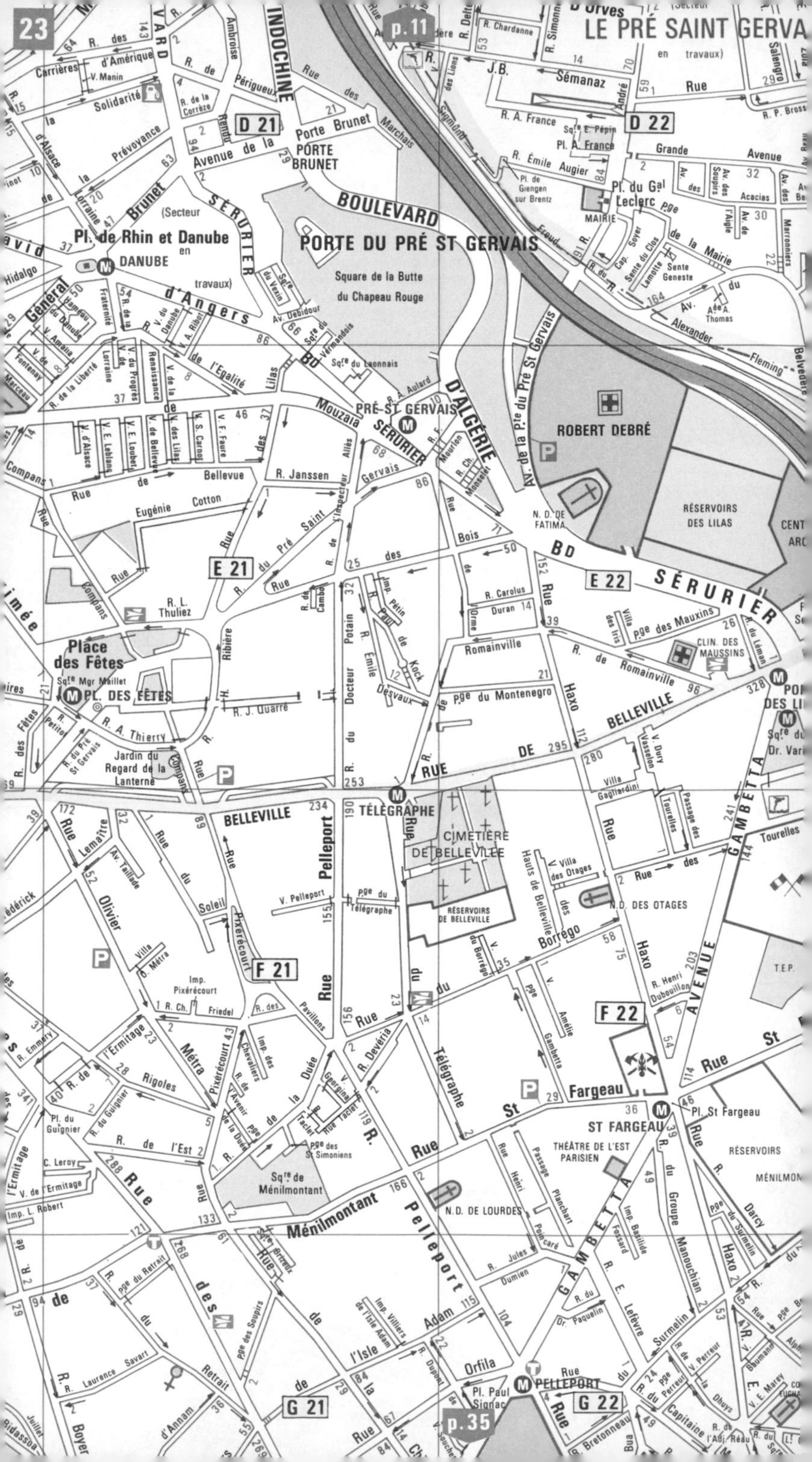
p. 11
LE PRÉ SAINT GERVAIS
INDOCHINE
D 21
D 22
Porte Brunet
PORTE BRUNET
BOULEVARD
PORTE DU PRÉ ST GERVAIS
Square de la Butte du Chapeau Rouge
Pl. de Rhin et Danube
DANUBE
SÉRURIER
d'Angers
Avenue de la
R. de Périgueux
Rue des Marchais
Solidarité
Prévoyance
R. des Carrières d'Amérique
V. Manin
Général
Hameau du Danube
Fraternité
R. de la Liberté
Lorraine
de l'Égalité
Lilas
Sq.re du Laonnais
Sq.re du Vermandois
Av. Debidour
Sq.re du Vexin
Mouzaïa
PRÉ-ST GERVAIS
D'ALGÉRIE
R. A. Aulard
Av. de la P.te du Pré St Gervais
Sq.re E. Pépin
Pl. A. France
R. A. France
R. Émile Augier
Pl. de Giengen sur Brentz
Pl. du Gal Leclerc
MAIRIE
Grande Avenue
Av. des Soupirs
Acacias
Av. de l'Aigle
Marronniers
de la Mairie
Sente Geneste
Sente du Clos Lamotte
Av. Alexander Fleming
A. de A. Thomas
Belvédère
ROBERT DEBRÉ
RÉSERVOIRS DES LILAS
N. D. DE FATIMA
BD SÉRURIER
E 22
E 21
R. Janssen
Gervais
Rue de Bellevue
Compans
Eugénie Cotton
Rue du Pré Saint Gervais
R. de l'Inspecteur Allès
Rue des Bois
R. Carolus Duran
Orme
Mouton
R. Ch. Monselet
R. L. Thuliez
Place des Fêtes
Sq.re Mgr Maillet
PL. DES FÊTES
R. A. Thierry
Jardin du Regard de la Lanterne
R. J. Quarré
Ribière
R. de Cambo
Imp. Pétin
R. Paul de Kock
R. Émile Desvaux
R. du Docteur Potain
Romainville
R. de Romainville
P.ge du Montenegro
Haxo
P.ge des Mauxins
Villa des Iris
CLIN. DES MAUSSINS
R. du Léman
RUE DE BELLEVILLE
PORTE DES LILAS
Sq.re du Dr. Variot
V. Dury Vasselon
Villa Gagliardini
Passage des Tourelles
Tourelles
GAMBETTA
TÉLÉGRAPHE
BELLEVILLE
Pelleport
Rue du Soleil
Rue Lemaître
Av. Taillade
Olivier
Villa G. Métra
Pixérécourt
F 21
F 22
Imp. Pixérécourt
R. Ch. Friedel
V. Pelleport
P.ge du Télégraphe
CIMETIÈRE DE BELLEVILLE
RÉSERVOIRS DE BELLEVILLE
Hauts de Belleville
Villa des Otages
N.D. DES OTAGES
Borrégo
V. du Borrégo
R. Henri Dubouillon
AVENUE
T.E.P.
Rue des Pavillons
Rue du Télégraphe
R. Devéria
V. Georgina
Rue Taclet
P.ge des St Simoniens
Sq.re de Ménilmontant
Rue de la Duée
Imp. des Chevaliers
R. de l'Avenir
P.ge de la Duée
l'Ermitage
Rigoles
Métra
R. Emmery
R. de l'Est
Pl. du Guignier
R. du Guignier
C. Leroy
V. de l'Ermitage
Imp. L. Robert
Ménilmontant
Rue St Fargeau
ST FARGEAU
Pl. St Fargeau
THÉATRE DE L'EST PARISIEN
RÉSERVOIRS MÉNILMONTANT
N.D. DE LOURDES
Rue Henri Poincaré
Passage Planchart
R. Jules Dumien
R. du Groupe Manouchian
Imp. Basilide Fossard
R. E. Lefèvre
Surmelin
P.ge du Surmelin
R. Darcy
Dr. Paquelin
R. de l'Isle Adam
Imp. Villiers de l'Isle Adam
R. Dupont
Orfila
PELLEPORT
Pl. Paul Signac
G 21
G 22
p. 35
R. du Retrait
P.ge du Retrait
P.ge des Soupirs
R. Laurence Savart
d'Annam
Boyer
R. de la Duée
R. de l'Adj. Réau
Capitaine Ferber
R. du Perreux
V. Perreux
la Dhuys
R. Bretonneau

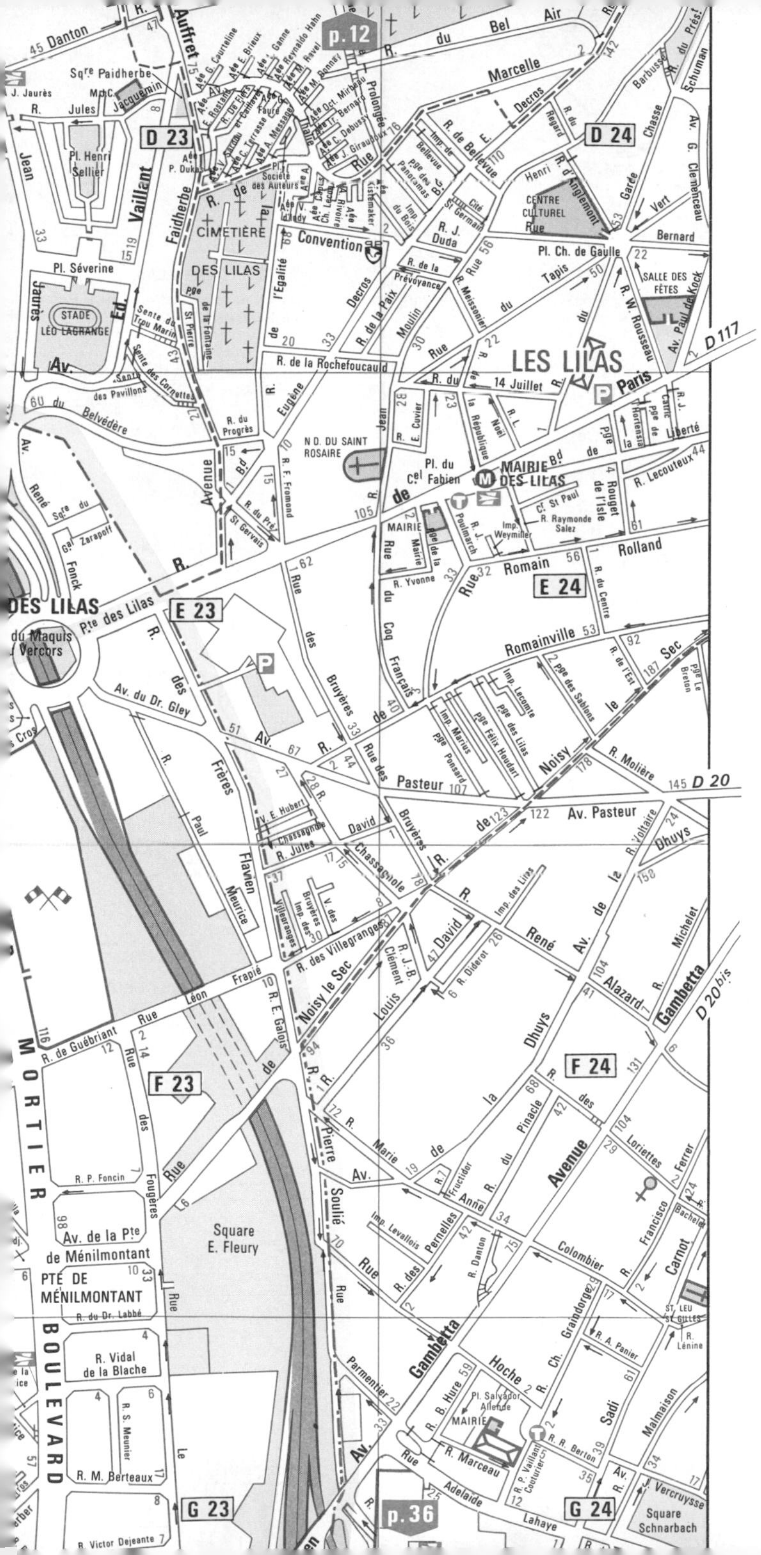


Utilisez le plan MICHELIN à 1/15 000 « Banlieue de Paris Nord-Est » n° 20

15 VERSAILLES

Utilisez les plans MICHELIN à 1/15 000
« Banlieue de Paris : Nord-Ouest » nº 18, « Sud-Ouest » nº 22

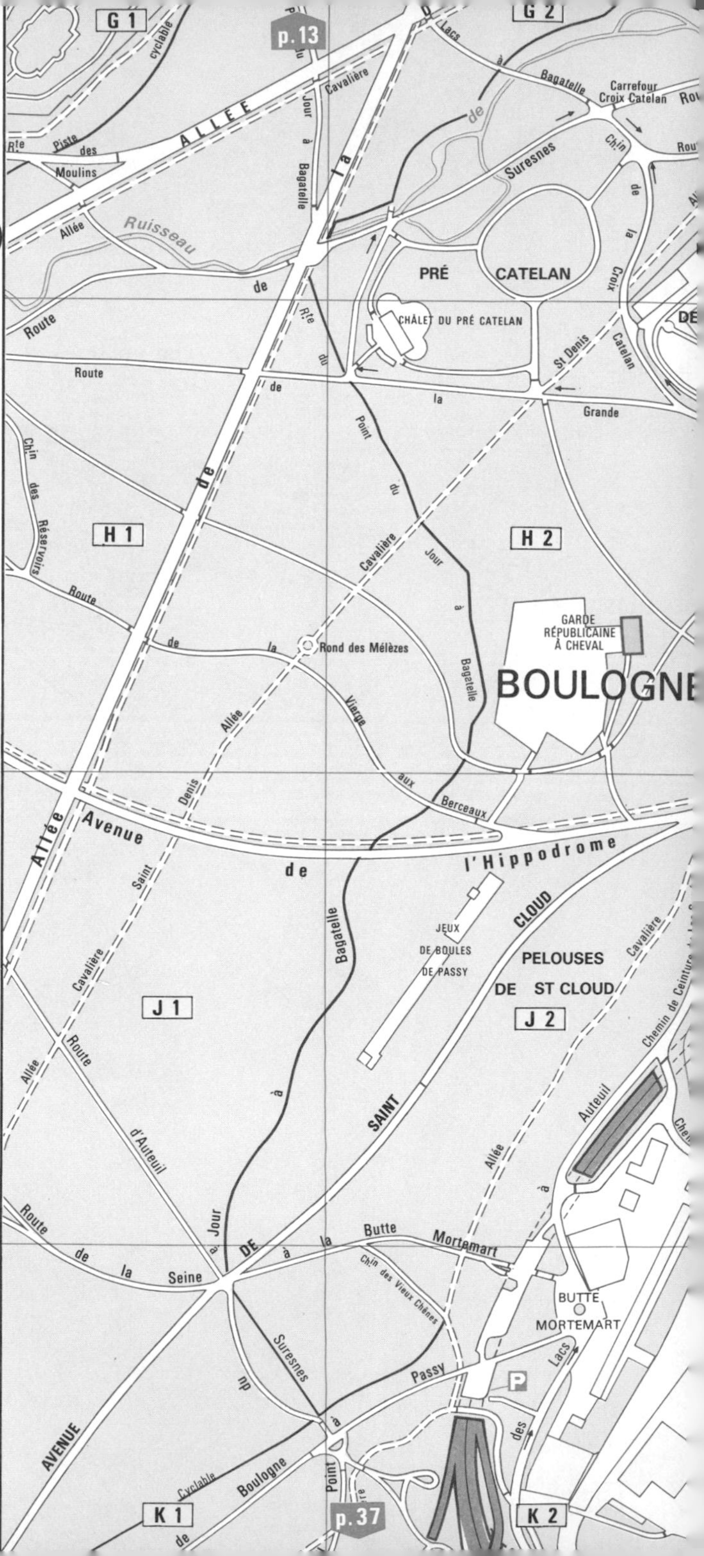

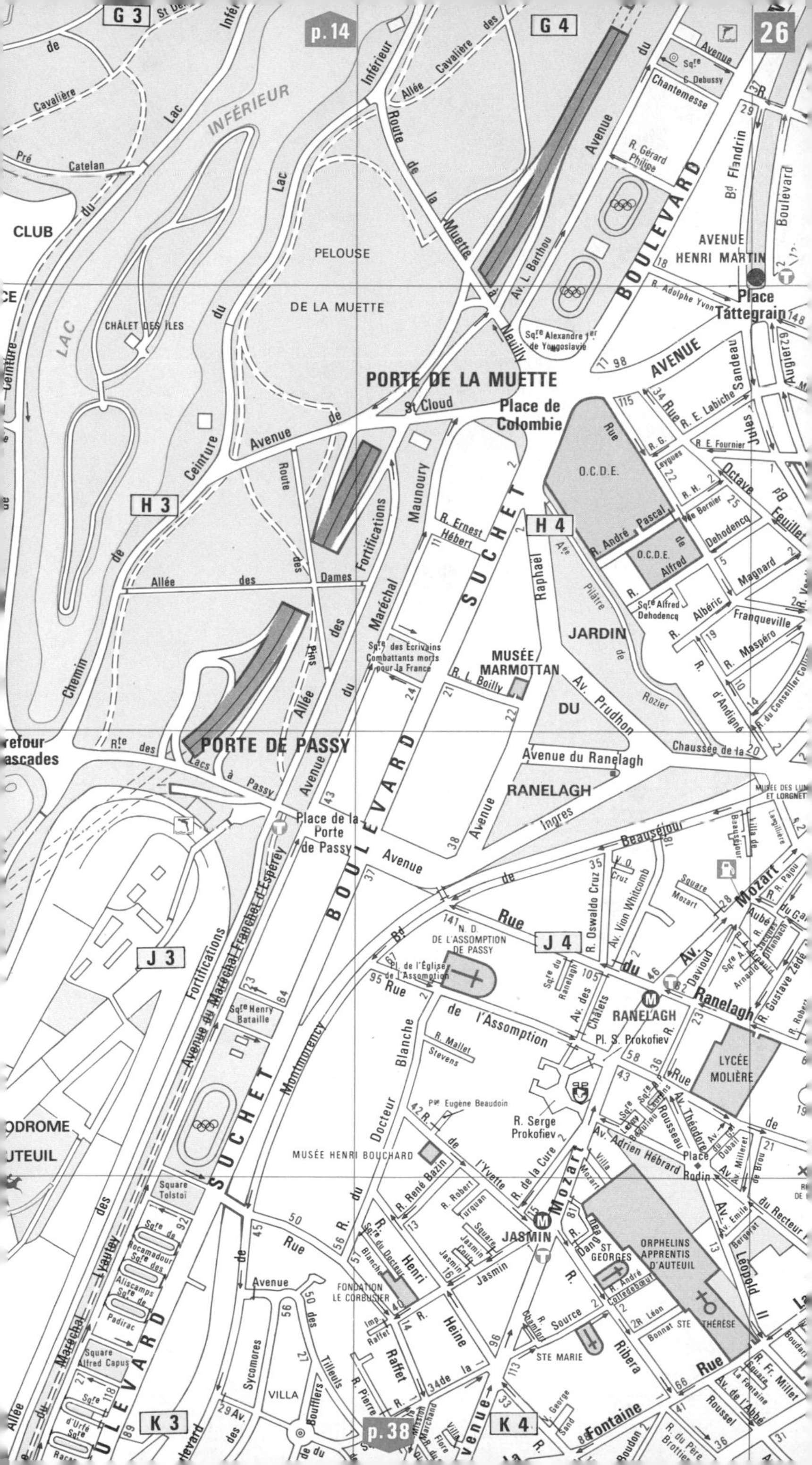
G 3
G 4
H 3
H 4
J 3
J 4
K 3
K 4
p. 14
p. 38
INFÉRIEUR
LAC
CLUB
CHÂLET DES ÎLES
PELOUSE
DE LA MUETTE
PORTE DE LA MUETTE
Place de Colombie
Avenue de St Cloud
Route de la Muette
Allée Cavalière des
Av. L. Barthou
Bd. de Neuilly
Sq.re Alexandre 1.er de Yougoslavie
Avenue du
BOULEVARD
AVENUE HENRI MARTIN
Place Tattegrain
R. Adolphe Yvon
Bd. Flandrin
Sq.re C. Debussy
Chantemesse
R. Gérard Philipe
O.C.D.E.
R. André Pascal
R. E. Labiche
Sandeau
R. E. Fournier
Octave Feuillet
Dehodencq
Magnard
Sq.re Alfred Dehodencq
Albéric
Franqueville
R. Maspéro
R. d'Andigné
Chaussée de la
JARDIN
DU
RANELAGH
Av. Prudhon
Avenue du Ranelagh
Avenue Ingres
Raphaël
Allée Pilâtre de Rozier
SUCHET
R. Ernest Hébert
MUSÉE MARMOTTAN
R. L. Boilly
Maunoury
Fortifications
Allée des Dames
Route des Pins
Allée des Pins
Avenue du Maréchal
Sq.re des Écrivains Combattants morts pour la France
PORTE DE PASSY
Place de la Porte de Passy
Rte des Lacs à Passy
Chemin de Ceinture du Lac
Avenue du Maréchal Franchet d'Esperey
Sq.re Henry Bataille
Montmorency
Avenue de Beauséjour
Rue de l'Assomption
N. D. DE L'ASSOMPTION DE PASSY
Pl. de l'Église de l'Assomption
R. Oswaldo Cruz
Av. Vion Whitcomb
Square Mozart
Av. Mozart
Rue du Ranelagh
RANELAGH
Pl. S. Prokofiev
Av. des Chalets
Davioud
LYCÉE MOLIÈRE
Rue Blanche
Docteur
R. Mallet Stevens
P.te Eugène Beaudoin
R. Serge Prokofiev
R. de la Cure
de l'Yvette
MUSÉE HENRI BOUCHARD
R. René Bazin
R. du Docteur
JASMIN
Jasmin
Av. Adrien Hébrard
Av. Théodore Rousseau
Place Rodin
ORPHELINS APPRENTIS D'AUTEUIL
ST GEORGES
STE THÉRÈSE
Av. Léopold II
Rue la Fontaine
Ribera
Source
STE MARIE
FONDATION LE CORBUSIER
R. Henri Heine
Raffet
Sycomores
VILLA
Tilleuls
Square Tolstoï
Sq.re Rocamadour
Sq.re des Aliscamps
Sq.re de Padirac
Square Alfred Capus
Sq.re d'Urfé
Maréchal Lyautey
BOULEVARD
ODROME
UTEUIL
refour
ascades
MUSÉE DES LUNETTES ET LORGNETTES

p. 15

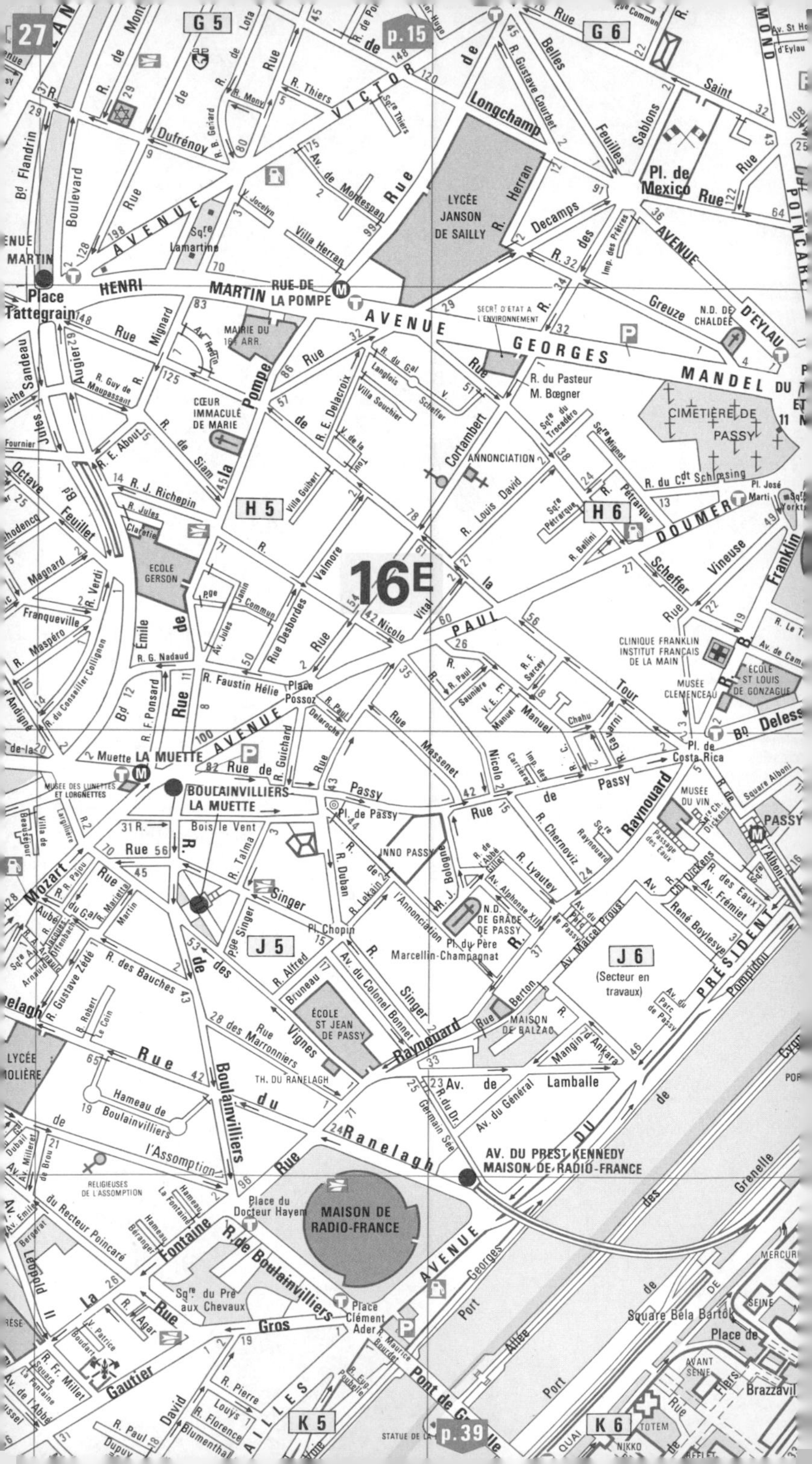
G 5
G 6
H 5
H 6
J 5
J 6
K 5
K 6
16E
Bd Flandrin
Boulevard
Rue
AVENUE
HENRI
MARTIN
RUE DE LA POMPE
Place Tattegrain
VICTOR
Longchamp
R. Thiers
Dufrénoy
Sqre Lamartine
LYCÉE JANSON DE SAILLY
R. Herran
Villa Herran
Av. de Montespan
R. Gustave Courbet
Belles
Feuilles
Sablons
Pl. de Mexico
Decamps
Saint
Rue
R. des
Imp. des Prêtres
Greuze
N.D. DE CHALDÉE
D'EYLAU
SECRT D'ETAT A L'ENVIRONNEMENT
GEORGES
MANDEL
R. du Pasteur M. Bœgner
CIMETIÈRE DE PASSY
Sqre du Trocadéro
Sqre Mignot
R. du Cdt Schlœsing
Pl. José Marti
DOUMER
Franklin
Rue Mignard
MAIRIE DU 16e ARR.
Pompe
R. Guy de Maupassant
CŒUR IMMACULÉ DE MARIE
R. de Siam
R. E. About
R. J. Richepin
R. Jules Claretie
ECOLE GERSON
R. E. Delacroix
Villa Souchier
R. du Gal Langlois
Scheffer
Cortambert
ANNONCIATION
R. Louis David
Sqre Pétrarque
R. Pétrarque
R. Bellini
Villa Guibert
Valmore
Rue Desbordes
Nicolo
Vital
PAUL
la
Scheffer
Vineuse
CLINIQUE FRANKLIN INSTITUT FRANÇAIS DE LA MAIN
MUSÉE CLEMENCEAU
ÉCOLE ST LOUIS DE GONZAGUE
Bd Delessert
Jules Sandeau
Octave Feuillet
Bd
Magnard
R. Verdi
Franqueville
R. Maspéro
R. du Conseiller Collignon
Émile
de
R. G. Nadaud
Av. Jules Janin
R. Faustin Hélie
Place Possoz
R. Paul Delaroche
Rue Massenet
R. Paul Saunière
R. F. Sarcey
Manuel
Chahu
Tour
R. Gavarni
Imp. des Carrières
Pl. de Costa Rica
Raynouard
Bd Émile Augier
R. F. Ponsard
Muette
LA MUETTE
AVENUE
Rue de Passy
R. Guichard
BOULAINVILLIERS LA MUETTE
MUSÉE DES LUNETTES ET LORGNETTES
Pl. de Passy
INNO PASSY
Rue
R. Chernoviz
Sqre Raynouard
R. Lyautey
MUSÉE DU VIN
Passage des Eaux
Square Alboni
PASSY
R. de l'Alboni
Villa de Beauséjour
Largillière
Bois le Vent
R. Talma
Rue Mozart
R. Pajou
R. Mariette Martin
Aube
du Gal
Singer
Pge Singer
R. Duban
R. Lekain
R. de l'Annonciation
R. J. Bologne
R. de l'Abbé Gillet
Av. Alphonse XIII
N.D. DE GRÂCE DE PASSY
Av. du Parc de Passy
Av. Marcel Proust
Av. Chs Dickens
R. des Eaux
Av. Frémiet
René Boylesve
PRÉSIDENT
Pompidou
Pl. Chopin
Pl. du Père Marcellin-Champagnat
(Secteur en travaux)
R. Gustave Zédé
R. des Bauches
des
R. Alfred Bruneau
Av. du Colonel Bonnet
R. Singer
Robert Le Coin
Rue des Marronniers
Vignes
ÉCOLE ST JEAN DE PASSY
Raynouard
Rue Berton
MAISON DE BALZAC
R. d'Ankara
Mangin
Lamballe
Av. de
Av. du Général
R. du Dr Germain Sée
LYCÉE MOLIÈRE
Rue
Ranelagh
Hameau de Boulainvilliers
de
l'Assomption
Boulainvilliers
TH. DU RANELAGH
du
Rue
RELIGIEUSES DE L'ASSOMPTION
AV. DU PREST KENNEDY MAISON DE RADIO-FRANCE
de
des
Grenelle
Av. Mozart
Av. Emile Bergerat
du Recteur Poincaré
Hameau La Fontaine
Hameau Béranger
Fontaine
R. de Boulainvilliers
Place du Docteur Hayem
MAISON DE RADIO-FRANCE
AVENUE
Georges
Port
Allée
Léopold II
La
Sqre du Pré aux Chevaux
Rue
R. Agar
Place Clément Ader
Gros
R. Maurice Bourdet
R. Eug. Poubelle
Pont de Grenelle
V. Patrice Boudart
R. Fr. Millet
Square La Fontaine
Av. de l'Abbé Roussel
Gautier
R. Pierre
Louys
R. Florence Blumenthal
David
R. Paul Dupuy
AILLES
STATUE DE LA
Square Bela Bartok
Place de Brazzaville
AVANT SEINE
Flers
Rue
TOTEM
NIKKO
QUAI
MERCURE
SEINE

p. 39

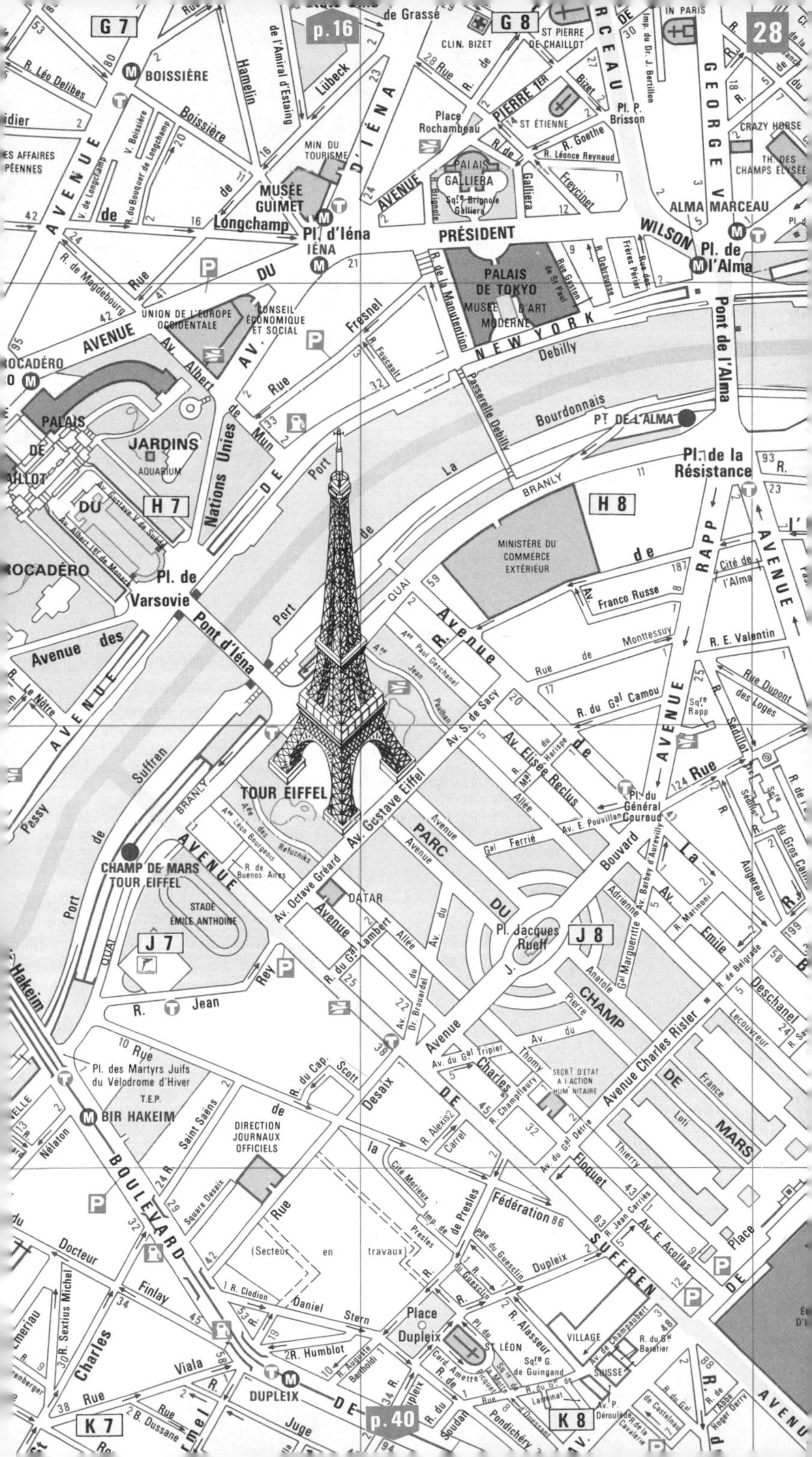
G 7
G 8
H 7
H 8
J 7
J 8
K 7
K 8
p. 16
p. 40
de Grassé
de l'Amiral d'Estaing
ST PIERRE DE CHAILLOT
CLIN. BIZET
IN PARIS
Imp. du Dr. J. Bertillon
R. Léo Delibes
BOISSIÈRE
Boissière
Hamelin
Lübeck
D'IÉNA
Rue
R. de
PIERRE 1ER
ST ÉTIENNE
Bizet
Pl. P. Brisson
GEORGE V
CRAZY HORSE
TH. DES CHAMPS ELYSÉES
Place Rochambeau
R. Goethe
R. Léonce Reynaud
R. de Galliera
Freycinet
MIN. DU TOURISME
MUSÉE GUIMET
PALAIS GALLIERA
Sq. Brignole Galliera
R. Brignole
AVENUE
ALMA MARCEAU
Pl. de l'Alma
WILSON
PRÉSIDENT
Pl. d'Iéna
IÉNA
Longchamp
V. de Longchamp
V. Boissière
R. du Bouquet de Longchamp
AVENUE de
R. de Magdebourg
DU
Rue
PALAIS DE TOKYO
MUSÉE D'ART MODERNE
R. Debrousse
Rue Gaston de St Paul
R. des Frères Périer
R. de la Manutention
UNION DE L'EUROPE OCCIDENTALE
CONSEIL ÉCONOMIQUE ET SOCIAL
AVENUE
Av. Albert de Mun
AV.
Fresnel
R. Foucault
NEW YORK
Debilly
Pont de l'Alma
TROCADÉRO
Rue
Passerelle Debilly
Bourdonnais
PT DE L'ALMA
PALAIS DE CHAILLOT
JARDINS
AQUARIUM
Nations Unies
DE
Port
La
Pl. de la Résistance
DU TROCADÉRO
Av. Gustave V de Suède
Av. Albert 1er de Monaco
BRANLY
MINISTÈRE DU COMMERCE EXTÉRIEUR
de
RAPP
AVENUE
Cité de l'Alma
Pl. de Varsovie
Pont d'Iéna
QUAI
Port
Av. Franco Russe
R. E. Valentin
Rue de Monttessuy
Avenue des
Avenue R.
Ale Paul Deschanel
Ale Jean Paulhan
R. Le Nôtre
AVENUE
R. du Gal Camou
Rue Dupont des Loges
Av. S. de Sacy
Av. Élisée Reclus
R. du Mal Harispe
Allée
Sqre Rapp
de
R. Sédillot
AVENUE
Rue
Suffren
Passy
TOUR EIFFEL
Av. Gustave Eiffel
Pl. du Général Gouraud
Av. E. Pouvillon
BRANLY
Ale Léon Bourgeois
Allée des Refuzniks
PARC
Avenue
Gal Ferrié
Bouvard
Av. Barbey d'Aurevilly
La
Sqre Sédillot
R. du Gros Caillou
CHAMP DE MARS TOUR EIFFEL
AVENUE
R. de Buenos-Aires
Av. Octave Gréard
DATAR
DU
Pl. Jacques Rueff
Adrienne
Av.
R. Marinoni
Emile
Augereau
STADE ÉMILE ANTHOINE
Avenue
Allée
Av. du
Gal Marguerite
R. de Belgrade
Deschanel
R. du Gal Lambert
J.
Anatole
CHAMP
Pierre
Lecouvreur
Port
Hakeim
QUAI
Rey
Av. du Dr. Brouardel
R. Jean
Avenue
Av. du Thomy
Avenue Charles Risler
DE
France
Rue
Pl. des Martyrs Juifs du Vélodrome d'Hiver
R. du Cap. Scott
Desaix
Av. du Gal Tripier
Charles
SECRT D'ETAT A L'ACTION HUMANITAIRE
Loti
MARS
T.E.P.
BIR HAKEIM
Saint Saëns
DIRECTION JOURNAUX OFFICIELS
de
la
DE
R. Champfleury
R. Alexis
Carrel
Av. du Gal Détrie
Thierry
Nélaton
BOULEVARD
Square Desaix
Rue
Cité Morieux
Imp. de Presles
Fédération
Floquet
R. Jean Carriès
Place
Docteur
(Secteur en travaux)
Presles
Passage du Guesclin
Dupleix
Av. E. Acollas
SUFFREN
DE
R. Sextius Michel
Finlay
R. Clodion
Daniel Stern
R. du Guesclin
R. Alasseur
VILLAGE
Av. de Champaubert
R. du Gal Bertier
Charles
Viala
R. Humblot
Place Dupleix
ST LÉON
Sqre G. de Guingand
SUISSE
Rue
R. Auguste Bartholdi
Card. Amette
Pl. du Cardinal Amette
R. de la Motte Picquet
R. du Gal Lambert
R. Laminat
Av. P. Déroulède
R. de Castelnau
R. de l'Abbé Roger Derry
AVENUE
Rue
DUPLEIX
R. B. Dussane
Juge
R. du Soudan
Pondichéry
R. d'Ouessant
R. de la Cavalerie

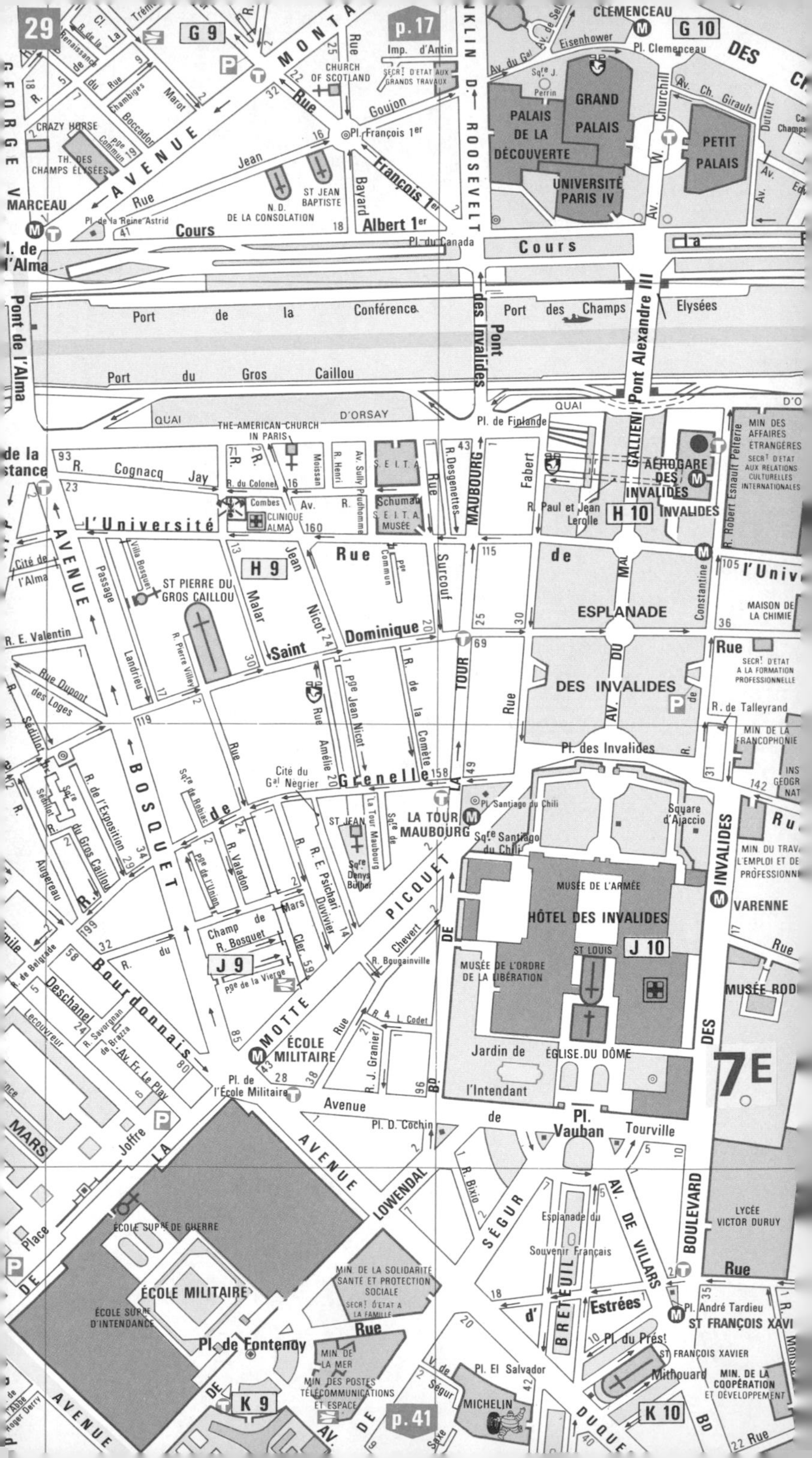
G 9
p. 17
G 10
CLEMENCEAU
Pl. Clemenceau
CHURCH OF SCOTLAND
SECRT D'ETAT AUX GRANDS TRAVAUX
Pl. François 1er
CRAZY HORSE
TH. DES CHAMPS ÉLYSÉES
AVENUE MONTAIGNE
Rue Jean Goujon
Rue François 1er
Rue Bayard
N.D. DE LA CONSOLATION
ST JEAN BAPTISTE
MARCEAU
Pl. de la Reine Astrid
Cours Albert 1er
Pl. du Canada
D. ROOSEVELT
PALAIS DE LA DÉCOUVERTE
GRAND PALAIS
PETIT PALAIS
UNIVERSITÉ PARIS IV
Av. W. Churchill
Cours la Reine
Pl. de l'Alma
Pont de l'Alma
Port de la Conférence
Port des Champs Elysées
Pont des Invalides
Pont Alexandre III
Port du Gros Caillou
QUAI D'ORSAY
THE AMERICAN CHURCH IN PARIS
Pl. de Finlande
R. Cognacq Jay
R. du Colonel Combes
CLINIQUE ALMA
S.E.I.T.A.
S.E.I.T.A. MUSÉE
Rue de l'Université
R. Desgenettes
Rue Fabert
R. Paul et Jean Lerolle
H 10
AÉROGARE DES INVALIDES
INVALIDES
MIN DES AFFAIRES ETRANGÈRES
SECRT D'ETAT AUX RELATIONS CULTURELLES INTERNATIONALES
R. Robert Esnault Pelterie
ESPLANADE DES INVALIDES
H 9
ST PIERRE DU GROS CAILLOU
Rue Saint Dominique
Rue Jean Nicot
Rue Surcouf
BD DE LA TOUR MAUBOURG
AVENUE BOSQUET
Cité de l'Alma
R. E. Valentin
Rue Dupont des Loges
Villa Bosquet
Passage Landrieu
R. Pierre Villey
Rue Malar
Rue Amélie
Pge Jean Nicot
R. de la Comète
MAISON DE LA CHIMIE
SECRT D'ETAT A LA FORMATION PROFESSIONNELLE
R. de Talleyrand
MIN DE LA FRANCOPHONIE
Pl. des Invalides
Rue de Grenelle
Cité du Gal Négrier
LA TOUR MAUBOURG
Pl. Santiago du Chili
Sq. Santiago du Chili
Square d'Ajaccio
MIN. DU TRAVAIL, L'EMPLOI ET DE LA FORMATION PROFESSIONNELLE
MUSÉE DE L'ARMÉE
HÔTEL DES INVALIDES
ST LOUIS
J 10
MUSÉE DE L'ORDRE DE LA LIBÉRATION
VARENNE
MUSÉE RODIN
R. de l'Exposition
R. du Gros Caillou
R. Augereau
R. Sédillot
Sq. Sédillot
R. Valadon
Pge de l'Union
Sqre de Robiac
ST JEAN
Sqre Denys Bühler
R. E. Psichari
R. Duvivier
Rue Cler
Champ de Mars
R. Bosquet
J 9
Pge de la Vierge
AV. DE LA MOTTE PICQUET
R. Chevert
R. Bougainville
L. Codet
R. J. Granier
ÉCOLE MILITAIRE
Pl. de l'École Militaire
Avenue Bourdonnais
Deschanel
Lecouvreur
R. Savorgnan de Brazza
Av. Fr. Le Play
R. de Belgrade
Jardin de l'Intendant
ÉGLISE DU DÔME
7E
Avenue de Tourville
Pl. D. Cochin
Pl. Vauban
AVENUE LOWENDAL
R. Bixio
AV. DE SÉGUR
Esplanade du Souvenir Français
AV. DE VILLARS
BOULEVARD DES INVALIDES
LYCÉE VICTOR DURUY
Place Joffre
ÉCOLE SUPRE DE GUERRE
ÉCOLE MILITAIRE
ÉCOLE SUPRE D'INTENDANCE
MIN. DE LA SOLIDARITÉ SANTÉ ET PROTECTION SOCIALE
SECRT D'ETAT A LA FAMILLE
Pl. de Fontenoy
MIN. DE LA MER
MIN. DES POSTES TÉLÉCOMMUNICATIONS ET ESPACE
BRETEUIL
Rue d'Estrées
Pl. André Tardieu
ST FRANÇOIS XAVIER
Pl. du Prést Mithouard
MIN. DE LA COOPÉRATION ET DÉVELOPPEMENT
Pl. El Salvador
MICHELIN
Rue Éblé
K 9
K 10
p. 41
AVENUE DE SAXE
BD DUQUESNE

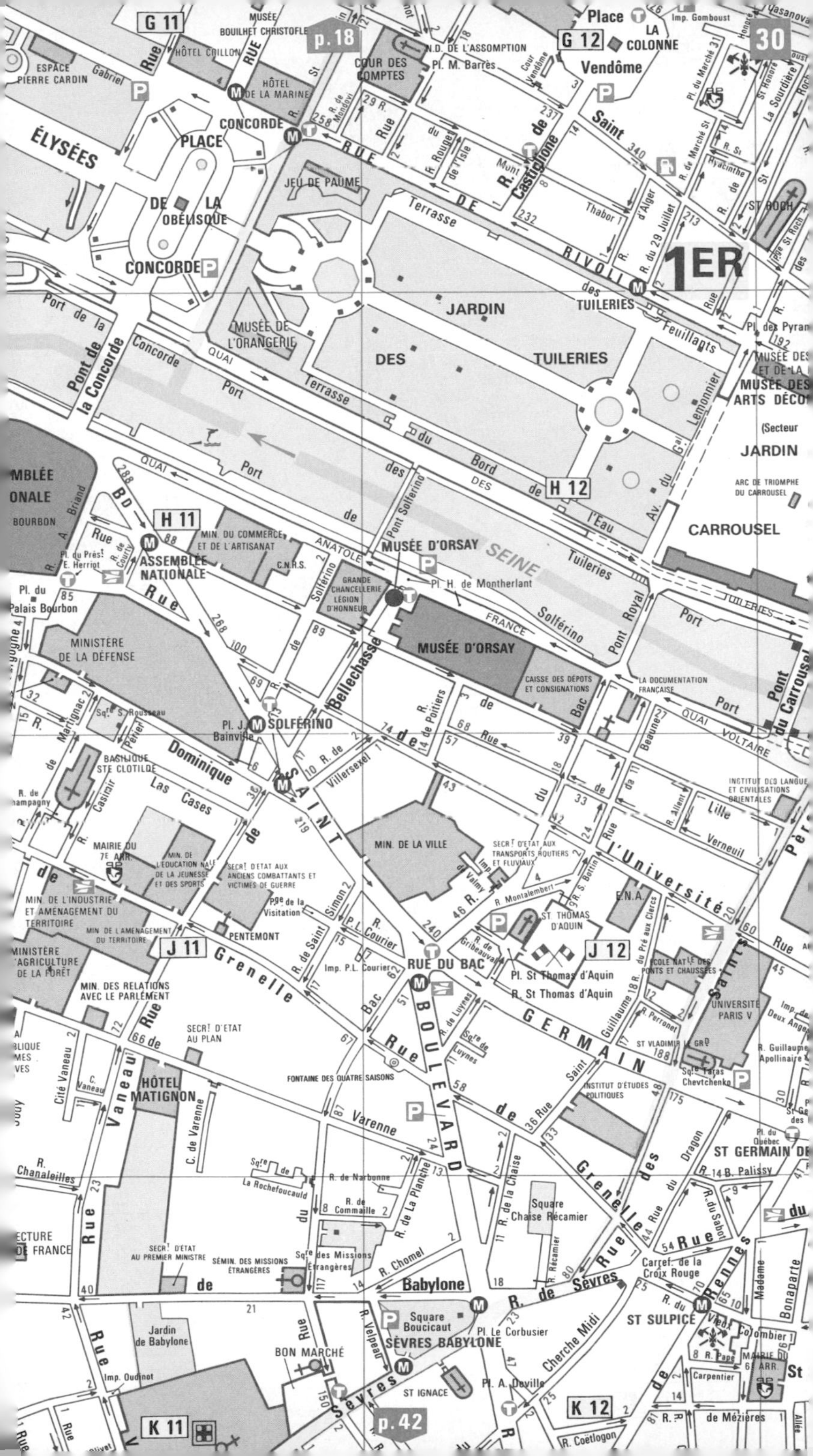
G 11
G 12
H 11
H 12
J 11
J 12
K 11
K 12
p. 18
p. 42
1ER
ESPACE PIERRE CARDIN
HÔTEL CRILLON
MUSÉE BOUILHET CHRISTOFLE
HÔTEL DE LA MARINE
COUR DES COMPTES
N.D. DE L'ASSOMPTION
Pl. M. Barrès
Place Vendôme
LA COLONNE
Imp. Gomboust
ÉLYSÉES
CONCORDE
PLACE DE LA CONCORDE
OBÉLISQUE
JEU DE PAUME
MUSÉE DE L'ORANGERIE
RUE DE RIVOLI
Terrasse
Saint Honoré
R. de Castiglione
Mont Thabor
R. d'Alger
R. du 29 Juillet
ST ROCH
TUILERIES
JARDIN DES TUILERIES
Terrasse des Feuillants
Pl. des Pyramides
MUSÉE DES ARTS DÉCORATIFS
(Secteur JARDIN
ARC DE TRIOMPHE DU CARROUSEL
CARROUSEL
Av. du Gal Lemonnier
Port de la Concorde
Pont de la Concorde
QUAI ANATOLE FRANCE
Terrasse du Bord de l'Eau
Port des Tuileries
SEINE
Pont Solferino
Pont Royal
Pont du Carrousel
ASSEMBLÉE NATIONALE
BOURBON
Bd Briand
Pl. du Prés! E. Herriot
Pl. du Palais Bourbon
MIN. DU COMMERCE ET DE L'ARTISANAT
C.N.R.S.
MUSÉE D'ORSAY
GRANDE CHANCELLERIE LÉGION D'HONNEUR
Pl. H. de Montherlant
CAISSE DES DÉPOTS ET CONSIGNATIONS
LA DOCUMENTATION FRANÇAISE
QUAI VOLTAIRE
Port
MINISTÈRE DE LA DÉFENSE
Rue de Bellechasse
R. de Poitiers
Rue de Lille
Rue de Verneuil
Rue du Bac
Rue de Beaune
INSTITUT DES LANGUES ET CIVILISATIONS ORIENTALES
Sq. S. Rousseau
Pl. J. Bainville
SOLFÉRINO
Rue Saint Dominique
BASILIQUE STE CLOTILDE
R. de Villersexel
Las Cases
MIN. DE LA VILLE
SECR. D'ETAT AUX TRANSPORTS ROUTIERS ET FLUVIAUX
Rue de l'Université
E.N.A.
MAIRIE DU 7E ARR.
MIN. DE L'EDUCATION NALE DE LA JEUNESSE ET DES SPORTS
SECR. D'ETAT AUX ANCIENS COMBATTANTS ET VICTIMES DE GUERRE
MIN. DE L'INDUSTRIE ET AMÉNAGEMENT DU TERRITOIRE
MIN. DE L'AMÉNAGEMENT DU TERRITOIRE
PENTEMONT
Pge de la Visitation
R. Montalembert
ST THOMAS D'AQUIN
Pl. St Thomas d'Aquin
R. St Thomas d'Aquin
ECOLE NATLE DES PONTS ET CHAUSSÉES
UNIVERSITÉ PARIS V
MINISTÈRE AGRICULTURE DE LA FORÊT
MIN. DES RELATIONS AVEC LE PARLEMENT
Rue de Grenelle
P.L. Courier
Imp. P.L. Courier
RUE DU BAC
BOULEVARD SAINT GERMAIN
R. de Luynes
Sq. de Luynes
R. Perronet
ST VLADIMIR LE GRD
R. Guillaume Apollinaire
Sq. Taras Chevtchenko
SECR. D'ETAT AU PLAN
HÔTEL MATIGNON
Rue Vaneau
Cité Vaneau
FONTAINE DES QUATRE SAISONS
INSTITUT D'ÉTUDES POLITIQUES
Rue de Varenne
C. de Varenne
R. Chanaleilles
Sq. de La Rochefoucauld
R. de Narbonne
R. de Commaille
R. de La Planche
R. de la Chaise
Square Chaise Récamier
Rue des Saints Pères
Rue du Dragon
Pl. du Québec
ST GERMAIN DES PRÉS
R. B. Palissy
R. du Sabot
Rue du Bac
SECR. D'ETAT AU PREMIER MINISTRE
SÉMIN. DES MISSIONS ÉTRANGÈRES
Sq. des Missions Étrangères
R. Chomel
Rue de Babylone
R. de Sèvres
Carref. de la Croix Rouge
ST SULPICE
Rue de Rennes
Vieux Colombier
MAIRIE DU 6E ARR.
Jardin de Babylone
BON MARCHÉ
R. Velpeau
Square Boucicaut
SÈVRES BABYLONE
Pl. Le Corbusier
Cherche Midi
ST IGNACE
Pl. A. Deville
R. Récamier
Imp. Oudinot
R. Coëtlogon
de Mézières
Carpentier
R. Papé
Bonaparte
Madame

p. 19
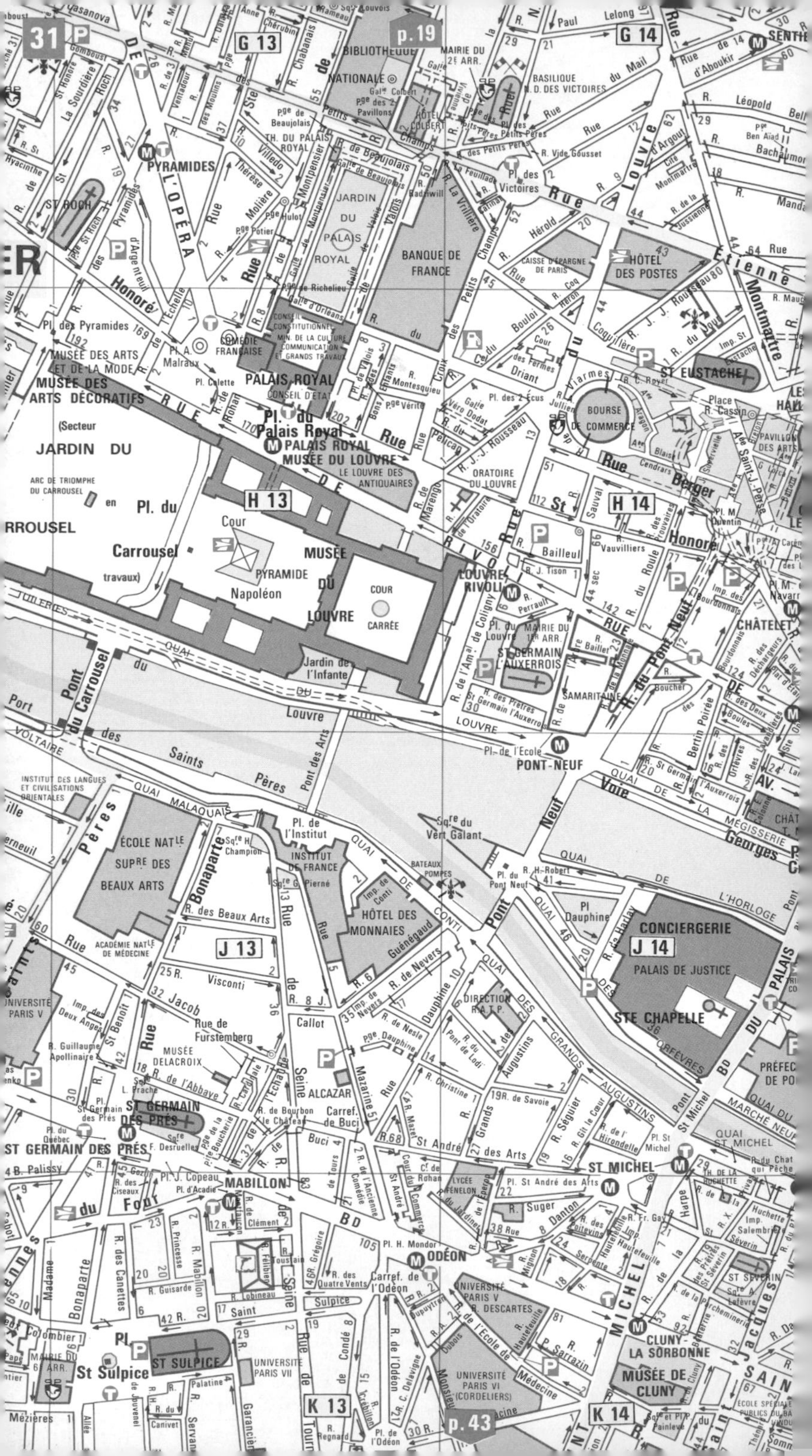
G 13
G 14
H 13
H 14
J 13
J 14
K 13
K 14
BIBLIOTHÈQUE NATIONALE
MAIRIE DU 2E ARR.
BASILIQUE N.D. DES VICTOIRES
HÔTEL COLBERT
TH. DU PALAIS ROYAL
PYRAMIDES
L'OPÉRA
ST ROCH
JARDIN DU PALAIS ROYAL
BANQUE DE FRANCE
Pl. des Victoires
CAISSE D'ÉPARGNE DE PARIS
HÔTEL DES POSTES
Rue Étienne
Montmartre
Pl. des Pyramides
MUSÉE DES ARTS ET DE LA MODE
MUSÉE DES ARTS DÉCORATIFS
COMÉDIE FRANÇAISE
CONSEIL CONSTITUTIONNEL
MIN. DE LA CULTURE COMMUNICATION ET GRANDS TRAVAUX
PALAIS ROYAL
CONSEIL D'ÉTAT
Pl. du Palais Royal
PALAIS ROYAL MUSÉE DU LOUVRE
LE LOUVRE DES ANTIQUAIRES
Pl. A. Malraux
Pl. Colette
ST EUSTACHE
Place R. Cassin
BOURSE DE COMMERCE
PAVILLON DES ARTS
ORATOIRE DU LOUVRE
(Secteur JARDIN DU CARROUSEL en travaux)
ARC DE TRIOMPHE DU CARROUSEL
Pl. du Carrousel
Cour Napoléon
PYRAMIDE
MUSÉE DU LOUVRE
COUR CARRÉE
Jardin de l'Infante
Rue de Rivoli
LOUVRE RIVOLI
MAIRIE DU 1ER ARR.
ST GERMAIN L'AUXERROIS
SAMARITAINE
CHÂTELET
Quai des Tuileries
Quai du Louvre
Pont du Carrousel
Pont des Arts
Pont Neuf
Quai Voltaire
Quai Malaquais
Quai de Conti
Quai de la Mégisserie
Quai de l'Horloge
Quai des Orfèvres
Quai des Grands Augustins
Quai St Michel
PONT-NEUF
Sq. du Vert Galant
Pl. du Pont Neuf
Pl. Dauphine
INSTITUT DES LANGUES ET CIVILISATIONS ORIENTALES
ÉCOLE NATLE SUPRE DES BEAUX ARTS
Pl. de l'Institut
INSTITUT DE FRANCE
HÔTEL DES MONNAIES
BATEAUX POMPES
CONCIERGERIE
PALAIS DE JUSTICE
STE CHAPELLE
PRÉFEC. DE PO.
ACADÉMIE NATLE DE MÉDECINE
UNIVERSITÉ PARIS V
MUSÉE DELACROIX
Rue de Furstemberg
DIRECTION R.A.T.P.
ST GERMAIN DES PRÉS
Pl. St Germain des Prés
Carref. de Buci
ALCAZAR
MABILLON
Pl. St André des Arts
ST MICHEL
Pl. St Michel
LYCÉE FÉNELON
ODÉON
Pl. H. Mondor
Carref. de l'Odéon
UNIVERSITÉ PARIS V R. DESCARTES
UNIVERSITÉ PARIS VI (CORDELIERS)
ST SÉVERIN
CLUNY-LA SORBONNE
MUSÉE DE CLUNY
ST SULPICE
Pl. St Sulpice
MAIRIE DU 6E ARR.
UNIVERSITÉ PARIS VII
Pl. de l'Odéon
Bd St Germain
Bd St Michel
Rue St Honoré
Rue du Louvre
Rue de Rivoli
p. 43

p. 20
G 15
G 16
CONSERVATOIRE DES ARTS ET MÉTIERS
MUSÉE DES TECHNIQUES
PLANÈTE MAGIQUE
CAVEAU DE LA RÉPUBLIQUE
TEMPLE
TH. DU MARAIS
LYCÉE TURGOT
STE ÉLISABETH
RÉAUMUR SÉBASTOPOL
ST NICOLAS DES CHAMPS
ARTS ET MÉTIERS
Rue Réaumur
Turbigo
Sq.re du Temple
MAIRIE DU 3E ARR.
TOUR DE JEAN SANS PEUR
ÉTIENNE MARCEL
Rue Beaubourg
Rue des Archives
R. du Grenier St Lazare
Montmorency
MUSÉE DE LA MUSIQUE MÉCANIQUE
Jardin St Aignan
3E
H 15
H 16
CENTRE NAT.L D'ART ET DE CULTURE G. POMPIDOU
Pl. Georges Pompidou
RAMBUTEAU
Rue du Temple
MUSÉE DE LA CHASSE ET DE LA NATURE
ARCHIVES NATIONALES
MUSÉE DE L'HISTOIRE DE FRANCE
HÔTEL DE ROHAN
CATHÉDRALE STE CROIX
CRÉDIT MUNICIPAL (MONT DE PIÉTÉ)
N. D. DES BLANCS MANTEAUX
MUSÉE DE LA SERRURE BRICARD
MAISON DE J. HEROUET
MUSÉE COGNACQ JAY
MUSÉE KWOK ON
Rue des Francs Bourgeois
I.R.C.A.M.
Pl. I. Stravinsky
ST MERRI
TH. ESSAÏON
TOUR ST JACQUES
Sq.re de la Tour St Jacques
CHÂTELET
HÔTEL DE VILLE
BAZAR DE L'HÔTEL DE VILLE
BILLETTES
ASSISTANCE PUBLIQUE
MAIRIE DE PARIS
MAIRIE DU 4E ARR.
Pl. Baudoyer
Pl. St Gervais
ST GERVAIS ST PROTAIS
Rue de Rivoli
Rue des Rosiers
J 15
J 16
ST PAUL
MÉMORIAL DU MARTYR JUIF INCONNU
LYCÉE SOPHIE GERMAIN
TRIBUNAL ADM.TIF
CITÉ INTERNAT.LE DES ARTS
LYCÉE CHARLEMAGNE
ST PAUL ST LOUIS
VILLAGE ST PAUL
Pl. du Marché Ste Catherine
BIBL.QUE HISTORIQUE DE LA VILLE DE PARIS
CARNAVALET
QUAI DE L'HÔTEL DE VILLE
4E
HÔTEL DIEU DE CITÉ
NOTRE DAME
Square Jean XXIII
Place du Parvis
Square de l'Île de France
MÉMORIAL DE LA DÉPORTATION
BIBL.QUE FORNEY
HÔTEL DE SENS
PONT MARIE
Pl. du Bataillon Français de l'O.N.U. en Corée
ÎLE ST LOUIS
ST LOUIS EN L'ÎLE
MUSÉE MICKIEWICZ
Quai d'Orléans
Quai de Béthune
Quai d'Anjou
Quai des Célestins
Pont de Sully
ÉCOLE MASSILLON
Sq.re H. Galli
PAVILLON DE L'ARSENAL
ANNEXE MAIRIE
MUSÉE DES HÔPITAUX DE PARIS
Pl. Maubert
K 15
K 16
p. 44

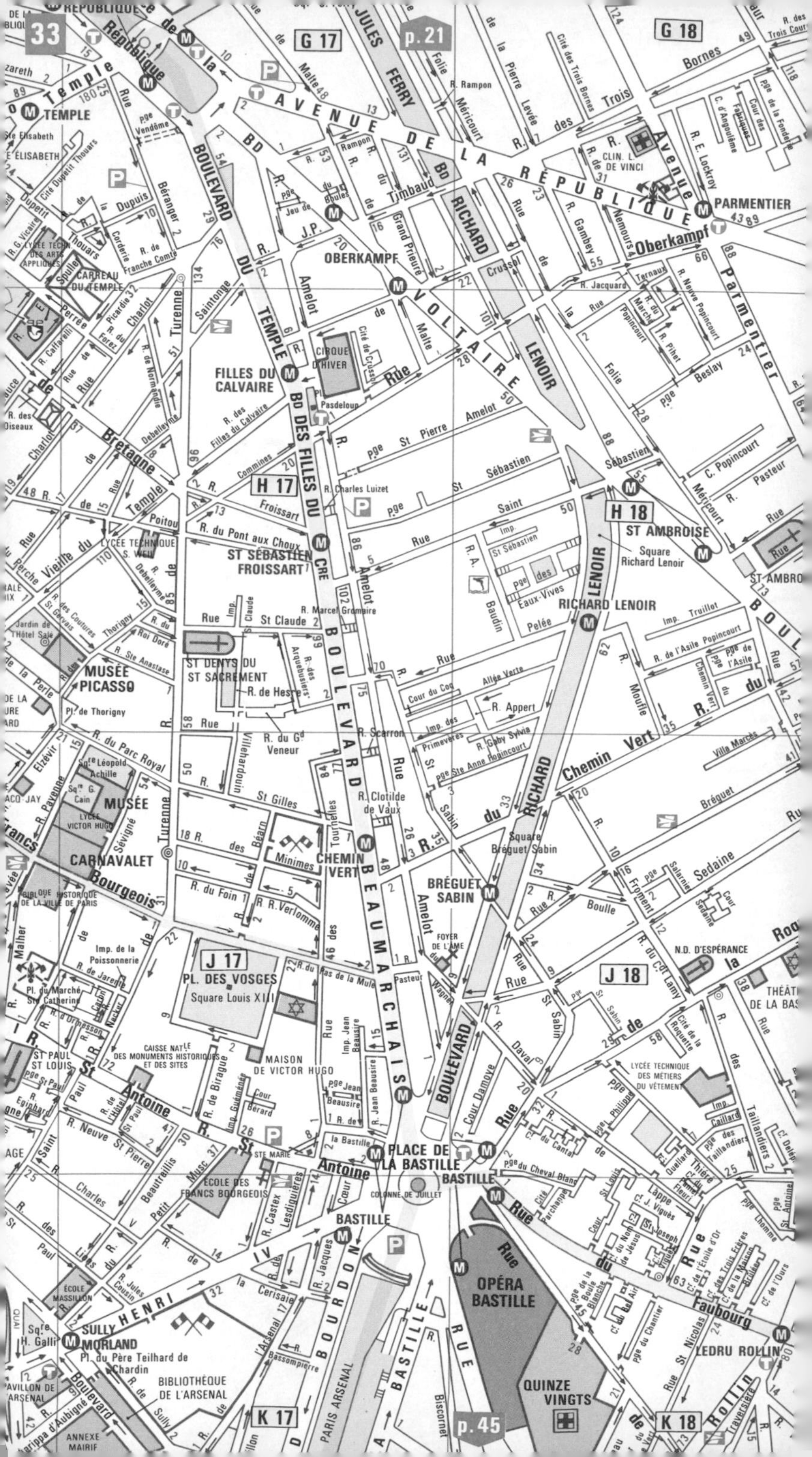
p. 21
G 17
G 18
H 17
H 18
J 17
J 18
K 17
K 18
p. 45
RÉPUBLIQUE
TEMPLE
AVENUE DE LA RÉPUBLIQUE
JULES FERRY
BOULEVARD DU TEMPLE
Bd RICHARD
PARMENTIER
Oberkampf
OBERKAMPF
VOLTAIRE
CLIN. L. DE VINCI
LYCÉE TECHN. DES ARTS APPLIQUÉS
CARREAU DU TEMPLE
CIRQUE D'HIVER
FILLES DU CALVAIRE
Bd DES FILLES DU CALVAIRE
LENOIR
ST AMBROISE
Square Richard Lenoir
RICHARD LENOIR
ST SÉBASTIEN FROISSART
LYCÉE TECHNIQUE S. WEIL
Jardin de l'Hôtel Salé
MUSÉE PICASSO
ST DENYS DU ST SACREMENT
Pl. de Thorigny
Sq. Léopold Achille
Sq. G. Cain
MUSÉE CARNAVALET
LYCÉE VICTOR HUGO
BIBLIQUE HISTORIQUE DE LA VILLE DE PARIS
Minimes
CHEMIN VERT
BOULEVARD BEAUMARCHAIS
BOULEVARD RICHARD LENOIR
Square Bréguet Sabin
BRÉGUET SABIN
FOYER DE L'ÂME
N.D. D'ESPÉRANCE
THÉÂTRE DE LA BASTILLE
PL. DES VOSGES
Square Louis XIII
MAISON DE VICTOR HUGO
CAISSE NAT.LE DES MONUMENTS HISTORIQUES ET DES SITES
Pl. du Marché Ste Catherine
ST PAUL ST LOUIS
R. St Antoine
LYCÉE TECHNIQUE DES MÉTIERS DU VÊTEMENT
PLACE DE LA BASTILLE
BASTILLE
COLONNE DE JUILLET
STE MARIE
ÉCOLE DES FRANCS BOURGEOIS
OPÉRA BASTILLE
QUINZE VINGTS
LEDRU ROLLIN
Rue du Faubourg St Antoine
ÉCOLE MASSILLON
Bd HENRI IV
Sq. H. Galli
SULLY MORLAND
Pl. du Père Teilhard de Chardin
BIBLIOTHÈQUE DE L'ARSENAL
PAVILLON DE L'ARSENAL
Bd BOURDON
PARIS ARSENAL
ANNEXE MAIRIF
Bd Morland
Rue de la Roquette

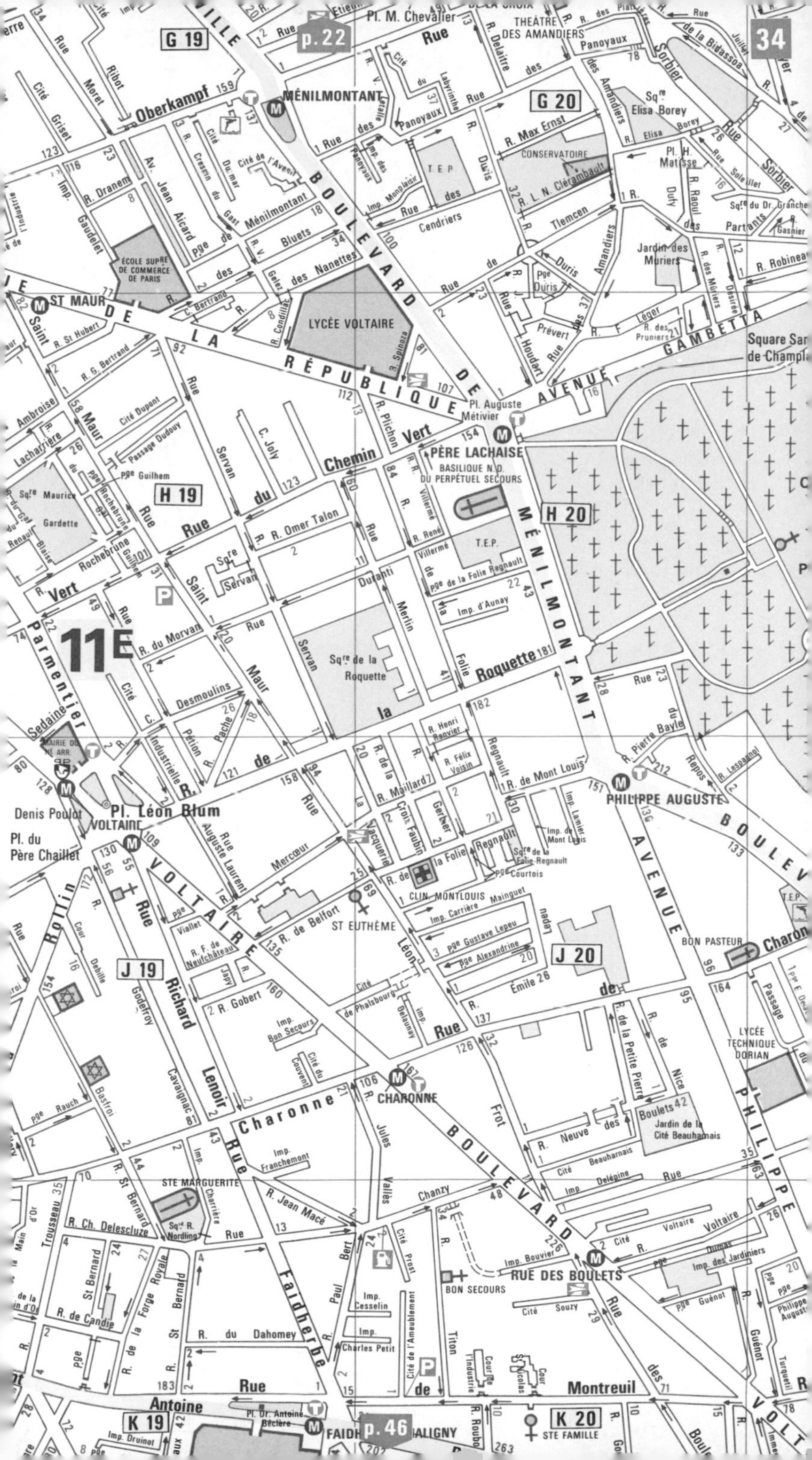
G 19
G 20
H 19
H 20
J 19
J 20
K 19
K 20
11E
Pl. M. Chevalier
THÉÂTRE DES AMANDIERS
MÉNILMONTANT
Oberkampf
Sq.re Elisa Borey
CONSERVATOIRE
Pl. H. Matisse
T.E.P.
R. Max Ernst
R. L. N. Clérambault
ÉCOLE SUPRE DE COMMERCE DE PARIS
LYCÉE VOLTAIRE
BOULEVARD DE MÉNILMONTANT
Jardin des Muriers
ST MAUR
AVENUE DE LA RÉPUBLIQUE
AVENUE GAMBETTA
Square Samuel de Champlain
Pl. Auguste Métivier
PÈRE LACHAISE
BASILIQUE N.D. DU PERPÉTUEL SECOURS
Chemin Vert
Rue du Chemin Vert
R. Omer Talon
Sq.re Maurice Gardette
Sq.re de la Roquette
Rue de la Roquette
Parmentier
MAIRIE DU XIe ARR.
Pl. Léon Blum
VOLTAIRE
Denis Poulot
Pl. du Père Chaillet
PHILIPPE AUGUSTE
BOULEVARD
AVENUE PHILIPPE AUGUSTE
Sq.re de la Folie-Regnault
CLIN. MONTLOUIS
ST EUTHÈME
BON PASTEUR
Charonne
LYCÉE TECHNIQUE DORIAN
Rue Léon Frot
Rue de Charonne
CHARONNE
BOULEVARD VOLTAIRE
Jardin de la Cité Beauharnais
STE MARGUERITE
Sq.re R. Nordling
R. Ch. Delescluze
R. de Candie
R. du Dahomey
Faidherbe
RUE DES BOULETS
BON SECOURS
Cité de l'Ameublement
Rue de Montreuil
Antoine
Pl. Dr. Antoine Béclère
FAIDHERBE CHALIGNY
STE FAMILLE

p. 22
p. 46

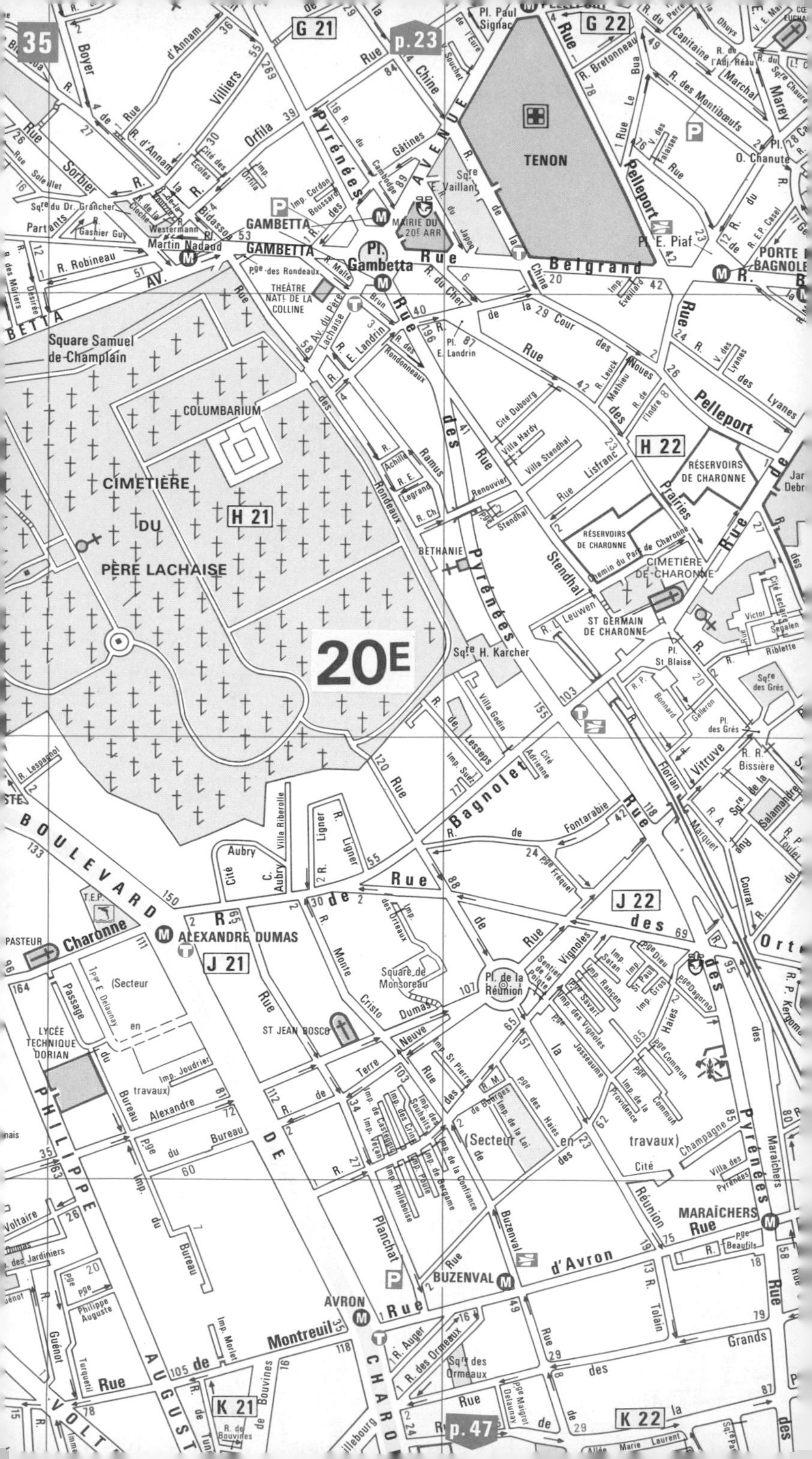

G 21
p. 23
G 22
TENON
Pl. Paul Signac
R. Bretonneau
R. du Capitaine Marchal
R. des Montibœufs
Pl. O. Chanute
R. E.P. Casel
PORTE DE BAGNOLET
Pelleport
Pl. E. Piaf
Rue Belgrand
Rue Boyer
Rue d'Annam
Villiers
Orfila
Rue Sorbier
Sq.re du Dr. Grancher
R. Gasnier Guy
Partants
R. Robineau
R. des Mûriers
Désirée
Martin Nadaud
Bidassoa
Westermann
Cité des Écoles
Imp. Orfila
Imp. Cordon Boussard
GAMBETTA
Pl. Gambetta
MAIRIE DU 20E ARR
Sq.re E. Vaillant
Pyrénées
R. du Cambodge
Gâtines
AVENUE
Rue Chine
R. du Japon
Pge des Rondeaux
THÉATRE NAT.L DE LA COLLINE
R. Malte Brun
R. du Cher
Av. du Père Lachaise
R. E. Landrin
Pl. E. Landrin
R. des Rondonneaux
Cour des Noues
R. Leuck Mathieu
R. de l'Indre
R. des Lyanes
V. des Lyanes
Imp. Évenlard
Square Samuel de Champlain
COLUMBARIUM
CIMETIÈRE DU PÈRE LACHAISE
H 21
H 22
Rue des Rondeaux
Ramus
Rue Renouvier
Cité Dubourg
Villa Hardy
Villa Stendhal
Rue Lisfranc
RÉSERVOIRS DE CHARONNE
Rue des Prairies
R. Achille
R. E. Legrand
R. Ch.
BETHANIE
Stendhal
Chemin du Parc de Charonne
CIMETIÈRE DE CHARONNE
ST GERMAIN DE CHARONNE
R. Leuwen
Sq.re H. Karcher
20E
Pl. St Blaise
R. P. Bonnard
Galleron
Pl. des Grés
Sq.re des Grés
R. Riblette
Cité Leclaire
Victor Segalen
Villa Godin
R. de Lesseps
Imp. Suez
Cité Adrienne
Rue de Bagnolet
R. Florian
R. Vitruve
R. Bissière
Sq.re de la Salamandre
R. Lespagnol
R. de Fontarabie
Pge Fréquel
R. A. Marquet
Rue Courat
R. P. Toulet
BOULEVARD
Cité Aubry
Villa Riberolle
R. Ligner
T.E.P.
Charonne
ALEXANDRE DUMAS
Rue de Charonne
J 21
J 22
Rue des Orteaux
Imp. des Orteaux
Square de Monsoreau
Rue Monte Cristo
Dumas
Pl. de la Réunion
Vignoles
Sentier de la Pointe
Imp. Satan
Pge Dieu
Imp. St Paul
Imp. Rançon
Imp. Gros
Pge Dagorno
Pge Savart
Imp. des Vignoles
Pge Josseaume
Pge Commun
Haies
R. P. Kergomard
PASTEUR
LYCÉE TECHNIQUE DORIAN
Passage
1pge E. Delaunay
(Secteur en travaux)
Imp. Joudrier
Bureau
Alexandre
Pge du Bureau
ST JEAN BOSCO
Rue Neuve
Terre
R. de la Croix
Imp. St Pierre
Imp. de Castelnau
Imp. Véran
Imp. des Souhaits
Imp. des Crins
Imp. de la Confiance
Imp. de Bergame
Imp. Poule
Imp. Rolleboise
R.M. de Bourges
Imp. de la Loi
Pge des Haies
(Secteur en travaux)
Imp. de la Providence
Champagne
Cité de la Réunion
Villa des Pyrénées
PHILIPPE
DE
Imp. du Bureau
Voltaire
Dumas
R. des Jardiniers
Pge Philippe Auguste
Planchat
Buzenval
BUZENVAL
MARAÎCHERS
Rue d'Avron
Pge Beaufils
R. Tolain
AVRON
R. Auger
R. des Ormeaux
Sq.re des Ormeaux
Rue de Montreuil
Imp. Mortier
Guénot
Turquetil
Rue
AUGUSTE
VOLTAIRE
R. de Bouvines
K 21
K 22
p. 47
Pge Maigrot Delaunay
Rue des Grands
Rue des Maraîchers
Allée Marie Laurent

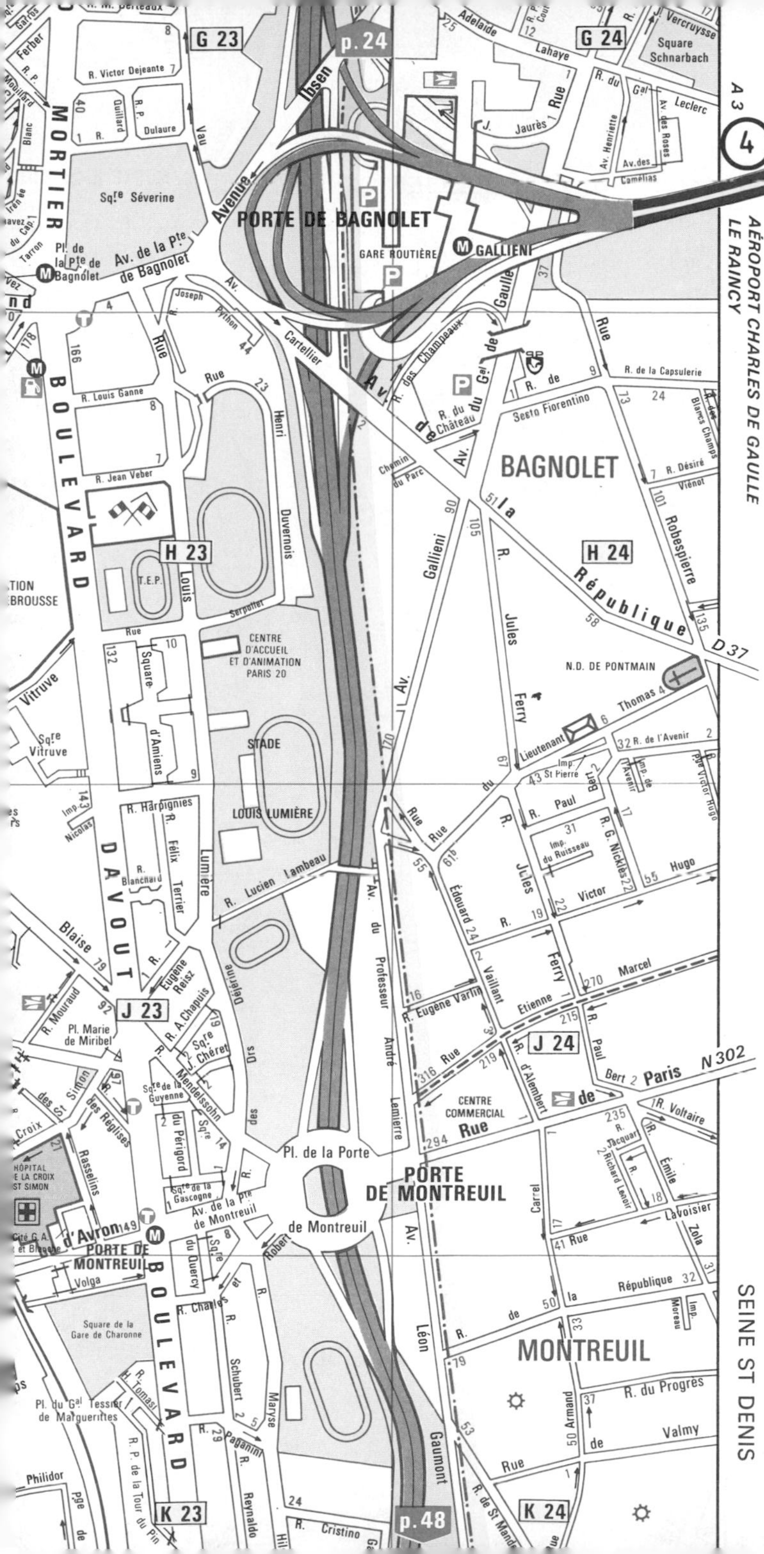


*Utilisez les plans MICHELIN à 1/15 000 « Banlieue de Paris Nord-Est » n° 20*
*« Banlieue de Paris Sud-Est » n° 24*

Utilisez le plan MICHELIN à 1/15 000 « Banlieue de Paris Sud-Ouest » n° 22

14 RAMBOUILLET-DREUX MANTES-ROUEN

HAUTS DE SEINE

N 307 Vers 14

13 RAMBOUILLET VERSAILLES N10

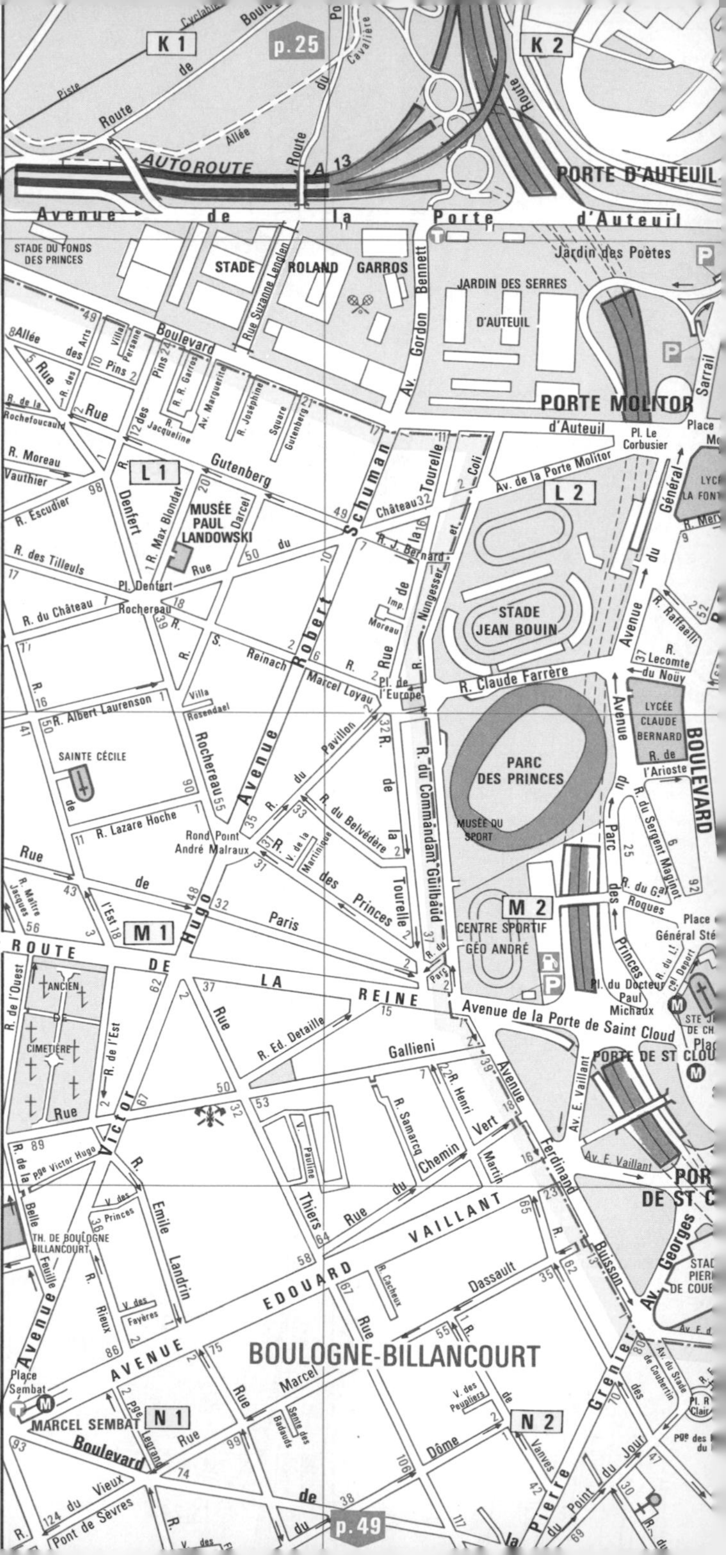

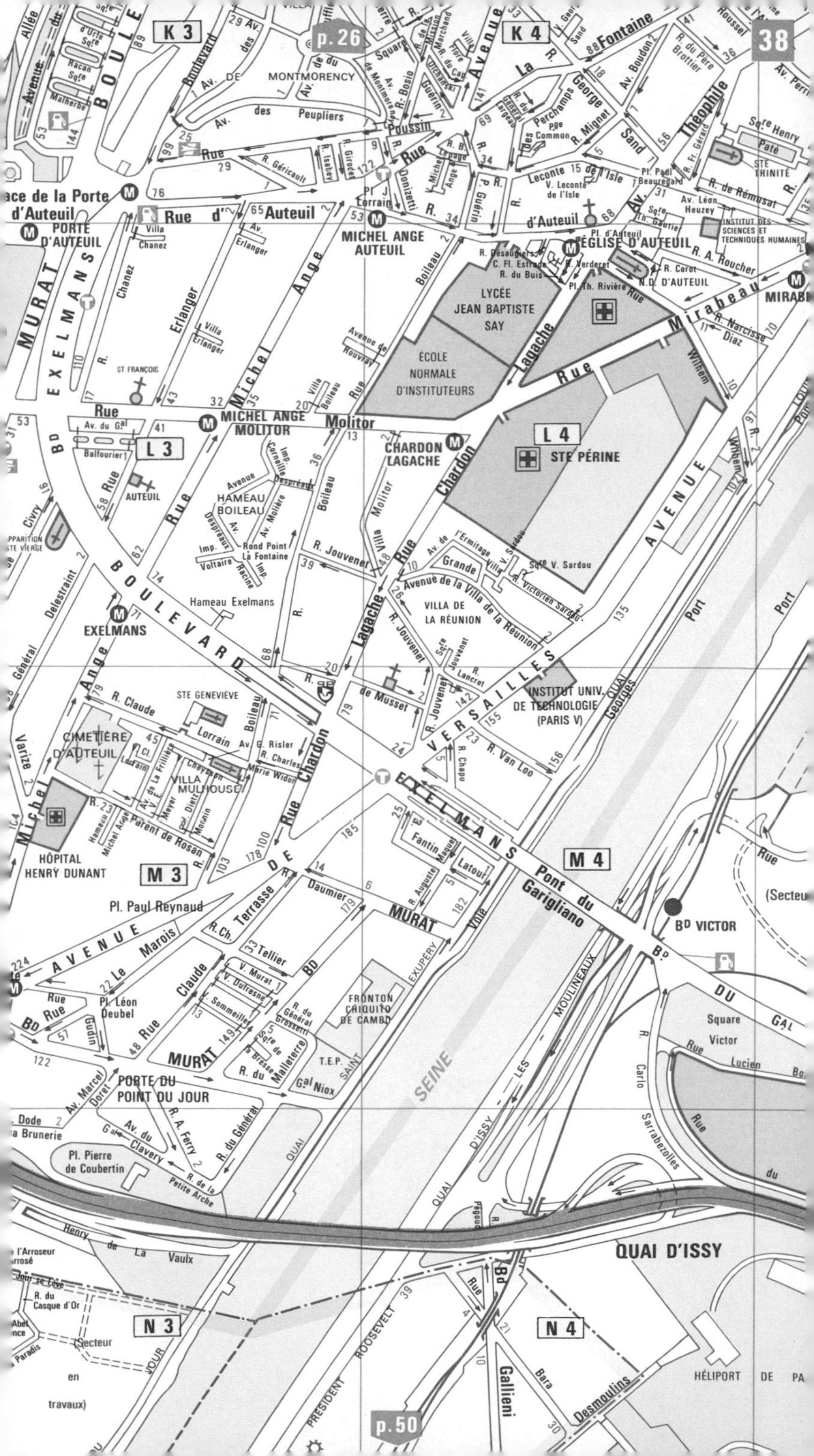
K 3
K 4
L 3
L 4
M 3
M 4
N 3
N 4
p. 26
p. 50
MONTMORENCY
Av. des Peupliers
Poussin
Rue d'Auteuil
Place de la Porte d'Auteuil
PORTE D'AUTEUIL
MICHEL ANGE AUTEUIL
MICHEL ANGE MOLITOR
CHARDON LAGACHE
EXELMANS
MIRABEAU
ÉGLISE D'AUTEUIL
LYCÉE JEAN BAPTISTE SAY
ÉCOLE NORMALE D'INSTITUTEURS
STE PÉRINE
INSTITUT DES SCIENCES ET TECHNIQUES HUMAINES
STE TRINITÉ
Sq. Henry Paté
R. de Rémusat
Av. Théophile Gautier
La Fontaine
George Sand
Pl. Paul Beauregard
Rue Mirabeau
Rue Chardon Lagache
Rue Molitor
Rue Michel Ange
Rue Erlanger
Rue Boileau
HAMEAU BOILEAU
Hameau Exelmans
VILLA DE LA RÉUNION
Avenue de la Villa de la Réunion
R. Jouvenet
Grande
Sq. V. Sardou
AVENUE DE VERSAILLES
INSTITUT UNIV. DE TECHNOLOGIE (PARIS V)
R. Van Loo
R. Chapu
BOULEVARD EXELMANS
MURAT
BOULEVARD MURAT
STE GENEVIÈVE
R. Claude Lorrain
CIMETIÈRE D'AUTEUIL
VILLA MULHOUSE
HÔPITAL HENRY DUNANT
R. Parent de Rosan
AUTEUIL
ST FRANÇOIS
Av. du Gal Balfourier
Pont du Garigliano
QUAI Georges
Port
Voie
Bd Victor
BD DU GAL
Square Victor
Rue Lucien
R. Carlo Sarrabezolles
Pl. Paul Reynaud
AVENUE
Le Marois
Terrasse
Tellier
PI. Léon Deubel
FRONTON CHIQUITO DE CAMBO
T.E.P.
SAINT EXUPERY
SEINE
Gal Niox
R. du Général Grossetti
PORTE DU POINT DU JOUR
Av. Marcel Doret
Av. du Gal Clavery
R. A. Ferry
R. du Général
Pl. Pierre de Coubertin
R. de la Petite Arche
QUAI
QUAI D'ISSY LES MOULINEAUX
QUAI D'ISSY
Henry de La Vaulx
R. du Casque d'Or
(Secteur en travaux)
PRESIDENT ROOSEVELT
Gallieni
Desmoulins
HÉLIPORT DE PA
Dode de la Brunerie
Delestraint
Général
Varize
Michel Ange
Civry
Ste Vierge
(Secteu

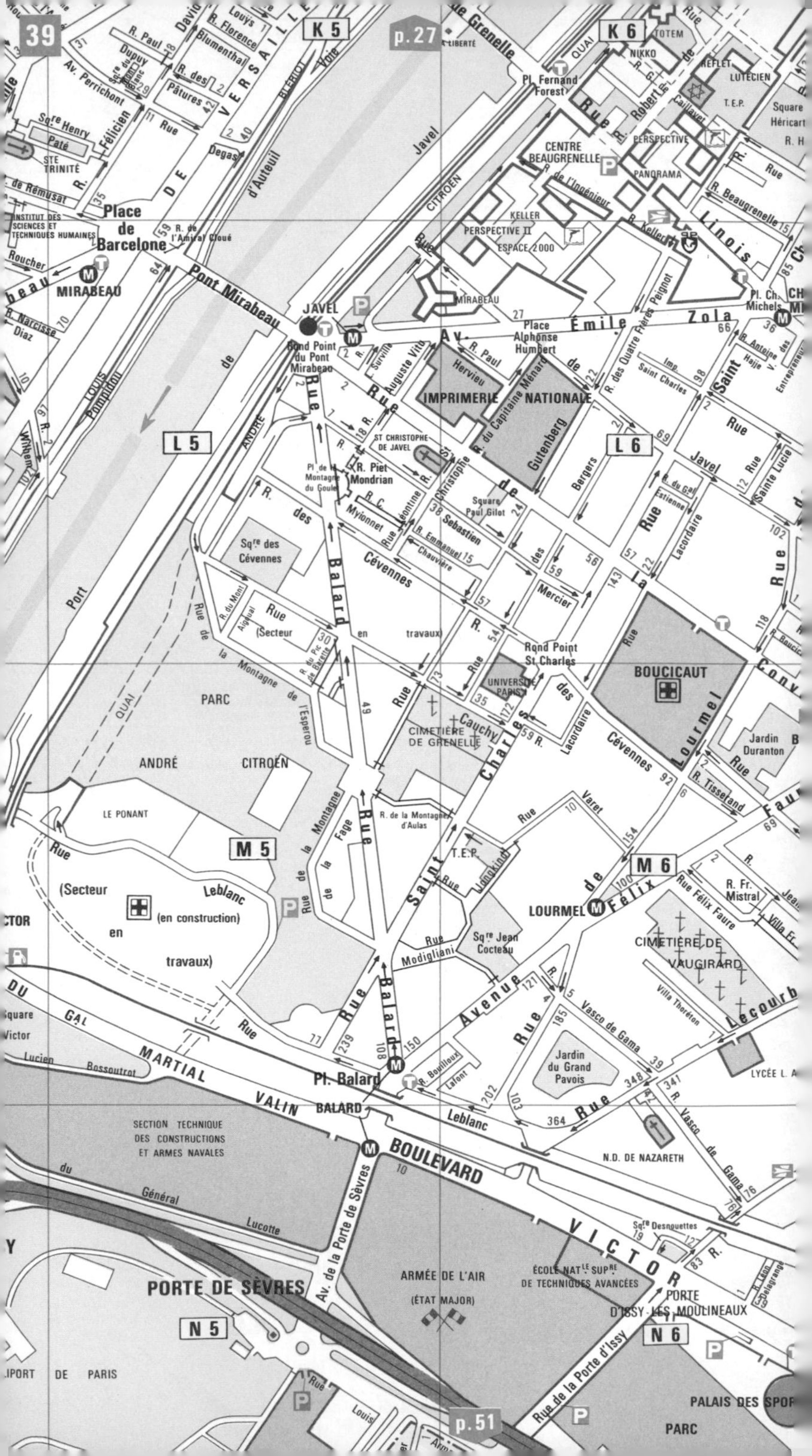
K 5
p. 27
K 6
L 5
L 6
M 5
M 6
N 5
N 6
p. 51
Place de Barcelone
MIRABEAU
Pont Mirabeau
JAVEL
Rond Point du Pont Mirabeau
Pl. Fernand Forest
CENTRE BEAUGRENELLE
PERSPECTIVE
PANORAMA
KELLER
PERSPECTIVE II
ESPACE 2000
TOTEM
NIKKO
REFLET
LUTECIEN
T.E.P.
Square Héricart
Rue Linois
R. Beaugrenelle
Pl. Ch. Michels
Av. Émile Zola
Place Alphonse Humbert
IMPRIMERIE NATIONALE
Gutenberg
R. du Capitaine Ménard
Rue de Javel
Rue Saint Charles
Rue de la Convention
Rue des Cévennes
Rue Balard
Sq^re des Cévennes
Rond Point St Charles
UNIVERSITÉ PARIS
CIMETIÈRE DE GRENELLE
BOUCICAUT
Jardin Duranton
Rue Lourmel
R. Tisserand
PARC ANDRÉ CITROËN
LE PONANT
Rue Leblanc
(Secteur en construction)
(Secteur en travaux)
Rue de la Montagne de l'Espérou
T.E.P.
Sq^re Jean Cocteau
Rue Modigliani
LOURMEL
Avenue Félix Faure
CIMETIÈRE DE VAUGIRARD
R. Fr. Mistral
Rue Lecourbe
Rue Vasco de Gama
Jardin du Grand Pavois
Pl. Balard
BALARD
Rue Leblanc
N.D. DE NAZARETH
LYCÉE L. A
QUAI
VERSAILLES
Voie Javel
CITROËN
Port de Javel
SECTION TECHNIQUE DES CONSTRUCTIONS ET ARMES NAVALES
du Général Lucotte
BOULEVARD VICTOR
BOULEVARD DU GAL MARTIAL VALIN
Av. de la Porte de Sèvres
PORTE DE SÈVRES
ARMÉE DE L'AIR (ÉTAT MAJOR)
ÉCOLE NAT^LE SUP^RE DE TECHNIQUES AVANCÉES
PORTE D'ISSY-LES-MOULINEAUX
Rue de la Porte d'Issy
PALAIS DES SPORTS
PARC
HÉLIPORT DE PARIS
Sq^re Desnouettes
STE TRINITÉ
INSTITUT DES SCIENCES ET TECHNIQUES HUMAINES

p. 28

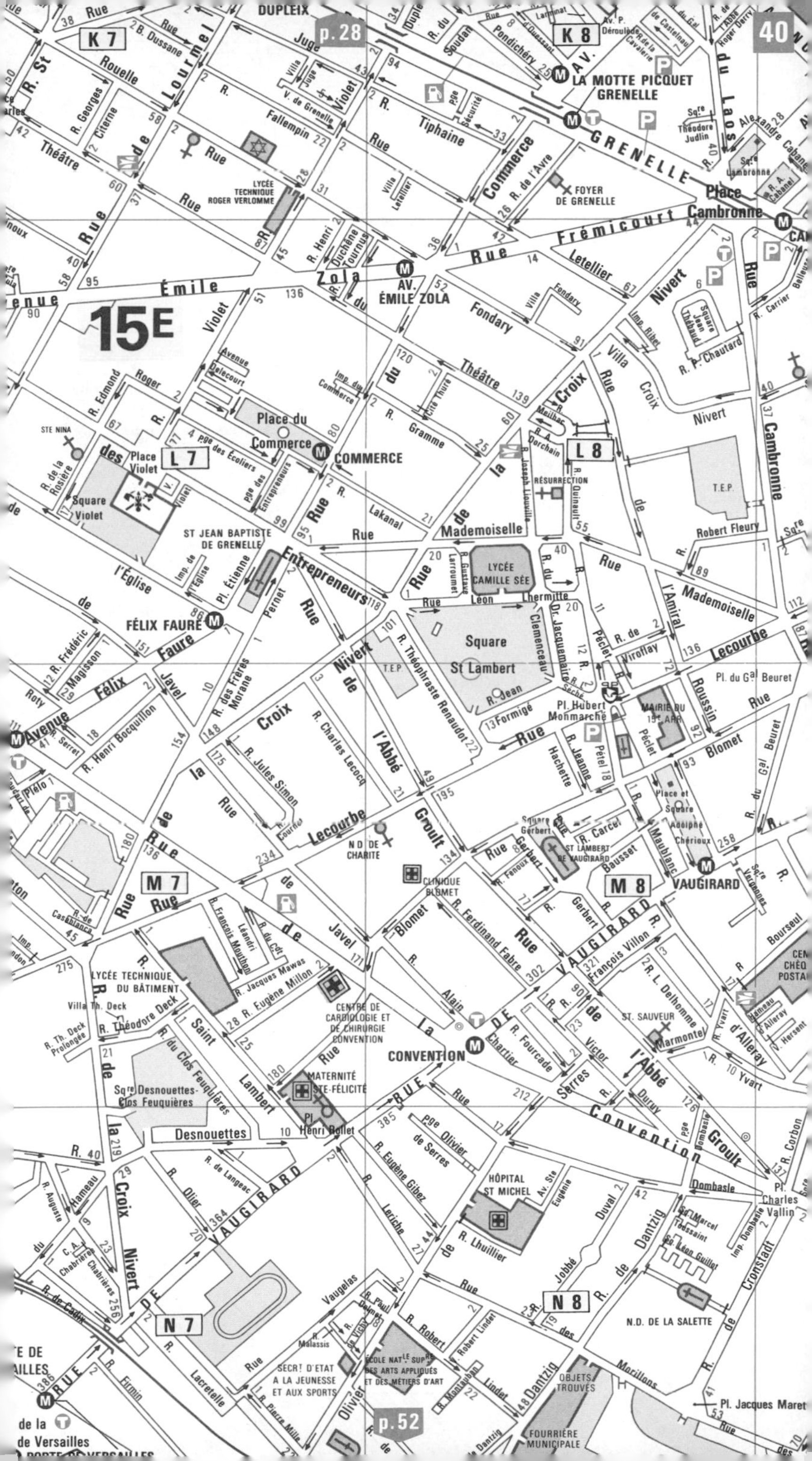
15E
K 7
K 8
L 7
L 8
M 7
M 8
N 7
N 8
DUPLEIX
LA MOTTE PICQUET GRENELLE
GRENELLE
Place Cambronne
AV. ÉMILE ZOLA
Rue Émile Zola
Rue Rouelle
Rue de Lourmel
R. St Charles
R. Georges Citerne
Rue du Théâtre
R. Fallempin
Rue Violet
V. de Grenelle
Villa Juge
Rue Juge
R. du Laos
R. Tiphaine
Rue du Commerce
R. de l'Avre
FOYER DE GRENELLE
Sq. Théodore Judlin
Alexandre Cabanel
Sq. Lambronne
LYCÉE TECHNIQUE ROGER VERLOMME
Villa Letellier
Rue Frémicourt
Rue Letellier
R. Henri Duchêne
R. Tournus
Villa Fondary
Rue Fondary
Rue Nivert
Imp. Ribet
Square Jean Thébaud
R. P. Chautard
R. Carrier Belleuse
Villa Croix Nivert
Rue de la Croix Nivert
Rue Cambronne
R. Edmond Roger
Avenue Delecourt
Place du Commerce
COMMERCE
Imp. du Commerce
Cité Thuré
R. Gramme
R. Meilhac
R. A. Dorchain
R. Joseph Liouville
RÉSURRECTION
R. Quinault
T.E.P.
Robert Fleury
STE NINA
R. de la Rosière
Place Violet
pge des Écoliers
pge des Entrepreneurs
Square Violet
ST JEAN BAPTISTE DE GRENELLE
R. Lakanal
Rue de Mademoiselle
Rue des Entrepreneurs
R. Gustave Larroumet
LYCÉE CAMILLE SÉE
R. du Dr. Jacquemaire Clemenceau
Rue Léon Lhermitte
Rue de l'Amiral Roussin
Rue Lecourbe
Imp. de l'Église
Pl. Étienne Pernet
Rue de l'Église
FÉLIX FAURE
Avenue Félix Faure
R. Frédéric Magisson
Rue de Javel
R. des Frères Morane
Rue Nivert
Rue de l'Abbé Groult
R. Théophraste Renaudot
Square St Lambert
R. Jean Formigé
Pl. Hubert Monmarché
R. Péclet
R. de Vouillé
R. Viroflay
MAIRIE DU 15e ARR.
Pl. du Gal Beuret
Rue Blomet
Roty
R. Serret
R. Henri Bocquillon
R. Charles Lecocq
R. Jules Simon
Courier
R. Hachette
R. Jeanne
R. Pétel
Place et Square Adolphe Chérioux
R. du Gal Beuret
Square Gerbert
ST LAMBERT DE VAUGIRARD
R. Carcel
R. Bausset
R. Maublanc
VAUGIRARD
Sq. Vergennes
Rue de la Croix Nivert
N.D. DE CHARITÉ
CLINIQUE BLOMET
R. Ferdinand Fabre
Rue Gerbert
R. Fenoux
R. de Casablanca
R. François Mouthon
R. Léandri
R. du Cdt
R. Jacques Mawas
R. Eugène Millon
LYCÉE TECHNIQUE DU BÂTIMENT
CENTRE DE CARDIOLOGIE ET DE CHIRURGIE CONVENTION
R. Alain Chartier
R. François Villon
R. L. Delhomme
ST. SAUVEUR
Marmontel
R. Yvart
Rue d'Alleray
Hameau d'Alleray
V. Hersent
Bourseul
CENTRE CHÈQUES POSTAUX
Villa Th. Deck
R. Théodore Deck
R. Th. Deck Prolongée
R. du Clos Feuquières
Sqre Desnouettes-Clos Feuquières
Rue Saint Lambert
MATERNITÉ STE-FÉLICITÉ
Pl. Henri Rollet
CONVENTION
R. Fourcade
R. de Vouillé
Rue de l'Abbé Groult
Rue de la Convention
R. des Favorites
Rue Desnouettes
R. de Langeac
R. Olier
Rue de Vaugirard
Pge Olivier de Serres
R. Eugène Gibez
R. Leriche
HÔPITAL ST MICHEL
Av. Ste Eugénie
R. Duval
R. Dombasle
Pl. Charles Vallin
Imp. Dombasle
Sq. Marcel Toussaint
Sq. Léon Guillot
R. Corbon
R. Lhuillier
R. Jobbé Duval
R. de Dantzig
Rue de Cronstadt
N.D. DE LA SALETTE
R. de l'Hameau
R. Auguste Chabrières
C.A. Chabrières
R. de Cadix
R. Vaugelas
R. Paul Delmet
R. Malassis
R. de la Vigie
SECRT D'ETAT A LA JEUNESSE ET AUX SPORTS
ÉCOLE NATLE SUPRE DES ARTS APPLIQUÉS ET DES MÉTIERS D'ART
R. Robert Lindet
R. Montauban
Rue des Morillons
OBJETS TROUVÉS
FOURRIÈRE MUNICIPALE
Pl. Jacques Marette
R. Firmin Gillot
R. Lacretelle
R. Pierre Mille
Rue Olivier de Serres
PORTE DE VERSAILLES
de la Porte de Versailles

p. 52

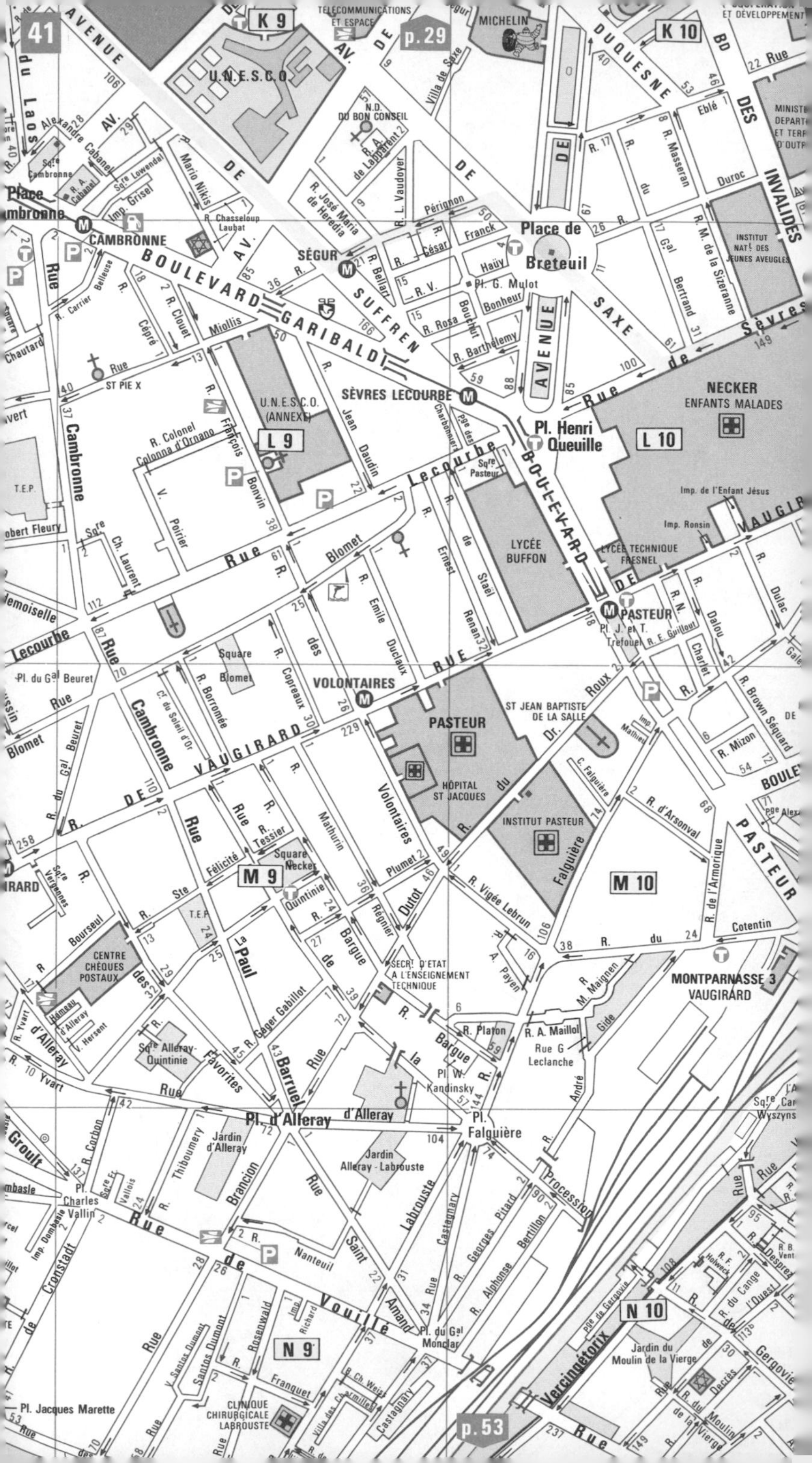

41
K 9
p. 29
K 10
L 9
L 10
M 9
M 10
N 9
N 10
p. 53
U.N.E.S.C.O.
TÉLÉCOMMUNICATIONS ET ESPACE
MICHELIN
AVENUE DE SUFFREN
AVENUE DE SAXE
AVENUE DE SÉGUR
AVENUE DE LOWENDAL
AVENUE DUQUESNE
BD DES INVALIDES
AVENUE DU LAOS
N.D. DU BON CONSEIL
R. A. de Lapparent
R. José Maria de Heredia
R. L. Vaudoyer
Villa de Saxe
Place Cambronne
CAMBRONNE
Sq^re Cambronne
R. A. Cabanel
Alexandre Cabanel
Sq^re Lowendal
Imp. Grisel
Mario Nikis
R. Chasseloup Laubat
SÉGUR
Pérignon
R. César Franck
Haüy
Pl. G. Mulot
R. Bellart
R. V.
Bonheur
R. Rosa
Bouchut
R. Barthélemy
Place de Breteuil
R. Masseran
Eblé
Duroc
R. M. de la Sizeranne
G^al Bertrand
INSTITUT NAT^L DES JEUNES AVEUGLES
BOULEVARD GARIBALDI
Miollis
R. Clouet
Cépré
R. Carrier Belleuse
Rue ST PIE X
Chautard
SÈVRES LECOURBE
U.N.E.S.C.O. (ANNEXE)
Jean Daudin
R. Colonel Colonna d'Ornano
R. François Bonvin
V. Poirier
Charbonniers
Pge des
Sq^re Pasteur
Pl. Henri Queuille
Rue de Sèvres
NECKER ENFANTS MALADES
Imp. de l'Enfant Jésus
Imp. Ronsin
LYCÉE BUFFON
LYCÉE TECHNIQUE FRESNEL
BOULEVARD
Rue Lecourbe
Rue Cambronne
T.E.P.
Robert Fleury
Sq^re Ch. Laurent
Rue Blomet
R. Ernest Renan
R. de Staël
R. Emile Duclaux
PASTEUR
Pl. J. et T. Tréfouel
R. E. Guillout
R. N.
R. Dalou
R. Dulac
Demoiselle
Pl. du G^al Beuret
Square Blomet
R. Borromée
C^r du Soleil d'Or
R. Copreaux
Rue des Volontaires
VOLONTAIRES
RUE DE VAUGIRARD
PASTEUR
HÔPITAL ST JACQUES
ST JEAN BAPTISTE DE LA SALLE
R. du Dr. Roux
Imp. Mathieu
R. Charlet
R. Brown Séquard
R. Mizon
BOULEVARD PASTEUR
C. Falguière
INSTITUT PASTEUR
R. d'Arsonval
R. de l'Armorique
Pge Alexandre
R. du G^al Beuret
Rue Félicité
R. Tessier
Square Necker
Quintinie
R. Mathurin Régnier
Plumet
Dutot
R. Vigée Lebrun
R. Falguière
R. du Cotentin
Sq^re Vergennes
R. Bourseul
R. Ste Félicité
CENTRE CHÈQUES POSTAUX
R. des Favorites
La Paul
R. Barque
SECR^T D'ETAT A L'ENSEIGNEMENT TECHNIQUE
R. A. Payen
R. M. Maignen
Gide
MONTPARNASSE 3 VAUGIRARD
R. Yvart
Hameau d'Alleray
V. Hersent
Sq^re Alleray-Quintinie
R. Geiger Gabillot
R. Platon
R. A. Maillol
Rue G Leclanche
André
Pl. W. Kandinsky
Rue d'Alleray
Pl. d'Alleray
Barruel
Jardin d'Alleray
Jardin Alleray - Labrouste
Pl. Falguière
Sq^re Card. Wyszynski
R. Corbon
Groult
Pl. Charles Vallin
Sq^re Fr. Vallois
R. Thiboumery
Brancion
Labrouste
Castagnary
R. Georges Pitard
Bérillon
R. Alphonse
R. Procession
Rue de Vouillé
R. Nanteuil
Rue Saint Amand
Imp. Dombasle
Cronstadt
Pl. du G^al Monclar
Pge de Gergovie
Vercingétorix
R. F. Holweck
R. du Cange
R. Desprez
Jardin du Moulin de la Vierge
R. de Gergovie
R. de l'Ouest
R. des Plantes
Imp. Richard
Rosenwald
Santos Dumont
V. Santos Dumont
R. Franquet
R. Ch. Weiss
Villa des Charmilles
CLINIQUE CHIRURGICALE LABROUSTE
Pl. Jacques Marette
R. du Moulin de la Vierge
Decrès

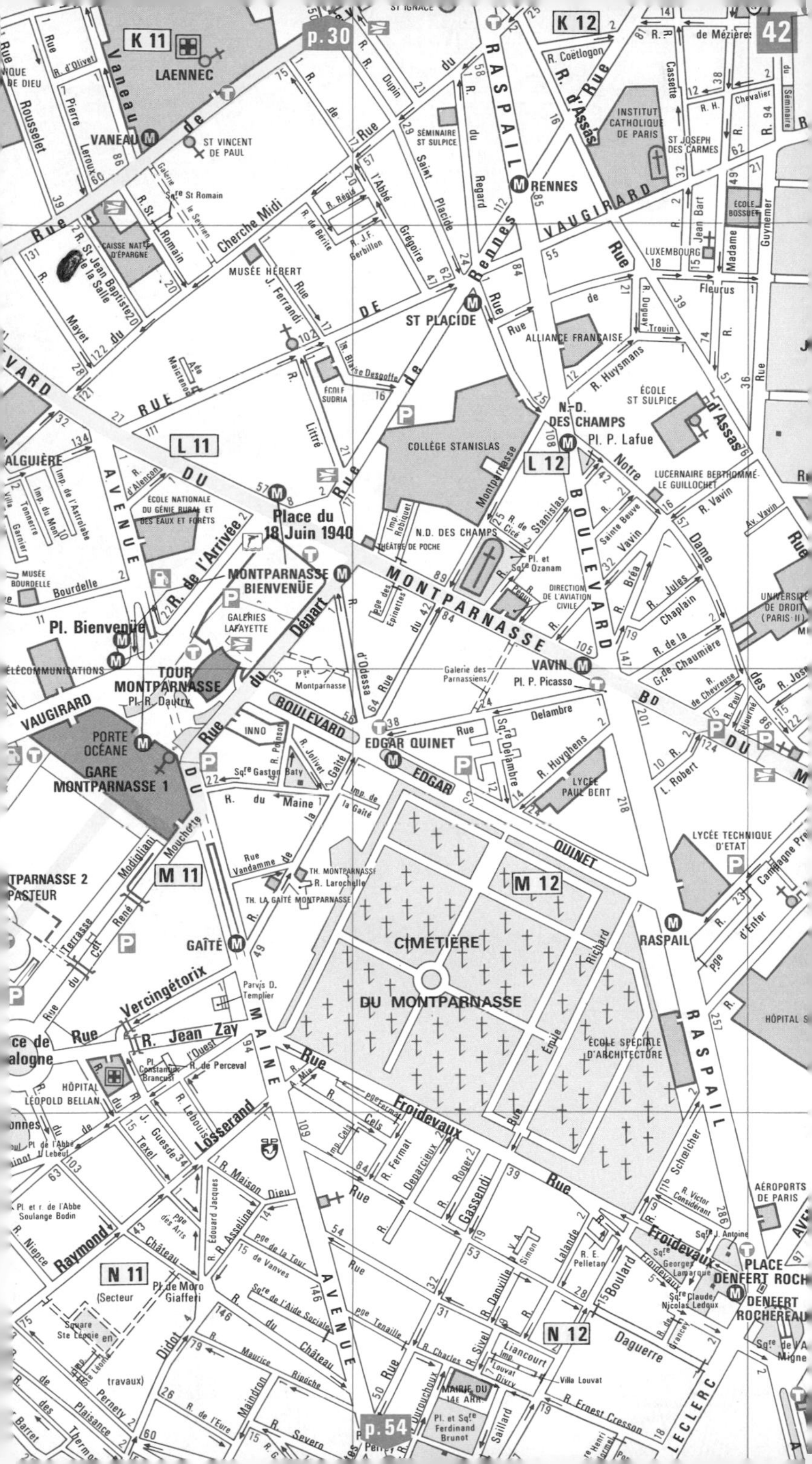
K 11
K 12
L 11
L 12
M 11
M 12
N 11
N 12
p. 30
p. 54
LAENNEC
VANEAU
ST VINCENT DE PAUL
Rue Vaneau
Rue de Babylone
R. d'Olivet
Rue Rousselet
Pierre Leroux
Galerie le Sevrien
Sq.re St Romain
R. St Romain
Cherche Midi
CAISSE NATLE D'ÉPARGNE
R. St Jean Baptiste de la Salle
R. Mayet
MUSÉE HÉBERT
J. Ferrandi
R. Régis
R. de Bérite
R. J.F. Gerbillon
l'Abbé Grégoire
Rue de Rennes
R. Dupin
SÉMINAIRE ST SULPICE
Saint Placide
R. du Regard
RASPAIL
RENNES
R. Coëtlogon
R. d'Assas
INSTITUT CATHOLIQUE DE PARIS
ST JOSEPH DES CARMES
R. de Mézières
Cassette
Chevalier
R. H.
Séminaire
ÉCOLE BOSSUET
VAUGIRARD
LUXEMBOURG
Jean Bart
Madame
Guynemer
Fleurus
R. Duguay
Trouin
ST PLACIDE
ALLIANCE FRANÇAISE
R. Huysmans
ÉCOLE ST SULPICE
d'Assas
N.-D. DES CHAMPS
Pl. P. Lafue
Notre Dame des Champs
LUCERNAIRE BERTHOMMÉ-LE GUILLOCHET
R. Vavin
Av. Vavin
RUE DE VAUGIRARD
Alée Maintenon
R. Blaise Desgoffe
ÉCOLE SUDRIA
R. Littré
COLLÈGE STANISLAS
Montparnasse
BOULEVARD DU MONTPARNASSE
ALGUIÈRE
Imp. de l'Astrolabe
Imp. du Mont Tonnerre
Villa Garnier
R. d'Alençon
AVENUE DU MAINE
ÉCOLE NATIONALE DU GÉNIE RURAL ET DES EAUX ET FORÊTS
Place du 18 Juin 1940
Imp. Robiquet
THÉÂTRE DE POCHE
N.D. DES CHAMPS
R. de Cicé
Stanislas
Pl. et Sq.re Ozanam
Péguy
DIRECTION DE L'AVIATION CIVILE
BOULEVARD RASPAIL
Sainte Beuve
Vavin
Bréa
R. Jules Chaplain
R. de la Gr.de Chaumière
UNIVERSITÉ DE DROIT (PARIS-II)
MUSÉE BOURDELLE
Bourdelle
R. de l'Arrivée
MONTPARNASSE BIENVENÜE
GALERIES LAFAYETTE
Pl. Bienvenüe
TÉLÉCOMMUNICATIONS
TOUR MONTPARNASSE
Pl. R. Dautry
Rue du Départ
Pge des Épinettes
R. d'Odessa
Pge Montparnasse
Galerie des Parnassiens
VAVIN
Pl. P. Picasso
R. de Chevreuse
R. Paul Séjourné
R. Joseph Bara
BD DU MONTPARNASSE
VAUGIRARD
PORTE OCÉANE
GARE MONTPARNASSE 1
BOULEVARD EDGAR QUINET
INNO
R. Poinsot
R. Jolivet
Sq.re Gaston Baty
R. de la Gaîté
EDGAR QUINET
Rue Delambre
Sq.re Delambre
R. Huyghens
LYCÉE PAUL BERT
L. Robert
R. du Maine
Imp. de la Gaîté
Rue Vandamme
TH. MONTPARNASSE
R. Larochelle
TH. LA GAÎTÉ MONTPARNASSE
Mouchotte
Modigliani
MONTPARNASSE 2 PASTEUR
LYCÉE TECHNIQUE D'ÉTAT
Campagne Première
CIMETIÈRE DU MONTPARNASSE
Richard
Émile Richard
RASPAIL
R. d'Enfer
Pge d'Enfer
HÔPITAL
GAÎTÉ
Terrasse
Rue du Cdt René Mouchotte
Vercingétorix
Parvis D. Templier
Rue Jean Zay
R. de l'Ouest
Pl. Constantin Brancusi
R. de Perceval
Place de Catalogne
HÔPITAL LÉOPOLD BELLAN
R. du Texel
J. Guesde
R. Lebouis
Losserand
R. A. Mie
Rue Froidevaux
ÉCOLE SPÉCIALE D'ARCHITECTURE
Pl. de l'Abbé Lebeuf
Pl. et r. de l'Abbé Soulange Bodin
R. Niepce
Raymond Losserand
Pge des Arts
Château
R. Maison Dieu
R. Édouard Jacques
R. Asseline
Imp. Cels
Pge Fermat
Cels
R. Fermat
Deparcieux
Roger
Gassendi
Schœlcher
R. Victor Considérant
AÉROPORTS DE PARIS
Sq.re J. Antoine
Sq.re Georges Lamarque
PLACE DENFERT ROCHEREAU
DENFERT ROCHEREAU
Sq.re Claude Nicolas Ledoux
Pge de la Tour de Vanves
Sq.re de l'Aide Sociale
Pl. de Moro Giafferi
(Secteur en travaux)
Square Ste Léonie
Imp. Ste Léonie
R. du Château
Pge Tenaille
R. Charles Divry
R. Danville
R. Sivel
R. E. Pelletan
Lalande
Boulard
Daguerre
V.A. Simon
Liancourt
Imp. Louvat
Villa Louvat
R. Ernest Cresson
R. de Grancey
LECLERC
R. de Pernety
R. de Plaisance
R. des Thermopyles
R. Maurice Ripoche
R. de l'Eure
Maindron
R. Severo
Didot
Durouchoux
MAIRIE DU 14E ARR.
Pl. et Sq.re Ferdinand Brunot
Saillard
Sq.re de l'Abbé Migne

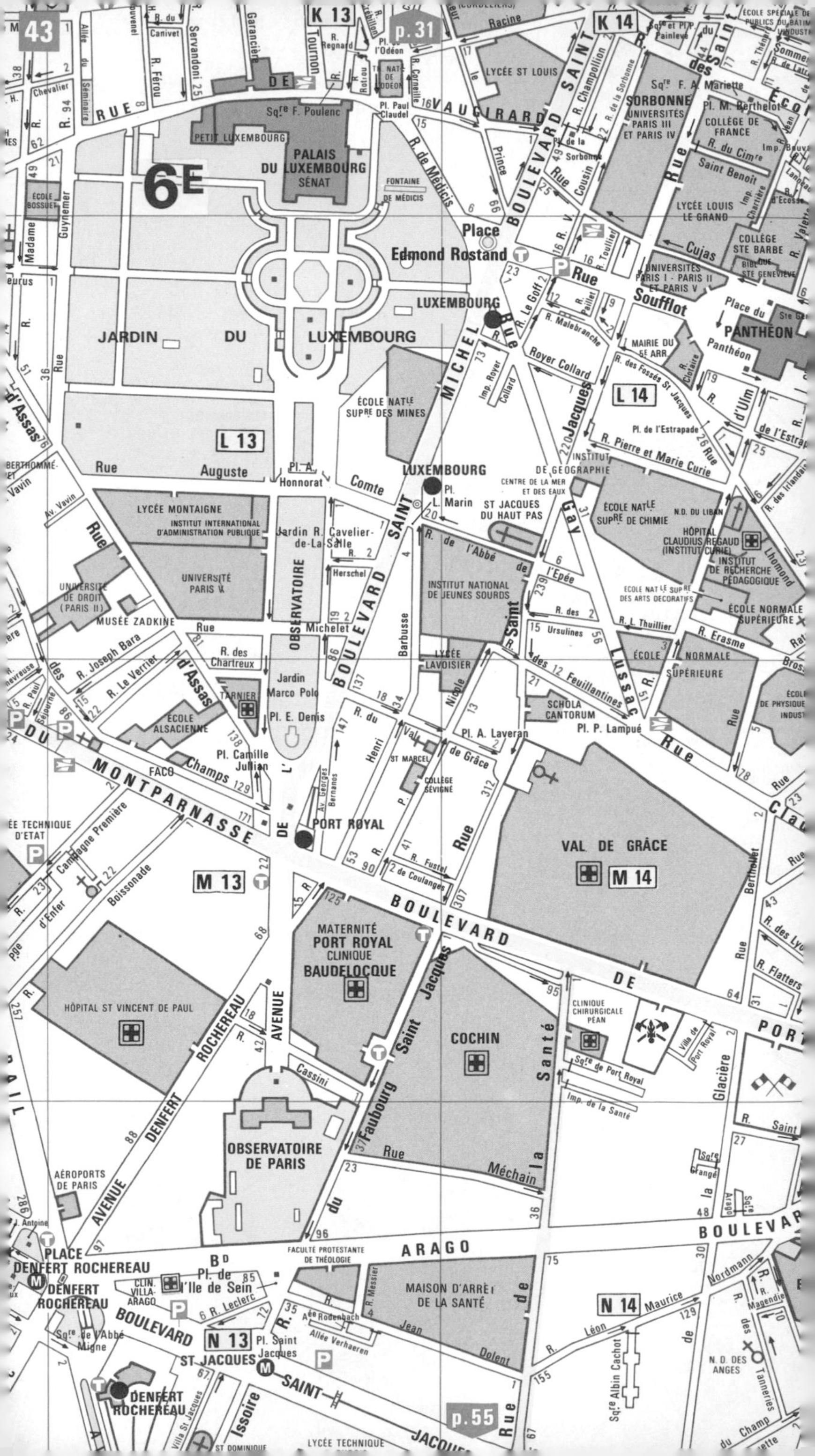

K 13
p. 31
K 14
6E
PALAIS DU LUXEMBOURG
SÉNAT
PETIT LUXEMBOURG
Sq.re F. Poulenc
FONTAINE DE MÉDICIS
JARDIN DU LUXEMBOURG
RUE DE VAUGIRARD
LYCÉE ST LOUIS
SORBONNE
UNIVERSITÉS PARIS III ET PARIS IV
Sq.re F. A. Mariette
Pl. M. Berthelot
COLLÈGE DE FRANCE
LYCÉE LOUIS LE GRAND
COLLÈGE STE BARBE
BIBL.QUE STE GENEVIÈVE
UNIVERSITÉS PARIS I - PARIS II ET PARIS V
Place Edmond Rostand
Rue Soufflot
LUXEMBOURG
Place du PANTHÉON
MAIRIE DU 5E ARR.
Royer Collard
L 14
Pl. de l'Estrapade
R. Pierre et Marie Curie
INSTITUT DE GÉOGRAPHIE
CENTRE DE LA MER ET DES EAUX
ST JACQUES DU HAUT PAS
ÉCOLE NAT.LE SUP.RE DE CHIMIE
HÔPITAL CLAUDIUS REGAUD (INSTITUT CURIE)
INSTITUT DE RECHERCHE PÉDAGOGIQUE
ÉCOLE NAT.LE SUP.RE DES ARTS DÉCORATIFS
ÉCOLE NORMALE SUPÉRIEURE
ÉCOLE NAT.LE SUP.RE DES MINES
L 13
Rue Auguste Comte
Pl. A. Honnorat
LUXEMBOURG
Pl. L. Marin
LYCÉE MONTAIGNE
INSTITUT INTERNATIONAL D'ADMINISTRATION PUBLIQUE
UNIVERSITÉ PARIS V
UNIVERSITÉ DE DROIT (PARIS II)
MUSÉE ZADKINE
Jardin R. Cavelier-de-La-Salle
Rue Michelet
BOULEVARD SAINT MICHEL
INSTITUT NATIONAL DE JEUNES SOURDS
LYCÉE LAVOISIER
R. de l'Abbé de l'Épée
R. des Ursulines
R. des Feuillantines
SCHOLA CANTORUM
Pl. P. Lampué
Rue Gay Lussac
Rue d'Assas
R. Joseph Bara
R. Le Verrier
TARNIER
ÉCOLE ALSACIENNE
Jardin Marco Polo
Pl. E. Denis
Pl. Camille Jullian
Pl. A. Laveran
ST MARCEL
COLLÈGE SÉVIGNÉ
PORT ROYAL
BOULEVARD DU MONTPARNASSE
VAL DE GRÂCE
M 14
M 13
BOULEVARD DE PORT ROYAL
MATERNITÉ PORT ROYAL
CLINIQUE BAUDELOCQUE
HÔPITAL ST VINCENT DE PAUL
COCHIN
CLINIQUE CHIRURGICALE PÉAN
Sq.re de Port Royal
Imp. de la Santé
AVENUE DENFERT ROCHEREAU
OBSERVATOIRE DE PARIS
Rue Cassini
Rue du Faubourg Saint Jacques
Rue Méchain
Rue de la Santé
Rue de la Glacière
AÉROPORTS DE PARIS
PLACE DENFERT ROCHEREAU
DENFERT ROCHEREAU
BD ARAGO
FACULTÉ PROTESTANTE DE THÉOLOGIE
Pl. de l'Ile de Sein
CLIN. VILLA-ARAGO
MAISON D'ARRÊT DE LA SANTÉ
Rue Jean Dolent
N 14
Rue Léon Maurice Nordmann
Sq.re Albin Cachot
N. D. DES ANGES
R. des Tanneries
N 13
BOULEVARD ST JACQUES
Sq.re de l'Abbé Migne
Pl. Saint Jacques
Allée Verhaeren
Rue de la Tombe Issoire
p. 55
LYCÉE TECHNIQUE

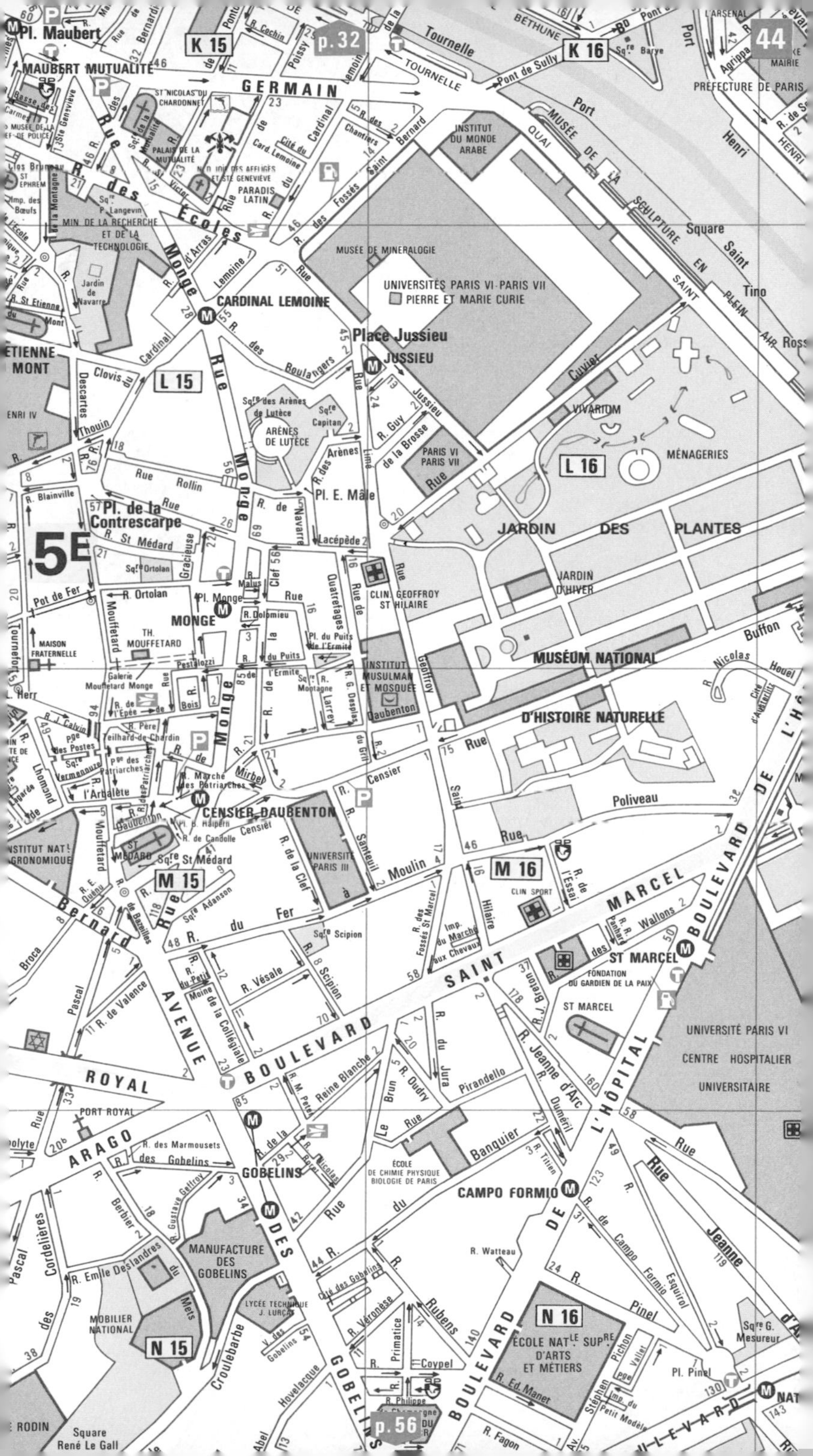

Pl. Maubert
MAUBERT MUTUALITÉ
K 15
p. 32
Tournelle
BETHUNE
K 16
Pont de Sully
L'ARSENAL
PRÉFECTURE DE PARIS
GERMAIN
ST NICOLAS DU CHARDONNET
PALAIS DE LA MUTUALITÉ
N.D. DES AFFLIGÉS ET STE GENEVIÈVE
PARADIS LATIN
INSTITUT DU MONDE ARABE
QUAI
MUSÉE DE LA SCULPTURE EN PLEIN AIR
Port
Henri
Square Tino Rossi
MIN. DE LA RECHERCHE ET DE LA TECHNOLOGIE
Sq.re P. Langevin
R. des Écoles
Rue Monge
MUSÉE DE MINÉRALOGIE
UNIVERSITÉS PARIS VI-PARIS VII PIERRE ET MARIE CURIE
CARDINAL LEMOINE
Place Jussieu
JUSSIEU
R. des Boulangers
ÉTIENNE DU MONT
HENRI IV
L 15
Sq.re des Arènes de Lutèce
ARÈNES DE LUTÈCE
Sq.re Capitan
PARIS VI PARIS VII
VIVARIUM
MÉNAGERIES
L 16
Cuvier
Rue Rollin
Pl. de la Contrescarpe
R. St Médard
5E
Sq.re Ortolan
Pl. E. Mâle
Lacépède
JARDIN DES PLANTES
JARDIN D'HIVER
CLIN. GEOFFROY ST HILAIRE
Pl. Monge
MONGE
TH. MOUFFETARD
MAISON FRATERNELLE
R. Dolomieu
Pl. du Puits de l'Ermite
INSTITUT MUSULMAN ET MOSQUÉE
MUSÉUM NATIONAL D'HISTOIRE NATURELLE
Buffon
Galerie Mouffetard Monge
Sq.re Montagne
Daubenton
Rue Censier
Rue Poliveau
CENSIER DAUBENTON
UNIVERSITÉ PARIS III
Sq.re St Médard
INSTITUT NAT.L AGRONOMIQUE
M 15
M 16
CLIN. SPORT
Rue du Fer à Moulin
BOULEVARD SAINT MARCEL
ST MARCEL
FONDATION DU GARDIEN DE LA PAIX
ST MARCEL
Sq.re Scipion
R. Vésale
BOULEVARD DE L'HÔPITAL
UNIVERSITÉ PARIS VI CENTRE HOSPITALIER UNIVERSITAIRE
Broca
Pascal
R. de Valence
AVENUE DES GOBELINS
ROYAL
PORT ROYAL
ARAGO
R. des Marmousets
GOBELINS
ÉCOLE DE CHIMIE PHYSIQUE BIOLOGIE DE PARIS
Rue Banquier
CAMPO FORMIO
MANUFACTURE DES GOBELINS
LYCÉE TECHNIQUE J. LURÇAT
MOBILIER NATIONAL
N 15
N 16
ÉCOLE NAT.LE SUP.RE D'ARTS ET MÉTIERS
Sq.re G. Mesureur
Pl. Pinel
R. Watteau
Rue Jeanne d'Arc
p. 56
RODIN
Square René Le Gall

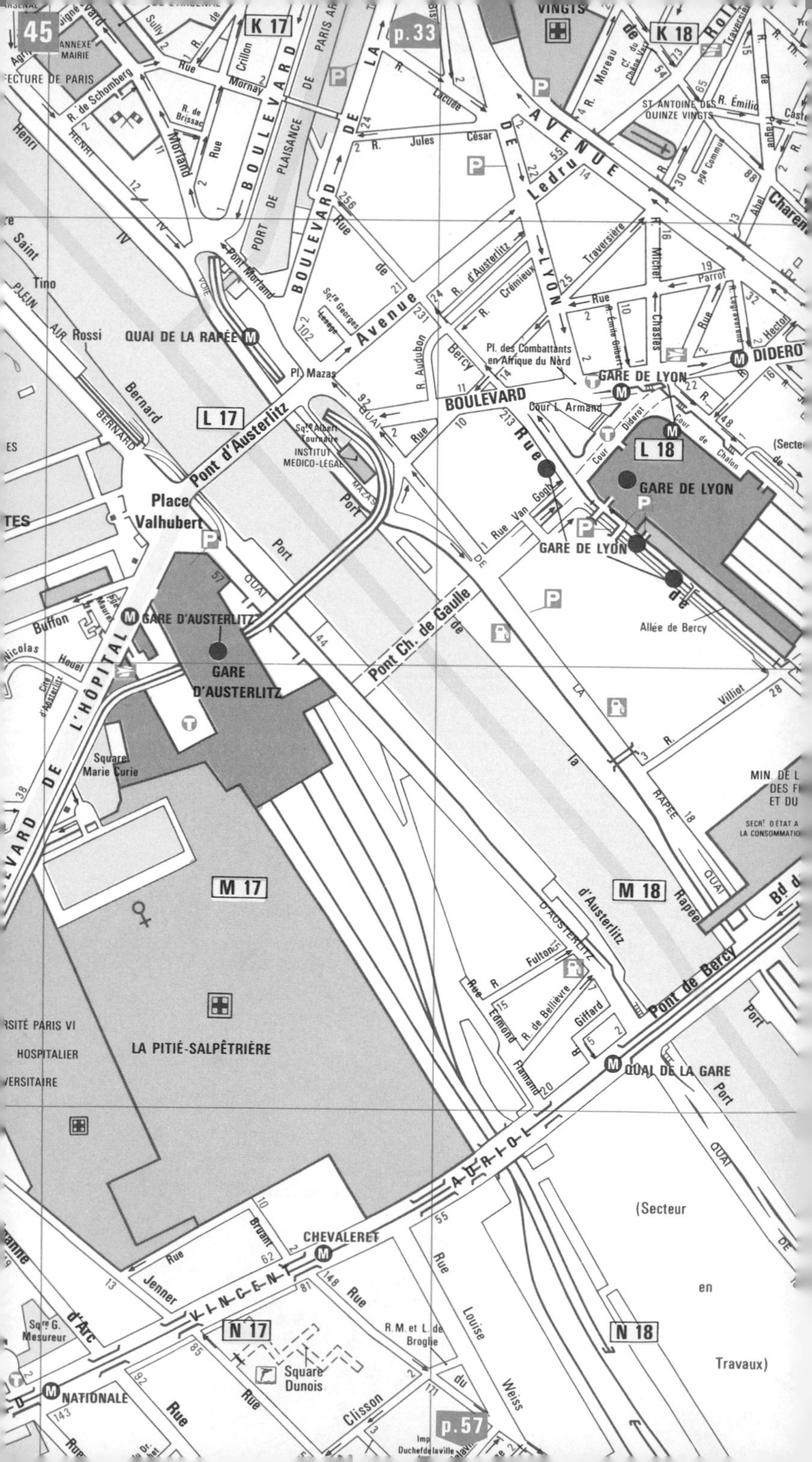
45
K 17
p.33
K 18
ANNEXE MAIRIE
FECTURE DE PARIS
R. de Schomberg
R. de Brissac
Rue Mornay
Crillon
Morland
BOULEVARD
PORT DE PLAISANCE
DE PARIS AR
BOULEVARD DE LA
R. Lacuée
R. Jules César
AVENUE DE
Ledru
R. Moreau
Cr. du Chêne Vert
ST ANTOINE DES QUINZE VINGTS
R. Émilio
Traversière
Abel
Charen
Henri IV
Saint
Tino
PLEIN AIR Rossi
VOIE
Pont Morland
QUAI DE LA RAPÉE
Bernard
BERNARD
Avenue
Rue de
Sq. re Georges Lesage
R. d'Austerlitz
R. Crémieux
LYON
Traversière
R. Michel
Chasles
Parrot
Rue Émile Gilbert
R. Legraverend
Hector
DIDEROT
R. Audubon
Bercy
Pl. des Combattants en Afrique du Nord
GARE DE LYON
Pl. Mazas
QUAI
Rue
BOULEVARD
Cour L. Armand
Cour Diderot
Cour de Chalon
L 17
Pont d'Austerlitz
Sq. re Albert Tournaire
INSTITUT MEDICO-LEGAL
MAZAS
Port
L 18
GARE DE LYON
Rue Van Gogh
Place Valhubert
DE
GARE DE LYON
Port
QUAI
Pont Ch. de Gaulle
de
Allée de Bercy
GARE D'AUSTERLITZ
Buffon
Nicolas
Houel
Cité d'Austerlitz
GARE D'AUSTERLITZ
BOULEVARD DE L'HÔPITAL
R. Villiot
LA
la
RAPÉE
Square Marie Curie
MIN. DE L
DES FI
ET DU
SECRT D'ÉTAT A LA CONSOMMATIO
M 17
M 18
d'Austerlitz
D'AUSTERLITZ
QUAI
Rapée
Bd de
R. Fulton
Rue Edmond Flamand
R. de Bellièvre
Giffard
Pont de Bercy
Port
RSITÉ PARIS VI
HOSPITALIER
VERSITAIRE
LA PITIÉ-SALPÊTRIÈRE
QUAI DE LA GARE
Port
QUAI
DE
(Secteur
en
Travaux)
AURIOL
Bruant
Rue Jenner
CHEVALERET
VINCENT
Rue
Rue Louise Weiss
R.M. et L. de Broglie
d'Arc
Sq. re G. Mesureur
N 17
N 18
Square Dunois
du
NATIONALE
Rue
Rue
Clisson
p.57
Imp. Duchefdelaville

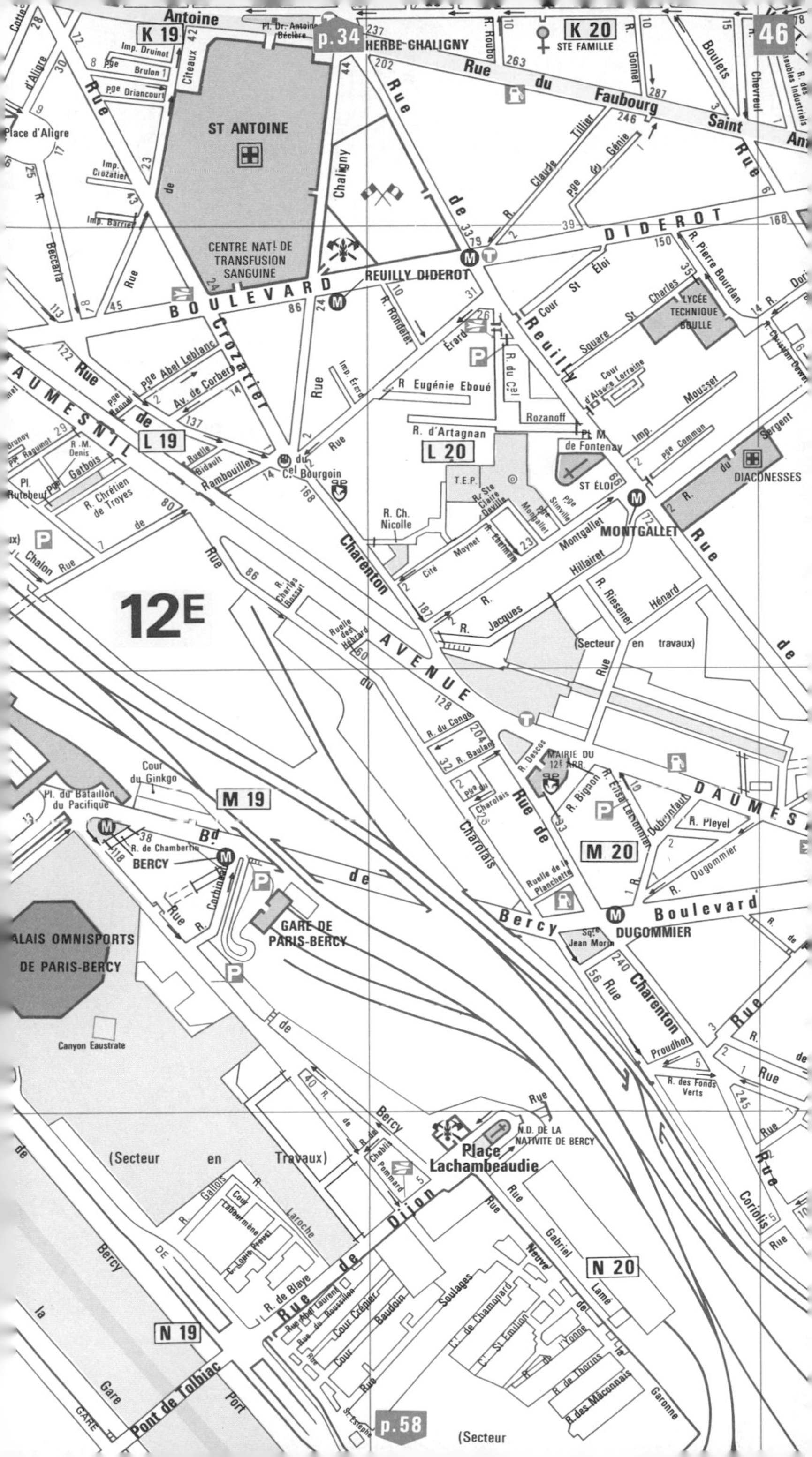
p. 34
p. 58
K 19
K 20
L 19
L 20
M 19
M 20
N 19
N 20
12E
Antoine
Pl. Dr. Antoine Béclère
HERBE CHALIGNY
Rue du Faubourg Saint Antoine
STE FAMILLE
Imp. Druinot
Pge Brulon
Pge Driancourt
Citeaux
ST ANTOINE
CENTRE NATL DE TRANSFUSION SANGUINE
Place d'Aligre
Rue d'Aligre
Imp. Crozatier
Imp. Barrier
R. Beccaria
Rue Crozatier
Chaligny
Rue de Reuilly
Boulets
Chevreul
R. des Meubles Industriels
Gonnet
R. Roubo
Claude Tillier
Pge du Génie
DIDEROT
BOULEVARD
REUILLY DIDEROT
R. Rondelet
Erard
R. Pierre Bourdan
Cour St Eloi
Square St Charles
LYCÉE TECHNIQUE BOULLE
R. Chrétien Dewet
R. Dorian
Cour d'Alsace Lorraine
Mousset
Imp. Pge Commun
R. du Sergent Bauchat
DIACONESSES
Rue Daumesnil
Rue de Charenton
R. Abel Leblanc
Av. de Corbera
Pge Hennel
Ruelle Bidault
Rambouillet
Pl. du Cel Bourgoin
Imp. Erard
R. Eugénie Eboué
R. du Cel Rozanoff
R. d'Artagnan
Pl. M. de Fontenay
ST ÉLOI
T.E.P.
R. Ste Claire Deville
Pge Montgallet
Pge Stinville
R. Ch. Nicolle
Cité Moynet
R. Eberhart
Montgallet
MONTGALLET
R. Jacques Hillairet
R. Riesener
Hénard
(Secteur en travaux)
R. M. Denis
Gatbois
Pl. Rutebeuf
R. Chrétien de Troyes
Rue de Chalon
R. Charles Bossut
Ruelle des Hébrard
AVENUE du Charenton
R. du Congo
R. Baulant
Pge du Charolais
Rue de Charolais
R. Descos
MAIRIE DU 12E ARR.
R. Bignon
R. Elisa Lemonnier
Dubrunfaut
R. Pleyel
Dugommier
Ruelle de la Planchette
Bercy
Boulevard
DUGOMMIER
Sq. Jean Morin
Cour du Ginkgo
Pl. du Bataillon du Pacifique
R. de Chambertin
BERCY
Bd de Bercy
Rue Corbineau
GARE DE PARIS-BERCY
PALAIS OMNISPORTS DE PARIS-BERCY
Canyon Eaustrate
Rue de Bercy
R. de Chablis
R. de Pommard
N.D. DE LA NATIVITÉ DE BERCY
Place Lachambeaudie
Rue de Dijon
Proudhon
R. des Fonds Verts
Rue Coriolis
Rue Gabriel Lamé
Rue Neuve de la Garonne
(Secteur en Travaux)
R. Gallois
Cour Laboumène
R. Laroche
C. Louis Fresnel
R. de Blaye
Rue Abel Laurent
Rue du Roussillon
Cour Crépier
Baudoin
Soulages
Cour de Chamonard
C. St Émilion
R. de l'Yonne
R. de Thorins
R. des Mâconnais
St Estèphe
Rue de Bercy
DE la Gare
Pont de Tolbiac
Port
(Secteur

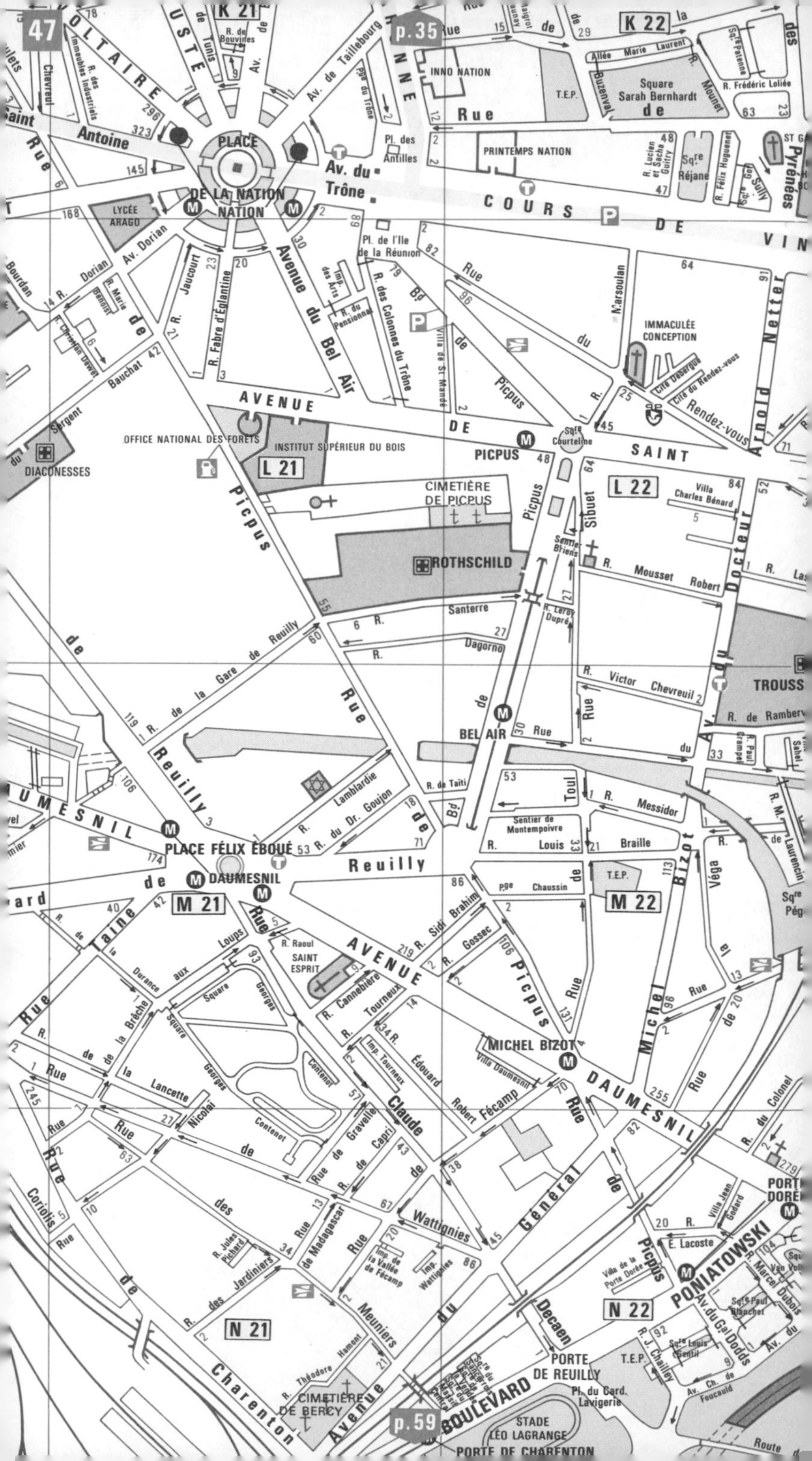

p. 35
K 21
K 22
L 21
L 22
M 21
M 22
N 21
N 22
PLACE DE LA NATION
NATION
Av. du Trône
COURS DE VIN
INNO NATION
PRINTEMPS NATION
T.E.P.
Square Sarah Bernhardt
Allée Marie Laurent
R. Frédéric Loliée
Buzenval
Mounet
Sq.re Réjane
R. Lucien et Sacha Guitry
R. Félix Huguenet
Pyrénées
Antoine
Rue
LYCÉE ARAGO
Av. Dorian
R. Dorian
R. Jaucourt
R. Fabre d'Églantine
Avenue du Bel Air
Pl. des Antilles
Pl. de l'Ile de la Réunion
R. des Colonnes du Trône
Villa de St Mandé
Rue de Picpus
R. Marsoulan
IMMACULÉE CONCEPTION
Cité Debergue
Cité du Rendez-vous
Rendez-vous
Arnold Netter
Bauchat
Sergent
DIACONESSES
AVENUE DE SAINT
OFFICE NATIONAL DES FORÊTS
INSTITUT SUPÉRIEUR DU BOIS
PICPUS
Sq.re Courteline
CIMETIÈRE DE PICPUS
ROTHSCHILD
Picpus
Sibuet
Sentier Briens
Villa Charles Bénard
R. Mousset Robert
Docteur
R. Santerre
R. Dagorno
R. Leroy Dupré
R. de la Gare de Reuilly
R. Victor Chevreuil
TROUSS
R. de Ramberv
Bd de
BEL AIR
Rue du Sahel
R. Paul Crampel
R. de Taïti
R. Lamblardie
R. du Dr. Goujon
Rue de Reuilly
R. Messidor
Sentier de Montempoivre
R. Louis Braille
Toul
Bizot
Véga
DAUMESNIL
PLACE FÉLIX ÉBOUÉ
DAUMESNIL
Pge Chaussin
R. Sidi Brahim
R. Gossec
AVENUE
R. Raoul
SAINT ESPRIT
R. Cannebière
R. Tourneux
Imp. Tourneux
R. Édouard
Robert Fécamp
Villa Daumesnil
MICHEL BIZOT
Michel
Sq.re Pég
Taine
R. de la Durance
aux Loups
Square Georges
R. de la Brèche
R. de la Lancette
Georges Contenot
Nicolaï
Claude
Rue de Gravelle
R. de Capri
Wattignies
Général
Decaen
Rue de Madagascar
Imp. de la Vallée de Fécamp
Imp. Wattignies
R. Jules Pichard
R. des Jardiniers
Coriolis
Charenton
R. Théodore Hamont
Meuniers
CIMETIÈRE DE BERCY
Avenue du
p. 59
BOULEVARD
PORTE DE REUILLY
Pl. du Card. Lavigerie
STADE LÉO LAGRANGE
PORTE DE CHARENTON
R. du Colonel
PORTE DORÉE
Villa Jean Godard
R. E. Lacoste
Villa de la Porte Dorée
PONIATOWSKI
R. Marcel Dubois
Sq.re Paul Blanchet
Av. du Gal Dodds
Sq.re Louis Gentil
R. J. Chailley
Av. Ch. de Foucauld
Route

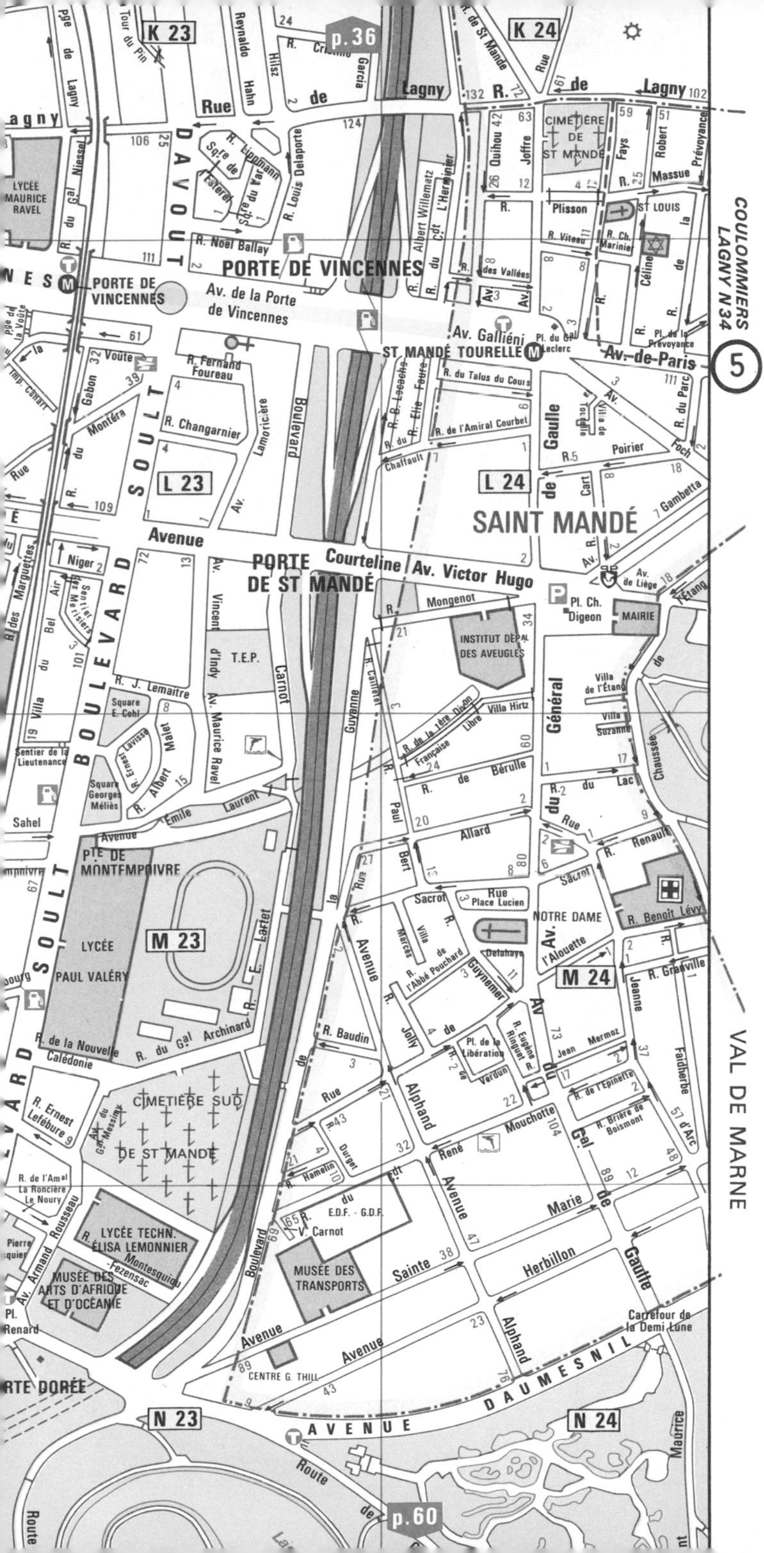


*Utilisez le plan MICHELIN à 1/15 000 « Banlieue de Paris Sud-Est » n° 24*

Utilisez le plan MICHELIN à 1/15 000 « Banlieue de Paris Sud-Ouest » n° 22

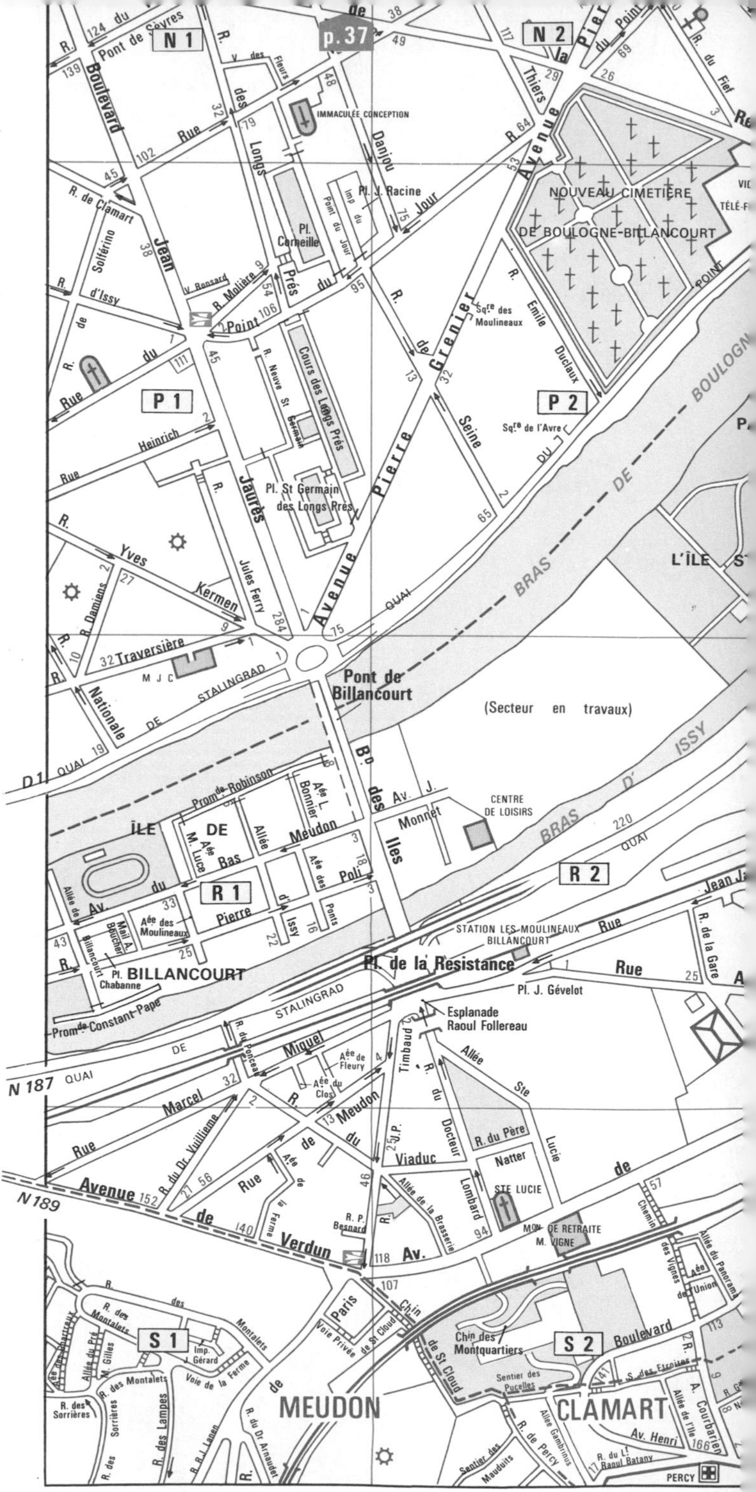

travaux)
N 3
p. 38
N 4
Desmou
QUAI DU
Pont d'Issy
ISSY PLAINE
Rue
Imp. Lacour
Camille
Rouget de Lisle
R. M. Berteaux
PARC
SUZANNE
LENGLEN
STADE DE LA
PLAINE DE VAUGIRARD
Boulevard Gallieni
Allée des Frères Voisin
P 4
Bd des Frères Voisin
LA TOUR
AUX FIGURES
ARTEMENTAL
P 3
Imp. R. J. Godet
Allée de Grenelle
Aée G. Eiffel
Jules Ferry
Aée des Sablons
Latéral
Chemin
Place du Prés! R. Schumann
Square L. Zack
STADE G. VOISIN
R. Charlot
N.-D. DES PAUVRES
R. Eboué
R. F.
Général
STALINGRAD
MOULINEAUX
Boulevard Garibaldi
STADE
JEAN BOUIN
R. du Capitaine Ferber
Bouin
Avenue J.
Gouverneur
R. Delaplace
AUDITORIUM
R. Nouvelle
Marceau
Mail R. Menand
Hoche
Diderot
Pl. du Mal Juin
Acacias
V. J.J. Rousseau
R. A. France
R. Adolphe Chérioux
Danton
Rue du
R. des Peupliers
R. d'Estienne d'Orves
R. des
Gallieni
Rue
Allée Hoche
Cresson
A. Chénier
R. E. Branly
R. M. Berthelot
R. J.J. Rousseau
Garibaldi
Aée des Maraîchers
Aée des Coutures
Aée de la Fontaine
R. des Cliceaux
R. des Travailleurs
Roger Salengro
Imp. Nouvelle
Imp. Frérot
Allée
Aée des Ecoles
R. Edouard Naud
R. de la Fraternité
Rousseau
R 3
Carr de Weiden
THÉATRE
R 4
Jardin de l'Europe
V. du Parc
R. Telles de la Poterie
V. Telles de la Poterie
Victor
ISSY-LES-MOULINEAUX
Boulevard
Bd
Avenue
Pl. du 8 Mai 1945
R. Emile Zola
R. Lasserre
Briand
Pl. Léon Blum
Pasteur
Av. Bourgain
Rue Henri Tariel
Pl. du Pres! J. F. Kennedy
Av.
L.P. H. FARMAN
Verdun
Chemin d'accès de la Gare
Aée des Carrières
Rodin
SY-VILLE
Robespierre
Maximilien
R. Pierre Brossolette
Imp. Wagner
Sentier
PARC MUNICIPAL H. BARBUSSE
R. Marcettes
Sentier des P. Curie
Pl. Bouchaga Boualam
Sentier de l'Asile
R. de la Défense
de l'Égalité
Avenue
R. Marius Breton
V. de la Paix
R. d'Erevan
R. Madeleine
Sentier des Epinettes
Rue de la Martelle
Parc Rodin
R. d'Erevan
R. de l'Égalité
R. Tolstoï
R. Emile Verdi
MAIRIE ANNEXE
FORT D'ISSY-LES-MOULINEAUX
S 4
Chin du Moulin
Cité des Haydamilles
du de
STADE A. MIMOUN
S 3
Rd Pt Guimart
H.
Pl. du Souvenir Français
Rue de
V. Sergent
Rue
R. Sergent Benoit
Duployé
Rabelais
Fragonard
Rue
CIMETIÈRE
D'ISSY-LES-MOULINEAUX
R. Madame
R. Malon
R. C. Bernard
R.

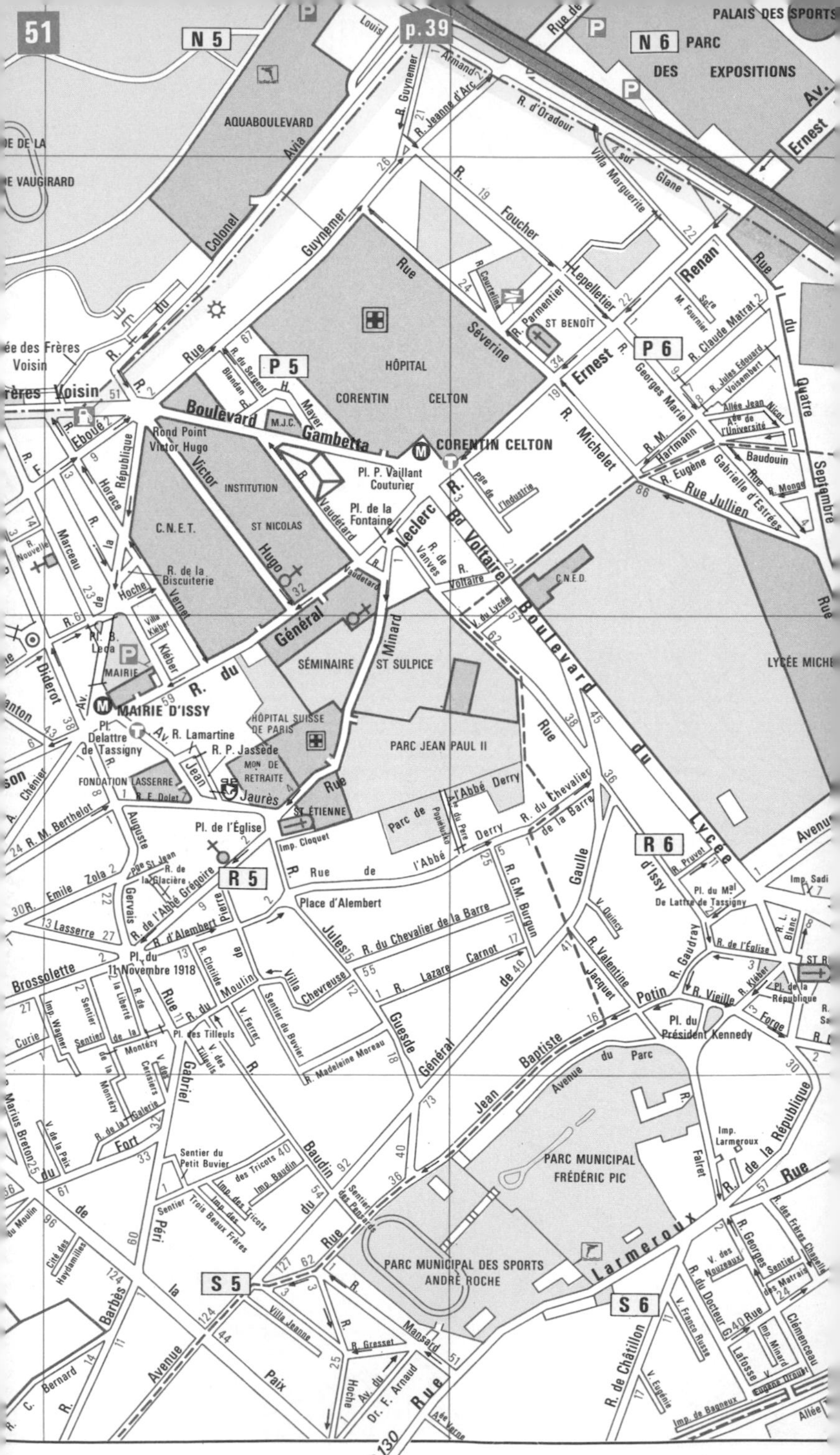

51
N 5
p. 39
N 6
PARC DES EXPOSITIONS
PALAIS DES SPORTS
AQUABOULEVARD
VAUGIRARD
Av. Ernest Renan
Rue Ernest Renan
R. d'Oradour sur Glane
Villa Marguerite
R. Jeanne d'Arc
R. Guynemer
Rue Guynemer
R. Foucher Lepelletier
R. Courteline
R. Parmentier
ST BENOÎT
R. Claude Matrat
Rue Séverine
HÔPITAL CORENTIN CELTON
P 5
P 6
R. du Sergent Blandan
R. H. Mayer
M.J.C.
Boulevard Gambetta
CORENTIN CELTON
Rond Point Victor Hugo
Rue Victor Hugo
INSTITUTION ST NICOLAS
C.N.E.T.
R. de la Biscuiterie
R. Vernet
Pl. P. Vaillant Couturier
Pl. de la Fontaine
R. Vaudétard
R. Leclerc
Bd Voltaire
R. de Vanves
R. Voltaire
R. Michelet
R. Georges Marie
R. M. Hartmann
R. Eugène
Rue Gabrielle d'Estrées
Rue Jullien
R. Jules Edouard Voisembert
Allée Jean Nicot
Aée de l'Université
Rue Baudouin
R. Monge
Rue du Quatre Septembre
C.N.E.D.
Boulevard du Lycée
LYCÉE MICHELET
Pge de l'Industrie
R. du Lycée
R. du Général Leclerc
SÉMINAIRE ST SULPICE
Rue Minard
HÔPITAL SUISSE DE PARIS
PARC JEAN PAUL II
Mon DE RETRAITE
Rue St Étienne
Rue de l'Abbé Derry
R. du Chevalier de la Barre
Parc de Popielusko
Allée du Père
MAIRIE
MAIRIE D'ISSY
Pl. B. Leca
Av. Jean Jaurès
R. Lamartine
R. P. Jassedé
Pl. Delattre de Tassigny
FONDATION LASSERRE
R. E. Dolet
Pl. de l'Église
R 5
R 6
Imp. Cloquet
Rue de l'Abbé
Place d'Alembert
R. d'Alembert
R. de l'Abbé Grégoire
Pge St Jean
R. de la Glacière
R. Auguste Gervais
R. Emile Zola
R. M. Berthelot
Lasserre
Pl. du 11 Novembre 1918
R. Clotilde
Rue du Moulin de Pierre
Villa Chevreuse
R. Jules Guesde
R. Lazare Carnot
R. G.M. Burgun
Rue de Gaulle
Rue d'Issy
R. Prévot
Pl. du Mal De Lattre de Tassigny
Imp. Sadi
V. Quincy
R. Valentine
R. Jacquet
R. Gaudray
R. de l'Église
R. L. Blanc
R. Kléber
R. Vieille Forge
Pl. de la République
Potin
Pl. du Président Kennedy
Avenue du Parc
R. Jean Baptiste
Avenue du Général de Gaulle
PARC MUNICIPAL FRÉDERIC PIC
Imp. Larmeroux
R. de la République
Rue Larmeroux
Falret
R. des Frères Chapelle
R. Georges Sentier des Matrais
V. des Nouzeaux
R. du Docteur
V. France Russe
Rue Lafosse
Imp. Minard
Clémenceau
Eugène Drouet
Imp. de Bagneux
R. de Châtillon
V. Eugénie
S 5
S 6
PARC MUNICIPAL DES SPORTS ANDRÉ ROCHE
Rue Mansard
R. Gresset
Villa Jeanne
Rue Hoche
Av. du Dr. F. Arnaud
Allée Verne
D 130
Rue Baudin
Sentier des Pentaréds
Sentier du Bouvier
R. Madeleine Moreau
V. Ferrer
Pl. des Tilleuls
V. des Tilleuls
Rue Gabriel Péri
Avenue de la Paix
Sentier du Petit Buvier
des Tricots
Imp. Baudin
Imp. des Tricots
Sentier Trois Beaux Frères
R. du Fort
R. de la Galerie
V. des Cerisiers
Montézy
Sentier de la Montézy
R. de la Liberté
Imp. Wagner
Curie
Brossolette
R. Marius Breton
V. de la Paix
Rue du Moulin
Cité des Haydamilles
R. de Barbès
R. C. Bernard
R. Diderot
R. Marceau
R. Nouvelle
R. Horace
R. de la République
Eboué
R. Hoche
Villa Kléber
Kléber
A. Chénier
rères Voisin
Allée des Frères Voisin
R. du Colonel Avia

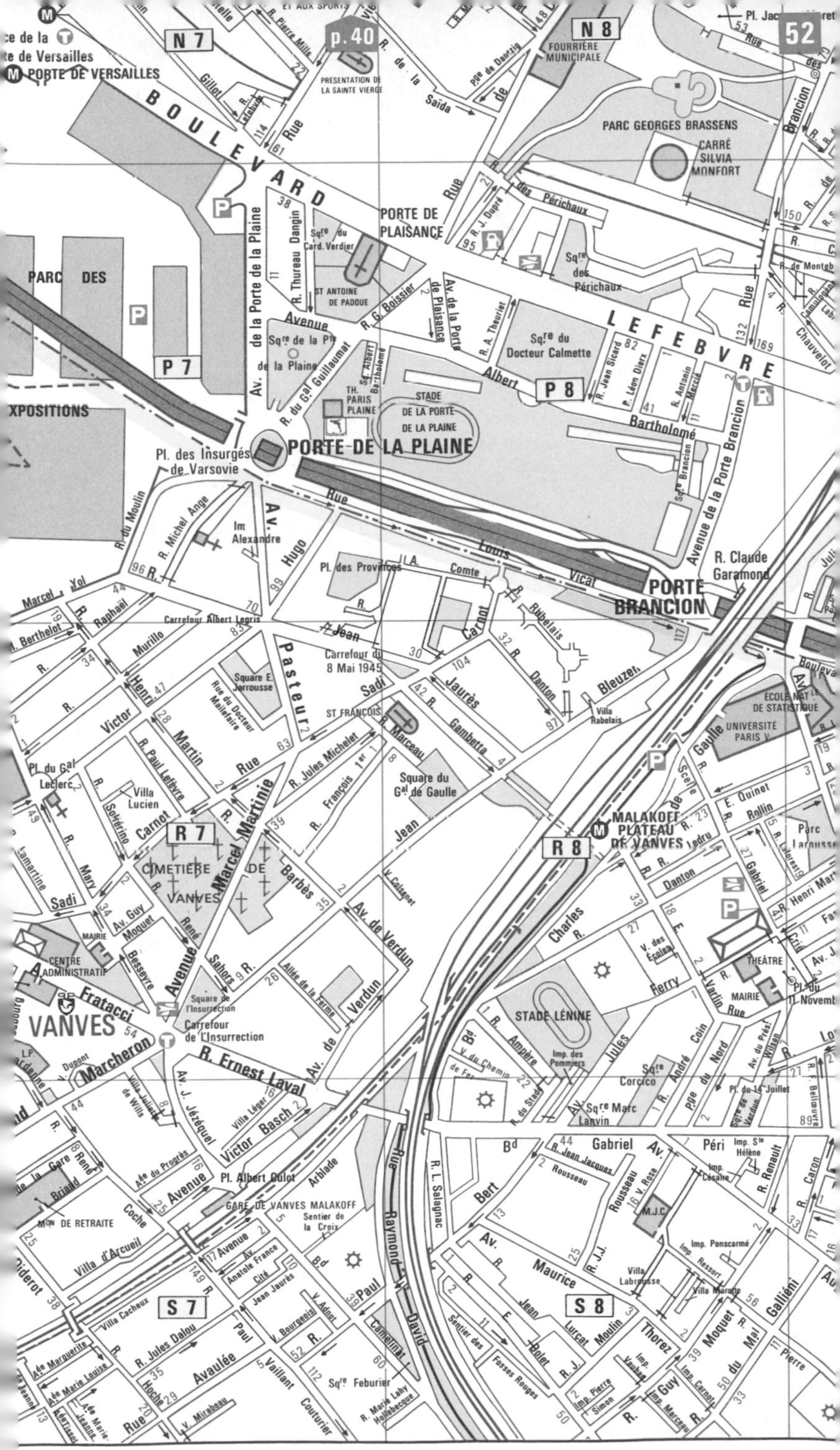
N 7
p. 40
N 8
P 7
P 8
R 7
R 8
S 7
S 8
PORTE DE VERSAILLES
BOULEVARD
LEFEBVRE
PARC DES EXPOSITIONS
PRÉSENTATION DE LA SAINTE VIERGE
FOURRIÈRE MUNICIPALE
PARC GEORGES BRASSENS
CARRÉ SILVIA MONFORT
PORTE DE PLAISANCE
Sq.re du Card. Verdier
ST ANTOINE DE PADOUE
Sq.re de la P.te de la Plaine
TH. PARIS PLAINE
STADE DE LA PORTE DE LA PLAINE
Sq.re du Docteur Calmette
Sq.re des Périchaux
PORTE DE LA PLAINE
Pl. des Insurgés de Varsovie
Av. de la Porte de la Plaine
Avenue de la Porte Brancion
PORTE BRANCION
R. Claude Garamond
Rue Louis Vicat
Im Alexandre
Av. Hugo
Pl. des Provinces
Carrefour Albert Legris
Carrefour du 8 Mai 1945
Square E. Jerrousse
ST FRANÇOIS
Square du G.al de Gaulle
Villa Rabelais
ÉCOLE NAT.LE DE STATISTIQUE
UNIVERSITÉ PARIS V
MALAKOFF PLATEAU DE VANVES
Pl. du G.al Leclerc
CIMETIÈRE DE VANVES
MAIRIE
CENTRE ADMINISTRATIF
VANVES
Square de l'Insurrection
Carrefour de l'Insurrection
R. Ernest Laval
Av. de Verdun
Allée de la Ferme
STADE LÉNINE
Imp. des Pommiers
Sq.re Corcico
Sq.re Marc Lanvin
Pl. du 14 Juillet
THÉATRE
Pl. du 11 Novembre
Parc Larousse
Pl. Albert Culot
GARE DE VANVES MALAKOFF
Sentier de la Croix
M.ON DE RETRAITE
Villa d'Arcueil
Bd Gabriel Péri
M.J.C.
Imp. Ponscarmé
Villa Labrousse
Villa Marotte
Av. Maurice Thorez
Rue Raymond David
Sq.re Feburier
Sentier des Fosses Rouges
R. Jules Dalou
Rue Paul Vaillant Couturier
Av. du Mal Gallieni
Rue Pierre Brossolette

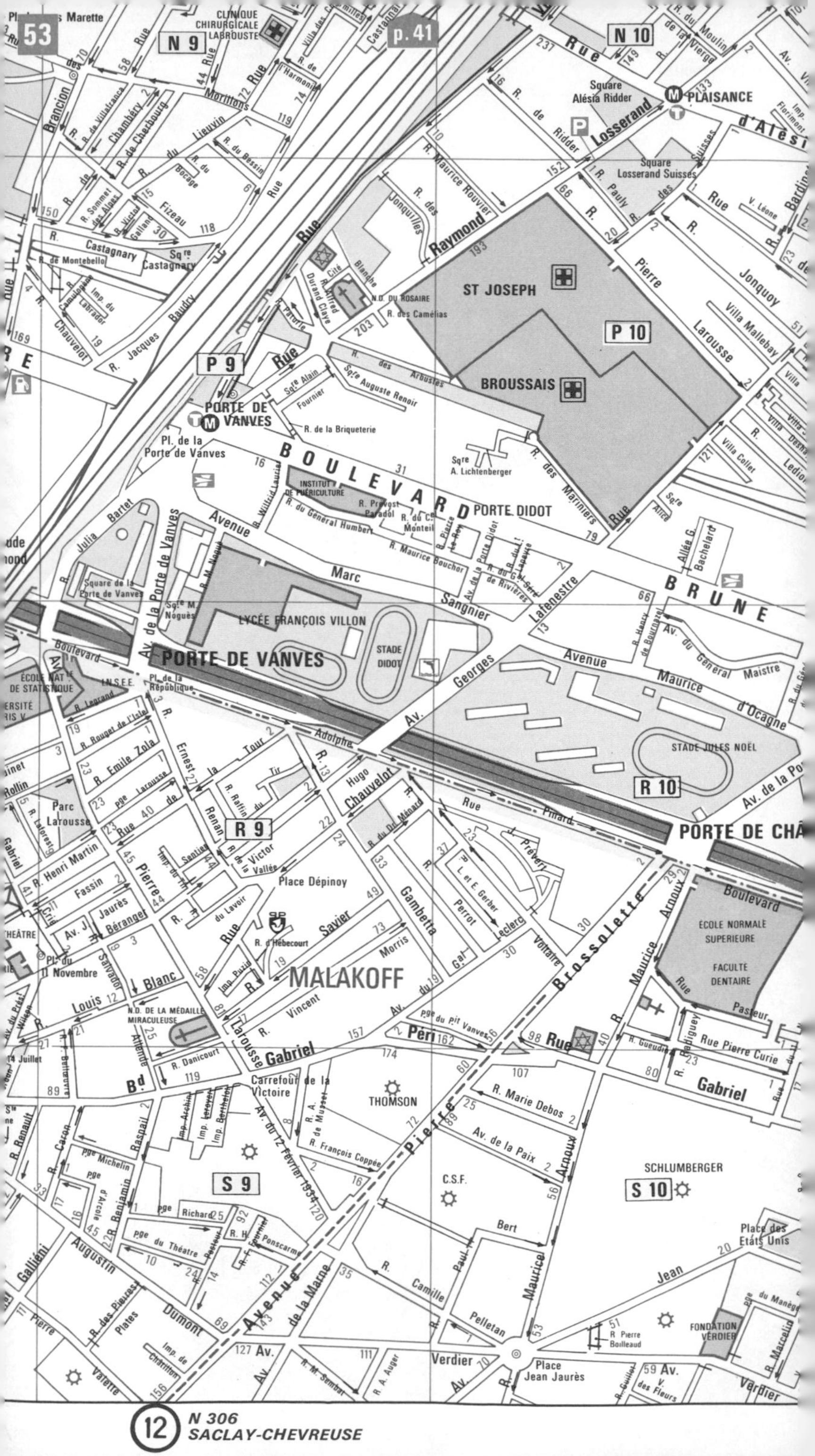
CLINIQUE CHIRURGICALE LABROUSTE
N 9
p. 41
N 10
Rue Losserand
Square Alésia Ridder
PLAISANCE
d'Alésia
Square Losserand Suisses
R. Raymond Losserand
ST JOSEPH
P 10
BROUSSAIS
N.D. DU ROSAIRE
R. des Camélias
R. des Arbustes
Sq^re Auguste Renoir
P 9
PORTE DE VANVES
Pl. de la Porte de Vanves
R. de la Briqueterie
BOULEVARD
PORTE DIDOT
BRUNE
INSTITUT DE PUÉRICULTURE
Sq^re A. Lichtenberger
R. des Mariniers
Rue Pierre Larousse
Villa Mallebay
Av. Marc Sangnier
Square de la Porte de Vanves
LYCÉE FRANÇOIS VILLON
STADE DIDOT
Av. de la Porte de Vanves
Avenue Maurice d'Ocagne
Av. du Général Maistre
Av. Georges Lafenestre
ÉCOLE NAT^le DE STATISTIQUE
I.N.S.E.E.
Pl. de la République
STADE JULES NOËL
R 10
R 9
Bd Adolphe Chauvelot
Av. Ernest Renan
Parc Larousse
PORTE DE CHÂ
ÉCOLE NORMALE SUPERIEURE
FACULTÉ DENTAIRE
Place Dépinoy
MALAKOFF
N.D. DE LA MÉDAILLE MIRACULEUSE
Carrefour de la Victoire
Rue Gabriel Péri
THOMSON
Rue Pierre Brossolette
R. Marie Debos
Av. de la Paix
SCHLUMBERGER
S 9
S 10
C.S.F.
Bd Camille Pelletan
Av. Augustin Dumont
Avenue de la Marne
Av. du 12 Février 1934
Place Jean Jaurès
Av. Jean Verdier
FONDATION VERDIER
Place des États Unis

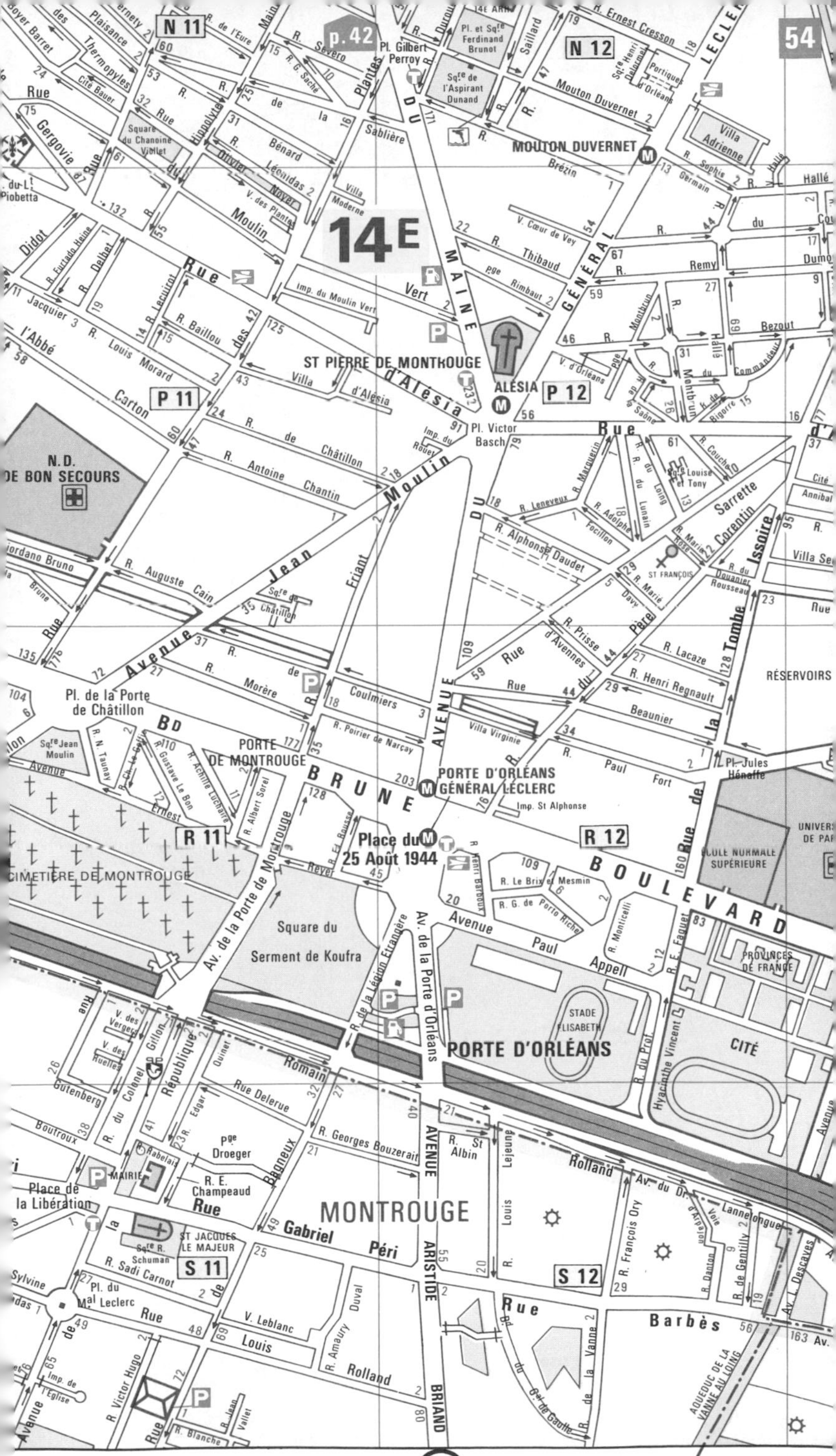
N 11
N 12
p. 42
Pl. Gilbert Perroy
Pl. et Sq.re Ferdinand Brunot
Sq.re de l'Aspirant Dunand
R. Ernest Cresson
Mouton Duvernet
MOUTON DUVERNET
Villa Adrienne
Square du Chanoine Viollet
Rue Gergovie
R. Didot
R. Furtado Heine
R. Delbet
Rue des Plantes
Sablière
R. Bénard
R. Léonidas
Villa Moderne
V. des Plantes
Moulin
14E
Imp. du Moulin Vert
Vert
MAINE
R. Thibaud
Pge Rimbaut
V. Cœur de Vey
Brézin
GÉNÉRAL
LECLERC
R. Remy
R. Sophie Germain
R. Halle
R. Bezout
R. Mouton Duvernet
R. Jacquier
R. Louis Morard
R. Baillou
R. Lecuirot
de l'Abbé Carton
ST PIERRE DE MONTROUGE
d'Alésia
Villa d'Alésia
ALÉSIA
P 11
P 12
Pl. Victor Basch
Imp. du Rouet
R. de Châtillon
R. Antoine Chantin
Moulin
N.D. DE BON SECOURS
R. Auguste Cain
Sq.re de Châtillon
Jean
Avenue
R. Friant
R. Leneveux
R. Marguerin
R. Adolphe Focillon
R. du Lunain
R. du Loing
R. Alphonse Daudet
Sq.re Louise et Tony
R. Couche
Sarrette
Corentin
Issoire
ST FRANÇOIS
R. Marie Rose
R. du Douanier Rousseau
R. Prisse d'Avennes
Père
R. Lacaze
Tombe
R. Henri Regnault
Beaunier
RÉSERVOIRS
R. Morère
Coulmiers
R. Poirier de Narçay
Villa Virginie
Pl. de la Porte de Châtillon
BD BRUNE
PORTE DE MONTROUGE
Sq.re Jean Moulin
R. N. Taunay
R. Gustave Le Bon
R. Achille Luchaire
R. Albert Sorel
PORTE D'ORLÉANS GÉNÉRAL LECLERC
R. Paul Fort
Imp. St Alphonse
Pl. Jules Hénaffe
ÉCOLE NORMALE SUPÉRIEURE
R 11
R 12
CIMETIÈRE DE MONTROUGE
Av. de la Porte de Montrouge
Reyer
Place du 25 Août 1944
R. Henri Barboux
R. Le Brix et Mesmin
R. G. de Porto Riche
BOULEVARD
Avenue Paul Appell
R. Monticelli
R. E. Faguet
PROVINCES DE FRANCE
Square du Serment de Koufra
Av. de la Porte d'Orléans
R. de la Légion Étrangère
STADE ÉLISABETH
PORTE D'ORLÉANS
Hyacinthe Vincent
CITÉ
République
Romain
Rue Delerue
R. Georges Bouzerait
R. St Albin
Lejeune
Rolland
Gutenberg
Boutroux
Pge Droeger
R. E. Champeaud
Bagneux
MAIRIE
Place de la Libération
MONTROUGE
Gabriel Péri
AVENUE ARISTIDE BRIAND
R. Louis
R. François Ory
R. Danton
R. de Gentilly
ST JACQUES LE MAJEUR
Sq.re R. Schuman
R. Sadi Carnot
S 11
S 12
Pl. du Mal Leclerc
V. Leblanc
Louis Rolland
R. Amaury Duval
Rue Barbès
Imp. de l'Église
R. Victor Hugo
R. Blanche
AQUEDUC DE LA VANNE AU LOING

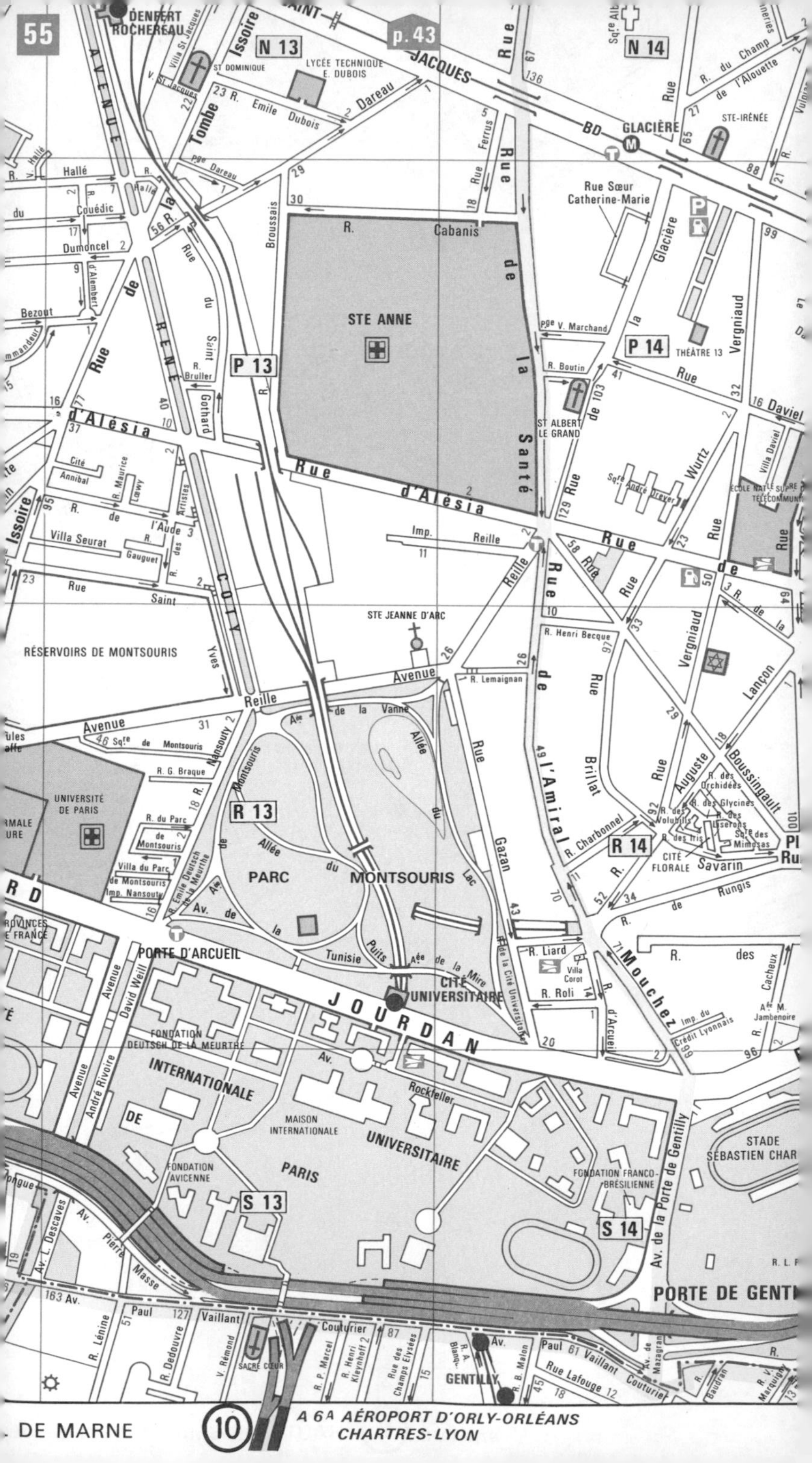

55
p. 43
N 13
N 14
P 13
P 14
R 13
R 14
S 13
S 14
DENFERT ROCHEREAU
LYCÉE TECHNIQUE E. DUBOIS
ST DOMINIQUE
BD SAINT-JACQUES
GLACIÈRE
STE-IRÉNÉE
Rue Sœur Catherine-Marie
STE ANNE
R. Cabanis
Rue de la Santé
THÉÂTRE 13
ST ALBERT LE GRAND
Sq. André Dreyer
ÉCOLE NATLE SUPRE TÉLÉCOMMUNI
Rue d'Alésia
Rue de la Tombe Issoire
Avenue René Coty
Rue Dareau
R. Emile Dubois
Rue Ferrus
Rue Broussais
Villa Seurat
Cité Annibal
R. Maurice Lœwy
R. Gauguet
R. de l'Aude
Rue Saint Yves
Imp. Reille
Avenue Reille
STE JEANNE D'ARC
RÉSERVOIRS DE MONTSOURIS
Sq. de Montsouris
R. G. Braque
R. Nansouty
UNIVERSITÉ DE PARIS
R. du Parc de Montsouris
Villa du Parc de Montsouris
Imp. Nansouty
R. Emile Deutsch de la Meurthe
PARC MONTSOURIS
R. Lemaignan
Rue Gazan
Rue de l'Amiral Mouchez
Rue Brillat Savarin
R. Henri Becque
Rue Vergniaud
Rue Wurtz
Rue Daviel
Villa Daviel
Rue de Lançon
Rue Boussingault
Rue Auguste Lançon
R. Charbonnel
CITÉ FLORALE
R. des Orchidées
R. des Glycines
R. des Volubilis
R. des Liserons
Sq. des Mimosas
R. des Iris
R. de Rungis
R. des Cacheux
Av. M. Jambenoire
Imp. du Crédit Lyonnais
R. Liard
Villa Corot
R. Roli
R. d'Arcueil
PORTE D'ARCUEIL
CITÉ UNIVERSITAIRE
BD JOURDAN
Avenue David Weill
Avenue André Rivoire
FONDATION DEUTSCH DE LA MEURTHE
CITÉ INTERNATIONALE UNIVERSITAIRE DE PARIS
Av. Rockfeller
MAISON INTERNATIONALE
FONDATION AVICENNE
FONDATION FRANCO-BRÉSILIENNE
Av. de la Porte de Gentilly
STADE SÉBASTIEN CHAR
PORTE DE GENT
Av. Pierre Masse
Av. L. Descaves
Av. Paul Vaillant Couturier
R. Lénine
R. Dedouvre
V. Rémond
SACRÉ CŒUR
R. P. Marcel
R. Henri Kleynhoff
Rue des Champs Elysées
GENTILLY
R. B. Malon
Rue Lafouge
Av. de Mazagran
R. Baudran
DE MARNE
10
A 6A AÉROPORT D'ORLY-ORLÉANS
CHARTRES-LYON

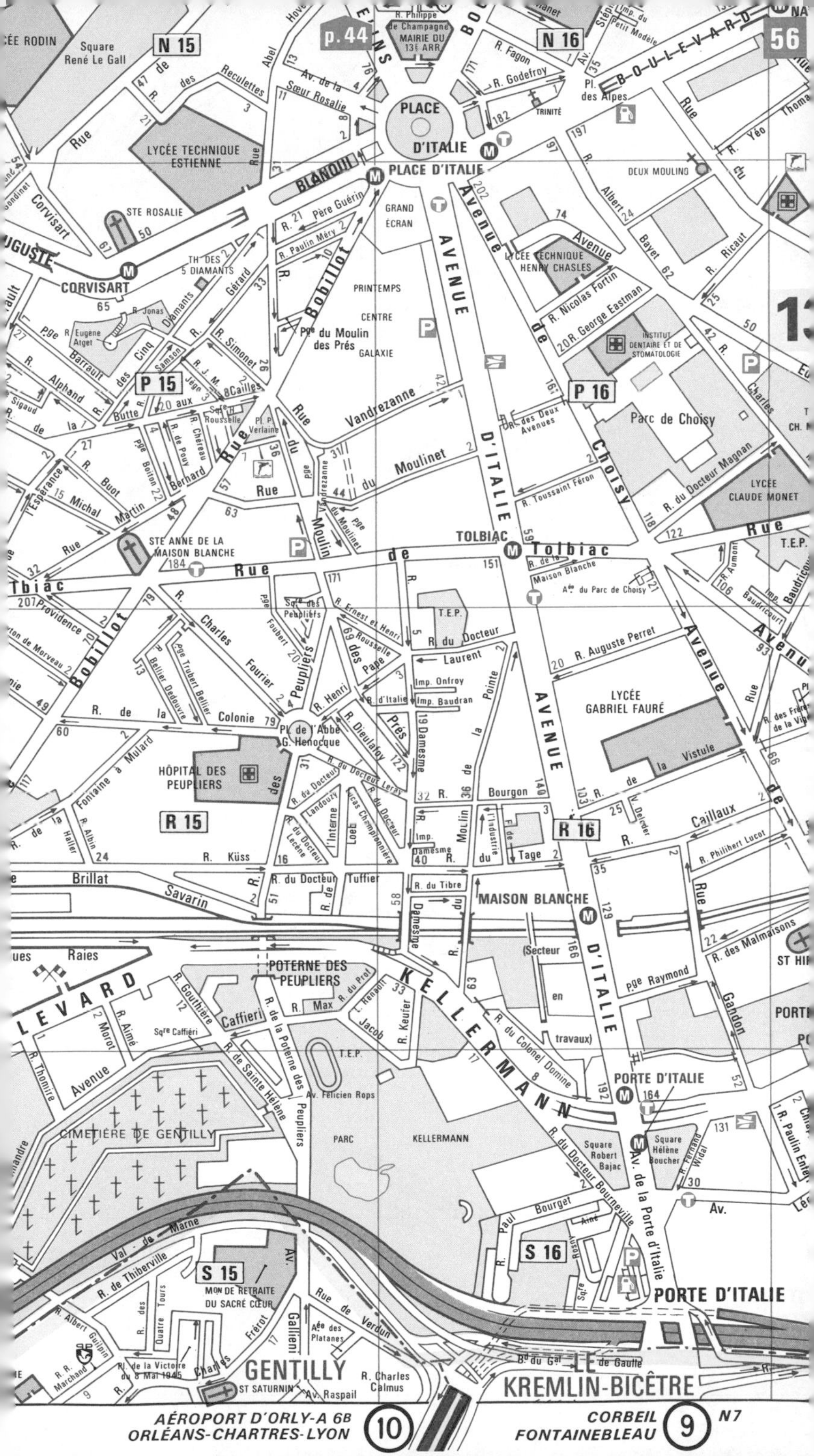
p. 44
N 15
N 16
P 15
P 16
R 15
R 16
S 15
S 16
PLACE D'ITALIE
MAIRIE DU 13E ARR.
LYCÉE TECHNIQUE ESTIENNE
Square René Le Gall
STE ROSALIE
CORVISART
TH DES 5 DIAMANTS
GRAND ÉCRAN
PRINTEMPS
CENTRE GALAXIE
DEUX MOULINS
LYCÉE TECHNIQUE HENRY CHASLES
INSTITUT DENTAIRE ET DE STOMATOLOGIE
Parc de Choisy
LYCÉE CLAUDE MONET
TOLBIAC
STE ANNE DE LA MAISON BLANCHE
T.E.P.
LYCÉE GABRIEL FAURÉ
HÔPITAL DES PEUPLIERS
Pl. de l'Abbé G. Henocque
MAISON BLANCHE
POTERNE DES PEUPLIERS
PORTE D'ITALIE
CIMETIÈRE DE GENTILLY
PARC KELLERMANN
Square Robert Bajac
Square Hélène Boucher
MON DE RETRAITE DU SACRÉ CŒUR
GENTILLY
ST SATURNIN
KREMLIN-BICÊTRE
AVENUE D'ITALIE
Avenue de Choisy
BOULEVARD KELLERMANN
Rue de Tolbiac
Rue Bobillot
Rue du Moulin des Prés
AÉROPORT D'ORLY-A 6B
ORLÉANS-CHARTRES-LYON
10
CORBEIL
FONTAINEBLEAU
9
N7

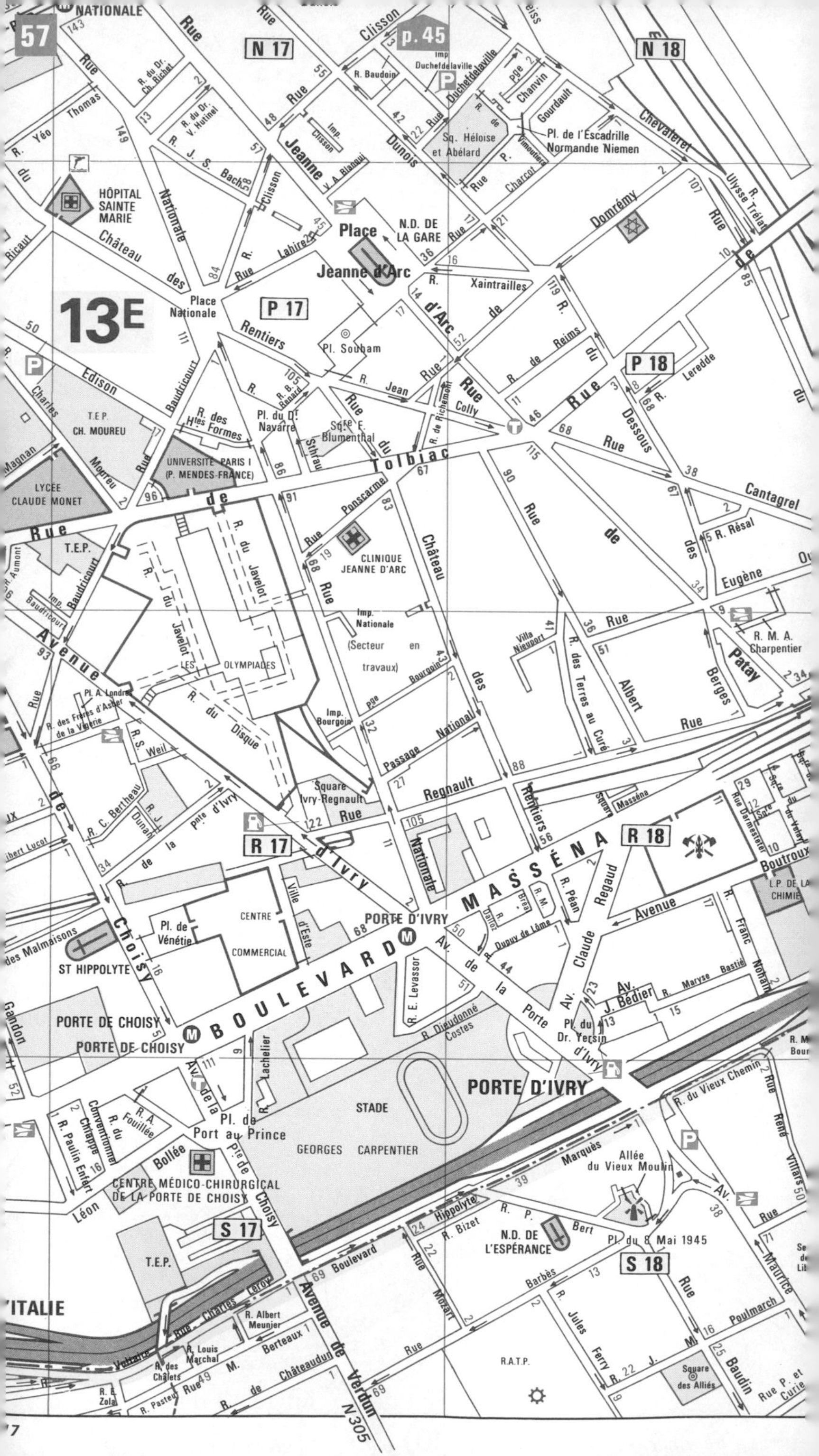
57
13E
NATIONALE
p. 45
N 17
N 18
P 17
P 18
R 17
R 18
S 17
S 18
Rue Nationale
R. du Dr. Ch. Richet
R. du Dr. V. Hutinel
Rue Thomas
R. Yéo
R. J. S. Bach
HÔPITAL SAINTE MARIE
Château des Rentiers
Place Nationale
Rue Clisson
Imp. Clisson
R. Baudoin
Imp. Duchefdelaville
Rue Duchefdelaville
Rue Jeanne d'Arc
Rue Dunois
Sq. Héloïse et Abélard
Pge Chanvin
Rue Gourdault
Pl. de l'Escadrille Normandie Niemen
R. de Vimoutiers
Rue P. Charcot
Chevaleret
R. Ulysse Trélat
Place Jeanne d'Arc
N.D. DE LA GARE
V. A. Blanqui
Rue Lahire
R. Xaintrailles
Rue Domrémy
Rue de Tolbiac
R. de Reims
Rue du Dessous des Berges
R. Leredde
Pl. Souham
R. Jean Colly
R. B. Renard
R. des Hautes Formes
Pl. du Dr Navarre
Sq. re F. Blumenthal
Rue Baudricourt
Rue Edison
Rue Charles Moureu
T.E.P. CH. MOUREU
UNIVERSITÉ PARIS I (P. MENDES-FRANCE)
LYCÉE CLAUDE MONET
Magnan
Ricault
Rue Ponscarme
CLINIQUE JEANNE D'ARC
Rue Cantagrel
R. Résal
Rue Eugène Oudiné
R. M. A. Charpentier
Rue de Patay
Rue Albert
R. des Terres au Curé
Villa Nieuport
R. du Javelot
LES OLYMPIADES
R. du Disque
Imp. Nationale
(Secteur en travaux)
Pge Bourgoin
Imp. Bourgoin
Passage National
Rue Regnault
Square Ivry-Regnault
T.E.P.
Imp. Baudricourt
Avenue de Choisy
Pl. A. Londres
R. des Frères d'Astier de la Vigerie
R. S. Weil
R. C. Bertheau
R. J. Dunan
Rue de la Porte d'Ivry
Avenue d'Ivry
Square Masséna
BOULEVARD MASSÉNA
R. Péan
Rue Regaud
Avenue Claude Regaud
R. Bréa
R. M.
R. Dalloz
R. Dupuy de Lôme
Rue Darmesteter
Sq. re du Dr. Variot
Boutroux
L.P. DE LA CHIMIE
R. Franc Nohain
Pl. de Vénétie
CENTRE COMMERCIAL
Ville d'Este
PORTE D'IVRY
Av. de la Porte d'Ivry
R. E. Levassor
R. Dieudonné Costes
Av. J. Bédier
R. Maryse Bastié
Pl. du Dr. Yersin
ST HIPPOLYTE
des Malmaisons
PORTE DE CHOISY
Gandon
Av. de la Pte de Choisy
R. Lachelier
STADE GEORGES CARPENTIER
Pl. de Port au Prince
R. A. Fouillée
R. du Conventionnel Chiappe
R. Paulin Enfert
R. Léon Bollée
CENTRE MÉDICO-CHIRURGICAL DE LA PORTE DE CHOISY
R. du Vieux Chemin
Rue René Villars
R. M. Bourdet
Allée du Vieux Moulin
Marquès
Hippolyte
R. Bizet
R. P. Bert
N.D. DE L'ESPÉRANCE
Pl. du 8 Mai 1945
Rue Maurice
Boulevard Hippolyte Marquès
Barbès
Rue Mozart
Rue Barbès
R. Jules Ferry
R. J. M.
Rue Poulmarch
Rue Baudin
Square des Alliés
Rue P. et Curie
R.A.T.P.
ITALIE
Rue Charles Leroy
Voltaire
R. Albert Meunier
R. Louis Marchal
R. des Chalets
R. E. Zola
R. Pasteur
Rue M. Berteaux
R. de Châteaudun
Avenue de Verdun
N305
T.E.P.

p. 46
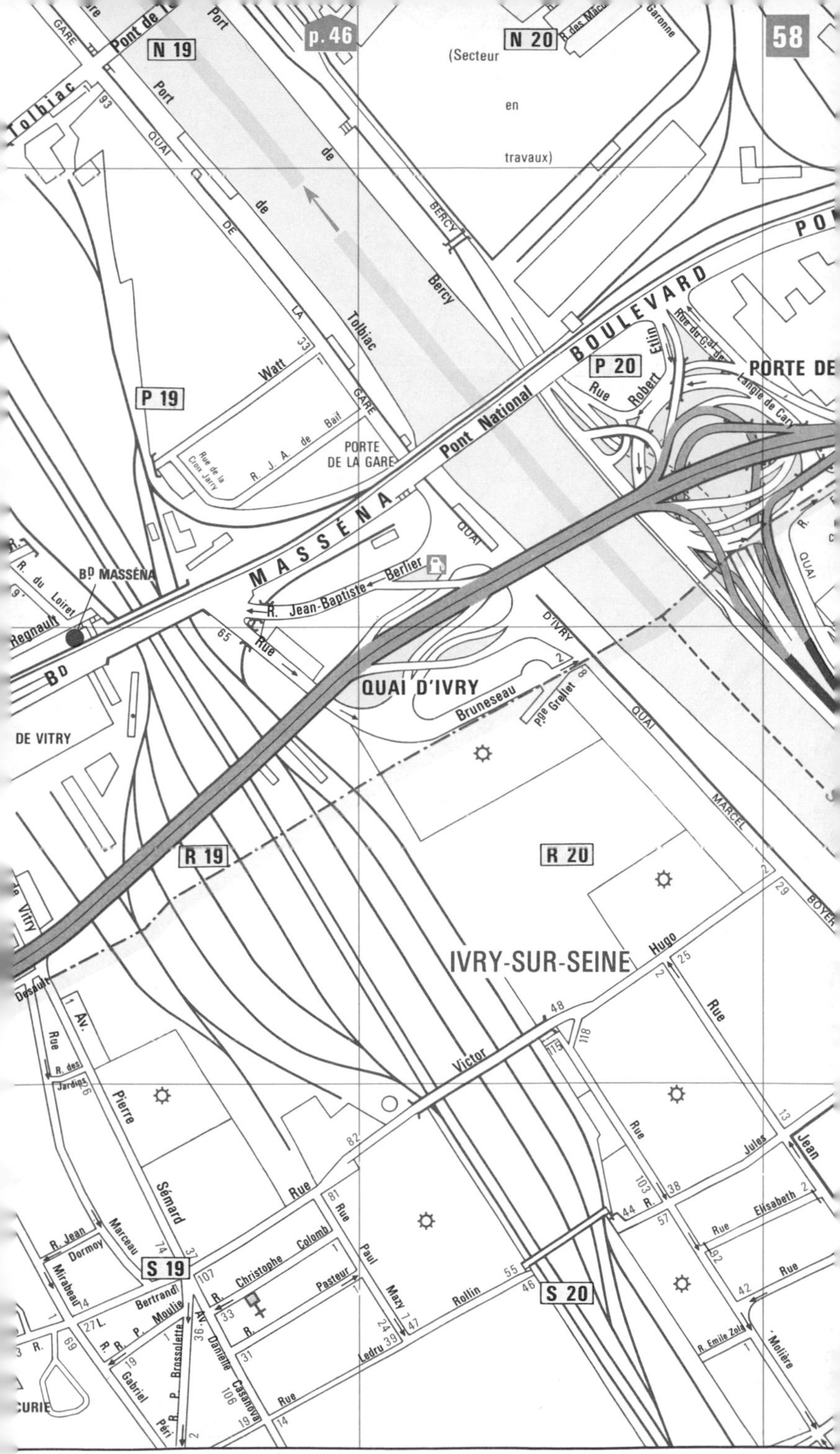
N 19
N 20
P 19
P 20
R 19
R 20
S 19
S 20
(Secteur en travaux)
Pont de Tolbiac
Tolbiac
GARE
QUAI DE LA GARE
Port de Tolbiac
Port de Bercy
BERCY
Watt
Rue de la Croix Jarry
R. J. A. de Baïf
PORTE DE LA GARE
BOULEVARD MASSÉNA
Pont National
PORTE DE
Rue Robert Etlin
Rue du Gal de Langle de Cary
R. Jean-Baptiste Berlier
Rue Bruneseau
Pge Grellet
QUAI D'IVRY
QUAI MARCEL BOYER
Bd MASSÉNA
R. du Loiret
Regnault
Bd DE VITRY
Vitry
IVRY-SUR-SEINE
Rue Victor Hugo
Desault
Av. Pierre Sémard
Rue des Jardins
Rue Marceau
R. Jean Dormoy
Mirabeau
Rue Christophe Colomb
R. Pasteur
Rue Paul Mazy
Rue Rollin
Rue Ledru
L. Bertrand
R. P. Moulié
R. P. Brossolette
Av. Danielle Casanova
R. Gabriel Péri
CURIE
Rue Jules Jean
Rue Elisabeth
R. Emile Zola
Rue Molière

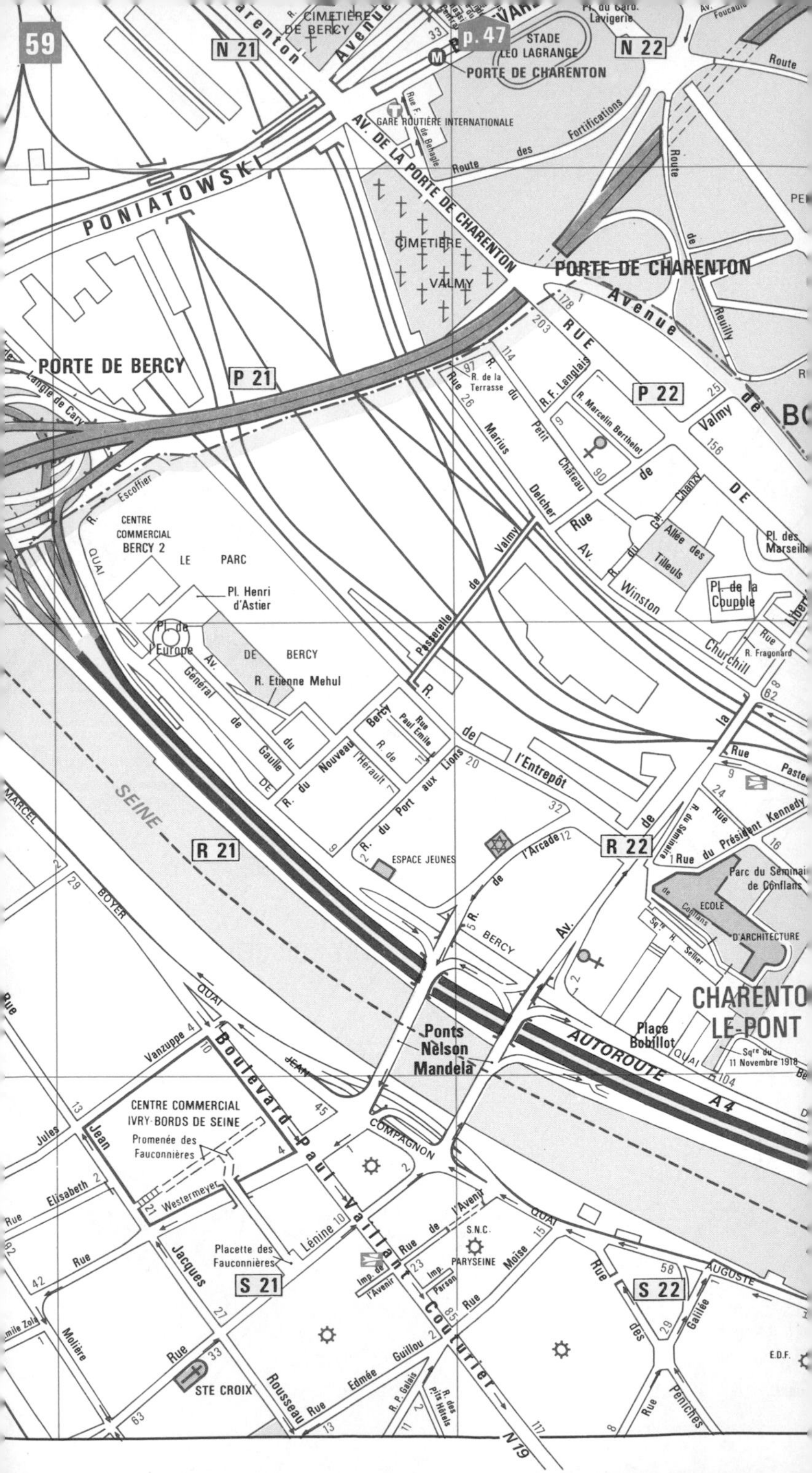
59
CIMETIÈRE DE BERCY
N 21
p. 47
STADE LÉO LAGRANGE
PORTE DE CHARENTON
N 22
Pl. du Card. Lavigerie
Route
GARE ROUTIÈRE INTERNATIONALE
Rue F. de Béhagle
Route des Fortifications
AV. DE LA PORTE DE CHARENTON
PONIATOWSKI
CIMETIÈRE VALMY
PORTE DE CHARENTON
Route de Reuilly
Avenue de
RUE
PORTE DE BERCY
P 21
Langle de Cary
R. de la Terrasse
Rue Marius Delcher
R. du Petit Château
R. F. Langlais
R. Marcelin Berthelot
P 22
Valmy
Rue de Chanzy
Rue du Gal. Leclerc
Allée des Tilleuls
Av. Winston Churchill
Pl. des Marseillais
Pl. de la Coupole
Rue R. Fragonard
Escoffier
CENTRE COMMERCIAL BERCY 2
LE PARC
Pl. Henri d'Astier
QUAI
Pl. de l'Europe
DE BERCY
Av. Général de Gaulle
R. Etienne Mehul
Passerelle de Valmy
R. de l'Entrepôt
R. du Nouveau Bercy
Rue Paul Emile
R. de l'Hérault
R. du Port aux Lions
Rue Pasteur
R. du Séminaire
Rue du Président Kennedy
SEINE
R 21
ESPACE JEUNES
R. de l'Arcade
R 22
Parc du Séminaire de Conflans
ECOLE D'ARCHITECTURE
Sq. H. Sellier
R. de BERCY
Av.
CHARENTON LE-PONT
MARCEL
BOYER
QUAI
Vanzuppe
Boulevard Paul Vaillant Couturier
JEAN
Ponts Nelson Mandela
Place Bobillot
QUAI
AUTOROUTE A4
Sq^re du 11 Novembre 1918
CENTRE COMMERCIAL IVRY-BORDS DE SEINE
Promenée des Fauconnières
Jules
Jean
COMPAGNON
Rue Elisabeth
Westermeyer
Lénine
Rue de l'Avenir
S.N.C. PARYSEINE
QUAI
Rue Moïse
Rue des Péniches
Rue Galilée
AUGUSTE
Placette des Fauconnières
Rue Jacques
S 21
Imp. de l'Avenir
Imp. Parson
S 22
Émile Zola
Molière
Rue
STE CROIX
Rue Edmée Guillou
R. P. Galais
R. des P^tits Hôtels
Rousseau
N 19
E.D.F.

*Utilisez le plan MICHELIN à 1/15 000 « Banlieue de Paris Sud-Est » n° 24*

Dressée par la Manufacture Française des Pneumatiques MICHELIN
© MICHELIN et Cie, propriétaires-éditeurs 1991
Ste en commandite par actions au capital de 2 milliards de francs
R.C.S. Clermont-Ferrand B 855 200 507-Place des Carmes-Déchaux 63 Clermont-Ferrand (France)
Imprimé en France-AUBIN Imprimeur 86 240 Ligugé-Poitiers-Made in France-DL : 1991-3e Trimestre

A B

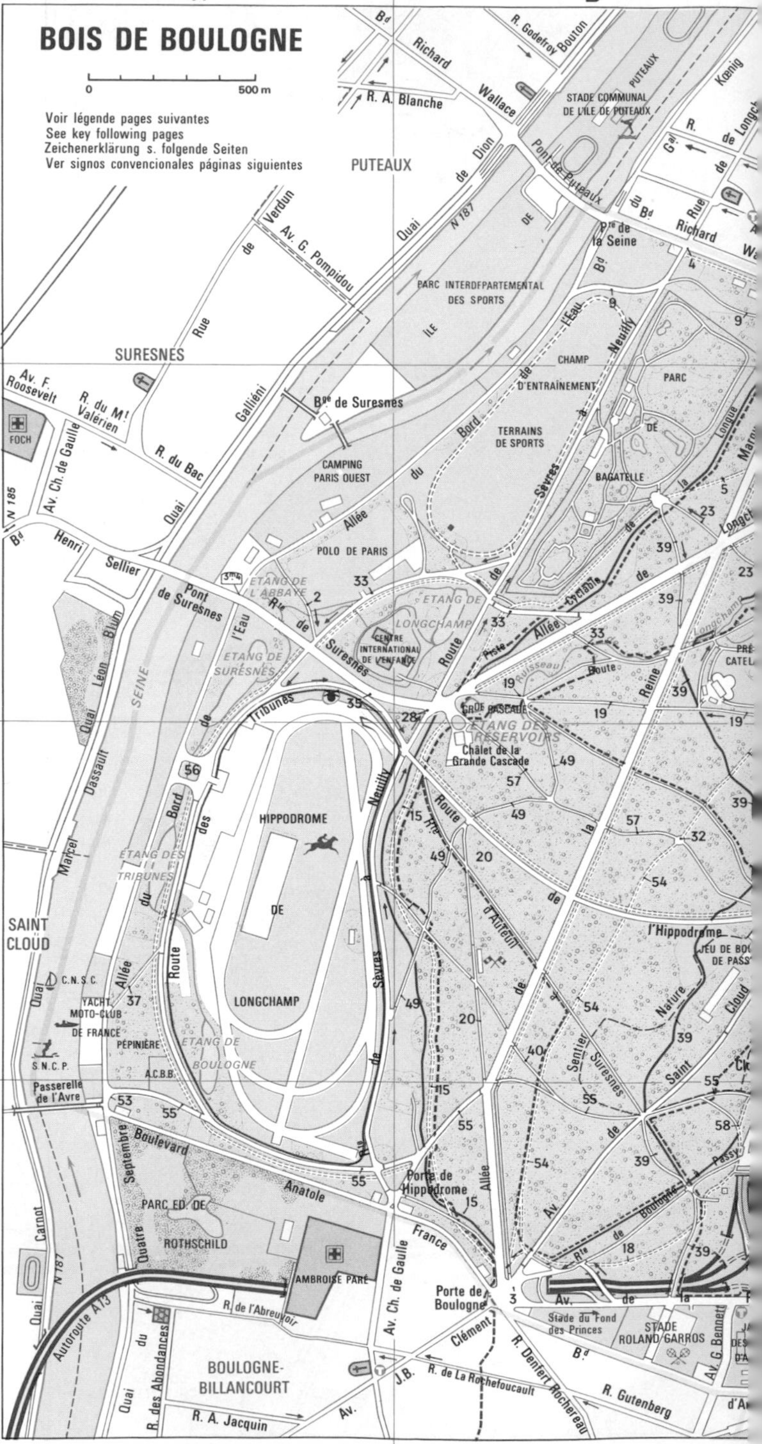
BOIS DE BOULOGNE
0
500 m
Voir légende pages suivantes
See key following pages
Zeichenerklärung s. folgende Seiten
Ver signos convencionales páginas siguientes
PUTEAUX
SURESNES
SAINT CLOUD
BOULOGNE-BILLANCOURT
Bd Richard Wallace
R. Godefroy Bouton
R. A. Blanche
STADE COMMUNAL DE L'ILE DE PUTEAUX
Pont de Puteaux
Quai de Dion
N 187
ILE DE PUTEAUX
PARC INTERDEPARTEMENTAL DES SPORTS
Pte de la Seine
Bd Richard Wallace
Rue de Verdun
Av. G. Pompidou
Rue de Gallieni
Bge de Suresnes
CAMPING PARIS OUEST
Allée du Bord de l'Eau
CHAMP D'ENTRAINEMENT
TERRAINS DE SPORTS
PARC DE BAGATELLE
Route de Sèvres à Neuilly
Av. F. Roosevelt
R. du Mt Valérien
R. du Bac
FOCH
Av. Ch. de Gaulle
N 185
Bd Henri Sellier
Quai Gallieni
POLO DE PARIS
ETANG DE L'ABBAYE
Pont de Suresnes
Rte de Suresnes
ETANG DE LONGCHAMP
CENTRE INTERNATIONAL DE L'ENFANCE
ETANG DE SURESNES
Allée de Longchamp
Piste Cyclable
Route de la Reine
Quai Léon Blum
SEINE
Route des Tribunes
GDE CASCADE
ETANG DES RESERVOIRS
Châlet de la Grande Cascade
HIPPODROME DE LONGCHAMP
Route du Bord de l'Eau
Quai Marcel Dassault
ETANG DES TRIBUNES
Route de la Longue Queue
Route d'Auteuil
Route de Sèvres à Neuilly
l'Hippodrome
JEU DE BOULES DE PASSY
Route de Saint Cloud
Sentier de la Nature
Sentier de Suresnes
C.N.S.C.
YACHT MOTO-CLUB DE FRANCE
S.N.C.P.
PEPINIERE
A.C.B.B.
ETANG DE BOULOGNE
Allée de Longchamp
Passerelle de l'Avre
Boulevard Anatole France
Av. de l'Hippodrome
Porte de l'Hippodrome
Allée de Boulogne
Rte de Boulogne à Passy
PARC ED. DE ROTHSCHILD
Quatre Septembre
AMBROISE PARÉ
Av. Ch. de Gaulle
Quai Carnot
Autoroute A13
Porte de Boulogne
Av. de la Porte d'Auteuil
Stade du Fond des Princes
STADE ROLAND GARROS
Av. G. Bennett
Bd d'Auteuil
Av. J.B. Clément
R. Denfert Rochereau
R. de La Rochefoucault
R. Gutenberg
R. de l'Abreuvoir
Quai du 4 Septembre
R. des Abondances
R. A. Jacquin

V X Y Z

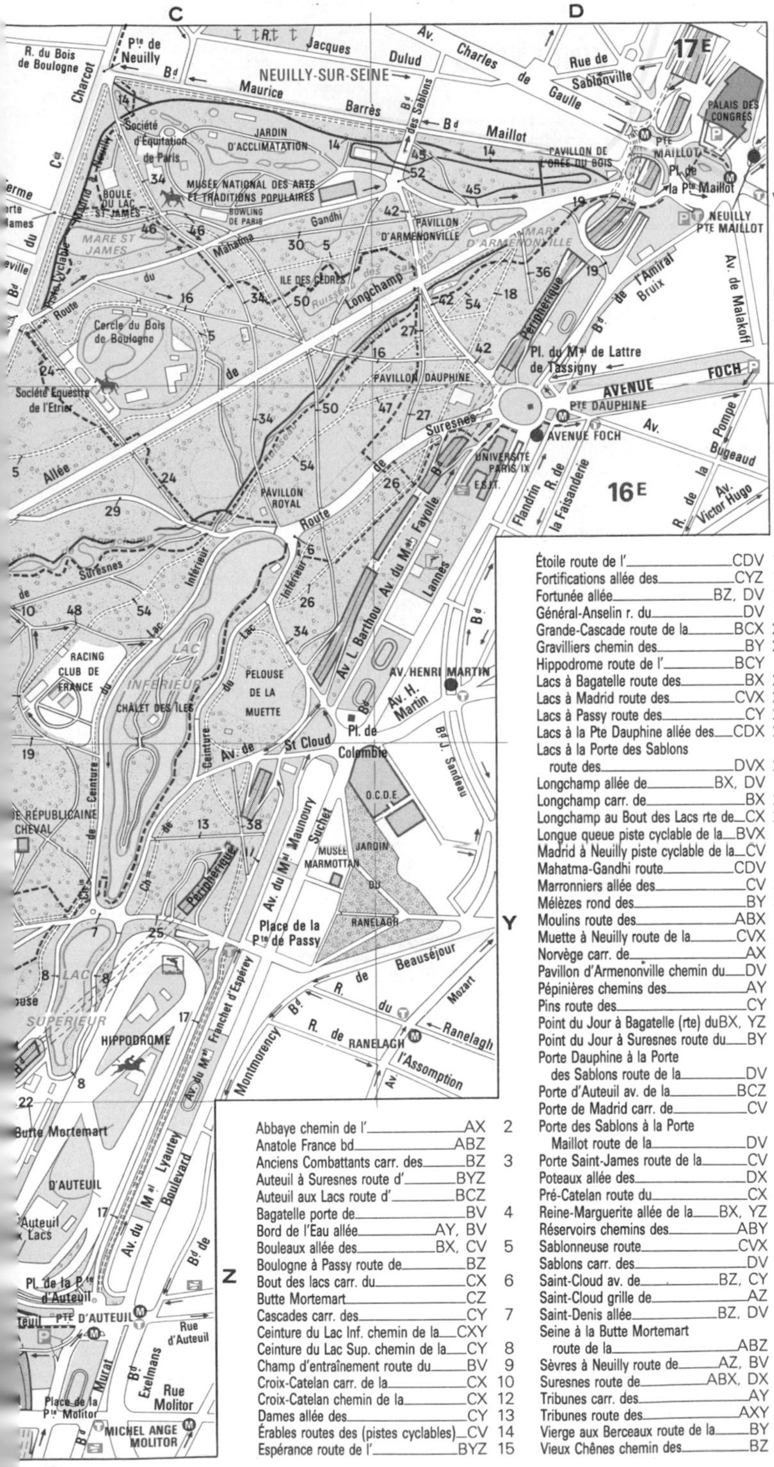

C
D
V
X
Y
Z
NEUILLY-SUR-SEINE
17E
16E
R. du Bois de Boulogne
Pte de Neuilly
Bd Maurice Barrès
Jacques Dulud
Av. Charles de Gaulle
Rue de Sablonville
PALAIS DES CONGRÈS
Bd Maillot
Bd des Sablons
Pte MAILLOT
Pl. de la Pte Maillot
NEUILLY Pte MAILLOT
PAVILLON DE L'ORÉE DU BOIS
JARDIN D'ACCLIMATATION
Société d'Équitation de Paris
MUSÉE NATIONAL DES ARTS ET TRADITIONS POPULAIRES
BOWLING DE PARIS
BOULE DU LAC ST JAMES
MARE ST JAMES
PAVILLON D'ARMENONVILLE
MARE D'ARMENONVILLE
ILE DES CÈDRES
Ruisseau des Sablons
Mahatma Gandhi
Route de Longchamp
Cercle du Bois de Boulogne
Société Equestre de l'Etrier
Allée de Longchamp
PAVILLON DAUPHINE
Périphérique
Pl. du Mal de Lattre de Tassigny
AVENUE FOCH
Pte DAUPHINE
AVENUE FOCH
Av. de Malakoff
Bd de l'Amiral Bruix
Av. de la Pompe
Av. Bugeaud
Av. Victor Hugo
R. de la Faisanderie
R. Flandrin
UNIVERSITÉ PARIS IX
E.S.T.
Route de Suresnes
PAVILLON ROYAL
Route des Lacs
Av. du Mal Fayolle
Bd Lannes
Av. L. Barthou
AV. HENRI MARTIN
Av. H. Martin
Bd J. Sandeau
RACING CLUB DE FRANCE
LAC INFÉRIEUR
CHALET DES ILES
PELOUSE DE LA MUETTE
Av. de St Cloud
Pl. de Colombie
O.C.D.E.
MUSÉE MARMOTTAN
JARDIN DU RANELAGH
Av. du Mal Maunoury
Suchet
Place de la Pte de Passy
R. de Beauséjour
R. du Ranelagh
RANELAGH
Mozart
Av. de l'Assomption
Bd de Montmorency
Av. du Mal Franchet d'Esperey
LAC SUPÉRIEUR
HIPPODROME
Butte Mortemart
D'AUTEUIL
Av. du Mal Lyautey
Boulevard
Pl. de la Pte d'Auteuil
Pte D'AUTEUIL
Rue d'Auteuil
Bd Exelmans
Rue Molitor
Murat
Place de la Pte Molitor
MICHEL ANGE MOLITOR
CHEVAL




Pa 12

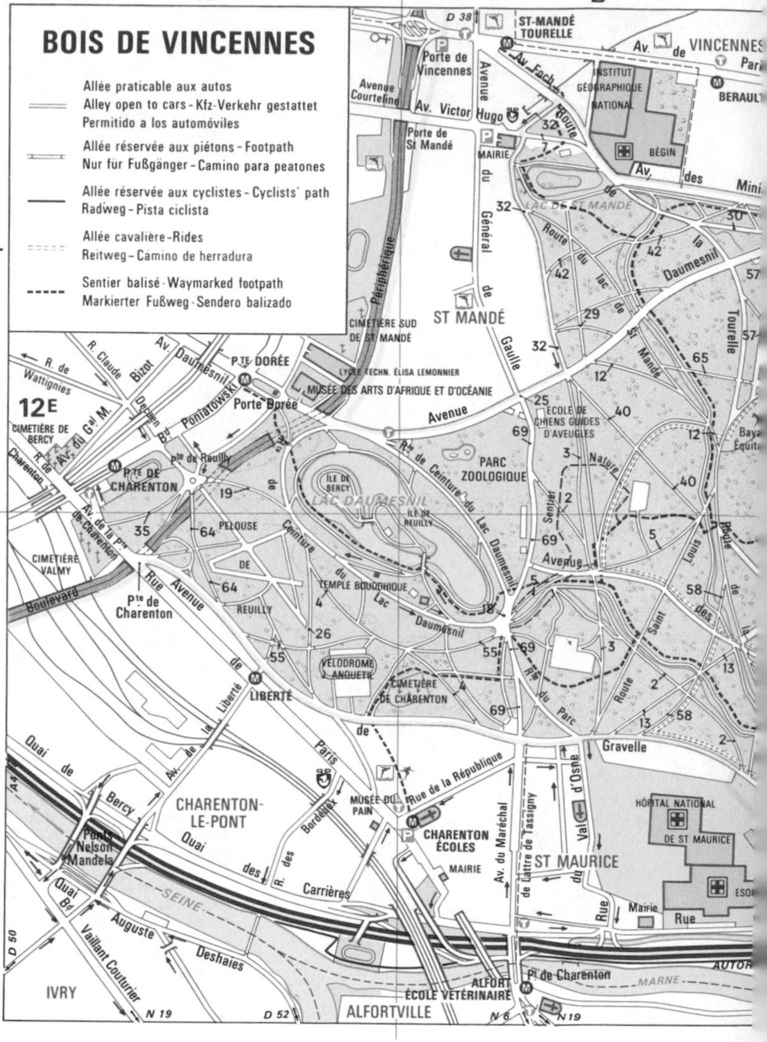
A
B
T
U
BOIS DE VINCENNES
Allée praticable aux autos
Alley open to cars - Kfz-Verkehr gestattet
Permitido a los automóviles
Allée réservée aux piétons - Footpath
Nur für Fußgänger - Camino para peatones
Allée réservée aux cyclistes - Cyclists' path
Radweg - Pista ciclista
Allée cavalière - Rides
Reitweg - Camino de herradura
Sentier balisé - Waymarked footpath
Markierter Fußweg - Sendero balizado
ST-MANDÉ TOURELLE
Porte de Vincennes
Av. de VINCENNES
INSTITUT GÉOGRAPHIQUE NATIONAL
BÉGIN
BERAULT
Avenue Courteline
Av. Victor Hugo
Porte de St Mandé
MAIRIE
Avenue du Général de Gaulle
LAC DE ST MANDÉ
Périphérique
ST MANDÉ
CIMETIÈRE SUD DE ST MANDÉ
Pte DORÉE
LYCÉE TECHN. ÉLISA LEMONNIER
MUSÉE DES ARTS D'AFRIQUE ET D'OCÉANIE
Porte Dorée
12E
CIMETIÈRE DE BERCY
Pte DE CHARENTON
ÉCOLE DE CHIENS GUIDES D'AVEUGLES
PARC ZOOLOGIQUE
ÎLE DE BERCY
LAC DAUMESNIL
ÎLE DE REUILLY
PELOUSE DE REUILLY
TEMPLE BOUDDHIQUE
CIMETIÈRE VALMY
Pte de Charenton
VÉLODROME J. ANQUETIL
CIMETIÈRE DE CHARENTON
LIBERTÉ
Gravelle
Quai de Bercy
CHARENTON-LE-PONT
MUSÉE DU PAIN
Rue de la République
CHARENTON ÉCOLES
MAIRIE
ST MAURICE
HÔPITAL NATIONAL DE ST MAURICE
Ponts Nelson Mandela
SEINE
Quai Bd Auguste Deshaies
Vaillant Couturier
IVRY
ALFORT ÉCOLE VÉTÉRINAIRE
Pt de Charenton
MARNE
ALFORTVILLE
N 19
D 52
N 6
D 50
A4

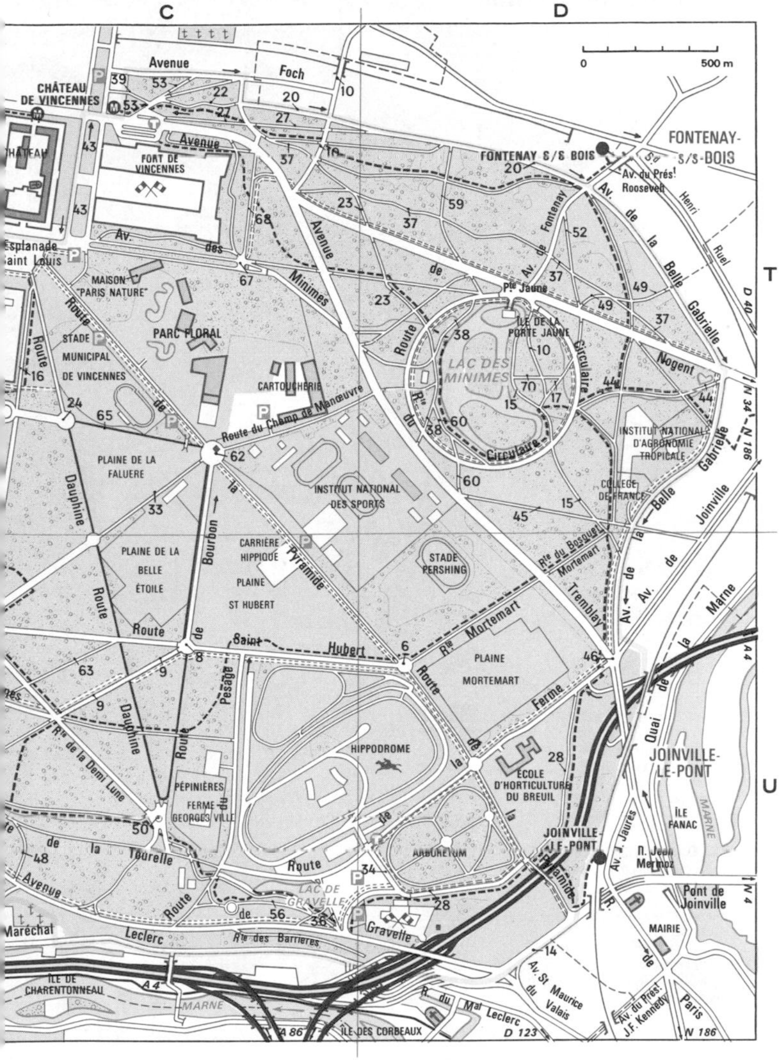
C
D
T
U
0
500 m
Avenue Foch
CHÂTEAU DE VINCENNES
CHÂTEAU
FORT DE VINCENNES
Av. des Minimes
Avenue
Esplanade Saint Louis
MAISON "PARIS NATURE"
PARC FLORAL
STADE MUNICIPAL DE VINCENNES
CARTOUCHERIE
Route du Champ de Manœuvre
PLAINE DE LA FALUERE
INSTITUT NATIONAL DES SPORTS
PLAINE DE LA BELLE ÉTOILE
CARRIÈRE HIPPIQUE
PLAINE ST HUBERT
STADE PERSHING
Route Dauphine
Route de Bourbon
Route de la Pyramide
Route Saint Hubert
Pesage
Rte Mortemart
PLAINE MORTEMART
Route de la Ferme
HIPPODROME
PÉPINIÈRES
FERME GEORGES VILLE
Rte de la Demi Lune
Avenue de la Tourelle
Route de Gravelle
LAC DE GRAVELLE
Route du Point de Vue
ARBORETUM
ECOLE D'HORTICULTURE DU BREUIL
Avenue du Maréchal Leclerc
Rte des Barrieres
ÎLE DE CHARENTONNEAU
MARNE
A 4
A 86
ÎLE DES CORBEAUX
R. du Mal Leclerc
D 123
Av. St Maurice du Valais
FONTENAY S/S BOIS
FONTENAY-S/S-BOIS
Av. du Prés! Roosevelt
R. Henri Ruel
Av. de Fontenay
Av. de la Belle Gabrielle
Av. de Nogent
Pte Jaune
ÎLE DE LA PORTE JAUNE
LAC DES MINIMES
Route Circulaire
Rte du Bosquet Mortemart
Avenue de Tremblay
INSTITUT NATIONAL D'AGRONOMIE TROPICALE
COLLÈGE DE FRANCE
Av. de Joinville
Av. de la Marne
Quai de la Marne
D 40
N 34 - N 186
JOINVILLE-LE-PONT
ÎLE FANAC
Av. J. Jaurès
R. Jean Mermoz
Pont de Joinville
MAIRIE
R. de Paris
Av. du Prés! J.F. Kennedy
N 4
N 186

# LA DÉFENSE

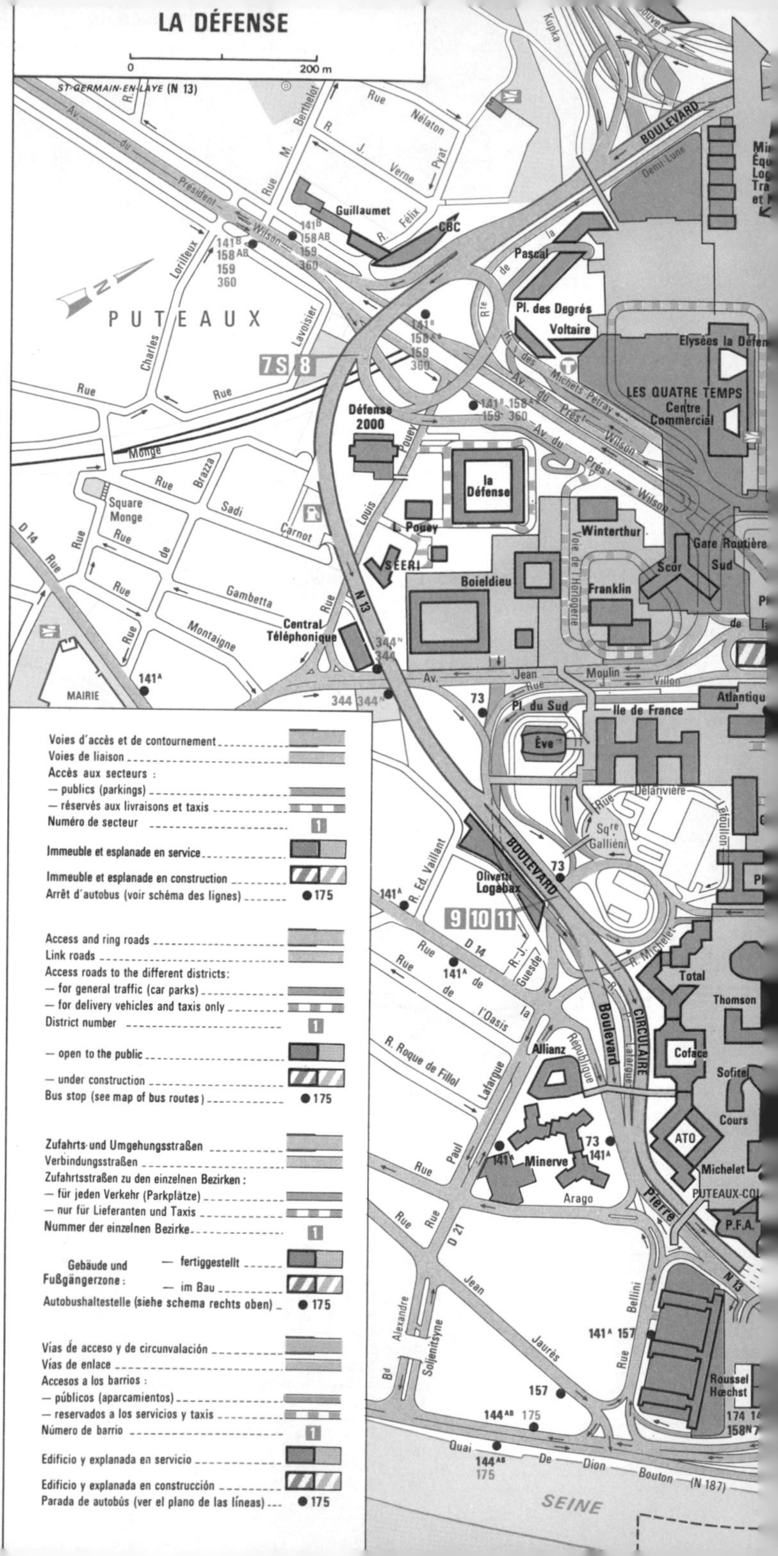


Voies d'accès et de contournement
Voies de liaison
Accès aux secteurs :
— publics (parkings)
— réservés aux livraisons et taxis
Numéro de secteur 1
Immeuble et esplanade en service
Immeuble et esplanade en construction
Arrêt d'autobus (voir schéma des lignes) ● 175

Access and ring roads
Link roads
Access roads to the different districts:
— for general traffic (car parks)
— for delivery vehicles and taxis only
District number 1
— open to the public
— under construction
Bus stop (see map of bus routes) ● 175

Zufahrts- und Umgehungsstraßen
Verbindungsstraßen
Zufahrtsstraßen zu den einzelnen Bezirken :
— für jeden Verkehr (Parkplätze)
— nur für Lieferanten und Taxis
Nummer der einzelnen Bezirke 1
Gebäude und Fußgängerzone : — fertiggestellt
— im Bau
Autobushaltestelle (siehe schema rechts oben) ● 175

Vías de acceso y de circunvalación
Vías de enlace
Accesos a los barrios :
— públicos (aparcamientos)
— reservados a los servicios y taxis
Número de barrio 1
Edificio y explanada en servicio
Edificio y explanada en construcción
Parada de autobús (ver el plano de las líneas) ● 175

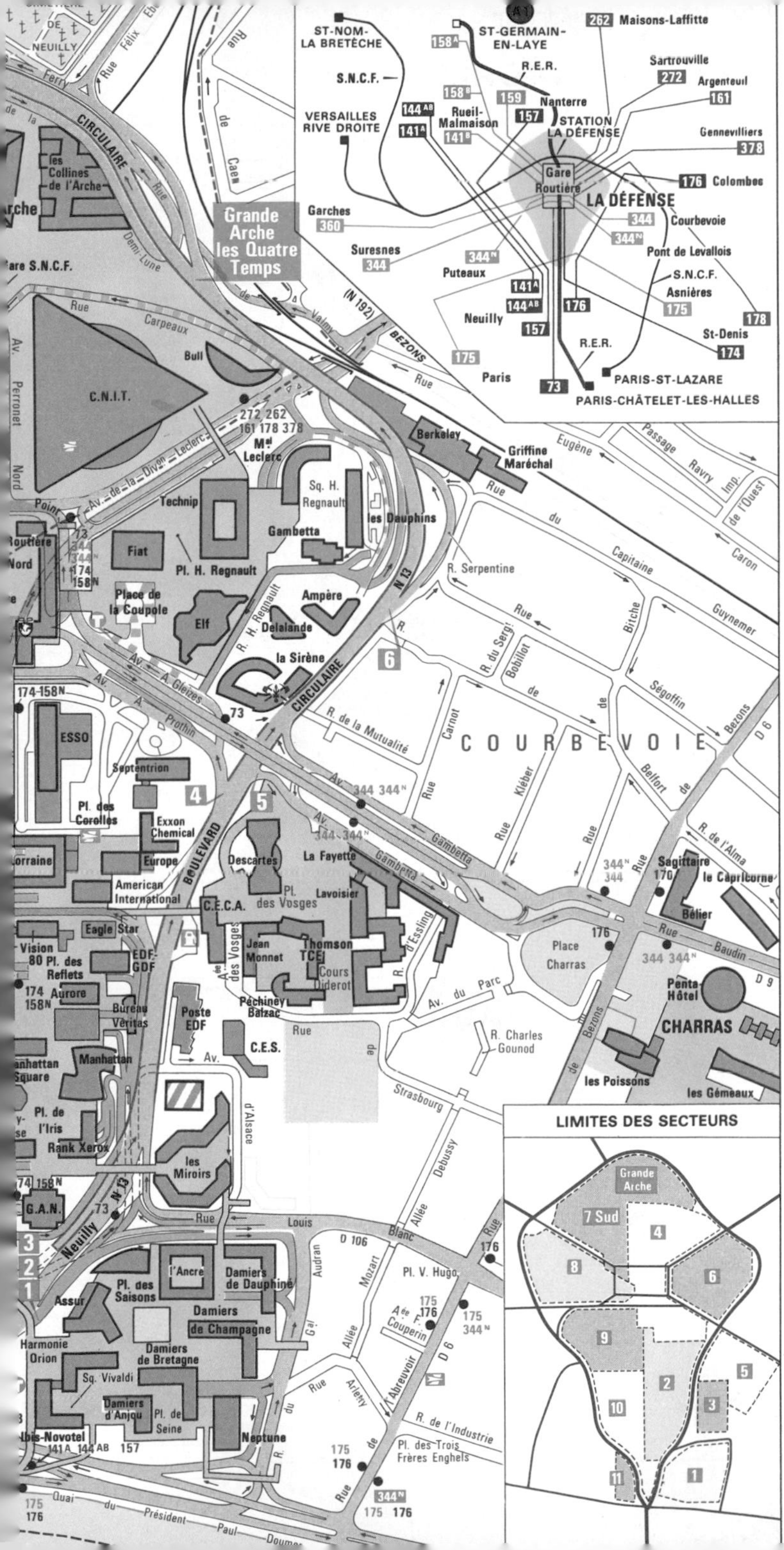
ST-NOM-LA BRETÈCHE
ST-GERMAIN-EN-LAYE
262 Maisons-Laffitte
Sartrouville
272
Argenteuil
161
R.E.R.
S.N.C.F.
158A
158B
159
Nanterre
157
STATION LA DÉFENSE
VERSAILLES RIVE DROITE
144AB
141A
Rueil-Malmaison
141B
Gennevilliers
378
Gare Routière
176 Colombes
LA DÉFENSE
Garches
360
344
Courbevoie
344N
Suresnes
344
Pont de Levallois
Puteaux
S.N.C.F.
Asnières
175
178
Neuilly
St-Denis
174
R.E.R.
175
Paris
73
PARIS-ST-LAZARE
PARIS-CHÂTELET-LES-HALLES
Grande Arche les Quatre Temps
CIMETIÈRE DE NEUILLY
Rue Félix Eboué
Ferry
CIRCULAIRE
Rue de Caen
Les Collines de l'Arche
Rue Demi-Lune
Gare S.N.C.F.
Rue de Valmy
(N 192)
BEZONS
Rue Carpeaux
Av. Perronet
Nord
Bull
C.N.I.T.
272, 262
161 178 378
Av. de la Divon Leclerc
Mal Leclerc
Berkeley
Griffine Maréchal
Rue Eugène
Passage Ravry
Imp. de l'Ouest
Technip
Sq. H. Regnault
les Dauphins
Rue du Capitaine Guynemer
Caron
Gambetta
R. Serpentine
Fiat
Pl. H. Regnault
Place de la Coupole
Ampère
N 13
Elf
Delalande
R. H. Regnault
Rue Bitche
Rue Bobillot
R. du Sergt
la Sirène
CIRCULAIRE
6
Ségoffin
Av. A. Gleizes
Av. A. Prothin
73
R. de la Mutualité
Carnot
COURBEVOIE
Bezons
D 6
174-158N
ESSO
Septentrion
4
5
Av. 344 344N
Rue Kléber
Belfort
Pl. des Corolles
Exxon Chemical
Europe
American International
BOULEVARD
Descartes
La Fayette
Av. Gambetta
Lavoisier
Pl. des Vosges
C.E.C.A.
R. de l'Alma
Sagittaire
le Capricorne
Bélier
344N 344
170
Eagle Star
Vision
80 Pl. des Reflets
EDF-GDF
174 158N
Aurore
Jean Monnet
Thomson TCE
Cours Diderot
R. d'Essling
Place Charras
176
Rue Baudin
344 344N
D 9
Penta-Hôtel
CHARRAS
Bureau Veritas
Poste EDF
Péchiney Balzac
Av. du Parc
R. Charles Gounod
C.E.S.
Rue de Strasbourg
Manhattan Square
Manhattan
les Poissons
les Gémeaux
Pl. de l'Iris
Rank Xerox
d'Alsace
Debussy
les Miroirs
LIMITES DES SECTEURS
Grande Arche
7 Sud
4
8
6
9
5
2
10
3
11
1
174 158N
G.A.N.
73
N 13
Neuilly
Rue Louis Blanc
Allée
D 106
176
Audran
Mozart
Pl. V. Hugo
l'Ancre
Damiers de Dauphiné
Pl. des Saisons
Assur
Damiers de Champagne
175
176
Allée F. Couperin
175
344N
D 6
Harmonie
Orion
Damiers de Bretagne
Sq. Vivaldi
Rue Arletty
Abreuvoir
Damiers d'Anjou
Pl. de Seine
Neptune
R. de l'Industrie
Pl. des Trois Frères Enghels
Ibis-Novotel
141A 144AB 157
175
176
344N
175 176
Quai du Président Paul Doumer

# AÉROPORT D'ORLY

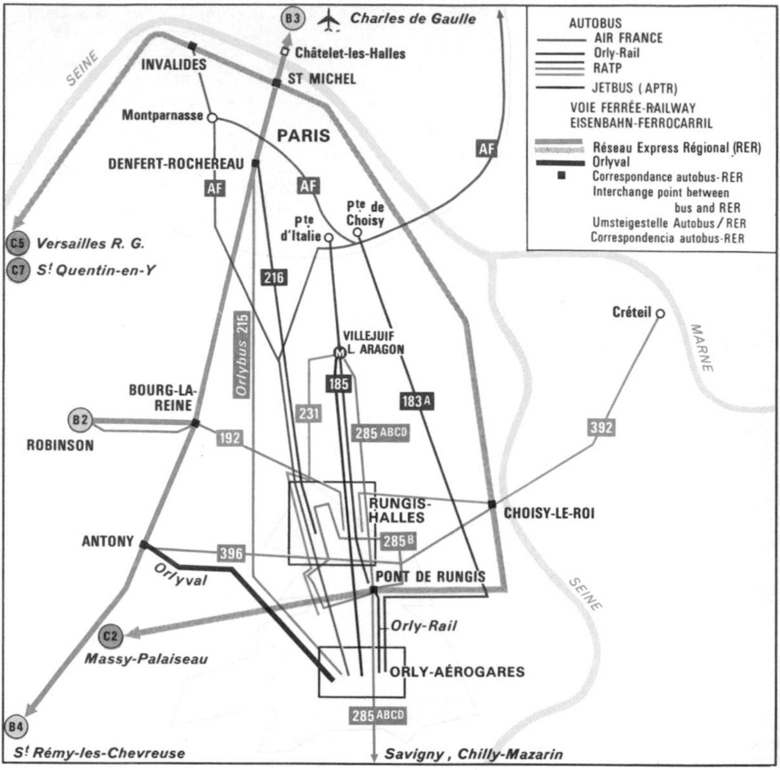


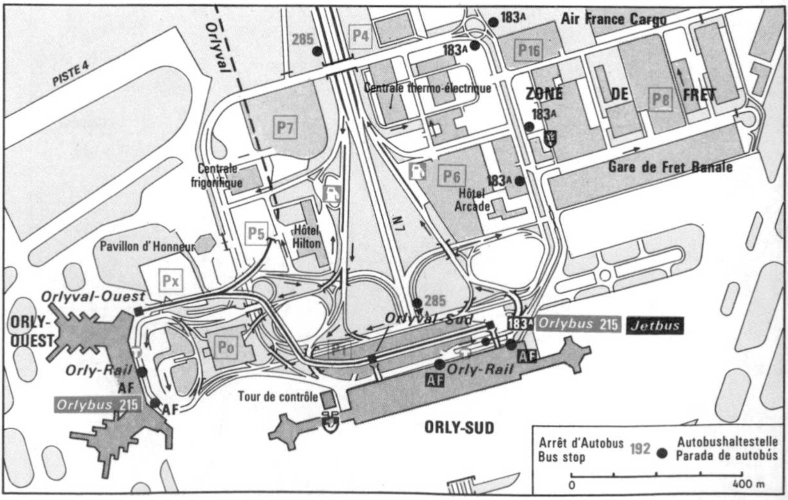

# MARCHÉ INTERNATIONAL DE RUNGIS

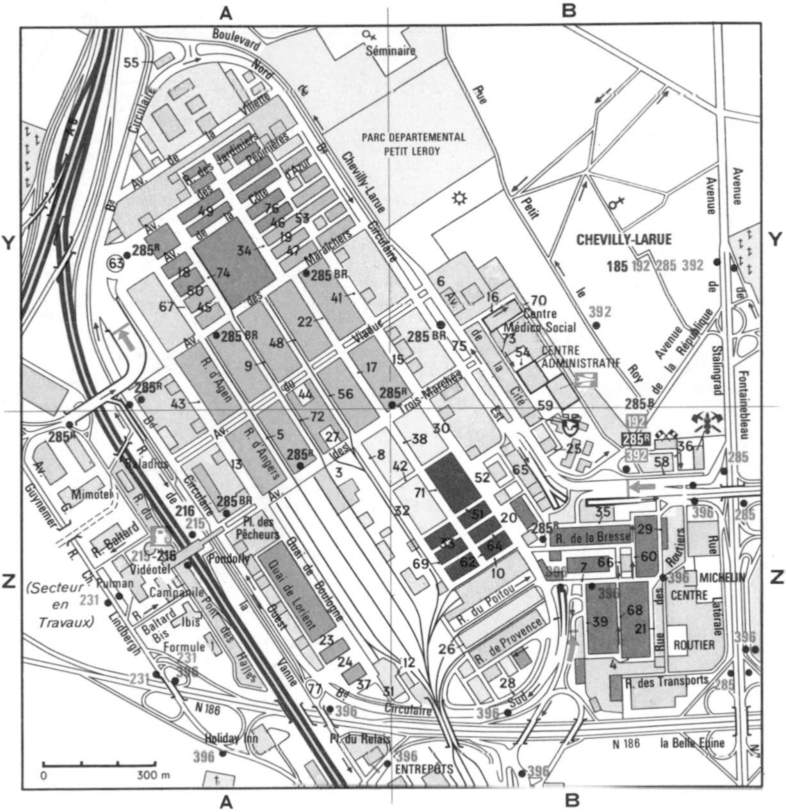


- Fruits et légumes / Fruit and vegetables / Obst und Gemüse / Frutas y hortalizas
- Fleurs et plantes / Flowers and plants / Blumen und Pflanzen / Flores y plantas
- Beurre, œufs, fromage / Dairy produce / Milchprodukte, Eier / Huevos, productos lácteos
- Alimentation générale / General foodstuffs / Lebensmittel / Alimentación general
- Marée / Fish / Fische, Schalentiere / Pescados y mariscos
- Viande / Meat / Fleisch / Carne
- Parking / Car park / Parkplatz / Aparcamiento
- Péage / Toll / Gebühr / Peaje

# AÉROPORT CHARLES DE GAULLE

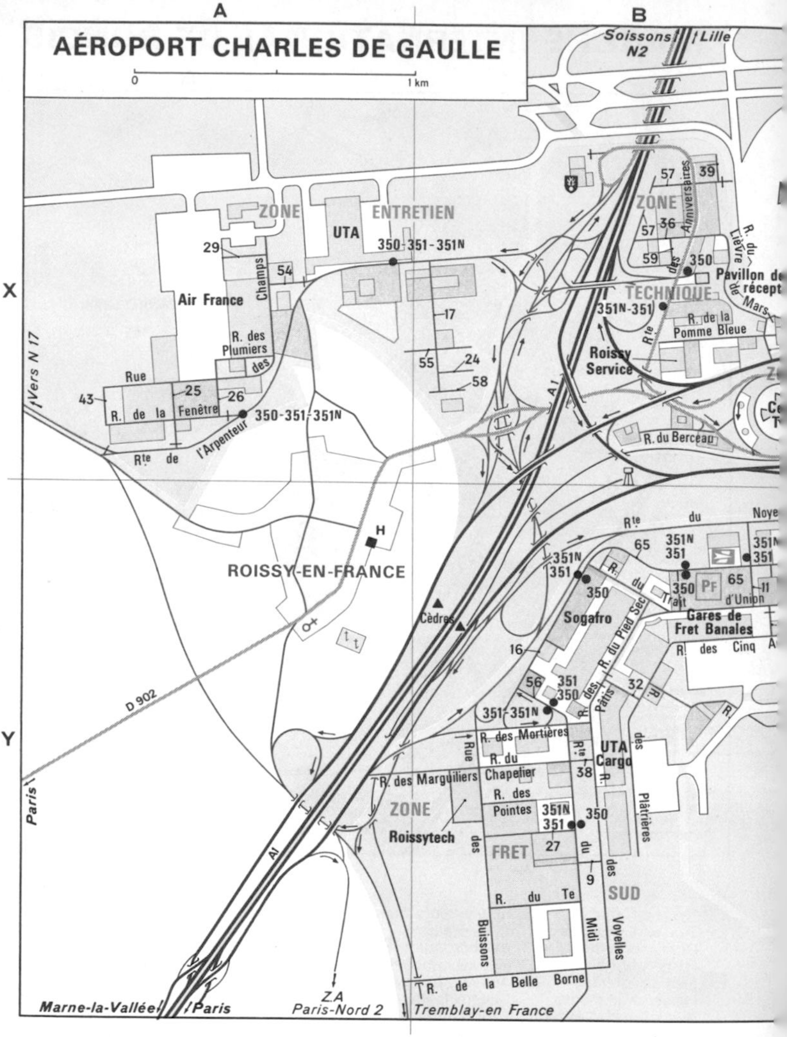


| | | |
|---|---|---|
| Anniversaires (Rte des) | BX | |
| Archet (R. de l') | CX | 2 |
| Arpenteur (Rte de l') | AX | |
| Badauds (Rte des) | CX | |
| Berceau (R. du) | BX | |
| Bruyères (R. des) | CX | 7 |
| Buissons (R. des) | BY | |
| Carnet r. de | BY | 9 |
| Champs (R. des) | AX | |
| Chapelier (R. du) | BY | |
| Chapitre (R. du) | BY | 11 |
| Chesneau (R. du) | DX | 12 |
| Cinq-Arpents (R. des) | BY | |
| Collets (R. des) | BY | 14 |
| Communes (Rte de la) | BCX | 15 |
| Deux-Cèdres (R. des) | BY | 16 |
| Deux-Sœurs (R. des) | BX | 17 |
| Échelle (R. de l') | CX | 18 |
| Épinette (Rte de l') | CX | |
| Fenêtre (R. de la) | AX | |
| Fer (R. du) | CX | 21 |
| Ferme (Rte de la) | CY | |
| Grand-Rond (R. du) | BCX | 23 |
| Grave (R.) | BX | 24 |
| Guyards (R. des) | AX | 25 |
| Hache (R. de la) | AX | 26 |
| Jeune-Fille (R. de la) | BY | 27 |
| Joncs (R. des) | DX | 28 |
| Justice (R. de la) | AX | 29 |
| Laves (R. des) | CY | 30 |
| Lièvre-de-Mars (R. du) | BX | |
| Loup (R. du) | BY | 32 |
| Machines (R. des) | BCY | |
| Marguiliers (R. des) | ABY | |
| Métronome (R. du) | CX | 34 |
| Midi (Rte du) | BY | |
| Miroir (R. du) | BX | 36 |
| Mortières (R. des) | BY | |
| Mots (R. des) | BY | 37 |
| Mouettes (R. des) | BY | 38 |
| Moulin (R. du) | BX | 39 |
| Néflier (R. du) | CX | 40 |
| Noyer du chat (Rte du) | BCY | |
| Or (R. de l') | BX | 42 |
| Orient (R. d') | AX | 43 |
| Orme (R. de l') | DX | |
| Palans (R. des) | BY | 45 |
| Palombes (R. des) | CY | 46 |
| Pâtis (R. des) | BY | |
| Pélican (R. du) | BY | 48 |
| Peupliers (Rte des) | CDX | |
| Pied-Sec (R. du) | BY | |
| Plâtrières (R. des) | BY | |
| Pointes (R. des) | BY | |
| Poiriers (R. des) | CY | 51 |
| Pomme-Bleue (R. de la) | BX | |
| Postes (R. des) | CX | 53 |
| Puits (R. du) | AX | 54 |
| Registre (R. du) | BX | 55 |
| Remblai (R. du) | BY | 56 |
| Remise (R. de la) | BX | 57 |
| Ruisseau (R. du) | BX | 58 |
| Ségur (R. de) | BX | 59 |
| Signe (R. du) | CX | 60 |
| Soleil (R. du) | CY | 61 |
| Tarteret (R. du) | BY | 63 |
| Té (R. du) | BY | |
| Terres-Noires (R. des) | BY | 65 |
| Trait-d'Union (R. du) | BY | |
| Verseau (R. du) | CX | 67 |
| Vignes (R. des) | CY | |
| Voyelles (R. des) | BY | |

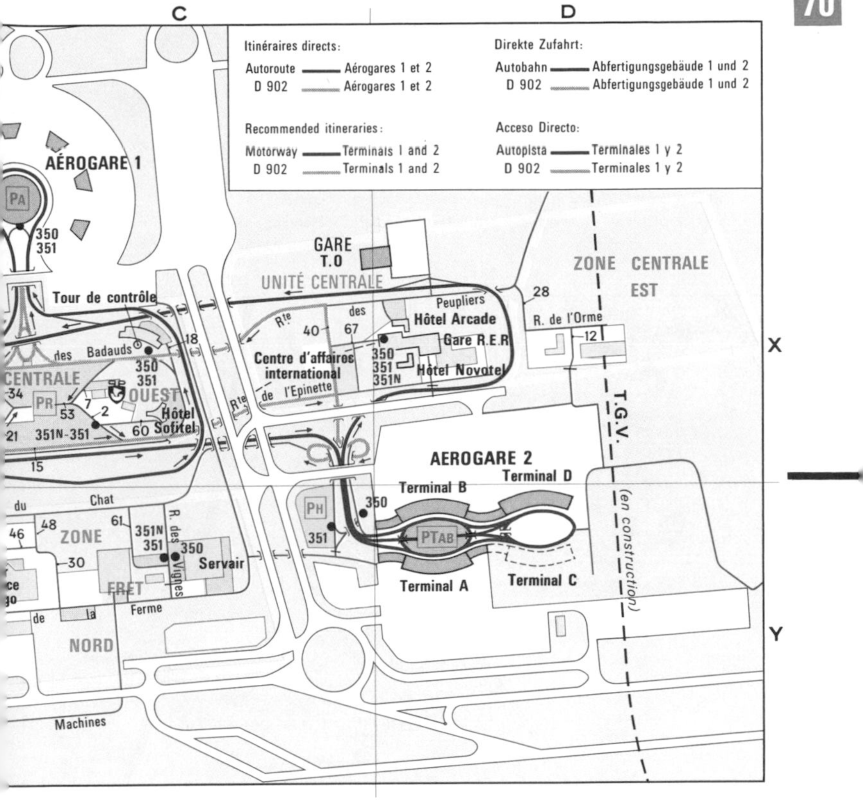

C
D
Itinéraires directs:
Autoroute Aérogares 1 et 2
D 902 Aérogares 1 et 2
Direkte Zufahrt:
Autobahn Abfertigungsgebäude 1 und 2
D 902 Abfertigungsgebäude 1 und 2
Recommended itineraries:
Motorway Terminals 1 and 2
D 902 Terminals 1 and 2
Acceso Directo:
Autopista Terminales 1 y 2
D 902 Terminales 1 y 2
AÉROGARE 1
PA
350
351
GARE T.O
UNITÉ CENTRALE
ZONE CENTRALE EST
Tour de contrôle
Rte des Peupliers
Hôtel Arcade
Gare R.E.R.
Centre d'affaires international
Hôtel Novotel
Rte de l'Epinette
R. de l'Orme
des Badauds
CENTRALE OUEST
PR
Hôtel Sofitel
351N-351
T.G.V.
(en construction)
X
Y
AEROGARE 2
Terminal B
Terminal D
Terminal A
Terminal C
PH
PTAB
ZONE FRET
R. des Vignes
Servair
du Chat
de la Ferme
NORD
Machines


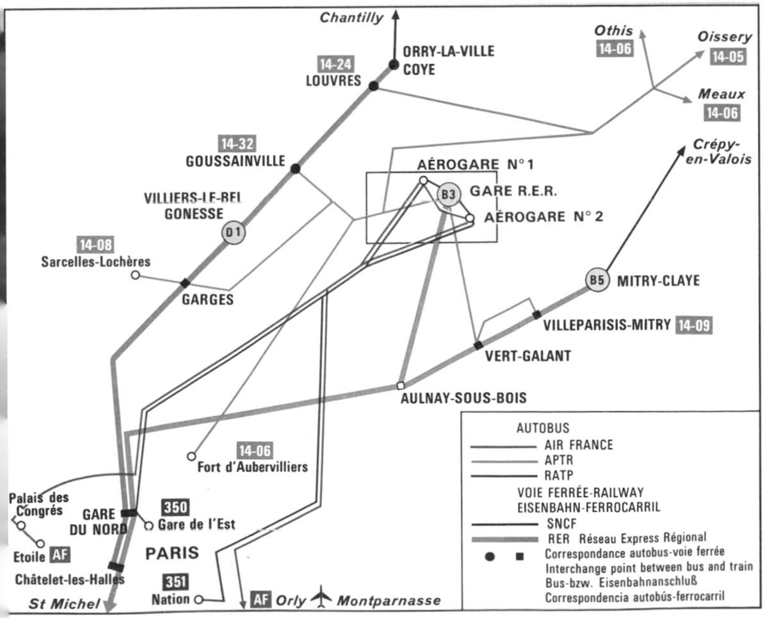

Chantilly
ORRY-LA-VILLE COYE
14-24 LOUVRES
Othis 14-06
Oissery 14-05
Meaux 14-06
Crépy-en-Valois
14-32 GOUSSAINVILLE
AÉROGARE N° 1
B3 GARE R.E.R.
AÉROGARE N° 2
VILLIERS-LE-BEL GONESSE
D1
14-08 Sarcelles-Lochères
GARGES
B5 MITRY-CLAYE
VILLEPARISIS-MITRY 14-09
VERT-GALANT
AULNAY-SOUS-BOIS
14-06 Fort d'Aubervilliers
Palais des Congrès
Etoile AF
GARE DU NORD
350 Gare de l'Est
PARIS
Châtelet-les-Halles
351 Nation
St Michel
AF Orly Montparnasse
AUTOBUS
AIR FRANCE
APTR
RATP
VOIE FERRÉE-RAILWAY
EISENBAHN-FERROCARRIL
SNCF
RER Réseau Express Régional
Correspondance autobus-voie ferrée
Interchange point between bus and train
Bus-bzw. Eisenbahnanschluß
Correspondencia autobús-ferrocarril

# GARONOR

- **A** – Dépannage tous véhicules – Vehicle repairs – Reparaturdienst für alle Fahrzeuge – Taller de reparación
- **B** – Pièces détachées PL – Spare parts – LKW-Ersatzteile – Repuestos
- **C** – Pneumatiques – Tyres – Reifen – Neumáticos
- **D** – Location véhicule – Vehicle hire – Autovermietung – Coches de alquiler
- **E** – Station lavage – Vehicle wash – Autowaschanlage – Lavado
- **F** – Service médical – Infirmary – Ärztlicher Hilfsdienst – Servicio médico

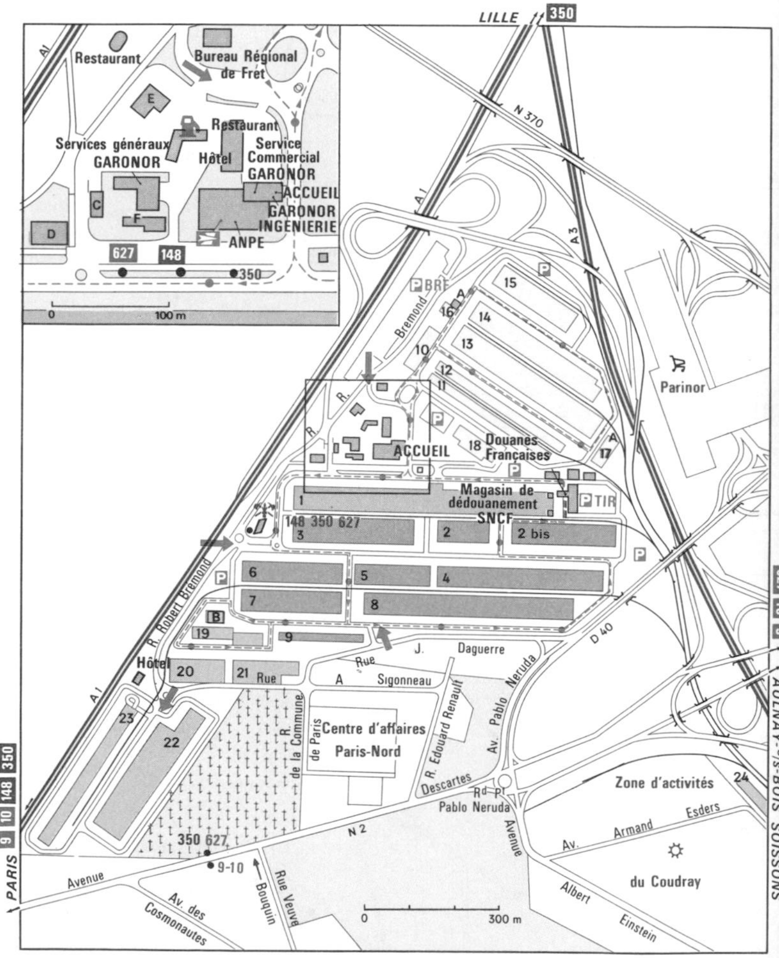


● Arrêt d'Autobus

*Bus stop – Autobushaltestelle – Parada de autobús*

- 148 (RATP) – Église de Pantin – GARONOR
- 350 (RATP) – Gare de l'Est – GARONOR – Aéroport Charles-de-Gaulle
- 627 (TRA-RATP) – Aulnay-sous-Bois – Blanc-Mesnil – GARONOR
- 9 (APTR) – Fort d'Aubervilliers – GARONOR – Aulnay-sous-Bois (Rose des Vents)
- 10 (APTR) – Fort d'Aubervilliers – GARONOR – Aulnay-sous-Bois (Vélodrome)
- -●- Navette intérieure – Shuttle service – Interne Autobuslinie – Autobús de Servicio interior

# PARC DES EXPOSITIONS (PORTE DE VERSAILLES)

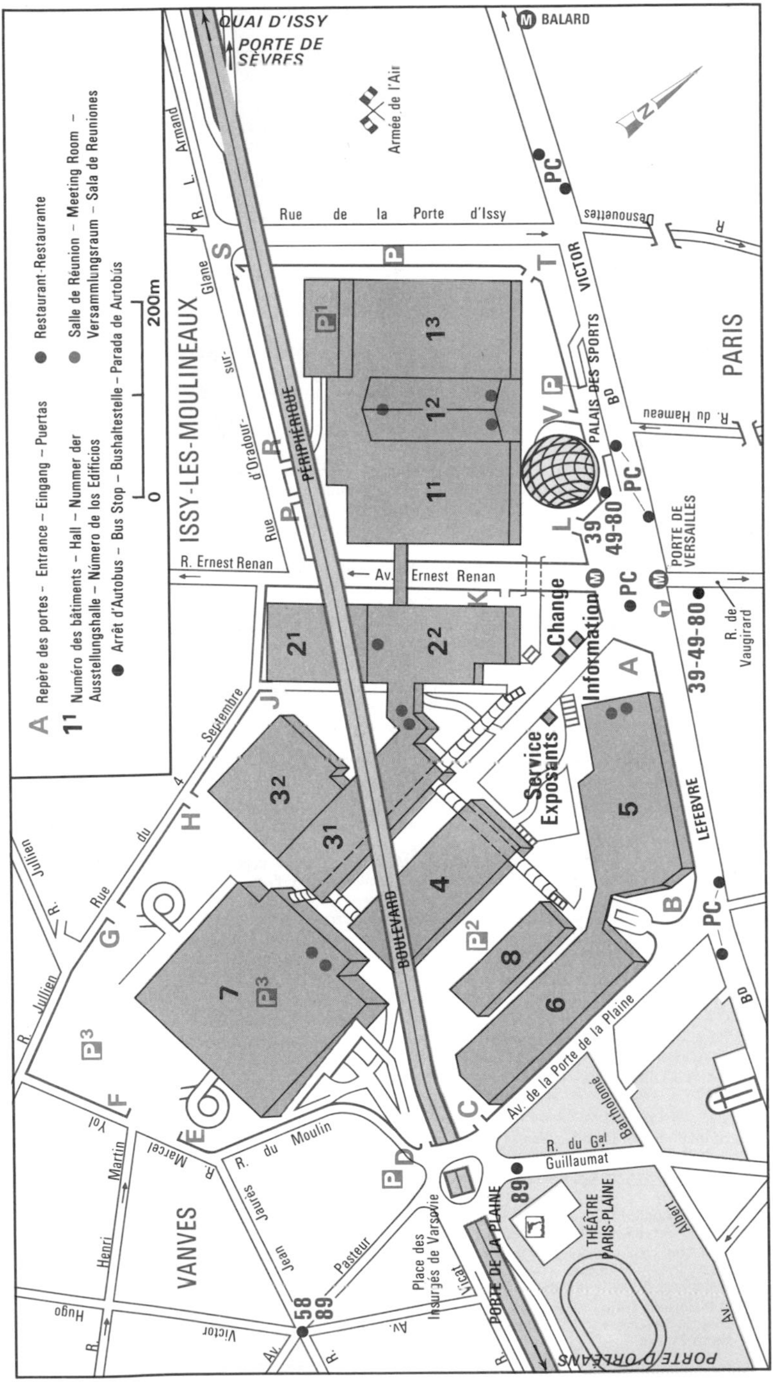

# LIGNES URBAINES D'AUTOBUS (par sections)
*LIST OF CITY BUSES (showing stages)*

*Service général de 7 h à 20 h 30 – Normal service from 7am to 8.30pm*

| | | |
|---|---|---|
| service assuré jusqu'à 0 h 30 | ■ | buses running to 0.30am |
| service assuré les dimanches et fêtes | ● | buses running on Sundays and holidays |

**20** ● Gare St-Lazare – Opéra – Sentier – République – Bastille – Gare de Lyon.

**21** ■ ● Gare St-Lazare – Opéra – Palais Royal – Châtelet – Gare du Luxembourg – Berthollet-Vauquelin – Glacière-Auguste Blanqui – Pte de Gentilly.

**22** Opéra – Pasquier-Anjou/Gare St-Lazare – Haussmann-Courcelles – Ch. de Gaulle-Étoile – Trocadéro – La Muette-Gare de Passy – Chardon Lagache-Molitor/Pt Mirabeau – Pte de St-Cloud.

**24** Gare St-Lazare – Concorde – Pt du Carrousel/Pt royal – Pt Neuf – Maubert-Mutualité/Pt de l'Archevêché – Gare d'Austerlitz – Bercy-Râpée – Pt National – Charenton-Pt de Conflans – Alfort-École Vétérinaire (● Gare d'Austerlitz – Alfort-École Vétérinaire).

**26** ■ ● Gare St-Lazare – Carrefour de Châteaudun – Gare du Nord – Jaurès-Stalingrad – Botzaris-Buttes Chaumont – Pyrénées-Ménilmontant – Pyrénées-Bagnolet – Cours de Vincennes.

**27** ● Gare St-Lazare – Opéra – Palais Royal – Pt Neuf – Gare du Luxembourg – Berthollet-Vauquelin – Pl. d'Italie – Nationale – Pte de Vitry (■ : Pt Neuf – Pte de Vitry).

**28** Gare St-Lazare – St-Philippe du Roule/Matignon-St-Honoré – Pt des Invalides – École Militaire – Breteuil – Losserand – Pte d'Orléans.

**29** Gare St-Lazare – Opéra – É. Marcel-Montmartre – Archives-Rambuteau/Archives-Haudriettes – Bastille – Gare de Lyon/Daumesnil-Diderot – Daumesnil-F.-Éboué – Pte de Montempoivre. (● : Centre Pompidou – Pte de Montempoivre).

**30** Gare de l'Est – Barbès-Rochechouart – Pigalle – Pl. de Clichy – Malesherbes-Courcelles – Ch. de Gaule-Étoile – Trocadéro.

**31** ■ ● Gare de l'Est – Barbès-Rochechouart – Mairie du 18ᵉ – Vauvenargues – Brochant-Cardinet – Jouffroy-Malesherbes – Ch. de Gaulle-Étoile.

**32** Gare de l'Est – Carrefour de Châteaudun – Gare St-Lazare – St-Philippe du Roule/Matignon St-Honoré – Marceau-Pierre 1ᵉʳ de Serbie – Trocadéro – La Muette-Gare de Passy – Pte d'Auteuil.

**38** Gare de l'Est – Réaumur-Arts et Métiers/Réaumur-Sébastopol – Châtelet – Gare du Luxembourg – Denfert-Rochereau – Pte d'Orléans (■ ● : Châtelet – Pte d'Orléans).

**39** Gare de l'Est – Poissonnière-Bonne Nouvelle/Sentier – Richelieu-4 Septembre – Palais Royal – St-Germain des Prés – Hôp. des Enfants Malades – Mairie du 15ᵉ/Vaugirard-Favorites – Pte de Versailles.

**42** Gare du Nord – Carrefour du Châteaudun/Le Peletier – Opéra – Concorde – Alma-Marceau – Champ de Mars – Charles Michels – André Citroën.

**43** Gare du Nord – Carrefour de Châteaudun – Gare St-Lazare – Haussmann-Courcelles – Ternes – Pte des Ternes – Neuilly-St-Pierre – Pt de Neuilly – Neuilly-Pl. de Bagatelle (● : Gare St-Lazare – Neuilly-Bagatelle).

**46** Gare du Nord – Gare de l'Est – Goncourt – Voltaire-L. Blum – Faidherbe-Chaligny – Daumesnil-F.-Éboué – Pte Dorée – St-Mandé-Demi Lune-Zoo (service partiel jusqu'au Parc floral d'avril à septembre). (● : Gare du Nord – Chât. de Vincennes).

**47** Gare du Nord – Gare de l'Est – Réaumur-Arts et Métiers/Réaumur-Sébastopol – Châtelet – Maubert-Mutualité – Censier-Daubenton – Pl. d'Italie – Pte d'Italie – Le Kremlin-Bicêtre-Fort.

**48** Gare du Nord – Petites Écuries/Cadet – Richelieu-4 Septembre/Réaumur-Montmartre – Palais Royal – St-Germain des Prés – Gare Montparnasse/pl. du 18 Juin 1940 – Institut Pasteur – Pte de Vanves.

**49** Gare du Nord – Carrefour de Châteaudun – Gare St-Lazare – St-Philippe du Roule/Matignon-St-Honoré – Pt des Invalides – École Militaire – Mairie du 15ᵉ/Vaugirard-Favorites – Pte de Versailles.

**52** ● Opéra – Concorde/Boissy d'Anglas – St-Philippe du Roule – Ch. de Gaulle-Étoile – Belles Feuilles – la Muette – Pte d'Auteuil – Boulogne-Château – Pt de St-Cloud (■ : Ch. de Gaulle-Étoile – Pte d'Auteuil).

**53** Opéra – Gare St-Lazare – Legendre – Pte d'Asnières – Levallois Perret-G. Eiffel.

**54** République – Gare de l'Est – Barbès-Rochechouart – Pigalle – La Fourche – Pte de Clichy – Clichy-Landy-Martre/Clichy Casanova – Asnières Gennevilliers-Gabriel Péri.

**56** Pte de Clignancourt – Barbès-Rochechouart – Gare de l'Est – République – Voltaire-L. Blum – Nation – Pte de St-Mandé – Vincennes-les Laitières – Chât. de Vincennes.

**57** Gare de Lyon – Gare d'Austerlitz – Pl. d'Italie – Poterne des Peupliers – Mairie de Gentilly.

**58** Hôtel de Ville – Pt Neuf – Palais du Luxembourg – Gare Montparnasse/pl. du 18 Juin 1940 – Château - Mairie du 14ᵉ – Pte de Vanves – Vanves-Lycée Michelet. (● : Pont-Neuf – Vanves Lycée Michelet).

**60** ● Gambetta – Borrégo – Botzaris – Ourcq-Jaurès – Crimée – Ordener-Marx Dormoy – Mairie du 18ᵉ – Pte de Montmartre.

**61** Gare d'Austerlitz – Ledru Rollin-Fbg St-Antoine – Roquette-Père Lachaise – Gambetta – Pte des Lilas – Pré St-Gervais-Pl. Jean-Jaurès.

**62** ■ ● Cours de Vincennes – Daumesnil-F.-Éboué – Pt de Tolbiac – Italie-Tolbiac – Glacière-Tolbiac – Alésia-Gal.-Leclerc – Vercingétorix – Convention-Vaugirard – Convention-St-Charles – Chardon Lagache-Molitor/Michel Ange-Auteuil – Pte de St-Cloud.

**63** ■ ● Gare de Lyon – Gare d'Austerlitz – Monge-Mutualité/Maubert-Mutualité – St-Sulpice/St-Germain des Prés – Solférino-Bellechasse – Pt des Invalides-Quai d'Orsay – Alma-Marceau – Trocadéro – Pte de la Muette-Henri-Martin.

## *STÄDTISCHE AUTOBUSLINIEN (nach Streckenabschnitten)*
## *LÍNEAS URBANAS (por secciones)*

*Normaler Busverkehr von 7 bis 20.30 Uhr – Circulacíon general de 7 h a 20 h 30*

| | | |
|---|---|---|
| Busverkehr bis 0.30 Uhr | ■ | servicio hasta las 0 h 30 |
| Busverkehr auch an Sonn- and Feiertagen | ● | servicio los domingos y festivos |

**65** Gare d'Austerlitz – Bastille – République – Gare de l'Est – Pl. Chapelle – Pte de la Chapelle – Aubervilliers-La Haie Coq – Mairie d'Aubervilliers (● : Gare de l'Est – Mairie d'Aubervilliers).

**66** Opéra – Gare St-Lazare – Sq. des Batignolles – Pte Pouchet – Clichy-Bd. V.-Hugo.

**67** Pigalle – Carrefour Châteaudun – Richelieu-4 Septembre/Réaumur-Montmartre – Palais Royal/Louvre-Rivoli – Hôtel de Ville – St-Germain-Cardinal Lemoine – Buffon-Mosquée – Pl. d'Italie – Pte de Gentilly. (● : Châtelet-Hôtel de Ville – Pte de Gentilly).

**68** Pl. de Clichy – Trinité – Opéra – Pt Royal – Sèvres-Babylone – Vavin – Denfert Rochereau – Pte d'Orléans – Montrouge-États Unis/Montrouge-Verdier-République – Montrouge-Cim. Bagneux (●: Pte d'Orléans – Montrouge-Cim. Bagneux).

**69** Gambetta – Roquette-Père Lachaise – Bastille – Hôtel de Ville – Palais Royal/Pt Carrousel – Grenelle-Bellechasse/Solférino-Bellechasse – Invalides-La Tour Maubourg/La Tour Maubourg-St-Dominique – Champ de Mars.

**70** Hôtel de Ville – Pt Neuf – St-Sulpice/St-Germain des Prés – Hôp. des Enfants Malades – Peclet – Charles Michels – Radio-France. (RER).

**72** Hôtel de Ville – Palais Royal/Pt Carrousel – Concorde – Alma-Marceau – Pt Bir Hakeim – Pt Mirabeau – Pte St-Cloud – Boulogne Billancourt-J. Jaurès – Pt St-Cloud (●: Concorde – ■: Pte St-Cloud – Pt St-Cloud).

**73** Musée d'Orsay – Concorde – Rond Point des Champs Élysées – Ch. de Gaulle-Étoile – Pte Maillot – Neuilly-Hôtel de Ville – Pt de Neuilly – La Défense.

**74** Hôtel de Ville – Louvre-Rivoli – Réaumur-Montmartre/Richelieu-4 Septembre – Carrefour de Châteaudun – La Fourche – Pte de Clichy – Clichy-V. Hugo – Clichy-Hôp. Beaujon (■ ●: Pte Clichy – Hôp. Beaujon).

**75** Pt Neuf – Archives-Haudriettes/Grenier St-Lazare – République – Grange aux Belles – Armand Carrel-Mairie du 19ᵉ – Pte de Pantin.

**76** Louvre – Hôtel de Ville – Bastille – Charonne-Ph. Auguste – Pte de Bagnolet – Mairie de Bagnolet – Bagnolet-Malassis.

**80** ■ Mairie du 15ᵉ – École Militaire – Alma-Marceau – Matignon-St-Honoré/St-Philippe du Roule – Gare St-Lazare – Damrémont-Caulaincourt – Mairie du 18ᵉ (● : Mairie du 18ᵉ – Pte de Versailles).

**81** Châtelet – Palais Royal – Opéra – Trinité/Gare St-Lazare – La Fourche – Pte de St-Ouen.

**82** ● Gare du Luxembourg – Pl. du 18 Juin 1940 – Oudinot – École Militaire – Champ de Mars – Kléber-Boissière – Pte Maillot – Neuilly-St-Pierre – Neuilly-Hôpital Américain.

**83** Friedland-Haussmann – St-Philippe du Roule – Rd-Pt des Champs-Élysées – Gare des Invalides – Sèvres-Babylone – Observatoire – Les Gobelins – Pl. d'Italie – Pt d'Ivry.

**84** Pl. du Panthéon – Gare du Luxembourg – Sèvres-Babylone – Solférino-Bellechasse – Concorde – St-Augustin – Courcelles – Pte de Champerret.

**85** Gare du Luxembourg – Châtelet – Louvre-Rivoli – Réaumur-Montmartre/Richelieu-4 Septembre – Cadet/Carrefour de Châteaudun – Muller – Pte Clignancourt – Mairie St-Ouen (■ ●: Pte Clignancourt – Mairie St-Ouen).

**86** St-Germain des Prés – Mutualité – Bastille – Faidherbe-Chaligny – Pyrénées/Pte de Vincennes – St-Mandé-Tourelle – St-Mandé-Demi Lune-Zoo.

**87** Champ de Mars – École Militaire – Duroc-Oudinot/Vaneau-Babylone – St-Germain des Prés/St-Sulpice – Mutualité – Bastille – Gare de Lyon – Charenton-Wattignies – Porte de Reuilly.

**89** Gare d'Austerlitz – Cardinal Lemoine-Monge – Gare Luxembourg – Pl. du 18 Juin 1940 – Cambronne-Vaugirard/Vaugirard-Favorites – Pte de Plaisance – Vanves-Lycée Michelet.

**91** ■ ● Gare Montparnasse – Observatoire-Port Royal – Gobelins – Gare d'Austerlitz – Bastille.

**92** ■ ● Gare Montparnasse – Oudinot – École Militaire – Alma-Marceau – Ch. de Gaulle-Étoile – Pte de Champerret.

**93** Esplanade des Invalides – St-Philippe du Roule – Friedland-Haussmann – Ternes – Pte de Champerret – Levallois-Pl. de la Libération.

**94** Gare Montparnasse – Sèvres-Babylone – Solférino-Bellechasse – Concorde – St-Augustin – Malesherbes-Courcelles – Pte d'Asnières – Mairie de Levallois.

**95** ■ ● Gare Montparnasse – St-Germain des Prés – Palais Royal – Opéra – Gare St-Lazare – Damrémont-Caulaincourt – Pte de Montmartre. (● : Porte de Vanves – Porte de Montmartre).

**96** ● Gare Montparnasse – St-Germain des Prés – St-Michel – Hôtel de Ville – Turenne-Francs Bourgeois – Parmentier-République – Pyrénées-Ménilmontant – Pte des Lilas (■ : Châtelet – Pte des Lilas).

PC ■ ● Pte d'Auteuil – Pte Passy – Longchamp – Pte Maillot – Pte Champerret – Pte Clichy – Pte St-Ouen – Pte Clignancourt – Pte Chapelle – Pte Villette – Pte Chaumont – Pte Lilas – Pte Bagnolet – Pte Vincennes – Pte Charenton – Pte Vitry – Pte Italie – Cité Universitaire – Pte Orléans – Pte Vanves – Pte Versailles – Bd Victor – Pte Auteuil.

Montmartrobus ● Pigalle – Sacré-Cœur – Mairie du 18ᵉ.

Balabus ● *(12 h à 21 h du 15 avril au 15 sept.)* Gare de Lyon – Musée d'Orsay – Ch. de Gaulle-Étoile – La Défense.

# PARIS AUTOBUS

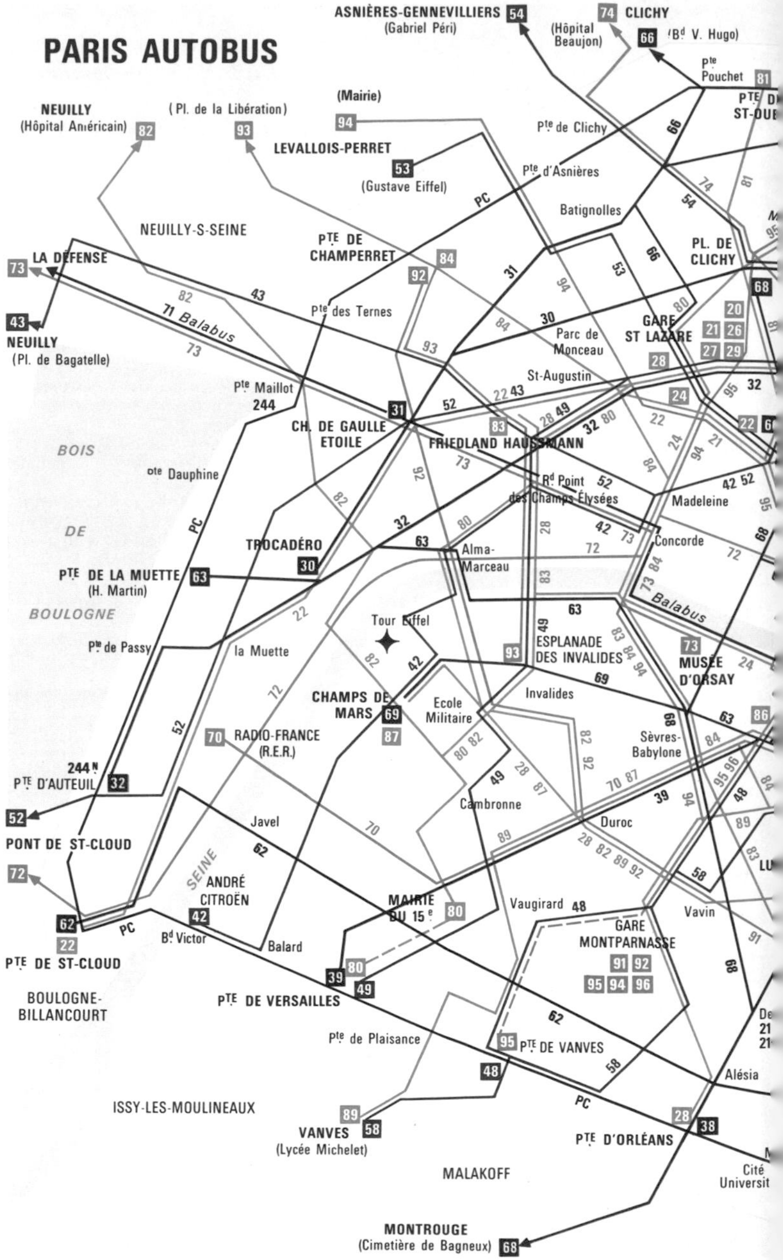


**Service de nuit :** *un passage par heure de 1 h 30 à 5 h 30 du matin.*

**Night services :** *hourly between 1.30am and 5.30am.*

- **A** Châtelet – Palais Royal – Concorde – Champs-Élysées – Pl. Charles-de-Gaulle-Étoile – Pt de Neuilly – La Défense
- **B** Châtelet – Palais Royal – Opéra – Gare St-Lazare – Pte Champerret-Levallois-Mairie.
- **C** Châtelet – Rue du Louvre – Carr.-de-Châteaudun – Pigalle – Pl. Clichy – Pte Clichy – Clichy-Mairie.
- **D** Châtelet – Palais Royal – Gare du Nord – Pte de Clignancourt – Pte Montmartre – St-Ouen-Mairie.
- **E** Châtelet – Strasbourg St-Denis – Gare de l'Est – Jaurès – Pte Pantin – Pantin-Église.

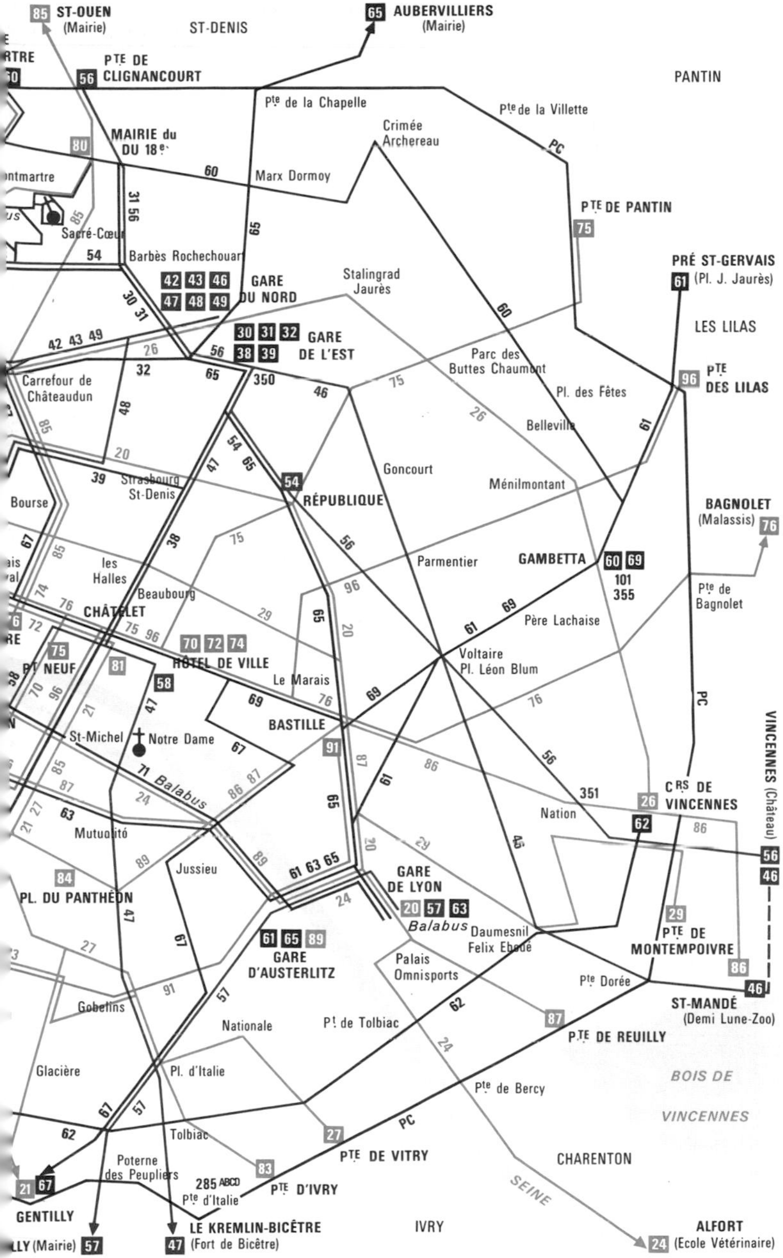


**Busverkehr nachts :** *eine Fahrt stündlich zwischen 1.30 Uhr und 5.30 Uhr.*

**Líneas nocturnas :** *todas las horas de 1 h 30 a 5 h 30 de la mañana.*

- **F** Châtelet – Strasbourg St-Denis – République – Belleville – Pte des Lilas – Les Lilas-Mairie.
- **G** Châtelet – République – Voltaire – Gambetta – Pte de Bagnolet – Montreuil-Mairie.
- **H** Châtelet – Bastille – Nation – Pte de Vincennes – Vincennes-Château.
- **J** Châtelet – St-Michel – Luxembourg – Denfert-Rochereau – Pte d'Orléans.
- **R** Châtelet – Maubert-Mutualité – Gobelins – Pl. d'Italie – Pte d'Italie – Kremlin Bicêtre – Villejuif – Thiais – Chevilly Larue – Rungis-M.I.R. Marée.

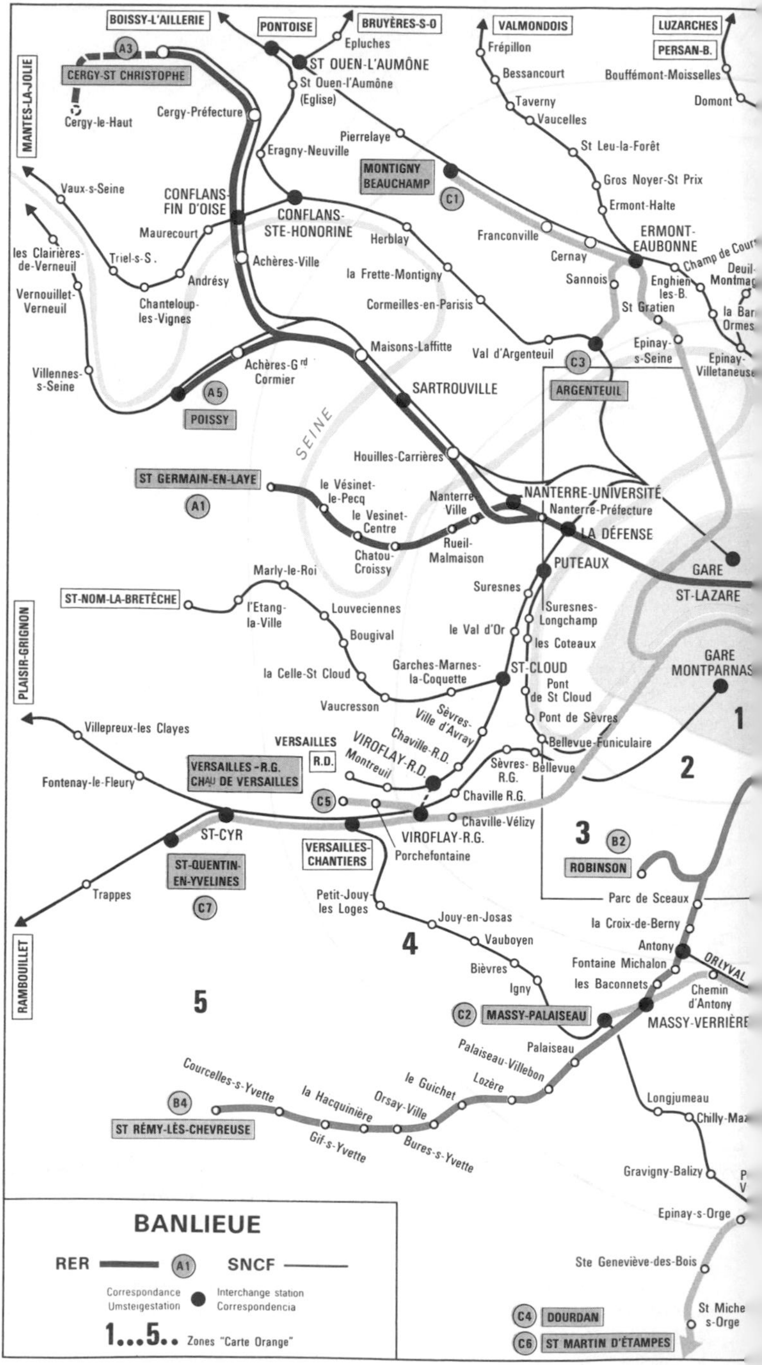
BOISSY-L'AILLERIE
PONTOISE
BRUYÈRES-S-O
VALMONDOIS
LUZARCHES
PERSAN-B.
A3
CERGY-ST CHRISTOPHE
MANTES-LA-JOLIE
Cergy-le-Haut
Cergy-Préfecture
Epluches
ST OUEN-L'AUMÔNE
St Ouen-l'Aumône (Eglise)
Frépillon
Bessancourt
Taverny
Vaucelles
Bouffémont-Moisselles
Domont
Pierrelaye
Eragny-Neuville
MONTIGNY BEAUCHAMP
C1
St Leu-la-Forêt
Gros Noyer-St Prix
Ermont-Halte
Vaux-s-Seine
CONFLANS-FIN D'OISE
CONFLANS-STE-HONORINE
Maurecourt
Herblay
Franconville
Cernay
ERMONT-EAUBONNE
Champ de Cours
les Clairières-de-Verneuil
Triel-s-S.
Achères-Ville
Andrésy
la Frette-Montigny
Sannois
Enghien-les-B.
Deuil-Montmag
St Gratien
Vernouillet-Verneuil
Chanteloup-les-Vignes
Cormeilles-en-Parisis
la Barre Ormes
Maisons-Laffitte
Val d'Argenteuil
C3
Epinay-s-Seine
Epinay-Villetaneuse
Villennes-s-Seine
Achères-G rd Cormier
A5
POISSY
SARTROUVILLE
ARGENTEUIL
SEINE
Houilles-Carrières
ST GERMAIN-EN-LAYE
A1
le Vésinet-le-Pecq
Nanterre Ville
NANTERRE-UNIVERSITÉ
Nanterre-Préfecture
le Vesinet-Centre
LA DÉFENSE
Rueil-Malmaison
Chatou-Croissy
PUTEAUX
GARE ST-LAZARE
Marly-le-Roi
Suresnes
ST-NOM-LA-BRETÊCHE
l'Etang-la-Ville
Louveciennes
Suresnes-Longchamp
PLAISIR-GRIGNON
Bougival
le Val d'Or
les Coteaux
GARE MONTPARNASSE
la Celle-St Cloud
Garches-Marnes-la-Coquette
ST-CLOUD
Pont de St Cloud
Vaucresson
Sèvres-Ville d'Avray
Pont de Sèvres
1
Villepreux-les Clayes
VERSAILLES R.D.
VIROFLAY-R.D.
Chaville-R.D.
Bellevue-Funiculaire
VERSAILLES-R.G. CHAU DE VERSAILLES
Montreuil
Sèvres-R.G.
Bellevue
2
Fontenay-le-Fleury
C5
Chaville R.G.
Chaville-Vélizy
ST-CYR
VIROFLAY-R.G.
3
B2
VERSAILLES-CHANTIERS
Porchefontaine
ROBINSON
ST-QUENTIN-EN-YVELINES
Trappes
Parc de Sceaux
C7
Petit-Jouy-les Loges
Jouy-en-Josas
la Croix-de-Berny
Vauboyen
Antony
4
RAMBOUILLET
ORLYVAL
Bièvres
Fontaine Michalon
Igny
les Baconnets
Chemin d'Antony
5
C2
MASSY-PALAISEAU
MASSY-VERRIÈRES
Palaiseau
Palaiseau-Villebon
Courcelles-s-Yvette
le Guichet
Lozère
la Hacquinière
Orsay-Ville
Longjumeau
B4
ST RÉMY-LÈS-CHEVREUSE
Chilly-Ma
Gif-s-Yvette
Bures-s-Yvette
Gravigny-Balizy
Epinay-s-Orge
BANLIEUE
RER
A1
SNCF
Correspondance
Umsteigestation
Interchange station
Correspondencia
1...5.. Zones "Carte Orange"
Ste Geneviève-des-Bois
C4
DOURDAN
St Michel-s-Orge
C6
ST MARTIN D'ÉTAMPES

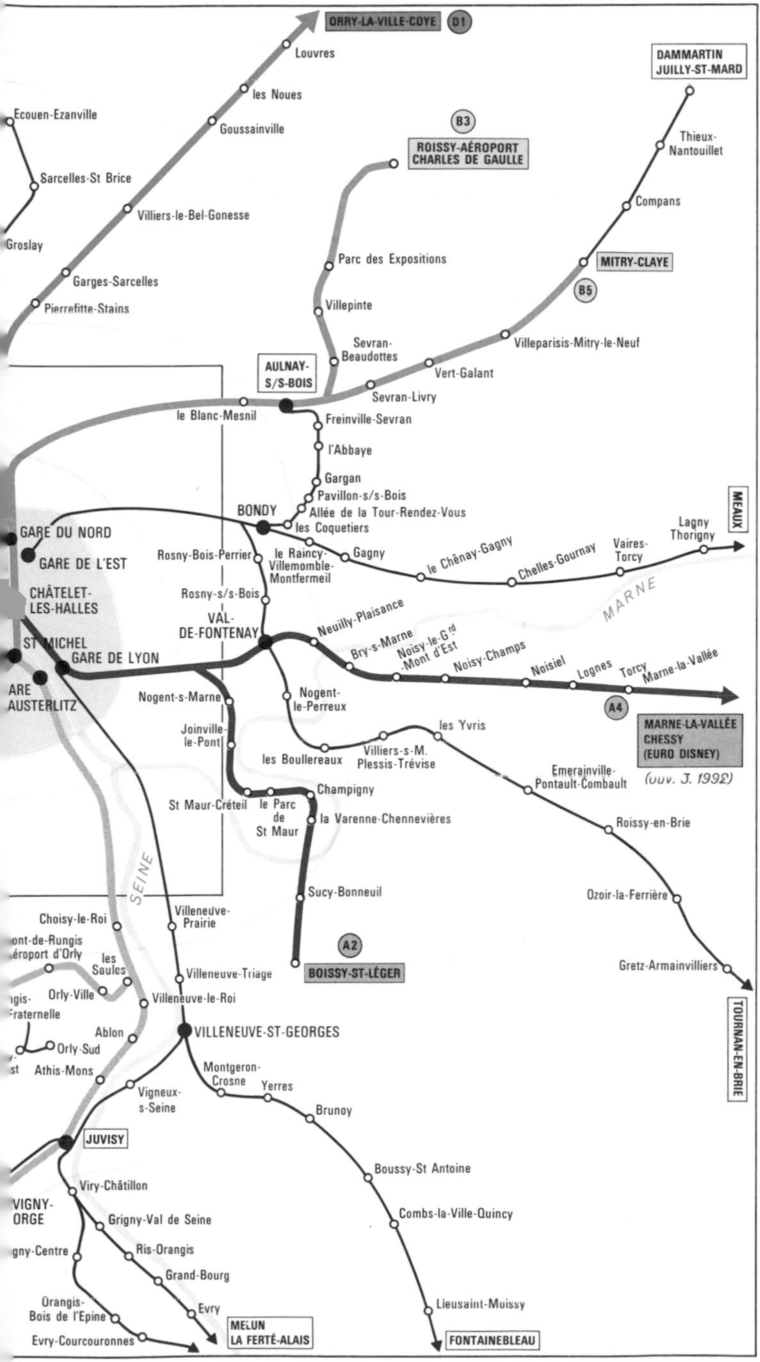
ORRY-LA-VILLE-COYE
D1
Louvres
les Noues
Goussainville
Ecouen-Ezanville
Sarcelles-St Brice
Villiers-le-Bel-Gonesse
Groslay
Garges-Sarcelles
Pierrefitte-Stains
B3
ROISSY-AÉROPORT CHARLES DE GAULLE
DAMMARTIN JUILLY-ST-MARD
Thieux-Nantouillet
Compans
MITRY-CLAYE
B5
Parc des Expositions
Villepinte
Sevran-Beaudottes
Villeparisis-Mitry-le-Neuf
Vert-Galant
Sevran-Livry
AULNAY-S/S-BOIS
le Blanc-Mesnil
Freinville-Sevran
l'Abbaye
Gargan
Pavillon-s/s-Bois
Allée de la Tour-Rendez-Vous
les Coquetiers
BONDY
GARE DU NORD
GARE DE L'EST
MEAUX
Lagny Thorigny
Vaires-Torcy
Chelles-Gournay
le Chênay-Gagny
Gagny
le Raincy-Villemomble-Montfermeil
Rosny-Bois-Perrier
Rosny-s/s-Bois
CHÂTELET-LES-HALLES
VAL-DE-FONTENAY
MARNE
Neuilly-Plaisance
Bry-s-Marne
Noisy-le-Grd-Mont d'Est
Noisy-Champs
Noisiel
Lognes
Torcy
Marne-la-Vallée
ST MICHEL
GARE DE LYON
ARE AUSTERLITZ
Nogent-s-Marne
Nogent-le-Perreux
A4
MARNE-LA-VALLÉE CHESSY (EURO DISNEY)
(ouv. J. 1992)
les Yvris
Villiers-s-M. Plessis-Trévise
les Boullereaux
Emerainville-Pontault-Combault
Joinville-le-Pont
Champigny
St Maur-Créteil
le Parc de St Maur
la Varenne-Chennevières
Roissy-en-Brie
SEINE
Sucy-Bonneuil
Ozoir-la-Ferrière
Villeneuve-Prairie
Choisy-le-Roi
ont-de-Rungis
éroport d'Orly
les Saules
A2
BOISSY-ST-LÉGER
Gretz-Armainvilliers
Villeneuve-Triage
Orly-Ville
Villeneuve-le-Roi
ngis-Fraternelle
TOURNAN-EN-BRIE
Ablon
VILLENEUVE-ST-GEORGES
Orly-Sud
st
Athis-Mons
Montgeron-Crosne
Yerres
Vigneux-s-Seine
Brunoy
JUVISY
Boussy-St Antoine
Viry-Châtillon
VIGNY-ORGE
Grigny-Val de Seine
Combs-la-Ville-Quincy
gny-Centre
Ris-Orangis
Grand-Bourg
Orangis-Bois de l'Epine
Evry
Lieusaint-Moissy
MELUN LA FERTÉ-ALAIS
Evry-Courcouronnes
FONTAINEBLEAU

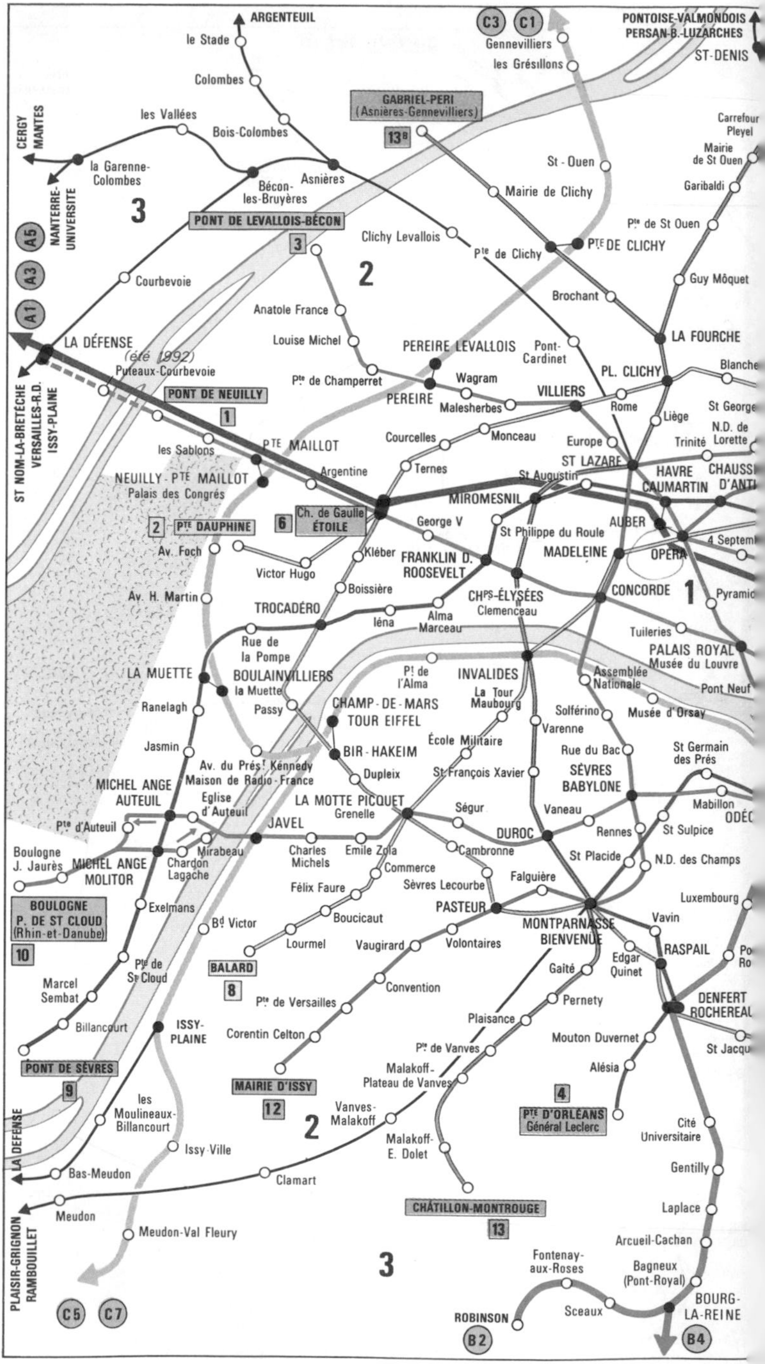
ARGENTEUIL
le Stade
Colombes
Bois-Colombes
les Vallées
CERGY
MANTES
la Garenne-Colombes
NANTERRE-UNIVERSITE
Asnières
Bécon-les-Bruyères
3
PONT DE LEVALLOIS-BÉCON
3
A5
A3
A1
Courbevoie
LA DÉFENSE
(été 1992)
Puteaux-Courbevoie
ST NOM-LA-BRETÈCHE
VERSAILLES-R.D.
ISSY-PLAINE
PONT DE NEUILLY
1
les Sablons
PTE MAILLOT
NEUILLY-PTE MAILLOT
Palais des Congrès
Argentine
2
PTE DAUPHINE
6
Ch. de Gaulle ÉTOILE
Av. Foch
Victor Hugo
Av. H. Martin
TROCADÉRO
Rue de la Pompe
LA MUETTE
BOULAINVILLIERS
la Muette
Ranelagh
Passy
Jasmin
Av. du Prést Kennedy
Maison de Radio-France
MICHEL ANGE AUTEUIL
Eglise d'Auteuil
Pte d'Auteuil
JAVEL
Boulogne J. Jaurès
MICHEL ANGE MOLITOR
Mirabeau
Chardon Lagache
BOULOGNE P. DE ST CLOUD (Rhin-et-Danube)
10
Exelmans
Bd Victor
Pte de St Cloud
Marcel Sembat
Billancourt
PONT DE SÈVRES
9
ISSY-PLAINE
les Moulineaux-Billancourt
Issy-Ville
LA DEFENSE
Bas-Meudon
Meudon
Meudon-Val Fleury
PLAISIR-GRIGNON
RAMBOUILLET
C5
C7
C3
C1
Gennevilliers
les Grésillons
GABRIEL-PERI (Asnières-Gennevilliers)
13B
St-Ouen
Mairie de Clichy
Clichy Levallois
Pte de Clichy
PTE DE CLICHY
2
Anatole France
Louise Michel
Brochant
PEREIRE LEVALLOIS
Pont-Cardinet
Pte de Champerret
PEREIRE
Wagram
Malesherbes
VILLIERS
Courcelles
Monceau
Ternes
Rome
Europe
ST LAZARE
St Augustin
MIROMESNIL
George V
St Philippe du Roule
Kléber
FRANKLIN D. ROOSEVELT
Boissière
CHPS-ÉLYSÉES Clemenceau
Iéna
Alma Marceau
Pt de l'Alma
INVALIDES
La Tour Maubourg
CHAMP-DE-MARS TOUR EIFFEL
BIR-HAKEIM
École Militaire
Dupleix
St François Xavier
LA MOTTE PICQUET Grenelle
Ségur
Charles Michels
Emile Zola
Commerce
Cambronne
Félix Faure
Sèvres Lecourbe
Boucicault
PASTEUR
Lourmel
Vaugirard
Volontaires
BALARD
8
Convention
Pte de Versailles
Corentin Celton
MAIRIE D'ISSY
12
Plaisance
Pte de Vanves
Malakoff-Plateau de Vanves
Vanves-Malakoff
2
Malakoff-E. Dolet
Clamart
CHÂTILLON-MONTROUGE
13
3
PONTOISE-VALMONDOIS
PERSAN-B.-LUZARCHES
ST-DENIS
Carrefour Pleyel
Mairie de St Ouen
Garibaldi
Pte de St Ouen
Guy Môquet
LA FOURCHE
PL. CLICHY
Blanche
Liège
St Georges
Trinité
N.D. de Lorette
HAVRE CAUMARTIN
CHAUSS D'ANT
AUBER
OPÉRA
4 Septem
MADELEINE
CONCORDE
1
Pyramid
Tuileries
PALAIS ROYAL Musée du Louvre
Assemblée Nationale
Pont Neuf
Solférino
Musée d'Orsay
Varenne
Rue du Bac
St Germain des Prés
SÈVRES BABYLONE
Mabillon
ODÉ
Vaneau
Rennes
St Sulpice
DUROC
St Placide
N.D. des Champs
Falguière
Luxembourg
MONTPARNASSE BIENVENÜE
Vavin
RASPAIL
Edgar Quinet
Gaîté
Pernety
DENFERT ROCHEREAU
Mouton Duvernet
St Jacqu
Alésia
4
PTE D'ORLÉANS Général Leclerc
Cité Universitaire
Gentilly
Laplace
Arcueil-Cachan
Fontenay-aux-Roses
Bagneux (Pont-Royal)
BOURG-LA-REINE
Sceaux
ROBINSON
B2
B4

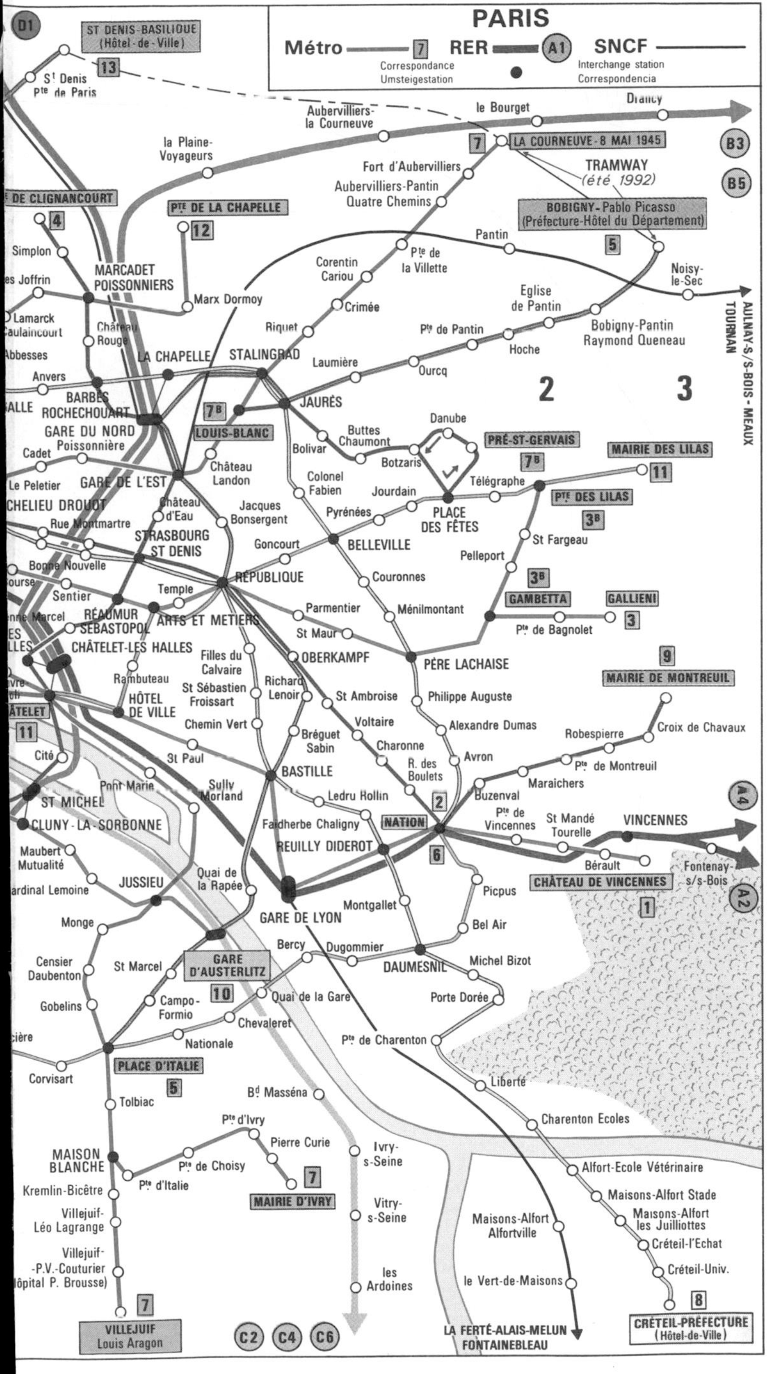
PARIS
Métro
7
Correspondance
Umsteigestation
RER
A1
SNCF
Interchange station
Correspondencia
D1
ST DENIS-BASILIQUE
(Hôtel-de-Ville)
13
St Denis
Pte de Paris
Aubervilliers-
la Courneuve
le Bourget
Drancy
B3
B5
la Plaine-
Voyageurs
7
LA COURNEUVE-8 MAI 1945
TRAMWAY
(été 1992)
Fort d'Aubervilliers
Aubervilliers-Pantin
Quatre Chemins
BOBIGNY-Pablo Picasso
(Préfecture-Hôtel du Département)
DE CLIGNANCOURT
4
PTE DE LA CHAPELLE
12
Pantin
5
Simplon
Corentin
Cariou
Pte de
la Villette
Noisy-
le-Sec
AULNAY-S/S-BOIS-MEAUX
TOURNAN
MARCADET
POISSONNIERS
es Joffrin
Marx Dormoy
Crimée
Eglise
de Pantin
Lamarck
Caulaincourt
Château
Rouge
Riquet
Pte de Pantin
Bobigny-Pantin
Raymond Queneau
Hoche
Abbesses
LA CHAPELLE
STALINGRAD
Laumière
Ourcq
Anvers
2
3
BARBÈS
ROCHECHOUART
JAURÈS
GARE DU NORD
7B
LOUIS-BLANC
Danube
Cadet
Poissonnière
Bolivar
Buttes
Chaumont
Botzaris
PRÉ-ST-GERVAIS
7B
MAIRIE DES LILAS
11
Le Peletier
GARE DE L'EST
Château
Landon
Colonel
Fabien
Jourdain
Télégraphe
CHELIEU DROUOT
Château
d'Eau
Jacques
Bonsergent
Pyrénées
PLACE
DES FÊTES
PTE DES LILAS
3B
Rue Montmartre
STRASBOURG
ST DENIS
Goncourt
BELLEVILLE
St Fargeau
Bonne Nouvelle
Pelleport
Bourse
RÉPUBLIQUE
Couronnes
3B
Sentier
Temple
GAMBETTA
GALLIENI
Parmentier
Ménilmontant
RÉAUMUR
SÉBASTOPOL
ARTS ET METIERS
Pte de Bagnolet
3
St Maur
CHÂTELET-LES HALLES
Filles du
Calvaire
OBERKAMPF
PÈRE LACHAISE
9
Rambuteau
St Sébastien
Froissart
Richard
Lenoir
St Ambroise
Philippe Auguste
MAIRIE DE MONTREUIL
HÔTEL
DE VILLE
ÂTELET
11
Chemin Vert
Voltaire
Alexandre Dumas
Croix de Chavaux
Bréguet
Sabin
Charonne
Robespierre
Cité
St Paul
Avron
Pte de Montreuil
BASTILLE
R. des
Boulets
Maraichers
Pont Marie
Sully
Morland
Ledru Rollin
Buzenval
A4
ST MICHEL
CLUNY-LA-SORBONNE
Faidherbe Chaligny
NATION
Pte de
Vincennes
St Mandé
Tourelle
VINCENNES
REUILLY DIDEROT
Maubert
Mutualité
6
Bérault
Fontenay-
s/s-Bois
JUSSIEU
Quai de
la Rapée
Picpus
CHÂTEAU DE VINCENNES
1
A2
ardinal Lemoine
GARE DE LYON
Montgallet
Monge
Bel Air
Bercy
Dugommier
Censier
Daubenton
St Marcel
GARE
D'AUSTERLITZ
DAUMESNIL
Michel Bizot
10
Quai de la Gare
Porte Dorée
Gobelins
Campo-
Formio
Chevaleret
Pte de Charenton
Nationale
PLACE D'ITALIE
5
Corvisart
Liberté
Tolbiac
Bd Masséna
Charenton Ecoles
Pte d'Ivry
Pierre Curie
Ivry-
s-Seine
MAISON
BLANCHE
Pte de Choisy
Alfort-Ecole Vétérinaire
7
Pte d'Italie
Kremlin-Bicêtre
MAIRIE D'IVRY
Maisons-Alfort Stade
Villejuif-
Léo Lagrange
Vitry-
s-Seine
Maisons-Alfort
Alfortville
Maisons-Alfort
les Juilliottes
Créteil-l'Echat
Villejuif-
-P.V.-Couturier
Hôpital P. Brousse)
les
Ardoines
le Vert-de-Maisons
Créteil-Univ.
7
8
VILLEJUIF
Louis Aragon
C2
C4
C6
LA FERTÉ-ALAIS-MELUN
FONTAINEBLEAU
CRÉTEIL-PRÉFECTURE
(Hôtel-de-Ville)

# Notes

MANUFACTURE FRANÇAISE DES PNEUMATIQUES MICHELIN
**Société en commandite par actions au capital de 2 000 000 000 de francs**
Place des Carmes-Déchaux - 63 Clermont-Ferrand (France)
R.C.S. Clermont-Fd B 855 200 507



Dépôt légal 4ᵉ trim. 91 - ISBN 2.06.700.011-x



Printed in France 08-91-85
Impression : MAME Imprimeurs à Tours n° 13806